日本学研究

二十六

北京日本学研究中心 编

学苑出版社

图书在版编目（CIP）数据

日本学研究．二十六／北京日本学研究中心编．—北京：学苑出版社，2016.10
 ISBN 978－7－5077－5118－5

Ⅰ.①日… Ⅱ.①北… Ⅲ.①日本—研究—丛刊 Ⅳ.①K313.07－55

中国版本图书馆 CIP 数据核字（2016）第 258646 号

责任编辑：杨　雷
出版发行：学苑出版社
社　　址：北京市丰台区南方庄 2 号院 1 号楼
邮政编码：100079
网　　址：www.book001.com
电子信箱：xueyuanpress@163.com
销售电话：010－67675512、67678944、67601101（邮购）
经　　销：新华书店
印　刷　厂：北京京华虎彩印刷有限公司
开本尺寸：787×1092　1/16
印　　张：37
字　　数：550 千字
版　　次：2016 年 10 月第 1 版
印　　次：2016 年 10 月第 1 次印刷
定　　价：100.00 元

本书由
日本国际交流基金
资助出版

《日本学研究 二十六》编辑委员会

主　　编：徐一平　笠原清志
编　　委：郭连友　周维宏　施建军
　　　　　秦　刚　朱桂荣　葛东升
　　　　　潘　蕾
执行主编：潘　蕾

前　言

　　北京日本学研究中心成立于1985年,在迎来"而立之年"的2015年金秋,纪念北京日本学研究中心成立三十周年国际学术研讨会"亚洲日本研究的可能性"在北京外国语大学隆重举行。中国教育部代表、日本驻华使馆代表、日本国际交流基金代表、北京外国语大学校领导、专家学者、高校教师、学生、媒体人士近两百人参加了此次研讨会,会上,来自中日韩三国的专家学者进行了激烈的思想碰撞与深入的学术交流。本期《日本学研究》特设了"纪念北京日本学研究中心成立三十周年国际学术研讨会"专栏,力求将研讨会取得的丰硕成果呈现给从事日本学研究工作的各位同仁。

　　与往年一样,本期《日本学研究》面向国内外的日本学研究者广泛征集稿件,共收到投稿论文五十四篇,其中包括纪念研讨会论文二十七篇,一般投稿论文二十七篇,经过专家们的匿名评审,最终采用了十八篇纪念研讨会论文、十六篇一般投稿论文。对于部分修改后可以采用的稿件,受篇幅所限,我们不得不割爱,但是将在下一期征稿中给予优先考虑。

　　本期收录的三十六篇投稿论文中,包括纪念研讨会基调报告两篇、研讨会专题论坛论文七篇、研讨会分科会论文九篇、一般投稿论文十六篇,研究内容涉及日本语言、日本语教育、日本文学、日本文化、日本社会、日本经济各个领域。论文作者中,既有在日本学研究领域享有盛誉的著名学者,也有刚刚踏上工作岗位的青年科研工作者,还有在国内外高校攻读日本学研究相关学位的学生,可以说,这些论文基本上反映出了近三十年来日本学研究的发展进程与研究现状。此外,本期《日本学研究》还刊登了六篇北京日本学研究中心2016届毕业生的优秀硕士论文。

　　北京日本学中心的三十年,在人才培养、对外交流、社会服务等方面取得了一定的成绩,今后我们将进一步发扬严谨扎实的研究学风和务实奉献的工作作风,以更加开阔的国际视野和勇于创新的奋斗精神,为加强中日两国人民之间的文化理解而努力。我们坚信,在未来的三十年中,《日本学研究》作为增进两国人民文化理解的平台会继续发挥其应有的作用。

北京日本学研究中心
《日本学研究》二十六编辑委员会
2016年6月

目 录

纪念北京日本学研究中心成立三十周年国际学术研讨会"亚洲日本研究的可能性"

基调报告

大平正芳追想
　　—北京日本学研究センター30周年を記念して— ………… 竹内信夫（3）

中日古代文化关系的政治框架与本质特征 ………………………… 严绍璗（13）

专题论坛

「東日本大震災と日本社会の変容」
"村落自治"中的国家在场
　　——日本宫城县仙台秋保町马场村的田野调查 ……………… 李　晶（25）

「文学に表象された戦争」
日本における戦争の文学と「軍記物語」 ……………………… 佐伯真一（35）

「大戦争」と「女性」の眼差し
　　—太平洋戦争開戦時の太宰治の短篇から— ………………… 島村輝（46）

茨木のり子詩考察
　　—戦争表象を中心に— ………………………………………… 徐載坤（57）

「多様な視点から考える日本語教育研究」
コーパスの活用から見た日本語教育研究 …………………… 砂川有里子（68）

1

「東アジアにおける孟子受容」
徳川日本における『孟子』受容 …………………………… 高橋恭寛（81）

「シルクロードと日本研究」
鄭和と「一帯一路」 ………………………………………… 上田信（95）

日本语言分科会

关于汉语中名词性非主谓句的语用功能及日译研究 …………………… 刘雅静（107）

「自己引用」表現の談話機能と形式
　　—日本語教育の観点から— ……………………………… 遠山千佳（117）

不満表明に関する日中対照研究
　　—映画・ドラマを素材に— ……………………………… 楊　虹（132）

日语教育分科会

民国时期日语教材的发展及特点 ………………………… 张金龙　李友敏（149）

中日教育文化交流のあり方に関する一考察
　　—大平学校から見えてきたこと— ……………………… 孫暁英（157）

ipad在大学日语教学及科研中的应用 ……………………………… 张文颖（172）

日本文化分科会

山鹿素行『武教全書』とその展開 ………………………… 中嶋英介（183）

日本经济分科会

外資系小売企業の創造的適応による競争優位
　　—日系小売企業の中国事例を通して— ………………… 金　琦（197）

小売業から見た近現代日本の老概念の変遷
　　—百貨店を通じて— …………………………………… 加藤諭（211）

目 录

日本语言研究

大学基础阶段日语教材的词汇分析
　　——以日语外来语为例 ………………………………… 谯　燕(231)

中国語を母語とする日本語学習者の漢語と和語の連語形式の習得に及ぼす母語の影響
　　—モンゴル語を母語とする日本語学習者との比較から—
　　………………………………… 小森和子　三國純子　徐一平(240)

「ただ」の副詞機能と接続詞機能の連続性 ……………… 曹彦琳(259)

照応形としての三人称普通名詞の生起条件に関する考察 …… 崔広紅(268)

非協調性からみた日本語の命令表現
　　—従来でいう「反語命令」への記述的な試み— ……… 揣迪之(282)

日语教育研究

关于20世纪30年代中国人编写的日语教科书的研究
　　——以《日本语法例解》为例 …………………………… 朱桂荣(297)

中国人中級学習者の日本語漢字単語の中国語口頭翻訳における心内辞書の働き方
　　—聴覚呈示事態による中日間の形態・音韻類似性の影響— …… 費暁東(311)

中国人非専攻日本語学習者の学習動機の変化
　　—中国における大学の日本語双学位学習者を対象に— ………… 王　俊(320)

『新編日本語1-4』における敬語の扱いに関する一研究
　　—ポライトネス理論とディスコース・ポライトネス理論の視点から—
　　……………………………………………………………… 李　瑶(336)

日本文学研究

北京での坪田譲治
　　—戦時下における日本児童文学の一側面— ……………… 劉　迎(355)

宮沢賢治文学における自己犠牲と武士道思想
　　—「グスコーブドリの伝記」を中心に— ……………… 閻　慧(367)

日本文化研究

岡倉天心の『茶の本』に関する一考察 ………………………… 叶晶晶(383)

3

日本社会研究

关于日本福岛核事故原因的失败学思考 ……………………………… 俞晓军（395）

日本智库对华认识的最新动态分析
　　——聚焦近五年来日本国际问题研究所发布的研究报告书 ……… 姜　瑛（408）

21世紀初頭における日本経済界の対中認識 ……………………… 卢永妮（419）

日本经济研究

パート活用の高度化に対する実態研究
　　—第三次産業の企業調査を中心に— ……………………………… 刘　婷（429）

2016年度优秀硕士论文

中日広告表現の対照研究
　　—談話分析の角度から— …………………………………………… 滕　越（443）

中国日本語学習者と日本人教師との異文化葛藤の原因帰属と解決方略
　　………………………………………………………………………… 袁　茜（466）

「ひかりの素足」から「銀河鉄道の夜」への変奏
　　—少年の異界体験を中心に— ……………………………………… 李凯夏（488）

内藤湖南の中日関係構想
　　—ワシントン大会前後の時局論説を中心に— …………………… 秦潇潇（507）

地域活性化におけるソーシャル・メディアの役割 ……………… 刘兆媛（523）

执政党对日本公共投资地区间分配影响的实证研究 ……………… 刘思言（548）

あとがき ………………………………………………………………………（573）

『日本学研究』投稿規定 ……………………………………………………（574）

『日本学研究』執筆要領 ……………………………………………………（575）

《日本学研究》征稿启事 ……………………………………………………（577）

《日本学研究》撰稿规范 ……………………………………………………（578）

Contents ………………………………………………………………………（580）

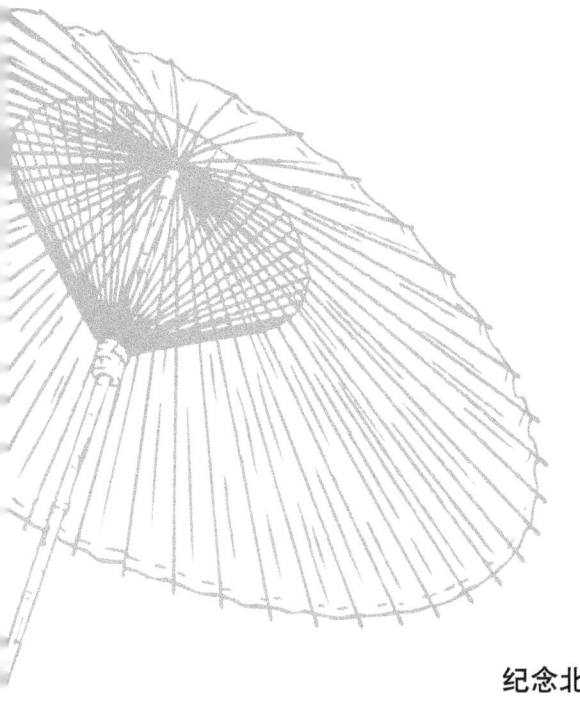

纪念北京日本学研究中心成立三十周年国际学术研讨会
"亚洲日本研究的可能性"

基调报告

大平正芳追想
―北京日本学研究センター30周年を記念して―

(日本)東京大学　竹内信夫

　皆様、こんにちは。わたくしは、竹内信夫と申します。本日は北京日本学研究センター設立30周年を記念する集まりにお招きいただき、まことにありがとうございます。不思議な縁で、わたくしはセンターが設立されて間もなく、わたくしの記憶では2年ほど後のことだったでしょうか、センターと出会うことができました。その当時の主任教授を務めておられた厳安生先生に紹介され、厳先生に案内されて初めてセンターと対面いたしました。当時は北京外国語大学の西院、センター職員の住宅区域になっておりましたが、その一画にセンター校舎はひっそりと立っておりました。大学付属の幼稚園と、構内道路を挟んで、向かい合うところにそのセンター校舎がありました。その配置が私にはとても印象深い記憶として、今も鮮明に残っています。園児の声がにぎやかにセンターを包んでおりました。今でもその園児の賑やかな声は私の耳には聞こえています。それが私の、北京日本学研究センターとの最初の出会いでした。

　その後まもなく、わたくしは派遣教員の一人としてセンターに再び来る機会を与えられました。そして、きらきらと輝く目をしたセンターの学生さんたちと出会いました。その時の講義、講義と言うよりも日本の大学で言うところの演習と言ったほうが適切だと思います。それはさておき、私が初めて行ったその演習のテーマは、唐王朝の時代に日本国の派遣研究生として唐の都、長安に留学生として滞在した円仁という仏教僧についてでした。

　円仁には、皆様もよく御存知だと思いますが、『入唐求法巡礼行記』という著作があります。ある意味では日本人の中国留学の記録なのです。その著作は漢文で書かれておりますから、センターの学生さんにはスラスラと難なく読めるテクストだから、よいかなと思って私は選んだのです。しかし、センターの学生さんたちのまず学びたいことは、日本語でした。というわけで、これは私のセンターでの失敗談ということで終わりました。

　それはそれといたしまして、そのすれ違いの演習とは別に、学生さんたちとは近くの店で一緒にテーブルを囲んで昼の食事をとりながら、センター学生さんたちの生活状況や、さまざまな要望などを聞かせてもらいました。ざっくばらんな談話のなかで、センターでの生活のこと、中国近辺の景勝地のこと、それぞれの出身地の自慢話など、そこから多くのことをわたくしは学ぶことができました。

　時には、バスを借り切って、一緒に郊外の遠足にも出かけました。戦争博物館な

どにも案内してもらって、軍国日本の恥ずべき行状の展示なども大いに勉強になりました。この後にも話しますが、私の戦争体験、私の場合は日米のいわゆる「太平洋戦争」の体験ですが、重なり合うことも多く、大変勉強になりました。そういうこともふくめて、その当時のことは、あれこれと今でも懐かしく思い出します。このような思い出話を続けていれば時間はいくら有っても足りなくなるでしょう。講演冒頭の思い出話のつもりでしたが、このあたりで一旦終わりにしておきたいと思います。

　次に改めて、自己紹介めいたことを申し上げたいと存じます。それは、なぜわたくしがこんなにも長く、北京日本学研究センターに関心を持ち続け、その経営にも日本側の責任者の一人として長く関与してきたかということの背後にある、わたくし個人の思いをこの機会に話しておきたいからです。今までそれを話しておりません。しかし、この機会を逃せば、二度とそれを語るチャンスはなくなるでしょう。そういうわけですので、皆様方のお許しを頂いて、わたくしの個人史にかかわる一つの秘め事をお話しさせていただきたいと存じます。

　ご覧のとおり、私は髪の毛も白くなった齢70年を超えた老人です。わたくしは8年ほど前までは、日本の東京大学という大学の教員として、研究・講義を行ってまいりました。フランス文学を専門に学んできたということもあって、その分野の担当をしておりました。フランス語の学習はもちろん、フランスの文化や、近代フランス思想に関する講義を担当しておりました。他方、私は空海という仏教僧の研究も秘かに行っておりました。空海は中国の唐王朝の後期、西暦で言いますと774年に生まれ、835年にいなくなった仏教僧ですが、当代随一の文人でもあり、思想家でもありました。先ほど少し触れた円仁よりは時代的には少し前の人です。今は私の空海研究についてお話し申し上げる場ではありませんので、ただ、その人物が日本の讃岐の国の出身であったということだけを言っておきたいと思います。もう一度、私自身のことに話を戻します。

　私は1945年の1月に生まれました。日本とアメリカ合衆国との間に戦われたその「太平洋戦争」のさなかに、私は大阪市ですべての赤ちゃんと同じように「おぎゃー」の産声の一声をあげて、この世界に誕生いたしました。私が生まれて間もなく、私の誕生した大阪市はアメリカ合衆国の最初の空襲を受けました。私は生まれてわずか2カ月後に、米国空軍の空爆という、とてつもなく危険な試練にさらされました。もちろん、生まれたばかりの赤ん坊に、空爆などということはわかりません。田舎の実家に命からがらに逃げ延び、それからずっと後になって、私が10歳になった頃だったでしょうか、母から、「あんたはアメリカの焼夷弾が降ってくる下で生まれたんだよ」と、私は何度も何度も聞かされるようになりました。「焼夷弾」というのは、地上にあるものをすべて焼き尽くすことを目的とする凶悪にして無慈悲な爆弾の名前です。

これからお話しすることは、生まれて二カ月後に、その「焼夷弾」の洗礼を受け、父母に抱かれて逃げ惑っていた一人の幼子（おさなご）の物語だと思ってお聞きください。

　こんな古い話を皆様方の前で話すのはとてつもなく恥ずかしいことです。恥ずかしいというよりも、その戦争は日本が皆様の美しい祖国を不当に占領し、不当に支配し、不当に統治しようとしたことに始まる戦争の、終結部分に当たります。ですから、日本人の一人として、私は深い反省と謝罪の念をここで表明しなければならないでしょう。しかし、現実の問題としては、私は生まれてまだ2カ月の赤子、その赤子はアメリカ空軍の投下する焼夷弾の雨にさらされ、奇跡のような幸運によって生き延びた一人の人間です。生まれるべきでは決してなかった時に生まれ、奇跡のような幸運に恵まれて、生き延びることができた一人の人間です。

　アメリカ空軍の空爆の洗礼を受けることになった私は、天から落ちてくる焼夷弾の雨の下を、父母とともに逃げ惑うところから私の人生を始めました。私の人生は、今の日本ではもう誰もが忘れている、あるいはそれを経験した人であれば忘れたいと思っている出来事、戦争の敗北から始まりました。アメリカ空軍の空襲は、私が生まれた時に始まり、その年の夏の広島・長崎の原子爆弾まで続きました。その8か月という時間のなかで、多くの人が亡くなりました。

　私もその人たちと同じ運命を背負わされたかもしれないという思いは、今でも私の脳裏から消えることはありません。消えてはならないのです。なぜなら、それが私の生きていることの稀有な、ただ一つの証だからです。それは、何千何万の内の一つという、稀有な幸運によって生き延びることができた命です。それを私は今まで、70年わたって生きてきました。その思いは私の人生を通じて消えることはありません。こうして70歳になって、皆様の前でそのことを話しているということの幸せが、今は一入強く感じられます。

　その稀有な幸運に恵まれた、私と一つの命が幼少年期を過ごしたのは、瀬戸内海に面した「西の庄」という田舎町です。私は今もそこに住んでいます。瀬戸内海という美しい内海に面した町です。戦争のおかげで、その故郷（ふるさと）の地が私に与えられたのです。その故郷は、瀬戸内海を見下ろし、標高千メートルほどの讃岐山脈という穏やかな山地を背にしています。その風景は、少し大きくなった小学生の私には、とても美しく見えました。その風景の中で、間もなく訪れる死まで、私は満たされた思いで生きております。

　その穏やかな瀬戸の同じ海風を受けながら、そして同じ讃岐山脈の麓の農村で生まれた、私の愛してやまない一人の日本人、大平正芳は生まれました。私より35歳年長ですから、私の大先輩に当たります。

　私が本日の基調講演の題目として取り上げるのは、その大平正芳という人物です。戦後の険しい困難な中日関係において、最も重要な位置に身を置き、それを主導してきた一人の人物への心中深く秘めてきた敬愛の念と申しましょうか、その人

物への今も断ち難い私の尊崇の念を、皆様にお伝えしておきたいのです。中日国交回復を周恩来総理とともに実現した日本国外務大臣大平正芳です。しかし、私が話したいのは日中国交回復の立役者としての大平正芳外務大臣の業績ではありません。大平正芳という人物の生涯を支えていた内なる思いについて、お話し申し上げたいと思っています。

　話は突然変わりますが、陶潜という有名な詩人がおります。字は淵明です。紀元4世紀の中ごろ、今から1700年以上も昔に生まれ、紀元427年に亡くなっています。今から見れば大昔の詩人です。現実には存在しない理想の村とそこでの平和な生活を描いた「桃花源記」という詩を残したことでよく知られています。その詩人が書いたもう一つ有名な詩に、「帰去来之辞」という詩編があります。とても有名な詩で、文学に少しでも関心を持つ人なら日本人の誰でもが知っています。もちろん、中国で陶淵明を知らない人はいないでしょう。

　その詩は、次のような言葉で始まっています。失礼ですが、日本式の音で読ませていただきます。

　　帰去來兮、田園将蕪胡不歸
　　（き・きょ・らい・けい、でん・えん・しょう・ぶ・こ・ふ・き）

日本語で読み下しますと、次のようになります。

　　帰りなむ、いざ、田園まさに蕪（あれ）なむとす、なんぞ歸らざらむ。

現在の日本語に翻訳すれば、

　　さあ故郷（ふるさと）に帰ろう、わたくしの故郷は雑草に覆われ、荒れ果てようとしている。どうしてその故郷に帰らないでいられるだろうか？

　陶淵明のこの詩を引用したのは、まず第一には、他でもなく私自身がこの詩をとても好きだからです。中学生の頃、先生が教えてくれたのですが、その後長い年月が過ぎ、定年退職の日が近付くにつれて、陶淵明のこの詩句がわたくしの頭の中に浮かんでは消え、消えては浮かぶようになりました。

　特に、「田園まさに蕪（あれ）なむとす」という一句は、何度も何度も繰り返して、私の頭のなかを駆け巡るようになりました。この詩句に煽られて、大学の仕事が終われば、長く離れていたふるさとに戻ろう、そう私は決心しました。定年退職後に、私に田舎の故郷に戻る決心をさせてくれたのは、この詩句でした。大学の同僚たちは、わたしのその「なんぞ歸らざらむ」という帰郷の決心を、不思議なことのように見ておりました。わたくしの父も母も、わたくしが定年退職するよりも前に亡くなっていました。ですから、わたくしは故郷に帰っても、年老いた父母を支えるという務めはありませんでした。故郷の家には、誰もいなかったのです。それでも私は故郷の家に帰ろうと決めておりました。私の故郷の田園は、「まさに荒れなんとす」どころではありません。既に荒れ果てていました。その荒れ果てた故郷の風景を

見て、私はひどく意気消沈しました。と同時に、やるべき仕事が私の目の前に立ち現れてきました。そこで生きてゆくための準備です。陶淵明と同じように、住居をしかるべく修繕し、あれ果てた耕作地を本来のあるべき状態に戻すことです。

瀬戸内海に面し、城山（きやま）という7世紀の古代山城（やましろ）のあったその山の麓にある、古い隠れ家に私は妻とともに住んでのんびりと暮らしています。そこで、自分の好きな本を読み、時々は自分も本を書いて、暮らしています。そういうわけで、わたくしは皆様方に役立つようなことを何か話しできるような能力も資格も、そのための話題も実は持ってはいないのです。

しかし、これから私が陶淵明の詩編に啓発されつつ、語ろうとしていることは、大平正芳という人物の秘められた真実なのです。確かに大平さんは、戦後を代表する卓越した日本の政治家です。戦後日本の政治家のなかでもっともすぐれた人物であったことは間違いありません。そしてまた、日中国交回復の偉業を成し遂げた外務大臣であり、日本自民党内の拙劣な政権闘争の犠牲者でありました。

私の大好きな、今も深く敬愛する大平さんは、そのような範疇に収まる人物ではありません。卓越した外交官であり、あるいは日中国交正常化を果たした外務大臣であり、あるいはさらに不運の宰相として政権闘争のうちに倒れた不運の政治家でもありません。どんな時、どんな場面でも、謙虚さを失うことなく、決して虚言を吐かない敬虔なキリスト教徒として、そして子供たちとさえも自由に話し合うことができる汚れなき精神を持って生涯を生きとおした、そのような一人の人間です。そしてまた、心のこもった文章で人を動かすことのできる、詩人の魂を持つ文章家であった、大平正芳という名の一人の人間なのです。

大平正芳は、著作家の一面を持っています。自分の考えや感じたことを、それに相応しい言葉で表現することができる人です。大平さんは、絶えずメモを取る人でした。思いついたこと、感じたこと、読んだこと、教えられたこと、すべてを一度はメモ帳に写し取り、必要となればそのメモを文章として定着させることができる著作家でした。

それらの文書を私たちは今では容易に読むことができます。まず第一に、没後二年という早い時期に、『大平正芳回想録』二巻が刊行されております。その「資料編」の巻には、かなり多くの文章が収録されています。その巻の巻頭には多くの写真収録されており、大平さんの生前の姿を如実に偲ぶことができます。

さらに現在では、講談社から『大平正芳全著作集』全7巻が出版されています。これはセンター図書館にもあるはずです。大平さんの書いた文章が類別に編集されて収録されています。第7巻には、活字にはなっていない未刊行の日記・メモ・覚え書きなども収められており、大平さんの広大な文章世界が展開されております。文人大平正芳のあらゆる種類の文章を、今では誰でも読むことができます。それはいわば、活字化された大平ワールドなのです。

私が特に皆様方に注目して頂きたいのは、その中に収められた談話であり、特

に外交的な談話メモです。第5巻にはそのような談話が数多く収録されております。そのすべてをここで紹介することはできませんので、私がとりわけ感銘を受けた外交的談話を一つだけ取り上げて、以下に、少し詳しく紹介してみたいと思います。

その談話は、大平さんが亡くなる半年ほど前の、従ってまた最後の中国訪問の最終日に北京の政協礼堂で語られた談話です。表題は「新世紀をめざす日中関係」とあり、それには「深さと広がりを求めて」という副題が添えられていました。「新世紀」という表現、それに「深さと広がり」が添えられているのです。今から振り返れば、その後日中関係の未来を見据えた、政治家大平正芳の最後のメッセージである、と捉えなおすこともできるでしょう。

以下しばらく、記録された本文に沿って講演の大筋を紹介してゆきたいと思います。

冒頭、大平さんはまず、次のような謝辞を表明しています。原文をそのまま引用します。

「本日、ここ中国人民政治協商会議礼堂において、日本と中国との関係について、所信の一端を申し述べる機会が与えられましたことは、私の非常な喜びとするところであります。このような栄誉ある機会を準備して下さった中国政府、中国人民政治協商会議に対して、深甚なる感謝の意を表明いたしたいと思います。」

この謝辞を聞きますと、大平さんは訪中スケジュールのなかに当初から、この所信表明を計画し、周到にその準備をしていたことがよくわかります。この謝辞に続けて、大平さんはまず、7年前の中日国交正常化という「歴史的大事業のため」に田中内閣外務大臣として北京を訪れたときのことを回想しております。そして当時、その大事業に対して大きな期待と同時に大きな不安に苦しんでいたときに、その当時の周恩来総理の「小異を捨てて大同を求める」という言葉に大いに励まされ、その不安を克服することができたことを語っています。そのおかげで、両国間の平和友好条約の締結までこぎつけることができた、とも述べています。

また、今回の訪中によって、当時の中国指導者が「確たる展望を踏まえつつ、ゆるぎない信念をもって総力結集されていることを知りました」と述べた後、当時の指導者の一人が、南宋の詩人、陸游(1125～1209)の「遊山西村」と題された詩編の「山重水複、道無きかと疑う、柳暗花明、また一村」という句を引用して、「困難の克服と前途の光明を表現されていたことを、私(＝大平)は、改めて強い感動をもって思い起こすのであります」、と述懐しています。

それに続けて、大平はまた中国の未来の明るいことを次のようにも述べています。

「今回の訪問で、…目のあたりに見た北京の街は、私が前回訪問した五年前に較べ、格段に明るく、人々は、活力に溢れ、前途に対する自信に満ちていました。僅か

二日の印象でありますが、ここにおいて私のかすかな不安は一掃され、成功への確信にかわりました。私は、善き隣邦の一人として、中国の近代化政策が実り多き成果を上げることを心から願うものであります。」

そしてまた中国が、「国際社会の平和と安定のため、一層積極的な役割を果たそうとする用意を示している」ことは、同慶に堪えぬ喜びであると表明しております。続けて次のようにも述べています。「この立場に立って、私は、貴国の努力に対して、貴国におけるいくつかの優先度の高い港湾、鉄道、水力発電等の基本建設プロジェクトに対し、政府ベースの借款を供与すること表明する」、とも述べております。
　それだけではありません。さらに、と大平さんは続けます。

「さらに、私は、貴国の指導者に対して、我が国が技術協力、あるいは留学生の受け入れをはじめとする文化学術面等において、貴国の人づくりに積極的に協力してゆく用意があることを表明いたします」

と、約束しております。産業基盤への援助ばかりではなく、人材育成にも「積極的に協力する」ことを表明しているのです。北京日本学研究センターの設立、そして新館の建設なども、この大平声明に沿って実現されてきたのです。資金援助をすればそれで終わり、というだけではなく、「人づくり」への援助にも明瞭な言葉で言及しているところに注目してください。
　これらの支援の約束を表明した後、大平さんは続けて、「なお、以上申し述べた点と関連して、私は、次のことを明確にしておかなければなりません」と続けて、具体的な提案をいくつか表明しております。今はそのすべてを紹介する時間の余裕もありませんので、そのうちの一つ、私が現在この場においてもっとも重要であると考えているものを一つだけ紹介しておくことにします。それは北京日本学研究センター設立にも直結する提案です。その個所を、主要な原文を織り交ぜながら、以下に引用しておきましょう。
　まず大平さんは、次のような認識をもって提案を語り始めます。

「由来、国と国との関係において最も大切なものは、国民の心と心の間に結ばれた強固な信頼です。その信頼を裏打ちするものは、何よりも相互の国民の間の理解でなければなりません。」

大平さんはここでまず、誰もが承認するであろう原則論を述べています。ここまでは、外交にいくらかの経験と認識がある人ならば誰でも口にすることはできるでしょう。この原則論に続けて、大平さんは次のような懸念を表明します。

「ものの考え方、人間の生き方、物事に対する対処の仕方に、日本人と中国人の間

には明らかに大きな違いがあるように見受けられます。われわれは、このことをしっかり認識しておかなければなりません。(中略)一時的なムードや情緒的な親近感、さらには、経済上の利害、打算のみの上に日中関係の諸局面を築きあげようとするならば、それは所詮砂上の楼閣に似た、はかなく、脆弱なものに終わるでありましょう。」

後半部分は、どこかの国の指導者たちにも読んでもらいたいような文言です。「経済上の利害打算」の上に築かれるのは「砂上の楼閣」と明言する、大平さんに心中には、実は経済的な利害打算を超えた、具体的な提言が隠されているのです。それは次のような提言でした。

「相互理解を深める上で人の往来を盛んにすることの重要性については、あらためて多言を要しません。私は、この点に関し、特に両国間の文化学術面における交流、あるいは留学生等の交流を大切にしたいと思います。」

「国民間の相互理解の増進をはかる一つの有力な手段が、言語であることは、いまさら申す迄もありません。我が国においては、古来、中国の漢籍が日本文化の一部を構成していることは御承知のとおりであります。また近年、現代中国語の学習熱が盛んになりつつあることは、極めて喜ばしいことであり、政府としてもこれを奨励してまいりたいと考えております。
　一方、私は、中国においても日本語学習熱が高まりつつあることを喜んでおります。
　私は中国におけるこのような日本語学習の一層の振興のため、日本政府として、明年以降、具体的な計画をもって努力することを約束したいと思います。私は、また中国における日本語の学習が、中国の人々の日本の社会および文化自体に対する幅広い関心の高まりにつながることを強く期待するものであります。
　以上のような相互理解の努力を通じて、世界の平和とアジアの安定の創造に寄与する日中両国の関係をより深くより広く推し進めていくことによって、今日、両国民に課せられた最も大きな課題であると信じるものであります。」

長い引用になりましたが、これが、大平さんが中国政府に、そしてまた特に中国の日本語教育者に発したメッセージでした。このメッセージはそのまま、中国全土の大学における日本語教師のレベルアップを図るプロジェクトとして、すなわち「大平学校」と呼ばれるようになる壮大な再教育プロジェクトとして実現されました。
　それは、さらに修士博士課程の高等教育レベルの高度教育機関として、今年で30周年を迎える北京日本学研究センターとして継承されて、現在に至っております。センターはその成果の上にさらに創造的な中日関係を構築するための、新たな前線に立たなければならないでしょう。

ところで、普通ならばここで終わってもよさそうな大平さんの演説は、さらに続くのです。この講演が行われている政協礼堂の演説台において、大平さんは、本講演の主催者を務めるウランフ副主席と聴衆に向かって、こう語り続けるのです。興味深い個所ですので、少し長くなりますが、そのまま全文を引用しておきましょう。

　ウランフ副主席閣下、
　ご出席の皆様、
　昔、唐代の高僧、鑑真和上は、わが国留学生のたっての希望をいれ、生命の危険をもかえりみず、万里の風涛を越えて、わが国に渡航され、仏教ばかりではなく、その弟子たちを通じ、建築、彫刻、文学、医学の面でもわが国の発展に大きく貢献されました。その徳を深く感じたわが国民は、和上の像を千二百年にわたって今日に伝え、これを国宝とし、そのご建立になった唐招提寺に安置しております。時代の激変を超え、わが国の国民はいまなお、和上の徳を欽慕し、その祭りは絶えず、私も、その遺徳を敬慕してやまぬものであります。なお、この和上の像は、日中友好の見事な証として、近くこの北京の地において公開され、故国中国の皆様に対面されることになっております。
　21世紀に向かうこれからの時代にも、数々の荒波が襲うでありましょう。日中間においても、その荒波の中で、両国が時に意思を異にし、利害関係を異にする局面も出てくるかもしれません。しかしながら、両国間の二千年来の友好往来と文化交流の歴史をふりかえり、今日われわれが抱いている相互の信頼の心を失わずに努力し続けるならば、我々の子孫は、長きにわたる両国の平和友好関係を世界に誇ることになるでありましょう。私は、両国の間の末永き平和友好関係を心から願い、また、両国の交わりにおいてさらなる深さと広がりを求めて皆様とともに努力したいと思います。
　ご清聴ありがとうございました。

　以上が、大平さんの講演の末尾に添えられた文章です。この短い文章に込められた大平正芳という、当時の日本の指導者の祈りに近い言葉は、現在の日本人のなかにも、その指導者たちにも、ややもすれば忘れられようとしています。大平さんが予告したように、21世紀に向かうこれからの時代には、数々の荒波が押し寄せようとしています。その荒波のなかで、大平さんが予見したように、日中間に時として意思を異にし、利害関係を事にする局面が浮かびあがろうとしているのかもしれません。
　そうであればこそ、私たちには、互いに相手を信頼する心を失わずに、持てる力の限りを尽くして、その荒波を静かな平和の波に変えてゆく努力が求められているのだと思います。大平さんの思いを受け継いで、両国の間の末永き平和友好関係を心から願い、また、両国の交わりにおいてさらなる深さと広がりを求めて、たとえ微力であれ、皆様方とともに私も精一杯の努力を惜しまないことを皆様の前で誓いまし

て、拙い私の話を終えたいと存じます。
　また、本日の記念行事につきましては、帰国後、故郷の海を見下ろす場所に立つ大平さんの像に報告をするつもりであります。
　御清聴、ありがとうございました。

中日古代文化关系的政治框架与本质特征

北京大学　严绍璗

目前在关于"重构亚洲史"的研讨中,对"古代中日关系"和"古代中日文化关系"乃至"东亚社会秩序"几个层面中有一些比较流行的阐述。

如果深刻检讨这些"言说"的主体,它们有的远离"历史文化语境"与脱离"历史原典文本",有的则以"近代政治文化语境"中形成的"近代国家学说"作为考量古代东亚关系的框架,或以"近代民族"和"近代民族文化"的观念作为审视古代中日文化融合的标尺来"言说"古代关系,也有的"言说"则是对东亚诸民族纷繁复杂的历史文化关系明显地缺乏在"文化学"观念中进行切实的梳理,从而造成本来已经清楚的历史事实,变得"虚影"与"实像"混淆不清。

这些以"新思维"出现的"言说",主体上是对一些很陈旧的主观意念进行了新的包装,变成了"新观念",从而在对东亚历史进行"重构言说"时,不仅没有能在"历史"中勾沉出新的"历史事实本相",却是使"历史的真面貌"浸泡在由"言说者"自己"重构的东亚史"的"虚影"中。这样一些虚构的东亚古代图影自20世纪下半叶以来由一些专事热闹的"媒体"为桥梁,逐步渗透入社会舆论中造成不少民众心态中的"情绪化的精神纠结",对推进东亚未来和平共处、两利双赢造成新的难题和挑战。

今天我想以"中日古代文化关系的政治框架与本质特征"的研讨为中心,向诸位请教,主观上力求以原典实证的观念与方法论,还原作为"古代东亚文明共同体"的核心内涵的"中日文化关系"的基本面貌。

围绕这一课题,我的发言稿分成三个层面阐述我个人的思考和辨析。

（一）关于"册封体制"的研讨:如何认识古代中日文化关系的政治框架;

（二）中日古代文化关系中"本体精神"的建构:关于"华夷之辨"的研讨;

（三）中日古代文化关系的本体性特征。

考虑到会议的时间,在提交文稿的时候,我上交了（一）和（二）两个层面。后来,我又接到大会发言40分钟的通知,深感各位时间的宝贵,所以,今天只能就第一层面表述我的看法。第二层面内容也已经印诸位,请阅读和指正。

下面,就我思考的"中日古代文化关系的政治框架与本质特征"这一课题的第一层面即"关于'册封体制'的研讨:如何认识古代中日文化关系的政治框架"阐述我的思考。

1. 有学者认为,自古代以来,世界秩序是以三种基本的制度形式维持其运行的。这就是以"朝贡—册封制度""殖民地制度"和"契约关系制度"维系着自古至今的世界各国的关系。例如,日本学者滨下武志认为,通过以中华文明为中心的朝贡网络,东亚、东南亚、南亚和西亚以朝贡和贸易等多种方式构成了一个有序的地域,它拥有与近

代欧洲完全不同的内在逻辑,这就是与民族国家相对应的"中心—周边"机制和与此相应的"朝贡—册封"关系。

2. 其实,这并不是一个新见解,其学术的渊源来源于19世纪后期福泽谕吉的"开国论"论说(参见《唐人往来》)。20世纪60年代初期,日本东洋史学者西岛定生在研讨6世纪到8世纪的中日关系时,在福泽谕吉论说的基础上提出了中国对日本实行"册封体制论"的构思(初见于1962年岩波书店出版的《日本历史》卷二"古代二"中的《东亚世界与册封秩序》一节。后收入西岛定生著《中国古代国家と世界》第二编第二章,东京大学出版会刊,1983年版)

当年西岛定生把自己的这一论断限制在"六到八世纪"时代,还没有把这个论说的边线延伸到构筑"古代东亚政治秩序"的无限境地。尽管他做了这样的"限时",但由于这个论说本身与中日关系史的事实不相一致,所以并没有为当时的史学界(包括日本史学界)的大多数学者所接受,反应并不强烈。

3. 90年代以来,新生代学者开展了对"东亚史"包括"日本史"和"中日关系史"在内的已有的历史叙事的"再思考"和"重构",致力于以自己的"新历史观"来演绎古代东亚社会秩序,进而为"文化研究"和"文学研究"制定一种"特定的文化语境"框架。于是,他们在关于中日古代政治秩序层面研讨中便重新提出了"朝贡—册封"体制,并对它作了若干新的阐述,并将这一"体制"延伸到19世纪时代。与此呼应的则是把陈旧的"脱亚入欧论"翻新为"海洋的日本文明观",用以总摄"中日古代文化关系"(基本论说参见川胜平太著《文明の海洋史观》载《早稻田政治经济学杂志》1995年,川胜平太著《海から見た歴史》藤原书店刊1996年版,川胜平太著《文明の海洋史观》中央公论社刊1997年版,白石隆著《海の帝国 アジアをどう考えるか》中央公论社刊2000年版)

以此为契机,"重构的亚洲史"便把"中日古代关系"和"中日古代文化关系"拖入了一个由"历史重构者"所设置的"政治框架"之中,由此而言说"中华历代王朝"的"天下一统心态""宗主大国观念"与"政治和文化的霸权行为"等等,并进而表明"弱势族群"的"抑郁的心情",试图给古代东亚的"政治框架"和"文明势态"涂抹上"灰色图景",有的学者还试图以此来暗喻和搅合中日近代一些重大问题的关注点。因此,阐明中日古代文化关系就不能不以阐明中日古代基本的政治联络框架为基础。

4. 为了验证中日古代关系的政治秩序,首先必须在相应的历史文化语境中还原日本列岛古代存在的政治实体的族群本质。即首先必须弄明白作为古代国家的"日本",究竟是什么时候出现在日本列岛上的?它什么时候开始与亚洲大陆的中华王朝建立起了"政治联系"?

诚如许多研究者所知晓的,1784年(日本天明四年 中国乾隆四十九年)在日本福冈南侧的志贺岛上出土一枚镌刻有"汉委奴(Anu)国王"字样的方形纯金印玺,边长2.347厘米(合汉时代长度1寸),厚度0.8厘米,重108克。

现在有些研究者由此认定这是古代中日关系中存在"册封制度"的最有力的物化证据。日本福冈博物馆在诠释这一金印时把印中玺文读若"カンのカのナのコクオウ",并且进而解释说"「委」是对古代日本人的称呼,「奴」是以现在的福冈市为中心的

当时小国家的名称。……弥生时代福冈平野的奴国,是当时日本列岛上最强大的国家",从而把中国《后汉书》记载的"建武中元二年(57年)倭奴国奉贺贡朝……光武赐以印绶"中的"倭奴国"诠释为"倭の奴国"(カのナのコクオウ)。

5."历史重构者"没有意识到这一释文的荒谬性,几乎所有的"言说者"忽视了这样一个基本事实,即依据中日原典文献的记载与文物发掘的支持,文化人类学的知识可以确认自上古以来,日本列岛在现在的"日本国"形成之前曾出现过由另外一个族群组成的政治实体。此即最早由作为日本"原住民"(Proto-Japanese)的阿伊努(Ainu)人组成的"部落""部落联盟"和"古代国家的雏形"。中国上古文献从《山海经》到《(新)唐书》中所记录的"倭"或"倭奴"指称的就是日本列岛上的这些原居住民。"倭"或"倭奴"既是人种族群的称号,又是相应这一时代中他们与中国王朝交涉时使用的各种政治实体的总称号。

6.中国上古汉语中的"倭"并不如同现代汉语那样读若"WO"。从构字上说,此"委"是"倭"的本字,属于"歌"部,发(a)音,入声调。所以,中国上古文献中记录的"倭人"和"倭奴人",即为"AH人"或"A(I)NU人",研究者可以从志贺岛出土的公元前五世纪的"汉委努国王印"中得到充分的证实。"委"或"委奴"是长短音记录的不同。此即日本列岛的土著居民"ainu"人,又别称"毛人""虾夷"等。

20世纪初期英国著名的人类学家和医学家 E. Balze 曾在20世纪初期对日本列岛上的土著居民做过详尽的人类学研究,他首次认定日本列岛上的"土著居民"就是中国上古文献中记载的"毛人"、"倭(a)人"等等,其成果写在他参与写作的《大英百科全书》第12卷中。E. Balze 的的见解,后来得到日本考古学家滨田耕作等的支持(参见滨田著《自考古学上观察东亚文明之黎明》)。我本人长期坚持日本列岛"两个民族说",一直认为"Ainu"和"Yamato"是出现于列岛先后不同的"族群",延绵构成当代不同的"民族"。1992年9月5日—14日我曾与田中隆昭教授等从宫城县、岩手县、青森县到北海道的"白老"一带考察了"阿伊奴"人集群北迁的历史遗迹,更加证实了这一判断。日本在内阁中长期设立"北海道冲绳开拓使/(或)大臣"与这一历史沿革是密切关联的。(可参考严绍璗撰著的《日本的发现》一书,新华出版社1993年版)。

7.从公元前4世纪左右一直到 公元5世纪左右的千余年间,亚洲东部华夏先民、太平洋诸岛北漂的流浪者、朝鲜半岛的一些原居住民以及乌拉尔山脉以东广袤地区的信仰萨满教的古代通古斯族群等陆续迁徙到日本列岛,逐步共同组成了"列岛新移民",这就是"Yamato"人族群的起始,当汉字作为记录语言的文字使用之后,"yamato"就常常用"大和"来表示。但是从语义的层面上论考,"yamato"应该是袭用了"耶马台"这一日本列岛上古时代一个部落联盟的名称而命名的。这可以用公元3世纪时中国二十四史中三国时代《魏书》的相关的记载作为证明。采用汉字"大和"来表示"yamato"人族群,是这个族群在开始接受亚州大陆华夏文化中的"以和为贵"的社会道德之后对"yamato"做出的精神意义的阐述。

"yamato"人群在日本列岛的形成经历了大约一千年左右的时间或许更长的时期,他们建立起了新的政治实体,名号称为"日本",但在初期有时候也常常使用"倭"(a)或"大倭"的名称。

《(新)唐书》的《日本列传》是中国古代官方接收到的关于日本列岛政治实体变迁的第一次记录,文中称"日本乃倭(a)之别种也"。这是一个非常准确的记录,在当时的知识条件中,应该认定为关于日本史的极为了不起的记录。中国方面已经明确地判别出新的"日本"与原先的"倭"(a)并不是一个"种族",所以把他们称为"倭(a)之别种"。这是世界文献中关于"日本国"形成的最早的记载和报导。世界对于"日本"的认识都是由此而开始的。

8."大和"人中的华夏移民代表着当时列岛上新的生产力,他们把"阿伊奴"人从原居住地驱逐到列岛的东北地区(即现在的宫城-miyagi、岩手-iwate 和青森 aomoli 一带),中国南朝史书中保留着日本列岛上这一统一战争的历史性材料:

《宋书》卷九十七《蛮夷传》中保存的《倭(Ah)国王武致宋顺帝表》。这是目前存世的关于正在形成中的"大和国"的唯一的书面文献,其中记载他们在列岛上"东征毛人五十五国,西服众夷六十六国,渡平海北九十五国",可见战争之惨烈。

在 13 世纪前后,"倭(a)人"主体终于被赶逐到了津轻海峡之北当时的荒芜之地现在称为"北海道"的地区。日本至今保存的最古老的八世纪时代的文献《古事记》、《日本书纪》、《怀风藻》和《万叶集》,便是这个新生的"大和"族群的最早的生存记录,而不是土著"阿伊奴"人的历史文化文献,当然其中也散见有若干"阿伊奴"的材料。

9.依据日本列岛自上古以来政治实体这样的交替状况,中国文献中记载的自汉代以来数代王朝曾经册封过若干"倭(a)王",其中有文献与文物实证的如公元57年曾"赐封汉委(倭)奴国王",在魏晋及南朝时期还有若干次的"敕封",如"亲魏倭王"等的名号,都是对由"阿伊奴"人组成的政治实体的首领的"册封",并不是对古代"日本"首领的"册封"。

当代日本史学者的大多数认为,日本最上古的历史纪年应该起始于《日本书纪》记载的第 22 代天皇——即雄略天皇十五年(公元471年)。这一年最重要的史实则是华夏先民迁徙日本列岛经过几个世纪的聚合,已经成为当时"大和"族群中先进生产力的最主要的和最重要的的力量,其首领于当年被日本最高政治领袖敕名为"禹豆麻佐"(うずまさ)。"禹豆麻佐"(うずまさ)用汉字表述则书写为"大秦"。禹豆麻佐(うずまさ)与"大秦"之间词义构成的关系,与"yamato"与"大和"之间的关系完全一致。

这是一个极为重要的事实记事,它确证了"日本"的历史真正开始于"新移民"的聚合和他们的作用。同时,这个开始的年代,也回答了有学者质疑的中日关系史上自 478 年(中国南朝刘宋顺帝升明二年)"倭王武"遣使请求封号后,直到 600 年(隋开皇二十年、推古天皇八年)日本第一次派出"西海使"(此即遣隋使),为什么期间有 122 年未见有"倭王"向中国朝廷请求"册封"呢?

究其根本的原因,这就是日本列岛上"倭国"(它是日本列岛上阿伊奴人多元部落的总称)正在被新崛起的"日本"所替代。由于日本列岛政治本土实体的这一巨大转变,中国上古汉魏两代王朝对日本列岛政治首领的"册封"至此也就停止了,依据确切的历史事实,从 600 年左右开始,日本列岛上新形成的政治实体"日本"国则开始了与中国寻求建立新的政治联络。

10.这里要强调的是,中国史书《(新)唐书》上首次记载的"日本国",它不是日本列

岛自古以来就存在的"倭(奴)国",而是在经历了岛屿本土内长期的兼并战争后,由一个广泛的"移民群体"组成的族群击溃了日本列岛的原居住民的各种政治实体而建立起的一个古代的新的古代国家实体。

这一事实告诫研究者,在中日古代从政治关系到文化关系的研究中,必须认真依据原典材料把握两个基本的层面。

第一个层面是,古代日本列岛上先后出现的"倭国"与"日本",是两类不同族群的政治实体,古代"日本"不是古代"倭国"的自然延伸,而是在5-7世纪时期"大和族"击溃了"阿伊奴族"而建立起的新的古代国家。

第二层面是,"大和族"是几百年至于一千年间由四方"移民"组成的族群,"阿伊奴族"是一个在更加遥远的时代起就居住在本岛的原始土著族群。两个族群内含有非常不相同的族群气质,因而组成的政治实体也就具有了不同的政治品格。

11. 古代中日政治关系的起源,当以推古天皇时代派出的第一次"西海使"为标志。关于这一次中日交往的具体经纬,中日双方都没有文献可以徵考。但是依据《日本书记》的记载,在此之前作为古代日本国家的雏形,曾经多次试图通过朝鲜半岛与中国王朝建立联系。"应神天皇三十七年"记载当时的使者"渡高丽国欲达于吴。则至高丽,更不知道路。乞知道路者于高丽,高丽王乃副久礼波、久礼志二人为导,由是得通吴。吴王由是与工女兄媛、弟媛、吴织、穴织四妇女。"

12. 这一记载透露出的消息量相当丰富。

第一,与以前倭国多次使者前往中国不同,这次日本列岛的使者出使吴国竟然不知道路,说明这次的出使与以前的倭王使者不属于与同一个系统。

第二,以前的倭王使者到中国请求"封号",而本次使者在吴国寻求"生产技术"的支持,乃为生存发展中最必需的事项。在此之前"应神天皇十六年",已经记载有大陆的儒学者王仁自百济来到日本为太子稚郎子(わきいらつこ)师。直至513年(中国梁武帝天监十二年、日本继体天皇七年)"百济……贡五经博士段杨尔"等。这是新的日本通过朝鲜半岛寻求中国文化思想的支持。

如果把上述诸项综合起来,可以判断这是日本列岛上古代的一个新的族群国家正在蓬勃兴起的征兆。在有了这样一些先行的准备之后公元600年左右新政府正式向中国王朝派遣了使者。

13. 中日文献关于第一次"使者"出使的记载阙如,但关于第二次"遣隋使"的记载综合而能见其全貌。607年(中国隋炀帝大业三年、日本推古天皇十五年)《日本书纪》记载"大礼臣小野妹子遣于大唐"(这个"唐"是《日本书记》的追记)。依据《隋书·倭国志》的记载,这位使节携带的"国书"的开首抬头写着"日出处天子致书日没处天子"。这一外交表达,显示了两层极为重要的政治意义。

第一,由"日出处天子"一词证明,一个称为"日本"的新的国家王朝已经建立。"日本"一词的意义源于中国上古时期最早的字书《尔雅》。《尔雅》在表述中华先民的方位概念时称东方曰"日下"。作者说"日下者,谓日所出处,其下之国也"。此处的"下",就是日语中的"した"而不是"下がる"。

这是亚洲大陆人观察"太阳"升降所获得的概念,而不是日本列岛人对太阳升降可

能获得的印象,而所谓"日本"者,即为"日出处"之意,也就是上述"国书"开首的自命之语。"大和族群"借用了中国上古字书《尔雅》中关于华夏人观察"东方"所获得的这样美丽的意境命名了自己新组成政治实体。另一面,日本列岛观察到的太阳的升降景象,则把位于它西侧的亚洲大陆称为"日没处",故以此称谓"中国"。毋庸讳言,从"日本"国名的命名显示出这个王朝建立之初其最高层决策面人士就具有很丰厚的"汉文化"的修养。

14. 第二,这个新形成的古代国家在与中国王朝的最高层面的接触中,与以往所有的"倭王"寻求封号完全不同,它以"天子"对"天子"的地位相互交通,表现的是对王朝寻求"主体"的对等均衡。所以 608 年(中国隋炀帝大业四年、日本推古天皇十六年),当日本使节第三次抵达隋王朝时,他携带的"国书"的抬头又写道"东天皇敬白西皇帝",同样表现的是体制的最高首脑"天皇"对"皇帝"的"主体对等"的意识。中国王朝并没有因此而拒绝与日本的往来,由此而开始的中日古代最高层面的交通,一直是在这样一种"主权对等"的政治状态中进行的,(那个时代尚未有现代政治学中的"主权"概念,我只是借用这个概念以表述古代中日政治框架的核心)。

15. 古代日本"王朝"一旦建立,自七世纪以来中国与日本之间终于摆脱了以往主要联络需要取道经由第三国的交通,实现了横越黄海与东海的直接联系。创造了这样的机会的最初的形式,则是由日本皇室组织并派遣访华的上述"西海使团"实现的。随着历史的推进,继后有私人性质的中国宋元明的两国以僧侣为中心的海上交通,继发跟进的则是两国商人推进的经由海上的多种形式的贸易。中日正是在这样的以黄海与东海为联系的主要渠道中构建起 1500 余年的两国的政治联系,建立起相互共处的政治秩序。

今《万叶集》中记载着不少欢送"遣唐使团"出行盛况的歌[1]。如第 11 次"遣唐使团"出行,光明皇太后于"春日祭神"作歌曰:

"大船に真楫繁貫きこの吾子を韓国へ遣る斎へ神たち春日にして神を祭る日に"(藤原太后の作ります歌一首。即ち入唐大使藤原朝臣清河に賜ふ)——《万叶集》卷十九 No,4240。藤原大使有答歌二首(《万叶集》卷十九 No,4241、No,4244)。

在皇室的祝福中,这些怀抱对故国的思念又肩负着日中政治文化交往重大使命的大使,一次一次的出使中国王朝。

16. 又依据鉴真的弟子思托在《延历僧录》中的记载,由光明皇太后亲自作歌送行的第 11 次使团"至唐后,玄宗召见之,曰:'闻日本国有贤君,今见使者趋揖自异,礼义之国之称,询不诬也'。遂命画工绘其状貌,藏于库中。"表现了极为友善的态度。AD.753 年(唐玄宗天宝十二年、日本孝谦天皇天平胜宝五年)遣唐使团回国,唐玄宗李隆基特意亲自作诗一首相赠。

诗曰:"日下非殊俗、天中会嘉朝;朝余怀远义,矜尔畏途遥。涨海宽秋月、归帆驶夕飙;因惊彼君子。王化远昭昭。"

作为中国盛世时代的帝王,对于来自日本的使节,怀抱着友好的心态,称其为"礼义之国",与华夏并"非殊俗"。唐玄宗把与日本国代表的会见称为"嘉朝",会见之后,仍然追述长远的情义。而且担心海上的"涨海""夕潮"会让这些"君子"受惊。其实,在

此之前当第 10 次"遣唐使团"于 734 年归国后,途中不幸遇到风暴,四舶异道。唐玄宗获此消息,立即以自己的名义向日本圣武天皇通报中国朝廷所掌握的情报,文中称"此等灾变,良不可测。卿等忠心则尔,何负神明而使彼行人罹其凶害。想卿闻此,当用惊嗟。然天壤悠悠,各有命也!中冬甚寒,卿及百姓并平安好。今朝臣名代还,一一口具,遗(HUI)书指不多及。"文书中透露出中国朝廷对于日本使节的关怀,对日本天皇的安慰。尤其亲切的是文书末句还有"中冬甚寒,卿及百姓并平安好。"简直达于家人一般地问安。

17. 从 630 年(中国唐太宗贞观四年、日本舒明天皇二年)到 894 年(中国唐昭宗乾宁元年、日本宇多天皇宽平六年)日本中枢向中国派出"遣唐使团"共计 18 次,尽管有 3 次没有成行,实际达到中国的也有 15 次。每次使团视其需要由 500 人到 200 人左右组成,在大使与副使的带领下分乘巨船四艘,航行于辽阔的黄海与东海海面,推进着东亚的和平共处的睦邻关系。

综合日本"西海使"交涉中的事实与双方的心态,可以明确地断言,两国政治关系中并不存在所谓"册封"的"网络"。

统观从日本从"记纪神话"开始记载的天皇谱系,则从神武天皇到明治天皇计凡 124 代天皇,从日本历史纪年开始的雄略天皇到明治天皇计凡 102 代天皇,从以"西海使"为代表日本正式与中国开通政治交往的推古天皇到明治天皇计凡 90 代天皇,中国历代王朝没有"册封"过其中任何一位日本国家最高元首。既然如此,我实在不明白为什么"新史观"的言说者一定要把古代日本描绘成一直处在中国王朝的所谓"朝贡—册封"的网络中呢?甚至申言"古代日本人处在一个大国的阴影中怀着沉重的心态生活"呢?

18. 我们如果再把新兴的日本与朝鲜半岛古代诸国与周遍诸国(其中有一些是属于古代的"部落联盟")的政治关系连接起来考察,那么在《日本书纪》中则确实屡见有"朝贡"的记载,仅以史前传说时期的"应神天皇"记录为例,如"三年冬,东虾夷悉朝贡。即役虾夷而作厩坂道。""七年秋,高丽人、百济人、任那人、新罗人、并来朝。"

这里记载的"朝贡""来朝"等,与"中日关系"无关。它是日本古代国家在形成之初正在营造自己的"国际关系模式"——即在它当时力量所能到达的区域内,对中国王朝力图确立起"主权自立与均衡",对朝鲜半岛及周遍地区试图确立起"朝贡"并施加"影响"。由此建立的古代东亚各国的"关系范式",这一政治图景显然超越了我在开首谈到的当下有些学者概述的"国际关系"的三种体制而成为了第四种体制的。

19. 有学者提出了关于明代"册封"日本南朝的怀良亲王(《明实录》记为"良怀亲王")与北朝足利义满为"日本国王"两件事。

第一件是"册封"日本南朝怀良亲王事。此事起于 1371 年(中国明太祖洪武四年,日本北朝后圆融天皇应安四年、南朝长庆天皇建德二年),终结于 1447 年(中国明英宗正统十二年,日本后花园天皇文安四年),断续相间共计先后 76 年。

他们认为此事可以证明古代中日关系中"毕竟存在着中华帝国对周边小国日本的'宗主关系'。"

这是一件什么事情呢?

20. 14世纪70年代,日本处于"南北朝"的将军武士混战时期。中国本土在朱元璋集团击溃蒙古族的元朝后建立了明代王朝。当时原来在以朝鲜半岛为掠夺中心的"海盗"(中国人称为的"倭寇")此时正在把中心移动到中国沿海,人数从5-10人一伙,变成了多至300人左右的群盗,船只从数艘增加到200-300百艘,甚至有500余艘同时出现的大规模抢劫。这样规模的海盗,必定是有某种统率机构策划指挥的。刚刚建立的明王朝意在打击这样的海上群盗,所以派遣使臣警告日本方面必须立即停止其"倭兵"活动。1369年(中国明洪武二年,日本北朝后光严天皇应安二年、南朝长庆天皇正平二十四年)派出了杨载一行赴日交涉,传递明洪武帝"国书",文中曰:

"……向者山东来奏,倭兵数寇海边,生离人妻子,损伤物命。故修书特报正统之事,兼谕倭兵越海之由。诏书到日,如臣,则奉表来廷;不臣,则修兵自固,以应天修,永安境土。如必为盗寇,朕当命舟师扬帆诸岛,捕绝其徒,直抵其国,缚其王,岂不代天伐不仁者哉。惟王图之。"(从全文意义判断,此问中的"臣",应为"合作协同"之意,读下文"不臣"与"如必为盗寇"的处置办法,即会明白)

21. 这封"国书"除通告日本国君中国已经"改朝换代"("正统"之事)外,主要是对"倭兵"抢劫中国沿海提出严重警告,义正辞严,态度明朗。但由于对日本分裂为北南两个朝廷的情报信息不健全,明朝使臣在博多登陆后,遇到的却是南朝势力怀良亲王。怀良亲王竟然斩杀明使臣5人,这多少暗示了中国沿海的"倭兵"活动与博多一带的势力存在着某种关系,杨载无果而返。为了海防的安全,明洪武帝再次派遣赵秩出使。日本南朝怀良亲王基于国内战争的需要,改变了对华策略,于两年后的1371年(中国明洪武四年,日本北朝后圆融天皇应安四年、南朝长庆天皇建德元年)向明王朝派出自己的使臣进行"修好"。

有些研究者以此日本南朝怀良亲王对华"修好"作为这是中国对日本的"册封",存在着史实上的明显讹误。

所谓"怀良亲王"只是14世纪时代日本国内将军武士混战中的一个地方势力,并不代表"日本王朝"。把怀良亲王的赴华代表作为"日本向明朝派出的第一要求册封的使节"显然是不对的。有学者据此以为"明代的两国外交由此开始",更是不足称道。如果把这一事件与所谓"册封日本国王"的两国整个的国家关系相互连接,在"史实"层面上其实是没有什么本质性意义的。

22. 第二件需要研讨的事情是1392年(中国明洪武二十五年,日本后小松天皇明德三年)日本结束了南北朝的对峙,恢复了以京都北朝为正朔,日本历史进入以将军足利义满控制的室町幕府时期。这一武人政权为巩固其统治,急速希望通过与中国大陆的贸易来提升自己的经济力量。此前1374年和1380年,足利义满曾两次派遣代表与明政府商议通商,但由于两次的"表文"皆不合书写体制而被视为"无表文",无从证明其身份而被拒绝。1401年(中国明惠帝建文三年,日本后小松天皇应永八年)室町幕府获知明太祖朱元璋已经过世,听从博多商人的劝告,开始派出"遣明船"出使中国明王朝。此次足利义满的"文书"开首即称"日本准三后某,上书大明皇帝陛下。日本国开辟以来,无不通聘问于上邦。某幸秉国钧,海内无虞,特遵往古之规法。……"足利氏为开通与中国的贸易,来使文书中的用词显得卑微,有讨好明王朝新皇帝的意思。

请求像两汉魏晋时代中国对阿伊奴封号那样得到"敕封"。

1402年(明惠帝建文四年、日本后小松天皇应永九年)明廷发出的答复"国书"由僧人天伦道彝、一庵一如 为使节送达日本,在兵库登岸之时,足利义满自己到码头迎接,可见他希望开通与明朝贸易的急迫心情。明朝建文皇帝向足利义满发出了国书。

23. 建文皇帝的"国书"有如下文辞:

> 兹尔日本国王源道义,心存王室,怀爱君之诚。逾越波涛,遣使来朝……朕甚嘉焉。日本素称诗书国,常在朕心。第军国事殷,未暇存问。今王能慕礼义,且欲为国敌忾,非笃于君臣之道,畴克臻兹……

明建文皇帝依据足利义满的愿望,敕封足利义满为"日本国王"。

这是自公元600年中日之间开通政治关系以来经历了800年时间,中国王朝首次对日本发出的"国王封号"。

当代主张"中国实行册封制度论"者没有明白这一"册封"不是"册封"的日本天皇,而是对一个"军阀"的封号。为什么要册封这个军阀呢?我以为至少是由两个原因促成的。

第一,"国书"中说"日本素称诗书国,常在朕心。第军国事殷,未暇存问。"中国皇帝表示,日本是一个"诗书之国",但由于自己忙于朝廷的军政大事,所以没有时间来照应你们的事情了。这话说得明白,中国朝廷是从来不过问日本的政事的。但既然足利氏向明王朝发出了"通好"的请求,作为当时中国的皇帝和朝廷,当然也就乐意接受日本主政者的要求了。

第二,更为重要的是"国书"说"今王能慕礼义,且欲为国敌忾,非笃于君臣之道,畴克臻兹。"这话说得很明白,这次授予"封号",不仅仅因为日本是"诗书之国",而且是"欲为国敌忾"。这显然指的是足利幕府允诺协助在中国沿海共同打击"倭寇"海盗。同年,明王朝发生政变,朱棣夺取政权迁都北京,明成祖在对日关系方面,则坚持以共同剿寇为关系的基础,这从1406年(中国明成祖永乐四年、日本后小松天皇应永十三年)对足利幕府的"诏书"中看得清楚。文曰:

> 先是,对马、壹岐等岛海寇,劫掠居民,敕道义捕之。道义出师获渠魁以献,而尽歼其党类。上嘉其勤诚,故有是命。仍敕道义白金千两……

由此考察,明王朝"册封"日本将军足利氏为"日本国王",是以打击剿灭海盗"倭寇"为基本契机的,足利氏请求"封号"是为了对华的贸易,这是一种在特殊政治军事形式中的联合。

24. 研究者需要确认的是,明王朝"册封"的"日本国王"号,不是对这个国家的最高首领的"封号",它是对这个国家中具有权势的一个"将军"的"封号"。

但即使如此,这个"封号"对于与"日本 Yamato 族"这样一种由四方"移民"构成的国家所内含的"族群刚性"的气质相抵牾,也与日本已经具有的800年左右与中国政治交往的经验不一致,所以无论是在日本皇室中,抑还是在幕府官员中,都有相当的不满。例如一直参与日本当时外事活动的《善邻国宝记》的作者瑞溪周凤对此有很严厉

的批评。1447年(中国明英宗正统十二年、日本后花园天皇文安四年)这样的"封号"也就停止了。室町幕府获得明王朝授予的"日本国王"封号前后凡45年。

25.历史的事实已经非常清楚。我们有把握地说,从古代"日本"这一国家实体建立于日本列岛上起始,在1500余年的历史进程中,中国以各个王朝为标志的与在日本以各代天皇为标志的各自的政治实体虽然有过许多的变动,但是在几乎所有的历史阶段中,双方的相处是以"主权均衡"(前已说明,"主权"是一个借用的近代政治学概念)为基本规则的。这一"均衡"规则包含着两个基本层面,

第一,双方从未把对方作为"从属体"对待,保持着相当"平等"的状态。

第二,双方从未以"强权"干预过另一方的内政事务,保持着相当"亲和"的状态。由此而构成了古代中国与日本之间经济关系、文化关系的最基本的政治框架。

中日两国在这一体制中生存了一千余年,历史显现的事实竟然是如此的丰厚和生动,它远远地超越了关于古代中华以"册封体制论"把日本网络其中的"想象图影",也远远超越了"朝贡—册封"论者所表述的论说的容量。

它在事实上消解了中日古代的政治框架所谓是"以中华文明为中心的朝贡网络"建立起来的"中心—周边"机制和与此相应的"朝贡—册封"关系这一系列的由"东亚史重构论者"的"想象主体"所构思的相关的"言说"。

当代有研究者认为,古代日本一直是在中国这一大帝国的"阴影下生活,有一种'紧张感'和'压抑感',我倒觉得,与其说这是古代日本人的心态,不如说这其实是"言说者"自己的心态感觉,更为真实吧。

希望有时间和机会继续就这些思考向诸位请教!

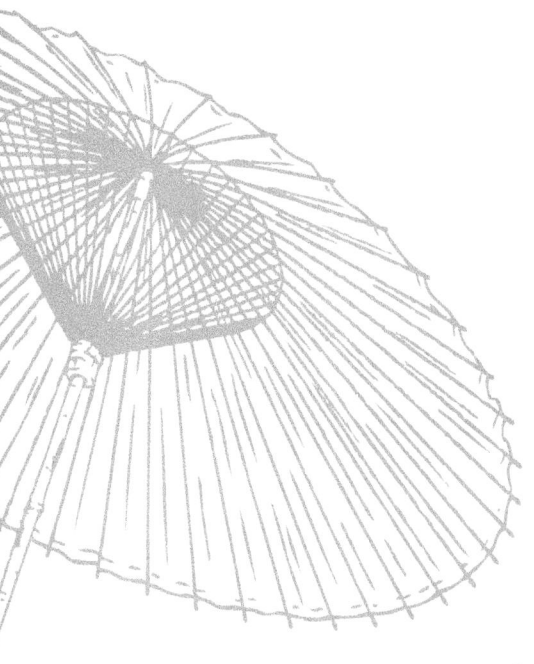

纪念北京日本学研究中心成立三十周年国际学术研讨会
"亚洲日本研究的可能性"

专题论坛

"村落自治"中的国家在场
——日本宫城县仙台秋保町马场村的田野调查

广东海洋大学 李 晶

要旨：日本において1868年明治維新から1947年の日本新憲法の実行する前まで、基本的に実行したのは強力な中央集権体制であった。1947年以降の日本国憲法第8章において、日本は「地方自治」を実行し、「都道府県、市町村」は自治体とすると定めた。本文は、フィールドワーク上で日本では、国と自治体、中央と地方は簡単な上下関係ではなく、町内会長は住民に直接に選出される、しかし、事実上、国家が「村自治」において、重要な役割を果たしている。「町内会」は、村民への政府サービスの重要な窓口であり、日本の村自治には濃厚な伝統的な色彩があることを詳しく述べ、その特色は日本社会の全体が反射できると考えている。

关键词：日本 村落 自治 国家 传统

1. 序 言

在日本，"村"有两个含义。一个是指明治政府建立的"市町村"制度下的自治体"村"，即行政村，另一个是村民生产、生活，即被当地人成为我们"村"的"村落"，"村"由几个村落合并而成。日本政府为了区别"村"与"村"的不同，把"行政村"叫"字"，把"村落"叫"小字"，而日本学界普遍把"村"称为行政村，把村落称为"自然村"，明治维新以后，日本的"村"出现了上述的二重结构。行政村的出现是国家权力渗透的结果，但真正维系村民生产、生活的是历史形成的"自然村"。"自然村"有村民同有的神社、寺庙、共同的墓地、有村落的自治会——"寄合"，青年团、消防团、生产组织、共同劳动组织、还有伊势讲等宗教组织。村落是一个独立的祭祀单位，村落有村境，是个独立的空间，有自己的文化传统，村落有自己的"村精神"，有学者称其为"生活意识"。总之"村落"是有自主权的、有文化传承的实体。操纵这个的实体的，根据日本学者福武直的研究，日本的东北地区靠的是"同族结合"，西南地区靠的是"讲组结合"，也就是说日本东北地区维系"家"与"村"靠的是同族，西南地区维系"家"与"村"靠的是村落中的社会组织，其观点在日本受到普遍认同。福武直对日本东北地区的村落特点的概括虽然不十分准确，但基本勾勒出了日本传统村落的社会结构。传统的日本村落基本是一个"自治体"，其自治体从明治维新以后被重新编排，原有的"村落"被编入国家体制下的"行政村"，各村原有的神社被合并到国家主导的神社中，祭祀的对象首先是国家神道中的天照大神，其次才是各村原有的氏神。江户时期的幕藩体制下的村落，"随着明治国家的建立，被纳入国家一元体制之下。明治政府通过地租改革和地方制度改革，开始直接

插手村落事务"[1]。"原有的'村落'实体与国家建构的行政村在日本农村社会中并存。第二次世界大战前,日本学者基本是在二元对立的框架下,讨论村落问题的。其中较具有代表性的学者川岛武宜认为,村落是近代市民社会的对立物,村落的统治力的强弱与民主主义的成熟度成反比,村落的统治力越强,民主主义越难渗透"[2]。战后,不少学者改变了二元对立的视角,认为二者即排斥又互补。福武直认为"村落作为区域社会组织,被简单化了,它的机能可以分化为农业实践组合、消防团、妇女会、青年团等,其功能集团都具有自律性,是日本民主化的大前提"[3]。鹤见和子认为,"不是所有的共同体都是阻碍个性,也有促进个性自立的"[4]。鹤见和子重新评价了南方熊楠和柳田国男自然村的思想,强调了日本社会存在着内发的发展动力。反思村落二元对立论的学者也不少,米山俊直在《日本村落百年》中,向社会发出警告,指出,"村落解体是国家和资本力量的强制结果,并非农民的本意"[5]。山中永之佑指出,"国家权力对村落渗透的过程就是村规约国家合法化的过程"[6]。他认为,本来由自治建立起来的村规约,随着明治新政权的建立,幕藩体制下领主的合法地位,遭到了解构。町村制以前的村规约,体现了传统村落的特性;町村制以后的的町村规约,嵌入了新的财政制度。70年代又出现了"为了国家的共同体"观点,认为行政村与自然村本质上不是对立的,二者应该浑然一体。出现了"自然村的行政化"和"行政化的自然村"的主张。有学者认为,"市民社会和自然村都是抽象性很高的概念。把市民社会理解成'非国家的、非资本家的结合关系'的哈贝马斯的观点,和把自然村理解成'非国家的、非地主的结合关系'的自然村的观点在认识论上极为相似。前者的市民社会观念,存在于资本主义社会之中,后者的自然村观念,存在于地主制社会中,但两者都是作为批判统治阶级的不合理性的意识形态"[3]。事实上,明治维新以后的日本农村社会,看上去是行政村与自然村并存,实际上,行政村是支配自然村,自然村只是村民生产、生活的场所而已,特别是侵华战争期间的1940年以后,代表村落自治的"町内会"完全被政府所操纵,无论是城市和还是乡村,町内会在国家的旨意下,成为为战争服务的机构。所以,当日本战败以后,盟军首先废除的是国家神道和町内会,町内会被同样视为最有危险性的、不利于建构民主国家的社会组织,遭到了扬弃。町内会被结构以后,日本政府在盟军的倡导下,真正试图建立一个具有现代社会理念的、具有公共社区性质的社会组织的时候,又不得不再次启用了"町内会","町内会"成了日本政府推行市町村自治的实施主体。所以,就出现了上述的日本社会中的"村落自治"的大讨论,本人无意加入到日本学者的讨论中,只是想通过田野调查,发现日本村落自治的特点,以及特点的普世性意义。一说到"村落自治",人们自然会想到西方国家的村落自治和我国实行的村落自治,甚至有人会认为"村落自治"就是村里的所有事务都是村民说了算。在农业社会,村落社会的秩序关乎国家的秩序,村落社会的管理是国家的重要工作,日本早已是发达的现代国家,但村落管理仍然备受重视,这也许就是日本农业社会的遗产,也是民以食为天观念在现代社会中的具体体现。那么,日本村落自治是如何进行的呢?在众多的论述中,渡边洋三的某些观点与众不同,他认为,"现在,地方自治体的事务中,有三分之二以上,即超过500多个是委托的项目(机关委托事务)。地方自治体的项目中,行政委托项目占很大比重,国家没有充分尊重自治体的独立性,建立的执行制度与地方自治的根本

有关,其做法开辟了国家的中央集权化道路"[7]。渡边洋三分析的国家与地方的关系,反映出日本社会中,传统性的根深蒂固。在日本江户时代,就实行了所谓的"村落自治",即"村请制",其特点就是村落对国家负责,以村为单位承担国家的各种税收。按渡边洋三论述,可以理解为日本现代社会中"自治体"并没有完全脱离上一个时代的窠臼。人类学重视的是田野经验,各种学说和理论都可以成为研究者进入田野的参考,为了弄清这些问题,本人从2010年8月到2011年8月,在日本宫城县仙台秋保町马场村,进行了为期一年多的田野调查。本文将在此基础上,讨论日本的村落自治与国家的问题。

2. 马场村历史上的"村落自治"

本人田野调查的地方是日本宫城县仙台市秋保町马场村。秋保町由汤元村、境野村、长袋村、马场村四个行政村组成。秋保町[8]是海拔150～300米的山麓丘陵地带,南部是柴田郡川崎町,北部是宫城郡宫城町,西部是山形县山形市,隔着山脉,遥相呼应,东面是仙台市,开车40分钟就可以到达仙台市中心。秋保町东西长24.5公里,南北宽12.2公里,呈L字形。总面积14 658公顷,明治时期是宫城县排名第16大的村(明治时期叫村,现在叫町)。耕地面积集中在东半部和中央的名取川溪谷的河岸段地带,耕地面积仅有410公顷,西半部分是山岳地带,全境大部分地区被山林所覆盖。从昭和48年(1973年)的土地利用情况看,水田和旱田的比例是6∶4。其中旱田的88%种的是旱田作物,7%是牧草,5%是果树。农业是本町的主要产业,大部分人口从事农业。1955年的农户为614户,人口4058人,其中农业就业者1611人。农业从业人口显著减少。当时每户的耕地面积为1.53公顷左右。根据日本农林省2010年的农业普查,秋保町面积为14.5平方千米,人口4425人,户数1759户。农户总数为333户,其中贩卖农户[9]231户,自给农户[10]102户,有土地的非农户为93户。秋保町以前是一个类似扩大的同族村。秋保町虽然由四个村组成,但是它们之间联系非常密切,七八十岁人的婚姻圈就在此地,秋保町内的农户很多都沾亲带故。明治以后,四个小村被合并成了一个秋保"村",即现在的秋保町。秋保神社供奉着本地共同的氏神[11],每位村民都是秋保神社的氏子,秋保神社是他们共同的镇守[12]。共同文化认同和血缘关系是本地人关系的纽带。

3. 马场村"村落自治"中的国家

3.1 町内会

町内会在日本,指的是村落和城市的一个街区,居民组织起来旨在加强邻里和睦,实现共同的利益的、为了地域自治的自发的组织、地缘组织以及其集会和会议,也指其管辖的区域。町内会,也称为町会、自治会、区、区会、地域振兴会、常会、部落会、地域会、区域会、地区会。各个町内会和临近的其他町内会一起组成"町内会联合会""联合町内会"等联合组织,成为更大范围的"自治会"。町内会一般都不是"法人",而是"任意团体";虽然加入组织不是义务性的,但很多地区都是全家人一起加入。町内会的活动,有的地区的成员要参加村落(农山村、街区)神社的传统祭祀活动和葬礼;有的地方的町内

会成员要参与神社和寺庙的管理。还有不少的地方的成员,参与管理共同澡堂、清扫道路、公园、捡垃圾、举办以和睦交流为目的的活动。町内会有会长、副会长、助力、会计、总务等职务。工作人员都是经过选举产生的,多由退休的国家公职人员担任。

町内会是 1937 年的日中战争开始在日本各地组织起来的,作为战争爆发的战时体制下的"大政翼都会"的最基层组织,1940 年国家管控着都市、町村中的"部落会",使它在战争期间发挥了很大作用。战后,随着民主化和日本新宪法的实施,1947 年 5 月 3 日发布了波斯坦宣言,"町内会"和"部落会"以及它们的联合组织被禁止,52 年签订旧金山和约以后才被解禁,作为自治组织再度兴起,直至今日。但是,被解禁以后,一部分省训令,事实上,还是被保留下来了。学界在讨论町内会的时候,主要关注的是其在村落生活和治理,两个方面的问题。现代化论者从民主主义的问题意识出发,认为町内会是现代化(都市化)的逆行者,是封建制度的残留,它承担着国家的意志的"从上的"渗透。另外一种是文化类型论,文化类型论与现代化论不同,站在比较的立场上,强调町内会的存在与日本文化传统相关,认为它是"日本的文化"的体现,代表人物有近江哲男、中村八郎等,其观点中的重视区域生活的自律性的观点,得到了学界的肯定,但是由于其过于强调了"原型性",没有历史变迁的动态分析,其学说被认为带有主观意识。总而言之,"町内会"通过"现代化论"和"文化类型论"之争,在理论方面得到了深化,但是两者的观点都有其局限性,日本学界正在期待,一种超越局限的研究方法的出现。

3.2 马场村町内会

村落的町内会就是过去的户主会。户主会有会则,马场村驿站户主会的会则是,一要相互促进、共同提高。二要研究家庭经济和家庭教育的方法。三要为本会出谋划策。四要创造纯良民风,建立和睦的村落。五要听取发展经济的有关建议。马场驿站村民的户主都是会员,户主会设会长一名、干事三名,书记一人。会长是马场驿站区长(马场村町内总会),干事由会员选举产生,书记由会长指名,干事任期两年。会长负责该会所有事务,干事辅佐其工作,本村的有功之臣当顾问。会员每次集会时要交会费,剩余部分作为以后的资金使用。对会员的要求是不行品行端正、会勤俭持家。本人访谈过马场村森安的町内会会长的中野勋沟。他讲:

> 秋保町的町内会是从 1988 年开始运作,也就是秋保町合并到了仙台市内那一年,以前不叫町内会,叫户主会。町内会,除了搞一些节庆活动活动之外,还有很多事情要做。比如,要除道路两旁的草,除草的时候,每户必须出一人,如果出不了的话,就要交钱,村里的事情大家做。

町内会会长没有固定的办公地点,有什么事情可以到町内会家找,町会长一般比较忙,要见他一般得提前联系。太田胜美讲:

> 明治时期,把秋保地区的五个村合并为一个秋保村以后,秋保原来的五个村已经不复存在,原来的五个村是相对独立的五个行政村,村长有很大的权限,村长管理村里行政事物,村里定的规矩村民必须服从,村民在家听父亲的,在村里听村长的。马场被合并到秋保村以后,村里没有了行政领导,町内会会长从形式上是

村里的最高领导,但是现在由于不是政府的基层行政单位,没有什么实权。

按照日本政府的解释,町内会是自治组织,村民加入不加入町内会完全自愿,但事实上,很少有人不加入町内会。斋藤享是马场村驿站村落的町内会长,本家是马场村野口村落的斋藤昭夫家。他家祖辈不是地道农民,父亲干过木匠,还去东京附近的横须贺码头修过船,后来娶了太田家的女人,在此落了户,盖了房子,还买了地,是野口村落斋藤昭夫家住到驿站的第一代人。他讲:

> 父亲的"职人"意识很强,希望自己能另立门户,手艺有人传承。但是到我这辈,并没有继承父亲的手艺,而是在秋保综合支所当了公务员,后来还在仙台的公司里当过职员。家里种的稻子和蔬菜只供自家食用。按照计划,马场村从2008年开始三年内在后的山坡上种1000棵樱花树。这是马场村驿站町内会和秋保综合支所联合搞的一个美化家乡的项目。

本人参加过他们组织的爱宕神社祭祀活动、盂兰盆节活动、1000株樱花种植活动以及年末的新年会活动。据了解,驿站历来是马场村的中心,现在该传统仍然保持着。马场村做田野调查的时候,本人还对马场村的其他村落做了调查,野口村落的佐藤龙夫是现任的马场村町内会会长,也是滝原村落的町内会长。他是斋藤享的上级,以前在秋保综合支所上班,退休以后靠退休金生活。他讲:

> 村落管理,主要是靠村落的各种组织,包括町内会、青年契约讲、水利管理组合、实践共同组合、五户组合、秋保神社氏子会等。我是马场村的总町内会的会长,但是我很少亲自组织活动,我的工作主要是沟通秋保综合支所和村民的关系,有时候去支所开会,日本大选的时候,我要组织各村落投票。2010年底日本政府准备考虑加入TPP组织的事情,要了解农民们的反应,秋保综合支所召集各町内会会长开了会。

3.3 村落中的"国家"——仙台市太白区秋保综合支所

秋保町综合支所是仙台市太白区政府的一个分支机构。秋保町综合支所,包括税务居民科、保健福利课、综合业务科、建设科。税务居民科的工作是,征收市税,为居民开据户籍证明,受理户籍、居民变动的申请,提供户籍誊本、发放居民卡,登记印章,办理儿童、学生的转入学手续。保健福利课的工作是,负责儿童、母子、遗孀、老年人、残废者的福利,办理国民健康保险、国民年金保险。建设科的工作是,负责村界认定,增设、改造、维修道路桥梁,道路除雪、清扫、公共物资的使用等工作。支所的入口处还安装了自动存款机,方便村民取款。秋保综合支所的工作人员是国家公务员,多住在仙台市内,到这里上班,除了开私家车,还有班车,班车是租宫城县公交公司的公交车,不是免费,政府给职工补贴。职员当中也有一些是当地的农家子弟,这些农家子弟也是经过严格的公务员考试选拔出来的,他们在政府的村落管理中,发挥着重要作用。

秋保町是传统的稻作农业地区,从古至今,当地的农民以种稻为生,有着深厚的文化传统,村民自治历史悠久,但是随着仙台市的扩大,本地区被纳入到仙台市管理范

围,成为仙台市太白区下属的一个农业社区。国家权力的渗透冲击了原有社会结构,既要保持村落的原有风貌,又要体现国家对农村的关怀,仙台市政府做了很大的努力。秋保町的村落除了接受日本政府的农村政策约束外,还能感受到政府的具体关怀,秋保町的国家在场,已经不是仅靠国家符号等抽象概念来体现,国家在场是而是多元的、具体的。具体地说,现在的国家在场,首先是国家在村落设立办公机构,提供政府服务,其次是对村落传统仪式的操控,还有积极为村落发展助力,举办"政府"主导的庆典活动。

本人在秋保町调查期间,接触过几位本地人的职员,由于他们的是本地人的缘故,退休以后,往往被推举为村落社会组织的负责人。由于他们在当地有很好的人脉关系,又熟悉政府的工作程序以及农业政策,都很胜任工作。本人和秋保综合支所工作人员斋藤交流过,他讲:

> 日本实行村落自治,我们主要和各村落的町内会长联系,町内会长实际就是过去的村长。村里有什么需要办的事情通过町内会长向我们反映,比如,村落福利设施的改善,村落建设时需要资金援助都可以和我们联系。马场村落搞的300棵樱花树栽种的项目就是通过秋保综合支所落实的,政府拨了200万日元的专款。我们主要向村民提供政府服务。

秋保综合支所除了提供各种服务之外,每年还要在秋保综合支所的广场上和二口附近的秋保接待中心,举办秋保丰收节和雪节,来宣传秋保町。如今,日本的村落管理已经基本交由村落中的町内会和其他的村落社会组织管理,町内会有以行政单位的行政村也叫大区或"大字"为单位的町内会,还有传统自然村的町内会,本人调查的结果,无论什么级别的町内会会长,都是村中的年长者担任,而且多是退休的公务员。正因为如此,他们担任町内会长,能够比较准确地贯彻执行好国家的农业政策,能很好地与政府沟通,发挥了政府与村民的桥梁作用。在农村政府是服务性政府。本人在秋保町,时时处处都能感受到政府对村民的关怀,每个村都有政府投资的集会所,秋保町的中心长袋村有秋保地区的市民会馆,市民会馆是国家的福利设施,是村民举行各种活动以及终身学习的场所,秋保市民中心兴建于1951年,改建于1971年以前叫公民馆,从1992年开始改称为市民活动中心。除了秋保的市民活动中心之外,秋保地区还有外两个市民中心,一个在马场的野口,一个在汤元,都归秋保町综合支所管,每个市民中心都有一个附属体育馆,每年要举行很多活动,开办各种文化讲座。市民活动中心是秋保町划归到仙台市以后的配套设施。市民活动,不能随便使用,使用要经过中心的同意,要缴纳一定的使用费,才能使用。本人观察的大型活动,一次村民的体检,一次新米品尝发布会,还有一次是乡土料理讲座,都在中心举行。大岩妙子女士是中心的工作人员,不是本地人,家住在仙台。她向我介绍:

> 最近我们准备举办一次乡土料理讲座,主讲人是马场的一位60多岁的老人,主要向附近的年轻人传授家乡菜的作法。我们中心的宗旨一是为了活跃农村生活,二是为更好继承传统文化。除了烹调之外,我们还打算举办烧木炭的讲座。这里举办的活动是面向社会的,来参加的人很多都是从其他地方来的,当然当地

人也不少。

本人还了解到,他们还举办过"迷你门松"的制作讲座,还组织专家编写了《秋保温泉史》,还举办了登山活动,举行了"山的恩泽手工艺"为题的秋保工艺讲座。还成立了"加油!秋保的孩子"的促进委员会,由本地区的四所小学、一所中学等18个团体组成。还举办过国际交流活动,邀请外国留学生和当地人交流。2009年8月本人参加了一次乡土料理讲座,主讲人是熟悉的中野的老婆。她展示的是她家的祖传料理,材料都是本地的蔬菜和大米,没有肉,像斋饭。中心是活跃当地人生活和对外交流的场所。秋保町还有综合支所医疗中心。医疗中心是政府投资兴建的小型医院,医院有两名全职护士,负责平时的接诊和打针、输液以及保健按摩。没有固定坐诊大夫,有一名东北大学五官科的退休大夫兼职,他每周出诊两次,患者一般每次能有十几个人。这里是秋保町居民每年一次体检的场所之一。这里看不了什么病,村民有什么病会到这附近的私立医院就诊。在秋保地区采访期间,赶上过两次体检,一次是在马场村野口市民中心体育馆进行的马场村民的定期体检,另一次是在秋保综合支所医院进行的村民体检。秋保町还有仙台市政府投资兴建的福利中心。福利中心起名为"石南花苑",归秋保综合支所管,是智障者的小型地域活动中心,服务对象主要是秋保町地区的居民,也接待其他地区的来访者。苑长角菊地龙雄介绍说:

> 来这里的人,早上来,晚上回去,一天交100日元,午餐300日元。以前自己是企业的技术员,退休以后,经人推荐,来这里当上了苑长,家住在仙台市内。这是秋保町唯一的一所纯福利设施。

在秋保町生活的村民的生活,与城市相差无几,村里有粪便处理中心,当地其称为绿色中心,真是名副其实的绿色中心,其建筑物不仅外形美观,而且室内设备先进。处理中心采用的是标准脱氮处理方式的处理设备,技术和方法很先进,特别注意防公害,除了确保不产生废气、噪音、恶臭的污染外,为了保证水质,采用了最先进的处理设施;考虑到了周围环境,在周围建立了绿化带,类似公园。村落的环境好,使得城里人都喜欢住在这里。秋保町一共有1400多户人家,其中有一些就是城里人。本人认识的一位东北大学亚洲研究中心的年轻老师,就住在秋保町长袋村大原村落。他讲:

> 之所以什么选择住在秋保町,是因为这里环境无污染,空气清新,水质也好,没有噪音,孩子上学也不成问题,附近有小学和中学。

秋保町的村落间,都到漂亮的柏油路,村村都是路村,国道穿过每个村落。每个村都有自己的净水场,净水场多在路边,大一点的在山腰上。本人调查的马场村驿站的净水场就在山腰上,除了本村外,还负责给周边的野口和加泽村落供水。水源是山上的涌出来的泉水,经过净化处理,输送到农户家。滝原和野尻村落的净水场在村落入口的路边上,水源也是后面山上的泉水。仙台市民一般吃的都是市郊水库的水,其中一个水库本人亲自去过,水库又大,又漂亮宛如天然的湖泊,但是,再好也比不上这里山上的泉水好,而且是经过净化的山泉。村里都是被硬化的农道,修农道土地改良项目的配套工程。农道分"农免农道""广域农道""一般农道"以及"家乡农道"。"农免农

31

道"是靠油品税的税金修建的。在日本购买油品一般都含税,但是用于农林渔业方面油品不需要纳税,然而在实际操作的时候,很难把握购买油品人的用途。所以,农民购买油品和其一般人一样,也含税,日本政府规定,把相当于那部分油品税的钱,用于修建农道。"广域农道"是指把散居在农村地区的农地视为一个"团地",为了提高本地区的农产品的上市、加工等市场竞争力,而修的道路,资金来源为"广域营农团地"道路修建项目。"一般农道"是指都道府县,修建的农道网的主干农道。"家乡农道"是指1993年到2007年间,以地方债为财源的地方独立项目而修建的道路,是都道府县和市町村的发展项目。修好的农道由市町村管理。道路一般宽度为4米。我调查的秋保町农道遍布所辖范围,不仅如此,每个村落都有一个小公园,都有垃圾回收点,有商店,辖区还有邮局,还有公安局的派出所,有警察经常巡视。秋保町人口少,平时很宁静,村民在生活方面没有什么不方便,村里有医疗所,还有私人开的医院,还有企业办的养老院,村民有点小病,不出秋保町就能得到医治。在这里生活的老人很多,其中80岁以上的老人不少,这个年龄的老人,在中国多由家人照顾,在这里,很多老人都是独居,一般不靠他人,村落有良好的生活保障体系,万一有急事,打个电话就有人帮助解决。本人观察,村民的良好的福祉以及政府周到的服务,是村民得以在村落安心生活的最大保障。

3.4 村落仪式活动中的国家

秋保町的村落一年中很多仪式活动,仪式活动分集体的仪式活动和家庭为单位的仪式活动。集体仪式活动本人称为"公的仪式活动";以家庭为单位的仪式活动,本人称为"私的仪式活动"。公的仪式活动中有纯粹的民间仪式活动,还有国家意识形态渗入的仪式活动。最典型的是正月期间的仪式活动,一进入12月,各家各户就开始准备过"正月",村落的各种社会组织开始忙碌,青年团组织要替神社给各家各户送"神符",中国人过年要贴对联,日本的农村人,过年要换神符。过去送神符的工作是由神社的神职人员做,现在是由秋保町各个村的青年团负责。各个村的青年团负责人,在每年的12月20日之前,去秋保神社领回本村各户的神符,在28日前把神符送到各户。神符每套收3100日元。神符的钱收好以后,要交到秋保神社,秋保神社留下一部分,其余的要交到伊势神宫,送神符是神社的重要收入。送的神符包括宫大麻年德神、山神宫、大年神、事代主神、五谷丰登神、大国主神、天照皇大神宫(伊势神宫)、天照大皇神和丰受大神的祈祷符以及秋保神社祈祷符。"正月"大扫除以后,要把神龛里的旧神符去下,换成新的,这是日本农村过"正月"的重要内容之一。送神符是日本神社本厅第3条规定的重要活动,送神符是神社必须做的事情。神社本厅要求神社通过发送神符活动,宣扬神社神道(国家神道),严格按规定进行神社祭祀活动,教化、培养氏子,发放本宗的伊势神宫的丰赞和神宫的大麻,培养神职人员,发行、发放宣传册的宣传活动,尊重男系继承、推进首相以官方身份参拜靖国神社。送神符已经不单纯是民间的祭祀活动,渗透了国家对国民的教化。除了正月期间的仪式活动,受到了国家意识形态的干预外,代表政府的秋保综合支所的综合科每年的2月6日都要在二口附近的秋保接待中心的前面的空地上举办秋保雪节。秋保雪节是秋保综合支所为了振兴秋保、

宣传秋保的一项大型活动,这项活动在仙台地区已经很有名气。每年在这个时候,都会来不少游客。在雪节上,可以坐雪橇、马橇和堆雪人,还有各种游戏和节目,在广场上还有风味小吃的摊位,可以品尝到本地的荞麦面条和猪肉汤。秋保综合支所是政府最基层的机构,其机构主要的为村民提供服务,除了冬天的雪节,秋天还举办秋保丰收节。每年的10月24日在秋保综合支所门前的广场,要举行秋保丰收节,特别像中国农村的庙会。在丰收节上,会表演当地的、被定为非物质文化遗产秋保插秧舞。秋保插秧舞是境野村、长袋村、马场村插秧舞的统称,2009年被联合国科教文组织认定为世界非物质文化遗产,现在,在秋保町无论举办什么节庆活动,都少不了秋保插秧舞的展演。2010年10月24日秋保综合支所主办的"秋保祭"本人也参加了。参加活动的除了本地人外,还有一些商社。活动中,秋保地区的消防队的表演,汤元的插秧舞都很精彩。本人认识的很多人都来了,各种组织在此都大显身手,农业实践组合的成员,帮助秋保中学的学生们卖荞麦条,秋保町的小商贩们,联合起来搞促销活动,长泽把咖啡店搬到了会场上,小野和中野卖的是自产的蔬菜,秋保周围的工艺品工匠也来摆摊设点,真有点像国内农村的庙会。政府的亲民举措,拉近了与村民的关系。已经退休的佐藤,负责维持会场的秩序。他讲:

> 每年这个时候,秋保町综合支所都要在这里举办这样的活动,举办这样的活动的目的,一个是为了对外宣传秋保町,另一个是为了给当地人提供一个农产品销售和购买农机具的一个机会,还有一个是为本地村民提供一个娱乐交流的机会。这个活动的历史悠久。

这个活动在我看来,就是由政府组织的类似中国的庙会或者集市。其实现在的村民生产的农产品都有自己的销路,不愁卖不出去,买农机具也很方便,不用等到现在才买,这项活动对于村民来说,就是一项传统的交流活动。本人觉得村落的繁荣和发展离不开政府的支持。

4. 结 语

在秋保町,太白区秋保综合支所代表国家;秋保町的各个村落的町内会代表村落自治。综合支所为村民提供的主要是政府服务和政策指导,町内会在政府的政策指导下,实施村落自治。町内会,既是村民可以依靠的、自己的社会组织,也是政府信赖的、可以传递政府声音的社会组织,町内会并没有游离于体制外,它是村民与国家都依靠的组织。总而言之,日本的地方自治既不同于西方国家,也不同与中国,有其独特性,它既有日本传统文化的传承,也有外来文化的影响。可以说,日本地方自治是国家主导下的地方自治,国家一直在村落中存在,国家意识形态一直影响着村民。日本从上世纪的八十年代末,社会经济发展停滞不前,加上世界经济的一体化,使日本社会面临着巨大的挑战。农业结构性的问题,使村民不能全部依靠农业来维持生计,大量的农村人口进入城市,农村人口老龄化问题突出,有的偏远山区的农村,出现了农业家庭没有继承人的现象,农村的养老问题,日本政府面临着如何维系村落的问题。为了稳定农村社会,上个世纪90年代以后,日本政府加大对农村社区的公共服务和建设投入,

力图进一步缩小城乡差距。本人调查的马场村，虽然归属仙台市太白区管辖，但地处山区，是典型的稻作农业区，需要国家的扶持。一年多的调查，发现政府确实为村民做了很多实事。村民们不用出村就能办到出国所需要的护照，上各种保险，进行国民健康检查，领取国民年金，开证明，办理居民变动申请等。政府每年还开展各种活动，为村落振兴创造条件。国家在农村开办了幼儿园、小学、中学、医院、市民活动中心，推进了养老院、智障者康复中心兴办，兴建了净水中心、粪便处理中心、农村公园、村道等福祉设施。健全、周到的服务缩小了城乡的差别，稳定了村民的生活。感觉村落自治的主体是町内会，村落自治的后盾是国家。国家和村落自治是个有机体，政府与町内会不是简单的上与下的关系，而是互相合作的关系。中国农村社会正在面临社会转型的困顿，如何治理农村，政府在农村治理中扮演什么角色，是目前中国学界关注的问题。本文通过描述日本政府在村落自治中扮演的角色，旨在为中国社会讨论村落治理时，提供一个可以参照的视角。

注

[1] 鸟越 2007：28
[2] 石川 2002：144
[3] 石川 2002：：159
[4] 石川 2002：82
[5] 石川 2002：184
[6] 石川 2002：210
[7] 渡边 1994：187
[8] 秋保的地名的由来有很多说法。一种说法是和平安时代统治这块土地的"藤原秋保"这个人物有关。一种说法是来自诗经或者易经中的"保百寿之秋"，取长寿之意。
[9] 贩卖农户。指经营30公亩以上农田，农产品贩卖金额50万日元以上的农户。
[10] 自给农户。指经营不到30公亩以上农田，农产品贩卖金额不到50万日元以上的农户。
[11] 氏神。在日本指的是住在同一地区的人们共同祭祀神道的神。氏子指的是住在同一氏神周围，信仰其神的人们。现在氏神是镇守的同义语。祭祀氏神的神社为氏社。
[12] 镇守神守护特定的建筑物和一定区域的土地而祭祀的神。现在多和氏神、产土神同义。祭祀镇守神的神社叫镇守社。
[13] 大泻村是1957年到1964年日本政府在战后粮食短缺时代，为了扩大水稻种植面积，在秋田县地区填八郎泻湖造的"村"，是日本最大的人造"村"。该村是日本政府按照稻作模式建立的现代的村落。但是，因为它本身没有文化传统，传统村落的社会结构很难建立起来。因为"村"的社会结构很脆弱，所以在整个发展过程中问题层出不穷。因而有人说，大泻村与其说是"村"，不如说是农业工厂更合适。

参考文献

鸟越皓之编. 2007.『むらの社会を研究するフィールの発想』.日本：农山渔村文化协会
石川一三夫. 2002.「村落二重構造論の形成と展開―研究史に関する覚書―」.日本：中京法学, 2002年37卷1.2号
渡边洋三. 1994.『日本社会はどこへ行く―批判的考察』.日本：岩波新书

日本における戦争の文学と「軍記物語」

(日本)青山学院大学　佐伯真一

摘要:提到与战争相关的日本古典文学作品,一般都会认为是"军记物语"。然而,如今有必要对这种认识再进行讨论。首先,"军记物语"中涵盖了很多作品。对"军记物语"的理解也往往认为它是以武士为中心的英雄物语。但是,比如在《将门记》中能够看到对饱受战争之苦的受害者的描写,又如《平家物语》也不是常常站在武士的角度来叙述的文学作品。其次,日本古典文学当中描写战争的作品并不仅限于"军记物语"。在中世以及近世时期也创作了很多与战争有关的作品。对于思考日本人的战争观,研究这些作品是很有必要的。有种观点认为"日本文学当中所描写的战争是一国之内同一民族间的战争",如果单限定于"军记物语"之内这种观点基本是正确的,但如果还要讨论其外围的作品群的话,也就开拓出了较之以往不同的视野。

可以说,有必要在这样更为广阔的视阈下,对日本文学研究当中的"战争与文学"这个课题再进行探讨。

キーワード:軍記物語　戦争　日本文学

　日本古典文学で戦争に関わる作品といえば、軍記物語であるというのが、一般的な理解であろう。だが、その通念については、最近、見直しが進んでいる。そうした近年の動向を紹介しつつ、日本古典文学における戦争と文学という問題を、二つの面から考えてみたい。第一に「軍記物語」と規定されてきた諸作品の再検討、第二に「軍記物語」とは呼ばれてこなかった諸作品の検討である。

1.「軍記物語」の再検討

1.1　「軍記物語」は武士の文学か

　「軍記物語」は、主に近世に用いられた「軍記」という言葉に、伝統的な言葉である「物語」を接合して、近代に作られた概念である。たとえば、『平家物語』が成立した頃、「軍記物語」はもちろん、「軍記」という言葉さえ、おそらく未だ使われていなかった(「軍記」の用例は、現在知られる限り1343年が最古であり、これを書名に用いた作品は、15世紀前半の『義貞軍記』が最古である。『義貞軍記』については後述する)。このように、後の時代に作られた言葉である「軍記」や「軍記物語」などといった概念に規定されて、作品理解が歪んでしまった面がないかどうか、検討の必要があるといえよう[1]。

　近世の「軍記」は、「軍書」と大きく重なる言葉である。「軍書」は、版本の分類の一

つとして用いられたもので、武士・合戦を主要な題材とした書物としての概念である。「軍記」という概念も、武士の生き方や戦い方に関する教訓を重要な要素とした作品理解を含んでいたと見られる。また、近代の「軍記物語」は、西洋の叙事詩に類比する発想を基本に置きつつ[2]、武士を中心とした英雄物語という理解を重要な要素とした概念であった。そうした武士中心の作品理解は、国粋主義のもとで忠君の英雄を見出そうとした20世紀前半から、階級史観のもとで勃興する武士階級の英雄を見出そうとした20世紀後半に、一貫して受け継がれた。

　しかし、それは妥当だろうか。軍記物語の最初の作品と位置づけられる『将門記』は、末尾部分で、将門を、次のように批判する。

　　爰将門頗積功課於官都、流忠信於末代。而<u>一生一業猛濫為宗、毎年毎月合戦為事</u>。故<u>不屑学業之輩</u>、此只翫武芸之類。是以対楯問親、好悪被過。然間、邪悪之積、覃於一身、不善之謗、聞於八邦、終殞版泉之地、永遺謀叛之名矣。

傍線部は、「将門は、たけだけしい悪行ばかりを行い、常に合戦ばかりに明け暮れていた。そのため、学問を修めた者達を重用せず、ただ武芸の類をもてあそんでいた」との批判である。ここでは、武士としての未熟さではなく、合戦に明け暮れ、「武芸」に夢中になっていたことが批判されているわけである。『将門記』には、こうした記述の一方で、生き生きした合戦描写が注目される部分もあるのだが、戦闘を第一義とする武士の視点から書かれている作品とはいえない。

　一方、軍記物語の代表とされる『平家物語』では、現場で武器を取って戦う武士たちの姿も、それを指揮する武将の姿も、肯定的に描くことが多い。そこには、『将門記』のような「武芸を翫ぶ」ことへの批判は、もはや見られない。だが、源義経などの武士を英雄的に描く記事は、『平家物語』の一部に過ぎない。『平家物語』は、合戦記事が多くを占める作品ではないし、常に武士に寄り添った視点から叙述される物語でもない。武士の価値観にのっとってその理想的な姿を描くことが、『平家物語』の中心になっているとは言えないのである。

　『平家物語』の中で、合戦を描く名場面とされる章段を二つほど例示してみよう。まず、巻九「木曽最期」は、戦いに敗れた木曽義仲が、今井兼平と二人きりになって、「日来はなにともおぼえぬ鎧が、けふはおもうなつたるぞや」（覚一本）などと弱音を吐き、みじめな最期を防ごうとした兼平の配慮にもかかわらず、泥田に落ちて名も無い武士の郎等に討ち取られ、文字通り泥まみれの最期を遂げてゆく場面を描いている。これは、現在では、『平家物語』を代表する章段とされているものだが、近世では、途中で再起をあきらめた義仲の行動を批判する書物も目立つ。近代には、義仲を「悲劇の英雄」として読もうとする読み方もあるわけだが、この章段における義仲は決して英雄ではなく、むしろ、巻三「足摺」に登場する俊寛のように、人間の弱さをさらけ出したものともいえるのではないか[3]。

　次に、巻九「敦盛最期」は、中世以来きわめて有名で、多くの派生作品を生み出した物語である。『平家物語』では、熊谷直実が、自分の息子と同じ年頃の優美な少年で

ある平敦盛を心ならずも討ち取って、「あはれ、弓矢とる身ほど口惜かりけるものはなし。武芸の家に生れずは、何とてかゝるうき目をばみるべき」（覚一本）と、武士という身分を嘆いたと描く。敦盛を討つ直実の嘆きは、子を思う父の愛と都の優美な公達への尊敬に由来しており、熊谷は非人間的な武士身分に絶望して、やがて出家をとげるのである。この物語を受け継いだ近世の浄瑠璃「一ノ谷嫩軍記」では、武士らしい忠義の観念に従って、直実が自ら子の直家の首を取って差し出す物語に変貌するのだが、本来の『平家物語』は、そうした武士的価値観とは対照的な物語であった。

このように、『平家物語』は、武士達を描く合戦場面においてさえ、必ずしも武士らしい行動を理想として描く作品ではなく、また、英雄の活躍を描くことを中心とした作品でもない。武士を肯定的に描き、英雄を描く作品群として「軍記物語」を考えてきた研究史は、批判的に再検討する必要がある。

1.2 軍記物語の諸相―戦争被害者への態度について

「軍記物語」と一括される作品群の中でも、戦争に対する視点や態度には、さまざまな相違が見てとれる。

たとえば、『将門記』には、戦う武士よりもむしろ戦争に苦しむ被害者の視点が濃厚に見られることが指摘されている[4]。たとえば、この作品の現存部分で冒頭にあたる合戦描写では、平将門が敵の村を焼き打ちした様子を、次のように詳しく描く。

> 以其四日、始自野本・石田・大串・取木等之宅、迄至與力人々之小宅、皆悉焼巡。〔蟄屋焼者迷烟不去〕遁火出者驚矢而還入。火中叫喚（欠字）於（欠字）之中千年之貯、伴一時炎。又筑波・真壁・新治、三箇郡伴類之舎宅五百余家、如員焼掃。哀哉男女為火成薪、珍財為他成分。（〔 〕内は原本欠脱、『扶桑略記』による補入）

この部分の前には、自ら武器を取って戦う将門の姿を描く記述もあるが、むしろ、その後の焼打の記述の方が詳しく、その中心は家を焼かれて家族を殺され、泣き叫ぶ人々の描写である。このように、『将門記』では、戦う武士よりもむしろ被害者の視点からとらえた描写が目立つのである。

こうした被害者への視点は、後の軍記物語では少なくなってゆく。たとえば、覚一本『平家物語』巻九「三草合戦」は、一谷合戦の前哨戦である三草合戦において、義経が夜道を通るための照明用に民家に放火したことを描くが、その記述は、

> つはもの共「くらさはくらし、いかゞせんずる」と口々に申ければ、九郎御曹司「例の大だい松はいかに」。土肥次郎「さる事候」とて、小野原の在家に火をぞかけたりける。是をはじめて、野にも山にも、草にも木にも、火をつけたれば、ひるにはちつともおとらずして、三里の山を越行けり。（巻九「三草合戦」）

と、全く義経側の視点からのみ描かれ、夜中に突然、家に火を付けられた者達の苦難

や悲嘆を描く視点は、ここには全くない(なお、延慶本などはこの記事を欠く)。

　ただし、『平家物語』の多様な諸本を検討すれば、被害者側の視点が全く失われているわけではない。たとえば、『平家物語』のより古い形を多く残すとされる延慶本巻九は、義仲勢追討のために宇治川に臨んだ義経勢が、川端の在家を焼き払うさまを次のように描く。義経勢は川を渡ろうとしたのだが、川端の平地が狭く、軍勢が川べりに並ぶことができないという理由で、建ち並ぶ民家を焼き払ったというのである。

　　サラバトテ手々ニ続松ヲ捧テ家々ヲ焼払フ事、三百余家也。馬牛ナムドヲバ取出スニ及バズ、ヤドヤドニ置タリケレバ、皆死ニケリ。其外モ老タル親ノ行歩ニモ叶ハヌ、タヽミノ下ニカクシ、板ノ下、壺瓶ノ底ニ有ケルモ皆焼死ニケリ。或ハ逃隠ルベキ力モ无リケルヤサシキ女房姫君ナムドヤ、或ハ病床ニ臥タル浅猿ゲナル者、小者共ニ至マデ、利那ノ間ニ煨燼トゾナリニケル。風吹バ木ヤスカラズトハ、此体ノ事ナルベシ。

既に人はいないように見えたが、逃げる体力の無い老人や女性、病人、子供などが残っていて、牛馬と共に焼け死んでしまったというさまを描き出しているわけである。義経を明確に非難するわけではないが、語り手の眼は被害者の不条理な悲運に向けられている。『平家物語』においても、なお、こうした記述は残されているわけである。

　しかし、その後の軍記物語の合戦場面からは次第にこうした視点が消え、戦う武士達の物語になってゆく。「軍記物語」と一括される作品の中に、そうした変化があることは意識しておかねばならないことであろう。

1.3　軍記物語の諸相―鎮魂について

　また、死者への鎮魂と作品の関わりについても、相違は大きい。日本では、戦乱の死者が怨霊となって現世を脅かすと考えられたため、戦乱の後には、さまざまな「鎮魂」の営みがなされたが、それは軍記物語の制作にも大きな影響を与えたと考えられる(なお、「鎮魂」という概念については、「怨霊鎮魂」「死者への鎮魂」などといった「鎮魂」の用法が近代のものであることなどについて、坂本要の考証を参照する必要がある[5])。

　とりわけ、鎮魂を重要な目的として作られたと考えられるのが『平家物語』である。安徳天皇を擁して壇ノ浦に沈んだ平家一門の鎮魂は、当時、非常に重要な国家的課題とされたのであり、そうした社会の要請を、この物語は色濃く反映している。『平家物語』は、清盛を批判しつつ他の公達には入念な救済を語っている。そして、物語の末尾では、建礼門院徳子が、平家一門の滅亡は自らの悪行が原因だったのであり、勝者に対する恨みはないと語り、慰霊がなされる。そこには、平家一門への鎮魂を目的として行われた仏教行事のさまを伝える源親長敬白文(鎌倉遺文九三七号。但馬進美寺文書)と同様、源頼朝が作った新たな国家体制が正当なものである

と説きながらも、平家政権のもとで戦った者達の死はやむを得ないことだったのだと説く構造があると見られる。つまり、『平家物語』は、鎮魂への志向が作品構造自体を深いところで支配している作品なのである[6]。

　そのように「鎮魂」への志向が作品の叙述自体を強く規制している作品を他に探すとすれば、第一に挙げるべきは『曽我物語』であろう。『曽我物語』は、曽我兄弟の尋常ならざる執念に基づく敵討ちを描く作品である。そして、小林美和[7]が指摘するように、真名本『曽我物語』巻九、頼朝の曽我五郎尋問の場面は、先に見た建礼門院の物語と類似の構造を有する。この場面で、頼朝は五郎の勇武を高く評価しつつも、「秩序を維持するためには許すことができないので断罪するが、恨むな」と述べる。すると五郎は、それは言うまでもないことであるとして、「今は手足を切られ、首を切られても、全く恨みはない」と述べ、処刑を促すのである。このように「恨み」の存在を否定する叙述を、小林美和が『平家物語』と『曽我物語』に共通する鎮魂への志向ととらえたのは、的確な指摘であろうと考える。この両作品は、こうした鎮魂の記述を、根本的なところで必要とする作品ととらえられよう。

　一方、『将門記』や『保元物語』『太平記』などでは、鎮魂的な性格を読み取るか否か、説が分かれるが、おそらく『平家物語』ほど鎮魂が作品を深いところで支配しているとは言えない。

　たとえば、『保元物語』は、日本最大の怨霊ともいうべき崇徳院を同情的に描き、鎮魂の姿勢が認められる。だが、同時に怨霊として恐れられた藤原頼長や藤原忠実を入念に描いているとは言い難く、むしろ、怨霊鎮魂といった問題とはやや疎遠な感のある為朝を非常に大きく描き出す。山田雄司[8]は、「怨霊を主題にしているのなら、崇徳院と頼長について記せばよいはずなのに、崇徳院と為朝を主要な人物として取り上げ、史実から逸脱して物語を創作している」と指摘する。保元の乱は、疑いなく、鎮魂を切実な課題とせざるを得ない社会状況を生み出した合戦であり、『保元物語』にそうした状況の反映が見られることは議論の余地がない。しかし、現存作品の分析として、鎮魂がこの作品の主題とまで言えるかどうかといえば、疑問もあるということになろうか。こうした構図は、他の軍記物語にも、ある程度共通するものと言えそうである。

　また、『太平記』の場合、その成立に近い時代、後醍醐天皇の怨霊が足利氏を恐れさせていたことは事実であり（『天龍寺造営記録』など）、後醍醐天皇鎮魂を『太平記』の本来的性格とする見解も見られる[9]。しかし、『太平記』の中で、後醍醐を鎮魂する天龍寺供養は必ずしも好意的に描かれない。この冷淡さは、『太平記』と後醍醐鎮魂の営みを一体と見ることをためらわせるのである。あるいは、現存作品以前に、天龍寺供養あたりまでで完結する、より鎮魂色の強い『太平記』があったのかもしれないが、鎮魂を第一義とするというよりは、政道論的な批判を基軸とする叙述の性格は、おそらく『太平記』に本来的なものかと見られる。為政者の施策の是非を客観的に論評する方向の叙述は、怨霊と正面から向き合って、それを慰めたり説得したりしようとする叙述とは異質にならざるを得ないのである。

また、『太平記』には怨霊がしばしば描かれる。特に第三部では、その姿が具体的な形象を伴って描き出されるのだが、それはかえって、この作品が怨霊に対する真剣な恐怖を失っていることを示しているようにも見える。『平家物語』が、亡魂供養を手厚く語り、さらには「恨み」はないと建礼門院に語らせることなどによって、平家一門の怨霊化を必死に否定しているのに比べて、『太平記』は、後醍醐などの怨霊を平然と語っている感が強い。大森北義[10]や小秋元段[11]が、怨霊を描くことを『太平記』第三部における叙述の「方法」と把握しているのは、首肯されよう。『太平記』は怨霊を、いわば物語を組み立てる道具として利用しているのである。そうした「方法」が可能となっているのは、『太平記』では怨霊の恐怖、鎮魂の切実さが薄れているためであると言えるのではないだろうか。

　さらに、「戦国軍記」と呼ばれる作品群では、鎮魂はほとんど描かれなくなる。戦国時代の合戦についても鎮魂供養の問題は存在したが、戦国軍記には鎮魂があまり描かれない。その理由は今後の研究課題であるといえようが、当面、二つの問題が考えられる。第一に、主に近世に成立した戦国軍記は、合戦の体験や生々しい記憶に基づく書から、歴史読み物へ、あるいは教訓や知識、さらには娯楽を旨とする書へと変貌していった[12]。そうした中では、勝者の戦功は描かれても、敗者への鎮魂は描かれにくくなっていったと見られよう。もう一つ、社会の変化あるいは合戦に関わる信仰の変質も考えねばなるまい。右記のように、鎮魂供養は社会に存在し続けたはずだが、戦国時代末期から近世にかけては、怨霊を神と祀る信仰の他に、豊臣秀吉を豊国大明神、徳川家康を東照大権現と祀ったように、偉大な人物を顕彰する意味で神と祀る信仰が登場する[13]。こうした信仰の変化も、戦国軍記における鎮魂の喪失につながっている可能性があろうか。

　「軍記物語」と呼ばれる諸作品は、このように、戦争のとらえ方、描き方に関わる大きな相違を、いくつも抱えている。それらを「軍記物語」と一括してしまうだけではなく、各作品の個性をきちんと把握すること、同時にその変化が何によって生み出されたのか、歴史的に位置づけてゆく研究が、今後必要とされているはずである。

2.「軍記物語」の外側へ

2.1　軍記物語以外に描かれた合戦

　さて、「軍記物語」の多様性について述べてきたが、もう一つの問題は、戦争を描く日本古典文学は「軍記物語」だけではないということである。たとえば、中世文学の範囲内でも、能や幸若舞曲などの芸能の中に、合戦に関わる作品が多いことはよく知られている。たとえば世阿弥は「鵺」「頼政」「実盛」「清経」「忠度」「敦盛」など、『平家物語』に基づいた曲を多く残しているし、『平家物語』に基づく能は他にも非常に多い。能には『曽我物語』関係の曲も「調伏曽我」「元服曽我」「夜討曽我」などがあり、また、『義経記』関係の曲も「鞍馬天狗」「烏帽子折」などが見られる。『曽我物語』や『義経記』による能は、宮増・金剛など、世阿弥とは作風を大きく異にする作者の手

になることが知られている[14]。また、現存する幸若舞曲作品の多くを占めるのも「敦盛」「那須与一」「八島」などの『平家物語』関係の曲であり、その他、『曽我物語』『義経記』関係の曲も少なくない。一方、『太平記』関係の芸能は、能では「檀風」、幸若舞曲では「新曲」があるが、『平家物語』に比べるとごく少ない。こうした相違の理由も大きな問題であり、同時に、『平家物語』の風雅な側面を発展させていった世阿弥に対して、『曽我物語』の合戦場面などを生かしていった宮増・金剛などのような、合戦を芸能化する方法の多様性にも注目すべきだろう。

　また、御伽草子にも、異類物や異界物、発心物など、多くの分野で戦争という題材の反映を見ることができる。たとえば、『鴉鷺合戦物語』や『精進魚類物語』、あるいは『十二類合戦絵巻』、異類物や擬合戦物などと呼ばれる多くの作品は、軍記物語のパロディ、遊戯的な文学と片付けられがちだが、パロディや遊戯であるにせよ、そこには戦乱の世の一つの反映が見られるはずである。鈴木彰は、異類合戦物は「戦乱や抗争が日常化した社会がはぐくんだ感性に力強く支えられている」、とし、また、〈架空の合戦〉が現世のありさまと「相似形をなすものとして創出されている」と指摘する[15]。

　それらの作品を詳細に読み解いてゆくならば、必然的に多様な理解が現れてこよう。たとえば、『鴉鷺合戦物語』について考察を進めた沢井耐三は、この作品に戦乱の世への風刺を読み取り、「いくさを否定し、乱世の荒廃した人心を糾弾する」表現を読みとる[16]。一方、齋藤真麻理は、作者と素材の間には距離があったと考え、生々しい素材を換骨奪胎して新たな物語を描くことを、乱世を生きた知識人の「慰撫」ととらえる[17]。こうした作品について、合戦という現実と文学作品の関係をどのように考えるかは、今後、注目すべき問題の一つであろう。

2.2　近世の軍書と合戦観

　上記のような問題は、戦乱の時代とされる中世の文学だけのものではない。「軍記物語」は主に中世文学の一部を指す概念だが、戦争に関わる文学は、平和な時代であったはずの近世にも多く作られている。いや、現存する作品数で言えば、近世には、戦争に関わる文学が中世よりもはるかに多く作られ、残されている。その多くは、従来あまり文学研究の視野に入ってこなかったが、最近、井上泰至が近世軍書を包括的に論じたことで[18]、ようやく注目を浴びつつある。また、中世極末期に成立したと見られる『太平記秘伝理尽鈔』（以下『理尽鈔』）は、近世に非常に多く刊行され、読まれたことが指摘されてきたが（若尾政希[19]など）、これら軍記評判書については、今井正之助が基礎的研究をまとめたことにより[20]、ようやく研究の基盤が整ったところである。

　『理尽鈔』は、『太平記』を軍事や政治の観点から解説する書物だが、『太平記』自体とはかなり異なった価値観を有する。たとえば、『太平記』巻二六冒頭「正行参吉野事」には、楠木正行が、阿倍野合戦で打ち破った敵に衣服や薬を与えて助けてやった美談が記される。ところが、『理尽鈔』では、この行為は賞罰の規範に背く「正行一代

ノヒガコトナルベシ」と否定されてしまう。さらにその後、同巻の四条畷合戦では、正行は決死の覚悟で敵の大軍の中に突入し、師直を今一歩のところまで追いつめるが、わずかに及ばず、ついに全滅してしまう（「楠正行最期ノ事」）。『太平記』はその最期を力を込めて描き、「命ヲ君臣二代ノ義ニ留メテ、名ヲ古今無双ノ功ニ残セリ」と賞賛している。ところが、『理尽鈔』は、正行の最期に対して批判的である。合理主義に徹する『理尽鈔』は、こうした玉砕戦法を嫌い、こんな戦法をとらなくても策はいくらでもあったはずだとして、忍の兵を用いた夜討、攪乱工作、内通者による裏切り工作、兵糧攻め、降伏を偽装して時間をかせぐなど、堂々たる戦いとはおよそ呼べないような作戦の数々を列挙するのである。

『平家物語』では、最も好意的に描かれる武将である義経が、「いくさはたゞひらぜめにせめてかつたるぞ心地はよき」（巻十一「逆櫓」）と言い放っていた。この点、『太平記』では、駆け引きを駆使して戦う楠木正成を肯定的に描く点、『平家物語』とはかなり異なる。それでも、『太平記』は、正行の悲壮な突撃のような、決死の覚悟で戦う武士達の心情には共感を惜しまない。ところが、『理尽鈔』では、個々の人物の心情は度外視して、味方を傷つけずに敵により多くの打撃を与える、合理的な作戦を求める。そうした合理主義は、軍事論だけではなく、神仏を否定しつつ、寺院を人口調節の観点から有益であると位置づける（巻一二）など、政治論にも存分に発揮されている。味方の損害をできるだけ防ぐという発想は、軍事作戦においてはだまし討ちなどの謀略につながるが、統治者としての政治論においては、仁政の考え方につながるのである（この点は、前掲注[19]の若尾政希の論に詳しい）。

さて、『理尽鈔』のような、統治者の観点を多分に含む、上級武士向きの記述に比べて、合戦現場で戦う中下級武士の精神をも多く含んでいるのが『甲陽軍鑑』である。『甲陽軍鑑』は、武田信玄を中心とする武田氏の武士達の逸話などを伝える書物で、16世紀の談話などを含みつつ、17世紀前期に完成されたものと見られる。「武士道」の語を最初に多用した書物として知られるが、その「武士道」は、ここぞという時に、後先を考えず勇敢に戦うなど、おおよそ武士らしい勇ましい気風などを指す言葉であって、理念などではない。だが、こうした書物に記される戦闘者の精神が、後の時代に「武士道」という理念を生み出してゆくことには注意しなければならない。

なお、『理尽鈔』や『甲陽軍鑑』に示されるような武士の価値観を、先駆的に示していた書物が、15世紀前半成立と見られる『義貞軍記』である。群書類従には『義貞記』の書名で収録されるが、『義貞軍記』が本来の書名であることは、今井正之助が指摘している[21]。最初に述べたように、「軍記」を書名に用いた最初の作品でもある。本書は冒頭で、

　　　公家には文をもつて先とす。詩哥管絃の芸これなり。当道には武をもつて基とす。弓馬合戦の道是なり。

と、「貴族は文の道に生きるが、我々武士は武の道に生きる」と、武士独自の価値観の

存在を主張している。こうした書物が「軍記」を名乗り、近世の「軍書」の先蹤となると同時に、『平家物語』や『太平記』を、武士の生き方を示す「軍書」として読む水路を開いていったことも忘れてはなるまい[22]。

「軍書」に分類される書物は多様であり、ここではとうてい紹介しきれないが、その多くが武士たちの価値観に基づいて書かれている。私達が文学として扱う「軍記物語」の多くは、武士によって書かれたわけではない作品群であり、それらとは価値観を異にしているわけである。近世の軍書には、文学としての価値はあまり認められない。しかし、狭い意味での文学研究ではなく、日本人の戦争観を考えようとする視点に立つならば、「軍記物語」だけではなく、こうした書物に視野を広げた研究が必要となろう。

2.3 異国合戦の問題

文学に限らず、日本人の戦争観を考えるという課題を設定するならば、もう一つ見ておかねばならないのは、異国・異域に関わる合戦の問題である。「日本文学が描く戦争は、国内の同一民族同士の戦争である」という見方がある。それは、主要な「軍記物語」に関する限りは基本的に正しい。たとえば、先に見た熊谷直実は、敵の敦盛の顔に自分の息子との同一性を瞬時に見て取り、また、敦盛の文化的な優位を感じ取る。それは、同じ文化を共有する者同士の戦いであるが故に成り立つ物語であるといえよう。これらを例として、前近代の日本人には「対外戦争」の経験が少なかったとするのは、日本文化の相対的な特色の指摘としては一定の正当性を持つだろう。

しかし、それはあくまでも相対的な特色にとどまる。「軍記物語」の周縁やその外側に位置づけられてきた作品群に目を転じるならば、そうした見方から外れる文献もまた少なくないことに、容易に気づく。たとえば、神功皇后説話は古代から近代まで、きわめて多くの文献に記されている。これを避けて、日本人の戦争観を語ることはできまい。また、蒙古襲来は「軍記物語」を生み出しはしなかったが、『蒙古襲来絵詞』や『八幡愚童訓』甲本等々に影を落している。また、幸若舞曲「百合若大臣」では、蒙古軍の記述が『日本書紀』や『聖徳太子伝』などに登場する蝦夷の像と重なる。蒙古との戦いは、蝦夷との戦いと習合され、外敵との戦いとして形象されているのである。蝦夷との戦いは、日本人にとって、古代から引き継がれた外敵との戦いの重要な記憶だったわけである（同時に、蝦夷との戦いが中世・近世にも繰り返されていたことも忘れてはなるまい）。

近世に入れば、16世紀末の朝鮮侵略を扱った朝鮮軍記、17世紀初の琉球侵略を扱った薩琉軍記、1637年の島原の乱を描く天草軍記やキリシタン関係諸資料などの問題がある。さらに、為朝渡琉説や義経入夷説、あるいは朝比奈（朝夷名）義秀の高麗渡航伝説などのように、戦に敗れた武将（英雄）が異域あるいは異国へ渡ったとされる伝承も、これらに関わるものといえよう（「異域」は、国内の辺境とも異国とも位置づけ得る地域を指して用いている）。さらにいえば、『義経地獄破り』などに見る

ように、彼らは異界での活躍を語られる人物でもあり、空想的な異界・冥界での活躍を語る物語も、これらの伝承に関わり、こうした物語の周縁はとめどなく広がってゆく。

　小峯和明は、『薩琉軍記』の問題から「侵略文学」の用語を提案し、こうした諸作品への広い展望をいち早く示した[23]。『薩琉軍記』については、その後、目黒将史[24]の研究が続いている。そして、金時徳の大著『異国征伐戦記の研究』は、朝鮮軍記を中心とした「異国征伐戦記」の全体を具体的・詳細に論じて、この領域の研究を確立した[25]。青山学院大学日本文学科編『日本と〈異国〉の合戦と文学』は、これらの刺激を受けて企画されたシンポジウムの記録である[26]。

　このように、蒙古襲来や、朝鮮半島・琉球への侵略などに関わる諸文献を検討すれば、従来の「軍記物語」研究とは全く異なる視野が開けてくる。だが、そうした研究はようやく緒についたばかりで、個別の作品の研究については、ほとんど手つかずの状態で残されているものも少なくない。多くはこれからの研究に委ねられているといえよう。

まとめ

　以上のように、狭い意味での「文学研究」ではなく、日本人が戦争というものをどうとらえてきたかを広く考えようとする立場に立つならば、従来の「軍記物語」研究とは異なる、より広い視野や、多様な視点、あるいはさまざまな方法が必要となるわけである。日本における戦争と文学の関係を考えるという課題は、そのような問題を含めた、新たな検討を必要としていると思われる。文学としての「軍記物語」をどう考えるべきかという問題は、そうした課題に答えるべき考察の一部であると同時に、そうした広い視野に立った考察の上で、改めて問われるべき問題であるとも言えるだろう。

注

[1] 佐伯真一.2011.「「軍記」概念の再検討」『中世文学と隣接諸学3　中世の軍記物語と歴史叙述』.佐伯真一編.603-623.竹林舎.同.2015.「『平家物語』は「軍記」か」『文学』隔月刊 16(2).岩波書店.26-40.

[2] 大津雄一.2013.『平家物語の再誕―創られた国民叙事詩―』(NHK出版).

[3] 前掲注[1]佐伯「『平家物語』は「軍記」か」34-38頁.

[4] 佐倉由泰.2001.「『将門記』の表現世界」.『国語と国文学』78(8).14-27.『軍記物語の機構』汲古書院 2011 再録.9-41.

[5] 坂本要.2011.「「鎮魂」語の近代―「鎮魂」語疑義考　その1―」.『比較民俗研究』.25.44-54.同.2011.「「鎮魂」語―「鎮魂」語疑義考　その2―」『比較民俗研究』.26.49-61.同.2012.「怨霊・御霊と「鎮魂」語―「鎮魂」語疑義考その3―」『比較民俗研究』.27.75-85.

[6] 佐伯真一.2015.「『平家物語』と鎮魂」『いくさと物語の中世』.日下力監修、鈴木彰・三澤裕子編.5-25.汲古書院.

[7] 小林美和.1980.「『平家物語』の建礼門院説話―延慶本出家説話考―」『伝承文学研究』.24.『平

家物語生成論』三弥井書店1986年再録.191-195.
[8]山田雄司.2001.『崇徳院怨霊の研究』.思文閣出版.
[9]五味文彦.1991.「後醍醐の物語―玄恵と恵鎮―」.『国文学解釈と教材の研究』.36(2).70-74.松尾剛次.2001.『太平記―鎮魂と救済の史書―』.中央公論社.
[10]大森北義.1986.「太平記の構想と方法(八)―第三部世界の発端部について―」.『鹿児島短期大学研究紀要』37.『『太平記』の構想と方法』明治書院1988年再録.295-304.
[11]小秋元段.1995.「『太平記』第二部の範囲と構成」.『三田国文』22.『太平記・梅松論の研究』汲古書院2005年再録.37-59.
[12]笹川祥生.1999『戦国軍記の研究』.和泉書院.井上泰至.2014.『近世刊行軍書論』。笠間書院.
[13]小松和彦.2001.『神になった人びと』.淡交社.同.2002.『神なき時代の民俗学』.せりか書房.池上良正.2003.『死者の救済史』.角川書店.
[14]北川忠彦.1978.『観阿弥の藝流』.三弥井書店.
[15]鈴木彰.2014.「〈架空の戦争〉と文学」.『日本文学史』.小峯和明編.177-188.吉川弘文館.
[16]沢井耐三.2015.「空想と風刺のいくさ物語―室町物語『鴉鷺合戦物語』の世界―」.『文学』.隔月刊16(2).106-121.
[17]齋藤真麻理.2015.「黒白争闘―『鴉鷺合戦物語』攷―」.『いくさと物語の中世』.日下力監修、鈴木彰・三澤裕子編.331-352.汲古書院.
[18]前掲注[12]井上泰至『近世刊行軍書論』
[19]若尾政希.1999.「「太平記読み」の時代―近世政治思想史の構想―』.平凡社.
[20]今井正之助.2012.『『太平記秘伝理尽鈔』研究』.汲古書院.
[21]今井正之助.1997.「『義貞軍記』考―『無極鈔』の成立に関わって―」日本文化論叢』.5.前掲注[20]『『太平記秘伝理尽鈔』研究』再録.392-423.
[22]佐伯真一.2014.「『義貞軍記』と武士の価値観」.『アジア遊学173 日中韓の武将伝』.勉誠出版.7-20.
[23]小峯和明.2004.「琉球文学と琉球をめぐる文学―東アジアの漢文説話・侵略文学―」『日本文学』.53(4).10-21.同.2004.「〈侵略文学〉の位相―蒙古襲来と託宣、未来記を中心に、異文化交流の文学史をもとめて―」.『国語と国文学』.81(8).1-17.同.2010.「薩琉軍記解題―東アジアと侵略文学―」『古琉球をめぐる文学言説と資料学―東アジアからのまなざし―』池宮正治・小峯和明編.三弥井書店.同.2013「〈侵略文学〉の文学史・試論」『福岡大学研究部論集・人文科学編』12(6).
[24]目黒将史.2010.「〈薩琉軍記〉概観」『古琉球をめぐる文学言説と資料学―東アジアからのまなざし―』池宮正治・小峯和明編.三弥井書店.同.2012.「異国戦争を描く歴史叙述形成の一齣―〈薩琉軍記〉の成立と享受をめぐって―」『アジア遊学155 もう一つの古典知―前近代日本の知の可能性―』.勉誠出版.同.2012.「琉球侵略の歴史叙述―日本の対外意識と〈薩琉軍記〉―」『日本と〈異国〉の合戦と文学』青山学院大学日本文学科編.笠間書院.その他.
[25]金時徳.2010.『異国征伐戦記の世界』.笠間書院.
[26]青山学院大学日本文学科.2012.『日本と〈異国〉の合戦と文学』笠間書院.

「大戦争」と「女性」の眼差し
―太平洋戦争開戦時の太宰治の短篇から―

(日本)フェリス女学院大学　島村輝

Abstract: The Asia-Pacific 15-year war which started with a Manchurian Incident in September 1931 set foot on the last stage taking the Pacific War on December 8, 1941 as an opportunity. DAZAI Osamu wrote several short stories to which the thing and the relation are pointed out intensively in case of this war. Though those works have not attracted much attention in particular in Dazai's literature studies, once analyzed every corner of texts, one finds obvious difference from the contents read up to now. The characters' way of thinking, behavior and work, and the text's composition related to the theme should be scrutinized and re-read. In "December 8" and "Matsu (Waiting)", each a narrator of female first person was employed. The narrators seem to make the look for the future of a war. The sentiment which curved DAZAI who was then at the time of the start of Pacific War can be seen by readers through these feminine narations which seems to be written on the base of a strategy of consciously and respectively planned text.

キーワード：太宰治　太平洋戦争　女性一人称　戦略的テクスト　厭戦気分

1. 太平洋戦争開戦時の太宰治の短篇群

　1931年9月の満州事変に始まる、アジア・太平洋地域を舞台とした日本の15年に及ぶ戦争は、1941年12月8日の太平洋戦争開戦を機に、その最終ステージへと足を踏み入れた。この開戦にあたって、太宰治はそのことと関連が指摘されるいくつかの短編を集中的に書いている。「新郎」(『新潮』1942・1)、「十二月八日」(『婦人公論』1942・2)、「律子と貞子」(『若草』1942・2)、「待つ」(1942年1月脱稿。『女性』同年6月、博文館に初出収録)がそれらにあたる。

　長女が生まれた昭和十六年(一九四一)の十二月八日に太平洋戦争が始まった。その朝、真珠湾奇襲のニュースを聞いて大多数の国民は、昭和のはじめから中国で一向はっきりしない○○事件とか○○事変というのが続いていて、じりじりする思いだったのが、これでカラリとした、解決への道がついた、と無知というか無邪気というか、そしてまたじつに気の短い愚かしい感想を抱いたのではないだろうか。その点では太宰も大衆の中の一人であったように思う。

(津島 1978b：43)

　太宰の妻・津島美知子がこう回想しているように、これまでこれらの作品群は、太宰の文学のなかで、特に注目を浴びてきたわけではなかった部類に属するだろう。単に妻であるというばかりでなく、口述筆記者として、太宰のもっとも身近にあった理解者とされている彼女でさえもこのように記しているほどであり、実際これらの作品も、読みようによっては、開戦時の国民一般の意識を素直に反映させている小品、とも読めるような書き方がされていることは間違いない。

　しかし、テクストの隅々を分析しながら精読すると、これまで読まれてきたような内容とは大きく違った、登場人物の考え方や行動、作品全体のテーマに結びつく構図が浮かび上がってくる。とりわけ女性一人称の語りを採用した「十二月八日」と「待つ」の二作品は、それぞれ極めて意識的に構想された、テクストの戦略に基づいて書かれているように思われる。開戦の約半年後、女性一人称の語りによる作品を集めて刊行された『女性』の冒頭と末尾にはこの二作品が配置されているが、発表時の時系列に従わず「十二月八日」を冒頭に、また特に、雑誌の依頼によって執筆した作品が「時局に合わない」という理由で掲載されず、お蔵入りとなっていた「待つ」を敢えて巻末に置いたことにも、それに関連する意味があったに違いない。本稿では、これらの作品を読み解きながら、「女性」の語りを通じて、太平洋戦争開戦時の太宰の屈折した心情と、戦争の行く末に向けた眼差しを明らかにしてみたい。

2.「一日一日を、たつぷりと生きていくより他は無い」──「新郎」の心

　太平洋戦争開戦関連の第一作とされる「新郎」は、「このごろ、どうしてだか、紋服を着て歩きたくて仕様がない」語り手「私」が、花婿の正装をして、馬車に乗り、銀座八丁を練り歩きたいと思う一節で結ばれている。語り手はそれを「新郎（はなむこ）の心で生きている」としている。

　この末尾の一節に続き、括弧内に附記されるような形で「昭和十六年十二月八日之を脱稿す。この朝、英米と戦端ひらくの報を聞けり。」とあり、これが本作を太平洋戦争開戦と関連付ける最大の根拠となっていると考えられる。しかし12月8日が脱稿当日ということになると、作品の大まかな形は、それ以前に出来上がっていたとみることのほうが妥当であろう。そこに視点を置いて本作を見るならば、この「新郎の心」の実質はむしろ太平洋戦争の開始直前のさまざまな状況を反映したものであり、そこに開戦という契機が付け加わったかもしれないものといえよう。

　本作執筆の少し前、1941年11月15日に「文士徴用令書」を受け取った太宰は、翌々日の17日に、本郷区役所で徴用のための身体検査を受ける。太宰の胸に聴診器を当てた軍医は即座に免除と決めたという。病名は「肺浸潤」であった（山内 2012：245、津島 2008：43）。肺病の診断が出されたことは、本人に対しても少なからぬ衝撃があったものと想像される。同月21日には文士徴用に発つ小田嶽夫、中村地平、井伏鱒二、高見順らを早朝の東京駅に見送り（山内 2012：245）、さて彼らとは違った

立場となった自らの命について、考えを巡らせた結果が、この作品の随所に表れているると見るべきであろう。

身体を小ぎれいに整え、純白の下着を身に付けての毎日の生活は、「新郎」というよりは、むしろ覚悟の「死装束」姿を思わせる。「一日一日の努力が、全生涯の努力」であるとする心情から記される、日本を「佳い国」「見事」と称賛する口ぶりの一方で、物資の欠乏や、そのことについての家人の困惑、横流しの横行などが、本作には、別の部分にもしっかりと書き込まれている。

こうした書きようのすべてが、太宰による意図的なカムフラージュだとまで断定するつもりはないが、満州事変から起算すればすでに十年以上も経過した「戦争」の深化の中で、仲間の文士たちの徴用に直面し、日常物資の欠乏と不正を彼が実感しつつあったことは、たしかにここから読み取ることができる。「戦争」と「病」の中での、頽廃と「死」への予感が秘かに記されたこの作品が、12月8日の太平洋戦争開戦の報のもたらされた日に脱稿したことは、それを作者がわざわざ末尾に附記したことを考え合わせても、決して偶然であったとはいえないのである。

3.「こんな暗い道、今まで歩いた事がない」
──「十二月八日」主婦の一日

その太平洋戦争開戦の日の日付をタイトルとする本作は、これまで読解にあたって、評価が大きく分かれてきた作品である。大まかにいって、それは情勢が大戦争へとシフトしていく中、「抵抗か、迎合か」のどちらが表現されているものと読み取るかということであった（奥出 1995；125-126）。そうした研究史をふまえて、近年ではこの作品のテクスト自体に目を向け、そうした極端な読みの分化が生じる原因を、テクストの内包する語りの構造に求める考察が発表されている（何 2010；31-44）。

こうした読み取り自体は、作品の姿を捉えるうえで不可欠の、妥当な方向性を示しているといえるが、結果として「その評価の振幅の激しさがまさに文学者の手柄を物語っているのではないか」（何 2010；41）といった結論を下すのであれば、折角のテクスト構造の分析も、この作品、および前後する太宰の作品世界の姿を捉える上では、大事な落ち着きどころを避けて通ることになってしまっているといわざるを得ないだろう。テクストが「どうとも読めるように仕組まれている」ということと、そうではあってもさまざまな方向から分析を加えることで浮かび上がってくる文学的「真実」の在処とは、区別されなくてはならない筈である。それを浮かび上がらせる方法としては、この作品を単一に論ずるだけでは十分ではないと思われる。

この作品の語りの構造の大枠は、貧しい小説書きの妻が経験した、開戦の一日の日記記述ということである。もちろんこの小説書きは太宰自身を思わせるように作られており、日記の書き手としての妻や、夫妻の娘（園子）、その他の登場人物たちも、太宰周辺の実在の人物が参照されるように作られている。語りは常に小説書きの妻に焦点化されているため、小説家の行動や言動はこの妻の視点を通じて描かれ

る。その他の出来事についても、それは同様である。
　ところでこの語り手である妻の存在自体もまた、「十二月八日」というテクストの中に登場する一人物であるという点が、この作品の語りの構造の要であるといえる。妻以外のすべての登場人物は、妻の言説によって作中に定位される。妻の言説はそのように特権化されてはいるのだが、その妻もまたテクスト内の登場する人物の一人なのであり、そうした人物をテクスト内に配置しているのは、理論上の仮設概念である「内包された作者」ということになる。このような理論構制のもとでこのテクストを読もうとするなら、地の文の語りを構成する妻（地の文の「私」）の言葉自体を、フィクショナルなものとして扱う必要が生じるわけである。本論文冒頭に引用した太宰の妻・津島美知子の回想が、いかに大多数の国民が開戦の日を無邪気に迎え、太宰もまたその一人であったように思うと述べているとしても、当然ながらこの作品を読むにあたって、それを額面通りに受け取ってはならないのだ。
　「私」の主人である小説家は、怠け者でその日の生活も危ないくらい収入が少ない。「私」はくだらない話ばかりをする主人を馬鹿にしているふしもあり、大戦争が始まろうという情勢の緊張感は感じられない。その緊張感の無さ、はラジオからひっきりなしに流れる軍歌を聴いていて、「私」が噴き出すといったシーンにも表れている。古い軍歌まで流す「放送局の無邪気さ」にも触れている。そこに「好感を持った」と記されているが、それは「国民の大多数の一人」としての作中の「私」の感想であり、出来事自体をどう読み取るかは読み手の側の立ち位置にかかってくるのである。

　　日本の綺麗な兵隊さん、どうか、彼等を滅つちやくちやに、やつつけて下さい。これからは私たちの家庭も、いろいろ物が足りなくて、ひどく困る事もあるでせうが、御心配は要りません。私たちは平気です。いやだなあ、という気持は、少しも起らない。こんな辛い時勢に生れて、などと悔やむ気がない。かへつて、かういう世に生れて生甲斐をさへ感ぜられる。かういう世に生れて、よかつた、と思ふ。ああ、誰かと、うんと戦争の話をしたい。やりましたわね、いよいよはじまつたのねえ、なんて。（「十二月八日」）

ここも読みようによっては、開戦で昂揚した「国民の大多数の一人」である「私」の言葉を借りて、非常に大胆なアイロニーを駆使していると読み取れる。ここだけではなく、実際にこのテクスト内に散りばめられた物資の欠乏や、身辺の人々の徴兵、灯火管制の実施などの記述は、その頃の日常であったとはいえ、事実の強い効果を発揮するように、日記に取り入れられているとみられる。
　一つ一つ列挙していけばきりがないほどいたるところに見出されるこうしたアイロニカルな記述が続く中で、赤ん坊の園子を連れて銭湯に行った帰り道の部分は、異様に特徴的だ。

　　銭湯へ行く時には、道も明るかつたのに、帰る時には、もう真つ暗だった。燈火管制なのだ。もうこれは、演習でないのだ。心の異様に引きしまるのを覚え

る。でも、これは少し暗すぎるのではあるまいか。こんな暗い道、今まで歩いた事がない。一歩一歩、さぐるようにして進んだけれど、道は遠いのだし、途方に暮れた。(「十二月八日」)

　この象徴的な記述から過剰な意味を読み取ることは慎むべきだとの考え方もある。しかし、これに続く、女学生時代に吹雪の中をスキーで突破したときのおそろしさの想起、しかもその時のリュックサックの代わりに、今背負っているのは何も知らない赤子の園子なのだという記述と併せて読み取ろうとするならば、この特別に目を惹く一節の解釈のためには、禁欲的にこのテクスト内に止まるのではない、別の方法が試みられて然るべきであろうと思われる。

　迎合とも読めるように書くことは、この時期に時局を扱った作品を発表しようとするならば、避けて通ることができなかった道であろう。しかしその中に抵抗とも読めるような部分があると感じられればこそ、この作品は今も読むに足るとされるものになっているのではないだろうか。ただの時局迎合作品ならば、同時代の無数のそうした作品とともに、とっくの昔にこの作も朽ち果て、埋もれてしまったに違いない。そしてそこに抵抗の痕跡が見出されるのならば、そこに残された抵抗の姿を立体的に浮かびあがらせるような読み解きの道筋を見出してこそ、研究や批評は意義あるものといえるのではないか。雑誌の求めに応じて執筆したが、掲載を拒否され、それでも単行本『女性』に、その掉尾を飾る作品として収録された「待つ」もまた、そうした大胆な読み取りが改めて求められる作品だと思われる。

4.「無くてならぬものは多からず、唯一つのみ」
──「律子と貞子」と三浦君

　本作に登場する三浦君は、12月に大学を卒業してすぐに徴兵検査を受けるが、極度の近視眼のため丙種となる。律子と貞子の姉妹は、三浦君の遠縁にあたる旅籠の娘で、幼馴染の間柄である。作品の主眼は、三浦君が結婚相手として、この姉妹のどちらを選ぶか、その相談を持ち掛けられた語り手のアドバイスと、三浦君の下した結論にある。しっかり者の姉・律子に対して、妹の貞子は騒がしく、三浦君に会った晩は、彼に付き切りで話しかけるような娘である。

　貞子は丙種合格で兵隊にはなれなかった三浦君を「世間に恥ずかしい」「可哀想」などと表面上は非難しているが、読んだ三浦君が少々閉口してしまうほどの感傷的な、甘い内容を綴ったなぐさめの手紙を送っている。三浦君が姉妹の家に泊まった晩、貞子は彼に次のように語っている。

　　兄ちやん、少し痩せたわね。ちよつと凄味が出て来たわ。でも色が白すぎて、そこんとこが気にいらないけど、でも、それでは貞子もあんまり慾張りね、がまんするわよ、兄ちやん、こんど泣いた? 泣いたでせう? いいえ、ハワイの事、決死的大空襲よ、なにせ生きて帰らぬ覚悟で母艦から飛び出したんだつて、泣いたわよ、三度も泣いた、(略)あたし夢を見たの、兄ちやんが、とつても派手

な絣の着物を着て、そうして死ぬんだつてあたしに言つて、富士山の絵を何枚も何枚も書くのよ、それが書き置きなんだつてさ、をかしいでせう？ あたし、兄ちやんも文学のためにたうとう気が変になつたのかと思つて、夢の中で、ずゐぶん泣いたわ、(「律子と貞子」)

　「ハワイの事」とは無論太平洋戦争開戦時の真珠湾奇襲攻撃のことである。貞子はこの「決死的大空襲」に「三度も泣いた」と言っている。「生きて帰らぬ覚悟」で飛び出した飛行兵たちへの想像が、彼女の涙を呼んだものである。戦争が命懸けであることを彼女は鋭い感覚でとらえている。

　とめどなくしゃべり倒す彼女の言葉からは、三浦君への切実な好意も伺うことができる。丙種であったことをあれこれ非難してはいるが、それはあくまでも当時の状況の建前ということがあり、本心は三浦君に兵隊となって遠方にいったり、死んだりしてほしくはないということが示されている。自分が徴用にとられて遠くに行くようになっては、三浦君と逢えなくなるのでつまらない、との言葉からも、そのことは汲み取れる。またもし三浦君が徴兵検査の結果兵隊として駆り出されるようなことになれば、命を落とす可能性も出てくる。富士山の絵の夢は、三浦君が兵隊となり、命懸けで戦争に加わらなければならなくなることへの不安が隠しようもなく表れていたといえる。

　戦争が続く限り、国民は心の中で自分や家族、親しい人などがいつ召集、徴用されるかもわからぬ不安や恐怖を抱えながら日々を過ごすこととなる。それをはっきりと口に出していうまでにはそのことへの認識が対象化されているわけではないだろうが、貞子は感覚的にそれを敏感にとらえていると思われる。貞子は自分の感情を率直に表に出す性格をしている。その貞子がずっと三浦君に附き切りでいたことは、口に出せない戦時下の不安を抱きながらも、三浦君といられる時間を少しでも大事にしようとする気持ちの表れであった。

　これとは対照的に、しっかり者の姉・律子は、旅館の朝食に付ける味噌汁の豆腐の調達のこと、見送りのためのバスへの同乗を逡巡することなど、日常のことに気が回り過ぎる人物に描かれている。結局はバスへの同乗に踏み切る成り行きなどからみて、三浦君への気持ちが、貞子に較べて軽いと断言することはできないが、貞子の率直さに較べると、余計な遠慮や気働きが過ぎるような印象に描き出されている。

　この二人のどちらと結婚するか、その意見を求められた際、「私」は迷わず「無くてならぬものは多からず、唯一つのみ」という聖書の言葉を読ませている。「私」の意見は、まさに三浦君への思いという「唯一つ」のことを大事にする貞子を選ぶようにというものであった。その背後に、戦時下の生活への不安を貞子が敏感に感じ取っていることへの「私」の同感があることは、先に述べた「新郎」の語り手の心境と相通じるものとして、容易に理解することができるだろう。

　しかしこの物語にとって重要な点は、三浦君が、結果として貞子ではなく、律子を

結婚相手として選び取ったということにある。三浦君としては、丙種で兵役を免れたことは、太平洋戦争へと踏み込み、一層深刻化した戦時情勢のもとでも、ともかく取りあえず前線に出ることを免れる立場となったことを意味するだろう。戦時下の漠然とした不安は無いわけではなかろうが、より目前の問題として、生活のなかで、夫婦としての毎日の暮しのパートナーとして、「唯一つ」の貞子と、「しっかり者」の律子のどちらを選ぶのか、という選択をしなければならないということになる。そして多くの場合、人は「漠然とした将来の問題」より「目前の問題」に即して判断を下しがちなものなのである。

「私」は三浦君からの「実に案外な手紙」に対して「義憤に似たもの」を感じ、彼が「結婚の問題に於いても、やっぱり極度の近視眼なのではあるまいか」と慨嘆して見せる。「私」は三浦君の選択が間違いであると思っているわけだが、テクスト全体の遠近法的構造としては、それが世間には大いにあり得る判断であろうことも示されていると読める。究極の価値か、目前の問題か。末尾の問いかけも含めて、この作品は戦時下の太宰の心中の葛藤と、世間の戦争への受け止めの乖離、そして彼の孤独と当惑を、読者に突き付けているのではないだろうか。

5.「省線のその小さい駅に、私は毎日、人をお迎えにまゐります」
──娘の「待つ」もの

「待つ」は本のページ数にして三頁にも満たないほどの小品である。津島美知子の回想には、

> コント「待つ」の初出誌は長い間わからなかった。これが「創作年表」の「昭和十七年三月号、コント、京都帝大新聞六枚」に当ることを「ユリイカ」の故伊達得夫氏が教えてくださった。伊達氏は当時、同新聞の編集部にいて太宰に原稿を依頼し書いてもらったが、「待つ」の内容が時局にふさわしくないという理由で原稿を返したと、伊達氏から直接聞いた。(津島 2008：281)

とある。年譜によれば掲載予定の号は『京都帝国大学新聞』第 344 号(昭和 17 年 3 月 5 日付発行)であったとされている。(山内 2012：248)では伊達氏ら『京都帝国大学新聞』の編集部員たちは、最寄りの小さな省線の駅に、誰ともわからぬ人を迎えに行くことを日課にしている二十歳の娘の独白の体裁をとるこの「コント」の何処を「時局にふさわしくない」と感じ、掲載を中止して原稿を返却するに至ったのだろうか。

「駅」は、一般的な文脈からいっても、出会いと別れの場であり、「境界領域」として文化的にも濃密な意味が生成される場であることはいうまでもない。しかし太平洋戦争開戦直後というこの作品の執筆時期を考え合わせると、その場には一層特別な文脈が付け加わることになる。

「駅」を舞台にした歌謡曲に「夜のプラットホーム」という作品がある。戦後の一九四七年に二葉あき子が歌ってヒットし、彼女の代表的歌唱の一つとなったものだ

が、実はこれはリバイバルであり、オリジナルは日中戦争開戦後の1939年に公開された伏水修監督による東宝映画「東京の女性」[1]の挿入歌として、淡谷のり子が歌ったものである。作詞を担当したのは『都新聞』の記者から、コロンビア所属の作詞家に転じた奥野椰子夫である。

前年の暮れに新橋駅で目撃した、出征兵士を見送る光景、歓呼の声を上げる群衆から少し離れて、一人の若妻が柱の陰から夫とおぼしき兵士を見つめる姿を念頭において作られたのがこの歌詞である。

1 　星はまたたき　夜ふかく
　　なりわたる　なりわたる
　　プラットホームの別れのベルよ
　　さよなら　さようなら　君いつ帰る
2 　ひとはちりはて　ただひとり
　　いつまでも　いつまでも
　　柱に寄りそい　たたずむわたし
　　さよなら　さようなら　君いつ帰る
3 　窓に残したあのことば
　　泣かないで　泣かないで
　　瞼にやきつくさみしい笑顔
　　さよなら　さようなら　君いつ帰る

服部良一によって作曲されたこの歌は、しかし即時に発売禁止にされてしまった。歌詞の内容と、哀愁の漂うメロディーが、時局にそぐわないものとされたのである。

戦争中の生活に関連する文脈に即していていえば、「駅」は何よりもまず「出征する兵士を見送る」場であった。その際、当の出征兵士は、家族や近所の人たちに対して、生還を期さぬことを宣言して出立するのが常であった。見送る側も、少なくとも人前では「お国のため、立派に死んでこい」などといわなければならなかった。本心では「生きて帰って来てほしい」と願っていても、それを表だって現すことはできなかった。

ところが「待つ」の語り手である娘は、駅に毎日誰かを迎えに行っているのである。「若い娘が毎日誰かを駅に迎えに行く」という行為の表象そのものが、それだけで「時局にそぐわない」とされる理由は、上記のような文脈のなかでは立派に備わっているといってよい。

改札口を通る人々を、ベンチに座ってぼんやりと眺めながら娘が待っているのは、しかし特定の具体的な人物というわけではない。それどころか「人間でないかも知れない」ともされているのである。

彼女は「人間をきらひ」と自称する。その人間嫌い、人間恐怖は、「当たらずさはらずのお世辞」や「もつたいぶつた嘘の感想」を述べ合う回りの人間や、互いに本心をごまかし合って生きていかなければならない世の中の在り方に起因する。そうし

た嘘や用心深さが、何に対する警戒感から生まれてくるのかは明示されてはいないが、戦時下、発言が制限される中で、本心を隠さざるを得ない、表現を自粛せざるを得ない状況があることは、上記の文脈から容易に察知できることである。

　母と二人の生活をしていた彼女は、もともとあまり外には出かけず、家にひきこもった生活をしていた。それで生活は落ち着いていたのである。しかし「大戦争」が始まって、そうもいかなくなった。彼女にとって「大戦争」は大きな不安をもたらし落ち着かなくさせるものであり、今までの生活に大きな影響を与えるものだった。娘が毎日誰かを待つようになったのも、それがきっかけとされる。

　　家に黙って坐って居られない思いで、けれども、外に出てみたところで、私には行くところが、どこにもありません。買い物をして、その帰りには、駅に立ち寄って、ぼんやり駅の冷いベンチに腰かけているのです。（「待つ」）

　家に安住していられなくなった彼女だが、具体的に何か「お国のため」の行動をするわけではない。だがこれも、この頃の時局との関係でいえば、決して許容されるべきことではなかった。

　太平洋戦争開戦直前の1941年11月22日に公布され、同年12月1日に施行された勅令（第九九五号）「国民勤労報国令」は、それまでにも任意のものとしてあった「勤労奉仕隊」への参加を義務付けると共に、その総合的な調整を狙ったものであった。学校・職場ごとに、14歳以上40歳未満の男子と14歳以上25歳未満の独身女性を対象とした勤労報国隊が編成され、軍需工場、鉱山、農家などにおける無償労働に動員されることが、すでに制度として採用されていたのである。実際にこの勅令に従って、日本全国のいたるところで国民の「勤労動員」や「徴用」が始まっていたことは、「律子と貞子」の中の、貞子の言葉[2]にも書き込まれている通りである。そうした中にあって、積極的に「勤労奉仕」に参加し、戦争に役立つ仕事をするのではなく、ただ駅でじっと待つという「私」の行動は、それ自体で消極的戦争非協力を表象する態度に他ならなかったといえる。

　彼女が「待つ」のは、特定の具体的な人ではない。いや「人間でないかも知れない」と彼女は述べている。「ああ、私は一体、何を待つてゐるのでせう」「一体、私は、誰を待つてゐるのだらう」。人か、物事か。具体的な人や事例が次々と挙げられるが悉く否定され、「はつきりした形のものは何もない。ただ、もやもやしてゐる」と、曖昧に、暗示的に述べられるばかりである。あれでもない、これでもないと眺めつつ、思いを巡らしつつ、「私」はいつか本当に「待つ」なにかが現れることを期待している。

　男性は戦争に行って国のために戦死すること、女性は男性を助け支えるか、あるいは結婚して、兵隊候補としての男子を産むことが求められていた時代に、駅でただじっとなにかを待っているという「私」の行動は、時局が国民に要求していた姿とは全く異なった、不思議なものである。単純に解釈して、帰ってくるかもわからない人たちを駅に迎えに行ってはひたすら待つ「私」の姿に、「大戦争」への消極的な抵抗、厭戦の思いを読み取ることは、当時の『京都帝国大学新聞』編集部員ならずとも、

可能だったにちがいない。毎日毎日待つことは、その対象との邂逅が何時とも知れぬことだからであり、だからこそ「私」は「大戦争」が始まってから、それが終わるまで毎日ずっと待ち続けるのではないかとも思われる。

「十二月八日」の語り手である「主婦」がいうように「今まで歩いたことのない」「暗い道」に立たされた「娘」に託して、太宰はこの「大戦争」の「絶望」的状況の中で、どんな形かは定かではないが、いつかは現れるはずのそのなにかへの、逆説的な「希望」を語ろうとしたのではなかろうか。この二作品に、太宰が女性一人称の語りを採用したこと、そしてそれぞれを単行本『女性』の巻頭と末尾に据えたことには、そうした隠された文学的戦略があったことが想定されるのである。

エピローグ:「けしからぬ空想」と「不埒な計画」「みだらな女」とは何か

「待つ」には、しかしまだ解き明かすべき謎が残る。ぼんやりと駅のベンチに腰掛ける娘の脳裏に去来する「期待」「恐怖」「あきらめに似た覚悟」などの「けしからぬ空想」、そしてそうした「軽はずみな空想を実現しようと」いう「不埒な計画」を胸中にちろちろ燃やしている「みだらな女」の正体は、一体何なのだろうか。ただの「男女関係への期待」とは到底思われない。また「戦争終結への漠然とした希望」というだけでは、この言葉の強度にはそぐわない。実に気になるのである。とすれば、その強度に見合うだけの内容を推理し、然るべき論証を与えることは、読み手の側の責務に属するだろう。その背後に、「太宰治」という作家像に根底からの修正を加えなければならないような、重大な出来事との関連が隠れているかもしれない。その予感の当否を証すことは、論者にとって今後の課題に属する。[3]

注

[1]「東京の女性」の原作は、1939年に改造社から刊行された、丹羽文雄の長編小説である。銀座の自動車会社でタイピストとして働く君塚節子は、家庭の事情でお金が必要となり、同じ会社のセールスマン、木幡に一人前のセールスレディにしてほしいと頼む。節子は油にまみれ、必死に自動車セールスに必要な知識を身につけ、意欲的なセールスで、優秀な営業成績を上げる。しかし、木幡はそんな節子に違和感を覚えるようになる、というのがそのあらすじである。主役の君塚節子には、先ごろ亡くなった、日本を代表する映画女優・原節子が起用されている。1939年といえば、日中戦争の真っ最中であり、暗い時代がイメージされるが、自動車のセールス・レディを主人公に、仕事と恋との板挟みに悩む都会の若い女性を描いて、意外なほどにモダンな印象を与える作品となっている。この映画を巡って、近年では宜野座菜央見『モダン・ライフと戦争──スクリーンのなかの女性たち』(宜野座.2013) が興味深い論点を示している。

[2]「あたし職業婦人になるのよ、いい勤め口を捜して下さいね、あたし達だって徴用令をいただけるの」(「律子と貞子」)

[3] 本論文は、2015年10月24〜25日に北京外国語大学・北京日本学研究センターを会場としてひらかれた「北京日本学研究センター設立30周年記念国際シンポジウム『アジアにおける日本研究の可能性』」での口頭発表をもとに、大幅に加筆したものである。ここで最後に提示し

た課題については、その後2015年11月29日に栃木県立美術館で開催された企画展「戦後70年；もうひとつの1940年代美術——戦争から、復興・再生へ」中のシンポジウム「戦争と表現——文学、美術、漫画の交差」での口頭発表「津田青楓《犠牲者》と太平洋戦争開戦期の太宰治——小林多喜二を媒介として」でその一端を明らかにした。（島村 2016；13-21）

参考文献
宜野座菜央見．2013．『モダン・ライフと戦争—スクリーンのなかの女性たち』．吉川弘文館
何資宜．2010．「太宰治『十二月八日』試論——〈語り＝騙り〉構造」．『国文学攷』．広島大学国語国文学会（編）
奥出健．1995．「十二月八日」．『太宰治全作品研究事典』．神谷忠孝・安藤宏（編）．勉誠社
島村輝．2016．「津田青楓《犠牲者》と太平洋戦争開戦期の太宰治——小林多喜二を媒介として」．「戦後70年；もうひとつの1940年代美術」展関連企画『シンポジウム「戦争と表現——文学、美術、漫画の交差」報告書1940年代美術に関する論文集』．栃木県立美術館
津島美知子．1978．『回想の太宰治』．人文書院
津島美知子．2008．『回想の太宰治』講談社文庫版．講談社
山内祥史．2012．『太宰治の年譜』．大修館書店

茨木のり子詩考察
―戦争表象を中心に―

(韓国)韓国外国語大学校　徐載坤

Abstract：The present study discusses the representational aspects of the war (experience). First of all, Ibaragi began her activities with a self-analysis and an introspection based on Doppelgänger. Her literary background was to establish a war experience, and she wanted to universalize her experience. This is why there was the omission of the misery of war in her poems that portrayed her school life in the times of war. Next, in her poems of postwar, she described various facets of death about everyday life by means of a requiem. Finally, Ibaragi set much value on sympathy with the time of her living, and she produced works featuring the social events or issues consistently.

キーワード：茨木のり子　戦争体験　戦争表象　鎮魂

1. はじめに

　茨木のり子(1926～2006)は1953年、川崎洋と同人誌『櫂』を創刊、『荒地』『列島』を継ぐ戦後日本詩第3世代の代表詩人の一人である。彼女は、『対話』(1955)、『見えない配達夫』(1958)、『鎮魂歌』(1965)、『自分の感受性ぐらい』(1977)などの詩集を刊行し、1950年代の最も有望な女性詩人として当時から注目されていた。彼女は「現代詩の長女」(新川 2006：55)[1]であり、「若さと純潔と前衛性とを象徴する「旗手」」(新井 2006：93)であった。
　また、木原孝一は、「茨木のり子は、現代意識と批評精神とをはっきり身につけている数少ない詩人のひとりです。私たちのよくいう「考える詩」、すくなくともその詩を読んで、なにごとかを読者に考えさせるような詩を書くことのできる、数少ない女性詩人のひとりだ、と云ってよいでしょう。/中略/(詩「魂」の：徐注)鏡にうつる自分の肉体と容貌を、魂の奴隷としてとらえるところに、私は彼女の批評精神の原型を見ます。そして、そのかげに自我喪失のかたちで多くの可能性をはらみながら映っている著者のイメージのなかに、私は私たちと彼女との共通のものである現代意識の芽を見る」(木原 2010：73)と説明している。
　次に、木原が「現代意識と批評精神」の原型として挙げた詩「魂」を引用する。

　　あなたはエジプトの王妃のように/たくましく/洞窟の奥に座っている//あな

たへの奉仕のために/私の足は休むことをしらない//(中略)//獅子の頭のきざんである/巨大な椅子に座をしめて/黒檀色に匂う肌よ/ときおり私は燭をあげ/あなたの膝下にひざまずく/胸飾りシリウスの光を放ち/　シリウスの光を放ち/あなたはいつも瞳をあげぬ//くるいたつような空しい問答と/メタフィジックな放浪がふたたびはじまる//まれに…私は手鏡を取り/あなたのみじめな奴隷をとらえる//いまなお＜私＞を生きることのない/この国の若者のひとつの顔が/そこに/火をはらんだまま凍つている[2]

「たくましく/洞窟の奥に座っている」「あなた」の正体は、自分の「魂」である。その「あなた(魂)」へ「私」は休むことなく奉仕をする。その「みじめな奴隷」のような自分の姿をたまに「手鏡」を通じて確認する。それは自分の姿でありながら、「この国の若者」の姿でもある。肉体の象徴としての「私」と精神の象徴である「あなた」の総体としての＜私＞を設定しているところはドッペルゲンガーにほかならない。その＜私＞が自己目標に向かって「生きることのない」という自己省察が行われている。しかし、それは「かつて行動の尺度を国家にゆだねたまま、今なお＜私＞を生きる方途を悩むことさえ知らない多くの同胞そして茨木さん自身の悔恨」(吉野 1996：154)でもある。

このように茨木のり子は自己省察から詩作活動をスタートしたが、その背景には戦争体験と敗戦がある。水谷真紀は、茨木のり子が詩壇から注目され、彼女に関する特集が組まれた理由について、「「戦後十年」という節目に伴った詩壇における戦後詩の回顧と、茨木の詩テクストに織り込まれた戦争体験が共鳴したこと」(水谷 2006：20)を挙げている。しかし、戦争体験は彼女だけのことではなく、当時の日本人の共通体験でもあった。

本稿では、茨木のり子が戦争(体験)をどのように表象しているかについて考察しようとする。

2. 戦争体験の文学的純化

茨木のり子自身、戦時期について、エッセー「はたちが敗戦」の中で次のように回顧している。

> 今になって思えば、日支事変勃発から敗戦まで、僅か八年間だったかと、その歳月の短さに驚くけれども、私自身の感覚からすればずいぶん長い長い敗戦までの道のりだったような気がする。
> 子供から思春期を経て青春期へ——人間の成長過程のもっともめざましい時期が、最初華々しく、やがて敗けいくさとなってゆく日本の運命と反比例するような具合だった。
> 太平洋戦争に突入したとき、私は女学校の三年生になっていた。全国にさきがけて校服をモンペに改めた学校で、良妻賢母教育と、軍国主義教育とを一身に浴びていた。
> 　　　　　　　　　　　　　　　　　　　　　　　　　　(茨木 1996：72)

人生の「もっともめざましい時期」に戦争が始まり、軍国主義教育を受けたという原体験は彼女の詩にも大きな影を落としている。まず、戦時期の学校生活を読んだ詩から分析していきたい。

「学校　あの不思議な場所」
　午後の教室に夕日さし/ドイツ語の教科書に夕日さし/頁がやわらかな薔薇いろに染った/若い教師は厳しくて/笑顔をひとつもみせなかった/彼はいつ戦場に向うかもしれず/私たちに古いドイツの民謡を教えていた/時間はゆったり流れていた/時間は緊密にゆったり流れていた/青春というときに/ゆくりなく思い出されるのは　午後の教室/やわらかな薔薇いろに染った教科書の頁/なにが書かれていたのかは/今はすっかり忘れてしまった/（後略）

「儀式」
　儀式といおうか/セレモニイといおうか/日本人だけがやけにこいつを好いている/と思っていたのであるけれど/どういたしまして/それぞれのかみしもつけて/それぞれの冠かむって　棒やら刀ひらめかせ/どの民族もセレモニイ好き/（中略）/ああ　はずかしい/分列行進の号令が大の上手　かしらァ　みぎィ/大根畑に向って号令の練習/退役将校に仕込まれていた/十六歳のわたくしが

　この二つの詩は相反する様子を見せている。前者では、夕日が射し、教科書が「やわらかな薔薇いろ」に染まる「午後の教室」で、「若い教師」から「ドイツの民謡」を習っている。その教師がいつかは戦場に向かわざるを得ないという点を除けば、戦争とかけ離れた、とても平穏な学校生活の様子が描かれている。でも、後者の雰囲気は打って変わっていて、「退役将校」から「分列行進」に象徴される軍事訓練を仕込まれているのである。この相反する様相から当時の学校生活の一断面を垣間見ることができるのではなかろうか。
　そして「個人的な小さな体験から始めているのに、普遍的なところに出ようと出ようとしている」（井坂 2006：36）茨木のり子の詩作姿勢がよく現れていると思われる。鈴木志郎康は、「茨木さんが使う言葉は、知識としての言葉ではなく、自分の戦争体験を元に、国という社会的な広がりを持たせた範囲の現実の体験から得た言葉なのだ。茨木さんは言葉を使って、生活を語り、国と向かい合い、人々の側に立って生きることを模索する。つまり詩を書くことを誇りとする、というのが詩人としての茨木さんの生き方」（鈴木 2006：113）であると言っている。
　その戦争体験が登場する最初の詩が「対話」である。

　ネープルの木の下にたたずんでいると//白い花々が烈しく匂い/獅子座の主星が大きくまたたいた/つめたい若者のように呼応して//地と天のふしぎな意志の交換を見た！/たばしる戦慄の美しさ！//のけ者にされた少女は防空頭巾を/かぶっていた　隣村のサイレンが/まだ鳴っていた//あれほど深い妬みはそののちも訪れない/対話の習性はあの夜幕を切つた

吉本隆明は、詩「対話」が表題詩として収録されている茨木のり子の最初の詩集『対話』を、「戦中に女学生がどんなことを考えていたか。何を望んでいたのか。敗戦後の日本社会をどう感じたのか。茨木さんの初期の詩集は、それを一番に体験していた。模範的で、あからさまで、とても正確だと感じた」（吉本 2003：169）と評価している。
　そして、大岡信は、茨木の第五詩集『人名詩集』に収録されている「茨木のり子の詩」という評論で、詩「対話」について次のように説明している。

　　　防空頭巾をかぶっている戦中の少女とはもちろん茨木のり子自身だが、少女は空襲警報のサイレンを聞きながら、烈しく匂うネープルの白い花々と、はるかな夜空の獅子座の星との、人間の介在する余地のない、ふしぎな交歓をひとり目撃している。そこには戦慄がたばしっているが、少女はそこからののけものにされているのだ。（中略）/つまり、「対話」は、茨木のり子にあっては、現実にどこの誰それさんと会話をかわすというようなものではなく、むしろ、何か大きなものを目撃し、言葉にならない、あるいは言葉の介入を拒む「たばしる戦慄」にしたたかうたれたとき、その言葉を越えた瞬間に何としてでも接近するための、心の中での自分自身と対話という性格を強く持っているのである。それは、だから、沈黙の中での言葉の泡立ちという様相を呈する。（大岡 2010：159-160）

　夜中、「少女」は「防空頭巾」をかぶり、「ネープル」の木の下に避難する。そこで、「ネープル」の「白い花々」の強烈な匂いに酔っては、「獅子座の主星」レグレスが夜空で輝いているのを見る。その瞬間、「少女」は「たばしる戦慄の美しさ」に遭遇し、まだ「サイレン」が鳴り止まぬ危機的状況の中で、宇宙との照応が行われ、その一部として溶け込むようになる。
　このように星を見ながらエクスタシーに陥る理由を、エッセー「はたちが敗戦」の中で、次のように説明している。

　　　なにもかもが、しっちゃかめっちゃかの中、学校から動員令がきた。東京、世田谷区にあった海軍療品廠という、海軍のための薬品製造工場への動員だった。「こういう非常時だ、お互い、どこで死んでも仕方がないと思え」という父の言に送られて、夜行で発つべく郷里の駅頭に立ったとき、天空輝くばかりの星空で、とりわけ蠍座がぎらぎらと見事だった。当時私の唯一の楽しみは星を見ることで、それだけが残されたたった一つの美しいものだった。だからリュックの中にも星座早見表だけは入れることを忘れなかった。（茨木 1996：74）

　勤労奉仕隊に選ばれ、死を覚悟したうえで、東京に向かって出発する時でさえ、彼女は夜空で輝く星の見事さに感応している。それこそ、彼女の「唯一の楽しみ」であったが、星を何にも汚染されていない絶対的存在として昇華させることは、十代の少女の感受性の露呈に他ならない。

「夏の星に」
まばゆいばかり/豪華にばらまかれ/ふるほどに/星々/あれは蠍座の赤く怒る首星　アンタレース/永久にそれを追わねばならない射手座の弓/印度人という名の星はどれだろう/天の川を悠々と飛ぶ白鳥/しっぽにデネブを光らせて/頚の長い大きなスワンよ!/アンドロメダはまだいましめを解かれぬままだし/冠座はかぶりてのないままに/そっと置かれて誰かをじっと待っている/屑の星　粒の星　名のない星々/うつくしい者たちよ/わたくしが地上の宝石を欲しがらないのは/すでに/あなた達を視てしまったからなのだ　きっと

　夏の夜空の星座を詠んだこの詩からも分かるように、彼女において、「星」は天がくれた「宝石」に他ならなかったし、それは戦時期という暗い時期を生き抜くための唯一の慰めであったと言わざるを得ない。
　そして、ネープルは、彼女において「ふるさと」の象徴でもあった。

「根府川の海」
あふれるような青春を/リュツクにつめこみ/動員令をポケツトに/ゆられていつたことがある//燃えさかる東京をあとに/ネープルの花の白かつたふるさとへ/たどりつくときも/あなたは在つた(4・5連)

　度重なる空襲によって、ほとんどの建物が焼かれて廃墟化していく東京。そこは死の世界であったが、その世界から「ネープルの花の白かつたふるさと」へ生還したときの詩的主体の率直な気持が表れているのである。
　詩「対話」の方に話を戻すと、ふるさとを象徴する「ネープル」の木の下で、大好きな星に見とれていると、空襲警報の「サイレン」が鳴っていることも、防空頭巾をかぶっていることも忘れさせられ、彼女の前に地上楽園が顕現したのではなかろうか。「防空頭巾」と「サイレン」が戦争の象徴であることはいうまでもないが、茨木のり子の戦争表象の特徴がここにある。戦争の悲惨さという具体性の脱落と状況の極限的な精製という＜表現の純化＞が行われているのである。
　このような＜表現の純化＞は、彼女の代表詩「わたしが一番きれいだったとき」でも行われている。

　わたしが一番きれいだったとき/街々はがらがら崩れていって/とんでもないところから/青空なんかが見えたりした//わたしが一番きれいだったとき/まわりの人達が沢山死んだ/工場で　海で　名もない島で/わたしはおしゃれのきっかけを落してしまった//わたしが一番きれいだったとき/だれもやさしい贈物を捧げてはくれなかった/男たちは挙手の礼しか知らなくて/きれいな眼差だけを残し皆発っていった//わたしが一番きれいだったとき/わたしの頭はからっぽで/わたしの心はかたくなで/手足ばかりが栗色に光った/わたしが一番きれいだったとき/わたしの国は戦争で負けた/そんな馬鹿なことってあるものか/ブラウスの腕をまくり卑屈な町をのし歩いた//わたしが一番きれいだ

ったとき/ラジオからはジャズが溢れた/禁煙を破ったときのようにくらくらしながら/わたしは異国の甘い音楽をむさぼった//わたしが一番きれいだったとき/わたしはとてもふしあわせ/わたしはとてもとんちんかん/わたしはめっぽうさびしかった//だから決めた　できれば長生きすることに/年とってから凄く美しい絵を描いた/フランスのルオー爺さんのように[3]/ね

　この詩はタイトルのとおり、「わたしの一番きれいだったとき」に起きた大事件、つまり戦争による日本社会の様々な変化を描いている。空襲による火災の被害により「がらがら崩れ」ていく「街」。前線だけでなく銃後においてもどんどん死に絶えてゆく人々。それは、私の「とてもふしあわせ」な青春期の表象に他ならない。この詩については「女の戦争」（郷原 1996：109）、「戦争の中にあった「わたし」の体験を怒りをもってふりかえりつつ、新たに戦後を生きる決意をうたった詩」（杉浦 1992：113）と評価されてきた。

　野沢啓は、この詩の特徴を次のように説明している。

　　ここには大きくいって二つの種類の新しさがあったと思う。その第一のものは、＜わたしが一番きれいだったとき＞という、タイトルに使われ、あるいはまた、各連の一行目にリフレインとしても使われている詩句の大胆さにみられるように、みずからの女性としての存在をなんのためらいもなく打ち出してみせようとする方法にあった。（中略）つまり、女は受動的な存在であり自分の美しさは他人（＝男性）に発見され賞揚されるかぎりにおいて自覚へとみちびかれるものだといった男尊女卑の風潮がまだ根強かったなかで、女性みずからの発語のなかにこの自覚が、男の眼を媒介することなしに成立しているということへの驚きである。（中略）
　　この詩においてのみならず、茨木のり子の全表現をつうじてあらわれる特徴でもあるが、もうひとつの新しさというのは、方法的に獲得された女性の自立としての＜女性詩＞的表現のむこうに、あくまでも女性にしか見出しようのない角度を保持したうえでの人間存在への洞察と鋭い文明批評がふくまれていることであろう。（野沢 1996：149-150）

　男あっての女性ではなく、独立した人格体としての女性が発する表現、つまり女性詩の自立が達成されたということと、茨木独自の男性中心の社会に対する文明批判が展開されているということである。

　茨木自身は、エッセー「はたちが敗戦」で、この詩を書いた背景と読者の反応について次のように書いている。

　　その頃「ああ、私はいま、はたちなのね」と、しみじみ自分の年齢を意識したことがある。目が黒々と光を放ち、青葉の照りかえしのせいか鏡の中の顔が、わりあいきれいに見えたことがあって……。けれどもその若さは誰からも一顧だに与えられず、みんな生きるか飢死するかの土壇場で、自分のことにせい一

杯なのだった。十年も経ってから「私が一番きれいだったとき」という詩を書いたのも、その時の残念さが残ったのかもしれない。
　個人的な詩として書いたのに、思いもよらず同世代の女性たちから共感を寄せられ、よく代弁してもらったと言われるとき、似たような気持で当時を過した人達が沢山居たことを今になって思う。(茨木 1996：75-76)

　この詩には「生きるか餓死するかの土壇場」の中で、「若さ」を享楽することができなかったという「残念さ」が滲んでいるが、彼女を含め、焼跡世代と呼ばれる同世代に共通するものであった。その連帯感こそ、茨木のり子の詩的原動力であったと思われる。

3.＜鎮魂＞という方法と未完成の＜鎮魂歌＞

　茨木のり子は詩集『鎮魂歌』の「あとがき」で、「第二詩集を出してから五年たち、不惑の年にだんだん近づいてきたが、或いはかえって深くなり、自分の魂をもよく鎮め得ない。/鎮魂歌という題は、ひとを悼む詩が多かったためである。/ずいぶん妙な詩もまじっていて、統一を欠くが、日頃一筋縄で締括られるような詩の書きかたはしたくない、かのシェクスピアのような多面性、百の魂を持ちたいという大それた願いが、この詩集を作る場合にも反映したらしい」と、タイトルについて説明している。

　詩集には、父の告別式帰りの電車での出来事を詠んだ詩「花の名」、出版社ユリイカの社長伊達得夫氏を悼む詩「本の街にて」、梅蘭芳への挽歌「うしろめたい拍手」などの詩篇が収められている。

「花の名」

「浜松はとても進歩的ですよ」/「と申しますと？」/「全裸になっちまうんです　浜松のストリップ　そりゃあ進歩的です」/(中略)/「今日は戦時中のように混みますね/　お花見どきだから　あなた何年生まれ？　/　へええ　じゃ僕とおない年だ　こりゃ愉快！　/　ラバウルの生き残りですよ　僕　まったくひどいもんだった/　さらばラバウルよって唄　知ってる？　/　いい唄だったなあ」/　かつてのますわお・ますらめも/　だいぶくたびれたものだと/　お互いふっと眼を据える/　吉凶あいむかい賑やかに東海道をのぼるより/仕方がなさそうな/（後略）

　満田郁夫は、「「花の名」は、甥の結婚式のために上京する田舎の好人物の材木屋さんと父の告別式を終えて帰京する作者とが、「吉凶あいむかい賑やかに東海道をのぼる」汽車の中の話である。二人の会話は暢気でややとんちんかんだが、「父の骨を柳の箸でつまんできて」だから泣かんばかりの作者の気持、その父親についての追憶とそれとが不思議によく調和しているのである。悲しみに閉ざされるというのとは反対に、悲しみを大事にするから作者は会話を続けるのである。こういうのはおそらく詩の技法などと言うものではなく、作者の気質に属することなのであろう」(満田 1969：126-127)と説明している。

また新井豊美は、「「花の名」は、演劇的な構成を巧みに生かし、これまでになかった重層的な空間を獲得している。(中略)/父の葬儀を終えて列車に乗った詩人と、甥の結婚式のために上京する男。座席で向かい合った見知らぬ男の俗臭芬々とした饒舌は止どまるところを知らない。生と死、吉と凶、俗と聖、饒舌と沈黙の、そのくっきりした対称的構図の面白さ、それを他人同士のすれちがいがちな「対話」で構成したこの詩は、まるで一幕の劇を見ているかのようだ」(新井 2006:97)と詩の構造を分析している。

　男は自分が「ラバウルの生き残り」であると名乗っているが、俗称「ラバウル航空隊」は、1942年1月から、現在のパプアニューギニアのニューブリテン島のラバウル基地に集結した日本の航空隊の総称である。同年8月からガダルカナル島をめぐる攻防が激化すると、制空権の確保と爆撃機の擁護に動員されるが、千キロを超える長距離飛行と数的劣勢のため、日本側の犠牲は大きく、その結果、日本の航空力は事実上、壊滅した。そして、男のいう「さらばラバウルよ」という歌はなく、それは、戦後1954年に公開された本多猪四郎監督の映画のタイトルであって、1945年発売の「ラバウル小唄」(若杉雄三郎作詞、島口駒夫作曲)と勘違いしたと思われる。

　とにかく、この詩では、父の死と、当時、パイロットの墓場と呼ばれた「ラバウル」がオーバーラップしている。「ラバウルの生き残りですよ　僕」というセリフに潜められている死んだ戦友に対する自責、または後ろめたさと鎮魂の義務感さえ抑えつけた感情抑圧による＜表現の純化＞を読み取ることができる。

　敗戦後の混乱と戦争の傷跡が次第に消える頃、日本は、韓国戦争をきっかけに高度経済成長期に入るが、その一方で、南太平洋の密林の中に潜んでいる旧日本兵の存在が浮き彫りになり始める。

「飛騨高山」

源平の戦いは遠いむかし/平家の落ちうどの住みついた/飛騨のかくれ里にいま立てば/すべてはあっけらかんとして/在(あ)るのはただ/人と　家と　炉(ろ)と　孫と/耕地に　花に　空に　蝉(せみ)/第二次大戦もひとむかしまえ/若かった兵士たちのいくたりか/いまもなおルバング島の奥深く/敗戦の身を潜(ひそ)めるという/おお兄弟よ/生きているのなら早く早く気づいてほしい/時の流れのなか/落日のように転げ落ちなかった＜権力＞は/ただのひとつもなかったと

　源氏との権力争いで敗れ、西の果てまで欠け落ちした結果、関門海峡での「壇ノ浦の戦い」で波乱万丈な一族の歴史の幕を閉じたといわれる平家であるが、日本全国に「平家の落人」と「平家の落人伝説」を生み出した。詩的主体は「平家の落ちうどの住みついた/飛騨のかくれ里」に立って、「いまもなおルバング島の奥深く/敗戦の身を潜める」「兵士たち」のことを案ずる。若者たちを戦場に送り込み、無駄死にさせた「＜権力＞」はとっくに「転げ落ち」、＜公的戦争＞は終結し、日本社会は高度経済成長期を迎えて繁栄を続けているが、その一方では、ジャングルの中でいまだに＜

私的戦争＞を続けている人がいるという事実を、茨木は見逃さなかった。

　それは「彼女は決して自分が生きている、あるいは生きてきた時代を棚上げして詩を書こうとはしなかった。そしてそうではないことが今日の詩の弱さであり大きな欠点である」(辻井 2006:91)と思っていたからである。

「あるとしの六月に」

　　ひとびとも育つ/アカシヤや泰山木のように/あるとき　急速に//一九六〇年の雨期/朝の食卓で　巷で　工場で　酒場の隅で/やりとりされた言葉たちの/なんと　跳ねて　躍ったことか//魚籠より溢れた声たちは/町々を埋めていった/おしあい　へしあい/産卵期の鮭のように/海に眠る者からの使いのように/グァム島から二人の兵士が帰ってきた/すばらしい批評を真珠のように吐きちらし//ひとびともたしかに育つ/ひそやかで隠微なひとつの方則/それを見た　あるとしの六月に

1960年5月28日、グァム島で発見された旧日本兵皆川文蔵氏と伊藤正氏が帰国する。その後に、横井庄一氏が、そして、1974年3月、小野田寛郎氏が帰国することで、ジャングルの中で一人で続けていた＜私的戦争＞が終焉を迎えるようになる。そこで、やっと＜公式戦争＞と＜私的戦争＞の両戦争が終結したかに見えた。

　しかし、茨木のり子は、船ごとに海の底に沈み、未だに「海に眠る者」があり、さらに、南太平洋の島々には、無数の日本兵の遺骨が収拾されないまま、野ざらし状態であるという現状から目を逸らすことができなかったのである。

「木の実」

　　高い梢に/青い大きな果実が　ひとつ/現地の若者は　するする登り/手を伸ばそうとして転り落ちた/木の実と見えたのは/苔むした一個の髑髏である//ミンダナオ島/二十六年の歳月/ジャングルのちっぽけな木の枝は/戦死した日本兵のどくろを/はずみで　ちょいと引掛けて/それが眼窩であったか　鼻孔であったかはしらず/若く逞しい一本の木に/ぐんぐん成長していったのだ//生前/この頭を/かけがえなく　いとおしいものとして/搔抱いた女が　きっと居たに違いない//小さな顳顬(こめかみ)のひよめきを/じっと視ていたのはどんな母/この髪に指からませて/やさしく引き寄せたのは　どんな女(ひと)/もし　それが　わたしだったら……//絶句し　そのまま一年の歳月は流れた/ふたたび草稿をとり出して/嵌めるべき終行　見出せず/さらに幾年かが　逝く//もし　それがわたしだったら/に続く一行を　遂に立たせられないまま

　「現地の若者」が「木の実」だと思って取ろうとしたものの正体は「苔むした一個の髑髏」であった。「ミンダナオ島」の「ジャングル」では、「戦死した日本兵のどくろ」を「木の実」のように「枝」に引っ掛けた木が成長を続けているという話を、茨木はどこかで聞いたのだろう。それと同時に、すでに「戦死した」人の生還を「二十六年」も待ち続ける「母・女」のことが思い出されたにちがいない。それから数年が経った

にもかかわらず、いまだに最後の一行を書き上げることができず、鎮魂歌は完成させることができないままなのだ。

鈴木亨は、この詩を次のように説明している。

> 本来なら、この詩は当然＜鎮魂歌＞＜挽歌＞になるべきなのだが、作者にはそのための、末尾のことばが用意できない。（中略）この詩のポイントは、実はこの終末の部分にあるわけなのである。
> 万斛の思いとは、要するに＜戦争＞へのきわまりない憎悪だ。いっさいを押し込むはずの母なる女性の＜愛＞をすら立ちすくませる、かかる非道な戦争に対して、作者は断乎として背を向ける。そのけわしい拒否の意思表示を読みとらねばならない。「さらに幾年かが　逝く」という表現は、しかもその拒否が無限につづくことを匂わせている。
> 「二十六年の歳月」の間、異邦の空に晒されていた「戦死した日本兵のどくろ」を前にして、かかる不退転の、非戦の誓いにまさる供養のすべがあるだろうか。作者は暗黙のうちに、それを最後に提示することにより、ついにこの詩をレクイエムたらしめることに成功したといえる。手練の放れわざである。（鈴木1980；123）

この詩は、鈴木の指摘通り、アジア太平洋戦争に動員されて帰らない人々へのレクイエムに違いない。しかし、茨木のり子が、この詩を未完成にせざる得なかったのは、未だに彼らを待ち続ける人々の「哀歌」が歌い続けられているからである。

「恋唄」

還らざる兵士を待って老いた妻の/七十歳の鄙ぶりうた/あれはいったい何語かしら？//聞えるひとには聞えていて/聞えないひとにはてんで聞えない/そうそうと流れてやまぬ哀歌

（6・7連）

彼女の耳に「そうそうと流れてやまぬ哀歌」が聞こえてくる限り、戦争表象（表現）の営みを止められなかったのであろう。

5. 終わりに

本稿では、茨木のり子の戦争（体験）表象の様々な様相について考察した。

まず、茨木のり子は、ドッペルゲンガーによる自己分析と自己省察から、詩作活動を始めていた。次に、彼女の詩的原点は戦争体験であるが、その自己経験を普遍化させようとしていたことが分かった。戦時期の学校生活を描いた詩からは、戦争の悲惨さという具体性を脱落させる＜表現の純化＞が詩的装置として取り入れられていた。

その一方で、戦後の生活を描いた詩では＜鎮魂＞という方法を駆使し、日常生活の中での様々な死を描いていた。特に、詩「花の名」では、父と戦友という亡き者に対する感情の抑制による＜表現の純化＞が行われていた。

最後に、自分が今生きている時代との共有性を作品の基軸として構築しようとした

茨木のり子は、1945年8月15日をもって＜公式戦争＞は終わったが、その後、30年近くもジャングルの中で＜私的戦争＞を続けていた旧日本兵のことや、未だ帰らない人々を待ち続ける存在から眼を逸らすことができず、機会あるたびに、作品化し続けていた。しかし、その人達がいまだに歌いつづけている「哀歌」が耳から消えることがなかったため、茨木のり子の「鎮魂歌」は完成を見ることができなかったのである。

＊本論文は、「2015年度韓国外国語大学校校内学術研究支援金」によるものである。

注
[1]新川和江は、自分が茨木のり子を「現代詩の長女」と最初に名づけたと言っている。これ以前に発表された「戦後現代詩の長女」(『増補　茨木のり子』所収)で、「多くの女性詩人にさきがけて、戦後いち早く詩活動をはじめた茨木さんには、現代詩の長女といった品格や重みがあり、真っ白なポプリン(たぶん)のブラウスの腕をまくって町をのし歩く茨木さんの影像は、実際に見たわけではないのに今なお私の眼底に鮮烈だ」(新川 1996：99)と書いている。

[2]詩の引用は、『茨木のり子全詩集』(茨木 2010)による。

[3]茨木のり子には「ルオー」という詩がある。茨木のり子とルオーの関係については、渡辺善雄. 1995.「茨木のり子とルオー」『日本文化研究所研究報告』. 31、清田文武. 2005.「鈴木六林男・茨木のり子における鴎外」『新潟大学教育人間科学部紀要』(人文・社会科学編). 7-2、を参照されたし。

参考文献
新井豊美. 2006.「「対話」への祈り-茨木のり子小論」『現代詩手帖』4. pp93、97
茨木のり子. 1996.「はたちが敗戦」『増補　茨木のり子』. 花神社. pp71-77
　　　　　　 2010.『茨木のり子全詩集』花神社
井坂洋子. 2006.「鼎談＜倚りかからず＞の詩心」『現代詩手帖』4. p36
木原孝一. 2010.「「見えない配達夫」について」『茨木のり子全詩集』. 花神社. p73
郷原宏. 1996.「原風景としての戦争」『増補　茨木のり子』. 花神社. p109
満田郁夫. 1969.「茨城のり子詩集について」『現代詩文庫20　茨城のり子』. 思潮社. p126-127
水谷真紀. 2006.「「櫂」の感受性―茨木のり子における詩の方法としての五官―」『日本文学文化』6. p20
野沢啓. 1996.「茨木のり子の戦後詩的位置」『増補　茨木のり子』. 花神社. pp149-150
大岡信. 2010.「茨木のり子の詩」『茨木のり子全詩集』花神社. pp159-160
新川和江. 1996.「戦後現代詩の長女」『増補　茨木のり子』. 花神社. p99
　　　　　 2006.「現代詩の長女、逝く」『現代詩手帖』4. p55
杉浦静. 1992.「茨木のり子　私が一番きれいだったとき」『国文学』37-3. p113
鈴木志郎康. 2006.「自然に倣った主体性を生きた人」『現代詩手帖』4. p113
鈴木亨. 1980.「続・現代詩をどう読むか　茨木のり子「木の実」」『国文学』25-12. p123
辻井喬. 2006.「詩論的茨城のり子論」『現代詩手帖』4. p91
吉本隆明. 2003.『現代日本の詩歌』. 毎日新聞社. p169
吉野弘. 1996.「第一詩集『対話』を中心に茨木のり子の資質を考える」『増補　茨木のり子』. 花神社. p154

コーパスの活用から見た日本語教育研究

(日本)筑波大学　砂川有里子

要旨:言語教育や言語研究のためのコーパスには,母語話者コーパスと学習者コーパスの両方が欠かせない。母語話者コーパスは「日本語話し言葉コーパス(CSJ)」や「現代日本語書き言葉均衡コーパス(BCCWJ)」など,比較的大規模なコーパスが構築されているが,学習者コーパスは誤用例の処理が難しいため,総じて規模が小さく,大規模な調査を行うには適していないという問題がある。しかし,現在,国立国語研究所で大規模な学習者コーパスの構築が進められている。

　そこで,まずは現在構築中の「多言語母語の日本語学習者横断コーパス(I-JAS)」を紹介し,学習者コーパスを活用した研究と応用の可能性について考える。次に,コーパスを活用したウェブ版日本語学習用辞書の事例として,「日本語教育語彙表」と「基本動詞ハンドブック」を紹介し,最後に,日本語教育の研究や応用にコーパスを活用するために最近刊行された書物の紹介により,日本語教育にコーパスを活用する最近の動向について述べる。

キーワード:コーパス　日本語教育　母語話者コーパス　学習者コーパス　多言語母語の日本語学習者横断コーパス(I-JAS)　日本語教育語彙表　基本動詞ハンドブック

1. はじめに

　コーパスとは,実際に使用された言語データを大量に集めて電子化した言語資料のことである。コーパスには母語話者コーパス,学習者コーパス,書き言葉コーパス,話し言葉コーパス,複数の言語を対照させたパラレルコーパスなどの種類があり,言語研究や言語教育に大きな役割を果たすものとして,日本語研究や日本語教育の世界でも近年大きく注目を集めている。

　母語話者コーパスとは,特定言語の母語話者による話し言葉や書き言葉を集めたコーパスで,その言語の文法・語彙・表記はもちろんのこと,言語運用の様々な規則や傾向性を解明するのに大きな威力を発揮する。一方の学習者コーパスとは,学習者の目標言語による話し言葉や書き言葉を集めたコーパスで,学習者の過剰使用や過少使用,学習者の間違えやすい項目,母語別学習者の問題の洗い出し,文法や語彙の習得順序の探求などの役に立つ。これらの研究はもちろんのこと,コーパスは言語教育への応用にも有用で,辞書・教科書・参考書の開発,語彙シラバスや文法シラバスの作成,学習支援ツールの開発など,多方面にわたって活用されている(砂

川2009、砂川2011)。

　日本語教育で利用出来る母語話者コーパスの代表は、2011年に国立国語研究所が公開した「現代日本語書き言葉均衡コーパス(BCCWJ)」である。これは書籍、新聞、雑誌、ウェブ、白書などから1億語の書き言葉を集めたもので、「少納言」(http://www.kotonoha.gr.jp/shonagon/)と「中納言」(https://chunagon.ninjal.ac.jp)という2つの検索ツールがウェブ上で利用出来る。また、ウェブで使われた日本語を10億語以上の規模で大量に集めたものに、Sketch Engine (https://www.sketchengine.co.uk)、「筑波ウェブコーパス(TWC)」(http://www.intersc.tsukuba.ac.jp)などがある。

　以上は母語話者の書き言葉コーパスであるが、母語話者の話し言葉コーパスの代表としては、「日本語話し言葉コーパス(CSJ)」(http://pj.ninjal.ac.jp/corpus_center/csj/)、「女性のことば・職場編」(現代日本語研究会編、ひつじ書房、1998年)、「男性のことば・職場編」(現代日本語研究会編、ひつじ書房、2002年)、「BTSによる多言語話し言葉コーパス」(http://www.tufs.ac.jp/ts/personal/usamiken/corpora.htm)、「日本語自然会話書き起こしコーパス(旧名大話し言葉コーパス)」(https://nknet.ninjal.ac.jp/nknet/ndata/nuc/)などが挙げられる。

　このように、母語話者コーパス関しては、書き言葉においてすでに大規模なコーパスが手に入るし、話し言葉においてもある程度の規模のコーパスが徐々に構築されつつある。このような流れの中で、コーパスを用いた日本語研究や日本語教育研究、日本語教育への応用は飛躍的に進みつつある。

　一方、日本語の学習者コーパスに関しては、個別の研究機関や研究者が独自の構築を試みてはいるが、誤用例を含んだ言語データを処理する難しさから、いずれも比較的規模が小さく、また、それぞれが異なった仕様の設計であるため、互いの成果を相互に比較したり既存のコーパスを統合した調査を行ったりするのには問題がある。

　現在手に入る日本語学習者コーパスのうち主なものは以下の通りである。
◆学習者の書き言葉コーパス：
「日本語学習者作文コーパス」
(http://sakubun.jpn.org)
「日本・韓国・台湾の大学生による日本語意見文データベース」
(http://www.tufs.ac.jp/ts/personal/ijuin/terms.html)
「日本語教育のためのタスク別書き言葉コーパス」(金澤裕之編、2014年、ひつじ書房)
◆学習者の話し言葉コーパス：
「日本語学習者会話データベース」
(https://nknet.ninjal.ac.jp/nknet/ndata/opi/)
「KYコーパス(第二言語としての日本語学習者の話し言葉)」
(http://opi.jp/shiryo/ky_corp.html)

「タグ付きKYコーパス」
(http://jhlee.sakura.ne.jp/kyc/)
「中国語・韓国語母語の日本語学習者縦断発話コーパス(C-JAS)」
(https://ninjal-sakoda.sakura.ne.jp/lsaj/)
◆学習者の日本語と母語との対照コーパス：
「日本語学習者による日本語・母語対照データベース」
(http://contr-db.ninjal.ac.jp)

　学習者コーパスは習得研究や日本語教育の応用研究にとって欠かせない資料であり，大規模な日本語学習者コーパスの構築が急がれる。その目的を達成するため，現在，国立国語研究所では，迫田久美子氏を代表とするプロジェクトで大規模学習者コーパス(I-JAS)の構築が進められている。そこで，次節では(I-JAS)の紹介を行い，学習者コーパスを活用した日本語教育研究の可能性について考える。さらに3節では，コーパスを活用した辞書開発の試みの例として「日本語教育語彙表」と「基本動詞ハンドブック」を紹介する。最後に，4節において，近年刊行された日本語教育とコーパスに関連する書物を紹介し，日本語教育の研究や応用にコーパスを活用する最近の動向について述べる。

2.（I-JAS）(https://ninjal-sakoda.sakura.ne.jp/lsaj/)

　(I-JAS)の正式名称は，「多言語母語の日本語学習者横断コーパス」，英語名はInternational Corpus of Japanese as a Second Languageである。

　このコーパスは，異なる12の言語を母語とする日本語学習者，約1,000人の話し言葉と書き言葉，およびそれらの対照データとして日本語母語話者，約50人のデータを構築する予定で作業が進められている。データ収集作業は全て終了し，現在は文字化作業が進められている段階である。

表1　日本語学習者の母語リスト

インドネシア語	タイ語	ハンガリー語
英語	中国語	フランス語
韓国語	ドイツ語	ベトナム語
スペイン語	トルコ語	ロシア語

50音順

表2　調査対象者の内訳と人数

学習者の内訳		人数
海外の学習者数		約850人
国内の学習者数	教室環境	約100人
	自然環境	約50人
日本国内の日本語母語話者数		約50人

　以上のように，(I-JAS)はかつてない規模の日本語学習者コーパスであるが，(I-JAS)の特徴はそれだけでなく，学習者の母語の多様性，学習環境の多様性など，異なる特性を持つ多様なデータを大量に収集している点が挙げられる。

　さらに，(I-JAS)のもう一つの重要な特徴として，調査対象の学習者に対して厳密な日本語能力テストを実施しているという点を指摘したい。(I-JAS)の調査で

は,データを採取した直後に全ての学習者を対象として「筑波日本語テスト集(TTBJ)」のSPOT(Simple Performance-Oriented Test)(http://ttbj.jp/p1.html)とJ-CAT(Japanese Computerized Adaptive Test)(http://www.j-cat.org)を受験させている。これにより学習者の日本語レベルを客観的な数値として把握できるようになり,レベルの異なる学習者同士,あるいは同じレベルで母語の異なる学習者同士の比較や,(I-JAS)以外の学習者コーパスの分析結果と(I-JAS)の分析結果の比較など,各種の比較研究が可能となる。

先に(I-JAS)の多様性について触れたが,この特徴は(I-JAS)の調査内容についても該当する。(I-JAS)の調査内容は表3に示した通りである。この表から分かるように,(I-JAS)では話し言葉と書き言葉それぞれのレジスターにおいて,異なるタイプの課題を複数実施している。No.1~No.8までは全員に与えられた課題であるが,No.9~No.12までは希望者のみが対象となっている(ただし,No.6の「絵の描写」は途中で追加された項目なので,後半の調査のみに該当する)。

表3 (I-JAS)調査の内容

データの種類	NO.	タスク名	参加の形態
発話	1	ストーリーテリング1	全員
	2	ストーリーテリング2	
	3	対話(インタビュー)	
	4	ロールプレイ1(依頼)	
	5	ロールプレイ2(断り)	
	6	絵の描写	
	7	ストーリーライティング1	
	8	ストーリーライティング2	
作文	9	メール1(依頼)	希望者のみ
	10	メール2(依頼)	
	11	メール3(断り)	
	12	エッセイ	

それぞれの課題の内容を以下に示す。
1. ストーリーテリング(No.1,No.2):4コマから5コマの絵を見て物語を組み立てた上で,調査者に対して口頭で説明する課題。
2. 対話(No.3):調査者による30分程度の半構造インタビュー。
3. ロールプレイ(No.4,No.5):調査者とともに行う依頼や断りのロールプレイ。
4. 絵の描写(No.6):1枚の絵に描かれた情景を調査者に対して説明する課題。
5. ストーリーライティング(No.7,No.8):No.1とNo.2で用いたのと同じ絵を使用し,同一の物語を作文で表現する課題。
6. メール(No.9~No.11):場面と内容を指定した依頼と断りのメール文書の作成。

7. エッセイ(No. 12)：新聞社への応募を目的とする「私たちの食生活」と題するエッセイの執筆。

以上に述べた学習者の母語，学習環境，調査内容などに関わる(I-JAS)の特徴は，日本語教育に関する多方面からの研究を可能にする。例えば，日本国内における教室習得と自然習得や，海外環境と国内環境といった学習環境による習得状況，書き言葉と話し言葉における文法や語彙の習得状況，母語による転移の有無，日本語能力別のシラバス作成，技能別のシラバス作成，学習者と母語話者との比較など，(I-JAS)の持つ多様性は，習得研究，日本語研究，日本語教育への応用といった領域に大きく貢献する可能性を秘めている。

2016年春に，海外学習者180名(各言語15名)，国内の教室環境と自然環境の学習者それぞれ15名，国内の日本語母語話者15名，合計225名分のデータが，音声データを含めて公開された(https://chunagon.ninjal.ac.jp/ijas)。今後も順次公開を行い，2020年度末には全てのデータの公開を完了させる予定である。

(I-JAS)について詳しいことは迫田・小西・佐々木・須賀・細井(2016)を参照されたい。

3. 日本語教育語彙表(http://jreadability.net/jev)

「日本語教育語彙表」は1万7千920語を収録し，それらの語の語義，用例，コロケーション，類義語などが調べられる日本語学習者用のウェブ辞書として2015年3月に公開された。この語彙表は2011年度〜2014年度科研費基盤研究(A)「汎用的日本語学習辞書開発データベース構築とその基盤形成のための研究」(代表者：砂川有里子)が開発したもので，収録語と重要度の決定，用例の提示，コロケーションリストの作成にコーパスが活用されている。以下，これらについて簡単に説明する。

1. 収録語の選定：BCCWJ領域内公開データ(2009年度版)と日本語教科書コーパス(国内外で使用されている約100冊分の教科書データ)から内容語のみを抽出し，N-gramを用いて選定した「愛煙家」「一戸建て」などの複合語も加え，それらの出現頻度に基づいて収録語リストを作成した。
2. 重要度のランク付け：BCCWJのコアデータを語単位で集計し，それぞれの語の累積頻度の比率に基づいて5段階のランク付けを行った。
3. 用例の提示：各語義に作例とコーパスから検索した用例を提示した。用例は基本的に当該見出し語の難易度を越えない語彙で作成した。また，コーパスからも同様の基準に合う用例を採用したが，その種の用例が見つからない場合は作例のみを提示した。
4. コロケーションリストの作成：BCCWJの検索ツールであるNINJAL-LWP for BCCWJ(http://nlb.ninjal.ac.jp)と「筑波ウェブコーパス(TWC)」の検索ツールであるNINJAL-LWP for TWC(http://nlt.tsukuba.lagoinst.info)を利用して基本的な動詞のコロケーションリストを作成した。

なお，全ての語に6段階(初級前半・初級後半・中級前半・中級後半・上級前

半・上級後半)の難易度が付されているが,この判定はベテラン日本語教師5名による主観判定に基づいて決定した。以上について,詳しくはSunakawa, Lee and Takahara (2012)を参照されたい。

上記1〜4の他に,「日本語教育語彙表」には,旧日本語能力試験出題基準レベル,標準的な表記,異表記,読み,品詞,語種,アクセント,意味分類などの情報が含まれている。

図1は「日本語教育語彙表」で「飲む」を検索した画面の一部である。画面左にある「見出し語情報」には「読み」「品詞」「語種」「アクセント型」が,その隣の「語彙特性」には「難易度」「重要度」「旧日本語能力試験出題基準レベル」が,右側にある「意味特性」には分類語彙表の分類が示されている

見出語

飲む コロケーション情報 類義語情報 文化的発見記述文

見出語情報
読 み:ノム
品 詞:動詞1類
語 種:和語
出 典:リーディングチュウ太
アクセント:1型

語彙特性
難易度:初級前半
重要度:☆☆☆★★
旧日本語能力試験出題基準レベル:4級

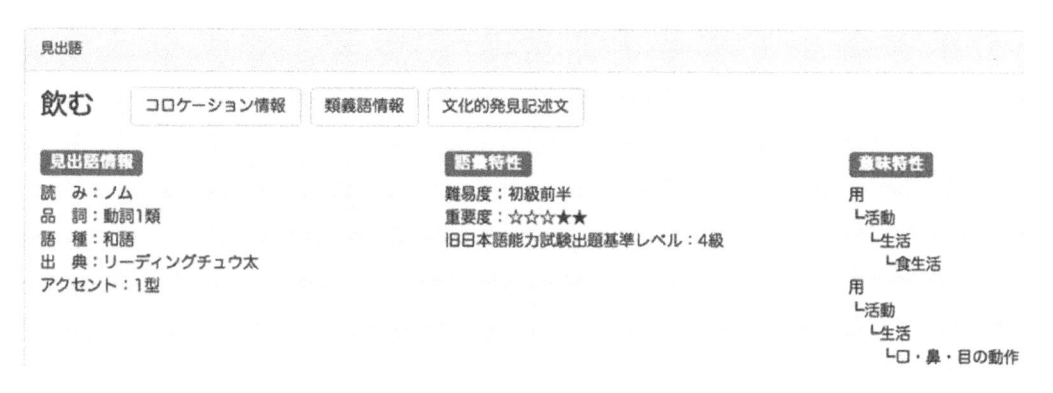

意味特性
用
└活動
 └生活
  └食生活
用
└活動
 └生活
  └口・鼻・目の動作

図1 「飲む」の検索結果

図2は図1と同じ画面の下部にある語義と用例である。画面上部の「吹込み音声」のアイコンをクリックすると,「飲む」の音声が流れる。見出し語は女性または男性の声で読み上げられるが,「飲む」の場合は女性である。見出し語だけでなく用例も,アイコンをクリックすることによって音声を聞くことができるが,こちらは人間ではなく合成音声の読み上げなので,多少の不自然さは否めない。

図1の見出し語の横にある「コロケーション情報」「類義語情報」「文化的発見記述文」は,その箇所をクリックすると,それぞれの画面にジャンプする。

図3は,「飲む」の「コロケーション情報」にジャンプし,「共起語としてのパターン」のうち,「名詞＋助詞」をクリックして得られた画面の一部,図4は同じパターンの「動詞」をクリックして得られた画

吹込音声
🔊 女性

語義と用例1
液体を口に入れのどを通して胃に送る
🔊 毎朝コーヒーを飲みます。

語義と用例2
酒を味わいながらのどに流しこむ
🔊 今晩飲みに行きませんか。

語義と用例3
相手を圧倒する
🔊 緊張して、会場の雰囲気に飲まれてしまった。

語義と用例4
相手の言い分を聞き入れる
🔊 相手の条件をのんで、仕事を受けることにした。

語義と用例5
(恨みや涙などを)押さえて我慢する
🔊 涙をのんで、彼女との別れを惜しんだ。

語義と用例6
タバコを吸う
🔊 私は酒もタバコも飲みません。

図2 「飲む」の語義と用例

面の一部を示したものである。これらの共起語は，NINJAL-LWP for BCCWJと NINJAL-LWP for TWCから得られた高頻度の共起語の中から，日本語教育にとって重要と判断された語を選定したものである。

飲む
名詞＋助詞
Nを飲む
水，薬，お茶，酒

要求，条件

涙，息，固唾

たばこ

人

Nで飲む
皆，一人，〜同士

家，店，中，居酒屋

水，お茶，コップ

状態，気分，判断，ストレート

図3 「名詞＋飲む」のコロケーション

飲む
動詞
飲みV
続ける，始める，込む，出す，直す，切る，すぎる，

Vて飲む
入れて，安心して，分けて，続けて，食べて，思って，

図4 「飲む」と「動詞」のコロケーション

本語彙表について　検索結果　文化的発見記述文

例文リスト

学校でも公民館でも，デパートでも，水道の水を直接飲むことができる。
関連語　→　公民館　水　水道　飲む

友達と飲んでいたら終電を逃してしまって，ネットカフェで朝まで過ごした。
関連語　→　カフェ　終電　ネット（NET）　逃す　飲む

図5 「飲む」の文化的記述発見文

　図1の「コロケーション情報」の右にある「類義語情報」は，分類語彙表で同じグループに属する語のリストから日本語教育にとって重要だと思われる類義語や関連語から選出して作成されたものである。また，その隣の「文化的発見記述文」は，見出し語が日本社会を表した文の中でどのように用いられるかを示し，その語の意味理解を深めるために設けられている。ここに掲載されている例文は，2ヶ月の研修で来日した外国人日本語教師が日本の生活で気付いたり学んだりしたことを日本語で書き記した「ポートフォリオ」の中から，日本の文化情報が込められた文章を短く書き直した文である。図5に「飲む」の文化的発見記述文を示す。この図の「関連語」には用例で用いられた単語が示され，そこをクリックすればその語の記述が参照できる。

　検索の方法については「前方一致」と「部分一致」の2種が用意されており，検索画面上部右側の「前方一致」または「部分一致」をクリックして選択する。「前方一致」とは，検索したい語が語頭にくる語を検索する機能である。例えば，「国」という語では，「国技」「国語」「国家試験」「国際条約」などのリストが表示される。一方の「部

分一致」はその語がどこかに含まれている語を検索する機能である。例えば「込み」を検索すると,「込み合う」「込み上げる」などの前方一致の他,「煮込み」「突っ込み」など,見出し語が末尾に来る語も表示されるので,逆引き辞典として使うのにも便利である。図6は,「込む」の「部分一致」の検索結果で,「煮込む」「埋め込む」「吸い込む」など,「込む」が末尾に用いられる複合語が多数表示されている。

図6 「込む」の検索結果リスト

「日本語教育語彙表」は,様々な目的で使用できるよう,Excelでもエディタでも利用可能な電子データ(csv形式)で作成されている。そのため,「日本語教育語彙表」以外にも,「日本語文章難易度判定システム」(http://jreadability.net),「リーディング・チュウ太」のレベルチェッカー(http://basil.is.konan-u.ac.jp/chuta/level/),「Japanese Learner's Dictionary(日本語学習者辞書)」(Japanese Learner's Dictionary),「OJADオンライン日本語アクセント辞書」(http://www.gavo.t.u-tokyo.ac.jp/ojad/)などに活用されている。

「日本語教育語彙表」の管理運営は「日本語学習辞書支援グループ」(http://jisho.jpn.org)が担い,検索システムの維持管理,日本語教育や日本語研究のためのデータの提供を行っている。

4. 基本動詞ハンドブック (http://verbhandbook.ninjal.ac.jp)

「基本動詞ハンドブック」は、プラシャント・パルデシ氏を代表とする国立国語研究所のプロジェクトで構築が進められているオンラインツールで、上級レベルの日本語学習者や日本語教師を対象として、基本的な多義動詞を分かりやすく解説することを目的としている。コーパス準拠の方針のもとに、このハンドブックでは、別義の認定、語義の配列順、コロケーションの記述、用例の作成、類義語の記述などにコーパスが活用されている。

なお、前節で触れたNINJAL-LWP for BCCWJは、このプロジェクトがコーパスの活用を円滑に行うために開発し、2012年6月に公開したもので、コロケーションや文法的な振る舞いをBCCWJから網羅的に検索して表示するレキシカルプロファイラーと呼ばれるツールである。また、このプロジェクトでは、学習者の誤用例を検索するための「寺村誤用例集データベース」も作成し、公開している (http://teramuradb.ninjal.ac.jp)。

「基本動詞ハンドブック」の見出し語は、タイプの異なる日本語教科書『みんなの日本語』『げんき』『Japanese for Busy People』に出現する動詞リストと「計算機用日本語基本辞書 IPAL ―動詞・形容詞・名詞―」(http://www.gsk.or.jp/catalog/gsk2007-d/)にある動詞リストを参照し、多くの教科書で用いられ、かつ、語義数の多い動詞が選ばれている。また、それらの動詞と自他の対をなす動詞(例：起きる/起こす、下げる/下がる)や意味の上で対をなす動詞(例：行く/来る、かぶる/脱ぐ)も視野に入れて選定が行われている。

このハンドブックの主な特徴は以下の通りである。
1. 3種の索引(意味別、50音順、全見出しによる見出し語一覧)が用意されている。
2. 豊富な絵図やショートアニメによって意味の理解と定着を図っている。
3. 動詞の活用形の読み上げや異なる性別や年齢層による例文の読み上げ、ショートアニメの音声など、音声情報が豊富である。
4. 活用形のアクセント、文型、文法、コロケーション(共起できる語と共起できない語)、慣用句、関連語(類義語、反義語、複合語)、誤用例や誤用が生じる原因の解説など、各語義について、きわめて詳細な解説が加えられている。
5. 語義ごとに6つの作成が示されているほか、コーパスからの用例も複数示されており、豊富な用例が参照できる。

図7は「下げる」を検索した画面である。画面の上部中央に示されている絵は「コアイメージ」と呼ばれるもので、「下げる」の中核的な意味を図で示し、視覚的に理解できるよう提示されている。

図7の画面の上部左側に示されている枝分かれ図は「多義ネットワーク」である。これは語義同士の関連性を、中心義から派生義への意味拡張という観点から視覚的に示したもので、図の数字上にカーソルをあてると、意味のラベルがポップアップする仕掛けになっている。「下げる」の「多義ネットワーク」では図8のような関係が

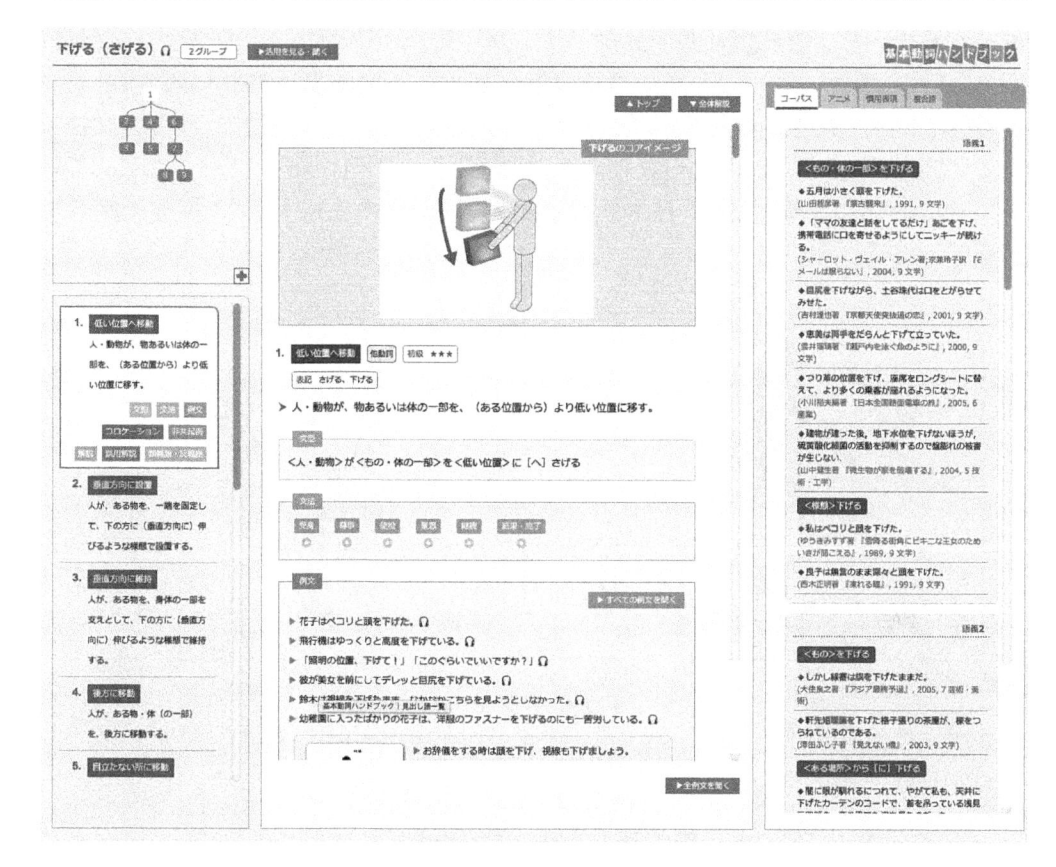

図7 「下げる」の検索結果

示され，この中の特定の語義をクリックすると，その語義の記述の画面にジャンプする。つまり，「多義ネットワーク」は語義の関連性を示すだけでなく，語義の目次の機能も果たしている。

「ショートアニメ」は，使用場面や動きの一連の流れを音声とともに表示することにより，見出し語の意味の理解と記憶の促進を目指している。図9は「下げる」のショートアニメが表示する7枚の絵のうちの2枚を示したものである。

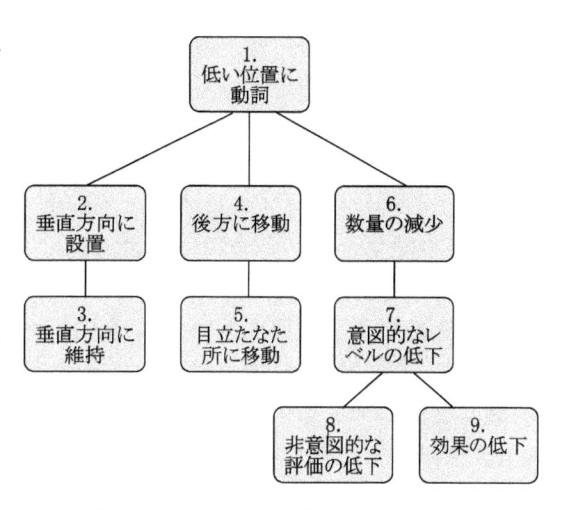

図8 「下げる」の多義ネットワーク

「基本動詞ハンドブック」は，2016年3月末現在で75見出しが公開されている。今後は2022年のプロジェクト終了時までに順次見出し語を増やす予定である。また，「基本動詞ハンドブック」の作成と平行して，「日本語文型用例バンク」の構築が

進められている。これは、「基本動詞ハンドブック」の用例に文法や文型のタグ付けをし、それらをキーワードとして検索が行えるツールである。これにより、ハンドブックに収録されている用例が、「テイル」「ラレル」「受動文」「使役文」などの文法項目や「てもいい」「なければならない」「だけに」などの文型のキーワードによって検索できるようになる。この「日本語文型用例バンク」の完成も2022年を予定している。

図9 「下げる」のショートアニメ

5. コーパスを活用した日本語教育

2000年代に入ってから日本語教育の研究や応用にコーパスを活用する動きが出始めたが、その動きは、2011年にBCCWJが公開されてから一気に加速し、最近では毎年数多くの論文や書物が発表されるようになっている。この節では、それらの中から単行本として刊行された書物に焦点を絞って紹介する。

日本語教育のためのコーパスの活用法を解説したものに、李・石川・砂川（2012）『日本語教育のためのコーパス調査入門』がある。コーパスについての基礎的な知識の解説の後、コーパスの具体的な調査例、データの分析方法、独自のコーパスの作り方、日本語コーパスの検索や学習支援のツールについて、専門知識なしでも理解できるよう平易なことばで説明されている。

日本語教育文法の研究という観点からコーパスを利用する方法を述べているものに、森・庵（2011）『日本語教育のための多様なアプローチ』がある。これから日本語教育文法研究を志す若手研究者を対象に、アンケート調査、授業実験、統計分析など、文法研究に必要な各種の方法が解説されている。その中でコーパスに関してもページが割かれ、語彙調査の方法や、母語話者あるいは学習者コーパスを活用した具体的な研究事例が数多く紹介されている。

日本語の研究や応用にコーパスを使うための入門書として『講座 日本語コーパス』全8巻（朝倉書店）が2013年から順次刊行されているが、2016年3月には第5巻『コーパスと日本語教育』が刊行された。ここでは日本語教育にコーパスを活用するための基礎的な知識を概説するとともに、コーパス検索の具体的な方法、コーパ

ス検索および学習支援ツールの紹介,ならびにコーパスを使った類義表現やコロケーションの分析事例が紹介されている。

以下においては日本語教育のための辞書・参考書・教材などの作成にコーパスが活用されている事例を紹介する。

Tono, Yamazaki and Maekawa(2013)*A Frequency Dictionary of Japanese*は,コーパスに基づいた日本語頻度辞書である。この辞書では,高頻度で用いられる5,000語について,CSJとBCCWJの語彙調査から得られた頻度の順に見出し語が配列されている。索引には,50音順,品詞別,語種別の頻度リストの3種が用意されている。見出し語には,頻度順位,品詞,例文,例文の英訳などが示されている。さらにコラムの形で,「動物」「身体部位」「感情」「食料」「味覚」など,25項目の意味グループにおける頻度順語彙リストが示されている。本書は語彙シラバスの作成や教科書の編集に欠かせないデータを提供しており,日本語頻度辞書としてパイオニア的な存在である。

庵・山内編(2015)『データに基づく文法シラバス』は,日本語能力試験,日本語教科書,日本語学的知見,教師の意識など,さまざまな観点から集めたデータを用いて日本語教育の文法シラバスを考える。その中で,話し言葉コーパスや書き言葉コーパス,あるいは出現頻度や生産性などのコーパス調査データに基づいた文法シラバスが提示されており,異なる観点から導き出された各種の文法シラバスを比較することができる。学習者の目的や学習環境に即したシラバスデザインを行うのに重要な役割を果たすものと思われる。

日本語学習者が使うためのハンドブックとしては,中俣(2014)『日本語教育のための文法コロケーションハンドブック』が挙げられる。「ことがある」「つもり」「ていただく」などの機能語的な表現が,どのような動詞のあとに続くかを頻度順に示し,その表現の基本的な意味,例文,よく使われるジャンルなどが示されている。また,これらの表現のあとにどのような形が続くか(例えば,「ていただく」であれば「ていただきたい」「ていただきます」「ていただける＋条件」など)が,その出現数と割合とともに示されている。調査に用いられたコーパスはBCCWJである。学習者と教師の参考書としてだけでなく,機能語の研究資料としても有用な情報を提供している。

小野・小林・長谷川(2009, 2010)『上級日本語学習者向け コロケーションで増やす表現 vol. 1, vol. 2』は,身体語彙や基本動詞など,日常的によく使う内容語のコロケーションを学び,練習するための上級学習者向け学習教材である。CD-ROMを使って練習すれば音声を聞くこともできる。また,PCがインターネットと接続されていれば,「実例検索」によりGoogle検索の結果が表示され,コーパス駆動型の学習ツールも兼ねる練習帳となっている。

以上,最近刊行された単行本を紹介した。紙幅の関係で触れることができなかったが,学会誌や紀要などには数多くの論文や実践報告が発表されている。今後,コーパスを日本語教育に活用する動きはさらに盛んになるものと思われる。また,日

本語教育に役立つ母語話者コーパスや学習者コーパスの構築も，一層充実することが期待される。コーパス準拠型の研究や応用はすでに活発に行われるようになっているが，コーパス駆動型の研究や応用についてはまだ十分な成果を見ていない。今後はコーパス駆動型の研究の推進，あるいはコーパス駆動型の教材や学習支援ツールの開発なども期待したいところである。

参考文献
日本語
庵功雄・山内博之編.2015.『現場に役立つ日本語教育研究1 データに基づく文法シラバス』くろしお出版
小野正樹・小林典子・長谷川守寿.2009.『上級日本語学習者向け コロケーションで増やす表現 vol. 1』くろしお出版
小野正樹・小林典子・長谷川守寿.2010.『上級日本語学習者向け コロケーションで増やす表現 vol. 2』くろしお出版
迫田久美子・小西円・佐々木藍子・須賀和香子・細井陽子.2016.「多言語母語の日本語学習者横断コーパス」.93-110.『国語研プロジェクトレビュー』.6(3).(http://www. ninjal. ac. jp/publication/review/0603/)
砂川有里子.2009.「コーパスを活用した日本語教育研究」.『人工知能学会誌』.24(5).656-664
砂川有里子.2011.「日本語教育へのコーパスの活用に向けて」.『日本語教育』.150 . 4-18
Sunakawa, Y. , J. Lee and M. Takahara. 2012. The Construction of a database to support the compilation of Japanese learners' dictionaries. *Acta Linguistica Asiatica* 2(2). 97-115. (http://revije. ff. uni-lj. si/ala/article/view/174)
砂川有里子編.2016.『講座日本語コーパス第5巻 コーパスと日本語教育』朝倉書店
Tono, Y. , M. Yamazaki and K. Maekawa. 2013. *A Frequency Dictionary of Japanese*. London and New York; Routledge
中俣尚己.2014.『日本語教育のための文法コロケーションハンドブック』くろしお出版
プラシャント・パルデシ，今村泰也.2015.「日本語と諸言語の対照研究から見えてくるもの―プロジェクトの理論的・応用的な研究成果―」.『国語研プロジェクトレビュー』.6(2).35-46.(http://www. ninjal. ac. jp/publication/review/0602/)
森篤嗣・庵功雄.2011.『日本語教育のための多様なアプローチ』ひつじ書房
李在鎬・石川慎一郎・砂川有里子.2012.『日本語教育のためのコーパス調査入門』くろしお出版

徳川日本における『孟子』受容

(日本)東北大学　高橋恭寛

摘要：进入德川期，于是作为"四书"之一的"孟子"出现时儒者们会有什么反应呢，为了观察其反应，特别举出江藤树(1608～1648)和林罗山(1583～1657)的两位儒者。首先江藤树在所著作的《四书合一图说》中论到四书内容的合一。但是，终究是以《大学》《中庸》为主，而《孟子》的地位则退后了。另外一面，林罗山也论到四书的"一贯"。而在向福冈藩主的黑田长政进讲时纪录下来的《卮言抄》之中，其中4分之一都是"孟子"中的句子。其中"孟子"的事例占大半，叙述到为政者的思想，关于仁义的道理的解说。这样可以看到他们在关于儒学思想还未共通理解的世界中，摸索儒学思想在当时的日本社会引起什么样的反应。

キーワード：林羅山　中江藤樹　四書　孟子　徳川時代

1. はじめに

　1600年(慶長5)、関ヶ原の戦いを経て、徳川氏の覇権が事実上確立する。その後1615年(慶長20)の大坂夏の陣において豊臣氏を滅ぼし戦乱の時代が終わった。泰平の時代が到来するのと時を同じくして中国や李氏朝鮮からの漢籍輸入と、日本における刊本出版がはじまった。

　かつて今中寛司1972[1]が明らかにしたように、徳川初期に藤原惺窩や林羅山など京都で活動していた儒者たちは、はじめ『論語抄』『孟子抄』を著した室町時代の清原宣賢(1475～1550)による「明経家点」の影響下にあった。決して体系的な「朱子学」の知識が徳川初期に蓄積されていたわけではない。そこで、林羅山をはじめとした徳川前期の儒者たちは、先ず自らの「朱子学」理解を固めることを先決としていた。確かに書物としての『孟子』それ自体は、徳川期以前から存在する。しかし、戦乱が収束した新たな時代に儒学が新たな位置付けを模索するなかで『孟子』がどのように受容されていったのか、徳川前期儒学の研究のなかでも、これまで取り上げられたことはなかった。

　そこで本稿では、徳川初期に活躍した儒者たちを中心に取り上げて、とりわけ17世紀前半の世に『孟子』がどのように受容されたのかを見てゆく。とりわけ、慶安期(1648～52)以前と時期を区分してみてゆきたい。慶安期以前というのは、1651年(慶安4)に浪人問題を背景とした騒擾事件、所謂「慶安事件」の発生以降、4代将軍徳川家綱の時代は文治政治へと移行する前のことである。そのような儒学という学問の必要が叫ばれるようになる時代以前の徳川初期における儒学受容の模索を見

てゆくためである。

2.出版物のなかにおける『孟子』

さて、徳川前期の社会にどのようなかたちで儒学が浸透していったのか。その指標の一つとして、儒教経典の出版時期を取り上げる。

まず儒学経典は、宇野田尚哉 1996[2]や辻本雅史 2007[3]が指摘するように、朱子学における中心的な経典「四書」(『大学』『論語』『孟子』『中庸』)に注釈を付けた「四書集註」のかたちで広まったとされる。宇野田によれば、1650 年以前に刊行された四書集註は、1625(寛永 2)年の跋文のある『大魁四書集註』(釈玄昌点、釈如竹校)を皮切りに、31 年(寛永 8)、32 年(寛永 9)、43 年(寛永 20)の四回にわたって刊行されている。寛永期に刊行された『大魁四書集註』の底本は、明朝万暦中建陽の余明台、克勤斎による重刻(全 9 冊)である。これに訓点をつけたものである。

さらに『四書大全』に関していえば、元禄期に和刻本を紹介した幸島宗意『倭板書籍考』(1703 年(元禄 15)刊)に、その記録が載っている。1635 年(寛永 12)刊行の自乾点『官板四書大全』や、1651 年(慶安 4)刊行の藤原惺窩頭注・鵜飼石斎校訂の『鼇頭標註四書大全』の存在が記載されている[4]。また明代成立の『四書蒙引』の刊行も 1635 年(寛永 12)、36 年(寛永 13)に行われていることも分かっているが、末疏の類は今回対象としない。

このように「四書」の注釈書や『四書大全』自体の刊行は寛永期にはじまっており、断続的に出版が続いていたことが分かる。

それならば、徳川前期において、「四書」のうちの一書として『孟子』は読まれるばかりであり、『孟子』単体では出版されなかったのであろうか。1660 年代(寛文期)までの現存する『孟子』及び『孟子或問』の出版状況について、次の表1「『孟子』及び『孟子或問』の出版状況」のようにまとめてみた。

表1 『孟子』及び『孟子或問』の出版状況

	所蔵先タイトル	刊行年(和暦)、出版元、冊数	現在の所蔵場所
1	漢趙岐注『孟子十四巻』	慶長古活字本(1596～1615)、7冊(釈梵舜手校本)	公文書館昌平坂学問所本・内閣文庫
2	『孟子趙注十四巻』	慶長古活字本(1596～1615)、5冊(「讀杜艸堂」印記)	宮内庁書陵部
3	宋朱熹集注『孟子七巻』	1625(寛永二)年刊本、1632(寛永九)年重刊本、4冊	京都大学人文科学研究所、国会図書館
4	宋朱熹撰『孟子十四巻』	1647(正保四)年刊本、京都風月荘左衛門、2冊	新発田市立図書館
5	宋朱熹撰『孟子或問十四巻』	1647(正保四)年刊本、田原仁左衛門、1冊	名古屋市蓬左文庫
6	宋朱熹著『論語或問二十巻 孟子或問十四巻』	1644～50(正保～慶安三)年刊本、12冊(一部写本)	東京都立中央図書館・青淵論語文庫

	所蔵先タイトル	刊行年(和暦)、出版元、冊数	現在の所蔵場所
7	宋朱熹撰『孟子或問』	1647(正保四)年刊本、富倉大兵衛、1冊	東北大学附属図書館
8	宋朱熹集注『論語十巻 孟子七巻』	1649(慶安二)年刊本、道伴重刊本、6冊	大阪大学懐徳堂文庫
9	宋朱熹集註『孟子七巻』	1650(慶安三)年刊本、版元不明	大阪大学附属図書館・石濱文庫
10	宋朱熹集注『孟子十四巻』	1650(慶安三)年刊本、秋田屋平左衛門、3冊	飯田市立中央図書館・堀家所蔵古書
11	『孟子』(不分巻)	1652(慶安五)年刊本、小嶋市郎右衛門、1冊	九州大学附属図書館・支子文庫
12	『孟子一巻』	1652(慶安五)年刊本、京都小嶋市郎兵衛門、1冊	大阪大学附属図書館・北山文庫
13	『孟子集註鈔十四巻』	1669(寛文九)年刊本、八尾甚四郎友春等、14冊	東京都立中央図書館・新収資料

全国漢籍データベース(http://kanji.zinbun.kyoto-u.ac.jp/kanseki)に基づく。

さて、この「表1」を見て分かることは、寛永から正保年間(1624〜48)の間には、ほとんど出版されておらず、正保を経て慶安年間(1648〜52)以降になってから『孟子』関係の書籍が刊行されるようになったことである。表中の「3.宋朱熹集注『孟子七巻』」も、中野道伴の板行であることと版心に『大魁四書集註』と記されていることから、四書のうちの一書を独立して板行したものであることが窺える。テキストとしては、「四書」のうちの一書として『孟子』が位置付けられていたと言える。

以上のように「四書」と切り離して出版されるようになるのが慶安年間(1648〜52)以降であるならば、寛永から正保年間(1624〜1648)に活躍した儒者たちは、具体的に『孟子』をどのように理解していたのであろうか。

3.中江藤樹の儒学思想受容から見た寛永期の『孟子』の位置

17世紀前半とは、泰平の世になって日が浅く、儒学関係テキストも未だ十分に行き渡らない時代である。世間では儒学のその内容自体も未だ十分に認知されておらず、誰もがその中身を理解する段階の時代であった。この時代にあって儒学を独力で学び、儒学の体系について自らの言葉で把握しようと苦心した人物に、中江藤樹(1608〜1648)という儒者がいる。

中江藤樹は、後年、藤樹自らの自覚の上では中国明代王陽明の儒派「陽明学」を奉じたことから、「日本陽明学派の祖」と呼ばれる儒者である。名は原、字は惟命。近江国高島の人。地元小川村で私塾「藤樹書院」を開いた。中国明代の儒派「陽明学」を自覚的に取り入れたことで知られる。ただ「陽明学」に行き着く前から、そもそも儒学思想を理解することそれ自体に苦心していた人物でもある。そのため藤樹は、「四書」もまた一から理解することを試みている。すなわち、朱子学的な修養論を「四書」という枠の中で〈図式化〉して理解することを試みたのである。そのような

「四書」理解の思索を著したものとして藤樹には『四書考』、『大学考』や『五性図説』などといった著述がある。

そのなかでも〈四書合一〉すなわち『大学』『論語』『孟子』『中庸』の四書が一貫した思想性を有している論じた書であることを説いた『四書合一図説』という作品がある。本書は、藤樹30歳頃、1638年(寛永15)頃の作品であり、まさしく寛永-正保年間における儒学理解の一端を示したものである。この『四書合一図説』のなかで、以下のような「四書合一図」という図を提示する。

	【一段目】	【二段目】	【三段目】
『大学』	○明明徳○	───○親　民　○	───○止於至善
『論語』	○求　仁○	───○孔子之志○	───○義之与比
『中庸』	○致中和○	───○行達道　○	───○依乎中庸
『孟子』	○尽其心○	───○明人倫　○	───○聖之時

『四書合一図説』(藤樹書院 1940;(1)633)

この図では、『大学』三綱領と同じ機能が他の三書にも共通して存在するということを図示している。藤樹は『孟子』について「孟子所説、雖広、要之尽明人倫之事、而尽心之功也。其功夫之準的、則聖之時也。」(藤樹書院 1940;(1)634)と述べており、『大学』「明明徳」に対応するのが「尽心」であり、『大学』「親民」に対応するのが「明倫」であり、『大学』「止於至善」に対応するのが「聖之時」であると考えていた。ここで『大学』に基づくのは、『大学』三綱領が聖人の世や孔子学団における「学規」であると藤樹は見なし、この『大学』から他の三書が出で来たとしたからである。

　　按大学之三綱領、乃三代孔門之学規也。語孟中庸、皆自此規模中、説出来。是以
　　四書之功夫合一、而無異指如右図也。

『四書合一図説』(藤樹書院 1940;(1)633-4)

この様に、四書を一体のものとして捉えているなか、『孟子』の位置付けが相対的に低い。本来、朱子学において四書を読む順番は、『大学』『論語』『孟子』『中庸』であり、藤樹が「四書合一図」で挙げたように、『孟子』が最後ではない。藤樹は、『大学』と『中庸』を中心として立論する傾向にあり、『論語』がそれに次ぐ。したがって『孟子』への言及が相対的に少なくなっている。

このことは、藤樹の代表的な修養論を著した『持敬図説』においても見受けられる。この著作は、朱子学の「居敬」を藤樹独自に解釈した「持敬」として説き直した。本稿では、藤樹独自の「持敬」説には踏み込んで取り上げることはしないが、朱子学における中心的な修養法である「敬」について、藤樹は「主一無適」を直ちに取り上げるのではなく、「畏天命(天命を畏れる)」「尊徳性(徳性を尊ぶ)」のことである、と自らの見解を述べたものである。

その「持敬」の構造を次の【図1】のような「持敬図」という図で示したものである。この「持敬図」の様々な箇所に記されている語句は、方図に記された「乾坤泰否」

と、内円に記された「乾兌離震巽坎艮坤」という八卦が『易経』由来であることを除いて、全て四書からの引用である。「持敬図」のなかでも外円に描かれた「四端」「七情」「五典」に関して特に「図説」のなかで説明されていないが、それぞれ『孟子』『中庸』『論語』にそれぞれ対応すると考えられる[5]。『大学』において、「敬」が重要な思想的核心であることは言うまでもない。このように「四書合一」の発想が「持敬」の構造を説明する際にも背後に存するのであった。「図説」においては、「持敬の要旨」について、四書の一節を用いて以下の通り説明する。

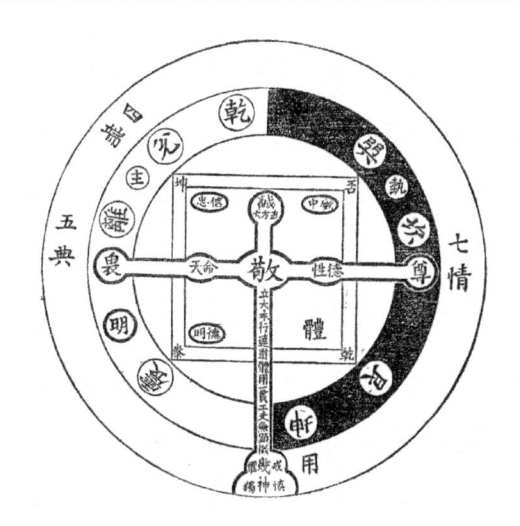

図1 「持敬図」(『藤樹先生全集』第1冊、『持敬図説』、pp686)

　　〇思曰、君子戒慎乎其所不睹、恐懼乎其所不聞。又曰、君子慎其独。
　　　所不睹、所不聞者、指天明言。所謂上天之載、無声無臭、(以下略)。
　　〇帝堯曰、允執其中。
　　　允信也。篤信之意、執者持也。操也。人心恭敬道心而不違。(以下略)。
　　〇大学曰、大学之道、在明明徳。
　　　明者、不失欽明之本然之工夫也。明徳者、人性之尊号而(以下略)。
　　〇子曰、主忠信。
　　　主者、畏敬而不違之意也。中心為忠。形状道心之実之名也。(以下略)。
　　右四章皆持敬之要旨也。而与畏天命尊徳性之義相表裏。故詳記以為学者之参
　　考而互相発明之資云爾。

『持敬図説』(藤樹書院 1940：(1)702-705)

　引用最後の一節で「持敬の要旨」とまとめられた上述の四句は、藤樹独自の「敬」理解を示した「畏天命」「尊徳性」と表裏の関係にあることから、「持敬」理解の手がかりとなる語句である。それぞれ四書からの引用となっている。
　一つ目の「〇子思曰、君子戒慎乎其所不睹、恐懼乎其所不聞。又曰、君子慎其独。」は『中庸』由来の一句であり、二つ目の「〇帝堯曰、允執其中。」は、『論語』由来の一句であり、三つ目の「〇大学曰、大学之道、在明明徳。」は、『大学』由来の一句である。そして四つ目の「〇子曰、主忠信。」は、再び『論語』由来の一句である。このように『孟子』が用いられていないのである。藤樹の著作を見渡してみても、『大学解』『中庸解』『論語解』のような注釈書は存在するが、『孟子』に関する注釈書が存在しない。
　以上のように、中江藤樹には〈四書合一〉への志向がある一方で、『孟子』単体を用いた修養論を構築しようとしてはいなかった。

ただ、同じく17世紀前半に活躍したもうひとりの儒者、林羅山は『孟子』を活用することに注力していた。そこで次節では、林羅山による『孟子』受容の特徴を明らかにしてゆきたい。

4. 林羅山における『孟子』の利用

林羅山（1583～1657）、名は信勝。字は子信。剃髪して道春と称する。京都の人。藤原惺窩に師事し、朱子学を学ぶ。1605年（慶長九）に徳川家康に拝謁して後、1607年（慶長十一）に召し抱えられる。博覧強記で名が通っており、その知識を買われて幕府の文事を担当した。上野忍ヶ岡に建てた私塾は、幕府官学「昌平黌」の前身である。

さて、この林羅山も「朱子学」を学ぶなか、〈四書の合一〉の主張が見られる。『大学』の「止於至善」と、『論語』の「一以貫之」と、『孟子』の「性善」説と、『中庸』の「自誠明謂之性」において、それぞれ道理が通底しており、四書それぞれが説く儒学の根幹が一貫していることを羅山は説いた。

> 大学之至善、論語之一貫、孟子之性善、中庸之誠明、皆是聖学之所掲示也。学者不可不致思也。雖然、無平日之学習、而欲躐等、則諺所謂崑崙呑棗、何知其味哉。（中略）故勤格致之工夫、而後可以得至善之所止歟。於是一貫、性善、誠明、亦其理一也。
>
> 『林羅山文集』巻68〈随筆4〉（京都史蹟会 1979：847）

この四書の一致に関して、羅山は『孟子』一書だけは、別の語句を取り上げた事例もある。ほかの三書は同じだが『孟子』の「浩然之気」が「道理」として他の三書と共通していることを説いている。

> 大学之至善、論語之一貫、孟子之浩気、中庸之誠明、皆是聖賢之要語也、而不知次序、不識先後、唯云「是已」「如是而已矣」、則井中見天也、崑崙呑棗也。故君子之於学也、博約為貴矣。
>
> 『林羅山文集』巻68〈随筆4〉（京都史蹟会 1979：848）

ただし上述の引用のなかで羅山は、四書の道理が一貫しているからと言って、それのみでは井の中の蛙が天を見上げるようなものであり（井中見天）、人からの教えをただ受け入れるだけでは真意が理解できない（崑崙呑棗）ため、「格致の工夫」や「礼文」（博我以文、約我以礼）などが必要であると説いている。基本的に「朱子学」の修養論を奉じていることには留意せねばならない。

このような四書の一致に留まらず、『孟子』単体への言及も見受けられる。『羅山文集』に残された『孟子』への言及の仕方からは、『孟子』の位置付けに関して模索していたことが窺えるのである。羅山は、四書をはじめとした諸経典や漢籍などと比較して、『孟子』の特徴を述べている。

文章作成の場面において助けになるのは『論語』と『孟子』であり、それに次ぐのが

『春秋左氏伝』であると説いている。ここで羅山は、『論語』の文章を古くさく素樸である一方、『孟子』を華美で闊達であると述べる。

> 文用語助字、莫如『論語』『孟子』。『論語』『孟子』読而後作為文章者用助字、則不為不好。其次莫如『左氏伝』。『左氏』贍而博、『論語』古而樸、『孟子』麗而達、豈只助字而已矣乎哉、其文詞亦如之。
> 『林羅山文集』巻66〈随筆2〉(京都史蹟会 1979：810)

また、韓愈や司馬光が孟子と荀子と楊子とを比較したところを引用して三者を比較した上で、孟子を支持している。ただ、『荀子』と比較すれば、『孟子』は前述の「麗而達」を持ち出すのではなく、直截的ではっきりとしている(直而顕)と述べている。『論語』『荀子』との比較において、『孟子』の文章の評価が一定ではない。

> 韓退之曰、「孟子醇乎醇者也。荀与楊大醇而小疵」。司馬君実曰「三子皆大賢、祖六芸而師孔子。孟子好詩書、荀子好礼、楊子好易、古今之人共所宗仰。孟子之文直而顕、荀子之文富而麗、楊子之文簡而奥。」予謂三者何執、執孟乎、執荀乎、執楊乎、吾執孟矣。
> 『林羅山文集』巻66〈随筆2〉(京都史蹟会 1979：p. 811)

『孟子』理解の模索は、文章面だけではなく、その意味内容においても当てはまる。羅山は、『孟子』における「赤子」の「良知」について、『老子』の「専気致柔、能嬰児乎」(第10章)や「含徳之厚、比於赤子」(第55章)と同じなのかどうか疑問を呈している。

> 孟子曰、人之所不学而能者其良能也、所不慮而知者其良知也。孩提之童、無不知愛其親也。及其長也、無不知敬其兄也。親親仁也、敬長義也。無他達之天下也。孟子所謂赤子良知与老子所謂嬰児赤子同歟異歟。
> 『林羅山文集』巻67〈随筆三〉(京都史蹟会 1979：830)

前節の中江藤樹が寛永から正保年間にかけて儒学の受容を試み、四書というひとまとまりのなかの一書として『孟子』を理解していたように、林羅山において『孟子』の位置付け方をその文章作成の面から具体的な思想内容に至るまで模索していたことが窺える。

上記の『老子』に見える「嬰児」や「赤子」との違いに関する疑問に決着を付けたのは、『巵言抄(しげんしょう)』においてである。本書では、改めて『孟子』の「赤子之心」を取り上げ、これが老荘思想に出てくるものとは似て非なるものであると明確に区別したのであった。

> 大人者不失其赤子之心者也
> 大人ノ心ハ万事ニ通ジテシラサル所ナク、ヨクセサル所ナシ。赤子ノ心ハ専一ニシテ少モ偽リナシ。(中略)老子ノ嬰児ノ如クトイヒ、荘子カ七日ニシテ渾沌死スト云ヘルハ、孟子ノ語ニ似タレトモ、其のサス処ニ不同アリ、荘老ノ心ハ、

ワサト無知無能ヲ作リテ用フル也。大人本然ノ道理ニアラス、一ヤウニ見ルヘカラス。

『卮言抄』下巻（林羅山 1620 跋：24 丁表）

　ここで取り上げた『卮言抄』とは、1620 年（元和六）成立の著作である。筑前福岡藩主黒田長政に対して『論語』『孟子』などの漢籍を講義し、そのうち「経史之要語」を編集して一書にしたものである。先行研究によれば、『卮言抄』は『孫子』や『史記』などを引用して、武門の黒田長政にも親しみの持てる話題を提供していた（高山大毅2013）[6]。

　この『卮言抄』には、『孟子』が多数引用され、それぞれに解説を加えられている。全条数が 89 条あるうち、23 条が『孟子』を用いた条である。更に『論語』引用の解説文中に更に 4 例の引用がある。四書を中心として様々な漢籍を引用しているなか、4 分の 1 が『孟子』からの引用となっている。これを簡略にまとめたものが次の表 2「『卮言抄』における『孟子』引用一覧」である。引用順に通し番号を付している。

表 2 『卮言抄』における『孟子』引用一覧

	丁数	引用文	羅山による解説（一部省略）
○『卮言抄』巻之上			
1	3丁裏	百歩而止五十歩而止、是亦走也（梁恵王上）	纔カ少キナル善ヲスレトモ大ナルスベヲ知ラサレハ、国ヲ治メサル事ハ自国モ他国同シ事ナルヘキニ喩フル也。
2	4丁表	非礼之礼、非義之義大人不為（離婁下）	……然ルヲ礼ト云ヒ義ト云フ名ニナツミ跡ニ滞リテ道理ニ背クヲハ非礼ノ礼非義ノ義ト云、（中略）畢竟我心ニ具シテアルモノナレハ、時ノ宜キニ随フヲ善シトス（以下略）。
3	5丁裏	矢人豈不仁於函人（公孫丑上）	……此ノ如ク其所作ニ依テ仁モ不仁モアルホトニ、其ナス所ノ迹ヲツツシメト云義也。
4	6丁裏	庖有肥肉、厩有肥馬、野有餓莩（梁恵王上）	…王道ノ政ヲ行ハ、民ヲ養ヒ其上ニ仁義ノ道ヲ知セハ、臣ハ君ニ忠ヲ尽シ、子ハ父ニ孝ヲ尽サン、是民ヲ養ヒ民ヲ教フルノ道也。
5	7丁表	浸潤之譖、膚受之愬、不行焉、可謂明（『論語』）	・鄭之子産ニ生魚ヲ人ノ送リケレハ池ニ放チ飼ヘト庖人ニ渡ケレハ、庖人潜ニ魚ヲ煮テ（以下略・万章上）
			……子産カ如キ賢人成トモヲ道理有事ヲ以テ欺キタランニハ真ト思フヘシ。其智者ニ非スト云ヘカラス。但道理ナキ事ヲ以テハ智者ヲハ欺キ難シ。
6	9丁裏	君子有絜矩之道（『大学』）	・陳臻問テ曰ク前日斉王孟子ニ金一百ヲ送ル、不受。（公孫丑下）
			……然レハ与フルモ受ルモ時ニヨリ処ニヨリ不同アレトモ義ノ宜キ処ニ随フヘキ也。（中略）志サシ有ン者ハ平生ニ義理ヲ養ヒナシテ懇ロニ工夫スヘキ也。
			・孟子北宮黝孟施舍曾子、此三人ノ勇ヲ論ス（以下略・公孫丑上）
			……畢竟ハ我心ヲ顧ミテ道ト義トニ引合セテ平生常ニ養フ時ハ其熟スルニ及ンテ大勇ト成也。是ヲ仁義ノ勇ト云義アレハ、親ヲステル子ナク、君ヲステル臣ナク、死ヌヘキ処ニテ死ヌルヲ勇トスルモ是也。

续表

○『厄言抄』巻之上

	丁数	引用文	羅山による解説（一部省略）
7	13丁表	不患人之不己知、患不知人也。（『論語』）	・孟子斉ノ宣王ニ語テ曰、王ノ臣下其ノ妻子ヲ其朋ノ方輩ニ（以下略・梁恵王下）
			……是ハ君ハ君、臣ハ臣、上下各其スヘキ役アリ、其所作ヲ不務仕ソコナフ時ハ君モ臣モ其々ノトカ（＝咎；高橋注）有ト云心也。国ノ治ラサルハ宣王ノトカ也。
8	14丁表	陳賈曰見孟子曰、周公何人也、曰、古聖人也、曰、使管叔監殷、管叔以殷畔也、有諸、曰、然、曰、周公知其将畔而使之与、曰、不知也、然則聖人且有過与、曰、周公弟也、管叔兄也、周公之過、不亦宜乎。（公孫丑下）	……此事ハ周公ノ過チ也トイヘトモ其過チハ余儀モナキ事ナレハ重テモ聖人ナリト云トモ、幾度モ有ルヘキアヤマチ也。

○『厄言抄』巻之下

	丁数	引用文	羅山による解説（一部省略）
9	1丁表	君臣有義、父子有親、夫婦有別、長幼有序、朋友有信（滕文公上）	……右ノ五ツノ者、明ナレハ天下国家モ治ルヘシ。（中略）如此天下ニ政ヲナスヲ仁政トイヒ王道ト云ナリ、是天下ノ人民ニ恒ノ産ヲ与ヘテ其上ニテ仁義孝悌ノ教ヲ立ル故ナリ。
10	4丁裏	民無恒産則因無恒心。苟無恒心、放辟邪多無不為（梁恵王上、滕文公上）	……然レハ孟子王道論スルニ民ヲ養フヲ初メトス、民ヲヤシナフ恒ノ産ヲ不与シテ、其僻事スルヲ、罪ニアハセテ罪スル時ハ、民罔（網；高橋注）スルト云ナリ。鳥ノ見ヌヤウニ罔ヲハリテカケテ殺スコトクニ、民ヲモ欺ヒテ罪ニ行フト云義ナリ。
11	5丁表	撫剱疾視曰、彼悪敢当我哉。此匹夫之勇、敵一人者也（梁恵王下）	……大勇ト云ハ文王武王ナトノ殷ノ乱ヲ平ラケ無道ヲ誅シ仁政ヲ行ツテ天下ヲ平ニスル、是百千億万人ニ対スル大勇也。小勇ハ血気ノシハサニシテ大勇ハ仁義ヨリ起レリ。
12	5丁裏	国君進賢、如不得已。将使卑踰尊、疏踰戚、可不慎与（梁恵王下）	孟子ノ語也。君トシテ賢人ヲ進メ用ル事、誠ニ大事ナリ、ヤムコトヲ得サルカ如シトハ慎ムコトノ至ナリ。（以下略）
13	6丁表	雖有智慧不如乗勢、雖有鎡基不如待時（公孫丑上）	是ハ孟子ニ載ル斉国ノ諺ナリ。云心ハ智恵才覚アリトイヘトモ運命アシケレハ功ヲナシ難シ、其時ノ勢ヒヲ見ルヘシ。（中略）国君トシテ志アランニモ政ヲ行ハンニモ必ス時ヲ知ヘシ。
14	6丁裏	惻隠之心、仁之端也。羞悪之心、義之端也。辞譲之心、礼之端也。是非之心、智之端也。（公孫丑上）	……此四端ヲ推広メテ行フ時ハ身ヲ修メ人ヲ治メ天下国家ヲモ治ムルナリ。四端ヲ用サレハ吾力本心ヲ失フ故ニ、タチマチ身ヲホロホスナリ。此故ニ聖賢ノ道ハ五常四端ノ外ニアラス。
15	7丁裏	冨貴不能淫。貧賤不能移。威武不能屈。此之謂大丈夫。（滕文公下）	…大丈夫トハ本心ヲ不失、仁義ノ勇ヲ養ヒ得タル男子ト云心ナリ。
16	8丁表	曾子曰、脅肩諂笑、病于夏畦（滕文公下）	…君子ノ道ハ心ニ義ヲヤシナフ、故ニ人ニコヒヘツラハヌトナリ。
17	8丁裏	徒善不足以為政、徒法不能以自行（離婁上）	…君トシテ人ヲ憐ム心アリトイヘトモ、仁義政ヲ行ハサレハ、民其恩沢ヲ蒙ラス。（中略）イカニ法ヲタテントモ、君トシテ仁義ナクンハ不可行。

89

续表

○『厄言抄』巻之下			
	丁数	引用文	羅山による解説(一部省略)
18	9丁表	有不虞之誉、有求全之毀(離婁上)	……誉ルモソシルモ皆其ノ実ニアタラス故ニ、身ヲ修ル者ハ如此ノ毀リト誉レトヲ以テ憂トシ喜トスヘカラス。又人ノ用ン者ハ如此ノ毀リト誉レトヲ以テカルカルシク是非スヘカラス。
19	22丁表	不孝有三、無後為大(離婁上)	……伯夷叔斉ワサトモトメテ子孫ヲタツニアラス。義ニ従ヒテ止コトナク、悔恨ル処ナクテ如此ナレハ仁ヲ得タルモノナリ。イカンソ不孝トセンヤ。
20	30丁表	桃応問日、舜為天子、皐陶為士、瞽瞍殺人、則如之何、孟子日、執之而已矣、然則舜不禁與、日、夫舜悪得而禁之、夫有所受之也、然則舜如之何、日、舜視棄天下、猶棄敝蹝也、竊負而逃、遵海濱而処、終身訴然、楽而忘天下(尽心上)	……凡法ヲ司サトル者ハ、法ヲトリ守ルコトヲ知テ高位高官タリト云トモ私ニ法ヲ枉ヘカラス、人ノ子タル者ハ孝行スル事ヲ知テ天下国家ヲ得トモ父母ヲスツヘカラス。是聖賢ノ本心天理ノ至極人倫ノキワメナリ。
21	32丁裏	養心莫善於寡欲(尽心下)	仁義ノ心ヲ養フニハ欲スクナキヲ善トス。(中略)深クツヽシミイマシメテ欲スクナキハ心養フノ干要(肝要:筆者注)ナリ。
22	33丁表	古之為関也、将以禦暴、今之為関也、将以為暴也(尽心下)	……昔シ先王ノ政ヲスルニ道路ニ関ヲヲクコトハ、非常ヲイマシメテ民ノ害ヲフセカント也。(中略)関ノ名ハ同シケレトモ、其ナス処ニ不同アレハ、民ノヨロコフトウレウルトノカハリアリ。政ヲスル者能ク心ヲ着ヘシ。
23	33丁裏	以佚道使民、雖労不怨以生道殺民雖死不怨殺者(尽心上)	……佚道トハ民ヲ安スルノ道アリ、民ヲ安カラシメン為メニ民ヲツカフトキハ民苦労ストイヘトモ恨ル事ナシ、(中略)生道トハ民ヲイカスノ道ナリ。
24	33丁裏	大人者言不必信行不必果惟義所在(離婁下)	義ヲ本トスレハ信モ果モヲノツカラ其中ニアリ、信ト果トヲ本トセントスレハ、義ニ叶ハヌ事アルヘシ。但シ万一義ニカナハストモ信ト果トヲ守ラハ大人ホトコソナクトモ凡人ヨリハマサレリ。
25	34丁表	大人者不失其赤子之心者也(離婁下)	…大人ノ心、物ノ為ニヲホヒカクサレスシテ、明白ナルハ、其赤子ノ時ノ純一、無偽ノ根本ヲ失ハサル故ナリ。此心ヲ推ヒロムル故ニ万ツニ変通シテ其広大ヲキハムルナリ。是ヲ良知良能ト云フ。
26	34丁裏	何以異於人哉、堯舜与人同耳(離婁下)	……世ノ人モ聖賢ナトハ、常ノ人ニ大ナル不同アランヤウニ思ヘリ。サヤウニハアラス。(中略)孟子ハ性ノ善ナル所ハ堯舜モ人ト不同ナキト答フルナリ。

『厄言抄』が、大名に向けたものであることや、そもそも『孟子』という書自体の特徴から、治政や君主としての在り方などについて述べた項目が大半である(1、3、4、6-18、20-23)。無論、特異な政治道徳論を説いているわけではない。

たとえば「3　矢人豈不仁於函人」という条に対して、「此ノ如ク其所作ニ依テ仁モ不仁モアルホトニ、其ナス所ノ迹ヲツヽシメト云義也。」(5丁裏・公孫丑上)と述べ

ているように、振る舞いによって「仁」にも「不仁」にもなるのであるから、自らの事跡には気をつけるべきであるという意味だと説いている。至極穏当な教訓を書き残しており、朱子学の世界観に基づく抽象度の高い言説を紡がない。「仁義礼智」という四つの徳目に到達するための糸口たる「四端」を取り上げた「14　惻隠之心、仁之端也。羞悪之心、義之端也。辞譲之心、礼之端也。是非之心、智之端也。」(6丁裏・公孫丑上)においても、「此四端ヲ推広メテ行フ時ハ身ヲ修メ人ヲ治メ天下国家ヲモ治ムルナリ。四端ヲ用サレハ吾カ本心ヲ失フ故ニ、タチマチ身ヲホロホスナリ。此故ニ聖賢ノ道ハ五常四端ノ外ニアラス。」と述べ、四端から如何にして「仁義礼智」の徳目に至るかという話ではなく、四端を用いなければ本心(の正しさ)を失ってしまうということを述べているに過ぎない。

　このように『厄言抄』では、『孟子』を「修己治人」という基本的な修養論の次元に留めているのである。

　林羅山は、『春鑑抄』『三徳抄』『性理字義諺解』などの儒学思想の用語を分かりやすく和訓で説明した儒学解説書を著している。また、後に「道春点」と称される訓点を四書へと振り、儒教経典がより多くの人に読解出来るよう力を注いでいた。このように、羅山は儒書の出版を通して、儒学思想の流布を試みていたうちの1人でもあった。

　そのように儒学思想の社会的な定着を試みた羅山が、「朱子学」における四書という枠組みから『孟子』単体として取り上げた際、より具体的に治政に役立つ政治道徳のテキストとして用いたことが『厄言抄』からは窺えるのであった。

5. おわりにかえて―山崎闇斎と伊藤仁斎の登場―

　これまで中江藤樹、林羅山という17世紀前半に活躍した二人の儒者における『孟子』の立ち位置を見てきた。

　中江藤樹は、まず儒学を理解するにあたり四書を一体のものとして捉えるなかで『孟子』にも一定の位置付けを与えたが、それ単体として取り上げることはほとんどなかった。また林羅山も、四書を一体のものとする見方をとりつつ『孟子』の位置付けを模索しており、他の経典や老荘思想との比較を試みていた。その一方で治政に役立つ政治道徳を説いた書として大名に講ずる際のテキストとして活用していた。

　17世紀前半は、未だ朱子学の学問体系自体を理解し受容する段階にあった。『孟子』一書の独特な解釈は、末疏を退けて朱熹の言説に則った朱子学を受け止め、1655年(明暦1)に京都で私塾を開いた山崎闇斎(1618～82)や、宋儒の説に疑問を抱き、自らの儒説を構築し、1662年(寛文2)に京都で私塾を開いた伊藤仁斎(1627～1705)など、17世紀後半に活躍した次世代の儒者の登場を待たねばならない。最後に、闇斎と仁斎の二人について概観してみたい。

　まず山崎闇斎から取り上げる。闇斎は、主題ごとに朱熹をはじめとした朱子学文献を抜萃し編集した『文会筆録』という一書をのこしている。本書は、基本的に闇斎自らの見解を積極的に明示するのではなく、『朱子語類』や『朱文公文集』など朱熹の

言説を中心とした諸書の引用・抜萃によって構成されている。当然、『文会筆録』「孟子」の章も存在するが、全151条もあるため、紙幅の都合上、その一部の特色を見るに留めたい。

　闇斎もまた『孟子』とはどのような経典であるのか、先学の見解を調べている。たとえば、孟子の注疏に関する『朱子語類』を引用している。孟子の疏とは、邵武(という地)の人物が仮に作成したものに過ぎず、当時は未だ『論語』と『孝経』しか尊ばれていない時代であり、更に趙岐の趙注にも縛られているという「疏」のレベルを論じた『朱子語類』第十九巻に載る朱熹(と蔡季通)によるコメントを取り上げている。

　　○孟子疏乃邵武士人仮作、蔡季通識其人当孔穎達時、未尚孟子、只尚論語孝経
　　爾、其書全不似疏様、不曽解出名物制度、只繞纏趙岐之説耳。〈語類十九〉
　　　　　　　　　　　　　「文会筆録」〈孟子〉第10条(日本古典学会 1978;(1)245)

　注疏などの『孟子』を取り巻く様々な言説だけではなく、『孟子』における重要なテーマについても、当然のことながら注視している。「与郭沖晦書」(『朱文公先生文集』巻37)を取り上げて、『孟子』内のテーマに注目している。孟子の学問を、「窮理・集義」を始めとし、「不動心」の話が効用を示したものと理解している。この「与郭沖晦書」という書簡のなかで朱熹は、窮理とは『論語』における「知言」(道理の理解)のことと同じであると説く。『孟子』における「浩然の気」を養うという問題と「不動心」をここで大きく取り上げている。

　　○与郭沖晦書曰、孟子之学蓋以窮理集義為始、不動心為効、蓋唯窮理為能知言、
　　唯集義為能養其浩然之気、理明而無所疑気充而無所懼、故能当大任而不動心考
　　於本章次第可見矣〈文集〉
　　　　　　　　　　　　『文会筆録』〈孟子〉第36条(日本古典学会 1978;(1)249)

　このように、『文会筆録』からは闇斎が『孟子』に関して朱熹のどのような言説を重要だとしたのかが窺えるのである。総じて「朱子学」の枠組みのなかで『孟子』の重要なトピックを取り上げようとしている。山崎闇斎は、羅山同様、闇斎点と称される訓点を四書に付けている。山崎闇斎に至って『孟子』を朱子学という体系の一書として受容することが可能になったのである。

　その一方、伊藤仁斎は、朱子学に反対の立場を取り『論語古義』『孟子古義』という注釈書を著した人物である。伊藤仁斎の特徴としては、朱子学が『大学』『中庸』を重視することに異議を唱え、『論語』へと立ち戻ることを説き、『論語』を「最上至極宇宙第一」と見なした人物である。

　ただ、孔子と『論語』を重視する仁斎であるが、その『論語』の内容を理解するためには、『孟子』を熟読しなければならないと説く。仁斎は、「蓋論語之義疏也、故学者実知得斯理而後当読論孟二書。」(『童子問』上巻第5条(家永三郎他校注 1966;58))と述べているように、『孟子』を『論語』の「義疏」であると位置づけた。

　「義疏」であるとは、どういうことであろうか。別の条で仁斎は、『孟子』が『論語』

の「津筏」(橋渡し)であるとたとえている。『論語』が「仁義礼智」を修める方法を説くばかりで、「仁義礼智」の義理については論じていなかった。一方孟子が生きた戦国時代は、「仁義礼智」の教えが失われていたため、孟子はその義理を解明しなければいけなかった、と仁斎は見なした。そのため、『孟子』の書には「仁義礼智」の義理が明らかであり、その義理を明らかにすることで、『論語』に説かれた「仁義礼智」の方法も理解することが出来ると仁斎は説くのである。

> 学者不熟読孟子、必不能達於論語之義。蓋論語之津筏也。論語専説修仁義礼智之方、而未嘗発明其義。孟子時、聖遠道湮大義既乖。故孟子為学者諄々然剖別、其義闡明其理、丁寧詳悉、無復余蘊。
> 『童子問』上巻第 7 条（家永三郎ほか1966 : 59）

このように仁斎は『論語』を最上の書としながらも、『論語』を理解するためにはまず『孟子』の内容を理解せねばならない、というかたちで『論語』のみならず『孟子』も含めた二書の必要を提起する。朱子学に反対する仁斎には、朱子学の学問体系とは異なる『孟子』の受容が見られるのである。

以上、17世紀後半の『孟子』受容について、山崎闇斎と伊藤仁斎という徳川期の代表的な儒者を取り上げて概観してみた。二人の活躍した時代は、四書をはじめとした儒教テキストもそれなりに数が揃い、「朱子学」の学問体系も多くの儒者が取り入れるようになった時代である。それ故、「朱子学」の体系に則って『孟子』のトピックを整理しようとした山崎闇斎のような「朱子学者」が登場する一方で、却って伊藤仁斎のように、朱子学に背を向けて『大学』『中庸』を退け、『論語』『孟子』の二書に再び立ち返り、両書の関係を改めて考える人物が現れたのであった。

徳川初期に「四書」のうちの一書であることが前提として受け止められた『孟子』が、本来有している思想世界に注目されるようになるには、朱子学が一定の理解を得られる時期を待たねばならなかった。

『孟子』理解の展開は、山崎闇斎や伊藤仁斎の登場により新たなステージへと進むのであった。

注

[1] 今中寛司. 1972. 『近世日本政治思想の成立』. 創文社. 328-337.

[2] 宇野田尚哉. 1996. 「板行儒書の普及と近世儒学」. 『江戸の思想』第 5 号. ぺりかん社. 16-20.

[3] 辻本雅史. 2007. 「日本近世における「四書学」の展開と変容」. 『季刊日本思想史』. 第 70 号. ぺりかん社. 190-192.

[4] 長沢規矩也・阿部隆一編. 1981. 『日本書目大成』第 3 巻. 汲古書院. 10-12.

[5] 『持敬図説』における「持敬図」は、『大学』の用語を中心とした図から、四書を用いた図へと変化しているところに、中江藤樹の思想的展開が見られることについては、拙稿. 2012. 「中江藤樹における「持敬図」変容の問題」. 『研究東洋：東日本国際大学東洋思想研究所・儒学文化研究所紀要』. 第 2 号. 128-144において指摘した。

[6] 高山大毅. 2013. 「林羅山『卮言抄』遡源」. 鈴木健一編『浸透する教養』. 勉誠出版. 193-209.

参考文献

家永三郎ほか校注. 1966.『日本古典文学大系 97 近世思想家文集』. 岩波書店
今中寛司. 1972.『近世日本政治思想の成立』. 創文社
宇野田尚哉. 1996.「板行儒書の普及と近世儒学」.『江戸の思想』5. ぺりかん社
京都史蹟会編纂. 1979.『林羅山文集』上下 2 巻. ぺりかん社
高山大毅. 2013.「林羅山『厄言抄』遡源」. 鈴木健一編『浸透する教養』. 勉誠出版
辻本雅史. 2007.「日本近世における「四書学」の展開と変容」.『季刊日本思想史』. 第 70 号. ぺりかん社
藤樹書院. 1940.『藤樹先生全集』全 5 冊. 岩波書店
林羅山. 1620 跋.『厄言抄』. 東北大学附属図書館狩野文庫所蔵
長沢規矩也・阿部隆一編. 1981.『日本書目大成』第 3 巻. 汲古書院
日本古典学会編纂. 1978.『新編山崎闇斎全集』全 5 冊. ぺりかん社

※本稿は，科学研究費助成事業・若手研究(B)「藤樹心学の思想史的展開と意義に関する研究」(課題番号 15K20866)による研究成果の一部である．

鄭和と「一帯一路」

（日本）立教大学　上田信

要旨：In 2005 when celebrating 600th anniversary since Zheng He who is known to navigate towards South Sea during the Ming period made his first voyage in 1405, Chinese government specified 11th of July which considered to be the sail off date as "Day of Voyage". China, under the regime of Xi Jinping is raising the called "One Belt and One Road", refers to a new economic belt around the Old Silk Road connecting China to Europe. Zheng He reincarnated as a political and cultural symbol in the 21st century. However, there are another images of Zheng He in the countries around the South China Sea and the Indian Ocean.

Zheng He's father and grandfather were considered to be honored as hajji in the Muslim society. Pilgrimage is not done by individual alone but by family and neighbors. Therefore, it is natural to think that Zheng He's father made his pilgrimage with He's grandfather. It becomes clear that Zheng He was Muslim in his boyhood.

After entering the Post-Suharto era, overseas Chinese began to confirm their identity by expressing out their Chinese elements. Under this circumstance, mosques memorializing Zheng Hewere founded by the Islamized Chinese.

The mosque in Surabaya which celebrates the Muslim Zheng He was converted the original mosque into Chinese style which commemorates Zheng He for the 600 years anniversary of his voyage. At this time, a foundation was established which put up three action agenda as "Non-politics, Independence, Social reformation". Considering the explanation of this "Non-politics", it refers that there might be several actions towards the Islamized Chinese but they always should keep a neutral stance. In this agenda, we can read between the lines that between two great state powers such as Indonesia and China, Chinese Muslims living in Indonesia should not be influenced by political intentions and should take balance and maintain neutral, non-political state.

キーワード：鄭和　一帯一路　ハッジ　華人ムスリム　鄭和清真寺

はじめに

　明代に南洋に遠征したことで知られる鄭和が、第１回目の航海を行った1405年から600周年となる2005年に、中国政府は出帆したとされる7月11日を「航海の

日」に指定した。習近平体制下の中国政府は、「一帯一路」政策、を掲げ、「一路」のシンボルとして、鄭和を顕彰し、航海の日に盛大な行事を行うようになった。

また近年では、鄭和の艦隊が寄航した南シナ海・インド洋沿岸諸国において、中国が資金を提供して鄭和に関する史跡や遺物を整備する動きを見せている。たとえばスリランカにおいて、コロンボの国立博物館では、数年前までは石碑展示室の一角に雑然と置かれていた鄭和が立てたとされる漢文・タミル語・ペルシア語三言語併記の石碑が、2015年8月には、ガラスケースのなかに移されており、中国とスリランカの友好というプレートが足下に添えられていた。2014年3月に報告者の知人が訪問したときには、鄭和がスリランカを侵略したという内容の説明版があったというが、2015年には、そうした説明を見いだすことはできなかった。

スリランカ南部のガレにあるGalle National Museumでは、法顕・鄭和コーナーが中国の資金提供によって新たに設置された。ここには、鄭和の像とゴールで発見された漢文・タミル語・ペルシア語三言語併記の石碑のレプリカを展示している。2015年に夏に訪問したときに、この部屋の片隅に、資金提供に関して共産党常務委員の劉雲山の名を記したプレートが掲げられていたが、カーテンで隠せるようになっていた。2014年に先の知人が訪問したときには、このカーテンはなかったという。2015年1月のスリランカ大統領選挙で、現職のマヒンダ・ラジャパクサ大統領に対抗して出馬したマイトリパラ・シリセナ前保健相がラジャパクサ氏を破り、初当選している。前大統領が親中国政策を採ったのに対して、新政権は「すべての国や国際機関と密接な関係を結び、外交を強化したい」と宣言し、親中国政策の見直しを謳っている。ガレ国立博物館のカーテンは、スリランカ政権の政策転換と関係しているかも知れない。

また、インドネシアでは、海洋強国中国のシンボルと異なる鄭和のイメージが存在する。本稿では、中国の国威発揚のシンボルに収まりきれない鄭和自身の多義性を歴史的に跡づけた後に、インドネシアにおける華人ムスリムの鄭和顕彰の動きを紹介しながら、「中国の夢」の実現を掲げる習近平政権の一帯一路構想における鄭和イメージについて、考察を加えていく。

鄭和との出会い

2004年から翌05年にかけて、雲南省の省都・昆明に研究で1年間、滞在した。その時に興味を抱いたのが、鄭和である。鄭和は中国の船団を率いて航海をした人物[1]として知られているが、生まれは雲南省。昆明から南に少し行った晋寧というところが出身地で、そこには鄭和の父のお墓がある。その墓碑の前に立てられていた石碑に刻まれた碑文を見た。その碑文に幾つかのナゾがあったということで、鄭和に関心を持ったのである。

2005年はタイミングよく、鄭和が第1回目の南海遠征に出た年から600周年にあたり、中国各地で鄭和の業績を記念する様々なイベントがあった。鄭和に対する興味はますます深まり、『海と帝国』(講談社)という本に、鄭和を主人公とする1章を

書くことになったのである[2]。

　今、歴史学全般が、海に非常に注目している。ここ数年の話ではなく、10年ぐらい前から海への関心が強くなっている。それは海が人の動きを妨げるものではなくて、人の動きを繋いでいく側面が非常に大きいということが指摘され、海の歴史であるとか、環東シナ海、環日本海、つまり東シナ海を取り囲む国々、あるいは日本海を取り囲む国々、の研究が非常に多く行なわれてきた。

　立教大学名誉教授の荒野泰典という日本近世史の研究者は、日本の江戸時代は決して鎖国ではない、国を閉ざしていたのではない、という説を唱えた[3]。鎖国ではない「海禁」、つまり管理貿易体制であったのであって、幕府が管理する形で対外貿易を行っていた、そして、4つの「口」を通じて、アジア、世界と繋がっていたという。

　4つの口の一つである長崎はすぐ思いつくであろう。出島にはオランダ商館が置かれ、清朝支配下の中国とも交易を行った。2番目は対馬であり、朝鮮半島の朝鮮王朝を通じて中国に繋がっていた。3番目は沖縄。薩摩が沖縄、当時の琉球王国を支配したが、琉球はまた清朝にも朝貢して、「日清両属」という関係を維持し、日本は薩摩を通じて、沖縄を経由して中国と繋がっていたことになる。最後の一つの口は、北海道の松前藩がアイヌを通じて、大陸のアムール川流域と交易路を持っていたことが指摘されている。アムール川流域に出先機関があった清朝と交易を行っていたのである。

　4つの交易の口があったことを、荒野氏がその研究者人生をかけて挑戦したのが、日本の教科書から「鎖国」という言葉を消すことであった。いま使われている高校の教科書を見ると、「鎖国」という言葉は使われてはいるものの、「いわゆる鎖国」あるいは、カッコつきで『鎖国』という形で登場し、以前のように「日本は江戸時代鎖国をしていた」という言い切り型にはならなくなってきている。

　荒野氏が、海の視点からアジアの日本を見る研究をしていたという経緯もあり、立教大学では「海」を研究しようということで、2013年から「21世紀海域学の創生」というプロジェクト、「海域学」を1つの学問として成り立たせようというプロジェクトがスタートしている[4]。このプロジェクトの一環で、鄭和とゆかりのあるインドネシア、スリランカを訪問し、その足跡を確認するとともに、現在、中国以外のアジア諸国で、鄭和がどのように認識されているのかを調査することができた。

鄭和の航海

　鄭和は、海洋強国を目指し、「一帯一路」政策を推し進めている中国にとっても、重要なキーパーソンとして焦点が当てられている。7月11日は中国で「航海の日」という記念日になった。これは鄭和が第1回の遠征に出帆した日とされている。しかし、鄭和という人物が、本当に中国が言う海洋強国のシンボルになりうるのだろうか。私は違うのではないか、と考えている。

　鄭和が生まれたところは中国・雲南省の晋寧、かつては昆陽と呼ばれた土地である。昆明から車で1時間くらいのところに位置し、滇池という大きな湖を臨む。鄭

和の生地にある丘の上に鄭和記念公園という公園が造られ、そこに巨大な鄭和の石像が、滇池の湖面を望むように建立されている。滇池は、水深は非常に浅いものの、古くからここで帆船を使って物資を輸送したり、魚を捕ったりということが行われてきた。鄭和は内陸で生まれたが、幼少の頃には、こうした船の行き来を眺めながら育ったのかも知れない。

　記念公園の中には鄭和の父親の墓がある。漢民族の墓とはかなり趣が違うムスリムの墓の形態を取っている。ただし、この墓は1980年代に再建されたものである。この墓の前に、高さ1.7メートルほどの墓碑がある。

　碑文の冒頭を読むと、鄭和の父は、

　　　字はハッジ、姓は馬氏、代々雲南の昆陽の人であった。

という文面で始まる。

　ハッジとは何か、イスラームの信者がメッカに巡礼することは、周知のことと思う。メッカに巡礼する巡礼月というのがあり、その月にメッカに行って、一切世俗の物を捨て去って、民族などを超えた形で全員が白い同じ服を着て、決まったルートを礼拝する、こういう礼拝を成し遂げた人が、ハッジと呼ばれる。

　鄭和の父は、メッカ巡礼をしたことのある、敬虔なムスリムだということがこの一節から明らかとなる。ところが奇妙なことに、父の墓碑であるにもかかわらず、その本名が書かれていない。これは通常の中国の墓碑では、考えられない。そして鄭和の父の父、鄭和の祖父もハッジであったことが後の方に書かれている。つまり2代に亘って雲南からメッカに巡礼に行ったことになる。メッカ巡礼は、単独ではなくて、親族あるいは地域の仲間と連れ立って出かけて行くものであるから、おそらく鄭和の父と祖父は一緒にメッカに行ったと考えて、間違いはないであろう。

　和の父の人柄について碑文は、次のように記す。

　　　公は体格が立派で、風采は凛々としていて威厳があり、己をまげてまでして人に迎合することはなく、人に誤りがあれば面と向かって叱責した。その性格は善良で、貧しい人や身寄りのない者には常に保護し援助し、飽きることがなかった。そのために郷里の人々のなかで、公を長者だと称えない者はいなかった。

和の父は、郷里の雲南で信望を集めた人物であったことになる。

　鄭和は少年時代を祖父や父親とともに、雲南で暮らしていた。ところが1381年に明朝の大軍が雲南を攻略したとき、その混乱のなかで鄭和の父は死去した。

　和が生まれたころ、雲南にはフビライ＝ハーンの第5子の子孫であるバサラワルミが、中国的称号を梁王として統治し、モンゴル高原に後退した北元と呼応していた。朱元璋は明朝を創建したあと、ほぼ一年おきに使節を派遣して、帰順することを求めている。しかし、バサラワルミは使節を殺害して投降を拒み続けていた。

　中国では雲南は辺境とみなされ、中国通史のなかで言及されることは少ない。和

とその一族の運命を大きく変えた戦役も、多くの史書で軽く触れられる程度である。しかし、明朝にとって雲南は決して辺境として軽視できる土地ではなかった。遡って1253年にモンゴル帝国皇帝のモンケ＝ハーンは、南宋を滅ぼすためにフビライに命じてまず雲南を押さえさせた。これは、この地域が、軍事的・地政学的にみて中国攻略の要地であったことを示す。

明朝を建て、北京に拠る元朝をモンゴル高原に押し出した朱元璋にとって、中国を保持するためには、雲南に残るモンゴル勢力を駆逐し、自らの勢力下に収める必要がある。雲南攻略は、朱元璋にとって帝国の総仕上げとも喩えられる一大事業であった。

洪武一四年(1381年)、朱元璋は雲南攻略のために軍隊を動かした。動員された軍隊は、騎兵・歩兵を合わせて30万ともいう。明軍を迎え撃つために、バサラワルミは信頼していたダリマに軍を委ね、迎撃に向かわせた。

場所は白石江、一二月の決戦の朝、深い霧があたりを覆っていた。日が昇るとともに霧が薄くなったとき、ダリマの眼前に、雲南の人間がこれまで目にしたことのない大軍がその姿を現した。明軍の攻勢のまえに雲南側は隊列を乱し、敗走せざるを得なかった。

洪武一五年正月、雲南の中心地であった昆明は、明軍に制圧された。白石江の戦いで精鋭10万を失ったバサラワルミは、反撃する機会を逸し、和とその父の郷里に近い普寧州の忽納砦に敗走、そこで追い詰められて、元朝の王であることを示す龍衣を焼き捨て、妻子とともに滇池に身を投げたという(『明史』巻一二四、列伝「把匝刺瓦爾密」)。

雲南に残る伝承に拠れば、まだ明軍が押し寄せる前、バサラワルミは善政を施していた。和の父の事績について碑文は、「非道には妥協せず、弱者を救済することに余念がなかった」と称えている。こうした和の父の性格から、郷里防衛に立ち上がり、明軍に抵抗するという選択をさせたと考えてまず間違いはない。そしてその戦乱のなかで落命した。和がまだ11歳頃のときであった。

明朝からみれば反逆者であったが故に、碑文には父の名が刻まれなかったと推測できる。この戦乱のなかで和は明軍に捉えられて去勢され、後に永楽帝となる朱棣に献上されて宦官とされた。

和は宦官とはいえ体格も大きく、軍事的な統率力を備えていた。1399〜1402年に朱棣が第2代皇帝に対するクーデターを起こしたときに活躍し、その功績によって「鄭」という姓を与えられた。ここに、「鄭和」が歴史上に登場することとなったのである。

この碑文の最後には「永楽三年端陽」、つまり1405年の旧暦五月五日と刻まれている。この年の旧暦六月、西暦に換算すると7月11日、明の第3代皇帝、永楽帝の命によって、鄭和の第1回の航海が行われた。船団の旗艦は「宝船」と呼ばれ、その長さは137mとされている。船舶の専門家からは、これほど巨大な木造船は、技術的には建造することは困難であったとされ、疑問視されている[5]。しかし、当時、世界

で最大の船であったということは間違いない。

　鄭和の遠征は7回に亙って行われた。第1回目～3回目と、第4回目～6回目で、多少性格が違う。第7回目は、永楽帝が死んだ後、永楽帝の孫の皇帝の下で行われた航海であり、別枠と見なす。

　1回目～3回目と、4回目～6回目の違いは、航海から帰った年から次の航海に出かけていくまでの期間の長さである。前半の3回は、帰港したその年のうちに、半年くらいの準備期間を経て次の航海に出ている。モンスーンの風向きが変わったらすぐ出かけていくという形だった。

　4回目以降は、次の航海までに2年間を費やしている。準備期間が長い。こういう形で1回目から3回目と4回目以降は、性格が違うことが明らかとなる。

　目的地も異なる。1回目から3回目の目的地は、インドのカリカットであった。4回目以降は、7回目も含めて、さらに遠いアラビアのホルムズを1つの目的地とし、ここを拠点としてメッカや、アフリカ東海岸に分遣隊を派遣している。メッカには鄭和自身は行っていないが、分遣隊が赴いており、鄭和の配下にあったムスリムは、イスラームの聖地を訪ねていた。

　東アフリカのモザンビークには、鄭和が連れていった部下が残留し、その子孫がつくったとされる村というのがある。現在では村人は東アジア的な風貌ではないものの、彼らの祖先は鄭和と共にやってきた船乗りであったという伝承がある。中国は鄭和と繋がりのある村ということで、この村の若者に奨学金を出し、中国に留学させるということも行われている。

　第4回目以降の航海で訪れることとなったインド洋の西部では、古くからペルシアやインドのイスラームの人たちが、主に交易を担っていた。こうした海域での円滑な航海のために、鄭和の遠征には、多くのムスリム、イスラームの信者が参加したと言われている。第4回の航海で準備に時間を要した一つの理由は、有能なムスリムの乗組員を確保する時間が必要だったということが挙げられている[6]。

航海の目的

　鄭和の南海遠征の目的はそもそも何なのか、これについては歴史研究者が様々な説を唱えている[7]。永楽帝が皇帝になる前に、甥にあたる2代目の皇帝に対してクーデターを起こし、南京にいた2代目皇帝を追い落として自分自身が3代目の皇帝になったという経緯がある。攻め落とした南京の宮殿の焼け跡からは第2代皇帝と確認できる死体が発見されず、密かに南洋のほうに逃れたという噂があったために、この第2代皇帝を捜し出すべく鄭和を遠征させたということが、正史（後の王朝のもとで編纂された公式の歴史）である『明史』に書かれている。また、明朝に政権を奪取されたモンゴル帝国の逆襲を事前に予知するために、情報収集を目的に鄭和を派遣したと唱える学者もいる。これまでの説は、いずれも明朝の皇帝の立場から説明するものであった。しかし、実際に航海を行った鄭和の視点から考えた場合、それらの説とは異なる可能性が見えてくる。

鄭和が遠征に着手した年の2年前、1403年にメッカ巡礼から帰ってきたムスリムが南京に到着する。彼らはインド洋から南シナ海に直接に船で通過することができず、そのために長期間に亘り、タイのアユタヤで足止めになっていたという情報を明朝にもたらしたのである。インド洋と南シナ海とを結ぶ航路は、おそらく鄭和の父と祖父が使ったルートである可能性がある。

　中国からメッカへの巡礼というと、陸路シルクロードを思い浮かべる方が多いかも知れない。しかし、雲南省の位置を考えると、わざわざ北上して内陸を行くよりも、海に出て、船でメッカに行ったほうが、明らかに楽な旅程である。雲南から海に出るにはいくつかのルートがある。1つは雲南から今のミャンマーを経てベンガル湾に出るルート、もう1つは、雲南から東へ行って、今の福建省に出て、そこから船に乗るルートである。福建からインド洋を経てアラビア方面に行く海上の路は、元の時代、マルコ＝ポーロが帰るときに辿ったルートでもある。おそらくその頃は海を通って、メッカ方面に行くというルートが盛んに使われており、14世紀の海上交易について記す『島夷誌略[8]』には、雲南から1年ほどでメッカに着くことができると書かれている。

　ところが14世紀末ごろに、マラッカ海峡を船舶で通過することが困難になった。その結果、インド洋を東に中国を目的地として渡ってきた人たちは、ベンガル湾から陸に上がり、山を越えて、タイの今のバンコクよりちょっと北にあるアユタヤに出て、そこで足止めをくらっていた。そして南京から明朝の使節がやって来たときに、その船に便乗して漸く南京に辿り着くことができたのである。

　この情報を得た時に、ムスリムの家で育った鄭和は「何とかしなくてはいけない、中国にいるムスリムたちが、安心してメッカに巡礼できるようにする必要がある」と考えたのではないか。そして鄭和は、自分の主人である永楽帝を説得した。鄭和は宦官の頂点にたつ役職にあり、皇帝の信任も厚く、常に皇帝の身辺にいた。永楽帝は非常に野心家であったので、鄭和はその野心を煽るような形で、今、海に出ることによって、「陛下の威光が海の世界にも轟きます」と述べたのではないか。鄭和が焚きつけて、南海遠征プロジェクトを皇帝から命令させる、というように事を運んだのではないか、と想像されるのである。

　当時、ジャワ島にあったマジャパイト王国が衰退し、東王宮と西王宮に別れ内戦になっていた。こうした政治状況のなかで、西王宮勢力を後ろ盾にして、華人の陳祖義を代表者とする勢力がマラッカ海峡の航行権を握り、服属しない船舶の航行を妨害していた。陳祖義は海賊であったと中国側史料にはあるが、単純な海賊というよりは、東南アジアにおける一個の政治勢力であったと考えられる[9]。

　こうした政治状況に介入し、メッカ巡礼の船舶が自由に往来できるようにするために、鄭和は航行権をムスリムの華人に管理させようとした。実際に、鄭和は第1回目の航海のときに、マラッカに遠征の基地を置いて、ムスリムを乗せた船が海峡を安全に航行できる状況を作り上げている。

雲南への里帰り

冒頭で取り上げた雲南の石碑の裏には、次のような文言が刻まれている。
　　馬氏第二子太監鄭和奉
　命於永楽九年十一月二十二日至於
　　祖家墳塋、祭掃追薦、至閏十二月十二日吉日乃還記耳
翻訳すると

　　馬氏の第二子の太監（宦官の長官）の鄭和、皇帝の命を奉じて、永楽九年十一月二十二日に、祖先の墓に詣で、祖先の霊を祭り、墓のまわりを清掃し、追善供養を執り行った。閏十二月十二日吉日となり帰還するにあたり、ここに記すのみとなろうか。

　鄭和本人が父の墓前に詣でた日は、西暦1411年12月7日、そして（南京へ）帰還したとされる日は、1412年1月25日となる。鄭和が郷里の雲南に里帰りしたのは、ちょうど第3回の航海を終えて、第4回の航海の準備をしていた時期に相当する。

　第4回以降の航海には、『瀛涯勝覧』の著者として知られる馬歓、浙江省出身の郭崇礼など、多くのムスリムが参加するようになった[10]。こうしたムスリム社会との接点を求める活動において、和自身がムスリムとして幼少時代を過ごしたということが、有利に働いたと推定される。この点をより明確にするために、和は航海の準備の一環として郷里に戻ったと考えられる。

　「故馬氏墓碑銘」碑文にあるように、和の祖父・父は二代にわたってハッジの称号を持ち、メッカに巡礼したムスリムとして尊敬されていたと考えられる。第4回目以降の遠征においては、南シナ海域およびインド洋沿海地域に広がるムスリムのネットワークが重要な役割を果たす。プロジェクトの統括者が、イスラームと密接な関係を有することを、ムスリム共同体にアピールすること、これがこの碑文の立てられた理由であったと考えられる。

　この石碑は、和の父親の事績を称えるために立てられたものではない。ムスリムと協調しなければ成功が覚束ない遠征への布石として石碑が立てられたのである。そして、和をハッジというメッカ巡礼経験者の孫・息子であることを認定することが、碑文が立てられた意図であった。そのために、父の本名は必要がなかった、ともいえよう。南シナ海とインド洋への遠征は、「鄭和」（明朝皇帝が与えた名前）のもとで行われたのではなく、「ハッジの孫・息子」である和の名前で行われたプロジェクトであった。

　石碑の裏に刻まれた題記によれば、和は墓参を果たしたあと50日ほど郷里の雲南に留まったのち、出立の直前に墓碑を訪れている。この期間を、彼は漫然と過ごしたとは考えられない。和は郷里で父の記憶を持つムスリムを訪ねて回り、南シナ海域各地の港市を管理できる人材をスカウトしようとしていたのではないだろうか。

　明朝の統治下で、和の父が郷里のために尽くしたことを記憶している人々は、少

なくなかった筈である。明軍の雲南攻略の最中、和が去勢されたことは、郷里のムスリムたちの間では周知の事柄であった。「かつて私たちの父祖が、メッカへの巡礼のために渡った海に共に向かおう」と、和が語る言葉に共感したムスリムがいたとしても、なんら不思議ではない。こうして南シナ海・インド洋に、雲南出身のムスリムが数多く移り住んだのである。

インドネシアにおける鄭和

　海域学プロジェクトの一環で、私は2014年3月、ジャワ島で調査を行った。赴いたところは、スマランとスラバヤである。

　スマランで訪ねたのが三保洞（現地の言葉ではサンポコン）と呼ばれる処である。今世紀に入ってから、中国風の巨大な建物に改められていた。インドネシアにおける華人は非常に厳しい歴史を持っている。特にスハルトの時代は抑圧されていたため、1990年代までは華人が中国風の大きな建造物を建築するなどの目立った動きを表に出すことは非常に難しかった。今世紀に入ってからは、インドネシア政府が、インドネシアにおける華人の宗教的な活動を公認している様子がはっきりと見てとれる。

　本堂の下には洞窟があり、きれいに整備されているが、かつては海辺で、その洞窟の奥に泉が湧いていた。そして鄭和の艦隊が着いたときに、病気に犯されていたムスリムの航海士をこの地に残留させた。この航海士は洞窟の水を飲み、アッラーに祈りつつ瞑想を行う内に、病が治ったということが伝えられている。いまは鄭和の像を祭っている足下のところに蓋がしてあり、ここには井戸があって水がこんこんと湧いている、と言われている。

　中国的な大きなお堂が建つ前は、地元のイスラームの人たちの信仰の場でもあった。かつてはこの洞窟は、アッラーから言葉を介さずに啓示を直接受けるといったイスラームの神秘主義の信者たちが、この洞窟に籠って瞑想していた場でもあった。そこに現在は中国風の建物が建ったということになる。

　スラバヤでは、鄭和を記念するモスクを訪ねることができた。「鄭和清真寺」という扁額が掛けられている。清真寺とは、中国語でモスクを表すが、その下に「MASUJID MUHAMMAD CHENG HOO」とある。CHENG HOOとは、鄭和。ムハンマドとあるのは、雲南の碑文に、鄭和の父の姓は「馬」であると刻まれていることに、根拠が求められたのであろう。「馬」という姓を持っている人の多くはムスリムで、馬というのはムハンマドのムという音に基づくとされている。そこから鄭和のムスリムとしての名を、ムハンマドとしたものと推定される。

　本堂の脇にはレリーフがあり、ジャワ風ムスリムの鄭和像が描かれている。2005年以降中国などで、鄭和に関する様々な肖像画、或いは彫像が増えているが、その殆どがいわゆる中国風、中国の宦官として描かれているのに対して、ここで初めてムスリムとしての鄭和のイメージを見ることができたのである。

　このムスリムの鄭和を記念するモスクは、2001年に華人系のハッジが代表とな

り、元々ここにあったモスクを中国風に変えて、鄭和の航海600周年記念に間に合うように、立て替えられたものだという。建築にあたって設立された財団は、「インドネシア・イスラーム・中華・統一」というモットーを掲げている。さらに「非政治、独立、社会刷新」という3つの行動指針が立てられている。その「非政治」の説明では、我々に様々な働きかけがあるかもしれないが、それに対しては常に中立の立場を保つべきだ、とある。

インドネシアと中国という巨大な国家権力の狭間で、インドネシアに住んでいる中国系の華人ムスリムたちが、政治的な思惑に左右されないで、自分たちはバランスを取りながら、中立、非政治を維持していかなければいけないのだという立場が、そこから読み取れるのである。

おわりに

いま中国が進める「一路」政策は、中国の国威発揚という色彩が強く、中国のための海洋政策だと世界から見られている。そのシンボルとして鄭和が顕彰されている。しかし、鄭和本人の意図は、ムスリムの海上の巡礼が安全に成し遂げられるような、どの国の住民にとっても、安全に航海できる海の秩序を創ることにあったと、私は考えている。

いまから70年前、インドネシアの石油資源を日本に運ぶために南シナ海域で行った日本帝国の侵略戦争が、多くの犠牲を出して終わった。中国には日本の戦争責任を事実に基づいて論じるとともに、日本の失敗から教訓を学ぶ必要があるだろう。

注

[1]宮崎正勝.1997.『鄭和の南海大遠征 永楽帝の世界秩序再編』中央公論社〈中公新書〉
[2]上田信.2013.『シナ海域蜃気楼王国の興亡』講談社、pp91-143を参照のこと。なお、拙著は『海と帝国-明清時代』(全集 中国の歴史09)講談社、(中国語訳,高瑩瑩訳,2014.《海与帝国——明清時代》広西師範大学出版社)の鄭和に関する章を、人物の視点から内容を増補し書き下ろしたものである
[3]荒野泰典.2003.『「鎖国」を見直す』かわさき市民アカデミー出版部、pp1-90
[4]立教大学アジア地域研究所.2013.『21世紀海域学の創成:研究報告書1』立教大学
[5]山形欣哉.2004.『歴史の海を走る―中国造船技術の航跡(図説 中国文化百華)』農山漁村文化協会(農文協)
[6]ルイーズ・リヴァーシーズ、君野隆久訳.1996.『中国が海を支配したとき鄭和とその時代』、新書館
[7]前掲書、宮崎正勝.1997.『鄭和の南海大遠征 永楽帝の世界秩序再編』中央公論社〈中公新書〉
[8]元代に南シナ海・インド洋を航海した汪大淵が著した地理書。14世紀の南洋諸国の情報が記載されている。1350年頃に完成したとされる
[9]鄭永常.2011.『海禁的転折』稲郷出版社(台湾)
[10]前掲書、ルイーズ・リヴァーシーズ、君野隆久訳.1996.『中国が海を支配したとき鄭和とその時代』、新書館

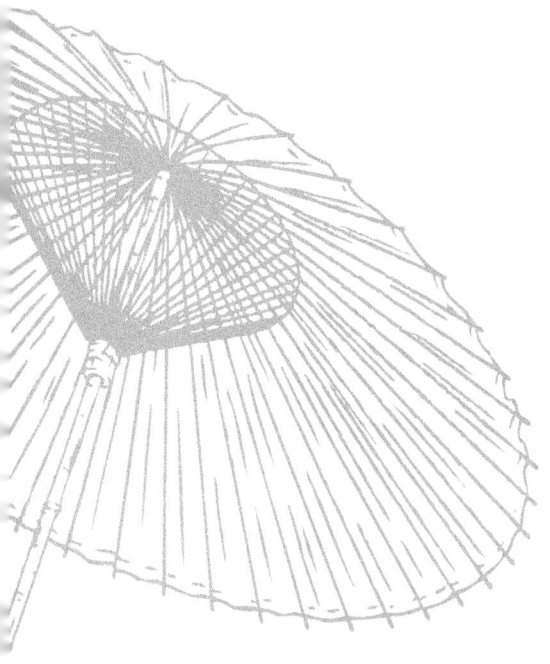

纪念北京日本学研究中心成立三十周年国际学术研讨会
"亚洲日本研究的可能性"

日本语言分科会

关于汉语中名词性非主谓句的语用功能及日译研究

对外经济贸易大学 刘雅静

要旨：中国語では、主述関係を含むか否かによって、単文を主述文と非主述文に分けている。本稿は中国語における名詞性非主述文を主な考察対象とし、その分類方法と語用機能について考察し、また対照研究の観点から、中国語の名詞性非主述文が日本語に対応する言語形式を考察し、中国語の名詞性非主述文を日本語に訳す際の規則について論じた。考察の結果、名詞性非主述文は、独り言の場合には①感嘆を表す、②希求を表す、③発見を表す、④確認を表す；会話の場合には①注意を表す、②告知を表す、③命令を表す、④呼びかけを表す、⑤問いと答えを表すといった語用機能を持つことが確認できた。中国語の名詞性非主述文を日本語に訳す際の規則として、①中日両言語で同一の文型を用いる、②中日両言語で異なる文型を用いる（特に"是"と「だ」の使用有無及びその違いに注意）、③中日両言語の表現習慣による表現形式の違いがあることを指摘した。

关键词：名词性非主谓句 语用功能 日译规律

1. 前 言

在汉语的句型研究中，通常将主谓句和非主谓句并列作为单句的下位分类。非主谓句如例(1)～(3)所示，句子结构虽与同时具备主语和谓语成分的主谓句不同，但在日常的语言使用中也是不可或缺的一类句型。

(1)（发现储藏室里有只老鼠）啊,老鼠!
(2)下雨了!
(3)太棒了!

有关非主谓句的研究，大概可以从两方面对以往的研究角度加以概括。一类是关于是否认同非主谓句概念的研究，另一类是讨论非主谓句的分类及用法的研究。有关非主谓句认同与否的研究包括意见相左的两类观点,绝大多数研究（赵元任 1979、朱德熙 1982、张中行 1984、刘月华等 2001、吕叔湘 2005、邵敬敏 2007、张斌 2010、胡裕树 2011、邢福义 2011、黄伯荣·廖序东 2012 等）按照句子结构的特点进行分类,把具有主语和谓语的句子叫做主谓句,把不能分析出主语和谓语的句子叫做非主谓句[1]。与此相对,颜迈(2008)等少数研究认为非主谓句概念的提出值得商榷。有关非主谓句分类及用法等的研究也大致可分为两类,一类研究依据构成成分的性质功能对非主谓句进行分类,在非主谓句分为几类的问题上各研究虽各抒己见,但基本上都是按照词语功能将非主谓句分为名词性、动词性、形容词性等各类非主谓句（刘月华等 2001、邵敬

敏 2007、张斌 2010、胡裕树 2011、邢福义 2011、黄伯荣·廖序东 2012 等)。另一类研究则将关注点从非主谓句的词性分类转移到非主谓句的实际运用上,对非主谓句所表达的意思加以论述(张修仁 1996、靳开宇 2012、羊少鸿 2014 等)。

笔者认同以往绝大多数研究的立场,将非主谓句视为单句的下位分类加以研究。本文将形式上具有以下两个特点的单句称作"非主谓句"。(1)在句法结构上无法分析出主语或谓语成分。(2)在构成成分上由单个词或非主谓短语构成。本文重点聚焦非主谓句中的名词性非主谓句,即由单个名词、名词性偏正短语、代词、数词、数量短语等体词构成的非主谓句[2],同时将"是+N(名词)"句式的特殊型非主谓句[3]一并作为考察对象加以研究。本文的目的是从语用功能的角度对汉语中名词性非主谓句的分类进行探讨,考察不同语境下名词性非主谓句的语义差别,并从汉日句型对译研究的角度出发,考察名词性非主谓句的日译表达形式及规律。

2.先行研究

有关汉语非主谓句的分类问题,先行研究绝大多数是依据构成成分的性质功能将非主谓句分为名词性非主谓句、动词性非主谓句、形容词性非主谓句等各类下位句型。这种分类方法重视汉语非主谓句的形式特点,有助于从形式上判别各类非主谓句的不同。

其中,张斌(2010)对非主谓句的分类及用法做了详尽的论述。篇幅关系,本文以张斌(2010)作为按词语功能分类的代表性研究,仅对其分类方法做具体介绍。张斌(2010)首先将非主谓句分为名词性非主谓句、动词性非主谓句、形容词性非主谓句、象声词·叹词非主谓句四类。在这四类非主谓句中又分别区分口语性非主谓句和书面语性非主谓句。在实际的语言交际中,非主谓句的确既出现于口语中,也出现于书面语中,但因二者语用特点不尽相同,本文对张斌(2010)中指出的有关书面语性非主谓句的用法暂不做讨论。对于口语性非主谓句的分类,如下页表 1 所示,张斌(2010)依据发话接收者的不同,对名词性非主谓句、动词性非主谓句、形容词性非主谓句、象声词·叹词非主谓句分别做了下位分类。

我们认为按词语功能对汉语非主谓句进行分类是一种体系化的归类方式,易于从形式上对非主谓句的种类进行明确划分,便于直观整理。但从语言的实际运用角度讲这种分类法无法对汉语非主谓句这一句式的语用功能做整体性的统一说明。同时,也无法有效解释一些语言现象。如:

(4)(在赌场里玩骰子的人自言自语道)"七点!"

例(4)为名词性非主谓句,在张斌(2010:485)的分类中应归属于"针对言者本人,表示感叹"的用法。但与其"这类非主谓句一般不能用光杆名词、代词等,一般都要用名词性短语"的说明不相吻合。此外,从语用功能上讲,在赌场里玩骰子的人喊出希望出现的点数"七点!",这句话所表达的意义与其说是表示感叹,倒不如说是表示希求更为贴切。

另外,张斌(2010)对非主谓句中具有相同或相似语言内容,但却具有不同语用功能的情况未加以说明。如例(5)(6)所示,

(5)雨翔对车夫说:"市南三中。" (三重门)
(6)三轮摩托停下来,车主下车道:"市南三中。" (三重门)

例(5)(6)同样为名词性非主谓句,这类名词性非主谓句应归属于张斌(2010:485)中"针对特定对象,表示祈使和问答"的用法分类。但例(5)的含义是"请到市南三中",该句所体现出的语用功能是表示祈使,而例(6)的含义是"市南三中到了",该句所体现出的语用功能则是表示告知。张斌(2010)的分类无法解释例(5)和例(6)在传递信息方面所表现出的语用功能的不同。

表1 汉语中口语性非主谓句的分类(张斌2010,笔者归纳)

非主谓句	名词性非主谓句	针对言者本人,表示感叹
		针对特定对象,表示祈使和问答
		针对交际双方,表示注意
	动词性非主谓句	针对言者本人,表示感叹
		针对特定对象,表示祈使
		针对交际双方,表示提醒
		针对社会大众,表示宣传
	形容词性非主谓句	用于感叹的
		用于应答的
		用于祈使的
		用于论断的
	象声词·叹词非主谓句	象声词非主谓句
		叹词非主谓句

综上所述,从句法分析的角度来看,按词语功能对汉语非主谓句进行分类的方法不能有效说明名词性非主谓句在不同发话场景下所表现出的语用功能的差异。本文注重考察语言在实际使用中所体现出的意义,在收集整理非主谓句实例的基础上,首先对名词性非主谓句的分类方法进行探讨,进而结合语言使用的实际场景对名词性非主谓句在语篇使用中表现出的语用功能进行说明,最后探讨名词性非主谓句的日译表达规律。

3. 名词性非主谓句的分类及语用功能

本文重点讨论名词性非主谓句的语用功能及日译规律,因此在考虑名词性非主谓句的分类标准时重视其语用功能的不同,设定"是否具有对他传递性"和"在具体语境下的语用功能"两条标准对名词性非主谓句进行分类。本文主要使用从小说、自然会话等资料中收集到的名词性非主谓句作为研究对象进行考察,根据需要也会使用笔者所造例句[4]。在对收集到的例句进行分析整理的基础上,本文首先根据是否具有对他传递性的标准,将名词性非主谓句分为"独语"和"会话"两类。本文所讲的"对他传递性"指发话以听话者的存在为前提,发话目的是为了向听话者传递信息。在会话中使用的名词性非主谓句具有对他传递性,而在独语中使用的名词性非主谓句的发话目的

不是为了向听话者传递信息,而是自言自语或内心独白,因此不具有对他传递性。在此分类基础上,再按照非主谓句在具体语境下的语用功能进行下位分类。以下分别讨论在独语和会话中出现的名词性非主谓句的语用功能。

3.1 独语中出现的名词性非主谓句的语用功能

独语中出现的名词性非主谓句通常表达感叹、希求、发现、确认等语用功能。以下对其一一进行说明。

(1) 表示感叹

表示感叹的名词性非主谓句多表达发话者赞叹、惊讶、愤怒、讥嘲、鄙斥等感情。

(7) 多好的孩子啊!

(8) "你这家伙!"熊泽爆出一句,"白痴!" （白夜行）

(9) 我听到他哀声说着:"报应啊,这是报应。" （活着）

(10) 我捏住爹的右手,他又用左手脱下右脚的布鞋,还想打我。我又捏住他的左手,这样他就动弹不得了,他气得哆嗦了半晌,才喊出一声:"孽子。" （活着）

(2) 表示希求

表示希求的名词性非主谓句多用于表现发话者希冀获得某物或期望实现某事态的心理状态。

(11) （在沙漠里跋涉渴极几近气绝者在渴求)"水!"

(12) （在赌场上)龙二将那颗骰子放在七点上,这小子伸出手掌使劲一拍,喊了一声"七点。" （活着）

(3) 表示发现

表示发现的名词性非主谓句多为突然发现某事物时发出的自言自语。该类发话的性质为自我表述,发话目的仅仅是发话者内心活动的一种体现,而不是为了向听话者传递信息,即便发话现场有他人存在。

(13) （在储藏室发现有只老鼠)"啊,老鼠!"

(14) 刚想到这里,他闻到一股怪味。"煤气!" （白夜行）

(15) 雨翔极不忍心地扭头看身边的河道,蓦地发现有斑瑕,定睛一看,惊叫道:"雨!" （三重门）

(4) 表示确认

具有该功能的非主谓句多为发话者经过确认后做出的自言自语。该类发话的性质同样为自我表述,发话目的不是为了向听话者传递信息。

(16) （看到狗嘴里叼着什么回到院子里,走近一看)"啊~,(是)老鼠!"

(17) 好在这时家珍走了出来,家珍看到是她认识的王先生,就叫了一声,王先生说:"是家珍啊。" （活着）

(18) （船慢慢地向岸边驶来,船上只坐着一个女孩,背对着大家。三人都凝望着背影沉默着)沈溪儿喃喃着:"是她,是 su-su-" （三重门）

上述例(16)~(18)均表示确认。表示确认的非主谓句和表示发现的非主谓句的区别在于,前者的发话前提是发话者在发话之前已经认知到事物的存在,在发话时对

已认知到的事物做出是什么的判断。而后者是发话者对在发话时认知到的事物做出即时的自我表述。

3.2 会话中出现的名词性非主谓句的语用功能

会话中出现的名词性非主谓句的发话前提是有听话者的存在,发话性质为对他传递。此类非主谓句通常有以下几种语用功能:(1)表示提醒、(2)表示告知、(3)表示祈使、(4)表示称呼、(5)表示问答等。以下逐一进行说明。

(1)表示提醒

该类非主谓句表示发话者突然发现某事物或某事态时,一方面是在不自觉地惊呼,另一方面也在提醒对方注意。发话的目的是为了向听话者传递信息,以引起对方的注意。

(19)(母女在路边玩耍,妈妈突然发现有车驶来,喊道)"车!"

(20)雨翔不禁抱怨:"今天热成这样,怎么睡呢!"宋世平要回答,突然身体一抖,手指向前方说:"看,人影!" (三重门)

表示提醒的名词性非主谓句和3.1节中讲到的表示发现的名词性非主谓句的共同点在于都是表述发话者在发话时突然发现的事物或事态。二者的不同之处在于发话目的的不同,即表示发现的名词性非主谓句不具有对他传递性,发话的目的不是为了向他人传递信息,而表示提醒的名词性非主谓句的发话目的是为了向听话者传递信息。

(2)表示告知

该类非主谓句的发话目的是为了向听话者传递发话者已知或已经过确认的信息。

(21)三轮摩托停下来,车主下车道:"市南三中。" (三重门)

(22)到了中午,里面有医生出来说:"生啦,是儿子!" (活着)

(23)村里很多人都走过来看,一个女的对家珍说:"女婿没过门就干活啦,你好福气啊。"家珍说:"是凤霞好福气。" (活着)

(24)"我明白了,因为我从您那里得到了那么漂亮的女儿,所以这点儿要求我能接受。来吧,给我一拳吧。""不对,是两拳。" (秘密)

如例(21)(22)等名词性非主谓句所示,司机向乘客告知市南三中到了,医生向产妇家属告知生的是儿子,这些信息都是发话者在向听话者传递信息之前,已确认过或已知的信息。上述表示告知的非主谓句与表示提醒的非主谓句的不同之处在于,发话者所传递的信息是在发话之前已经确认或形成的,而不是在发话时突然发现或形成的。

(3)表示祈使

表示祈使的名词性非主谓句其发话目的是要求、请求或命令听话人做某事。

(25)"红烧肉!师傅多加一勺啊,别那么小气嘛!" (悲伤逆流成河)

(26)车主伸出两个指头晃一晃,说:"二十块。" (三重门)

(27)雨翔对车夫说:"市南三中。" (三重门)

例(25)~(27)的名词性非主谓句"红烧肉"、"二十块"、"市南三中"分别表示"请给我红烧肉!"或"我要红烧肉!"、"给我二十块"、"去(/到)市南三中"的意思,均表示祈

使。表示祈使的名词性非主谓句与3.1节中表示希求的名词性非主谓句的共同之处在于，二者均表示希望得到某物或希冀某事态得以实现。不同之处在于，表示祈使的名词性非主谓句出现在会话中，发话者针对听话者做出命令或请求，而表示希求的名词性非主谓句出现在独语中，为发话者的自言自语。

(4) 表示称呼

此类名词性非主谓句用于表示各类称呼。

(28) (路上遇到熟人打招呼)"小李！"
(29) (拉面店店员叫排队等候的客人入座)"18号！"

(5) 表示问答

在问句和回答中都存在名词性非主谓句的表达方式。

(30) 那人便关掉随身听，问："要吗？""多少钱？""一百六十元。" （三重门）
(31) 跑到队长屋前，我使劲喊："队长，队长。"队长在里面答应："谁呀？"我说："是我，福贵，桶底煮烂啦。" （活着）
(32) "老关，我陷进去了。""天呐，是什么犯罪组织？""换换脑子。是情网。"

（空中小姐）

3.3 名词性非主谓句的分类及语用功能小结

本节根据"是否具有对他传递性"及"在具体语境下的语用功能"两条分类标准，对汉语中名词性非主谓句的分类及语用功能进行了讨论。考察结果如表2所示：

表2 名词性非主谓句的分类及语用功能

语用功能	例句	名词性非主谓句例句
独语	表示感叹	多好的孩子啊！/混蛋！
	表示希求	水！
	表示发现	啊，老鼠！
	表示确认	啊～，(是)老鼠！
会话	表示提醒	车！
	表示告知	生啦，是儿子！/市南三中。
	表示祈使	红烧肉！
	表示称呼	小李！/18号！
	表示问答	A:谁？B:我。

4. 名词性非主谓句的日译规律

本文对名词性非主谓句的考察，一方面立足于功能语言学的立场，注重考察非主谓句在不同语境下所体现出的语用功能的不同，另一方面也从对比研究的角度出发，考察与汉语的名词性非主谓句相对应的日译表达形式，进而归纳汉日两语言中名词性非主谓句的互译规律。基于第3节中对名词性非主谓句及"是＋N"句式的特殊型非

主谓句的具体考察,本节首先将与其相对应的日译表达形式归纳为表3。

表3 汉语中名词性非主谓句的日译表达形式

语用功能	例句	中文例句	日译表达形式
独语	表示感叹	(♯是)多好的孩子啊!	N! /Nだ(ね・な)! /なんて～だろう。
	表示希求	(♯是)水!	N! /Nがほしい! /Nになれ!
	表示发现	(♯是)啊,老鼠!	N! /Nだ!
	表示确认	啊～,(是)老鼠!	N! /Nだ! /Nか。
会话	表示提醒	(♯是)车!	N(よ)! /Nだよ!
	表示告知	生啦,是儿子! /市南三中。	N(よ)! /Nだ(よ)!
	表示祈使	(♯是)红烧肉!	①N! /Nだ! ②～をくれ/ください/お願いします。
	表示称呼	(♯是)小李! /18号!	①呼び捨て/～さん/～様/職名等表現習慣による呼び方
	表示问答	A:谁? B:(是)我。	問いと答えの内容に対応する日本語訳

从表3中我们可以总结出以下几点名词性非主谓句的日译规律。篇幅关系,以下重点就各规律中有代表性的日译表达形式展开考察。

4.1 日语和汉语使用相同句式

具体表现为两语言中都可使用「N!」的表达形式,且「N!」的形式可以出现在名词性非主谓句的各语用功能中。

(33) a. 熊孩子!
　　 b. クソガキ!
(34) a. 多好的孩子啊!
　　 b. いい子! /いい子だ(ね)! /なんていい子だろう。

在表示感叹的名词性非主谓句中,与汉语相对应的日译表达方式有「N!」「Nだ(ね・な)!」「なんて～だろう」等。如(33)(34)所示,「クソガキ!」「いい子」都属于汉语和日语同形的「N!」句式。

(35)(在沙漠里跋涉渴极几近气绝者在渴求)
　　 a. 水!
　　 b. 水! /水がほしい!
(36)(在赌场上玩骰子的人喊道)
　　 a. 七点!
　　 b. 七点! /七点になれ!
(37)(饭店里喝醉酒的人对服务员喊道)
　　 a. 酒! 拿酒来!
　　 b. 酒(だ)! 酒を持ってこい!

(38)（学生对学校食堂的师傅说）

  a. 红烧肉！

  b. 豚角煮！/豚角煮をください！/豚角煮をお願いします。

  在表示希求的(35)(36)中，对应的日译表达形式有「N！」、「Nがほしい」、「Nになれ！」等。在表示祈使的(37)(38)中，对应的日译表达形式有「N！」、「Nだ！」、「～をくれ（命令形）/ください/お願いします」等。其中的「水！」「七点！」「酒！」「豚角煮！」都属于汉语和日语同形的「N！」句式。与名词性非主谓句相对应各类日语句式的选用主要依据发话场景、语言表达习惯、人际关系等因素而灵活决定。

4.2 日语和汉语使用不同句式，注意"是"和「だ」的使用有无及差异

  从表3中我们还可以观察到，在汉语的非主谓句中并非所有的名词性非主谓句都可以加"是"构成"是＋N"句式的特殊型非主谓句。并且，汉语和日语中表示断定语气的"是"和「だ」的使用也并非是完全对应的。以下，我们重点通过分析表示发现、确认、提醒、告知四类非主谓句中"是"和「だ」的使用情况，来探究非主谓句中"是"和「だ」的使用规律。

(39)（发现有只老鼠）

  a. 啊，老鼠！ cf. ♯ 啊，是老鼠！

  b. あっ、ネズミ！/あっ、ネズミだ！

(40)（父女在路边玩耍，父亲突然发现有车驶来，喊道）

  a. 车！ cf. ♯ ♯啊，是车！

  b. 車！/車だよ！

  在表示发现和提醒的非主谓句中汉语只能使用「N！」的形式，而日语则可以对应使用「N！」「Nだ！」「Nだよ！」等表达形式。

(41)（看到狗嘴里叼着什么回到院子里，走近一看）

  a. 啊～，(是)老鼠！

  b. ああ、ネズミ！/ああ、ネズミだ！/あ、ネズミか！

  在表示确认的非主谓句中汉语可使用「(是)N！」的形式，日语可根据具体语境对应选择使用「N！」「Nだ！」「Nか。」三种表达形式。

(42)（三轮摩托停下来，车主下车对乘客说道）

  a. 市南三中。

  b. 市南三中です。

(43)（医生从产房里走出来说）

  a. "生啦，是儿子！"

  b. 生まれました。男の子です(よ)。

  在表示告知的非主谓句中汉语可使用「(是)N！」的形式，日语可对应使用「N(よ)！」和「Nだ(よ)！」等表达形式。

  首先，我们来解释日语中「だ」使用与否的区别。表示发现和提醒的非主谓句的发话前提是发现对象的存在，发现的对象是发话时说话者在发话现场新发现的事物或事

态。日语中表示发现的非主谓句既可以使用「N!」，也可以使用「Nだ!」。以例(39b)为例，二者的区别在于，「ネズミ!」表示「そこにネズミがいる」的含义，而「ネズミだ!」则表示「そこに何かがいる」+「それがネズミである」的含义。即「N!」表示对象的存在这一事实本身，而「Nだ!」表示说话者的判断，表明发话时发现的存在对象是什么。与此相对，表示确认和告知的非主谓句的发话前提是发话之前已经知道对象的存在，判断的对象是发话之前已知的在发话场所存在的事物或事态。如例(41b)所示，表示确认的名词性非主谓句「ネズミだ!」所表示的含义是「それは鳥である」。

接下来，我们来说明汉语中的"是"和日语中的「だ」表示判断内涵的不同。通过前文分析可知，"是"和「だ」在汉日两国语言中都表示发话者的断定语气，但二者所表示判断的内涵不尽相同。汉语中的"是"表示判断的内涵为发话者对在发话之前已经发现（或认知）的事物，做出「それは何であるか」的判断。日语中的「だ」表示判断的内涵为发话者对在发话时发现的事物或发话之前已经发现（或认知）的事物，做出「それが(は)何であるか」的判断。汉语中的"是"的典型用法可视为是"话题-说明"间的断定标记，"话题"部分在上下文或语境中不论是显性的还是隐形的，都需要客观存在，否则"是"在句中难以使用[5]。日语中的「だ」则不受此条件的约束。故汉语中的"是"不完全对应于日语中的「だ」。

4.3 因汉日语言表达习惯的不同而使用不同的表达形式

(44)（在日企工作的中国人部长叫日本人部下到办公室来）

    a. 田中！你来一下。

    b. 田中！/田中さん！（ちょっとこっちへ）。

(45)（拉面店店员叫排队等候的客人入座）

    a. 18号！

    b. 18番さん！/18番でお待ちのお客様、（こちらへどうぞ）。

在汉语和日语中存在因表达习惯不同而使用不同语言表达形式的情况。如在表示称呼的名词性非主谓句中，因日语中的敬语体系比较发达，所以在例(44)(45)的场景中，通常情况下会在人名或代称后使用「さん」或其他敬语表达形式，当然根据发话场景的不同也存在不加「さん」而直呼其名的称呼方法，但不表示敬意。在汉语中虽也有"先生""女士"等称呼，但在日常的生活习惯中并不随意使用，常用的是"田中！""18号！"等不加敬称的称呼方式。

(46)（陪孩子在路边玩耍的父母发现有车驶来）

    a. 父亲/母亲："车！"

    b. 父：车！/车だよ！

       母：车！/车よ！/车だよ！

在日语中有男性用语和女性用语之分，还有使用普遍且功能多样的各类终助词。与日语相比，汉语在这些方面的用法并不灵活多样。如例(46)所示，在父母提醒孩子有车驶来时的表达方式中，在汉语里不会因性别不同而使用不同的语言表达形式，但在日语里会根据发话者的性别不同而选用不同的表达方式。

5. 结　语

本文首先对汉语中名词性非主谓句的分类标准进行了探讨，对不同语境下名词性非主谓句所表现出的语用功能进行了论述，进而对名词性非主谓句的日译规律进行了考察。具体而言，本文首先根据"是否具有对他传递性"的标准，将名词性非主谓句分为"独语"和"会话"两类。在此基础上，再按照"具体语境下的语用功能"的标准对名词性非主谓句进行了下位分类。本文的考察结果表明，在独语中出现的名词性非主谓句不具有对他传递性，通常表达感叹、希求、发现、确认等语用功能。而在会话中出现的名词性非主谓句的发话前提是有听话者的存在，具有对他传递性，通常表示提醒、告知、祈使、称呼、问答等语用功能。此外，本文总结出名词性非主谓句的日译规律有以下几点：①日语和汉语使用相同句式。②日语和汉语使用不同句式，需要注意"是"和「だ」的使用有无及差异。③因日汉语言表达习惯的不同而使用不同的表达形式。

本文的考察对象仅限于名词性非主谓句，今后还有必要扩大考察范围，将汉语中各类非主谓句统一作为考察对象，对非主谓句这一句型的整体分类、语用功能及日译规律等问题展开综合性研究。

注

[1] 各研究中所用术语及定义虽不尽相同，但总体上认同非主谓句的存在。本文统一使用"主谓句"与"非主谓句"的概念进行论述。

[2] 名词性非主谓句的定义采用张斌(2010:485)的定义。

[3] 本文涉及非主谓句中"是"使用与否的问题，故将"N"句式的非主谓句和"是＋N"句式的非主谓句一并加以讨论。本文将"是＋N"句式的非主谓句命名为特殊型非主谓句。

[4] 未注明出处的例句为笔者所造例句。

[5] 有关汉语非主谓句中"是"的使用条件将另撰稿论述。

参考文献

胡裕树. 2011.《现代汉语》(重订本). 上海教育出版社
黄伯荣・廖序东. 2012.《现代汉语》(增订五版下册). 高等教育出版社
靳开宇. 2012. "基于口语表达特性的汉语非主谓句研究".《黑龙江教育学院学报》第31卷第4期.pp149-151
刘月华等. 2001.《实用现代汉语语法》. 商务印书馆
吕叔湘. 2005.《汉语语法分析问题》. 商务印书馆
邵敬敏主编. 2007.《现代汉语通论》(第二版). 上海教育出版社
邢福义. 2011.《现代汉语》. 高等教育出版社
颜迈. 2008. "非主谓句质疑".《贵州教育学院学报》第2期.pp71-75
羊少鸿. 2014. "浅析语文教学中的非主谓句".《中学语文》.pp121-123
张斌. 2010.《现代汉语描写语法》. 商务印书馆
张修仁. 1996. "非主谓句的用途和界定".《厦门大学学报(哲社版)》.pp113-116
张中行. 1984.《非主谓句》. 人民教育出版社
赵元任. 1979.《汉语口语语法》. 商务印书馆
朱德熙. 1982.《语法讲义》. 商务印书馆

「自己引用」表現の談話機能と形式
—日本語教育の観点から—

(日本)立命館大学　遠山千佳

摘要:"自我引用(メイナード1997)"中的某些形式在日语初级学习阶段就已导入,但学习者未必能正确理解运用。本文首先概观了引用语的语用功能方面的先行研究,然后以4部电影(累计时间464分钟)为素材,着重对"自我引用"的话语功能及与其语言形式的关联性进行了分析。分析结果显示,"自我引用"除了先行研究已提出的具有强调、减轻话语行为或显示说话人对话语行为的犹豫心态(メイナード1997)的功能之外,还有表示说话人对变化的感慨之深,客观说明等表示话语行为特征的数个语用功能。而且,这些功能有相对应的语言形式,即使引用的是自己的话语,通过引用句的句末情态语与现在发话时语句的句末情态语的不同组合,"自我引用"产生不同的效果与功能。

キーワード:引用表現　語用論的視点　文末モダリティ　感情表現　日本語教育

1. はじめに

　我々は自分の述べたいことを生き生きと効果的に伝えるために、引用表現を用いることがある。引用とは他者や話し手の発話や思考を、話し手が自分の発話に取り入れ、再現すること(杉浦　2007;砂川　2003)であり、「言う」という言語のイメージを残しながら談話を切り取って、それについての主体の発話態度を表現する手段(メイナード　1997;山口　2009)である。たとえば、学生が先生にレポートのできをほめられてうれしかったことを友人に報告する時、引用表現を用いない(1)と比較して、(2)では先生との対話の様子が生き生きと伝わってきて、先生の笑顔や、学生の少し恥ずかしそうな笑顔も目に浮かんでくるようである。

　(1)「先生がレポートをほめてくれたの」
　(2)「先生が『非常によくまとまっていて、内容もおもしろかった。よく頑張ったね』って言ってくれたの」

　引用表現を使用するか否かは、会話が行われている文脈に内在するさまざまな要因によるが、引用表現を用いることで、元の発話がなされた場の雰囲気がより具体的に伝わる[1]と考えられる。

　このように表現効果の高い引用表現であるが、ある程度日本語能力がある学習者でも、表現が不自然になるなど、適切な使用は学習者にとって容易ではないとされている(杉浦　2002a)。その理由として、杉浦は、引用表現が他の場での思考や発話

を進行中の発話に取り入れるという場の二重性をもち、その表現形式が複文的構造であったり視点表現とかかわったりすることを挙げている(p.120)。また、引用の形式自体は初級レベルで導入されるが、述べたいことを効果的に伝えるための発話のレトリックのような観点での学習項目は教科書にはあまり見られない。(3)は、よく使用されている日本語の教科書の引用表現の文型項目である。この教科書では、引用表現はこれが初出である。

(3)わたしは　あした　雨が　降ると　思います。

(『みんなの日本語　初級1』p.178)

(4)わたしは　父に　留学したいと　言いました。

(『みんなの日本語　初級1』p.178)

どちらも自分の考えや発話を引用部分に用いた表現である。このページの後に続く練習は、引用標識「と」の前を普通体の形式に直すものが中心となっている[2]。つまり、「思う」「言う」という、内容を必要とする動詞を使用する場合は、引用標識「と」の前に引用句を置いて、「と」の前の引用句の文末形式を普通体にすればよいという文法的知識を身につける課のようになっている。おそらく、課の最後に行われるクイズやテストでは、普通体を正しく作れるかどうかが問題になり、正しい形式ができれば引用表現ができるようになったとみなされているのではないだろうか。

以上のような日本語教育における引用表現の提示の仕方から、初級レベルでは形式に焦点が置かれ、更にレベルが上がって複雑な内容を伝えなければならなくなるにつれ、引用表現の複文的構造や視点表現などの難しさが現れてくると考えられる。しかし引用表現の効果という、そもそもなぜ引用表現を使用するのかという視点には、あまり触れられることがない。表現の効果、つまり発話のストラテジーとしての引用表現を学ぶことは、より豊かなコミュニケーションにつながり、日本語学習者のモチベーションをあげることにもなるのではないだろうか。

2. 先行研究―語用論的視点からみた引用表現

日本語の引用表現は、これまで直接引用、間接引用、中間引用など、主に統語論の枠組みで研究されてきた(藤田　2000；鎌田　2000；砂川　2003など)。しかし、日本語の引用表現を談話分析、語用論的観点から考察するものはまだ少ない。本章では、まず、談話分析、語用論的視点から引用表現を分析したものを取り上げ、引用表現にはどのような談話機能や効果があるかを概観する。

メイナード(1997)は、引用表現を語用論的視点から考察する理由のひとつとして、「と言う」という言語表現が、言語行為に言及しているということを挙げ、そのことが他の表現には見られないメタ言語的要素を含むという特殊性にあるとしている(p.143)。その上で、引用表現が談話にどのようなレトリック効果をもたらすのか、どのような意味上・語用論上の機能を果たしているか、これまであまり研究されていない「自己引用」と「想定引用」という引用表現をとりあげている。

2.1 「自己引用」

「自己引用」というのは、他者ではなく、話し手が自分自身の発話や思考を引用句に入れ、「と言う」や「と思う」を使って表す表現である。メイナードはこの「自己引用」が案外多い(p.151)とし、映画とドラマを分析した遠山(2016)でも、「〜って」という形式の自己引用が多く現れたとしている。「自己引用」はこのように、日常、比較的よく使用される表現であるといえる。メイナードは、(5)のような「自己引用」の例を挙げている。竹下元総理が証人喚問で答えている場面である。

(5)竹下：その他のことについては　私はあの　ないと思っておりますが　あの　先程お約束しましたように　<u>調査しろと</u>　いうことについては　<u>素直に　そうします</u>とこう答えておるわけでございます。

　　　　　(1992年12月7日NHK国会中継、メイナード1997:152より、下線は筆者)

メイナードは、竹下元総理がなぜ「〜と答えておる」と、自分が答えている行動を再度「答えておる」という引用表現を使用して表現しているかについて、答弁者としてある距離感をもたせて自分の意志を表現しているとしている。また、日常の会話では「少女漫画の進化は本当に早い<u>な</u>と思いますね」(メイナード　1997:153、下線は筆者)のように、引用部分に終助詞を使うなどすることで、聞き手に対して、仲間同士のような気持ちを共有するというような効果があるとしている。

さまざまな「自己引用」の例から、メイナードは「自己引用」の機能には、発話行為の性格付け(発話行為の軽減、強調、躊躇を含む)や言語表現の吟味があるとしている。発話行為の軽減とは、自分が言った内容を自ら引用することによって、発話行為との距離を置き、その効果を軽減する用法で、自分が言ったことの恥ずかしさを紛らわしたり、あまりに劇的だったりする自分を笑ったりするときに使われることが多いとしている(p.154)。たとえば、(6)はマンガの一部である。

(6)ほしな：「けどおめェの目でわかる」
　　さり：カアア…
　　ほしな：「なーんちゃってな」
　　　　　感じてるぜ　おまえの心　さっきからずっと…

　　　　　　　　　　(巻野1992:80、メイナード1997:164より、下線は筆者)

(6)では、恋の告白のような表現のあと、「なーんちゃってな」と付け加えることによって、自分の発話に距離を置き、恥ずかしさを紛らわし、発話の意味を軽減している。また、例の(7)は発話行為の強調、(8)は躊躇を表している。

(7)最初、田辺はそっけない返事をしたが、徹が、「先生、教えてください」、「先生、頼みます」と、「先生」を連発すると、「<u>私は専門外だといっとるだろう</u>」といいながらも説明を始めた。

　　　　　　　　　　(歌野1992:226、メイナード1997:155より、下線は筆者)

(8)ほんだ：「陽良ちゃんはちがうの？」
　　陽良：「…っていうか…<u>あたしでホントにいいのかなって</u>」

　　　　ほんだ：「なにいってんの　不満があったらバンドなんて誘わないよ　オレも
　　　　　　　ミチオも」　（巻野1992：80、メイナード1997：164より、下線は筆者）
(7)のような発話行為を強調する「自己引用」として、遠山(2016)は(9)のような例を挙げている。
　(9)線香花火占いの話をしている。
　　　ダッコ：アホらし
　　　イモッチ：いや、ホント、ホント、アタシの姉さんの友達な、合宿でこれやって
　　　　　　　結婚したんじゃと
　　　ダッコ：嘘ォ！
　　　イモッチ：ホントじゃって
　　　ヒメ：おもしろそうじゃね
　　　イモッチ：ほなら、始めるよ。
　　　　　　　　　　（『がんばっていきまっしょい』、遠山2016：11-12より、下線は筆者）
遠山は、イモッチが言いたいことは「ホントだ」ということであるが、「〜って」という「自己引用」表現を使うことによって、「ホントだ」と断定することより、むしろ聞き手の同意を強く求める表現であると考察している。
　(10)は発話行為の軽減や強調ではなく、話し手が言語表現の選択を吟味している表現である。「〜というべきか、〜というべきか」と表現候補を2つ挙げ、吟味している。
　(10)「しくじったというべきか、計算どおりというべきか」遠ざかる光点を見送り
　　　ながら林財がつぶやいた。
　　　　　　　　　　　　　　（菊池1991：168、メイナード1997：156より、下線は筆者）
以上のように「自己引用」は単に自分のことばを引用して情報として提供しているだけではなく、発話行為を強調したり、軽減したりするなどコミュニケーションに強弱をつけたり、躊躇や仲間意識など感情的な面を表現したりするなど、自分の感情や意図をより正確に伝わりやすく表現するためのさまざまな機能をもっており、引用表現を用いることでコミュニケーションを豊かにしているといえる。第1章で挙げた日本語の教科書にある「(3)わたしは　あした　雨が　降ると　思います。」のような「自己引用」の表現も、効果的に機能する文脈内で提示されれば、日本語学習者にとっても、使う価値のある構文として学習できるのではないだろうか。
　メイナード(1997)には「自己引用」の機能の「発話行為の性格付け」がどのように性格付けるのか全て説明されているわけではなく、どのような「自己引用」表現の形式がどのような機能に結びつく傾向があるかも明示されているわけではない。(5)〜(10)の例は全て「自己引用」表現であるが、その機能と表現形式には関連がある可能性があるのだろうか。日本語教育にメイナードの「自己引用」という概念を生かしていくためには、「自己引用」表現の形式と機能の結びつきを分析する必要があるだろう。

2.2 「想定引用」

メイナード(1997)は、明らかに発言していないコンテキストで、誰かが発言したかのようにその人に代わって引用表現で言語化するときの引用を「想定引用」とし、引用の中でも特殊な表現操作であるとしている(pp156-157)。(11)はその例である。

(11)「<u>犯人はお屋敷の人だというんですか</u>。やめてください！…」
　　　　　　　　　　　　(歌野 1992:167、メイナード2007:156より、下線は筆者)

(11)では、相手が考えていると予想される内容を引用表現として述べ、それを使って相手の考え方を批判している。(12)のような同様の例が遠山(2016:12)にもある。

(12)店(自宅に併設)の金庫のお金がなくなったことに長男のあんちゃんが気づき、誰が盗んだのか、兄弟たちに問いただしている。誰も何も言わないので、犯人がわからず、あんちゃんがいらいらしている。
　　あんちゃん：<u>ケンケン(犬)がもってったってか</u>
　　兄弟：…
　　　　　　　　　　(『一つ屋根の下』、遠山 2016:12より、下線は筆者)

(11)では、「犯人はお屋敷の人ではない」という話し手の強い気持ち、(12)では、「犬がお金を持っていくなんてことはありえない。(だから、犯人はお前たちの中にいる)」ということを訴えている。どちらも疑問形を使った引用表現であるが、YesかNoを求めているのではない。

メイナードは、マンガの引用では感情表現が多い為、「想定引用」が使用されることがしばしばあるとしている(p.166)。

2.3 「自由話法」(「ゼロ型引用表現」)

語用論的な観点から分析された引用表現に、大久保(2013)の「ゼロ型引用表現」がある。大久保は、他者のことばの直後に引用マーカーや伝達動詞が付かず、いったん切れた後で次のことばが続く引用表現を「ゼロ型引用表現」と呼び、選挙演説を分析している。たとえば(13)のような例である。

(13)社民党(福島氏)のデータ
　　みなさん。社民党は元祖サッポロラーメンならぬ、元祖格差是正の政党です。<u>格差小泉構造改革はおかしい</u>。そう言って格差是正を七年前から言ってきました。
　　　　　　　　　　　　　　　　　　　　(大久保 2013:132より)

大久保は、(13)の「ゼロ型引用表現」の構造を、左方転位的であるとしている。そして、左方転位の構文は、題目として機能するものであることから、「ゼロ型引用表現」は聴者に向けて提示され、聴衆の注意をそのことばに向けさせた上で、それに対するコメント・解説を共有する機能があると考察している。(13)では、自党のことばを「ゼロ型引用」で表現し[3]、自党の肯定的な評価を聴衆と共有しようとしていると

121

考えられる。

　砂川(2003)は、「〜と＋動詞」という構文に縛られずに独立した引用文として「自由話法」をとりあげている。大学生の会話では、引用構文に「〜と＋動詞」が用いられることは少なく、ほとんどが「〜とか＋動詞」となることを指摘した上で、さらに、発話の中で他者の引用が単独で再現される「自由直接話法」に注目している。例に挙げられている大学生同士の会話では、同じ人間のいくつかの発話を、複数の話し手がほぼ同時に、次々に引用部分だけを続けて発話しており、演技のようになっている。このことから、砂川は「自由直接話法」を、会話参加者がぴったりと息を合わせ共感しあっている(p.153)としている。

　以上のように、「〜と＋動詞」から独立して引用文だけが使用される「自由話法(「ゼロ型引用表現」)」による会話では、評価の共有や仲間同士の共感など、引用表現を中心として話し手と聞き手が同じ場に身をおくことを可能とし、視点をまとめてもりあがるようなやりとりを構築している。

2.4　先行研究のまとめ

　以上、語用論的視点から分析した引用表現として、「自己引用」「想定引用」「自由話法(「ゼロ型引用表現」)」を例とともに概観したが、どの用法においても、話し手の感情を実感を持たせて表現するストラテジーとして効果があり、他者や自己の発話を情報として伝えるだけではなく、聞き手を巻き込んで解釈を成り立たせている。

　中でも、「自己引用」は、その形式が日本語教育の初級文法で学ぶ形式と変わりがないものもあり、特殊な文型を学ばなくても、文脈とともに学ぶことで、発話行為の軽減、強調、躊躇など、豊かな感情表現を伴ったコミュニケーションを初級のうちから行える可能性があるといえる。

3. 研究の目的

　前章では、引用表現を語用論的視点から分析した先行研究を概観し、引用表現が聞き手を巻き込んで解釈を成り立たせるような表現であること、共感や評価の共有、発話行為の軽減、強調など感情を実感をもって伝えることができる機能をもつことを概観した。特に、「自己引用」では、初級から学べる文型を使うことができ、日本語教育に早い時期から、語用論的視点、つまり談話の機能を生かした教育を導入することができる可能性がある。しかし、「自己引用」にどのような機能があり、それらがどのような形式と結びつく傾向があるか、どのような談話の型で用いられるかは、まだ整理されていない。

　そこで本研究では、「自己引用」表現に焦点をおき、「自己引用」の機能と形式の関係を少しでも明らかにすることを試みた。研究課題は、以下の通りである。

1)「自己引用」にはどのような機能があるか。
2)「自己引用」の機能が異なると、形式も異なるのか。異なるとしたら、どのように異なるのか。

4. 研究方法

4.1 データ

本研究では、話し手と聞き手という複数の会話参加者のコミュニケーションの分析を行うこと、結果を日本語教育に生かしたいという目標があることから、登場人物のやりとりが比較的多く、日常生活を題材としている映画をデータとした。映画は、脚本に沿って作成されるため、自然会話とはいえないが、多くの視聴者が場面や文脈を理解しやすいように作成されており、文脈の理解については、自然会話より特定しやすいという利点がある。また、優れた映画の内容は、視聴者の共感が得やすいよう、感情面の理解もしやすいものとなっている。

本研究でデータとした映画とその概要を表1に示す。特に日本語学習者にもなじみやすい若者が主人公となる映画や理解しやすい映画から4本選んだ。時間は合計464分である。

表1 データの概要

	映画のタイトル	世代	主な人間関係	時間	本稿での略称
①	桐島、部活やめるってよ	高校生	同級生(友人)	103分	桐島
②	スィングガールズ	高校生	同級生(友人)	105分	スウィング
③	がんばっていきまっしょい	高校生	同級生(友人)	120分	がんばって
④	Shall we ダンス?	中年成人	ダンス教室の受講生(他人)	136分	ダンス
			合計	464分	

①〜③は高校生の生活を描いた映画である。登場人物の高校生たちは、朝から放課後までずっと友達同士でいっしょに生活して関係づくりをしており、会話は方言を含むくだけた話しことばが中心となっている。それに対して、④は、週に1度、夜のダンス教室に通う成人たちが主な登場人物で、ダンス教室の時間だけが共有されており、それ以外の時間は基本的に別々の生活を送っている他人同士である。

分析対象とする登場人物のセリフは、出版されたシナリオを参考にしつつも、実際の映像における俳優のセリフを優先させた。尚、本稿では、出典を明記する際に、一番右の欄にある「本稿での略称」に示したような略称を用いる。

4.2 分析方法

以下の手順で分析を行った。
(i) 表1のデータから「自己引用」表現及びその前後の会話を談話として全て抽出

する。ただし、以下のものは対象から除外した。
・「～という＋名詞句/助詞」(「離せ言うまで離すなよ」)のように名詞や形式名詞、助詞を修飾している表現。(名詞修飾節となることで、地の文脈に他の文脈を導入する可能性があるため。)
・「～と申します」「～を～と言います」のような、名前を紹介する際の表現。(発話の引用ではないため。)
(ⅱ) 抽出した「自己引用」表現とその前後の会話参加者の発話、および映像に基づき、その文脈から「自己引用」表現の機能を分析する。
(ⅲ) 最後に、「自己引用」表現の機能と形式の関係を分析する。

5. 結果と考察

産出された「自己引用」の表現の頻度は、①『桐島』が19、②『スィング』が17、③『がんばって』が15、④『ダンス』が36、合計87であった。頻度に多少の差はあるものの、どのような状況でもある程度出現する表現であるといえる。

5.1 「自己引用」の機能

メイナード(1997)が提示した「自己引用」の機能には、大きく分けて2つのタイプがある。1つは、「言う」という発話行為をどのように表現するかという観点からみた、発話行為の性格付けである。第2章に示したようにメイナードは、この発話行為の性格付けには、発話行為の軽減、強調、躊躇が含まれるとしている。しかし、本研究のデータに現れた「自己引用」表現には、さまざまな発話意図が観察できたため、まず、「自己引用」の表現意図を分類し、更にそれを発話行為の性格付けの観点から分析した。

メイナードが提示したもう1つの機能は、言語表現の吟味である。これは、発話する際に使用する言語表現そのものが、自分の意図や心情を適切に表しているかどうかを吟味するという機能である。

「自己引用」表現の機能を分析した結果を表2に示す。抽出された発話数と、「自己引用」表現の全体数に対するそれぞれの割合は映画の内容にも左右されるものであるが、参考のために記す。

まず、発話行為の性格付けの機能としては、「発話行為の強調」「発話行為の軽減」「躊躇」「感情表現」「感情なし(ことば通り)」「話題転換」の6つに分類できた。更に「感情表現」には、「心情変化の語り」「意見表明」「気持ちの叙述」「嘲笑」という表現意図が見られた。また、「感情なし」は、ほぼ字義通りに解釈できる発話で、客観的な「説明」、「社交辞令」に分類できた。もう1つの「自己引用」の機能として、メイナードによって提示された「言語表現の吟味」も抽出された。

表2 抽出された「自己引用」表現の機能とその割合

	機能	表現意図	産出数	割合（％）
発話行為の性格付け	発話行為の強調	強調	23	26.4
	発話行為の軽減	発話内容の意味の軽減	8	9.2
	躊躇	躊躇	12	13.8
	感情表現	心情変化の語り	13	14.9
		意見表明	12	13.8
		気持ちの叙述	2	2.3
		嘲笑	1	1.1
	感情なし	説明	8	9.2
		社交辞令	2	2.3
	話題転換	話題転換	2	2.3
言語表現の吟味			4	4.6
合計			87	100

　「自己引用」表現の機能として最も多く産出されたのは、発話行為の強調であり、全ての映画に見られた。特に、友だちと意見や気持ちが合わない際に、自分の意見を強く主張する場面で顕著に出現している。しかし、これらの機能は各映画に均等に現れたわけではなく、話題転換は『桐島』のみに現れ、『スウィング』では強調が多く、『ダンス』では心情変化の語りが多いというように、作品ごとの特徴が見られた。
　次節では、それらの機能がどのように現れているか、形式面から分析する。

5.2 「自己引用」の形式とその機能

　本節では、前節で観察された機能が、どのような形式から生じているのか、形式と機能の関係を分析する。
　(14)は、「強調」の場面で、高校生の女子（由香）が、以前入っていたバンドの男子メンバー2人（高志、雄介）に楽器の修理を依頼し、楽器を持ってきた場面である。雄介は、由香に思いを寄せているが、由香のほうはもうその気はない。互いのそれぞれの主張を交互にぶつけ合う場面である。方言で話されているため、一部（　）内に解釈を記す。
　(14) 高志：オメエよお、どの面下げてきやがったんや
　　　 雄介：だず！（そうだ！）
　　　 高志：勝手にバンドやめでったクセによ
　　　 由香：修理してくれんじゃねがったな？（修理してくれるんじゃなかったの？）
　　　 雄介：するっつってっぺ。だから来いって言ったんだず、まだお前のごど好きなんだず（「する」って言ってるんじゃないか。だから「来い」って言ったんだ。まだお前のことがすきなんだ）

125

由香：あたしはもう、そんな気ねえっつってんだず(私はもう、そんな気ないって言ってるのよ)
雄介：分がってるっつってっぺ。(「分かってる」って言ってるんじゃないか)それでもいいんだず。こっちの気持ぢさえ知ってでくれりゃいいんだず。

(『スウィング』より)

「つって」というのは「と言って」の方言である。例(7)と(9)同様、自分が「言った」ということを再度「〜と言ってるでしょう?」と言語化して確認させ、相手に認めさせることで強調効果を出していると考えられる。

強調に分類した自己引用表現の多くは、「なんだよそれ、言えよ、言って、言ってって！(『桐島』)」、「なんとかなるって(『がんばって』)」のように、「って」という引用標識が伝達の場での文末に用いられている。また、元発話では断定の表現が使用される傾向があった。

次に、発話行為の軽減では、ほとんどの伝達の場の発話が、動詞を言い切らずに「〜と思うけど」や「〜と思って」のように文末が言いさし表現になっている。(15)は、貧血で倒れた悦子といっしょに保健室から出たリーが、保健室に運んだのが自分たちではないことを述べる場面である。

(15)リー：悦ネェ、保健室運んだん、アタシらと違うんよ
　　　悦子：えぇ? 誰?
　　　リー：関野クン…
　　　悦子：(頷き)ウン…
　　　リー：言うといた方がええと思うて
　　　悦子：(頷き)ウン…

(『がんばって』より)

(15)では、リーが「悦子に事実を言っておいた方がいい」という判断をして、実際に悦子に話したのであるが、そのことは遠回しにではあるが悦子と関野クンの恋愛感情に触れることであり、悦子にとっては余計なお世話と感じて感情を害することかもしれない。元発話では「〜た方がええ」と断定しているが、伝達する場の発話では「〜と思うて」と言いさし表現を用いることによって、発話行為を軽減し、リーと悦子の人間関係の調整を行っている。

また、発話意図に躊躇が見られると、多くの場合、元発話の文末モダリティは「か」という疑問の終助詞がついたり、「な」という感嘆の終助詞がついたりするなど、断定が避けられている。更に、伝達する場でも、文末モダリティが「〜と思うけど」「〜と思って」のように言いさし表現になっている。(16)は妻が探偵事務所に夫が浮気しているのではないかと相談する場面である。

(16)三輪：ご主人にそれとなくお尋ねになったことは?
　　　昌子：ええ、何度か、そうしようかと、思ったんですけど…
　　　三輪：(黙ってしまった昌子を促すように)思ったんだけど?
　　　昌子：怖いんです。あの人、真面目だから、もし女の人がいるとしたら浮気じ

やすまない気がして。

(『ダンス』より)

　ここまで取り上げた、メイナード(1997)が「自己引用」の機能として挙げた「発話行為の強調」「発話行為の軽減」「躊躇」は全体の49.4％と約半数を占め、これらは「自己引用」の主な談話機能であると言える。それ以外には、主に過去の自分の感情の変化を語る「心情変化の語り」、強調はしていないが、確固とした意見を示す「意見表明」が特徴的な発話として出現している。

　「心情変化の語り」では、元発話の文末は、断定であったり、「～てみたい」「～のに」「～か」など、さまざまなモダリティ的表現が現れたりしており、伝達の場の発話の文末で「思った」「思っていた」「思うようになった」などの変化を表す表現でくくられている。

　(17)はボート部顧問の晶子がボート部の部員たちに初めて心を開いて語る場面である。

(17)坂道の上で、晶子を中心に悦子たちが集まっている。
　　晶子：アンタら見よったら、私のあの頃…ボートしかなかって、他に何もなかって、そんな自分がつまらんと思っとった…けど、それでよかったんよ…今日のアンタら好きよ。できたら、一緒にボートに乗って、『スパート！』ゆうて叫んでみたい…

(『がんばって』より)

　「意見表明」は、「発話行為の強調」のように強く相手に主張するところまではいかないが、自分の意見をはっきりと述べているものである。元発話の文末が断定されていることが多く、伝達の場での発話は、「思う」と言い切ったり、終助詞「よ」や「な」が用いられることが多い。(18)は、探偵事務所の三輪が依頼者に結果を報告する場面である。私見であり、探偵としての経験による発言であるが、元発話でも伝達の場の発話でもはっきり言い切っている。

(18)昌子：この奇麗な人は、先生ですか。
　　三輪：そうですが、いつもは中年の女性教師が教えているそうです。この日はたまたま休みで替わったそうです。
　　昌子：こんな主人の顔、見たことない。
　　三輪：これは私見ですが、ご主人とこの女性の間には特別な関係はないと思います。
　　昌子：どうして分かるんですか。
　　三輪：…経験です。探偵としての。　　　　　　(『ダンス』より)

　以上が、今回のデータに現れた比較的頻度の高い「自己引用」表現の談話機能である。そのほか、「いい歳してこんな言い方恥ずかしいんですけど、毎日、毎日、生きてるなーって感じがして、なんだか疲れることも、却って気持ちいいんです(『ダンス』)」のように感情をそのまま述べたり、「どうせそんなことだと思ったわよ(『ダンス』)」のように相手を嘲笑したりする効果も見られた。これらは全て、単に情報と

して自分の考えや自分の発話を引用して用いているのではなく、「自己引用」を用いることで、強調したり、躊躇を表したり、感慨深い語りをしたりするなど、感情を含ませて表現する効果を生んでいる。

一方、感情を含まず、字義通りに意味を伝える発話、つまり発話行為として特に顕著な性格付けがされていなかったのが「説明」「社交辞令」「話題転換」に分類された発話である。(19)は音楽室の棚にあるジャズのレコードについて、弥生先生が説明する場面である。

(19)友子：えっ？でもあの棚にいっぱいあるジャズのレコードは？
　　弥生：ああ、なんか2～3年前に数学の小澤先生が毎日1まいずつ持ってきて置いでったなよ
　　（中略）
　　弥生：(小澤先生がレコードを持ってくることが)あんまり熱心だがら一緒に演奏とかしましょうって誘ったんだけど、急に来なぐなったなよね～
　　拓雄：なんででしょうねえ？
　　弥生：さあ…

（『スウィング』より）

弥生の「さあ…」でわかるように、弥生先生は小澤先生に特別な関心を持っておらず、事実だけを客観的に述べていると考えられる。(20)は、杉山がダンス教室で偶然同僚の青木に会い、その後居酒屋で2人が会話する場面である。ダンスを始めたばかりの杉山に対して、青木は5年前からダンスを始めている。

(20)青木：ふふふ…だけど驚いちゃったな。いきなり杉山さんが立ってこっち見ているんだもん
　　杉山：最初、全然気がつきませんでした。いや、感心して見てました。うまいな、と思って。
　　青木：いや、うまいだなんて、五年もやってりゃ誰だってあれぐらい踊れますよ。あれぐらい。

（『ダンス』より）

「うまいな」と感嘆するような終助詞「な」を使用しているが、直接「うまいですね」と評価するのではなく、「～と思って」と自分の評価に距離感をおいて話している。また、その前後に見られる青木の自慢げな様子や、そのわりにはダンス教室でのそれほどダンスが上手でもないという様子が文脈とし背景にあり、聞き手の青木には通じないが、視聴者には社交辞令的な発話として理解できる。(19)、(20)ともに、伝達者は自己による元発話に登場する第三者に、強い関心はもっていないということが含意された「自己引用」である。

そのほか、(21)のような「話題転換」の場合は、元発話と伝達の場の発話にほとんど関連性が見られない。

(21)前田：…覚えてんだオレのこと
　　かすみ：(笑って)覚えてるでしょそれは。話したじゃんあの頃は、たまに

前田:(感動して)うん。ていうか、観るんだ、そういう映画

（『桐島』より）

「ていうか」の元発話に当たる部分は、前田の「覚えてんだオレのこと」とも、かすみの発話ともとれる。どちらにしても、「ていうか」が導いているのは、全く違う話題である。メイナード(1997)では、「ていうか」という表現が接続詞的に用いられることがある(pp156)とされているが、その説明から20年近くたった現在は、「ていうか」は更に文法化され、全く関係のない話題を導入する際の話題転換機能をもつ接続詞的表現として用いられるようになっているといえる。

　最後に、メイナード(1997)が提示した「言語表現の吟味」という「自己引用」の機能は、本研究のデータにも4例見られた。どの表現も「〜っていうか」という表現を伴っている。(22)は、ダンスが好きになった理由を田中ができるだけ自分の気持ちに沿うよう話そうとしている場面である。

(22)田中:最初は恥ずかしかったけど、踊ってると、嫌なこと全部忘れて、なんか酔うっていうか、心臓が高鳴って、頭ん中に花火が上がって、フワフワして、とにかくいやなこと全部忘れて、だからダンス好きになって、
　　　　(略)

（『ダンス』より）

5.3　まとめ

　前節では、「自己引用」の表現から抽出された機能について、それらが主にどのような形式によるものか分析を行った。その結果をまとめると表3のようになる。個々の機能を生み出す形式の特徴のほとんどは、文末にモダリティ表現として現れている。

表3　「自己引用」の機能と形式の関係

	機能	元発話の形式の特徴	伝達の場での発話形式の特徴
発話行為の性格付け	発話行為の強調	断定	「「〜って」「〜って言ってる」など、「言う」等の行為をあえて言語化する
	発話行為の軽減	断定	「思って」「思うけど」などの言いさし表現
	躊躇	「か」「な」などの終助詞によって断定を避ける	「思って」「思うけど」などの言いさし表現
	心情変化の語り	断定、「〜みたい」「〜のに」「〜か」などさまざまモダリティ表現	「思った」「思っていた」「思うようになった」など、過去や変化を表す表現
	意見表明	断定が多い	「思う」と言い切る、終助詞「な」「よ」等の使用
	話題転換	なし(元発話の特定が難しい)	「っていうか」
言語表現の吟味		言い切りの文末表現	「っていうか」

　以上のように、「自己引用」は感情の機微を表すさまざまな談話機能を有し、それぞれの機能は特徴的な形式と結びついていること、その一方で情報中心の「自己引

用」もあり、それらは文脈による解釈が必要であることが示された。

6. 日本語教育への応用と今後の課題

　引用表現は生き生きとした場面を発話に導入することができる表現方法である。「自己引用」に焦点をおいた本研究では、元発話（引用句）と伝達の場の発話のモダリティ表現の組み合わせによって、さまざまな感情を表現することができる可能性を示した。日本語教育ではこれを全て一度に扱うことは難しいが、初級段階でも使える断定表現や言いさしの表現などを組み合わせれば、早い段階から複数の異なる心情を会話によって表現することができるのではないかと考えられる。そのためには、背景となる文脈が重要であることも示された。

　しかし、談話機能では、1つの表現に対して必ずしも1つの機能だけが機能しているわけではなく、いくつかの機能が相乗的に効果をなしている場合もある。たとえば、(21)の例は話題転換だけではなく、照れくささを隠すという「発話行為の軽減」も含んでいるであろう。そのような文学論的な複雑なレトリックを、本研究ではとりあげていないが、超上級学習者にとっては、映画やドラマを見たり、文学作品に触れることで、さまざまな深い解釈が可能になるであろう。

　また、杉浦（2002b）では、日本語を自然習得した初級学習者が、「自己引用」と「他者引用」では異なる引用形式を用いていることを指摘している。より効果的な引用表現の使用ができるようになるためには、日本語の習得研究も不可欠である。今後は、日本語学習者の習得状況もあわせて、日本語教育における引用表現を考えていきたい。

注

[1] 引用される文は、必ずしも元の発話と同一である必要はなく、話し手が捉えた表現形式や内容となる。

[2] この課は、「疲れたでしょう？」という「でしょう？」の練習とともに、普通体を使う文型練習の課になっている。

[3] 大久保は一貫して、引用部分を「他者のことば」としているが、(13)の例は、団体ではあるが、「自己引用」であると言え、メイナード（1997）による「発話行為の強調」にもあたると考えられる。

参考文献

藤田保幸. 2000.『国語引用公文の研究』. 和泉書院

鎌田修. 2000.『日本語の引用』ひつじ書房

メイナード, 泉子・K. 1997.『談話分析の可能性ー理論・方法・日本語の表現性ー』くろしお出版

杉浦まそみ子. 2002a.「日本語の引用表現研究の概観ー習得研究に向けてー」『言語文化と日本語教育』. 2002年5月増刊特集号. 120-134

杉浦まそみ子. 2002b.「自然習得における『直接引用』の習得：フィリピン人学習者の事例研究」『言語文化と日本語教育』23. 52-65

杉浦まそみ子. 2007.『引用表現の習得研究記号論的アプローチと機能的統語論に基づいて』ひつじ書房
砂川有里子. 2003.「話法における主観表現」.『朝倉日本語講座5 文法Ⅰ』. 北原保雄（編）. pp 128-156、朝倉書店
遠山千佳. 2016.「引用表現『〜って』の談話機能―『ビールと餃子だって』がなぜ問題になったか」*Studies in Language Science Working Papers*, 5. pp1-15
山口治彦. 2009.『明晰な引用，しなやかな引用―話法の日英対照研究―』. くろしお出版.

映画資料
磯村一路. 1999.「がんばっていきまっしょい」『'98年鑑代表シナリオ集』pp245-278
喜安浩平・吉田大八. 2013.「桐島、部活やめるってよ」『'12年鑑代表シナリオ集』pp117-149
周防正行. 1997.「Shall we ダンス?」『'96年鑑代表シナリオ集』pp8-44
矢口史靖. 2005.「スウィングガールズ」『'04年鑑代表シナリオ集』pp113-142

不満表明に関する日中対照研究
―映画・ドラマを素材に―

(日本)鹿児島県立短期大学　杨　虹

摘要：本文比较分析了中日两国的电影电视剧中陈述不满的台词，指出汉日两种语言在交际中行为特征的差异。分析主要从不满话语的语用功能和语言形式两个方面进行。首先，在语用功能方面根据间接性程度，不满陈述话语可分为6类。结果显示汉语直接性较强的"要求对方说明理由"所占比例最高，间接性最强的"提示自身的行为、状态或意见"其次。而日语则间接性最强的"提示自身的行为、状态或意见"所占比例最高，"要求对方说明理由"较少。与日语相比较，汉语的不满陈述话语功能中要求对方有所反应的因素更多。其次，在语言形式方面，对间接性最强的"提示自身的行为、状态或意见"进行分析后指出，中日的共通点在于都使用修辞性疑问句与语气词，但在具体的表达方式上存在。这种差异显示了中日在交际方面的不同倾向。汉语要求对方回答的情态词及劝说对方改变的语气词较多，旨在对话与互动；而日语倾向单方面表达说话人的不满情绪，对话及互动因素较少。

キーワード：感情表現　不満表明　働きかけ　日中対照

1. はじめに

　日常生活を営む際に様々な感情が生まれる。感情は、「悲しみに耽る」や「喜びを噛みしめる」のようにそれを抱いたものの心のうちに秘めておく場合もあれば、「不満を言う」「喜びを分かち合う」などのように言語表現で他者に表出する場合もある。本稿は、感情表現として、不満を表出する際の言語表現に焦点を当てたい。日本語と中国語における不満表明の言語表現を比較分析し、日中両言語母語話者のコミュニケーションの特徴の一端を明らかにする。

2. 先行研究

2.1 「不満表明」の定義

　不満は、「満足しないこと。物足りなく思うこと。また、そのさま。不満足」(小学館日本国語大辞典　第二版)、「思うとおりにならないために起こる、不愉快な気持ち」(三省堂国語辞典　第七版)と定義されている。すなわち、不満は気持ちであり、心的態度である。当人にとって思うとおりにならない状況の生起事由はさまざまであるが、発話行為として不満表明行為を取り上げる研究は、思うとおりにならない状況を引き起こした相手に不満を表出する行為を不満表明行為と捉えている(坂

本・蒲谷・川口 1996、初鹿野・熊取谷・藤森 1996)。

坂本・蒲谷・川口(1996:29-30)は、第三者に関して抱く「不満」の感情を「相手」に対して述べる場合を「愚痴」として、不満表現としないと規定している。初鹿野・熊取谷・藤森(1996:130)では、不満表明行為を、「好ましくない状況への反応として、話し手が直接、あるいは間接的に行う心的態度の表出行為」としている。具体的には、以下の4つの特徴を挙げている。

1. 話し手(S)は聞き手(H)に対してある種の行動期待を持っている
2. Sは行動期待に反する状態を好ましくないと認識している
3. Sは現状を好ましくない状況であると認識しており、その原因はHによって引き起こされたと思っている
4. SはHになんらかの手段によって伝えたいと思っている

筆者は、「不満表現」には、「不満」の感情を第三者に表出する行為も含まれると考えるが、本研究では、不満という感情表現の研究の第一歩として、これまでの先行研究を踏襲し、好ましくない状況を引き起こした本人に不満感情を表出するものに限って、不満表明と定義して分析する。

2.2 不満表明の発話の分析カテゴリー

不満感情を表明する際に、相手に配慮してやんわりと伝える場合もあれば、露骨に攻撃的な口調(罵り言葉)で表明する場合もある。不満表明の仕方の分析には、ストラテジーまたは発話機能が用いられてきた。初鹿野・熊取谷・藤森(1996)、李(2004、2006)は、不満表明ストラテジーの分類を行っている。初鹿野・熊取谷・藤森(1996)は、下位ストラテジーの中ではより暗示的、間接的なものがあると指摘するものの、①〜⑦は間接性を示すものではないとしている(表1参照)。李(2004)は、初鹿野・熊取谷・藤森(1996)の分類を修正し、相手のフェイスを脅かす(FT)度合いの低いものから高い順に、不満を表明しない、遠回しな不満表明、理由・説明の要求、明示的な不満表明、改善要求、代償要求、警告・脅かし、非難と8つに分類した。これらストラテジーの分類について、Somchanakit(2013)は、定義の不明確さや重複を指摘し、それを整理して、再分類を行った。Somchanakit(2013)は、それまで指摘されているストラテジーを明示的不満表明とし、さらに、皮肉や隠喩、他のものに不満を向けるなどの非明示的不満表明を加えた。

表1 初鹿野・熊取谷・藤森(1996:130-131)の不満表明ストラテジーの分類(一部省略)

①改善要求	a. 直接改善要求 b. 改善された結果についての言及 c. 社会的規範に言及するなど結果的に(間接的に)好ましくない状況に改善に結びつく行為を要求することにより相手に好ましくない状況であることを認識させる
②命題内容の表出	a. 相手によって引き起こされた好ましくない行為、状況を同定する b. 相手が行ったもしくは行っている好ましくない行為または状況により引き起こされた結果を同定する c. 直接的に命題内容について述べるのではなく、他の状況、行為に言及することで好ましくない影響を与えている状況、行為を暗示する。

③好ましくない状況が生起した原因・理由、またはその状況が生じた過程を問う
④好ましくない状況が生起したことの確認
⑤条件提示
⑥代償要求
⑦不満感情表出

　一方で、崔(2009)は、不満を表明する側とされる側の両方の発話を分析するため、発話機能の分類を行っている。表明する側には、話者情報提供、相手情報提供、一般情報提供、曖昧表示、理由・説明要求、非難という6つの機能が見られ、される側には、直接的な責任承認、理由説明、自己弁護という3つの機能が見られたとしている。
　筆者は、不満を表明する側とされる側双方の分析に意義があると考えるが、不満感情を表出する際に見られる日中間の相違を明らかにするという本研究の目的から、不満を表明する側の発話のみを分析対象とする。その際、本研究で映画やドラマのセリフを分析対象とするため、方策の意味合いが強い「ストラテジー」ではなく、「発話機能」を分析のカテゴリーに用いる。

2.3　言語・文化による不満表明の仕方の違い

　「不満表明」について、日韓、日タイ、日中間の対照研究が見られる(李2006、Somchanakit 2013、安藤2001、崔2009)。これらの研究のデータ収集の方法は、談話完成テスト(DCT)、ロールプレイ、テレビドラマや映画からの採取と異なるが、いずれも言語や文化によって不満表明に異なる傾向が見られたと指摘している。
　李(2006)は、談話完成テストを用いて不満表明ストラテジーの日韓比較をした。その結果、「不満を表明しない」と「遠回しな不満表明」については日本語が韓国語より多く、「改善要求」「代償要求」「警告・脅かし」「非難」については韓国語が日本語より多いことから、韓国語の場合、相手に不満をはっきりと伝えたり、状況の改善や代償を要求したりする傾向が強いと指摘している。また、不満表明の質的分析から、不満表明ストラテジーのみならず、不満表明の前置き、その後の関係修復等の表現の相違から、相手のポジティブフェースに配慮する韓国語母語話者のコミュニケーションスタイルは、日本語母語話者のものとは異なるという指摘をしている(p. 63)。
　日タイ対照のSomchanakit(2013)は、ドラマや映画を素材としている。Somchanakit(2013)は、タイ語では、日本語に見られない皮肉や、比喩、冗談等の非明示的なストラテジーも多く見られたと報告し、冗談で不満を言うことによって互いの親しい関係を確認することは日本語ではあまり見られないとして、タイ語話者の対人関係の捉え方の特徴を指摘している。
　また、日中対照研究には、安藤(2001)と崔(2009)がある。安藤(2001)は、親疎または不満の度合いの軽重が異なる8つの場面における日中比較をした結果、全体を通

して、日本語と比べて中国語では直接改善要求の使用率が高いと指摘している。また、崔（2009）は、ロールプレイを用いて、親しい友人の遅刻という単一の場面における不満を表明する側とされる側双方の発話を、発話機能と談話展開という2つの観点から分析し、日中間の相違を指摘した。崔（2009）では、それまでの先行研究で指摘されている日中の違い、すなわち日本語と比べ中国語では明示的な不満表明が多いということのほか、日中間の談話展開上の異なる傾向も指摘した。崔（2009：59-61）によれば、日本語では、相手の責任承認発話を受けて、不満表明をしない場面が見られるのに対して、中国語では、相手の責任承認発話の有無にかかわらず、不満を表明する側は一貫してまず直接的な不満表明を行い、2度目の不満表明も相手の発話・態度に応じて自らの態度を変化させることはない。崔（2009）は、ロールプレイをデータに用いることによって、談話完成テストでは見られない日中間の新たな相違点を見いだした。

　以上の日本語と他言語の不満表明を比較した先行研究の分析対象は、談話完成テスト、ロールプレイ、映画・ドラマのセリフと、いずれも自然データではない。それは、不満表明場面の自然データの収集が困難であるためであろう。談話完成テストは、多くの場面を想定し一度に大量なデータを収集できる一方、得られたデータは回答者の言語使用の意識であり、実際にその場面でそのように発話するとは限らない。ロールプレイでは、自然会話に近いやり取りが見られるため自然さが増すものの、データ収集のハードルも高くなるため、単一の場面設定になりがちで、不満表現のバリエーションが出にくいというデメリットがある。そして、映画・ドラマを素材とした研究は、様々な文脈における不満表現のバリエーションが見られるという長所がある一方、視聴者にわかりやすく伝わる誇張した表現が好まれるという限界もある。上記の日タイ対照のSomchanakit（2013）は、数多くの映画・ドラマを素材としたため、日本語での分析の枠組みに収まらない不満表現をタイ語で見出し、不満表明のバリエーションを増やした。ただし、Somchanakit（2013）は、タイの映画・ドラマと日本の映画・ドラマそれぞれに見られた不満表現の比較にとどまり、同じ場面の吹き替え版との比較はしていない。そのため、日タイの対人関係の特徴の違いの一端を示すことができてはいるが、同じ場面における日本語とタイ語の不満表現を比較していないため、両言語の不満表明の共通点と違いを表現の仕方の観点から明らかにしていない。

　筆者は、映画・ドラマを素材とした分析において、不満表明の違いをより正確にあぶりだすためには同一映画の同一場面の吹き替え版のセリフとの比較も取り入れる必要があると考える。そこで、本研究は、日中の映画・ドラマ及びその吹き替え版を分析することにより、日本語と中国語における、不満表明の全体像を把握したうえで、同じ文脈における不満の感情を表すのに、それぞれどのような言語形式が選好されるか、選好される言語形式が異なるとしたらどのような違いが見られるかを明らかにする。

3. 研究目的と課題

本研究は、日中の映画、ドラマの原語のセリフとその吹き替え版のセリフをデータとして分析を行い、日本語と中国語の不満表現の共通点と相違点を示し、日中両言語母語話者のコミュニケーションの特徴の一端を明らかにすることを目的として、以下2つの課題を設けて分析を行う。

課題1　不満を表明する発話の機能はどのようなものか。日本語と中国語において、それぞれの発話機能の生起頻度に違いがあるか。

課題2　同じ発話機能や場面において、日本語と中国語の不満表明発話の言語形式にどのような共通点と相違点があるか。

4. データ及び分析方法

分析に用いたデータは以下表2の通りである。日本の連続テレビドラマ2作品、映画1作品の計1380分で、中国の映画7作品で、計719分である。

表2　データ

	作品名（上映年）	時間
日本語	東京ラブストーリー（以下「ラブ」と略す）(1991)	全11話 約770分
	東京エレベーターガール（以下「エレ」と略す）(1992)	全11話 約495分
	LOVE　LETTER(1995)	115分
中国語	过年回家(1999)	103分
	漂亮妈妈(2000)	87分
	幸福时光(2000)	97分
	洗澡(2001)	94分
	假装没感觉(2002)	96分
	暖(2003)	109分
	向日葵(2005)	133分

まず、不満表明の場面を特定し、該当部分の文字化資料を作成し、不満表明の発話を特定する。課題1については、初鹿野・熊取谷・藤森(1996)、李(2006)、崔(2009)、Somchanakit(2013)などの先行研究を参考に、発話機能を分類する。次にそれぞれの発話機能の生起回数と全体に占める割合を分析し、日中比較を行う。

発話機能の生起回数の分析において、一続きの不満表明の発話が複数の異なる機能を持つ発話文により構成される場合は、それぞれを分類してカウントする（①の場合）が、同じ機能を持つ表現が複数回生起した場合は、複数回カウントしない（②の場合）。

①は、A、B(下線部)2つの単文によって構成される。Aは、相手の行為を言及し、Bは、相手に行動を求めている。それぞれ、「相手行為・状況の言及」と「改善要求」という2つの異なる機能を果たすと考えられ、それぞれに分類される。

②は、「あなたのせいよ」と「あなたのせいで私たちが別れなきゃならなくなったじゃない?」はいずれも話者の認識を示す発話で、ここでは、「自らの認識の提示」という機能の発話を行うことにより相手に不満を表明していると考え、「自らの認識の提示」と1回のみカウントする。

①你装啥糊涂啊 A(聞こえないふりなんかして[1])? 站下呀 B(止まれ)。(幸福时光)

②そうよ、あなたのせいよ。あなたのせいで私たちが別れなきゃならなくなったじゃない?(エレ)

課題2については、オリジナル版と吹き替え版の不満表明発話を比較対照し、日本語と中国語の不満表明発話の言語形式を質的に比較分析する。

5. 結果及び考察

5.1 不満表明発話の機能の分類及び生起傾向

分析の結果、不満表明の発話は、以下6つの発話機能に分類できた。これら6つの発話機能は、相手に対する不満表現の直接性・明示度が段階的に異なると考えられる。

(1)非難

話し手が相手に対して、非難や罵りなど、マイナス感情を直接的にあからさまに表出するもので、慣用表現になっているものが多い。③と④は、いずれも相手に対する不満を明示的に表出する際に用いられる慣用表現である。

③うるさいなー。(エレ)

④呸,不害臊(ばかにするな ふざけやがて)。(洗澡)

(2)警告

相手に警告を発したり、脅したりすることにより、現状に対する不満を表出する。「1.非難」に次ぐ明示的な不満表明である。ただし本研究では、日本語では⑤の1例のみで、中国語では該当が見られない。

⑤怒るよ。(ラブ)

(3)改善要求

好ましくない状況を変えるよう、相手になんらかの行為(変化)を要求する。李(2006:57)では、相手の行動を制約すると言う意味で「働きかけ」の度合いが強いものであるとしている。本研究では、上記の(1)非難、(2)警告に次ぐ明示的な不満表明であると考える。

⑥ほっといてよー。(エレ)

⑦你有那工夫,你把我那霓虹灯给我修一修,啊!(ばか言っていないで、早いとこうちのネオンの修理をやってくれよー。あー。)(洗澡)

(4)理由・説明要求

好ましくない状況が生起した理由またはその状況についての説明を求める。説

明を強いることで相手の行動に対する不満を伝えるもので、(3)改善要求より不満表明の明示度が下がる。⑧は、あいつらを連れてきたことに不満を示す発話であり、⑨は補聴器を壊したことに不満を示す発話である。

⑧だったらなんであいつら連れて来たりすんだ？（ラブ）
⑨助听器怎么摔碎了？（補聴器壊しやがって）（漂亮妈妈）

（5）相手の行為や状況、認識の提示

相手の行為または状況、相手の認識に言及したり、確認を行ったりする。相手の行為や状況、認識を言語化して取り上げることにより、話し手のマイナス感情を伝えるものであり、(4)理由・説明要求よりも明示度が下がる。

⑩いつもそう。私の返事なんか待たずにどんどん決めちゃうんですね。（エレ）
⑪你是看我是不是真死了（父親が死んだかどうか確かめてきたんだろう）。（洗澡）

（6）自らの行為や状況、認識の提示

話し手自らの行為や状況、話し手を含むその場での共通の状況の提示や、自らの認識を提示することにより、相手に対する不満の感情を示す。⑫では、相手に無視されていることに対して不満を伝えるものだが、相手の行為に言及せず、自らの行為を提示することによって、より暗示的に不満を表明している。⑬は、遅く帰宅してきた娘に対して、みんなが食事せずに待っているという状況を伝える場面である。いずれも自らの行為や状況を伝えることにより相手に対する不満を暗示的に伝えている。

⑫何度も呼んだのに一。（エレ）
⑬就是等你菜都凉掉了（あなたが帰るの待ってたのよ）。（假装没感觉）

以上6つの発話機能の日中の生起数及び各機能の全体に占める割合を表3に示す。

表3　発話機能の生起数の日中比較（割合）

	非難	警告	改善要求	説明要求	相手の行為や状況、認識の提示	自らの行為や状況、認識の提示	合計
日	20(11%)	1(1%)	34(18%)	32(17%)	40(22%)	59(32%)	186(100%)
中	8(5%)	—	33(19%)	47(27%)	40(23%)	45(26%)	173(100%)

表3を見ると、非難や警告のような直接的、明示的に不満を表明するものの割合は日中とも低いことがわかる。しかし、非難の割合についてみると、日本語のほうが中国語より高いという結果は目を引く。中国人の不満表明がより直接的、明示的であるという崔(2009：60)の指摘とは反対の結果が見られたようだが、それは、日本語では、「うるさい」「ったく」「ばか」のような慣用的表現がより多く見られたためである。しかし、全体に占める割合は11%に留まっており、この結果のみにより、日本語の不満表明は中国語より直接的で明示的であるとは断言できないと考える。

次に、生起頻度の高いものを比べてみると、日本語では、自らの行為や状況、認識の提示（32％）が最も高い割合を占めるのに対して、中国語では理由・説明要求（27％）が最も多かった。ただし、中国語の場合、最も多い理由・説明要求と次いで多く見られる自らの行為や状況、認識の提示との差はほとんどない。

　自らの行為や状況、認識の提示は、相手の行動などに直接に触れるのではなく、話し手自身の状況や認識を提示するものであり、基本的には相手に直接的に働きかけをしない。前掲の⑫⑬のほか、⑭⑮も自らの状況や認識を相手に示す例である。⑭は、家事を手伝わない娘に不満を言う父親のセリフであり、⑮は、ケチな夫に不満を言う妻のセリフである。いずれも話し手の状況を伝えるものである。ただし、⑮では、確認要求の質問という言語形式で表現されているため、聞き手への働きかけの度合いがより高いと考えられる。

　⑭いい気なもんだよね。うちのこと何もしないで遊ぶことばっかし。（エレ）
　⑮我买东西回来的时候，跟你钉是钉卯是卯的算过了？（私が何か買い物してあなたに請求したことはこれまでにあるの？）（漂亮妈妈）

　一方、理由・説明要求は、改善要求に次ぎ、明示度と働きかけ性の高い不満表明である。中国語では最も多く見られたが、日本語では、4番目に多く見られ、最も多く見られる「自らの行為や状況、認識の提示」との差が大きい。

　⑯では、夫が不倫関係を続けていることに気づいた妻が夫を問い詰めるセリフである。無言の夫に対して、説明を求めることによって強い不満を表明する。また、⑰では、父親が息子の失礼な態度を叱責するセリフでは、「怎么（どのように）」で畳み掛けるように3回も繰り返し、さらに念押しの感動詞「啊（5.2.2で詳述）」で、返答を迫る。このように理由・説明要求で不満を述べる場合は、その理由や説明を求める形で、なんらかの反応を引き出すよう、相手に働きかけているという特徴が見られる。

　⑯那你当初怎么跟我保证的？你倒是说话呀，说呀。（すぐ別れるって約束したでしょう。どうなのよ言って）（假装没感觉）
　⑰怎么，你怎么跟爸爸讲话，你怎么跟爸爸讲话，啊？（こいつ今なんて言った？今なんて言った？えー）（假装没感觉）

　以上不満表明の発話機能の分類から、日本語と中国語の比較をした。多く生起する発話機能の傾向に日中間で違いが見られ、中国語では、相手への働きかけの度合いが高いことが推察される。また、同じく自らの行為や状況、認識の提示の発話でも、⑭と⑮のような言語形式の違いによって働きかけの度合いが異なることも見られた。そこで、次節では、言語形式に注目してより詳細な分析・考察を試みる。

5.2　言語形式の比較

　本節では、日中ともに多く見られる「自らの行為や状況、認識の提示」の言語形式をそれぞれの吹き替え版との比較を行い、日本語と中国語それぞれの特徴を明らかにする。

5.1で見たように、「自らの行為や状況、認識の提示」は、6つの分類のうち明示度や相手への働きかけの度合いが最も低いものであるが、修辞的疑問表現を用いることにより、相手への働きかけを強めることができる。日本語及び中国語の「自らの行為や状況、認識の提示」の言語形式を分析した結果、断定的な陳述文のほか、確認要求や同意要求、反語的主張を表す疑問文など、形式上質問をしている文も多く見られること、また終助詞の付加が多く見られる、という特徴が見られた。以下では、日中いずれも多く見られた修辞的疑問文、及び文末に付加された終助詞の働き、という2点について詳しく比較分析していく。
　（1）修辞的疑問文
　修辞的疑問文は、話し手の命題の真偽判断が成立しているにもかかわらず、疑問の形で、聞き手の確認や同意を求める修辞的表現であり、聞き手の認識を促し、働きかけを強める機能を持つ。日本語では、主に、確認・同意要求の「だろう（でしょう）」「じゃない」、反語解釈の疑問文が見られる。中国語では、主に確認・同意要求の「不是～吗？」、陳述文に「是吧」等を付加する追加型の疑問文、「还不」などの反語解釈の疑問文が見られる。

　日本語の「だろう（でしょう）」「じゃない（か）」を用いた確認要求の疑問文は、話し手に何らかの判断が成立しているということを前提として、聞き手にその判断を問いかけ、確認を求める機能を持つ。上昇イントネーションは聞き手の反応を伺い、下降イントネーションは自分の考えを強引に聞き手に押し付ける用法である（森山1999、日本語記述文法研究会2003、張2010）。反語解釈の疑問文は、相手の発言や行為が非常識またはよくないことだという認識を伝えるもので、質問する必要のない当然のことに疑問の「か」を付加するものである（日本語記述文法研究会 2003：49-50）。

　⑱では、ラーメン屋さんが従業員の仕事ぶりに不満を述べる場面で、「さっさと運べって言っている」という自分の行動に説明の「のだ」と確認要求の「だろう」を付加している。話し手が「自分が言っている」という明白な事実をことさら聞き手の確認を求めるかのように強く押し付ける用法である。また次の発話も「お客さん待っている」という聞き手も把握できている目の前の状況に「だろう」を付加している。いずれも下降イントネーション（↓で示す）の「だろう」で、聞き手の確認を求めるというより、有無を言わせず話し手の考えを聞き手に押し付けているのである。

　⑲では、家のことをしないという父親の文句に不満を述べる娘は、毎月4万円を家に入れているという事実に改めて注目をしてほしいと「でしょう」を付加している。

　⑳では、相手のからかいの言葉に不満を述べる発話で、「他人ん家でパズルやって喜ぶばかがいない」という主張にあえて「か」を付加した反語的疑問文の形式で提示している。

　　⑱さっさと運べって言っているんだろう↓。お客さん待っているだろう↓。（少
　　　在那儿罗嗦，赶快送过去。）（エレ）

⑲うるさいなー そのかわり毎月4万円入れているでしょうが↓。(我不是每个月都已经给你四万块钱了吗?)(エレ)

⑳こんな夜中に他人ん家でパズルやって喜ぶばかいるかよ↓。(半夜三更跑到人家里来玩拼板游戏的白痴你见过吗?)(ラブ)

上記⑱～⑳の中国語吹き替え版の訳出を見ると、⑱では、相手への問いかけ性が弱く、一方的に押し付ける度合いが高いため、中国語では命令文となっている。⑲は、文の形式が元の発話文と対応しており、「不是～吗」を用いた確認要求の文に訳されている。また、⑳は、疑問文が用いられる。

次に中国語の確認・同意要求と反語解釈の疑問文を考察する。確認・同意要求は、最も多く見られる「不是～吗」のほか、陳述文に「是吧」などを付加した追加型の疑問文もある。「不是～吗」は、聞き手との間に認識のギャップがあることを示し（曹2000）、話し手の提示している命題部分は明白な事実であることを強調し、相手の注意を向けさせる働きを持つ（劉2001、張2010）。

㉑は、電気水道代は折半するという約束をしたにもかかわらず文句を言われたことに妻が夫に不満を述べるものである。

㉒は、コオロギゲームの相手に不満を述べるもので、話し手はそれまでの確執について暗示的に指摘し不満を述べつつ、相手の新しく入手したコオロギを見ることを拒否する。「是吧」を付加した文は同意要求の機能を持ち、聞き手の注意を求め、認識を促している。

㉓は、遅く帰宅したうえ、母親の言葉を無視してご飯を食べずに部屋にこもる娘の態度を指摘し、不満を言う母親のセリフである。形式上では、母親は自らの発言を取り上げ、それが間違っているのかと問いただしているが、その内容は質問する必要がないほど当然のことであり、反語解釈の疑問文である。

㉑不是讲好电费水费一人一半摊的吗？（假装没感觉）
　　直訳：電気水道は折半するって約束したじゃない？
　　吹き替え版：約束したはずです。電気代と水道代は二人で折半するって。

㉒咱敢有那眼福啊，是吧？（洗澡）
　　直訳：見る勇気なんてあるわけないだろう？
　　吹き替え版：いや、せっかくだけど、遠慮しておくわ。

㉓我让你先吃饭呢，说错了？（假装没感觉）
　　直訳：先にご飯を食べろと言ったのよ。間違っている？
　　吹き替え版：何ツンケンしているの！早く食べなさい。

上記㉑～㉓の吹き替え版の訳出を見ると、㉑は、確認要求ではなく、断定的な陳述文で約束したことの提示であり、問いかけ性がない。㉒では、やんわりと断る表現となっている。㉓は文意がやや変わるが、相手の態度を指摘する「何ツンケンしているの！」は「何」という疑問詞が用いられる。ただし下降イントネーションで発話されており、次に命令文が続き、全体的に相手への問いかけ性が低い。

以上、日本語と中国語の修辞的疑問文及びその吹き替え版の訳出との比較から、

日本語では、下降イントネーションが多用され、確認・同意要求の文であるにもかかわらず、聞き手への問いかけ性が低く、一方的に押し付ける度合いが高いことが観察される。一方の中国語では、形式上では相手の返答を要求する形のものが多く、問いかけ性が高く、一方向的に不満を伝えるだけでなく、相手からの返答を求め、対話志向的であると推察する。

(2)終助詞の使用

日本語では「よ」の使用が最も多く見られ、また、男性のみに「ぞ」「な」も見られた。「よ」は、認識上のなんらかのギャップが存在する文脈で、その内容が認識されるべきだと話し手が考えていることを表す(蓮沼1995、宮崎他2002)。当然知っているべきことを知らない聞き手に対する非難や皮肉を表す文に「よ」が付加されて、このニュアンスを強めることがある(日本記述文法研究会2003:242)。つまり、「よ」の使用により、話し手と聞き手の認識のギャップが顕在化され、対立が際立つ。

会話例1

【中国語吹き替え版】

1	赤名	おかしいよ、かんち。前はこんなことでそんなに怒ったりしなかった。	你有些不对劲,以前碰到类似的事,你从来不发火。
→ 2	永尾	自分勝手すぎるんだよ。	是你自己做得太过分了。
→ 3	赤名	違うよ。かんちの私を見る目は変わっちゃったんだよ。変わっちゃったんだよ。	不对。是你对我的看法跟以前不同了。是跟以前不同。

(ラブ)

会話例1では、「のだ」[2]と「よ」の両方を使うことによって、話し手の不満を相手にぶつける態度が端的に表れている。この前のシーンでは、赤名が一緒に飲んできた同僚たちを永尾の部屋に連れてきたため、永尾は不機嫌になり、気まずい雰囲気になった。永尾は「自分勝手すぎるんだよ」と赤名が同僚を連れてきたことに対する不満を表明した。その行為が勝手すぎることだとマイナスに評価し、さらにそれが相手が認識すべきことであるにもかかわらず認識していないということをことさらに表明したのである。それに対して、赤名は発話3で同じく「のだ＋よ」で永尾の態度の変化に不満を述べた。

では、中国語吹き替え版ではどのように表現されているかを見ると、話し手の断定や説明、解釈を示す説明・強調の「是」の構文が用いられているが、終助詞「よ」に対応した訳出がなく、文末語気助詞「了」が付加される形で訳されている。「了」は、文全体が新しい情報の提示であり、聴き手の注意を向けさせるという働きをする文末語気助詞(金2007、劉他2001)であるが、「よ」のような、当然知っているべきことを知らない聞き手に対する非難を強めるニュアンスはない。中国語吹き替え版の訳出では、状況に対する話し手の解釈に聞き手の注意を求め、相手を責めてはいるものの、感情的に不満をぶつける度合いが低くなってしまう。

次に、中国語で多く見られた文末語気助詞「啊」について考察していく。文末に付加される感動詞「啊」には、①驚きや賛嘆を表す感情表出、②聞き手への働きかけを強めるという2つの用法がある。②の聞き手への働きかけの「啊」は、念押しの「啊」とも呼ばれ（楊・中川2014:54）、自分に従うよう聞き手を説得し、賛成を求める気持ちを表す（胡1981）。前掲⑦、⑰のような相手に何らかの行動や返答を促す際には、この念押しの「啊」がよく見られる。

会話例2は、夫が、再婚した妻とその連れ子のせいで水道代が倍になったと不満を述べる場面である。まず、水道代が上がったことに「啊」を付加して、驚きの感情を示し、次に「晴れても降っても毎日風呂に入って、洗濯機を回す」ことをしてはいけないという認識を示した。ここで付加された「啊」は、してはいけないことをこれからやめようねと力を入れて説得しているように受け取られる。この発話そのものは、相手になんらかの行為を求める改善要求ではないが、「啊」の付加により相手への働きかける度合いが高まる。しかし、日本語吹き替え版では、2つの「啊」はいずれも訳出されていない。1つ目は、断定の文となっており、2つ目は、「からだ」という理由・関連付けの文となっている。

会話例2

【日本語吹き替え版】

→1　丈夫　这个月的水费超了，比我们两个过日子的时候翻了几翻啊。不能不管天冷天热天天洗澡，天天开洗衣机啊。　ほら水道代がこんなに高い。息子と二人で暮らしていた時の倍に跳ね上がった。晴れても降っても毎日風呂に入って、洗濯機を回しているからだ。

2　妻子　不是讲好电费水费一人一半摊的吗？　約束したはずです。電気代と水道代は二人で折半するって。

（假装没感觉）

以上、具体的な会話例を示しつつ、中、日それぞれ多用される終助詞の役割を比較し考察した。日本語では、終助詞「よ」の多用により、話し手と聞き手の認識上の対立が顕在化され、聞き手に話し手の考えや気持ちへの認識を促すと同時に、話し手の不満の感情がより強く伝わる。一方、中国語では、文末語気助詞「啊」の使用により、話し手の状況や認識などを聞き手に提示する際に、驚きの感情を伴って表出したり、聞き手に話し手への歩み寄りを求める働きかけが強められたりする効果が見られた。日本語における終助詞の役割は、不満に思う点について聞き手側の認識の欠如を一方的に指摘する点に重みが置かれると言えよう。他方、中国語における文末語気助詞の使用は、話し手の表情を豊かに伝えたり、または聞き手になんらかの反応を求めたりすることにより、話し手から聞き手への一方的な伝達だけでなく、聞き手から歩み寄ってもらい何かを引き出すような双方向的なやり取りを志向している。

6. まとめと今後の課題

　本研究は、日本語と中国語の映画やドラマにおける不満表明を対象として、まず不満表明の発話機能の分類を行い、日本語と中国語それぞれにおける各発話機能の生起頻度を比較した。その結果、日本語では、6分類のうち、もっとも直接性が低く、聞き手への働きかけの度合いが低い「自らの行為や状況、認識の提示」が他を引き離して最も多く見られるのに対し、中国語では、直接性がより高く、聞き手への働きかけの度合いも高い「理由・説明要求」が最も多く見られ、「自らの行為や状況、認識の提示」は次いで多かった。「理由・説明要求」は、聞き手に理由を尋ね、説明を求める形で、なんらかの申し開きや弁解の機会を相手に与えることから、不満を述べる側と述べられる側の間にやり取りが生まれることが予想される。ここから、日本語と比べて、中国語の不満表明に対話的な要素が強いことが推察される。

　次に、日中ともに多く見られた「自らの行為や状況、認識の提示」の言語形式に焦点を当て、吹き替え版のセリフとの比較も含めて、修辞的疑問文と終助詞の使用という2つの観点から分析及び考察を行った。その結果、日本語では、話し手と聞き手の認識のギャップや対立を顕在化し、話し手の認識を聞き手に押し付ける機能を持つ「だろう」と「よ」が多く用いられたのに対し、中国語では、聞き手から返答を引き出す「確認・同意要求」や、聞き手を説得し、働きかけの度合いのより高い文末語気助詞が多く見られた。これら言語形式の比較から、日中両言語の不満表明の異なる特徴が示唆された。すなわち日本語では、話し手の強い気持ちをぶつけるのみで、聞き手の返答や反論を想定していない一方向的な感情表現となりやすいのに対して、中国語では、聞き手の返答も想定され、対話のチャンネルが開かれている双方向的やり取りを志向している。

　以上の結果に踏まえ、相手への働きかけの観点から日本語と中国語の相互行為の志向の違いを考えたい。日本語母語話者は、相手から不満を言われても、自己弁護の発話がほとんど見られないと先行研究ではすでに指摘されている（ボイクマン・宇佐美 2005）。そして、本研究の結果から、日本語母語話者は、そもそも相手の自己弁護を含めた返答や反論を想定していないような不満表明をしている場合も多いことが明らかになった。日本語母語話者は、相手に不満の感情を抱く場面において、韓国語母語話者や中国語母語話者と比べて、不満表明を回避する傾向がある（李 2006、崔 2009、平井 1998、ボイクマン・宇佐美 2005）[3]。そして、回避せずに不満表明をあえてするという場面においては、日本語母語話者の不満表明は、相手とのやり取りを短く縮める方向に働き、そのため相手の返答や説明を求めない一方的な認識・感情の表出となるのではないだろうか。それに対して、中国語母語話者は、【言い訳→不満→言い訳〜詫び】のように、不満を表明する側とされる側のやり取りが多く（ボイクマン・宇佐美 2005）見られる。それは「自分への配慮と思われるメンツ防衛の行動」（彭 1992:11）と解釈できるが、相互行為として不満表明の談話を捉える場合、それはまた相手の不満表明が自己弁護も含む返答や反論を引き出すよう

に行われていることによるものではないかと推察される。

　本研究は、日本語と中国語の映画やドラマにおける不満表明発話を分析し、両言語における不満表現の違いを明らかにし、日中それぞれの母語話者のコミュニケーションにおける相手への働きかけの仕方の異なる傾向を指摘した。しかし、映画やドラマのセリフを分析対象として得られた不満表明の仕方の特徴を、実生活での不満表明の特徴そのものだとは断言できない。フィクション作品であり、ストーリー性を持たせるための誇張した表現が選ばれやすいなど、分析対象の特性による制約を踏まえたうえで、本研究の結果を検討しなければならない。ただし、同じフィクション作品で、日中で見られた表現の仕方の相違は、ある程度日中それぞれの母語話者のコミュニケーションの特徴を反映したものであると見ていいだろう。今後は、不満表明をする者とされる者の上下関係や、親疎関係による違いなど、さらに分析を精緻化していきたい。

注

[1] 文意を示すため、ここでの日本語訳は筆者による直訳であるが、以下では特に注記がない場合は吹き替え版の訳である。

[2]「よ」は、認識していない事態を認識させようと状況説明をする「のだ」とともに用いられることがある（日本記述文法研究会 2003：242）。

[3] これらの研究では、韓国人や中国人と比べて、日本人に以下のような傾向が見られた。①不満表明をしない、②集団でいると不満が言いやすくなるが、1人の場合は言わない、③相手から詫びの言葉が先にあれば不満を言わない。

[4] 本稿は「日中感情表現の対照研究―選好される言語形式からみるコミュニケーションの志向性」（科研基盤研究 C 一般、課題番号 15K02775、代表者：楊虹）の一部である。

参考文献

安藤好恵．2001．"中国語の不満表明ストラテジー"．《奥羽大学文学部紀要》．13．pp150-159

ボイクマン総子・宇佐美洋．2005．"友人間での謝罪時に用いられる語用論的方策―日本語母語話者と中国語母語話者の比較"．《語用論研究》．7．pp31-44

曹泰和．2000．"反語文の"不是…(吗)?"について―日本語と比較しながら―"．《中国語学》．247．pp311-327

崔東花．2009．"不満表明とそれに対する応答―中国語母語話者と日本語母語話者を比較して―"（村岡英裕編）《千葉大学人文社会科学研究科研究プロジェクト報告書第 218 集「多文化接触場面の言語行動と言語管理」接触場面の言語管理研究》7．pp43-63

初鹿野阿れ・熊取谷哲夫・藤森弘子．1996．"不満表明ストラテジーの使用傾向―日本語母語話者と日本語学習者の比較―"．《日本語教育》88．pp128-139

蓮沼昭子．1995．"対話における確認行為「だろう」「じゃないか」「よね」の確認用法"（仁田義雄編）《複文の研究 下》．pp389-419．くろしお出版

平井睦美．1998．"不満表明に関する一考察―その表示規則に見られる文化の影響"．《葛野》．2．pp26-39

胡明揚．1981．"北京話的語気助詞和嘆詞(上)．(下)"《中国語文》．第 5 期．第 6 期（于康．成田静香訳

（2000）"北京語における語気助詞と感嘆詞"《語気詞と語気》.好文出版.pp49-82）

金昌吉.2009."現代漢語句尾"了"的再認識".《メディア・コミュニケーション研究》.56.pp123-134

李善姫.2004."韓国人日本語学習者の「不満表明」について".《日本語教育》.45.pp30-40

李善姫.2006."日韓の不満表明に関する一考察―日本人学生と韓国人学生の比較を通して".《社会言語科学》.8(2).pp53-64

劉月華他.2001.《実用現代漢語語法（増訂本）》.商務印書館

宮崎和子他.2002.《新日本語文法選書4モダリティ》.くろしお出版

森山卓郎.1999."モダリティとイントネーション".《月刊言語》.28(6).pp74-79

日本語記述文法研究会.2003.《現代日本語文法4 第8部モダリティ》.くろしお出版

彭国躍.1992."謝罪行為の遂行とその社会的相関性について―中日社会語用論的比較研究".《大阪大学日本学報》.11.pp63-81

坂本惠・蒲谷宏・川口義一.1996."「待遇表現」としての「不満表現」について"《国語学研究と資料》.20.pp29-38

Somchanakit. K. 2013. "日タイ両言語における「不満表明」に関する研究―不満の程度の差による考察". 大阪大学博士学位論文

楊虹・中川正之.2014."中国語と日本語の感嘆表現：感嘆詞"啊""唉""哦"を中心に".《日中言語研究と日本語教育》.7.pp50-60

張恵芳.2010."自然会話における「デハナイカ」と"不是…吗"の表現機能の違い".《言語学論叢 オンライン版（第3号（通巻29号 2010)》.pp74-89

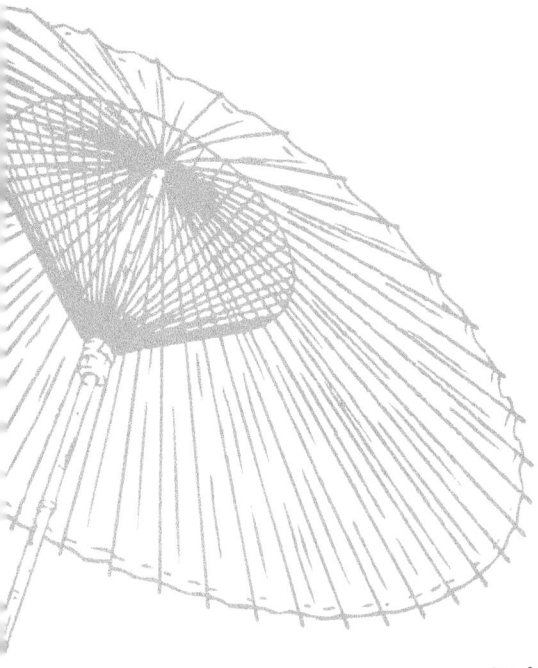

纪念北京日本学研究中心成立三十周年国际学术研讨会
"亚洲日本研究的可能性"

日语教育分科会

民国时期日语教材的发展及特点

人民教育出版社　张金龙　　　中央财经大学　李友敏

要旨：中国の日本語教材編集は清末の編集ブームの後、民国時代において停滞期、隆盛期、畸形発展期、そして衰亡期などを呈していた。民国時代には各レベル、各種類の教育機構及び民間知識人が数多くの日本語教材を編集、出版した。これらの教材は目的、特徴などによって概ね非殖民日本語教材と殖民日本語教材という二種類に分けられるだろう。前者は殆ど中国人が編集し、日本語の学習を通して日本という国を知り、中国を救うことを目的としている。後者は殆ど日本植民機構（傀儡機構も含む）が編集したものである。それらには内容の選択や配列などに質の高いものも見られるが、侵略を隠し、日本文化を賛美し、中日親善を吹聴し、中国の分裂を鼓動する内容が多く、占領区の中国人特に青少年に奴隷化教育を行い、文化侵略を推進する本質は明らかである。

关键词：民国时期　日语教材　编写情况　特点

我国的日语教材编写经历了清末第一个高潮之后，在民国时期又经历了过渡、兴盛、畸形发展、衰亡等多个不同发展阶段。在每个发展阶段内，各级各类教育机构及民间人士编写、出版了数量众多的日语教材。民国时期的日语教材编写是我国日语教材编写历史的重要组成部分。

1. 民国日语教材概况

近代以来，日本经过明治维新改革，跻身于资本主义强国之列，而中国逐步沦为半殖民地半封建国家。为向日本学习，救亡图存，清政府着手开办培养日语翻译人才的教育机构，同时派遣留学生赴日留学，由此掀起了学习日语的热潮。留学生以及国内日语学习者的迅速增加，大大促进了日语教材编写和出版事业的发展。但随着留学生数量的急剧增加，日本国内教育机构的接收能力受到极大挑战，进而出现了缩短教学年限、降低教学要求等现象，最终导致留日学生的质量不断下降。这一问题受到了清政府以及社会各界的批评和质疑（陈娟，2013）。在质疑声中，清政府决定减少官派留学生的数量，这也影响到了民间留学日本的热情。1906年留日学生人数达到最高峰，据统计有一万余人，但从1907年开始，留日人数不断减少，到1912年仅为一千余人（李喜所，1982）。日语教材的编写和出版也随之开始走下坡路。

1.1　民国初期的日语教材（1912～1922）

辛亥革命的胜利以及中华民国的成立给许多关心国家命运的青年人带来了新的

希望。此后,众多留日学生争相回国,导致在日留学生数量锐减。此后,虽然留日学生人数稍有回升,但由于日本对我国侵略步伐的不断加快,尤其是 1915 年日本提出"二十一条"以及一战中、一战后对我国领土的占领激起了国人强烈的反日情绪。国内学习日语的热情不断下降,留学日本的人数也持续减少。

在此背景下,1912~1922 年间,日语教材的编写和出版总体处于低迷状态。本时期日语教材的出版可分为两大部分。第一部分是清末优秀日语教材的再版发行。清末时期编写和发行了大量的日语教材,其中不乏质量较高者,因此在中华民国成立后又多次再版,畅销不衰。这些教材包括《东语正规》(唐宝锷·戢翼翚,1900)、《言文对照汉译日本文典》(松本龟次郎,1904)、《东文法程》(商务印书馆编译所,1905)、《改定日本语教科书》(松本龟次郎,1906)、《日语读本》(内堀维文,1909)、《日本文典》(芳贺矢一原著、商务印书馆编译所译,1907)等。

另一部分是新编日语教材的出版。新编出版的日语教材包括国人编写的日语教材和日本人面向中国日语学习者编写的日语教材两大类。笔者利用日本国会图书馆、实藤文库、人民教育出版社图书馆百年教材图片库中所藏资料,整理发现这一时期的新编教材共有 7 本(套)。

整体来看,1912~1915 年间出版的日语教材数量非常有限。1917 年开始,在被日本占领的满铁附属地区以及关东州地区,日本殖民机构开始策划编写与学校课程相配套的日语教材。同时还组织编写了面向社会人员的日语速成教材。包括《日本语读本(1-8 卷)》(奉天外国语学校,1917)、《速修日本语读本》(奉天外国语学校,1917)、《日本口语法提要》(南满洲铁道株式会社教育研究所,1919)、《日本语读本(1-7 卷)》(关东厅教科书编纂委员会,1922-1924)等。此外,由国人主编的日语教材稀少,上述 7 种教材中只有葛祖兰的《自修适用日语汉译读本》和公民书局编译所编纂的《东文捷径》。

民国初年的动荡局势以及日本帝国主义对我国的侵略,严重影响了国人留学日本的意愿和学习日语的热情,并进而影响到了国内日语教材的编写与出版。总体来看,与清末以及 20 世纪二三十年代的编写高潮相比,民国初期的日语教材编写处于一个低迷甚至停滞的状态,这一时期可以说是前后两次日语教材编写高潮(清末和民国中期)的过渡阶段。

1.2 民国中期的日语教材(1923~1937)

20 世纪二三十年代,国民党政府的统治地位逐步确立。同时,日本帝国主义不断加强其对南满附属地及关东州地区的统治,并对不断蚕食我国的东北、华北地区。1931 年悍然发动"九一八"事变,1932 年扶植成立伪满洲国政府,公然将东北地区从我国分裂出去。日本帝国主义除了通过武力展开侵略和控制之外,还对占领区进行经济侵略和思想文化控制。其中,对占领区教育事业的摧残和控制就是其重要的组成部分。日军殖民机构直接或通过其所控制的傀儡政权,不断提升日语课程在整个课程设置中的地位,不断增加其学时数,积极推进日语的普及,展开奴化教育、同化教育。希望利用语言手段来削弱我国青少年的国家意识和民族独立意识。为此,相关殖民教育机构和傀儡政府组织编写了大量面向中小学教育的日语教材。

日本帝国主义的侵略激起了国人的强烈反抗，同时也促使国人开始积极主动去了解、研究日本。20世纪20年代初开始，研究日本的书籍、杂志不断涌现，进入20世纪30年代之后更是达到了高潮，出版了数量众多的研究日本、日语的书籍、杂志，根据马可英(2012)统计，仅20世纪30年代就有10种研究日本、日语的综合性刊物出版发行。同时，很多留日归来的学者也编写、出版了大量日语教材。

仅笔者统计，这一时期出版发行的日语教材就有60余种，大致可分为以下四类。

第一类为教育部审定教材。1922年颁布的"壬戌学制"下的课程标准中，外语教育仍然以英语为主，日语只是作为少数边疆地区的第二外语或缺乏英语教育的补充。但是，鉴于日本发达的社会经济和科学技术，一些大学和中学增设了日语课，也出现了少量的教育部审定教材。如《东文实用读本(初等篇)》(游无为，1929)、《现代日语》(蒋君辉，1930)等。虽然教育部审定的日语教材数量极少，但也能在一定程度上反映出当时的民国政府已对学习日语的必要性有了一定的认知。

第二类为国人编写的非教育部审定日语教材。包括《和文读本入门》(商务印书馆，1928)、《日语文艺读本》(葛祖兰，1931)、日本语法十二讲(张我军，1932)、《日语语法例解》(艾华，1933)、《速成日语会话》(袁文彬，1933)《速成日语用例》(赵立信，1933)、《日语会话 日华对照》(叶芳华，1934)、《现代日语语法大全(分析篇)》(张我军，1934)、《日语百日通》(范天磐，1934)、《日语自修读本》(殷师竹，1935)《实用日语会话续本》(姚泳平，1935)、《实用日语会话大全》(王玉全，1935)、《文法中心现代日文综合读本》(谢求生，1935)、《日语语法例解》(丁卓，1936)等。这些教材多是为了帮助国人尽快掌握日语语法或提高口语能力。其中的部分教材明确表达了希望借助教材救亡图存的意愿。如《日语语法例解》的编者艾华认为"在国难时期，著述关于研究日本语言的书，也算是对国家和民族的一种小贡献"。

第三类是日本人为在我国东北地区强制推行奴化教育而编写的日语教材。此类教材数量最多，并且大多是由南满洲铁道株式会社教育研究所、南满洲教育会教科书编辑部、关东局在满教务部教科书编辑部等侵华组织下属的机构编写的。这些机构编写的日语教材均是系列教材，可见他们是在有组织、有计划地推行日语教育。包括《初等日本语读本》(1924~1927)、《中等日本语读本》(1922~1923)、《高等日本语读本》(1926)、《初级小学校日本语教科书》(1935~1936)、《高级小学校日本语教科书》(1935)、《初级中学校日本语教科书》(1935)等。

另有一些教材是由日本人个人编写，形式上多为单行本。其中比较有代表性的人物是饭河道雄，他著有大量的日语教材和日语辞典、文学作品选读等学习参考书。包括：自学便携版《支那語の基礎と会話大全》《日本語から支那語の字引》《支那語声音字典》《官話指南自修書》《標準日本語発音図解》《対訳日本語法易解》《日華大辞典》等数十本。从这些书籍的出版情况也可以窥见当时日本殖民统治地区内日语教育的盛行程度。

第四类是在日本出版发行的、面向中国留学生编写的日语教材。包括《日语全璧》(东京文求堂编辑局，1925)、《活用日华会话》(苏登熙，1935)、《现代日语会话》(吴主惠，1935)等。这些教材的作者有日本人也有中国人，大多是为了满足赴日留学人士的

学习和生活需要而编写。如《日语全璧》(1925)的前言中记载:"中日交际日益亲密,中国绅商之游历学生之往来踵相接也。然凡至东瀛者,欲考求政治、研究学问,非精日语不可。书肆所售日语书虽多,而苦无完全之善本,本局深以为憾,故特为此编以辅其缺"。

综上所述,民国中期社会动荡,政治形势复杂,日本帝国主义对我国的侵略不断加剧。这期间日语教材的编写目的也多种多样。其中既有日本殖民者为在我国东北地区强制推行日语教育而编写的教材,又有北京、上海等地的国人为救国图强、方便学习者掌握日语而编写的教材,还有为满足赴日留学人士学习、生活需要而编写的教材。总体而言,20世纪二三十年代是继清末之后出现的又一个日语教材编写的高潮期。

1.3 民国后期的日语教材(1938～1949)

民国后期的日语教材编写与日本帝国主义对我国侵略范围的扩大之间有着直接的联系。在伪满洲国地区,随着1938年"新学制"的正式实施,已有教材的修订以及新教材的编写大规模展开,由于1938年后的教材制度主要以国定制和检定制为主,因此学校教学用的教材大多为伪满洲国政府的相关教育部门组织编写。"新学制"将日语列为"国语",将中国语改称为"满语"。将日语的教授与普及看作发展亲日思想的重要手段。同时,不少日本人编纂的一些社会成人用书也得到了推广。其中还出现了一批用于广播学习的教材,包括《改订中等日本语课本 前后篇》(五百木元,1938)、《初等日语课本》(高宫盛逸,1938)等。

日本侵略者占领内蒙古以及华北、华中、华南等地区之后,一方面通过指定教材,提高日语科目在课程设置中的地位,派遣日本教师等方式严格控制占领区的日语教育,积极推进日语的普及工作。另一方面,在中华民国临时政府(1937年,北京)、中华民国维新政府(1938年,南京)、汪伪国民政府(1940年,南京)等傀儡政权编写日语教材的过程中,施加了巨大压力。1938年开始,蒙古联合自治政府、华北政务委员会以及维新政府教育部等伪教育机构编写出版了一系列日语教材。包括《日本语教科书(1～4)》(维新政府教育部,1938)、《国民学校日语国民读本(1～8)》(伪满州民生部,1938～1939)、《国民优级学校日语国民读本(上下卷)》(伪满州民生部,1938～1939)、《国定教科书初中日语(1～6)》(教育部编审委员会,1942)、《小学日本语读本(1～4)》(华北政务委员会教育部直辖编审会,1938)、《初级小学用日本语教科书》(蒙古联合自治政府,1938)《高级国民学校用日本语教科书》(蒙古联合自治政府,1938)《中等学校用日本语读本(1～4)》(蒙古联合自治政府,1938)、《小学日本语读本》(华北政务委员会,1938)、《初中日本语》(华北政务会,1940)等。

在抗日战争时期,国民党统治地区以及共产党领导的敌后根据地,虽然根据战时需要编辑过一些日语教材,但数量较少,且内容较为简单。1945年8月日本无条件投降后,我国的日语教育几乎绝迹,日语教材的编写和出版也进入冰河时期。新中国建立之后,虽然编辑出版了少量的日语教材,直到20世纪70年代末期,我国的日语教材编写出版都处于低迷状态。

2. 民国日语教材的总体特点

民国时期虽然跨度较长，编写出版的日语教材种类繁多，但从总体上来看还是体现出了一些共同的特点。但是，需要指出的是，我国各级各类教育机构及民间人士编写的日语教材（以下简称"非殖民日语教材"），与日本殖民机构组织编写的在南满洲附属地、关东州、伪满洲国以及后来占领的华北、华南地区使用的日语教材（以下简称"殖民日语教材"），在编写目的、编写理念、内容选择、整体构成等诸多方面都存在着巨大差异。

2.1 非殖民日语教材的特点

2.1.1 编写目的是了解日本、学习日本、救亡图存

虽然民国时期的非殖民日语教材种类繁多，编写目的也不能一概而论。但很多教材的编写者在前言或编写背景中都表达了希望通过学习日语进而了解日本、学习日本、富国强兵、救亡图存的愿望。这在一定程度上反映出在中国备受日本侵略的历史大背景下，很多日语教材的编写者都保持了一颗高尚的爱国心。

2.1.2 遵循传统的翻译法，语法解说详尽，课文大多附有汉语译文。但不再采取用汉字来给日语注音的做法

清末及以前的日语教材都充分发挥了汉语在日语学习中的作用，主要手段包括用汉字给日语注音、用汉语进行解说、标注汉语译文等。民国时期的教材保留了用汉语进行解说的做法，课文后也大多会附有汉语译文。但是，用汉语发音给日语注音的做法遭到摒弃。从提高日语发音的准确性角度来看，这可以称得上是一种进步。

此外，国人编写的教材注重语法，讲解详尽，循序渐进，便于自学。在讲解时，有些教材重视汉语、日语、英语等多种语言之间的比较（如葛祖兰的《自修适用日语汉译读本》），有些教材重视汉语普通话、上海话与日语之间的比较（如丁卓的《中日会话集》）。有些教材还介绍了翻译技巧和日语学习方法等（如蒋君辉的《教育部审定适用现代日语》）。

2.1.3 部分读本类教材中设置了会话，但总体的培养目标仍以书面阅读能力为主

早期的外语教育多以阅读书面材料为目的，因此书面阅读能力的培养成为最主要的目标。而语法知识的讲解、语法能力的培养被认为是培养阅读能力的基础，因而亦受到重视。民国时期的日语教材与清末一样，同样注重培养学生的语法能力，大多以提高学生的书面阅读能力为主要目标。当然，期间也出现了专门用于学习者口语能力学习的口语教材、会话教材，但这些教材仍然以语法知识的讲解为主，同时多由日本出版，是为了满足在日本求学学生的生活、学习需要而编写的。在与日本人直接交流的机会较为稀少的民国时期，除了志愿留学日本的人员之外，会话能力的培养尚无迫切的社会需求。

2.1.4 积极介绍近代科学技术、政治、经济制度和地理、生物知识，带有明显的实用性色彩

清末以来，世界正处于近代化的高潮之中，科学技术日新月异，社会制度、思想文化发展迅速。而中国却在近代化浪潮中发展缓慢，远远落后于日本、欧美等国。因此，很多教材的编写者刻意在课文中介绍有关近代科学、政治、经济等方面的内容，希望学生在学习日语的同时，能够接触新知识，了解外面的世界。这可以说是时代在日语教材中留下的烙印。

2.2 殖民日语教材的特点

2.2.1 编写目的是借日语教育推行奴化教育、同化教育，为其侵略服务

日本一直非常重视日语教育在其整个侵略计划中的重要作用。在1905年取得日俄战争胜利后，就在租借地"关东州"和满铁附属地区积极推进日语教育的发展。在伪满洲国建立以及其开始全面侵华之后，都在不遗余力地提高日语课程的地位，推进日语教育的普及。在此过程中，日本殖民者及其控制的傀儡政权组织编写了大量教材。这些教材面向殖民地区的中小学日语课程，涵盖了中小学各个年级和学段，具有明显的体系，同时在行政力量的干预下得到了广泛的使用，是侵略者推行教育侵略、文化侵略的工具。

2.2.2 积极宣扬日本发达的社会经济和先进的科学技术

此类日语教材中都大量存在着介绍日本发达的社会经济和先进科学技术的内容。这样做的目的至少有二。第一，通过宣扬日本社会经济的发达和科学技术的先进来引诱学生，让我国沦陷区的青少年产生对日本的憧憬和崇拜，从而为其思想侵略和奴役统治服务。第二，不可否认的是一些先进科学发现和技术发明的介绍在客观上开阔了殖民地青少年的视野，增长了他们的科学知识，对于提高他们的技术水平有帮助。但是，日本殖民者这样做的目的绝不是为了提高我国青少年的科学文化素质，其最终目的是为培养有利于其对我国进行经济掠夺的劳动力。

2.2.3 受到日本、我国台湾、朝鲜半岛日语教材的显著影响

日本帝国主义在相继占领我国台湾、朝鲜半岛后，又取得了在我国南满地区的权益。其在我国台湾、朝鲜半岛开展日语教育的过程中，最初直接选用日本国内的小学国语教材，后又根据当地实际，编写了相应的日语教材。这些教材包括"台湾总督府"的《台湾教科用书国民读本》（1900年版）和"朝鲜总督府"的《普通学校国语读本》（1911年版）等。东北殖民机构在编写日语教材时大量引用了上述两种教材以及日本文部省《寻常小学读本》（1910年、第二期国定）的内容，导致其无论在素材方面还是在编写理念（倡导直接教学法）方面都受到了日本、我国台湾及朝鲜半岛日语教材的影响。

此外，此类教材还有一个明显的特点，其中插图数量较多。反映课文内容的插图，生动活泼，对小学生有着很大的吸引力，既有助于促进学生对课文内容的理解，也可以提高学生的学习兴趣。但其中的部分插图以日本人为主人公，以日本人的生活情景来作为代表性的生活情景，甚至某些地方出现了日本国旗。这很可能会影响我国学生的

国家意识、民族意识的形成,反映出教材编写者通过教材进行奴化教育的意图。

2.2.4 美化日本,美化侵略,宣扬中日亲善,思想控制意图明显

民国初期的殖民日语教材中,初等教材内容浅显,话题多涉及日常生活,中高等教材以培养书面阅读能力为主,兼顾口语表达能力的提高。从学习内容上看基本符合各阶段学生的发展特点。各套教材的课文内容丰富,题材全面,插图数量多。注重介绍中日两国的文化,重视培养学生的道德观。但到了民国中、后期,教材中逐渐增加了灌输日本文化、美化日本历史的文章,选材中的青少年形象多以战场上的士兵为主。初期的教材中虽然没有出现明目张胆地美化日本、美化侵略的内容,但是,联系当时的社会环境以及之后日语教材内容的变化,其是日本对占领地区进行思想文化侵略的准备阶段,其侵略性是无法被否定的。因此,从根本上说,民国时期日本殖民机构组织编写的日语教材都是日本帝国主义强制推行日语教育,对我国东北地区进行思想文化侵略的工具(刘健,2014)。

3. 结　语

民国时期出版的日语教材数量众多,且很多旧教材已经遗失或收藏不完整,因此很难对其进行全部收集。本文根据迄今收集到的 90 余种日语教材,并进行了整理和分析。

分析发现,民国时期的日语教材编写大致经历了三个不同阶段。民国初颁布的"壬子·癸丑学制"中,日语课程地位很低,除特殊地区(东北殖民地)外,中小学教育中日语课程几乎被忽略。同时受到反日情绪的影响,日语学习者以及留日学生的数量逐渐减少。民国前十年的日语教材出版处于低迷甚至停滞的状态。这一时期出版的教材中,清末编写的高质量教材的出版占很大比重,相对而言,新编的日语教材数量较少。民国初期可以看作是前后两次日语教材出版高潮之间的过渡时期。

民国中期的十几年间,我国出版了大量的日语教材,可以看作是继清末之后出现的第二次日语教材编写高潮。日本帝国主义扶植建立了伪满洲国,建立了对整个东北地区的殖民统治,之后又发动"七七"事变,加快蚕食我国华北地区的步伐。日本殖民者在其控制的地区,编写了大量用于学校教育的日语教材,并强制推广使用,企图通过日语的普及来加强对殖民地人民尤其青少年的思想控制和文化同化。同时,为了抵御日本帝国主义的侵略,国内掀起了研究日本、学习日语的高潮,这一时代需求也催生了大量日语教材的诞生。

从 1937 年日本开始全面侵华至 1945 年日本战败,中国经历了长达八年的抗日战争时期。这一时期的日语教材编写主要集中在日本帝国主义控制的东北地区以及华北、华中、华南地区。在这些占领区,日本殖民机构通过各地的傀儡政权推进日语的普及,调整日语课的课时和地位,并要求傀儡政府编写了大量日语教材。在国民党统治区和共产党领导的敌后根据地,日语教育规模非常小,虽然也编写过少量的日语培训材料,但多为了满足战时需求。1945 年抗战结束后,我国的日语教育几乎绝迹,同样亦未出现有影响力的日语教材。这一日语教育的冰河期一直持续到了新中国成立后。

总体而言,民国时期的日语教材在很大程度上受到了社会历史背景的影响,一方

面,日本殖民者组织编写的日语教材成了民国教材的重要组成部分。这些教材从内容编排、编辑等方面来看不乏质量较高者,但其中含有赞美日本文化、鼓吹中日亲善、美化日本侵略、鼓动国家分裂的内容,本质上是对我国进行奴化教育、文化侵略的工具。另一方面,国人自行编写的日语教材也占有重要地位,虽然质量有高有低,但编者大多有留日经历,整体上要比清末教材有所提高。

[本文系国家社科基金重大项目《中国百年教科书整理与研究》(项目批准号：10&ZD095,首席专家:徐岩)的阶段性研究成果之一。]

参考文献

陈娟. 2013. "试论清末的日语教材".《今日中国论坛》. 2013年第8期. pp189-191
李喜所. 1982. "清末留日学生人数小考".《文史哲》. 1982年第3期. pp28-30
李小兰. 2006. "清季中国人编日语教科书之探析".《杭州师范学院学报(社会科学版)》, 2006年第4期. pp97-102
李延坤. 2012. "'关东州'的殖民文化研究".《东北亚论坛》. 2012年第2期. pp123-129
刘健. 2014. "民国日语教材初探".《首都外语论坛》. 2014年第5辑. pp77-89
马可英. 2012. "1937年前中国人编日语教材考略".《浙江外国语学院学报》. 2012年第2期. pp86-90
齐红深. 2004.《日本侵华教育史》. 人民教育出版社
徐敏民. 1996.《戦前中国における日本語教育》. エムテイ出版
竹中宪一. 2002.《满洲殖民地日本語教科书集成(卷7)》. 绿荫书房

中日教育文化交流のあり方に関する一考察
―大平学校から見えてきたこと―

天津外国語大学　孫暁英

摘要：本文是关于中日教育文化交流之方式的考察,以大平班为例,探讨了中日学者间通过日语教育实践构建学习共同体的可能性。研究方法除了采用一手资料的收集以外,还结合了大平班相关人员人生故事的访谈。
キーワード：大平学校　中日教育文化交流　学び合う共同体

はじめに

　本研究は、中日教育文化交流のあり方について検討し、大平学校[1]を取り上げ、学び合う共同体の構築の可能性を教育学的な観点から解明したい。
　中国では、1976年に「文化大革命」が終わり、1978年に「改革開放」政策が鄧小平によって打ち出された。これより海外に目が向けられるようになり、国際情勢及び国内で大きな変化が起こった。それを象徴する動きの一つが1978年の中日平和友好条約の締結である。1972年にすでに中日は国交を回復していたものの、中日間の教育文化交流はそれほど盛んではなかった。しかし同条約の締結によって、中日関係が更に緊密になり、経済交流のみならず、人的交流も頻繁かつ広範に行われるようになった。この中で、中国国内で日本に学ぼうという気運が高まり、中国政府の要請を受けた多くの日本人が現地へ赴いて、技術支援・教育指導などを行った。その土台としての語学は重要であり、日本語教育分野での人的交流の代表的な事例として大平学校を挙げることができる。
　大平学校以前には、これほど大規模に日本語の教師研修を行った例はなく、それまでの中国における外国語教育の在り方を反省した上に、その教育方法は教育知識の一方的な伝達というやり方から、主体的な問題意識を持ち、研究能力を備える教師を養成する方法へと移行した。大平学校は教師の再教育機関の役割を果たしている。当時の最新の日本語教育が大平学校を中心に展開されたのである。

1. 先行研究及び本研究の方法

1.1　先行研究及び問題の所在

　本研究では外務省、国際交流基金の内部資料、大平学校に赴任した教師側の所蔵資料、当時使用していた教科書やプリント、研修を受けた中国人教師が保存していた資料などを分析する。具体的には、当時大平学校での配布資料や大平学校終了直

後に出版された『記念文集―日語教師培訓班的五年』、国際交流基金関連資料「報告書要旨」、北京日本学研究センターの資料などといった史資料及び関係者の論文を検証する。

　これらの資料を年代順で追ってみると、「宣伝期」、「沈黙期」、「評価期」という三つの段階に分けることが出来る。

　第1段階（宣伝期）は1980年代である。主に日本側が主体となり、現地に赴任した日本人講師が書いた紹介・感想である。代表的なものは佐治圭三（1980、1981、1985、1987）の関連記事である。また佐治や、赴任した日本人講師の報告が1981年の『言語生活』の「中国だより」1～6号に連載され、当時の中国の教育事情や中国人研修生の様子などが紹介されている。また、記念文集、論文集[2]などもある。

　さらに、大平学校で教鞭を執った竹中憲一は大平学校及び中国全体の日本語教育の事情を簡潔にまとめている。すなわち、1980年代は日本語教育が再開されたばかりの時期であり、日本としては大平学校を通して、まず中国における日本語教育の実態を把握するため、大規模な調査をしている。中日共同事業としての大平学校の事業を如何に世間にアピールするかという時期であった。

　こうした資料は日本人講師の実体験及び当時の感受性をそのまま記述した貴重な資料であり、大平学校を研究する上では不可欠である。一方、自分が関わっている事業であるため、宣伝の色合が濃い点は避けられないようである。

　その後、第2段階（沈黙期）の1990年代は沈黙段階である。管見の限り、10年の間で大平学校に関する研究はほとんどなされていない。この間、大平学校の研修生たちはまだ日本留学や各自の教育現場で地道に努力しているものの、注目されていなかったと考えられる。

　第3段階（評価期）として、2000年代は大平学校の20周年を記念に、在日ジャーナリストの莫邦富（元上海外国語学院講師・大平学校の1期生）が大平学校のブームを再び引き起こした。また、北京日本学研究センターの20周年及び前身としての大平学校の25周年、2010年30周年、大平正芳生誕100周年記念、中日国交正常化40周年記念などの記念行事に際して、関連の論文や著書が現れている。

　このように、大平学校に関する資料の特徴としては、日本側の主導の宣伝期から、沈黙期を経て、さらに中日協力のモデル事業として大平学校を評価する評価期へと変化している。

　なお、大平学校の先行研究の多くは、外交資料、教育実践資料などの第1次資料の不足、全体の構造の理解及び個別の実証の深化が欠けている。そのため、本研究においては、大平学校の時代、すなわち1970年代末から1980年の中日関係の資料、外交、文化政策に関する第1次資料を発掘しながら、大平学校の全貌を明らかにすることを試みた。

1.2　インタビュー調査

　本研究は、大平学校で教鞭を執った日本人講師及びそこで学んだ中国人研修生の

具体的な経験とそれに対する意味づけを明らかにすることを目的としているため、インタビューの手法を採用し、ライフストーリーの聞き取り調査を行った。本論文においては、30年後の現在から当時のことを振り返ることで、彼/彼女らを取り巻く社会環境の変化と個々人の意識変容についてマクロとミクロの二つの視点から分析していきたい。調査協力者の概要は表1の通りである。

表1 調査協力者の概要

組	番号	性別	年代	インタビュー時間	調査地	大平学校当時	現職
日本人	T1	男	60代	2012年1月19日	東京	事務・教師	教授
	T2	女	60代	2012年6月6日	東京	通訳・教師	教授
	T3	男	60代	2013年7月12日	東京	短期講師	教授
	T4	男	60代	2013年9月11日	大阪	通訳・教師	助教授
	T5	男	70代	2013年12月8日	名古屋	副団長	教授(故)
	T6	男	50代	2014年1月15日	奈良	短期講師	教授
	T7	女	60代	2014年1月16日	大阪	長期講師	教授(定)
	T8	男	50代	2014年3月17日	奈良	通訳・講師	教授
	T9	女	80代	2014年6月15日	奈良	短期講師	講師(定)
	T10	男	80代	2014年7月3日	東京	短期講師	教授(定)
	T11	女	60代	2014年9月28日	筑波	長期講師	教授
	G1	男	80代	2012年9月13日	東京	国際交流基金	教授(定)
	G2	男	60代	2013年9月4日	東京	訪日研修担当	
	G3	男	70代	2014年2月10日	東京	外務省事務官	
	G4	男	80代	2014年3月22日	東京	元議員	
	K1	女	60代	2013年12月8日	名古屋	副団長夫人	
	K2	女	80代	2014年1月15日	大阪	団長夫人	
中国人研修生	D1	女	60代	2012年9月26日	天津	4期生	教授(定)
	B1	男	50代	2012年10月11日	北京	2期生	教授
	A1	男	60代	2012年10月11日	北京	1期生	教授
	D2	男	60代	2013年4月27日	山梨	4期生	教授
	D3	男	50代	2013年6月25日	上海	4期生	教授
	C2	男	60代	2013年6月26日	上海	3期生	教授(定)
	C3	男	60代	2013年6月27日	上海	3期生	教授
	C4	男	60代	2013年6月27日	上海	3期生	教授(定)
	E8	女	50代	2014年4月6日	京都	5期生	非常勤講師
	A6	男	50代	2014年4月7日	大阪	1期生	教授

注：Tは日本人講師を指す。Gは外務省日本政府関係者を指す。Kは日本人講師の家族を指す。Aは1期生、Bは2期生、Cは3期生、Dは4期生、Eは5期生を指す。数字はインタビューの時間順を示したものである。（定）は定年退職の略である。（故）は他界したことの略である。

このような調査によって、研修が自分の人生に及ぼした影響、また社会的な影響を把握することができると考えた。インタビューの内容は調査協力者の同意を得て、ICレコーダーに録音し、文字起こしを行った。インタビューの際に、中国語を使った場合、その内容は筆者が日本語に翻訳した。

2.大平学校の概要

2.1 対中国日本語研修特別計画

1972年の中日共同声明により中国と日本は国交を正常化し、1978年に中日平和友好条約が締結された。これを契機に中日関係は一段と緊密となり、経済、貿易の交流が大きく進展したほか、両国を往来する人の数も飛躍的に増加した。中国における日本語学習者数も英語に次いで第2位を占めるまでになった(王1980:39)。このため学習者の増加に伴って教育機関や教師数も急増したものの、一方で教師の質の面で問題が山積した。このような状況下で、大平正芳総理(当時)は1979年12月訪中の際に対中国日本語研修特別計画を提唱した。日本がこの特別計画を提唱した理由について、外務省はその目的を以下のように記している。

「受講する教師の大部分は戦前なんらかの形で日本語を学習した者であるため、その日本語能力も時日を経て相当低下しており、又、そもそも日本語の教授法につき専門の訓練を受けたことのない素人である。これら教師は、今後の中国における日本語教育の核になる人々であり、その養成こそ日本語教育振興にとって最も効果的な方法である。又、1人の中国人教師が更に数十人の生徒を教育するという相乗効果が期待しうる。」[3]

すなわち、中国における日本語教育振興を行う意図には、教師という日本語教育の担い手を掌握し、さらに次世代の教育に携わらせることで、単に教師研修の速成的な効果だけではなく、次世代に新しい日本語教育法を伝えるという相乗効果への期待も含まれていたのである[4]。

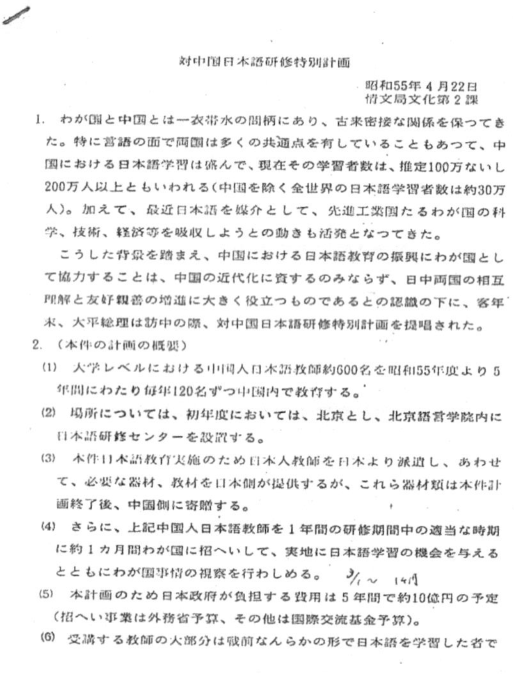
対中国日本語研修特別計画

昭和55年4月22日
情文局文化第2課

1. わが国と中国とは一衣帯水の間柄にあり、古来密接な関係を保ってきた。特に言語の面で両国は多くの共通点を有していることもあつて、中国における日本語学習は盛んで、現在その学習者数は、推定100万ないし200万人以上ともいわれる(中国を除く全世界の日本語学習者数は約30万人)。加えて、最近日本語を媒介として、先進工業国たるわが国の科学、技術、経済等を吸収しようとの動きも活発となってきた。

こうした背景を踏まえ、中国における日本語教育の振興にわが国として協力することは、中国の近代化に資するのみならず、日中両国の相互理解と友好親善の増進に大きく役立つものであるとの認識の下に、客年末、大平総理は訪中の際、対中国日本語研修特別計画を提唱された。

2. (本件の計画の概要)

(1) 大学レベルにおける中国人日本語教師約600名を昭和55年度より5年間にわたり毎年120名ずつ中国内で教育する。

(2) 場所については、初年度においては、北京とし、北京語言学院内に日本語研修センターを設置する。

(3) 本件日本語教育実施のため日本人教師を日本より派遣し、あわせて、必要な器材、教材を日本側が提供するが、これら器材類は本件計画終了後、中国側に寄贈する。

(4) さらに、上記中国人日本語教師を1年間の研修期間中の適当な時期に約1カ月間わが国に招へいして、実地に日本語学習の機会を与えるとともにわが国事情の視察を行わしめる。

(5) 本計画のため日本政府が負担する費用は5年間で約10億円の予定(招へい事業は外務省予算、その他は国際交流基金予算)。

(6) 受講する教師の大部分は戦前なんらかの形で日本語を学習した者で

写真1:対中国日本語研修特別計画、大平学校第1期副団長を務めた平井勝利(元名古屋大学教授)より提供。

2.2　授業計画

　開校前に、中国側の選抜試験結果は、アンケート調査とともに日本側に提出された。「第1期120名の受講者は主に中国各高等教育機関の日本語教員で、次の3種に大別できる。(1)大学日本語科の高学年担当教員、(2)大学日本語科の低学年担当教員、(3)理工系大学の（共通科目としての）日本語教員。

　彼らの学歴からみると、大半は1974年以後に大学日本語科を卒業しており、またその内の多くは在学期間が4年に満たず、彼らの日本語の実践的能力は未熟であったと考えられる。他に、中堅教員の中には1950年代の卒業生がわずかながらおり、60年代の卒業生が一部（約20％）含まれるほか、大学以外の場所で学んだ者、および独学で学んだ者が、一部（15～20％）含まれる。」[5]

　こうした日本語教師にとって、大平学校の1年間にわたる研修の最大の魅力は、大学時代に不足していた知識を満たすことができることであった。そこで、研修生たちはこの機会を十分に利用し、しっかりと学習し、好成績を収めることで、自分の実力を証明することを希望していたのである。大平学校は表2のように、クラス分けをした。

表2　クラス分け（組分け）

上級担当小班	甲(30名)	A小組(15名)	中班(60名)
		B小組(15名)	
中・初級担当小班	乙(30名)	C小組(15名)	
		D小組(15名)	
	丙(30名)	E小組(15名)	中班(60名)
		F小組(15名)	
理工系担当小班	丁(30名)	G小組(15名)	
		H小組(15名)	

（全体：大班(120名)）

出典：「第1期日本語教員養成講座授業計画についての提案」1980年6月20日より、筆者作成。

　日本語教員養成講座の目的は研修を通じて受講者の日本語の水準を高め、受講者を一層日本語指導の任に堪える優れた日本語教員とすることにある。そこで、受講者の実践的能力を高めることを主眼としつつ、同時に理論的・知的水準を高めることが望ましい、とされた。また、講座科目についての提案は以下の通りである。

　実践的訓練は3コースに分けて行い、コースごとに異なった教材を使い、クラスごとに音声、聴く、話す、書く、読むことなどの訓練を行った。理論的及び教養的講座は合同授業とされた。3種のコースの講座科目についての提案は以下の通りである。

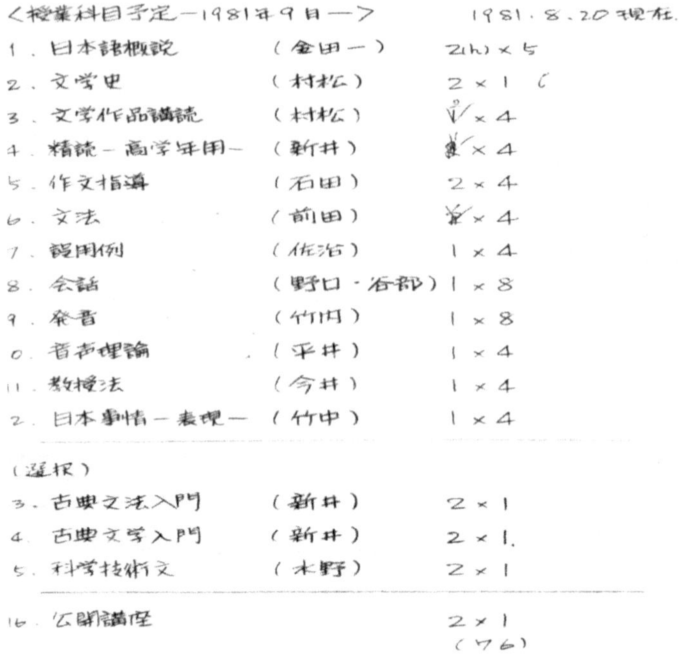
<授業科目予定－1981年9月－> 1981.8.20現在.

1.日本語概説	(金田一)	2(h)×5
2.文学史	(村松)	2×1
3.文学作品講読	(村松)	×4
4.精読－高学年用－	(新井)	×4
5.作文指導	(石田)	2×4
6.文法	(前田)	×4
7.誤用例	(佐治)	1×4
8.会話	(野口・谷部)	1×8
9.発音	(竹内)	1×8
0.音声理論	(平井)	1×4
11.教授法	(今井)	1×4
2.日本事情－表現－	(竹中)	1×4
(選択)		
3.古典文法入門	(新井)	2×1
4.古典文学入門	(新井)	2×1.
5.科学技術文	(木野)	2×1
16.公開講座		2×1
		(76)

写真 2:授業担当時間割、大平学校第 1 期副団長を務めた平井勝利(元名古屋大学教授)より提供。

「①上級コース(高学年担当の教員)

現代日本語文選(4 時間)では高校 2 年生の国語に相当する文学作品のほか、たとえば評論、条約、法律、応用文など各種の文体の文章の講読などを行う。作文、修辞(4 時間)では受講者にテーマを与え、作文を書かせ、講師による添削の後、その共通の問題点について講評し、あわせて修辞について指導する。

②中級コースA 組(低学年担当教員)

音声(2 時間)は理論と実践を結び付けつつ、発音とイントネーションを矯正し、かつ発音とイントネーションの矯正方法を講義する。聴く力と話す力の訓練では、視聴覚教材、教具を利用して、受講者の聞く力と話す力を高める。精読(4 時間)は中学校 2、3 年の国語に相当する。講師の講義と受講者の理解を基礎として受講者に意見を述べさせ、話す訓練をさせる。作文(3 時間)では受講者にテーマを与えて、作文を書かせ、講師が添削してから、その共通の問題点について指導する。

③中級コースB 組(理工系大学の日本語教員)

中級コースA 組と同様である。ただし、精読の教材は科学技術の領域に関する文章を適当に含むことが望ましい」[6]。

このように、1980 年代初期において、外国人向けの日本語教育は開始されて間もなく、レベル分けでは大まかに上級は高校 2 年生の国語、中級は中学 2、3 年の国語と想定されていたことが分かる。

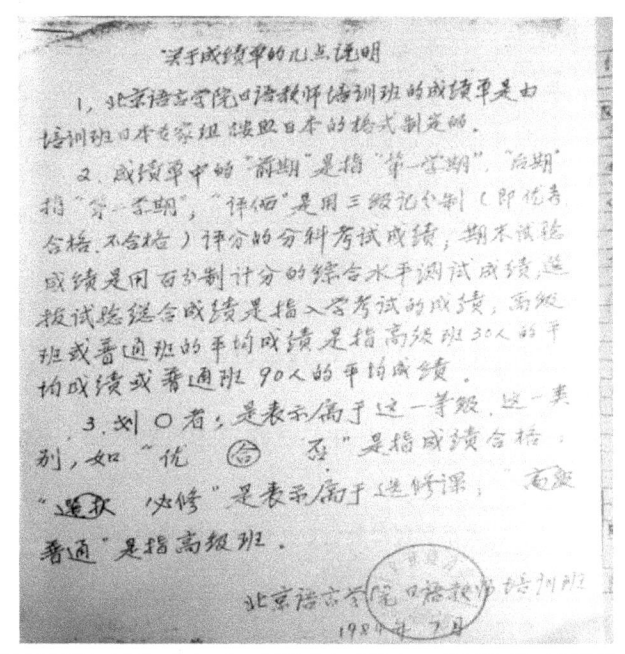

写真3：北京語言学院が作成した成績書に関する説明（資料提供・大平学校第4期生徐曙）

　また、大平学校では、中間試験（12月）と期末試験（7月）の2度の試験を行っていた。試験は研修生の研修成果を測る上では重要であるが、その反面「研修生の得点に対する関心が高く、神経質なまでに点数を気にする人がいた」という現象が現れた。

　その原因について、「このような状態を招いた最大の原因は、試験結果が教育部に報告され、それが各機関に通達されて、一種の勤務評定の基準として作用することにある」と推測された[7]。

2.3　講師及び研修生の構成
2.3.1　日本人講師の構成

　日本からの教員の派遣は、5年間主任を務めた佐治圭三の他、著名な国語・日本語教育学研究者や、若手日本語教師が参加し、のべ91人（長期・短期）に上った。そのうち、日本の大学で教授職にあった者の割合は68％に達している。中には、金田一春彦といった当時の日本の国語教育界を代表する教授たちも含まれていた。一流の研究者が教鞭を執り、高度な専門性に裏打ちされた授業が展開された。

　講師団の構成について、まず、長期派遣の講師として、団長1名、副団長1名、通訳兼講師1名、事務兼講師6～7名となっている。団長以外は、中国語が出来る20代から30代の若手講師が多く、大平学校の教務運営、中国側との交渉及び講義を担当し

た。その他、長期派遣とは別に短期派遣の講師として、年間10名～20名がいて、赴任期間内の講義を担当していた。

内訳は次のとおりである。

①団長（佐治圭三、通算5年間在任）

②副団長（平井勝利、最初の2年間）

③団長の通訳兼講師（前半は水野義道、後半は大西智之、2年半ずつ）

④長期講師（主に事務、授業も担当、期間は1年以上、中国語が出来る人が多数を占める。例えば、竹中憲一は4年間、谷部弘子は3年間、水野マリ子は2年間である）

⑤短期講師（2週間～6か月、その中には複数回訪中した講師もいる。例えば、金田一春彦は3回赴任）

第1期から第5期まで大平学校に赴任した講師の詳細は、以下の表3のとおりである。

表3　大平学校に赴任した日本人教師の概況
（1980年～1985年）
（単位：人）

講師構成	長期					短期					合計
	教授	助教授	講師	その他	計	教授	助教授	講師	その他	計	
第1期	1	1	1	6	9	16	1	1	1	19	28
第2期	1	2	1	5	9	7	5	0	2	14	23
第3期	1	1	1	5	8	9	2	4	3	18	26
第4期	1	3	1	4	9	8	4	2	0	14	23
第5期	3	2	3	2	10	8	2	0	0	10	20
合計	7	9	7	22	45	47	14	7	6	74	120

出典：国際交流基金内部資料、「在中国日本語研修センター第1～5年次報告（要旨）」[8]に基づき、筆者が作成。120名は各年度の教師の通算（延べ人数）であり、その中で、連続して赴任した講師と入れ替わった講師がいる。重複した場合を除き、人数で単純計算すると91名となる。

以上の表3から派遣講師構成の特徴は、次のようにまとめることができる。

①長期派遣講師と短期派遣講師の総数の比率は、約2対3になっている。長期派遣講師は毎年9名から10名の枠を確保している。

②短期派遣講師の内訳については、教授の割合が一番大きく、派遣講師の質が保障されていたことが分かる。そうした中、2回以上、大平学校に派遣された講師も多数いた。また、短期講師は大学教師や国立国語研究所の所長及び研究員以外に、NHKのアナウンサーや評論家など教育関係者以外からの派遣も見られる。

③短期派遣講師の人数については、第1期と第3期が多かった。理由として、第1期は最初の試みであったためであり、第3期は高級班というハイレベルなクラスが新設され、今まで以上の人手が必要であったことが考えられる。

2.3.2　中国人研修生の構成

大平学校には、1980年8月から1985年7月までの5年間に、中国国内約160機関の日本語教師600人が参加した。「地域的にはチベット自治区、寧夏回族自治区、雲南省、青海省を除くすべての省、自治区」(竹中1988：76)の大学から研修生が派遣された。600名近い卒業生には、「文革」期に大学で特別に日本語教育を受けていた若手教師もいれば、それ以前から日本語教師だった者もいる。

表3　研修生の構成（第3期を例に）

基本情報	年齢	平均30歳(21歳〜50歳)	
	性別	男68人、女52人	
所属大学	総合大学	18校	31人
	社会科学系学院	3校	3人
	理工系学院	27校	29人
	師範系大学	8校	14人
	外国語学院	15校	43人
	合計	71校	120人(内日本語専攻科90人)

出典：1982年〜1983年、在中国日本語研修センター第3年次報告研修生の現状により、筆者作成。

2.4　訪日研修

大平学校では1学期を終えた時点で、全員を1か月日本への研修・実践に送りだした。現地の直接な体験が必要だったからである。筆者が行った大平学校の関係者への聞き取り調査を深めるにつれて、当時の訪日研修は極めて重要な役割を果たしたことが調査対象者の発言から読み取れた。

訪日研修の影響について、当時の中国社会において貴重な経験であり、訪問団は外務省の官僚から普通の農民まで広く日本人と交流し、友好的な雰囲気を体感した。中国人教師たちは消費社会に慣れないといったカルチャーショックを体験しながら、高度経済成長を経た日本は研修生たちに深い印象を残した。中国人日本語教師の日本観は日本語学習の当初から、間接な情報に基づいた漠然とした日本観を持っていたが、日本での実地体験によって日本への意識が次第に深まっていった。訪日研修では、日本を理解すると同時に、自国の問題点に気づき、客観的に両国をみることが求められていたのである。

現地体験の重要性を主張するD4は以下のように語った。「訪日研修は単なる旅行ではなかった。日本語を学び、日本語を教えている私たちは、大平学校で研修を受ける前に日本に行ったことがなかった。その時、日本に対するイメージがないので、授業には教えづらい部分があった。大平学校ではとてもいいチャンスを与えられた。自分の目で見ないと、自分の肌で感じないと、文字で表現しきれない部分はどうしても伝達できない。実際に現地に行って体験してから、同じ日本語の文章を再び読むと、本当の意味が読み取れるようになった」。

写真4：訪日研修の記念写真。大平学校第4期生王淑蘭より提供。

3．考　察

大平学校の研修に参加したことで、大学の教員としてのレベルをあげ、その後、中国の高等教育機関で活躍することになる者が少なからずいた。また、ある者は、大平学校をきっかけとして、日本に留学し、その後、中日教育文化交流の上で、大きな役割を果たしている。

3.1　濃密な交流

中国人研修生たちは勤め先や家族から離れ、北京語言学院（当時）に集め、学生時代に戻った気分で互いに交流し学んでいた。日本人講師も言葉ができない異国で互いに助け合いながら教えていた。

A1は「各専門領域の専門家が多く、若い講師たちもいる。研修生から見れば、日中が協力的、前向きな教育チームだった」と語った。T4は「授業以外に休みの日も付き添うといった日常の交流があった。その時しか味わえなかった経験である。講師の方が国を離れて大平学校に行くと、個人的な生活もあまりない上に言葉も分からないということで、よく声をかけられた。日本人の講師同士も、中国人の研修生同士も深い交流ができた」と語った。

日本人講師の中で、長期滞在者は20代から30代の若い世代が中心となった。彼らのほとんどが、現地語の中国語が出来る人たちであった。事務的な仕事のほか、佐治などのベテラン教師たちの指導を受けながら、彼らも自身のクラスを持っていた。さらに日本から来た教師の買い物や、病院への付き添い、また彼らの旅行に同行するなど、実生活面でのサポートも行った。

3.2 学びの場

　大平学校での学びによってそれまでの価値観、教育観を新たにした。彼らは先進国の一つである日本に憧れたが、日本語の学習を通して自分自身も先進文化との接点ができたことは、彼らにとってある種の誇りでもあった。大平学校での1年間は日本語教育を含め、研修生は様々な人と出会うことで、中日両国の繋がりの強さに気付くことになった。大平学校が研修生にもたらした効果は大きかったのである。

　D1は「当時は何といっても勉強したい。何年間か下放され、学習の機会を惜しんでとらえていた。みんな真面目に努力していた。その時代、才能があっても環境に恵まれていない優秀な人材の中には一生農村に残され働いた人もいた」と振り返った。D4は「大平学校での経験はとてもよかった。卒業して教壇に立ってから、唯一の長期間の訓練だった。たくさんの資料をいただいた。当時の我々にとっては貴重な資料であった。中国国内ではなかなか買えないからだ」と語った。

　C2は「第1に、莫邦富の"ODA援助の中で、最も成果のあったプロジェクト"という評価に賛成である。すべての成果はGDPで測るわけにはいかない。人材育成は長期にわたって役に立つのである。第2に、研究の方法を教えてくれた。読む力と考える力も育んでいた。それも高く評価したいと思う。第3に、国際交流基金が派遣した優秀な講師団は、人間性にしても学問にしてもロールモデルとなり、人生を導く存在となった。」と高く評価した。

　T2は、以下のように振り返った。「実は、私たちも初めての経験で、教師に教えるわけである。いろんな雑用をこなすとはいえ、授業を持って、教壇に立って、やらなきゃいけない。私たち若い教師も日本のベテランの先生から教えてもらったり、研修会に参加した。学校から帰って、他の先生からいろんなことを教えてもらった。」T8は「例えば日本語教育の水谷修先生とか、金田一春彦先生とか、3か月サイクルでいらした。その方々とお会いしたら、気さくで、研修生とも本当に1対1で丁寧に指導をなさっていた。あのプロジェクトが成功したのは、(講師が)偉いということで変に身構えて授業をするのではなくて、先生方の親しみやすい人柄もあったのではないだろうか。」と語った。

　このように、日本人教師が連携し、教師同士の研修もあり、相互の役割を重ねる形での協働は、大平学校における注目すべき点である。

3.3 連帯の絆

　大平学校の関係者のネットワークは、中日双方にとって互いに支え合う拠り所としての意味もある。修了後も大平学校は研修生だけでなく関係者同士の緊密なネットワークやその組織を保持してきた。A1は人的ネットワークの構築の重要性について、「ネットワークという点から言うと、自分の人生を決めたと言える。当時の仲間たちは、お互いに支え合いながら今日まで歩んできた」と高く評価した。

　1985年以降、中国と日本の間で行き来が頻繁になり、佐治圭三を中心に研究交流

会や同窓会などが開かれ、大平学校の関係者が集まることで共同体意識が高まり、心の居場所となっていった。いつ修了したかにかかわらず、大平学校出身という連帯意識が生まれた。E8は「大平学校に赴任した日本人講師は、大平学校出身者に対して格別に面倒を見てくれた。その関係性は、友達以上、親族未満という感覚」と、大平学校の教師と研修生の関係性について語った。

このように、大平学校で共に学びすごした人々の交流と信頼関係は、月日が経つにつれて深まり、その関係性は同窓生から仲間、時には家族のような関係へと変化していった。

3.4　共同体の構築

共同体という言葉は多様な意味で用いられているが、その要素として、「場の共有、相互交渉・コミュニケーション、文化の共有、連帯の絆」(佐伯胖・藤田英典・佐藤学1996)の4つが重要である。大平学校は研修生たちの学習と生活が展開する場であり、そこでの諸活動は日本人講師と中国人研修生の間で繰り広げられる相互交渉であり、異文化コミュニケーションである。その諸活動は、中日のさまざまな文化を取り込み、大平学校に特有な文化と連帯の絆を育んだ。

大平学校という場は、一人ひとりが中国・日本社会や中国・日本文化と積極的に関わることへの橋渡しの場であった。大平学校は中日間の異なる文化の中で教師教育活動を展開し、異文化交流を通して人間的な相互理解を促進した。そして相互作用の中で生じた価値の葛藤から、文化の融合へと向かい、新しい価値創造へと発展していったことを本論では実証的に検証した。

図1のように、大平学校は中日の教師集団を専門家の共同体へと構築した。共同体としての要素として、①大平学校の講師と研修生たちは積極的協力的に教育実践に参加していること。②信頼と連携を育むネットワークを構築していること。③研修生たちに自信と心の居場所を提供できていることが挙げられる。

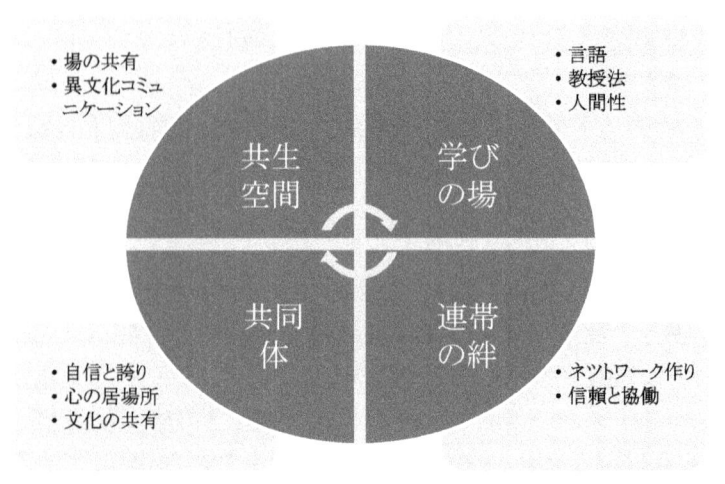

図1　大平学校での学び合う共同体の構築

おわりに

　大平学校は、中日教育文化交流史の中で、傑出して成功した事例であり、中日国交回復後44年間の中日関係に大きな役割を果たした。大平学校によって、中国の日本語教育は改革され、日本語教育のレベルを向上させた。大平学校の設立は、中国の日本語教育にとって重要な転換点となったといえよう。

　こうして実現した大平学校であったが、日本人講師は学習意欲に満ちた全国各地から選ばれた600名の研修生の誠実な態度に強く心が動かされた。また研修生は知識を学ぶと同時に、日本人講師の人徳を身につけていた。大平学校で研鑽を積むことが中国の日本語教師の重要な目標とまでなっていた。

　さらに大平学校の修了生は、大平学校の1年間で視野を広げ、日本語能力を高め、所属の大学で大平学校方式の教育を実践した。そして現在に至るまで30年間にわたり中国の日本語教育を支えてきた。また研修修了後に中国全土、又は日本に散らばった後でも、同窓会を通してネットワークを形成し、ともに学び、助け合い、中日友好のアクターとして活躍してきた。

　日本側においても、外国における日本語教育という点で、かつてない規模での実践の場であり、大平学校での授業実践を通じて日本における日本語教育は、その後、大きく発展を遂げていく。日本語教育発展の起爆剤としての役割を大平学校は果たしたのであり、日本語教育関係者にとっても貴重な学びの場であった。

　中日双方のニーズに合致した大平学校という教育システムを築き、それが中核的役割を果たすことで、中国の日本語教育における礎と成り得た。また、さらに中日交流を担う現地の人材育成につながり、今日にも繋がる堅固な人的ネットワークを構築するに至ったと言える。

　今後、大平学校から孔子学院、日本語教育から中国語教育へという視点を広げて、言語学の教育の研究、そして学び合う共同体の構築の研究を進めていきたい。

　中国はイギリス、フランス、ドイツ、スペイン、日本などの国の経験を参考にし、自国の言語文化を広げる道を歩み始めた。ちなみに大平学校は日本政府が日本語普及事業の中で最も規模の大きい事業であり、大平学校の成功が国際交流基金の発展の土台となったが、中国は孔子学院の設立時に、国際交流基金のやり方も参考にしていると考えられる。

　孔子学院は、2015年までに134の国と地域に500校が設置されると同時に、1000校の中小学校で孔子学堂が設置され、登録会員数は170万人に達している[9]。しかし、量的な成長を達成した孔子学院への、世界からの評価は賛否両論である。

　今後如何に質の面を重視し、個々人のエンパワメントにつながり、多文化共生・生涯学習としての言語教育を実現できるのか、真の「人的交流の場」、「友好を促進する場」、「文化交流の場」という「学び合う共同体」を構築していくか、大平学校の事例を参考にする部分も多いだろう。

注

[1] 日本語の正式名称は在中華人民共和国日本語研修センターであり、中国語の正式名称は大学日語教師培訓班である。当初中国で「培訓班」としていた。その後様々な「培訓班」が組織され、それらと区別するため、大平正芳首相が提起したプロジェクトに因んで、中国人関係者は大平首相の名前をとって「大平班」と呼称するようになる。日本語に翻訳すると「大平学校」である。

[2] 『日本語教育研究論纂』(第1～4集)、国際交流基金、1982～1985年。

[3] 外務省情文局文化第2課、「対中国日本語研修特別計画」第2条本件の計画の概要(6)項目、1980年4月22日。副団長(当時)として大平学校に赴任した平井勝利(元名古屋大学教授)より提供。

[4] 牧野篤は「在中国日本語研修センターで5年間に養成された600名の日本語教師が、1人毎年100名の学生を教えたと仮定して、毎年6万人の学生に研修の成果が波及すると考えられ、日本人教師が直接学生を指導するよりも、はるかに効率的だ」と指摘した。牧野篤『中国で日本語を教える―派遣日本語教師の教育実践と生活状況―』名古屋大学教育学部社会教育研究室、1995年3月15日、18頁。

[5] 大平学校内部資料、「第1期日本語教員養成講座授業計画についての提案」1980年6月20日。平井勝利より提供、1頁。

[6] 大平学校、同上資料、「第1期日本語教員養成講座授業計画についての提案」、2-3頁。

[7] 砂川有里子「対中国日本語研修センター報告書」1981年10月18日、1頁。

[8] 国際交流基金日本語課「在中国日本語研修センター第1～5年次報告(要旨)」、国際交流基金、1983年、1985年。他の資料が年代不詳。国際交流基金より提供。

[9] 孔子学院本部「習近平主席がイギリス孔子学院及び孔子学堂年会での講演」2015年10月23日。世界漢語教学学会ホームページhttp://www.hanban.edu.cn/hb/node_7446.htm(2016年3月28日、最終閲覧)

参考文献

北京語言学院日語教師培訓班編. 1987.『記念文集―日語教師培訓班的五年(記念文集―日本語教師研修班の五年)』. 国際交流基金

平井勝利. 1981.「中国だより2 日本語『らしさ』教えるために」.『言語生活』. pp82-86. 筑摩書房

水野義道. 1981.「中国だより4 北京一歳」.『言語生活』. pp86-91. 筑摩書房

莫邦富. 2001.「対中国ODA批判を考える『大平学校』を思い起こせ」.『中央公論』116(4). pp104-111. 中央公論新社

莫邦富. 2002.「忘れぬ大平学校の日々」.『これは私が愛した日本なのか』. pp7-9. 岩波書店

莫邦富. 2005.「大平学校をご存じですか――終了から20年、卒業生の歩みをたどる」『遠近』(6). pp15-20. 国際交流基金

村木新次郎. 1981.「中国だより―3―食べられなかった北京ダック」.『言語生活』. pp90-94. 筑摩書房

佐伯胖・藤田英典・佐藤学(編). 1996.『シリーズ学びと文化6 学び合う共同体』. はしがきⅲ. 東京大学出版会

佐治圭三. 1980.「中国における日本語教育」.『言語生活』. pp70-86. 筑摩書房

佐治圭三.1981.「中国だより1 北京の春」.『言語生活』(355).pp76-80.筑摩書房
佐治圭三.1985.「中国における日本語教育」.『日本語教育および日本語普及活動の現状と課題』.総合研究開発機構
佐治圭三.1987.「日本語研修センターの五年」.北京語言学院日語教師培訓班編集『記念文集—日語教師培訓班的五年(記念文集—日本語教師研修班の五年)』.国際交流基金
竹中憲一.1988.「中国における日本語教育」『早稲田大学社会科学研究所社研・研究シリーズ』(23).pp49-79
王宏.1980.「中国における日本語研究の現状」、国別の問題点－2－中国における日本語教育＜特集＞、『日本語教育』41号.p39
谷部弘子.1981.「中国だより5 二年目の出発」.『言語生活』.pp82-87.筑摩書房

ipad 在大学日语教学及科研中的应用

北京第二外国语学院　张文颖

要旨:ipad 誕生して以来、その魅力、特に教育面における潜在力が広く認識され、開発が押し進められている。本論文において、わたくし個人のここ数年来、ipadを積極的に大学の日本語授業及び科学研究の応用法を実践的に試みてきた心得をみんなと分かち合いたい。それを通し、大学における日本語教育の新しい教授法の模索に貢献できればと考えている。

关键词:ipad　教学方式　移动教学　双方向教学

近年来,数字化教学手段广泛地被应用到课堂教学中,传统的多媒体教学也开始遇到瓶颈。面对新时代下的教学对象,如何实现顺应大数据时代的外语教学,是外语教师面临的新课题。

在过去的十多年时间里,多媒体教学成为了教学领域里的宠儿,PPT 一时间占据各类课堂,好像上课时教师不使用 PPT 就是落后于时代,当时代发展到互联网和大数据时代的今天,有人甚至仍认为以 PPT 为主体的多媒体教学就等同于紧跟时代步伐的现代化教学,其实这是个误区。多媒体教学如果在理念和方法上只不过是书本和黑板的延伸,那它就和传统纸媒体教学没有任何区别。

以教师为中心的传统教学模式,它的特点就是由教师通过讲授、板书及教学媒体的辅助,把教学内容传递给学生。教师是整个教学过程的统领,学生则处于被动接受的地位。完全是一种单方向教学模式,在这样一个模式下,老师是处于绝对主导地位的施教者,学生是被动的接受者即灌输对象,多媒体是辅助老师向学生灌输的工具,教材则是灌输的内容。

传统教学模式的弊病,并不在于主张发挥教师的主导作用,而在于把教师的主导作用任意夸大并绝对化。为了达到优化教学过程,使学生获得最佳的学习效果,教师的主导作用(或指导作用)是必不可少的,尤其是在学习一门语言的初期阶段更是如此。今后教师在教学中的主导作用非但不能削弱,反而应该进一步加强。所以新型教学模式的建构决不应忽视这一方面而走到另一个极端,片面强调以学生为中心,完全让学生自由去探索,忽视教师的作用。近年来备受关注的互动教学,也是在教师引导下的互动教学,而绝不是无目的、无秩序的教学。

随着"互联网+"和大数据时代的到来,教学将迎来一场全新的革命。庞大的电子化数据资源为传统的外语教学带来了一场革新的机会。借助 ipad 等移动电子终端,灵活运用各种 APP 软件,在丰富教学资源的同时,可以在课堂上真正地实现移动教学[1]、互动教学。在科研方面,ipad 在文献资料收集和整理方面同样具有极强的吸引

力。本人近年来一直尝试教学法的革新,积极将 ipad 运用到课堂教学中,并积累了一定的实践经验与大家分享。

1. ipad 是什么

ipad 不是电脑,ipad 定位介于苹果的智能手机 HYPERLINK"http://baike.haosou.com/doc/347505.html""_blank"iPhone 和苹果笔记本电脑产品 MacBook 系列之间,通体只有四个按键(Home、Power、音量加 & 减,还有一个重力感应与静音模式开关),与 iPhone 布局一样,提供浏览互联网、收发电子邮件、观看电子书、播放音频或视频等功能。可以看出它跟电脑相比构造和功能方面要简约许多。

ipad 不是游戏机,ipad 自问世以来很多人看重它的娱乐功能,很多人用它来玩游戏,但渐渐发现用它起游戏来,远比不上 XBOX[2]、PS3[3] 震撼过瘾。

ipad 不是电子书,因为拿着看书不到 10 分钟胳膊就会酸疼。而且电池只能撑住 10 小时,比电子书差很多。但它是彩色的、操控性更强、甚至可以互动,阅读过程的体验远远超过了所有的 e-Ink[4]。

ipad 不是电子相框,因为针对于电子相框来说他太贵、太重;不是导航仪,但它却比导航仪用起来更爽;不是录音笔,但它的录音功能超级棒;它也不是收音机,但却可以收听到收音机听不到的许多音频资源。

总之,ipad 什么都不是,却什么都是。比起 iPhone 等智能手机,它只是"大一号";比起我们已经熟悉的产品,多数应用的体验总是"差一点",但却足够让你满意。

ipad 重新定义了一种电子设备,为我们带来了神奇的威力。那么,它是如何带来神奇威力的呢? 我想主要由于它拥有一个苹果专属网络便捷超市—— Appstore。通过下载和使用 app,能让你瞬间体验到许多奇幻之旅。尤其是它在教学和科研中的表现令人十分振奋。

2. ipad 给我们的日语教学带来了什么

首先,给教学方法带来了革命性变化,以往的教学基本上教师掌握着知识主动权,ipad 的出现使得学生拥有了轻松获取丰富知识的利器。与此同时,给教师的教学方式带来了革命性的变革。真正意义上的互动式教学离我们更近了。教师和学生在获取知识这个角度上而言,被置于平等地位,从这个意义上来讲学生在教学中将扮演更加重要的作用。另外,随着以 iTunes U 为代表的个体化 MOOC 时代的到来、并伴随着以微信、QQ 为代表的社区网络的不断完善,使得线上线下学习变得更加容易,课堂、虚拟课堂联动式全天候的学习环境已经具备,学生迎来了一个全新的学习环境。但与此同时,教师的引领作用就显得格外重要,教师必须要紧跟时代步伐,引领这个个性化学习的浪潮。

2.1 全方位、大信息量给教师和学生带来更全面丰富的知识

ipad 与互联网天生就是绝配,ipad 便捷的操控性加上互联网资源,使得教师备课和学生学习有了更为坚实的后盾。Appstore 中的移动图书馆、移动中国知网、移动龙

源期刊网、移动大百科全书、苹果专有 ibooks、iTunes U 网络在线课程等等 app，都将会让教师的教学与科研工作得到一个十分得力的好帮手；学生将会拥有一个帮助自己学习的神器。其中，移动图书馆里拥有上万册电子图书，一个移动图书馆 app 在手就等于你拥有了一个自己独享的个人专属图书馆。中国知网是国内最权威的学术资源平台，移动版中国知网魅力无比，有了它可以随时随地摄取自己需要的学术资源，并将其保留和收藏。移动龙源期刊网里有几百种期刊杂志，便于教师和学生找到自己需要的第一手学术资料。

随着网络时代的到来，教师在知识上的统治地位开始被动摇了，但同时给教师提供了另一个角色，那就是教师要在如何引导学生进行学习方面多下功夫。

（移动图书馆 APP）

(龙源期刊网 APP)

2.2 寓教于乐实现互动教学

触摸式屏幕让学生倍感亲近,app 中有很多充满娱乐性的日语学习软件,使得学习变得充满娱乐,极大地激发了学生们的学习积极性。日语发音阶段 app 已经制作十分精良,指导发音、发音测试、小测验等功能已经十分成熟。通过苹果 TV 可以将 ipad 的内容瞬间完美地投射到教室里的电脑或者电视大屏幕上,教师可以手持 ipad 随意在教室里走动,并向学生提问,学生可以在 ipad 上做出回答。另外,只要硬件条件具备,在课堂上已经可以轻松实现教师 ipad 和学生 ipad 的联机功能,教师可以通过联机功能引领学生一起学习和交流。例如,可以将每位学生的 ipad 内容导入到大屏幕上,加大了学生们对课堂的参与度。

当下,微课和翻转课堂非常盛行,Appstore 里面有很多适用于翻转课堂的 app,例如,iTunes U、学呼微课堂、我要录微课等。用这些软件可以录制十分钟左右的课程精华内容,并将录制的课程提前与学生分享,在正式上课的时候可以就分享内容展开讲述并与学生进行讨论。通过 iTunes U 教师可以以慕课的形式按学期来讲授网络课

程,并通过小测试的形式来考察学生对课程的掌握情况。极大丰富了课上课下的学习手段,真正体现以学生为本的教育理念。

（iTunes U）

（移动中国知网 APP）

3.给教师搞科研带来了革命性变化

上文已经提到通过 ipad 使得查找和利用学术资源更加便利。另外，购买日本原版电子期刊、杂志和书更加方便。通过申请日本 ID 账号，在 iBooks、紀伊国屋、ビューン等 app 里购买日本原版电子书、电子期刊杂志变得十分简单。通过这些学术资源您可以和日本同步享用到最新的学术成果。

（iBooks）

（iBooks）

4. ipad 在日语教学中的具体应用

4.1 便利的教学工具十分齐全

模拟黑版 app,可以取代实体黑板,让学生直接在模拟黑板上答题;录音工具,可以在上课时录制学生们的发音以便及时纠正学生们的发音;丰富的电子词典可以帮助教师在课堂上更准确、全面的把知识传授给学生(主要的电子词典有:日本語コロケーション辞典、日本語大シソーラス、角川日本史辞典、故事ことわざ辞典、慣用句辞典、中日日中辞典、プリタニカ百科全書、三省堂国語辞典など);

日本报纸和专栏 app 可以迅速了解日本最新讯息;日本经典文学作品免费 app——青空文库移动版可以在上课时全景式介绍一部作品的全部内容。以往上日本文学课时,教师只能通过复印主要几页作品来讲授,但有了青空文库移动版后,教师可以随意调取需要的内容,使得课程信息量得以极大丰富。

收音机 app——播客可以同步收听和下载日本广播电台节目,同时一些好栏目的往期节目也可以收听和下载,对于提高学生日语听力以及了解日本最新讯息将非常有帮助。以 iTunes U 为首的网络公开课也非常适合在课堂上使用,借此来拓宽学生们的视野和知识面。市面上的网络公开课软件内容一般以中国和欧美为主,iTunes U 里面有着十分丰富的日本知名高校的公开课,学生可以足不出户聆听日本知名教授的课。

电子教材编写 app 使得我们每个人都成为了制作和发布个人化教材的主角,制作教师真正需要的互动式、大信息量的电子教材成为了可能。以往的所谓电子版教材其实就是将纸质版变成了电脑板版并配上音而已,并没有什么互动性可言,而现在的电子教材则完全颠覆了以往对电子教材的理解,实现了教师独立、自主制作互动教材的梦想。

（播客 APP）

（青空文库 APP）

5.当前存在的问题及今后的对策

①目前非常适合日语教学的 app 还很少,未来大有开发前景。当下日语教学 app 的主体基本上集中在入门阶段,而对进阶阶段的开发明显滞后,可以说未来大有可为。另外 app 的内容也很单一,语法学习占据主体,对于翻译、文学等关注太少。

②对硬件要求较高,成本过高。

③对视力影响较大,使用时需注意控制时间,保护视力。

总之,ipad 未来在外语教学和科研中还将会大有作为,目前大学各个教室里一般

都配有多媒体设备,所谓的多媒体设备其实就是电脑和投影仪以及音响,利用率不是很高,随着ipad时代的到来,将会使多媒体设备的使用价值最大化,充分发挥ipad的移动特性,使移动教学成为可能,与此同时随着社区网络平台的不断完善,也将极大丰富互动教学形式和内容。让我们共同期待ipad给我们带来更多的精彩。

注

[1]是指移动设备辅助教学的一种新型教学形式。
[2]Xbox,是由美国微软公司开发并于2001年发售的一款家用电视游戏机。
[3]PlayStation 3(简称为"PS3")是索尼电脑娱乐所开发的家用游戏机,也是该公司推出的第三款电视游戏机。PlayStation 3提供称为"PlayStation Network"(现Sony Entertainment Network)的整合网络游戏服务,使用蓝光光盘(Blu-ray Disc)作为主要的储存媒体,拥有与PlayStation Portable(PSP)的链接能力。PlayStation 3首先在2006年11月11日于日本发售,并于2009年9月,PlayStation 3推出较薄及更大容量的改良机型PS3 Slim。
[4]电子墨水(E Ink 指电子墨水公司 E Ink Corporation)制造的电子纸。该公司成立于1997年,建基于美国麻省理工学院媒体实验室 MIT Media Lab)的研究。电子墨水通常会被制成薄膜,用于电子显示器,尤其用于电子书,如Sony Reader、iLiad、Cybook Gen3、Amazon Kindle、Logic的eReader 和 Polymer Vision 的 Readius 装置。

参考文献

刘坤.谈传统教学模式与多媒体教学模式下的大学英语教学.《教育与职业》2012年02期
李梦琪.传统教学模式与网络教学模式的比较研究.《现代教育论丛》2011年09期

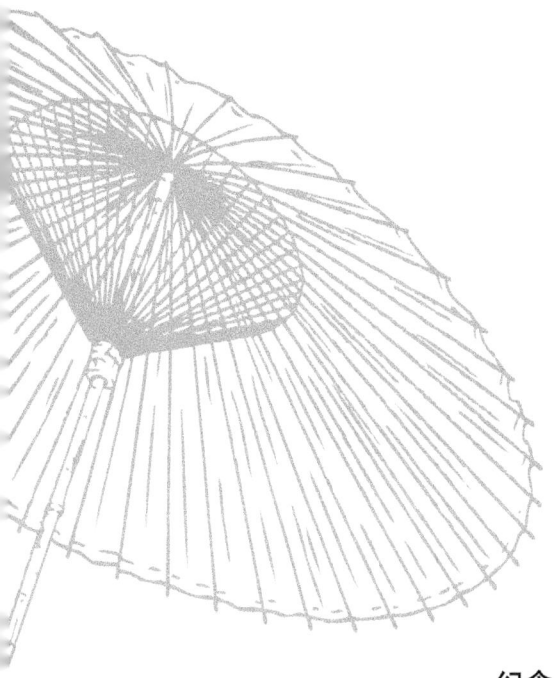

纪念北京日本学研究中心成立三十周年国际学术研讨会
"亚洲日本研究的可能性"

日本文化分科会

山鹿素行『武教全書』とその展開

蘭州大学・国文学研究資料館　中嶋英介

摘要：关于山鹿素行（1622～1685）的武士道论的研究，至今为止一直以《山鹿语类》为中心展开，并且被视为带有显著的儒教特征。但是，《山鹿语类》的训诫对象仅为有政治主体性的武士"大丈夫"阶层，素行在其他的著书中也将武士进行过各种阶层的划分。例如在《武教全书》中他将武士分为"主""将""士"，三个阶层，并提出了每个阶层的武士分别应该承担的义务。但对于武士阶层中的"士"的规戒在后世才被进一步具体化。

为《武教全书》进行注释的《全书谕义》中，对于"侍"的训诫，它强调重誉求胜（重视自身在同阶层中的名誉的同时崇尚英雄主义）的这种"义"。在素行的弟子大道寺友山的《武道初心集》中将这种从重誉的"义"运用到了武士治世的理想之中。《全书谕义》和《武道初心集》这两本书都很重视他人的看法和在后世的名声。这种名誉意识在山鹿素行的武士道论中虽然鲜有涉及但是在重视对士管理的 18 世纪以后，越来越多的被进行阐述。

キーワード：武士道　士道　山鹿素行　『武教全書』

はじめに

　近世の武士道論は官僚武士への規範として成立した「儒教的」といわれる士道論と、戦国的威風を兼ね備えた「伝統的」といわれる武士道論という二つの潮流が存在したといわれる。相良亨は和辻哲郎の提唱を引き継ぐ形で前者の「儒教的」士道論者の典型例として山鹿素行（1622～85）を、そして後者の武士道論者を『葉隠』の口述者山本常朝（1659～1719）に位置づけ、両者を対立軸にのせて近世武士道論の図式を提示した（相良 1993）。「儒教的」士道・「伝統的」武士道論の主張をそれぞれ汲み取った図式自体は、その後倫理思想史の方面から定説化されつつ継承されてきた（山本 1979・坂下 1984・広神 1991）。

　一方、近年は士道論・武士道論の図式に止まらない考察も提唱されている。佐伯真一氏は幾多の様相を備えた「武士道」を現代的用法に縛らず、客観的に解明する必要性を主張し（佐伯 2010）、笠谷和比古氏は『可笑記』上の武士道論に光を当て、近世各々の武士道論検討を試みる（笠谷 2011）。近代以降思い思いで解釈された「武士道」を、当時に遡らせて検討する作業は必須ではあるが、この作業は常に困難がつきまとう。佐伯氏も指摘しているが、たとえ「武士道」の語があったとしても、各々の書の性格や文脈、他書とのつながりを読み解かない限り、その位置づけは曖昧なま

まで終わりかねない。また「武士道」に近い語(「武道」・「士道」等)も当時の史料に散見される以上、武士の教訓を「武士道」のみにあてはめる妥当性も問われるところだろう。「武士道」が様々な角度から解釈され、現代に至るまで一人歩きし続けている現状は、我々の想像以上に歴史的検討を難しくしているのである。

では「武士道」の文脈やつながりを意識して考察するために、如何なる手段を用いればよいか。武士道論を丹念に取り上げる作業は重視されねばならないが、系譜の検討も有効だろう。「武士道」、あるいはそれと同一の概念を軸として後世への解釈をみれば、多様な意味を持つ「武士道」が歴史的流れの中で、いかに語られたかを検討する作業となる。これまでの研究史上、近世武士道論の考察は散逸になりがちであった。それは―奇しくも現代で貴ばれる「武士道」を強調する識者が存在するのとほぼ同じく―近世当時の思想家も各々の観点から武士の教訓を説いていたからに他ならない。散逸になりがちな武士道論考察につながりをもたせるべく、本稿では武士教訓と後世への註釈に着目し、山鹿素行による士道論の系譜を考察する。

素行の士道論はこれまで「儒教的」という前提の中で、素行のみの世界観の中で考察されてきた。しかし素行の子孫が代々兵学者として平戸・津軽藩で仕えた他[1]、素行の著した著書及び注釈書が全国的に点在する事実から鑑みれば、系譜を見る上での材料は少なくない。幾多の弟子を抱えた素行の士道論がいかに解釈されたか、本稿は素行著の『武教全書』と注釈書の『全書諭義』、素行の弟子大道寺友山(1639〜1730)による『武道初心集』を取り上げ、素行が想定した複数の武士層を皮切りに、士道論の系譜を検討する。

1. 士道論研究の諸問題と「武教」

「武士道」が現代まで思い思いの立場で語られたために定義しづらい一方で、「士道」はさほど手垢がついた用語でもない。「士道」を「武士道」との対立軸として取り上げた相良のほか、近年は「武士道」から派生した用語であって対立概念として捉えるべきではないという説(菅野 2004)、または近世武士道に数々の具体相がある以上、対立軸の側面も踏まえた教訓として検討すべきという佐伯氏の指摘もある。これらの説に共通しているのは「士道」が儒教的教説を背景にしているという前提である。ただし素行の士道論に限っていえば、その全てを「儒教的」と規定するのは必ずしもあたらない。

山鹿素行の士道論が礼儀を重んじた「儒教的」士道論であるという説は、戦後の近世武士道論研究において定説化されてきた。しかしその士道論は『山鹿語類』巻21(士道篇)を中心に紹介された教訓であって、素行の士道論の全貌が明らかになったわけではない。事実、巻21より後の巻22〜32の士談篇は「儒教的」とかけ離れた教訓も散見され、素行の士道論を一括りに捉えること自体困難であることは近年の研究で明らかにされている(中嶋 2009・前田 2010・谷口 2013)。また、素行の士道論が、いわゆる「儒教」の徳目を取り入れた点は確かだが、そもそも『葉隠』の武士道論を対立軸にのせた比較検討自体、注意せねばならない。その理由の一つが、両書で

想定された武士層の違いである。

『葉隠』の口述者山本常朝は、鍋島藩に代々仕える譜代の中野一門の家臣であり、それゆえに強烈な譜代意識を持ち得る家臣団に属していた。一方『山鹿語類』巻21上で対象とされる「武士」の場合、常朝のように強烈な譜代意識を備えた「武士」ではなく、彼等は政治的主体性の備わった「大丈夫」である。一つの御家に代々仕えてきた譜代家臣の山本常朝の説いた武士道論と、特定の主君を持たない素行が、御家を統治する「大丈夫」のために説いた士道論が異なるのは当然であり、同じ目線で比較できるものではない。にもかかわらず、近世武士道論研究はこうした武士層のアンバランスが半ば看過された形で比較されてきたのである。『山鹿語類』巻21で説かれた士道論が一部の武士層に向けたものにすぎない現状がある今、そこにこだわる必要はない。主君に仕える「武士」に対して素行は何を提唱し、そしていかに引き継がれたのか、この課題に応えるべく、本稿では素行の兵学書『武教全書』（全8巻、自筆本は現存せず）を軸に検討したい。

山鹿素行は朱子学への信望―懐疑―批判を経て、日本中心主義へ向かった思想家として知られるが、戦闘的要素と共に統治論を取り入れた「武教」の概念から見れば、壮年期以降大きな思想展開を遂げたわけではない。『武教全書』（附『武教小学』）が成立した1656（明暦2）年、素行はこの他にも『修教要録』・『孫子句読』・『武教本論』・『武教要録』・『兵法或問』等、数々の兵学書を著した。素行の兵学書がこれほどまで集中した時期はなく、堀勇雄はこの期間を「武教の時代」と位置づける（堀1959）。『武教全書』は、この中でも盛んに読まれた兵学書の一つにあたる。

『山鹿素行略年譜』によれば、素行は晩年に至るまで『武教全書』を用いたのみならず、1680（延宝8）年には子の高基にも『武教全書』序段の講義を諸士に向けて行わせたという[2]。後代には附属書の『武教小学』とともに多数の注釈書が著され、山鹿家が仕えた平戸・津軽藩をはじめとして、各地に広まった。その中味は戦術論が半分以上を占めるが、兵士の統制や大将から雑兵にかけての作法等、「武士」を一面的に捉えることなく、それぞれの身分に叶った教訓も見られる。であれば『武教全書』から見出される「武士」の類型および統制論の検討は、単に『山鹿語類』巻21上の「大丈夫」に対する士道論だけでなく、別の武士層に対する教訓をみる契機となるだろう。

かつての先行研究にて素行の士道論が取り上げられるとき、それは政治的主体性を持つ「大丈夫」の士道論を示していた。この他素行は口述書『武教小学』上にて「大丈夫」よりも下層の「仕官の士」に対し教訓を提示したが（中嶋2013）、さらなる下の兵士層に向けた教訓は、管見の限り見あたらない。彼らの身分的位置づけは曖昧ではあるが、「士」に仕える兵士を指す以上「武」の働きは想定され、その統制にもとづいた「士卒」への教訓提示は徳川政権にとって重要な課題の一つであった。

山鹿流兵学の創始者である素行も、彼ら「士卒」の役割を重視したが『武教全書』には「武士」の区分けがされても、項目のみ記されている箇所が多く、解説はほとんど付されていない。それ故、後世に多数の注釈書が著されるわけだが、筆者・成立年代が明らかで、かつ全巻揃った書は限られる。士道論の系譜を辿るならば、素行の

年代からさほど離れず、山鹿流兵学の薫陶をある程度受け継いだ所から検討すべきだろう。

かかる条件を満たす書として、本稿は山鹿高基の弟子筋にあたる西河小左衛門（生没年不詳）の『全書諭義』（玉川大学図書館蔵　原片仮名　1730（享保15）年奥書）をてがかりに、素行が区分した「武士」の類型とともに、『山鹿語類』巻21と一線を画した士道論を取り上げる。泰平の武士道論が習熟する18世紀にて、素行以降の士道論はどのように展開されたのか。本稿では『武教全書』の注釈書を用いて「士卒」の教訓を浮かび上がらせ、素行以降の士道論の一系譜を明らかにする。

2.複数の武士層

前述した通り素行は『山鹿語類』巻21に限って「武士」への教訓を垂れたわけではなく、ひとたび他の箇所をのぞけば、そこには別の武士層に目を向けた教訓があらわれる。

例えば素行の口述書『武教小学』の教訓には『山鹿語類』巻21の一部と共通する箇所が存在するが、件の箇所をみると『武教小学』には見られない所に『山鹿語類』巻21では「大丈夫」の字が盛り込まれ、意図的に改訂されている（中嶋2013）。『山鹿語類』巻21と『武教小学』上の間で、素行が「武士」を振り分けていた事実から見れば、前節でも示した「士卒」層にあたる下級武士層の確認、さらにそこから生まれる各教訓を検討せねば、素行の提唱した士道論は明らかにならない。その振り分けを見るべく、『武教全書』から複数の武士層を見てみよう。以下は『武教全書』序段の一節と注釈である。

夫士の法其品多し、然とも其本三にいです、謀略知略計略、是也（序段40頁）

夫は発語の詞、士は一己の侍を云にあらす、数箇国を領するほとの重き大将をさして云、三本（ママ―中嶋注）とは謀知計也、士の法多しといへとも、謀知計の三つより外にはなしと云義也、（『全書諭義』）

「士」の作法は「謀略・知略・計略」に集約されるが、策略を行う主体は大将に位置する武士であって、一人の侍層に向けられたものではない。『武教全書』序段の「士」は主君に仕える「侍」を意味せず領地を支配する領主層を示し、『全書諭義』に至っては「士」と「一己の侍」との区別が一層強調されている事実がわかる。ただし素行は「士」を領主層のみに定義づけるわけではなく、文脈によってその意味を変えていた。別の箇所では「主」・「将」・「士」をそれぞれ分け、各々にとっての高名・不覚について以下のように説く。

一、主将士三段の高名不覚其意得有へき事
主は心を正し民を撫、国を治、家を斉へ天下を安泰にシテ世に乱道の臣なからしむる、是高名也、国に乱臣出来、下安堵せす、主又匹夫の勇を好むは不覚也、将は義を重んし、上を敬ひ、我預りの侍足軽諸役人を能下知して忠ある如くするを高名と云う、我功を立んコトを願ひ小利を貧て大利を失を不覚

>と云、士は法を守り義を正し武芸を勤め常に不怠して功を諸人にすぐれんコトを思ふ、是高名也、分を越て事を願ひ、人の是非を云、我分を守らさるは不覚也(『武教全書』撰功　60頁)

　「主」は御家を守るために天下の安泰を目指し、「将」は足軽を率いて主君への忠を尽くし、「士」は武芸に励んで傍輩より優れた忠功を遂げることが、それぞれの高名であるという。ここでいわれる「士」への教えは、「主」や「将」には見られない周囲の目線をも取り入れた姿勢といえ、『武教全書』序段にある「士」とは違い、むしろ兵士に近い。さらに「士」と「将」各々の高名・不覚をみると、職分の違いが浮き彫りにされていることがわかる。例えば「将」が己の戦功だけを狙って配下の引率を怠れば、大利を失い不覚と評される。一方「士」の高名とは、法を守って武芸に励み、諸人に優れた戦功の獲得をいう。諸傍輩よりも優れた「功」を目指すという「士」の高名は、「将」におきかえると「我功を立んコトを願」った行為に他ならず、ともすれば不覚になる。「士」にとって評価されるはずの高名が、「将」に至っては小利ともなりかねず、両者の働きは明確に区別されているのである。この区別は配下を抱える「将」、抱えない「士」に与えられた役割から生じる違いであって、集団の統制上矛盾するわけではない。「主」・「将」・「士」で勤めの内実が異なるにもかかわらず、研究史上における素行の士道論はこれまで「士」を単一の身分として捉えていたのである。

　『武教全書』撰功篇にて最上に位置する「主」は『山鹿語類』巻21で理想視される「大丈夫」に近く、先行研究ではこれら「主」や「大丈夫」が、『葉隠』上の武士道との対立軸として比較されたいきさつがある。しかし、『武教全書』上の教訓は「主」・「将」・「士」それぞれに叶った役割を提示する以上、「武士」の教訓を単一に捉えることはできない。仮に士道・武士道の枠組みの中で『葉隠』と山鹿素行の士道論を検討するのであれば、「大丈夫」や「主」ではなく、「将」・「士」の家臣にまで範囲を広げ、かつ彼らに向けた教訓を検討しなければ、本来の比較にはならない。かかる前提を踏まえて下層の「武士」に目を向けたとき、改めて浮き彫りにされるのが「侍」という存在である。「侍」は「士」のように意味が変動することなく、総じて足軽を含めた下層武士を意味する。『武教全書』上にて頻繁にあらわれる「侍」は『山鹿語類』巻21にはなく、素行は彼らに向けた教訓を具体的に示したわけではない。『武教全書』および、その注釈書は侍層にいかなる働きを促したのか、詳しい検討を行う前に位置づけを確認しておこう。『武教全書』「武者分」にて、小左衛門は以下のように解説する。

　一、足軽大将
　　馬上廿乃至四十計りに、かち足軽十廿百計り差添預る侍を云也(『武教全書』47頁)
　　　本文の如し、大足軽中足軽小足軽とて、其器量によりて多少あり、是を預るゆへ足軽大将と云、然とも侍を預るにあらすしては大将とは云ず、故に六奉行も重き役儀たりと云へとも大将の号なくして奉行と云、足軽大将は必す馬上与力の侍を添て預るゆへ大将の号有と云り、又歩行足軽とは歩行にて

ありくゆへ、足軽を都てかち足軽と云ると也(『全書諭義』)

　素行は足軽を単一に捉えたが、『全書諭義』では細分化され、馬足軽や徒士足軽等に分けている。大・中・小の足軽を預かる「足軽大将」は主君に仕え、「士卒」を従える武士層を指し、大将格が授けられる。足軽より下の階層は軍事上存在せず、大将に仕える軽い身分という意味で『武教全書』上の足軽・「侍」はほぼ同一である。「士卒」とも称された足軽は身分上軽視されるが、いくさでは勝負を左右する階層として、その働きが重視された。

　一、本末を知る事(『武教全書』42頁)
　　万事万物非情の草木まて本あり末あり、況や大将其本末の理を知り給はすしては国を治、家を斉る事叶かたし、縦令は一軍の大将は末也、引率する所の士卒は本也と見給て吉、何ほとの名将とても人数を持す、独夫独身にて敵と刃を接へ、其国を取敷事あたはす、士卒の力を以て敵を亡し、其将とは呼るゝ也、大将一己の身を本とし、士卒を末と思召るゝは大なる誤り、本末を知さる也、(『全書諭義』)

　万事万物に本末はあるが、大将が本末を知る際、引率する「士卒」が本であり、大将は末にすぎない。有能な大将も独りで戦はできず、数ある兵の力で敵軍を滅ぼしえることによって初めて「将」と呼ばれるとし、「士卒」の役割に多大な期待を寄せていることがわかる。では彼ら「士卒」を統制するために、いかなる教訓が用意されていたのか。『山鹿語類』巻21上の「大丈夫」を指す「主」、そして『武教小学』上の「仕官の士」にあたる「将」より下に位置する「侍」の教訓を『武教全書』・『全書諭義』から見ていこう。

3.「侍」の士道論

　前節にて素行は「士」を文脈によって変えていた点、また『全書諭義』に至っては下級の「武士」がより細分化された事実が明らかになったが、いずれの「武士」にせよ与えられた役職での勤めがとわれ、抜け駆けは決して許されなかった。

　一、職を捨る事
　是は我役儀を捨て事をなす時は、其誉莫大なりと云とも用ゆへからすといへる儀也

(『武教全書』撰功篇　59頁)

　　本文の如し、譬は足軽は弓鉄炮の役也、然るに其預りの弓鉄炮を捨刀を以て働き莫大の誉ありとも、是を賞すへからすと云る儀也、頭奉行、一己の侍、歩武者の類ひ、其品は替り有とも我役儀を守らす、外を勤るは皆職を捨る也、(『全書諭義』)

　弓鉄砲を持つ足軽が本来の役をないがしろにして得た戦功を賞してはならず、自らの役儀を守った働きが重視されている。大将レベルの武将から見れば、「頭奉行」・

「一己の侍」・「歩武者」といった下級武士層は役割の逸脱が許されず、戦功よりも己の職を全うする働きが最優先されていたのである。もちろん職分を守るという意味では、下級武士にも「大丈夫」同様のつとめが求められていたが、『全書諭義』も『武教全書』と同じく、兵士層の「侍」と上級武士にあたる「士」との身分間で明確な区別を設けた点は変わらない。以下は『武教全書』大項目の「侍用武功」と『全書諭義』の注釈である。

> 侍用武功（『武教全書』91）
> 　士の字を用るときは重く、侍は軽して小身の侍を云、此段小身の侍の可存事を記せるゆへ侍字を出す、用は利用を云、武功とは其わさを云也、利用に意得あり、武功あり、武具馬具軍馬の法及ひ軍礼並軍詞有り、故に侍用武功と号す（『全書諭義』）

ここでの「士」は『武教全書』序段上の「主」・「将」・「士」における兵士層ではなく、士卒を率いる「士」を指す。「侍」は「士」より身分の軽い小身の者に過ぎず、『全書諭義』は両者を意識的に区別する。「侍用武功」篇では、以降「小身の侍」特有の教訓が提示されるわけだが、「大丈夫」の士道論と決定的に異なるのは小身者故に生じる、傍輩との関わりを取り入れている点である。例えば「一、義不義忠不忠の心得の事」（『武教全書』侍用武功）の注釈にて、忠・義の定義と共に「士」・「侍」の役割の違いは明確に意識される。

> 一、義不義忠不忠の心得の事（『武教全書』91）
> 　君に仕るの信あるを忠と云、諸傍輩に対して恥を知るを義と云へし、故に古の聖賢忠義と次第して忠を先んし義を後とす、然れは者頭・物奉行等の重き士は、信忠をは第一とし、自分の功を思はす、君より預る所の諸士足軽を能下知して功あるか如くなさしむる事勿論也、然とも、<u>此段に義を先し、忠を後に出せるは、小身の侍の心得を述るゆへ也、小身の侍は預りの諸士足軽もあらねは、諸傍輩への恥を知り身命を惜ます、諸軍に抽て一人先登し功を万人に勝れ名を後代に残さん事を思ふを第一とす</u>、故に義の専なるを教道（ママ―中嶋注）せん為に義忠と出せり（『全書諭義』）

『全書諭義』上、「忠」は主君に仕える上での信と、そして「義」は傍輩に対し恥を知ることと定義づけられる。古の聖賢が忠―義と順序づけたのは、「士」にとって主君への忠が最優先されるためである。一方『武教全書』で「義」を先において「義不義忠不忠」としたのは、この項目があくまでも「小身の侍」に限った心得を述べたからだという。ここに主君への忠義を旨とされるはずの「武士」とは、別の武士像が浮かび上がる。

　役儀の重い「士」は主君から授かった「士卒」を率いて、彼らの戦功を立てるよう説かれている。彼らは己の戦功が最優先されず、主君への恩に報いる忠や「士卒」を率いて戦に臨むことが、職分となるのだろう。しかし「士卒」・足軽を抱える身分にあ

たらぬ「小身の侍」は事情が異なる。彼ら下級武士は上・下に挟まれた「士」と違って数多き兵士の中の一侍に過ぎない。幾多の傍輩を掻き分けねばならない「士卒」は主君への「忠」よりも、いかに戦功を立て名誉を残すかに重点がおかれていた。「小身の侍」の相手は遠くの敵より近くの諸傍輩の目線であり、彼らに対し恥なきように振る舞って、一人抜きんでた勤めを果たす姿勢が「義」であった。

　素行の士道論の系譜上、恥を知るところから成り立つ「義」は『全書諭義』のみで語られるわけではない。傍輩の目線を多分に気にした「義」の視線は、素行の弟子にあたる大道寺友山も主張するところである。その著書『武道初心集』(1727〔享保 12〕年)は『全書諭義』とほぼ同時期に成立し、天保期に信州松代藩内で再版されるほど広まった教訓書として知られる。友山は「武士」が行う「義」を説く際に、「且又義を行ふと申に付て三段の様子有之」(佐藤.1943.35)とし、友人からの金子の預かり話を例に出す。

　それによれば、ある者が友人と共に他所へ行く途中金子を預かっていた。ところが件の者が急病を煩って亡くなり、金子の行き先が自分しか知らない状況にであったとする。友山はその際に行うべき「義」の実践を三つに分けている。

>　右預り置たる金子の儀を其者の親類・縁者などへ申断り早速返し置くごとく成は、これ誠に能義を行ふ人と可申候。次に右の金主とても大抵の知人迄にて、さのみ入魂と申挨拶にても無之、(中略)是は沙汰なしに致置ても苦しかるまじきものかとある邪念の指出るを、扨もむさき意地の出たるものかなと我と我心を見かぎり、急渡分別を致替て件の金子を返すごとく成は、是を心に恥て義を行人と可申候。扨又右の金子預り置候を妻子・召仕の者の中に於て一人にても存たる者有之に付、其者の思はくをはち、後日の沙汰を憚て其金を返すごときは、是人に恥て義を行人と可申候。(同前.35-36)

　三つの義のうち、一つは金子を直ちに友人宅へ届ける「誠に能義を行ふ」者、二つは金子を自分のものにしようかと思うが立ち止まり、反省の念を抱きつつ返す「心に恥て義を行」う者、三つは金子を預かっていた事実を妻子・召使いが知ったため、後日のお咎めを気にして返す「人に恥て義を行」う者に分けている。当然「まことによく義を行」ふ者が評価されるわけだが、友山は他者の目線より生じた「人に恥て義を行」う者であっても、「是も又義を知て行ふ人にあらずとは申がたし」(同前.36)と、否定の対象としない。こうした義を実践する上での修行の心得として、友山は以下のように説く。

>　惣て義を行ふ修行の心得と申は、我が妻子召仕を初、身にしたしき輩の心の下墨を第一に恥つつしみ、夫より広く他人のそしりあざけりを恥入て、不義をなさず義を行ふごとく致しつけ候へば、自然とそれが心習ひと成て、後には義に随ふことを好み、不義を行ふ事をいやに存る如くの意地あひ心立と可罷成は必定なり。(同前)

妻子・召使い・傍輩を初めとした他人による蔑みを恥じて生活するよう習慣づければ、それが心に馴染み、おのずから義に随い不義を嫌うようになるという。周囲の目線から生じた恥の意識を備える『武道初心集』の教訓は、舞台が違えど『全書諭義』上の教訓と相通じるだろう[3]。

もう一例をあげよう。以下は戦地の場面に特化した「侍」の教訓だが、『全書諭義』では敵よりも、まず味方の動きを見計らった働きが期待されていた。

　一、敵より先味方を見合る事（『武教全書』侍用武功　91）
　　敵に勝へきとのみ心かくるはすべての情也、然とも物前にて無躰に高名せんと早りぬれは、犬死をする事あり、故に敵よりも先つ味方の内にて勝る所に心を付てよき図を見切て働ときは働も目立、たとへ討死を遂たりとも、はれなる場中にて死するは本意の討死と云へし（『全書諭義』）

戦地で敵に勝つ心がけを持つのはもっともだが、気が早まれば犬死を招く。そこで味方よりも勝れた所を考えてつとめを果たせば、己の働きが一際目立ち、本意の討死を遂げることができるという。これは敵の動向よりも味方を強く意識した教訓といえ、傍輩の働きに勝れば晴れなる死に場が用意されていることを意味する。味方の動きを見て諸人より優れた奉公を遂げる姿勢は『武道初心集』にも説かれている。

　　主君へ奉公致すに付ても、多き傍輩の並をもぬけて、扨もよき勤かなと諸人の目にも見ゆるごとくなるは、是をさして勝れたる務とは申にて候。（中略）味方の諸人各各見合て行かぬる所へも只独進行、外の者共のこたえて居兼るごとくの場所にも、我一人ふみとめて罷在ごとくなるを、勝れたる剛の武士とは申にて候。（佐藤.1943.64-65）

数多き傍輩の波を抜けて諸人から讃えられようとする姿勢がなければ、人並の働きはできない。味方が行けない場に敢えて一人で行き、居られぬ場には敢えて踏みとどまる働きを目指した教訓は『全書諭義』の「味方の内にて勝る所に心を付」ける姿勢と通じ、両書とも主君の目に叶った戦功指南を説いていることがわかる。

『武道初心集』上の「武士」にせよ『全書諭義』上の「小身の侍」にせよ、これらに共通しているのは傍輩の目線を取り入れ、かつ名を後世に残す討死を目指した姿勢である。両書の教訓は、ともに傍輩の目線を取り入れて名誉を後世に伝えようとする姿勢であるが、これこそ『山鹿語類』巻21の士道論との最大の違いともいえよう。

『山鹿語類』巻21で対象とされる「大丈夫」の場合、名誉は手に入れるものではなく、既に身に纏ったものであり、その権威を知らしめなければならない。だからこそ農工商三民との違いを明確にせねばならず、三民を教導する「師」を目指す必要があった[4]。しかし戦場にて駒のごとく扱われる侍集団は、傍輩の目線や名誉の獲得こそ生命線である。「侍」は生まれながらの名誉がない以上、恥をかかずに戦功を手に入れねばならなかった。戦闘のリアリティはさておき、「侍」は戦場へ赴く際、い

かに名誉ある死を遂げるかがとわれていた。したがって大将が行う戦術の知識はもちろん、礼儀作法も強く要求されるわけではない。名誉を獲得できるのならば、礼を失する行為すら厭わなかったのである。

> 一、証拠の取やう、同証拠に立様之事（『武教全書』92）
> 　証拠の取やうとは、敵を鎗付、或は組伏て首を取に、証人なくては高名にならす、故に証人を取る事也、其時は常と違ひ詞を荒く大音に不礼に云へし、礼を厚く小音に云ときは後日に人忘るゝ事あり、常に不和なるもの、或は我より大身なるものを取心得よし、又我より後ろの人をとるへし、又証拠に立もよき誉なり（『全書諭義』）

敵の首を取って高名を得ようとする際、礼に従って小さい声で知らせるようでは、後日忘れ去られる恐れがあるため、高名を得られない。そこで不礼でもよいので大声で張り上げて周囲に知らせて証人を手に入れよというように、ここにも傍輩の目線を多分に取り入れた士道論が垣間見える。礼儀を失うことすら厭わない大声、そして身分の高い者か不和の者を敢えて証人に選んで、高名を手に入れる用意の周到さ—「侍」の教訓は周囲からの賞賛が優先され、礼儀云々は後手にまわらざるをえなかった。彼らが気にすべき相手は、礼儀云々以前に気兼ねなく付き合える傍輩であったのである。かかる付き合いの重視は「小身の侍」が行う学問においても、内容の面で「大丈夫」と異なっていた。

> 一、味方の中にて口をきく勇士に親む事（『武教全書』92）
> 　味方の中にて弓矢巧者の勇士に馴親て、武功の物語をきゝ進退を共にするときは、不覚をとらす、功あるもの也、殊に働の躰、其勇士直に大将へも申上、諸傍輩へも語り広むるもの也、是味方の躰を見合するか故也（『全書諭義』）

弓矢巧者と親しくして戦功の物語を学ぶ教訓に目新しさはない。しかし件の巧者とともに勤めを果たすことにとどめず、己の活躍を大将・諸傍輩に広め、自身の名誉にまでつなげるような指南は、素行原著の教訓書に決してみられない。講義録『武教小学』にて交友関係の重視はある程度紹介されるものの、益友との交流重視に止まり（『武教小学』夙起夜寝）、他者からの評判や戦功取得の手段といった要素は、そもそもない。それが『全書諭義』になると己の力のみならず、他者を利用していかに効果的な名誉を手に入れるか、という処世訓があらわれるのである。素行の中でさほど体系化されていなかった「士卒」の役割が『全書諭義』の段階においてはより細分化され、数多き教訓が用意された点は着目すべきだろう。

山鹿素行の士道論は「大丈夫」の権威付けを中心に説いてはいたが、素行以降の時代、多様な武士層が出現する中で侍への士道論が体系化された。それは傍輩から後ろ指を指されぬよう勤めの場に臨む小身の侍に対し示された士道論であり、彼ら侍への統率も相俟って後世に広まりを見せ、一つの軸を築いたのである。

おわりに

　近世武士道論を考察する際、山鹿素行の士道論が「儒教的」と評された後、後世の士道論がいかに展開したのかは明らかにされず「儒教的士道論」はあたかも一潮流をなしたようなイメージが与えられていた。儒者による士道論が近世後期にも見られる以上、その見方自体は誤りではない。しかし士道論が多岐にわたる現状を思えば、士道武士道の図式のみから武士道論を明らかにすることはできず、何らかの軸を据えた上で思想家個々による士道論を見なければ武士道論研究が散逸する恐れすらある。

　山鹿素行の士道論は「大丈夫」の他、主君（御家）に仕える「仕官の士」に向けられてはいたが、それよりも下層にあたる「士卒」には具体的な教訓が用意されたわけではなかった。素行がいう交友重視の教訓はあるにはあったが、それは五倫五常にもとづいた益友との交流指南に止まり、傍輩間の集団心理が働き名誉を取り合うような教訓とは次元が異なっていた。『全書諭義』や『武道初心集』のように、傍輩に対する士道論を説得力ある形で解釈・紹介されたのは、泰平を現実的に受け入れられる18世紀まで待たねばならなかったのである。

　『全書諭義』や『武道初心集』に見える他者の目線を踏まえた教訓が、享保期にいかなる説得力を与えたかは検討の余地はあるが、山鹿流兵学の薫陶を受けたであろう両者がほぼ同時期に「士卒」クラスへ教訓を向けた事実は、素行の士道論がより下位の武士層へ浸透していった背景を物語るだろう。かかる下級武士への教訓は、「武士」たる権威よりも、むしろ周囲の目線を踏まえた教訓が強く意識されていた。

　本稿で取り上げた「小身の侍」向けの教訓は『武教全書』からすれば一部でしかないが、素行と素行以降の士道論との温度差は読み取ることができた。泰平意識が広く浸透しつつあった18世紀の武士道論は素行の思惑とやや離れて継承されつつも、山鹿流兵学自体は幕末にまで生き残った。しかしその事実のみを辿って19世紀以降の士道論に着目するだけでは、近世武士道論の全体像を見失う恐れもある。武士道論がいかに引き継がれ、解釈されたのかを見る系譜の考察は、武士道論の流れを検討する上で、史料発掘とともに必須の作業ともいえよう。素行の士道論が後世与えた影響をより詳密に見るべく、他の武士階層への教訓の検討、及び他の注釈書との比較を今後の課題として、今は稿を終える。

　引用資料中の『武教全書』は『山鹿素行集』2巻（国民精神文化研究所　1944）所収本を用い、頁数を付した。

注

[1]素行と津軽藩との交流関係については谷口眞子「津軽藩における山鹿流兵学の受容――七世紀後半の軍事」（『書物・出版と社会変容』13, 2012）に詳しい。

[2]『山鹿素行全集』（岩波書店, 1942）1巻54頁。この他、津軽藩士添田儀左衛門貞俊による日記

によれば、1681(延宝9)年には添田が津軽玄蕃宅にて『武教全書』について議論したという記録が残されている。詳しくは[1]谷口氏論文参照。

[3] この点から見ると、世間の評判が「武士」個人の恥観念と結びついた「武士道」の実態を検討した山本博文氏による論考(山本2003)は首肯できる。山本氏は世間に配慮した「武士」の行動について、中世武士および赤穂事件や殉死等から横断的に考察したが、かかる検討は「武士」が抱えた恥観念のルーツを歴史的にみる上で必須といえよう。

[4] ただし、素行は士農工商を厳密に区別するわけではなく、農民や狩猟従事者を取り立て、ときに人倫の道も学ばせるよう指南していた(中嶋2012)。

参考文献

広神清. 1991.「山鹿素行の士道論」.『倫理学』(筑波大倫理学原論研究会). 9. 1-10
広瀬豊編. 1942.『山鹿素行全集』1巻. 岩波書店
堀勇雄. 1959.『山鹿素行』. 吉川弘文館
菅野覚明. 2004.『武士道の逆襲』. 講談社現代新書
笠谷和比古. 2011.『武家政治の源流と展開―近世武家社会研究論考』. 清文堂. 8章
(初出2007.「武士道概念の史的展開」.『日本研究』. 35. 231-274.)
2014.『武士道―侍社会の文化と倫理』. NTT出版
2010.「武士道の成立と展開」.『日本学研究』20. 245-259
前田勉. 2010.「山鹿素行における士道論の展開」.『日本文化論叢』18. 1-19
中嶋英介. 2009.「武教への道―山鹿素行の修養論」.『文化』73(1・2). 63-81
2012.「山鹿素行の職分論再考」.『ヒストリア』. 232. 64-82
2013.「山鹿素行の教化論―『武教小学』・『山鹿語類』の差異を中心に」.『日本経済思想史研究』. 13. 1-18
佐伯真一. 2010.「「武士道」研究の現在―歴史的語彙と概念をめぐって」.『武士と騎士―日欧比較中近世史の研究』. 小嶋道裕編. 429-448. 思文閣出版
相良亨. 1993. 相良亨著作集3『武士の倫理近世から近代へ』. ぺりかん社
坂下敏子. 1984.「山鹿素行の士道論」.『待兼山論叢』. 18. 1-22
佐藤堅司編. 1943『武道初心集』. 三教書院
谷口眞子. 2012.「津軽藩における山鹿流兵学の受容――七世紀後半の軍事」.『書物・出版と社会変容』13. 129-164
2013「武士道と士道―山鹿素行の武士道論をめぐって―」.『早稲田大学大学院文学研究科紀要』第4分冊, 日本史学 東洋史学 西洋史学 考古学 文化人類学 日本語日本文化 アジア地域文化学. 58. 3-19
山本博文. 2003.『武士と世間』. 中公新書
山本眞功. 1979.「武士道論争」.『日本思想論争史』. 今井淳・小澤富夫編. 234-252. ぺりかん社

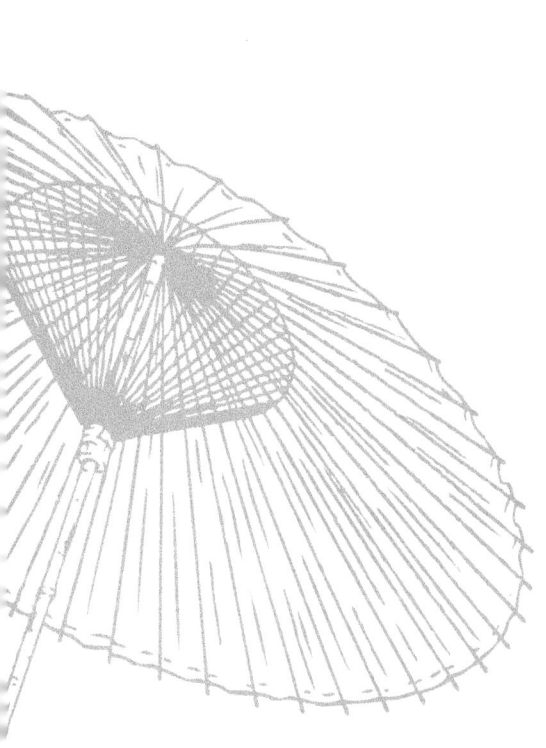

纪念北京日本学研究中心成立三十周年国际学术研讨会
"亚洲日本研究的可能性"

日本经济分科会

外資系小売企業の創造的適応による競争優位
―日系小売企業の中国事例を通して―

(日本)東京国際大学　金　琦

摘要: 本文首先论述了国际市场行销学的重要理念"世界标准化"和"当地适应化"的区别,然后阐述了两者融合的"当地本土化"的必要性。并指出了在中国实施"创造性的适应"的重要性。最主要的是,本文通过对成都伊藤洋华堂的实地考查,阐明了创造性的适应能够带来竞争优势的这一主张,提供了实施创造性的适应的重要依据。

キーワード: 世界標準化　現地適応化　グローカリゼーション　創造的適応　地域密着型

はじめに

現在、先進国小売企業は多くの問題を抱えている。まず、最大の問題としてあげられるのが自国市場の成熟による成長の停滞である。成長を持続させる唯一の手段は、成長段階にある新たな市場を探し出し、そこでのシェアを確保していくことに他ならない。このことが小売企業をボーダレスの戦いに至らしめる原因でもある。

つまり、国内市場の飽和状態に直面する小売企業は、持続的な成長を目指すのであれば、グローバル規模の競争を戦い抜くという視点が重要になってくる。特に、膨大な人口を抱え、限りない可能性を秘めたアジアを市場とする場合は、消費が人口に比例するという単純な発想で考えると理解しやすい。現実には近年先進国小売企業の海外進出はアジア市場を軸にして本格化している。

小売企業のグローバル環境を言えば、中国は2000年のWTO加盟に伴い、内需拡大を後ろ盾に小売業の自由化に踏み切った。15年間優遇政策や緩和政策を次々と打ち出して、外資系小売企業に対する経営環境を整え、外資系小売企業の中国進出を後押ししてきた。結果的に、2000年以降、外資系の小売企業の中国事業の展開が加速化していた。

最近、中国では国内需要は振るわない状態が続いている。特に株価や原油など資源価格が大きく下落したことも響いて、中国経済の減速が鮮明となり、その影響が世界経済全体に波及している。中国税関総署は2016年1月13日に、輸出と輸入を合わせた2015年の貿易総額が人民元ベースで前年比7.0%減の24兆5900億元(約440兆円)だったと発表した[1]。6年ぶりに前年比マイナスを記録した。

しかし一方では、日本政府観光局(JNTO)の発表によれば、2015年の訪日中国人

客数は前年比2倍強の増加で499万人に上ったという。ビザの大幅緩和や消費税免税制度拡充のほかに、中国人の生活水準の向上と円安の進行により日本旅行の需要はますます拡大していると報じられた。2015年4月～6月期の訪日中国人の旅行消費額は3,581億円とトップとなり、前年同期に比べて約3.2倍に急増しており、全体の約40％を占める。一人当たりの旅行支出においても、中国が285,306円でトップである。その中で買い物代は173,404円となっている。さらに、2016年1月～2月では、訪日中国人が昨年同月比66.4％増の97万3900人と過去最高を記録した[2]。中国国内では消費需要が減っているのに対して、海外では中国人が"爆買い"の主役になる。特に日本ではインバウンド消費をけん引している。

その意味では、中国経済は減速しつつあるものの、プラス成長を達成しており、13億という巨大な人口と消費意欲旺盛な中国人の国民性も相まって、中国が依然として先進国小売企業にとってチャンスに満ち溢れた国であることは間違いないといえる。

また、中国における小売企業の売上高上位ランキングの推移を概観してみれば、アメリカのウォルマート（Wal‐Mart）、フランスのカルフール（Carefour）、日本のイトーヨーカ堂（Ito Yokado）は、いずれも中国市場における存在感を漸進的に高めてきていることが分かる。

その共通する顕著な動きとしては、中国市場の複雑さを受け入れ、一つずつ中国の事情に合わせてビジネスを慎重に展開してきたことであろう。中国のある分野で成功したマーケティング戦略が、違った分野でうまくいくとは限らない。中国のある地域で見事に成功したビジネスモデルが、他の地域では大失敗に終わることもある。従って、中国とその消費者市場が極めて異質で複雑だとしか言いようがない。

では、外資系小売企業はこの複雑な中国市場でどのように中国の事情に合わせてビジネスを展開しているのだろうか。どのような取組みによって、競争優位性を獲得しているのだろうか。本研究では、マーケティング分野における「世界標準化」と「現地適応化」の流れを整理し、外資系小売企業の国際化におけるグローカルな視点の大切さと必要性を再確認する上、創造的な適応による競争優位の事実を明らかにしてみたい。日系小売企業の事例を通じて、創造的な適応とは何かを探ることも目的の一つである。

1. グローバルマーケティングにおける「世界標準化」と「現地適応化」

グローバルマーケティングにおいては、世界標準化と現地適応化の戦略がほぼ同時に生じている。世界中の人々が、マクドナルドやケンタッキーでハンバーガーやフライドチキンを食べ、ファミリーレストランでファーストフードを食べ、スターバックスでコーヒーを飲み、ナイキのスポーツシューズでジョギングをし、インターネットで情報を検索する、などといった類似のライフスタイルを志向している。これに伴い、国境概念が希薄化し、物流システムの進展で輸送コストも低下し、イン

ターネットによって情報流通も拡大してきて、消費者が世界の高級ブランドを安心してインターネットで購入できるようになった。こうした動きに対応するには、小売企業は世界標準化戦略を取り入れることが有効である。

しかし一方では、グローバル化したとはいえ、消費者行動や思考は国によってそれぞれ異なっている。特に、中国は社会主義市場経済へと移行した後、中国消費者の価値観やニーズの多様化、製品ライフサイクルの短縮化、リスクの増大、急速な技術変化、グローバル競争の激化などが顕著になっている。中国の消費市場を取り上げてみれば、本質的にグローバルであると同時に、伝統的な習慣と嗜好に根差した地方色が極めて根強く、地域ごとに全く異なる様相を呈する。食べ物を取り上げてみれば、地域差が特に色濃い。この場合は、現地適応化戦略が有効であろう。現地適応化は、進出地域内での消費者行動や嗜好の度合い、競争環境、コスト構造などが異なる場合に対応しなければならないことを意味するからだ。

企業は、一方でグローバルなパースペクティブに立つと同時に、他方で世界の異質性や相違をも尊重するような形でビジネス活動を展開しなければならなくなっている。換言すれば、地球社会の一員である現代企業は、「宇宙船地球号」のルールを守りつつ、グローバルに思考し、かつローカルに行動することが求められているのである[3]。

世界標準化においては、現地市場への過剰な適応行動を取ることなく世界規模の広範な市場で事業展開の同質性を追求する。そして現地適応化においては、本国で確立した接近法に固執することなく現地市場への適応と異質性を追求することが大切だといえる。

2. 外資系小売企業の中国展開における「グローカル」の視点

1980年代は経済や政治のグローバリゼーションが世界的な潮流となった。それに対して、90年代は、国境を越えるマーケティングについて検討するときに、ローカリゼーションという言葉が登場し、ローカリゼーションの視点を取り入れるようになった。その後、「グローカル」(グローカリゼーション)の視点が導入された。「グローカル」はグローバリゼーションに対して、ローカリゼーションの視点を組み合わせて生み出された合成語(グローバル＋ローカル)である。その視点の基本は、グルーバリゼーションとローカリゼーションの二者択一のような単純な発想ではなく、両者が同時に進行し、相互に影響を及ぼし合いながら融合するという新しい考え方にあるのであろう。

そして、「グローカル」の視点は、様々な学問領域で魅力的な概念として取り上げられてきた。マーケティング分野に浸透してきたのも、グローバリゼーションの波が押し寄せる国や地域でローカリゼーションが誘発され、それぞれのローカルな場所で異なる展開がもたらされるということを背景にしていると考えられる。

いわば、グローバリゼーションの波に乗って世界中の人々が類似のライフスタイルを取るようになったが、世界各国に到達した文化要素がローカルの文化要素に接

触する中で融合する現象として「グローカル」が現れている。グローバリゼーションは世界市場に同質化をもたらしてきた部分もあるように思われるが、世界各国には歴然と多様性が存在している現象として「グローカル」視点を取り入れなければならない。

　さらに、今まで世界規模で普遍的な訴求力を備える商品を売り物にする小売企業は、広範に分布する共通市場に標準的な接近が可能になると考えられてきた。その最大な原因は、日本をはじめとする先進国市場の同質化にあると思われる。今日までの日本経済の発展プロセスを見れば、日本が欧米諸国に肩を並べ、欧米諸国に追い越すということを目標にしてきた。そのため、ライフスタイルを含めて、欧米諸国に類似するような日本市場が築かれてきた。実際、グローバルリテイラーと称される小売企業の多くは、日欧米といった先進諸国における共通の価値観やライフスタイルを持った消費者に対応した世界標準化の商品を取り揃えて提供してきた。従って、世界標準化は現地適応化に比べて容易な接近法だと認識されてきた。そして、多くの努力を投入することなく実現可能であることも実践されてきた。

　しかし、日欧米先進諸国と明らかに経済発展のプロセスが違うアジア、特に中国の登場により、世界標準化の神話が崩れ始めた。なぜなら、世界標準化が現地適応化に比べて容易な接近法だという認識は、中国には一概に適用されない場合が多いからだ。国内外の市場で標準化された接近法を多国籍の小売企業が採用する場合にしても、中国のように異なる環境や社会的文脈に置かれてしまえば適応できなくなるのが原因のようだ。これは、外資系小売企業が中国市場で本国の展開を忠実に複製したとしても、消費者の嗜好や小売業界の競争関係など多様な要因から形成される環境条件によってその効果が異なることを意味するのであろう。すなわち、経済発展のプロセスが日欧米先進諸国に比べて明らかに異なる中国に直面してみれば、小売企業の世界標準化は大きな壁にぶつかり、必ずしも本国市場と同様の結果が期待できるとは限らないといえる。

　従って、中国で事業を展開する外資系小売企業は世界標準化を実践することの困難性を認識し、「ローカル」の視点を取り入れることの重要性を認識しなければならない。逆に言えば、外資系小売企業が今までの「世界標準化」、「現地適応化」といったパラダイムや競争優位性に固執しているのでは、その成長と発展はもちろん、その存続の可能性すらも見いだせないということになる。鳥羽は、世界標準化は市場の多様性や異質性から目を背けることで進出各国における適応的な対応を妨げる。逆に、現地適応化は世界各国の市場に存在する共通性や同質性を軽視することで広範な市場で強みを標準的に発揮することを妨げると指摘した[4]。

3.外資系小売企業の中国展開における「創造的適応」の視点

　前節で論じてきたとおり、国境を越えるグローバルマーケティングにおいては、世界標準化と現地適応化が非常に重要なテーマである。但し、中国での事業展開においては、世界標準化よりも現地適応化の方がより大切である。また、昨今中国で

成功した小売企業を取り上げてみれば、標準化と現地化のどちらか一つの戦略ではなく、その双方の「グローカルの視点」がより重視されていることが分かる。さらに、中国は先進諸国に比べて法律、文化、慣習、規範、経済、商慣行、そして消費者の嗜好や行動等の諸側面での異質性が存在する。その異質性の市場を前提に小売業の事業展開を考える場合は、標準化にも現地化にも当てはまらない新しい接近法が要求されることを理解することができる。

さらに、小売企業はロメスティックス産業だと既存の研究では指摘されてきた。これは小売企業の本質規定に関連しているほかに、店舗立地の問題もあり、小売企業の地域密着型の事業モデルの複雑さもあるので、文化や習慣の異なる海外市場への小売企業の進出が非常に難しいことからも影響を受ける。そのため、小売企業の特性を取り上げてみても、小売企業の海外進出では、製造企業の国際化と違って、「世界標準化」と「現地適応化」の両方を取り入れても足りないし、「ローカルな視点」よりも創造的適応の方が大切だといえる。創造的適応は、「ローカルな視点」より進化したもので、「世界標準化」と「現地適応化」の融合ではなく、参入国の市場特性に直視し、斬新な発想でイノベーションを起こし、新しい価値のあるビジネスを創造することを意味するのだ。

昨今数多くの外資系小売企業は国内市場から国際市場へとシフトしてきた。そして、製造企業と同様に、次第に海外進出の主役に躍り出ている。世界標準化と現地適応化とその両者の融合並びにグローカル戦略の導入はもちろんのこと、創造的適応が競争優位をもたらしたといった重要な事実に注目すべきであろう。つまり、外資系小売企業は新しい時代の国際事業に取組んでいくには、創造的適応による競争優位の確保が必須であり、新しいパラダイムの構築が必要だと思われる。

4. 日系小売企業の事例

本節では、日系小売企業の中国展開の事例を取り上げて分析し、参入国の市場環境条件や消費者に対する創造的適応が小売企業の競争優位をもたらすことを検証し、どのような取組みが創造的適応を可能にしてきたかを明らかにしてみたい。

4.1 イトーヨーカ堂の創業の歴史と中国事業

イトーヨーカ堂は、1920年に伊藤雅俊社長の叔父、吉川敏雄氏が台東区浅草で「羊華堂洋品店」を開業したことに始まる。伊藤社長が、兄の伊藤譲氏逝去の後を受けて、1958年に500万円の資本金で株式会社ヨーカ堂(後に株式会社イトーヨーカ堂へと社名変更)を設立した。伊藤社長は創業当初から「経営の質」を大切にしながらも、多店舗展開を推進してきた。イトーヨーカ堂のこれまでの業績を取り上げると、華々しい記録がいくつもあった[5]。1960年には、売上高は合資会社羊華堂も含め約10億円、税引き前利益は売上比3%の3,000万円、自己資本の1.5倍の利益を稼ぎ出し、総資本2億円の15%という収益力のある小売業に成長した。1970年代に入ってから、同業他社が不動産事業にも手を伸ばし、経営規模の拡大をひたすら

走っていた。1973年には競争相手の総合スーパーダイエーが小売業界の雄・三越百貨店を抜いて、小売業界で売上高1位と最大手の座を奪った。しかし、イトーヨーカ堂は規模の拡大に惑わされず、高収益・高効率の経営を貫いてきた。堅実な経営を重視した結果、1972年9月には東京証券取引所第二部市場の上場を果たし、翌年の7月に同証券取引所第一部市場に上場した。1973年11月に株式会社ヨークセブン(現在のセブン・イレブン・ジャパン)、同5月に株式会社デニーズ・ジャパンを設立した。そして、1977年度決算においてチェーンストア業界で初めて経営利益が100億円を突破。1980年度決算では経営利益が229.7億円となり、三越百貨店を抜いて日本一になった。イトーヨーカ堂の業績がつい評価され、1981年7月にはS&P(スタンダード・アンド・ブアーズ社)の格付けで「A+」を獲得した。1990年代では、売上げ面ではほぼゼロ成長でありながら、高効率の経常利益を上げるという驚くべき収益力を示しており、まさに独り勝ちであった[6]。

　イトーヨーカ堂は1996年4月に、外資系小売業として初めて中国政府から中国でのチェーンストア展開を許可され、1997年9月に合弁会社「華糖ヨーカ堂有限公司」を設立した。これと並行して、四川省成都市政府からも合弁事業としてのチェーンストア経営を許可されて、1996年12月に成都市に「成都イトーヨーカ堂有限公司」を設立した。

　もともとイトーヨーカ堂の中国進出は、総合スーパーの華糖ヨーカ堂の検討からスタートしたが、立ち上げは成都イトーヨーカ堂の方が早かった。1997年11月に成都イトーヨーカ堂は成都市の中心部に1号店を立ち上げた。その翌年の4月に華糖ヨーカ堂は第1号店となる「華糖ヨーカ堂十里堡店」を北京市朝陽区にオープンしたのである

　2015年8月末時点、イトーヨーカ堂が出店している地域は北京と成都に集中している。北京(華糖ヨーカ堂)は5店舗、成都(成都イトーヨーカ堂)は6店舗、合計11店舗である[7]。

4.2　北京と成都の明暗

　ここ数年、北京の華糖ヨーカ堂と成都イトーヨーカ堂は明暗が分かれている。北京の華糖ヨーカ堂は2008年以降業績を悪化させて、2014年に入ってから、相次いで閉店している。2015年8月末時点、北京の華糖ヨーカ堂は5店舗までに統合して、既存のスーパー事業を縮小した。今後急成長が見込める専門食品館や「デパ地下」や高級食品店などに注力する方針である[8]。

　一方、成都イトーヨーカ堂は成都で消費者から高い支持を博して、その存在を知らない人がいないほど有名な外資系小売企業に成長した。2015年8月5日から4日間の日程で筆者が成都イトーヨーカ堂の全店舗に対して実地調査を行った。

　まず、成都イトーヨーカ堂の6店舗の売り上げは2012年に50億元を達成して、成都の小売業界の中でトップの座を確保した。単店平均売上高も中国の外資小売企業の中で堂々の1位を勝ち取った。2号店の双楠店は、1日のレジ平均通過客数が

平日なら1万人、土日になると約2万人にも達した盛況ぶりを見せて、人気店として成都の地元にしっかりと根付いたのである。

当時、案内してくれた現地社員は、「食料品部門に関しては、北京の華糖ヨーカ堂で最も好調な店舗の売上は成都のイトーヨーカ堂の最も好調な店舗の売上の3分の1に過ぎず、北京の華糖ヨーカ堂の全店舗の売上を合計しても成都のイトーヨーカ堂の全店舗の売上の半分にしか達していない。日本の店舗を含めたイトーヨーカ堂の全店舗のうち、売上順位の2位に上ったのは、実は成都の双楠店だ」と紹介してくれた。双楠店は営業面積が19000平方メートルで、日本のイトーヨーカ堂の店舗より若干広いものの、最大の利益を稼ぎ出す店舗だと聞いて驚いた。2014年度双楠店の生鮮食品部門は何と25％の成長率を記録して、売上も利益も日本のイトーヨーカ堂の店舗を上回った。2015年成都イトーヨーカ堂6店舗のうち、4店舗が日本のイトーヨーカ堂全店舗の中でベストテンに入っている。成都のイトーヨーカ堂は日本のイトーヨーカ堂をはるかに超えた経営を実践していると言ってよい。

北京の華糖ヨーカ堂の事業不振については実に様々な要因が考えられるが、本論文ではそれに触れないことにする[9]。以下、主として創造的適応による競争的優位の視点から成都イトーヨーカ堂の成功要因を探ってみたい。

4.3　成都イトーヨーカ堂の創造的適応

小売業は製造業と違って、消費者を相手にしている。どこへ行っても、ローカルな消費者とグローバルな消費現状を正確に認識しなければ、小売業の真の意味での国際化は成功しないのであろう。成都イトーヨーカ堂の成功は成都の市場特性と消費者特性を正しく理解したうえ、先駆者としての優位性を生かしたところに勝因があると考えられる。また、創造的適応による優位性の獲得が最大の成功要因だとも考えられる。

成都イトーヨーカ堂の創造的な適応はいくつかの特徴がある。これについては、以下のように指摘できる。

4.1.1　地元企業との連携による商品開発と調達

成都イトーヨーカ堂は、商品の調達を「現地化」にするという基本方針を取っている。2015年8月の時点では、衣料品で97％、住居関連商品で98％、食品で98％を中国国内で調達している。その「現地調達」ができるように、取引先との連携を強化してきた。例えば、毎年主要な取引先に参加してもらう「取引先懇談会」を開催している。2015年3月に開催した取引先懇談会では、516社の677名の代表者が一堂に会した。毎年の懇談会を通じて、今後の取引先選定基準や法律の厳格化に合わせた品質保証体制の強化など会社の方針を理解してもらい、製配販3者間の意見交換をしながら連携を図ってきた。

また、成都イトーヨーカ堂は自社従業員と同様に、派遣店員や店中店(テナント)従業員との意思疎通を図ろうとしてきた。2011年から毎年全従業員・全店中店従業員が参加する運動会を開催している。店舗ごとにチームを組み、応援や様々な団

体競技を通じて従業員の一体感を醸成している。特に一部の取引先の幹部や地域の顧客にも参加してもらい、取引先や地域社会との交流の場を提供している。年々、参加する取引先も顧客も増える傾向にあるということだ。

さらに、外資系小売企業の中では店中店への経営依存が高まっている。しかし、成都イトーヨーカ堂はあえて店中店の比率を下げて、自ら仕入れや販売の責任を取るという自営店比率を高めてきた。2015年8月時点、店中店の比率は、衣料品で95％、住居品5％、食品は10％となった。

自営店比率の90％の双楠店の地下一階生鮮食品売り場ではスライスされた精肉や刺身用の魚などが陳列され、惣菜類も豊富に並べられている。中国各地の特産物が豊富に取り揃えられている。店内で調理した鮮度の高い惣菜が成都の消費者の味覚にも合うし、次々と売れていく。客層も実に幅広い。毎日の特売品コーナーには高齢者が行列を作る一方、昼になるとOLやビジネスマンなどの顧客でフードコートが混み合う。惣菜コーナーは夕方など顧客の利用が多い時間帯で非常に混雑し、夜9時を回っても仕事帰りの顧客で盛況だ。「より良いもの」を望む成都の中間層を取り込んだ様子がうかがわれる。

成都イトーヨーカ堂は様々な手段を通して、現地の取引企業のやる気を引き出し、製配販3者の連携を強化してきた。そして、商品調達と自営店の比率を高めることによって、価格競争を回避し、商品の品質やサービス、品揃えの魅力、売り方などで他の外資系小売企業との差別化を図ることができた。こういった緻密な努力によって地元企業からの信頼を勝ち取り、地元企業との連携による商品開発や商品調達を実現させているといえる。

4.1.2 地域密着型と顧客対応型の店舗づくり

成都イトーヨーカ堂は、チラシによる集客の売り方に頼らないで、成都市民との信頼関係を築き上げるのに力を入れてきた。そのために、従業員によるボランティア活動や教育支援や災害時の支援など多彩な年間行事を取り入れてきた。

また、いろいろな取組みを通じて、地域密着型の店舗づくりに着手してきた。例えば、地域住民の要望に関するデータを集め、その変動の法則性について分析すること、地域の顧客情報に基づく細かい単品管理や発注管理、在庫管理を徹底的にして、品切れや売れ残りによる販売損失を抑えること、各々地域の経営管理を精密に行うこと、「最低価格保証」政策を採用しない代わりに、地元食品メーカーの人気商品などを集めることなどが挙げられる。こうした努力によって、成都イトーヨーカ堂は外資系小売企業の中で地域密着型のトップ企業として確固たる地位を築き上げた。

顧客対応型の店舗づくりについては、近年特に力を入れているのは、安全・安心への地元消費者のニーズに応えるという取組みだ。中国では急激な経済発展に伴い環境問題や労働問題が顕在化し、CSR（企業の社会的責任）への消費者の関心が高まっている。成都イトーヨーカ堂は、CSRの取組みガイドラインや評価指標の策定、CSR評価ランキングの公表などで従業員の働きやすい職場づくりを通して顧

客対応型の店舗づくりに挑んできた。

　第一に、2013年度に、日本の小売企業が整備しているCSR推進体制を参考に体制を構築したという事実である。CSR統括委員会の下で「企業行動部会」「消費者・公正取引部会」「環境部会」を設置して、それぞれ目標を設定し、従業員の育成や省エネ、バイヤー向けの公正取引に関する教育などを行っている。

　第二に、日本で培ったノウハウを生かし、徹底的に品質管理を図っている成都イトーヨーカ堂ならではの取組みである。例えば、鮮度管理のため、担当スタッフが数時間ごとに冷蔵棚や冷凍棚の温度をチェックし、名前入りで管理リストに記入して、管理責任を明確化し、消費者に安心感を与えている。

　中国では、顧客の「食の安全・安心」への関心が急速に高まっている。これについては、中国社会の独特の事情が考えられる。メラニン混入の粉ミルク、農薬や工場排水汚染の米や野菜、抗生物質を過剰に投与された豚肉、変色した食肉の加工工場、偽ブランド品の横行など、"食"の安全を脅かす事件が中国で多発している。そのため、経済的な豊かさを知り、商品の品質や安全性などへの関心を強めている中国の消費者にどう対応していくかが中国に進出した外資系小売企業に課せられた大きな課題である。

　中国消費者の特別なニーズに対応するために、仕事の流れを明確化し標準化することを目的にISO9001を取得し、新入社員教育をはじめ、社外講師による衛生管理教育や、QC(品質管理)担当による社員の品質管理教育など従業員への品質管理の教育を強化している。2014年度は8回の研修に延べ496人が参加した[10]。その他、10か所のお取引先工場のチェックを定期的に行っている。

4.1.3　「看得見的放心(顔が見える食品)」の仕組み作り

　成都イトーヨーカ堂は、顧客の食に対する不安の解消に向けて、2013年3月から日本で取り扱っている「顔が見える食品」と同様のコンセプトで「看得見的放心」の食品販売を開始した。

　まず、よい環境で生産している生産者を選出する。その次、生産者とともに、肥料の適切な管理と農薬・薬品の使用削減を図る。小売業と生産者は商品の安全と品質(味と鮮度)に関する独自の基準を設けて互いに情報を共有しチェックしている。産地での生産環境の向上と肥培管理の厳格化を通して、小売業が生産者と手を組んで、クォリティーの高い商品の生産と「看得見的放心」の商品販売を実現しようとしている。一方、顧客に対して、「この種類の商品」は、「どのような生産者」が「どこで」「どのように育てたか」を商品のパッケージや「看得見的放心」のホームページ、パソコンと携帯電話のサイト、専用のウェブサイト、店頭POPなどいくつかの手段で情報を公開している。顧客がいつでも確認できるようになっている。

　2014年12月末時点では、「看得見的放心」の食品は野菜57アイテム、果物7アイテム、豚肉19アイテムに及んだと公表された。2015年8月時点、コメと鮮魚の「看得見的放心」の販売も開始した。肉・米・魚については毎月、野菜・果物については3か月〜半年に1回の割合で、商品部長やバイヤーのほか、主要な取引先が参加す

る売上や販売促進企画の確認、新規商品開発の方針などを話し合う会議を開催している。さらに、安全と品質、肥培管理などについて透明性と信頼性を一層高めるために、「看得見的放心」の仕組みについて第三者の専門機関から定期的な検査を受けている。

この「看得見的放心」の取組みは妊娠中の顧客や育児中の顧客など安全・安心に特別にニーズの高い顧客から好評を博している。その他に、健康に配慮した食品への関心の高まりに応えて、成都の双楠店では脂肪を半減したマヨネーズなどの調味料、低脂肪牛乳などの商品を調達し販売しており、顧客から高い評価を得ている。

4.1.4 きめ細かな気配りと接客サービスの導入

成都イトーヨーカ堂は「信頼」と「誠実」を社是に掲げている。その社是を大切にし、顧客の視点に立った商品・サービスを提供してきた。1997年進出した当時、中国では「接客」という考え方がまだ浸透していなかった。それでも、日本と同じような「従業員マニュアル」を使って社員教育を徹底的に行って、日本で当たり前のように行われたきめ細かな接客サービスが現地スタッフによって提供された。それが成都の消費者の心を捉えた要因の一つだといえる。

考察した時に、成都イトーヨーカ堂の全店舗に日本と同様に「お客様の声ボックス」が設置されているのを目撃した。案内してくれた現地社員に確認したところ、顧客から寄せられた意見を、商品・サービスの改善に生かすため、毎週各店のお客様相談室担当者の会議で分析しているという。顧客から寄せられた声は、関連部門で情報共有し、品揃えや店舗運営の改善などに繋がっている。また、毎月全店の幹部社員が集まり、お客様満足度委員会を開催し、月単位で集計された顧客の声をもとに、会社としての対応方針を決める。例えば、2014年度は、受け付けた1243件の顧客の声をもとに会議で検討し、交換・返品制度の見直しや、レジの待ち時間の短縮など25件の改善を行ったという。さらに、顧客からもらった意見をポスター化し、回答をつけて店内に掲示したりして、様々な方法で顧客の声を集め、店舗と本部が一体となって、改善に取組んでいる。その姿勢が成都の消費者の好感度のアップに繋がっていると思われる

そして、年2回全店で顧客満足度調査を行っている。顧客データや来店手段などという顧客に関する基本情報を収集するとともに、商品や価格・接客・設備などの満足度などについて顧客の意見を聴取している。2014年度は12000人の顧客から回答をもらったという[11]。各店で10名ずつの顧客に品質監督員に就任してもらっている。四半期に1度、店舗単位で会議を行い、商品や店舗の改装などに関する意見を顧客から直接聴取することになっている。

成都イトーヨーカ堂は顧客の声に対応するマーケティングを実施すると同時に、日系小売企業の得意な気配りやサービスを提供している。例えば、お子様連れの顧客・身体障害のある顧客をはじめ、様々な顧客に快適に買い物してもらうように、設備の改善に取組んでいる。スロープの設置や身体障害者対応のトイレ、障害者対応駐車スペース、障害者優先レジを設置したり、エレベーター内操作ボタンと総合

フロントを低位置に設置したりしている。お子様用ショッピングカードなどのバリアフリー対応を進めるとともに、休憩スペースの設置や赤ちゃん休憩室、子供広場、お子様トイレの設置なども行っている。また、エスカレーターそばに設置されたベンチには多くの顧客が休んでいる。こうした気配りが人気の秘密であろう。

その他に、イトーヨーカ堂は日本で長年蓄積した経験と技術を中国の店舗にも移転し、日本と同様に、消費者ニーズを把握するため、POSシステムで集めたデータに基づき、天気や気温の変化に最大の注意を払って地域ニーズにきめ細かく応えて集客力を高めてきた。例えば、消費者習慣など中国の事情が日本とかなり異なることを察すると、すぐさま中国の実情に合わせた商品調達の方法を取り入れ、100％の自営店比率を変更し、店中店を一部の売り場に導入し、食品の容量を中国人の好みに合わせて調整し、食品の店内調理を導入した代わりに、物流の作業を外部の商品供給業者に任せるということを試みた。

地元の状況を把握することによって、イトーヨーカ堂は絶えず創造的適応に取組むことべできた。その結果、日系小売企業の優れた点のきめ細かい配慮やサービス、商品管理などを生かしながら、中国市場に適応した創造力のある店舗づくりに成功した。成都イトーヨーカ堂の店舗数はまだ少ないが、近隣住民の冷蔵庫代わりを実現し、近隣住民から親しまれる存在になっているといえる。

終わりに

ますます多くの外資系小売企業が、グローバル市場への進出を果たしている。しかし、消費者の多くは、いまだにローカルなままである。今まで小売企業のグローバル化の研究においては、取り扱う商品やサービスがいかに文化依存から脱出するかが重要な視点である。但し、このようなグルーバル化に様々な問題を生じさせたのもまた事実である。"場所"や"地域""文化"などが重要性を増してきている。その意味では、小売業の国際化の流れの中で、商品やサービス、消費経験に地域固有の意味が付与される仕組みをいかに作るかが非常に重要な課題となった。

中国では、中国の事情に合わせるビジネスを巡っては、多くの外資系企業がしのぎを削って戦っている。ウォルマートもかつて地域密着型の店舗づくりを試みたが、成功しなかった。しかし、本論文で取り上げた日系小売企業の成都イトーヨーカ堂の事例は、創造的適応への取組みが中国の事情に合わせるビジネスとして一定の成果を残し、競争の優位をもたらしたと考えられる。

また、多くの外資系小売企業は中国で不動産事業にも乗り出している。中国の不動産価格の下落に見舞われた今、明らかな疲弊を感じている。しかし、成都のイトーヨーカ堂は競争優位性の確立を本業にして、地元企業との連携を通じて、独自な商品開発の実現や、顧客ニーズに対応する店舗づくり、販売体制の構築、きめ細かな配慮とサービスの提供などパワフルな創造的な適応によって成功したことが非常に重要な経験を残してくれたといえる。

もちろん、その創造的適応を実践する背後には、「現地化」への努力がある。確か

に日系小売企業なら日本での店舗の再現による日本的な付加価値の提供が必要である。しかし、それだけでは足りないはずだ。中国の消費者の目線で品揃えや陳列などを工夫し、多様化する中国消費者のライフスタイルに合わせて、価値ある商品の開発、求めやすい価格、買いやすい売り場づくりや接客サービスなどを実現することが求められている。そのために、中国人スタッフの積極的な登用など、「現地化」の徹底が不可欠であろう。成都イトーヨーカ堂では、「現地化」を基本方針に「積極的な現地幹部の登用」を実施し、現地スタッフによる店舗運営を積極的に推進してきた。すべての店長のポストに、中国人従業員を登用し、マネジャー以上の管理職に占める中国人従業員の割合は何と96％になっている[12]。日本的な付加価値の提供と現地化の徹底の両輪が実にバランスよく動いている。

但し、成都イトーヨーカ堂の成功に対して、北京の華糖ヨーカ堂は撤退や縮小に追われている。創造的適応の難しさが浮き彫りになった。さらに、日本国内ではイトーヨーカ堂は、総合スーパーを核にスーパーマーケット、コンビニエンスストア、百貨店などのほか、外食事業と銀行を経営しているアジア最大の小売企業セブン＆アイ・ホールディングスのグループの傘下に入っている。今まで総合スーパーとして輝かしい業績を残したが、昨今の消費者ニーズに対応できず、経営不振に転落して、途方に暮れている。

半世紀ものあいだ栄えてきた総合スーパーという業態は、日本だけでなくアメリカでも消費不振に見舞われて、過去の経営理論がもはや通用しなくなり、衰退を避けられなくなった。セブン＆アイ・ホールディングスは2020年2月期までに、イトーヨーカ堂の店舗の約2割にあたる40店を閉鎖し、ネットと店舗を融合する「オムニチャネル」をスタートし、商品・売り場・接客が一体となり、時代に先駆けて顧客の豊かな生活をサポートする新しい総合スーパーを目指すことを発表した。

中国も近代化が遅れた分、一足飛びにネット社会に突入した。宅配便や物流の発展により、自宅を出なくても買い物ができるにつれて、顧客のニーズはネットショッピングで満たすことができるようになった。2016年3月時点では、中国の消費者向け電子商取引（EC）最大手のアリババ集団は、年間の総取引額が初めて3兆元（約51兆円）を突破した。

今までは成都イトーヨーカ堂は店舗の立地条件に応じて顧客のニーズを分析し、特色があり斬新で価値のある商品やサービスを提供するところに力を入れてきた。しかし、これからはネットショッピングの拡大による顧客の店舗離れが起き、従来の商品やサービスの提供、マーケティングの戦略などの面で変革に直面する。日本国内で店舗とネットを融合する「オムニチャネル」に取組むセブン＆アイ・ホールディングスの新たな実践は新しい総合スーパーの構築にきっと貴重な経験を残してくれるのであろう。

本研究の目的は、多国籍小売企業の創造的な適応による競争優位について検討することにある。成都イトーヨーカ堂の事例を通して、確実にいえることは、外資系小売企業が無名な企業として中国に進出したとしても、顧客ニーズに対応する商品

と接客サービスを提供し、地域密着型の店舗づくりを目指すという堅実な経営を貫いていけば、創造的適応を実現させ、中国のビジネスを成功させることが可能だということ、そして、創造的適応を実現すれば、中国消費者の心を捉え、競争優位を確立し、地元に根付く小売企業に進化させていくことが可能だということであろう。成都イトーヨーカ堂の成功事例は、一部のローカルマーケットに限定されるかもしれないが、創造的適応による競争優位の可能性をひとまず示唆してくれたといえる。

　　本研究は、日本文部科学省科学研究費の支援を受けて行った研究成果の一部である。

注

[1]データは中国经济网2016年1月13日から引用。
[2]日本政府観光局の公式ホームページ。
[3]江夏健一・桑名義晴編著『国際ビジネス』同文館出版、pp9。
[4]マーケティング史研究会『日本企業のアジアマーケティング戦略』同文館出版、pp102。
[5]邉見敏江『イトーヨーカ堂の経営力強さの原理』ダイヤモンド社、pp26
[6]1997年当時、ライバルのダイエー、ジャスコ、マイカル、西友4社の年間平均売上高を出してみると、前年比で1.4％となる。前年比の増加はマイカルだけで、他の3社はそろって減収になっているのだ。しかし、イトーヨーカ堂は好業績を維持していた。ライバル企業のピンチをお尻目に、独り高い利益を出し続けていた。売上高は前年比0.1％増とわずかな伸びにとどまっているが、経常利益となると、4.6％もの高い率になるのだ。
　岡本広夫『ヨーカ堂グループ高収益への技術革新』ぱる出版、pp20
[7]成都伊藤洋華堂有限公司は、四川省成都市からの要請により、1996年12月に成都市の認可を受けて合作会社として設立されました。1997年11月、成都市の中心部に1号店「成都伊藤洋華堂春熙店」を開店し、その後営業が軌道に乗ったことを受け、成都市の認可から中央政府認可による合資会社に切り替え、2003年に2号店「双楠店」、2007年に3号店「錦華店」、2009年に4号店「建設路店」、2011年に5号店「高新店」、2014年に6号店「温江店」を開店しております。イトーヨーカ堂ニュースリリース2014.01.17
[8]中国事業に関しては、華糖ヨーカ堂は2014年5月にスクラップ＆ビルド方式を採用し、2015年まで合計4店舗(14年4月に望京店、同年9月に北苑店、12月に西直門店、2015年4月に右安門店)を閉鎖した。
[9]北京では閉店に追い込まれているのはイトーヨーカ堂だけではない。同じく外資系のウォルマートも2014年以降業績の悪い店舗を撤退させている。振り返れば2012年下半期以降、大手小売業者の中国での経営がますます困難になり、スーパー、コンビニエンスストア、デパートなどの閉店がひそかに増加していた。
　　外資系小売企業間の競争激化やEコマースの発展による消費ルートの多様化などが響いている。今後の生き残りをかけて、イトーヨーカ堂はショッピングモール化、専門店舗の充実、高級志向化、レストランやアミューズメントなど体験型サービスの強化など様々な戦略を打ち出している。

［10］ISO（国際標準化機構）による品質マネジメントシステムに関する規格の総称で、その中核を なす規格はISO 9001である。参加者人数は成都イトーヨーカ堂の広報による。
［11］現地のインタビューで2014年度顧客から寄せられた声の内訳を確認した。商品の品質 18％、接客サービス12％、安全・事故12％、商品の表示5％。補充サービス3％、店舗施設・設 備0.1％、そのほか（商品関係）12％、そのほか38％となっている。その他の38％には店舗に 対する顧客の意見が多数含まれているそうだ。
［12］成都イトーヨーカ堂の現地スタッフの構成は2015年2月末時点以下のようになっている。 　正社員は3,130人、パートタイマーの数は113である。正社員のうち、中国人従業員の割合 は99％、中国人管理職の割合は96％、女性管理職の割合は58％に上った。
イトーヨーカ堂CSR活動報告書により

参考文献
青木均.2008.『小売業態の国際移転の研究』成文堂
岡本広夫.1998.『ヨーカ堂グループ高収益への技術革新』ぱる出版
江夏健一・桑名義晴編著.2002.『国際ビジネス』同文館出版
矢作敏行編著.2003.『中国・アジア の小売業革新』日本経済新聞社
朝永久見雄.2013.『セブン&アイ9兆円企業の秘密』日本経済新聞社
邊見敏江.2011.『イトーヨーカ堂の経営力強さの原理』ダイヤモンド社
マーケティング史研究会.2014.『日本企業のアジアマーケティング戦略』同文館出版
向山雅夫.2015.『グローバル・ポートフォリオ戦略』千倉書房

小売業から見た近現代日本の老概念の変遷
―百貨店を通じて―

（日本）東京大学　加藤諭

摘要: 本文以百货店为例,研究从 20 世纪初期到目前为止,日本的零售贩卖业界对于"老"概念的变化。最终,关于日本百货店的高龄者市场的变化,如下说明。1900～1950 之间,百货店除了针对上流社会人士以外,没有锁定高龄者为消费者。但是从 1960 年代,随着人口逐渐老化,国家制定"敬老节日"开始,百货店也开始出现高龄者相关产品活动。1970 年代以后随着政府推动生活圈扩大运动（方便高龄者行动的运动）,百货店第一次开始卖老人看护等相关商品,但是商品本身属于耐久材料不易损坏,对于百货店需要经常导入流行性商品的概念而言,并不适合。1990 年代开始百货店的营业额明显地减少,这时候百货店方面发现拥有优厚退休金的高龄者是一条机会活路,他们便全力改变商品陈设方式同时加强卖场动线设计,之后果然获得高龄者的认同,使之成为百货店主力的客户群。

キーワード: 日本近現代史　新老年学　消費社会　百貨店　高齢者

はじめに

　日本では高度成長期以降、1970 年に「高齢化社会」、1994 年には「高齢社会」、そして 2007 年に高齢化率が 21％を超え「超高齢社会」を迎え[1]、老年学の分野において、こうした社会的諸問題に対応する研究が進展している。一方で、日本における老年学は、これまで医学・看護学・生物学等の自然科学分野、また社会学・心理学等の社会科学分野からのアプローチが主となっており、人文学分野からの研究蓄積は乏しく、前述の諸分野との連携は上手く図られてこなかった[2]。近年こうした研究状況を踏まえ、より多様な高齢者像の視点に立ったネオ・ジェロントロジー研究が始まり、筆者はとりわけ歴史学の観点から、近現代日本における老いと小売・消費に焦点をあてて研究を進めている[3]。消費市場と老いの構造を歴史的に把握することは、高齢者を社会がどのように捉えていたのか、を理解する上で重要な論点であるからである。
　本稿では、こうした問題関心に沿って、具体的には百貨店を事例に、百貨店が自らの市場の中にどのように高齢の消費者を位置づけていたのか、「老」のマーケティングについての歴史的展開過程について考察することを目的とする[4]。日本における百貨店の展開については、これまで初田亨氏、神野由紀氏、山本武利氏、西沢保氏、大岡聡氏などの文化史・社会史からのアプローチ及び、前田和利氏、藤岡里圭氏、満

薗勇氏、末田智樹氏、中西聡氏、谷内正往氏等の社会経済史・経営史からの研究が行われてきた。しかし百貨店史研究の中において「老」を市場としてどう捉えてきたのか、という論点はこれまで、ほとんど研究対象とされてこなかった。そこで本稿では、日本において百貨店が成立する1900年代から高齢社会を経て超高齢社会に至る2000年代まで、各時代において百貨店が「老」をどう捉えられていたのか（そもそも消費者としてターゲットとされていたのかどうか、も含め）、小売業態における「老」概念の変遷とその画期を抽出したい。使用史料は百貨店が自ら発行していた百貨店PR誌、また『読売新聞』『東京朝日新聞』『朝日新聞』などの主要全国紙に出稿された百貨店広告や新聞記事の具体的事例から老いと消費空間の関係について検討していくこととする。

1.「老」市場の未確立～顧客対象にならない～老～（1900～1950年代）

1.1　日本の百貨店史概観

　百貨店を通じた「老」市場を考察する前提として、日本における百貨店の歴史的経緯についてまず確認しておきたい。日本における百貨店の嚆矢とされているのが、三越呉服店による「デパートメントストア宣言」である。1904年、三井呉服店は株式会社三越呉服店と改組、翌1905年新聞紙上等で、デパートメントストア業態を目指していくことを発表、以後同業他店の有力呉服店を中心に日本における百貨店化が進行することとなる。1920年代後半以降、それまでの呉服店を母体として発展してきた呉服系百貨店に加え、電鉄資本がターミナル駅に百貨店を設置するようになり、電鉄系百貨店が登場、さらに地方の都市化に伴い、大都市のみならず地方都市にも百貨店が開設され、百貨店の全国的展開が進展した。その後1940年代は、経済統制やGHQの施設接収等を受けるものの1950年代に入ると、国民所得に占める百貨店売上高が第二次世界大戦以前に回復、1971年まで小売業界売上高第1位の躍進を続けた。しかしその後はスーパーやコンビニエンスストアの台頭により徐々にシェアは低下、1990年代後半からは、業界売上高の前年度割れが続き、2000年以降の業界再編（西武＋そごう、大丸＋松坂屋、三越＋伊勢丹、阪急＋阪神）に至っている。

2.2　新聞記事にみる百貨店の顧客層

　百貨店史を概観した上で、次に『読売新聞』より、日本に百貨店が登場する1900年代以降、1980年代までの百貨店と消費者層のキーワード（婦人、紳士、子供、老）に関する記事をピックアップし、その掲載数の推移を表したものが次の表1である。「老」のキーワードでは、伝統的に事業を行っている小売店という意味の「老舗」は除いてある[5]。このグラフから読み取れることは、百貨店が登場して以降、高度成長期に至るまで、百貨店の新聞記事で多く登場する消費者層が婦人および子供であるという点である。「老」が百貨店と接点を持って記事化されてくるのは、主として

1970年代以降であり、「老」のキーワードは極めて少ないことが分かる。こうした百貨店と老を巡る記事の少なさは如何なる要因に基づくものであるのか、続いて1900年代以降、戦前期における史料を通じて、具体的に見ていきたい。

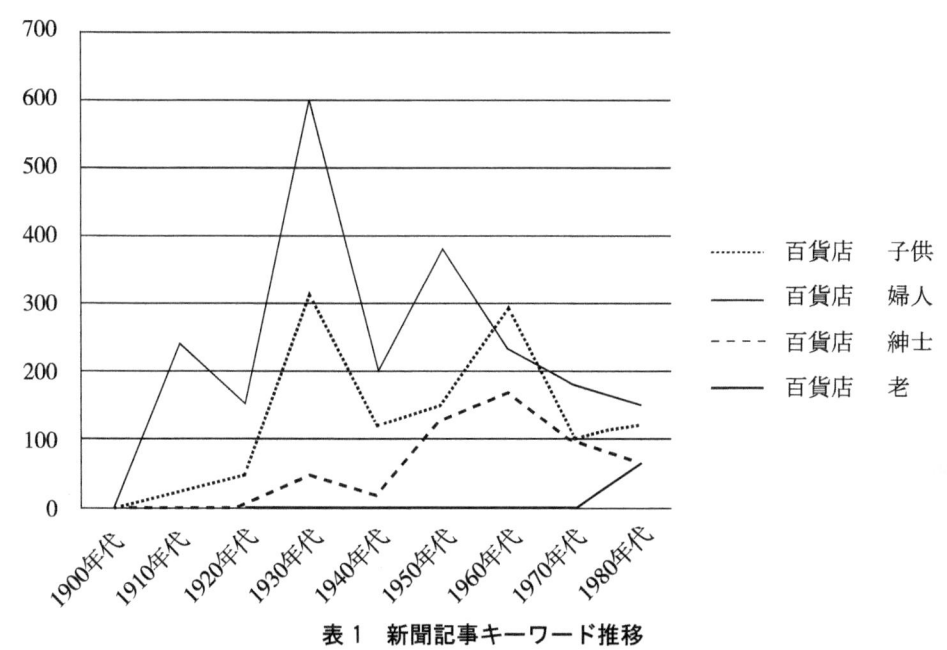

表1　新聞記事キーワード推移

出典：『読売新聞』※数字は件数、老のキーワードは「老舗」を除く

1.3　上流顧客利用と「老」

　結論から先に言えば、1900年代以降の戦前期において、百貨店への高齢者の来店がなかったわけではない。しかしその利用法は単なる消費者としてだけではなかった。以下いくつかの事例についてみてみたい。

　日本における百貨店の嚆矢は1905年に三越呉服店が発表した「デパートメントストア宣言」であることは先に述べたとおりであるが、この約2年後の1907年における『時好』の記事に当時の来店者に関する記録が記されている[6]。『時好』は三越呉服店が当時毎月発行していたPR誌であり、店内の様子や催し物を紹介すると共に流行を牽引する各種記事を所収していた。この『時好』1907年5月号には、「政治家としては、伊藤統監、井上伯、大隈伯、土方伯…（中略）…は我三越へ御立寄り遊ばされた。」として、政治家等の来店が記録されている。1907年当時彼らの年齢は、伊藤博文66歳、大隈重信69歳、井上馨71歳、土方久元74歳であり[7]、これらの記録から日本における百貨店は誕生当初より、婦人や子供のみが来店していたわけではないことがわかる。

　しかし彼らは老人という年齢層に基づく顧客層としてではなく、あくまで政治家という立場において三越呉服店を利用していたことが、同じく『時好』1907年5月号からみることができる。『時好』1907年5月号には、「三越呉服店は已に東京の名

所である。否、我日本の名所である。」、「我日本に来た国賓も大概一度は我三越を御覧になります。…(中略)…『三越は第二の国賓接伴所なり』と評されたも、誠に理由のある事なるべし」との記述があり、百貨店が「国賓の接待空間」として利用されていた状況がみてとれる。

　当時、三越呉服店は民間施設としては高層建築の部類に属し、入店に際しては下足預かりが行われており、店内においても休憩所等が別室で用意されるなど、上流の顧客層が想定され、大衆的な側面はまだ強く打ち出されていなかった。政治家の来店目的もそうした外交上の接待目的も含めた上流顧客として来店であり、百貨店側も高齢者として彼らを位置づけ顧客ターゲットとしていたわけではなかった。

1.4　両大戦間期における百貨店と「老」の描かれ方

　1920年代に入り、大衆化が進んだ両大戦間期における百貨店では、上記政治家の来店とは別の「老」の描かれ方が散見されるようになる。その1つのパターンは万引き等、窃盗犯としての老人像である。『東京朝日新聞』1924年6月20日夕刊では以下のような報道がなされている。

　「渋谷百貨店に萬引名人の老人　二萬円に上る贓品は　芸妓屋などに売込む

　昨夜九時頃渋谷署の刑事が道玄坂百貨店の中を通行中、夏トンビを着し二尺五寸位のブリキ製ラッパを携えた五十五六のつんぼの老人が…(中略)…買ひ物をする風を装ひ主人と談話しながら隙を見て左手で巧に錦紗の帯六本価格二十円を萬引してゐるところ発見し、直に取押へ」

　また『東京朝日新聞』1926年7月7日朝刊では

　「松坂屋で捕はる　六十の老賊

　六日午後三時半頃銀座松坂屋入口で五十余りの老人が築地署刑事に引かれて行つた」

　という記事がみてとれる。1930年代においても、『東京朝日新聞』1938年4月5日朝刊では「「暗闇の留」御用　老賊の萬引

　刑務所生活前後四十六年、前科を重ねること二十三犯といふ万引専門の老賊、暗闇の留…(中略)…が四日午後三時頃日本橋三越で反物を萬引」とあり、いずれも「老」は百貨店の顧客層としてではなく、万引きする老人として立ち現れてくる。

　こうした窃盗犯としての老人像に加え、この時期に百貨店と「老」が結びついて報道されるもう1つのパターンは、寄附・慰問対象としてである。『東京朝日新聞』1924年8月23日朝刊では、関東大震災の約1年後、三越呉服店が孤児院、養老院に寄附行為を行った事例について以下のように取り上げている。

　「孤児院養老院に一万円　三越が寄附

　三越呉服店では金一万円を池田社会局長官に提出して震災地域内に在る孤児院並に養老院に寄附分配方申出たので社会局では目下東京、神奈川、埼玉、千葉、茨城、静岡の一府五県下に於ける二十一個の孤児院並に養老院に就き調査中である」

　また、『東京朝日新聞』1926年12月24日朝刊でも、百貨店の寄附行為が伝えられ

ている。

「不幸な人々へ　同情週間の配給　今日から開始　第一日は四班に分れて　養育院、養老院その他へ　各店競争の慰問袋

いよいよ二十四日から三日間にわたつて配給を行ふことになつた、このサンタクロースの役目を勤めてくれる有志は…（中略）…東京養老院の八ヶ所四千百人の気の毒な病者、老廃者、行路病者、子供老人等に頭数だけの慰問袋を送るのである慰問袋は各大百貨店が特別の勉強で競争的に作つたタオル其の中に日用品、雑貨、絵本、玩具の類が温い手で充されてゐる。」

以上、新聞記事に取り上げられた百貨店と「老」の関係は2パターンとも、百貨店の顧客対象として描かれていないのが特徴である。先に表1で確認したとおり、両大戦間期において積極的に開拓していった顧客層は婦人・子供であり、上記新聞記事の事例からは、百貨店が消費者層として高齢者を積極的に位置づけていなかったことがわかる。

こうした百貨店と「老」をめぐる状況は、両大戦間期における百貨店の催事からもうかがうことができる。表2は1909年から1941年における三越呉服店東京本店の主要催事のうち、「子供」に関するものと「老」に関するものを比較したものである。

表2　三越における主要催事（1909〜1941年）

西暦	月	子供に関する企画・催事	老に関する企画・催事
1909年	2月	三越少年音楽隊を編成	
1909年	4月	第1回児童博覧会開催（以降定期開催）	
1909年	5月	児童用品研究会を組織	
1909年	6月	画帳「子だから」発行	
1912年	5月	みつこしオモチャ会が発足	
1913年	6月	オモチャ会　第1回子供会開催（以降定期開催）	
1916年	2月	児童用品展覧会開催（児童博覧会発展企画）	
1916年	9月	婦人子供博覧会（読売新聞主催）出品	
1919年	6月	竹久夢二作画-女と子供に寄する-展覧会開催	
1924年	6月	婦人子供服デザイナーにアリス・ルース（仏）招聘	
1926年	7月	ベビーキネマクラブ結成	
1927年	4月	世界玩具展覧会開催	
1930年	12月	御子様洋食登場	
1933年	1月		延命長寿の会開催
1935年	1月	オモチャ大会開催	
1935年	3月	学用文具製作実演会	
1936年	5月	婦人・子供洋裁夏のコレクション開催（定期夏秋開催へ）	
1941年	3月	文部省制定新中等学校男女制服発売	

出典：2004. 三越．『株式会社三越100年の歩み』※定期開催事例は開始初年度のみ記載

この時期、子供に関する催事等が17種に達するのに対し、老に関するものは1933年の延命長寿の会のみで、ほとんど開催されていない。また児童博覧会や、オモチャ会など、その後継続して定期的に開催された催事も考慮すれば、実数としてはさらに差が大きくなる。

　こうした子供に関する催事で注目すべき点は、催事自体が需要喚起の手段となっていた点である。三越呉服店のPR誌である『みつこしタイムス』には、1909年に開催された児童博覧会の開催趣旨が以下のように述べられている[8]。

「所謂児童博覧会とは、児童そのものを陳列し、若しくは児童の制作品を陳列するものに非ず…〈中略〉…男女児童が平常、座臥行遊に際して、片時も欠くべからざる、衣服、調度、及び娯楽器具類を、古今東西に亘りて、洽く鳩集し、又特殊の新製品をも募りて、之を公衆の前に展覧…（中略）…今日の新家庭中に清新の趣を添へんことを期するにあり」

　この記述からは、児童博覧会が子供の製作品を展示する催事なのではなく、まさに子供用品という新たな商品群の創出を目的としたものであったこと、また、子供に投資出来る新しい家庭、すなわち都市部で増加していた新中間層を想定した百貨店の顧客開拓策であったことがわかる。

　両大戦間期、東京における新中間層は、1920年に12.9％、1930年に13.5％、1940年に19.7％と順調に伸び続けており、百貨店の成長にとって重要な顧客層となっていたのである。

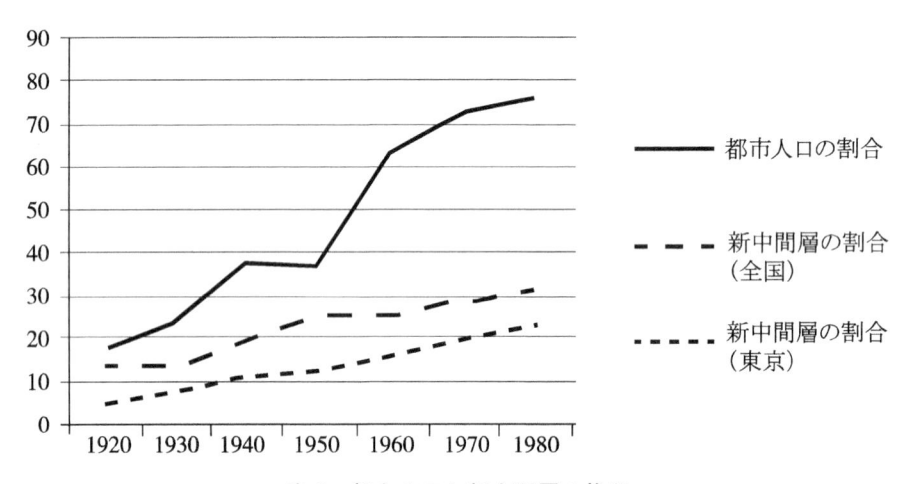

表3　都市人口と新中間層の推移
出典：（平野 2005：170）

　これに対し、高齢者層についてみると、日本における平均寿命は、1913年時で男性44.25歳、女性44.73歳、1925年時で男性42.06歳、女性43.2歳、1936年時で男性46.92歳、女性49.63歳と、戦前期においては男女とも平均寿命は50歳以下で推移し、顧客層としての層の薄さが浮かび上がってくる。

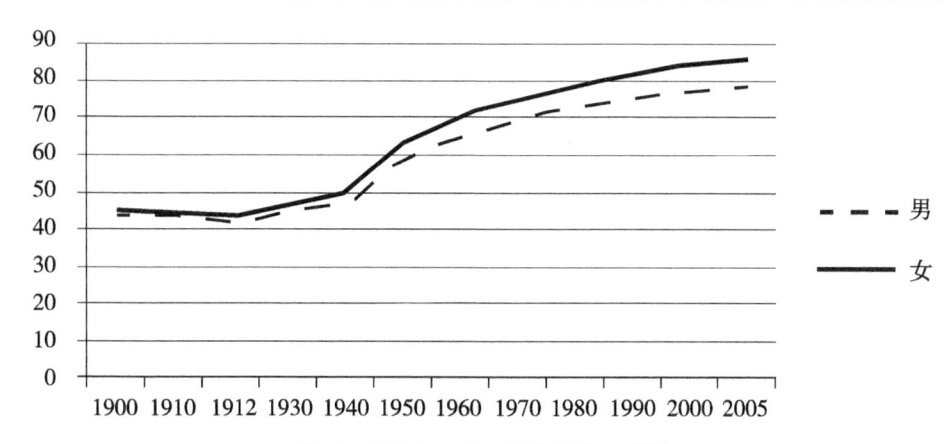

表4　日本における平均寿命の推移

出典：厚労省『人口動態統計』2005年版、同『平成19年簡易生命表』、国立社会保障・人口問題研究所『人口統計資料集』2009年版
※1950年までは、表年次の直近複数年調査の数値

1.5　戦後(1950〜1960年代)における百貨店と「老」の描かれ方

百貨店と「老」との描かれ方は、1950年代までは戦前からの共通性がみてとれる。『朝日新聞』1952年3月30日夕刊には、

「老賊たちまち捕る　デパートでかっぱ払い

二十九日午後四時ごろ浅草松屋五階休憩室で(中略)手提カゴの中から千二十円入りの財布をかっ払って逃げようとした老人を浅草署員が抑えた。」

として、やはり万引き老人の記事があがっており、

『朝日新聞』1956年9月14日朝刊の

「施設の老人に浴衣　百貨店協会から　東京百貨店協会(会長古屋徳兵衛氏[9])では浴衣二百反を本社厚生文化事業団に寄託」

といったように寄附・慰問対象としての「老」が新聞紙上にみられ、これらの記事から顧客対象としての高齢者は浮かび上がってこない。

一方で1950年代に入ると、百貨店が高齢者を顧客層とした商品を展開していく事例も現れてくる。『東京朝日新聞』1951年7月16日朝刊では

「「補聴器」米国から初輸入　だがお値段は八万円くらい

耳の遠い人のための補聴器〈ヒアリング・エード〉が民間輸入でこのほどアメリカから初輸入された。尾崎咢翁[10]が渡米みやげに持って帰ったのと同じ精巧な品で…(中略)…近くデパートで公開するといっている。」

として百貨店が高齢者向け商品として補聴器を取扱うことが記されている。もっとも、記事上の8万円は当時としてはかなり高額であり、政治家の使用例が挙げられているなど、どちらかといえば舶来品の付加価値をもとにした高額商品という位置づけであり、百貨店が戦前期より得意としていた上層顧客の枠組みでの商品であったといえる。

2.「老」市場の形成期（1960〜1980年代）

2.1 「老」向け催事の展開

　第1章で見たとおり、1950年代まで百貨店における「老」に関する企画・催事は低調で、高齢者は顧客層として強く意識されてはいなかったと言える。しかし、1960年代に入ると、こうした状況に変化がおとずれるようになる。その一つの契機となったのは、日本における国民の祝日として敬老の日が制定されたことであった。

　敬老の日の起源は、1947年、兵庫県野間谷村で9月15日を「としよりの日」として提唱したことにはじまり、1950年代には兵庫県全体、さらには全国的な動きとして拡大、1963年に老人福祉法が制定されると9月15日は「老人の日」とされ、同15日から21日までが老人週間として定められるようになる。さらに1966年に国民の祝日に関する法律が改正され、9月15日が「敬老の日」として国民の祝日となったのである。第二次世界大戦後、日本では高齢者人口がゆるやかに増加していたが、国勢調査における60歳以上の人口は1960年時点で9.7%に達し、1966年度の厚生白書では、1967年以降10%を超えると推計されていた[11]。事実1970年には10.7%まで増加している[12]。敬老の日制定は、日本における高齢者層の増加と軌を一にしていたと言えよう。

　この敬老の日が制定された1966年は、百貨店での「敬老の日」にちなんだ催事企画増加につながった。前年1965年の朝日新聞の広告において「老人の日」にちなんだ催事が掲載されたのは松坂屋・三越（大阪）2店舗のみであったが、1966年には10店舗と5倍に増加した。

表5　百貨店敬老催事比較（1965年〜1966年）

1965年老人の日			1966年敬老の日		
	広告店舗	広告内容		広告店舗	広告内容
大阪	松坂屋（日本橋）	めがね	大阪	阪急（梅田）	60歳以上理髪半額、敬老贈答品
	三越（高麗橋）	敬老慰安会		髙島屋（難波）	万歩計、囲碁セット、羽織、胸像作成相談、盆栽
				大丸（心斎橋）	紳士腹巻、ひざかけ毛布、座いす、電気あんま器
				そごう（心斎橋）	休館→営業
			兵庫	そごう（神戸）	休館→営業
			東京	そごう（有楽町）	休館→営業
				西武（池袋）	休館→営業
				三越（池袋）	老眼鏡、腰の健康用品、プロ棋士来店
				大丸（八重洲）	休館→営業、売上一部老人福祉施設への寄付
				伊勢丹（新宿）	営業案内（商品紹介なし）

出典：『朝日新聞』、各年9月10〜15日広告出稿調

このように日本における百貨店内での「老」企画・催事は「敬老の日」制定が画期となったのである。もっとも、表5からもうかがえるように、百貨店間における催事内容は一様ではなかった。そごう、西武、大丸、伊勢丹の各百貨店は休業日を臨時営業とするのみで、新聞紙上ではとりたてて商品宣伝を行っておらず、大丸(八重洲店)においては、売上の一部を老人福祉施設へ寄付するという広告になっており、やはり商品ついての広告ではなかった。

また具体的な商品について掲載した阪急、髙島屋、大丸(心斎橋店)、三越(池袋店)においても、宣伝商品がまちまちで一様ではなく、高齢者の購買力を期待するというよりは、阪急の「いつまでもお元気に　感謝のプレゼントをいたしましょう[13]」や、大丸の「敬老の日…まごころのプレゼントを！[14]」といったように、家族からのプレゼントというキャッチフレーズを強調し、子世代の購買力を期待していた。加えて、図1の通り、敬老の日に際した新聞広告においても、その扱いは決して大きいものではなく、百貨店の主力催事としての位置付けは弱かった。

図1　大丸心斎橋店広告にみる敬老の日の位置づけ
出典：『朝日新聞』大阪版、1966年9月14日夕刊

敬老の日にちなんだ「老」向けの催事についても、百貨店独自の動きではなく祝日制定に伴う後追いの対応であったことにも着目しておきたい。前述の通り、百貨店は1900年代後半より、子供向け催事を独自に開催し、1948年に国民の祝日として「子供の日」が制定される以前より子供用品需要の市場開拓していたことと比較すると、「老」向けのマーケティングはこの時期未成熟なままであったといえよう。

2.2　百貨店内設備の変化と「老」関連売場の新設

1960年代半ば以降、百貨店では前述の通り、「敬老の日」に絡めた催事が多くなっていったが、1970年代に入ると、百貨店は高齢者向けの常設売場を新設し、より踏み込んだ形で高齢者市場を開拓していくこととなる。

1973年西武百貨店において、日本の百貨店としては初めての試みとして老人向

け商品を集約した「老人コーナー」が設置された[15]。老人コーナーには、東京都民生局の「お年寄りとご家族の相談コーナー」が併設され、高齢者の健康・福祉相談と商品購買が同時に可能となる新たな商品販売モデルが誕生することとなる。1974年には、東武百貨店池袋店において看護用品コーナー、1975年までに髙島屋京都店でもヘルススポットが設置、取扱商品としては、ワンタッチはだ着、床ずれ防止マット、ポータブルトイレ、大人用おしめカバー、採便用クッション、寝たままシガーポット、松葉杖、車いす等「寝たきり老人とか身体の不自由な人のため[16]」の用品が展開された。

　この時期に常設売場が新設されるようになる背景には、1960年代後半から日本で起きた「生活圏拡大運動」の高まりがあった。

　生活圏拡大運動は、高齢者・障害者を専用の施設に囲い込むという施設中心主義ではなく、高齢者・障害者が地域施設を自由に使用出来る都市・交通対策を目指した、福祉的なまちづくりの運動であり、国鉄においては1972年に身体障害者用の設備を設けたモデル駅として上野駅・仙台駅を改修、1973年度以降東京都では五カ年計画として全都道18300カ所で車イス用に歩・車道の段差解消に乗り出すなど、1970年代に入り施策として全国的に進められていくようになる。

　自治体でも1972年2月東京都町田市で福祉バスが運行され、このとき町田市内の百貨店では市と協力し平日の売場見学サービスを実施するなど、生活圏拡大運動に沿った動きをみせていくことになる[17]。こうした動きは百貨店の施設面での対応とも連動しており、1972年3月、伊勢丹新宿店では車イスを店内に用意し車イス用にトイレを改善、1973年までに三越日本橋本店でもトイレ等の設備改善、1973年松坂屋上野店で本館6Fに身体障害者専用トイレ、出入口二カ所をスロープ式に設備改良を行うなど、日本国内の百貨店では、順次車イス等での来店に対応する設備改善を行っていくこととなる[18]。

　上記改善策は一義的には障害者への対応が意図されたものであったが、副次的に車イスでの来店に限らず、広く高齢者等にも入りやすい店舗と評価されるようになっていった。1974年5月2日の『読売新聞』では、「最初は、一部の障害者のためにという意識があったが、スロープ化ができてみると、老人、乳母車やショッピングカーの主婦や出前の店員たちにも好評…(中略)…多くのデパート、映画館も車イスが入れるように改善された」として、身体障害者に対する生活圏拡大運動に伴う百貨店の施設面対応が乳児連れの主婦、高齢者の利便性向上に繋がっている側面を伝えている。百貨店の高齢者向け売場の新設は、こうした百貨店の施設面での対応が、新たな顧客層の来店の呼び水となり、商品の品揃えの対応へと展開していったものといえよう。

　しかし、百貨店間において「老」関連コーナーの広がりには一定の限界があったようである。2000年当時、京王百貨店新宿店兼業部販売担当であった渡部隆は1989年に京王百貨店新宿店で介護用品売場を開設した頃の状況について以下のように述べている。「京王百貨店新宿店介護用品売場は、1989年9月(中略)高齢化社会を

先取りするものとして8階に新設された。この当時百貨店で介護用品売場を開設していたのは、西武百貨店のみであり、その意味で、当介護用品売場は百貨店の介護関連商品を扱う売場の先駆けといえる[19]」

この渡部の述懐に拠れば1970年代前半に百貨店に登場した「老」関連コーナー設置の動きは1980年代後半までに一度収束していたことになる。表6の通り、実際1970年代後半から1980年代における「老」関連コーナー設置の動きは低調であった。

表6　主要百貨店「老」関連コーナー設置推移

百貨店	店舗	設置時期
西武百貨店	東京池袋店	1973年9月
東武百貨店	東京池袋店	1974年頃
髙島屋	京都店	1974年頃
そごう	横浜店	1985年9月
髙島屋	横浜店	1989年7月
京王百貨店	東京新宿店	1989年9月
松坂屋	静岡店	1990年9月
阪急百貨店	大阪梅田店	1993年9月
丸栄	名古屋店	1994年3月頃
東急百貨店	東京日本橋店	1995年8月
伊勢丹	千葉松戸店	1995年8月
三越	名古屋栄店	1995年11月
三越	千葉店	1995年11月
三越	東京日本橋店	1996年2月
そごう	神戸店	1996年4月
そごう	千葉柏店	1996年5月
大丸	神戸店	1997年3月

出典：『朝日新聞』『読売新聞』『日経新聞』
※髙島屋横浜店売場は1997年3月ハートフルショップに改組、三越名古屋栄店は1999年8月閉鎖

百貨店内における売場展開が限定的であった要因の1つには「老」関連の介護福祉商品は商品回転率が低く商品展開に一定の限界があった点が挙げられる。

『朝日新聞』1975年4月19日朝刊では、再来店を促す接客が図れないジレンマを以下のように伝えている。

「禁句「またどうぞ」

デパートでは、どこの売り場でも客には「ありがとうございました。またどうぞ」と店員にいわせている。しかし、このコーナーでは「またどうぞ」の代わりに

「おだいじに」といわせている。「とても"またどうぞ"といえるお客ではありません」

また商品回転率の低さについても以下のように触れている。

「内容充実が課題

　もともと福祉用品はだれもが必要とする商品ではない。それをデパートが取りあげた裏には、各店のイメージアップの効果をねらった面があるのではないか…（中略）…商社の売り込みだけで品物を並べているデパートもあるし、店員の商品知識もまだまだという」

1970年代になって百貨店が取り組み始めた「老」関連の介護福祉商品は、流行による買い換え需要が期待できない商材であり、ファッション鮮度を売りとする百貨店空間にあって、商品回転率が低く売れ筋商品とはなりにくい売場となっていたことがうかがえる。また高齢者自身も、そうした売場に足を運ぶことに忌避感を感じていた。『毎日新聞』1990年11月29日夕刊にはその点が記載されている。

「伸び悩むシルバー・マーケット

　各百貨店は競ってシルバーコーナーを設置したが、「年々コーナーが小さくなり、今はもうほとんど残っていない」（西武百貨店）という状態。なぜ、うまくいかないのかといえば、「年配の方が差別されるのを嫌い、シルバーコーナーを避けた」（髙島屋）ためとみられる」

「敬老の日」が制定された1960年代半ば以降の企画催事の展開、また1970年代、生活圏拡大運動を受けた百貨店側の施設面での対応から商品売場展開、という流れを通じて、日本における百貨店は、初めて本格的に高齢者を顧客層として認識していくようになるが、1980年代に至るまで「老」向けコーナーの広がりには一定の限界があり、社会貢献戦略としての位置付けから脱却出来ない状況にあったといえよう。

3.「老」市場の展開（1990年代～）

3.1　百貨店業態の斜陽化と新市場の開拓

　日本における百貨店業界は1970年代小売業界第1位の座はスーパーに奪われていたものの、表7の通り、1980年代を通じ売上高は順調に伸びていた。しかし、1990年代の平成不況、また大型専門店（家電量販店、製造小売業（SPA））との競合等により、1991年の百貨店業界全体の売上高は12兆円をピークに以降下降線を辿るようになる。

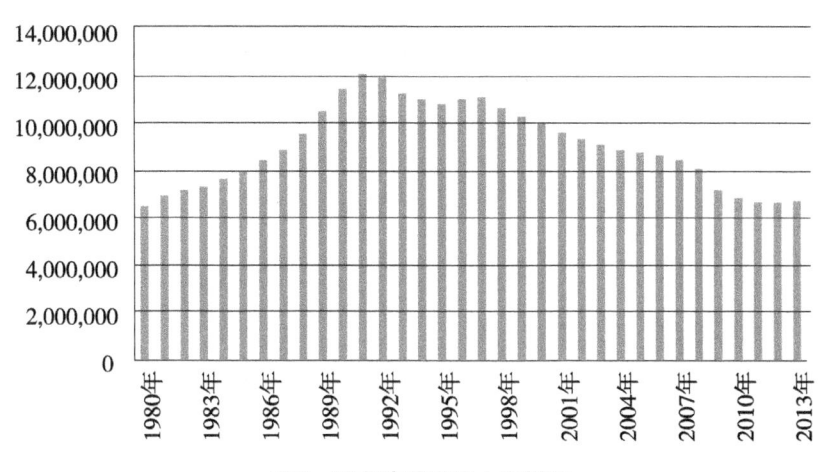

表7 百貨店業界売上高推移
出典：経済産業省『商業販売統計』、単位：百万円

『日経流通新聞』1996年7月9日はこうした状況を以下のように伝えている。
「介護用品・住宅情報・マッサージ…百貨店変身願望、自前で展開、人材育成
　大型専門店やディスカウント店など他業態が次々と台頭する中で、カメラや呉服、家具などのように百貨店内の売り場が縮小したり、姿を消してしまった商品分野は少なくない。…（中略）…新たな商品分野を積極的に開発していかなければ、百貨店はじり貧に陥る」
　こうして市場として再び高齢者層が着目されることとなる。1990年代における百貨店の「老」関連コーナー開設ラッシュはそのことを的確に表している。

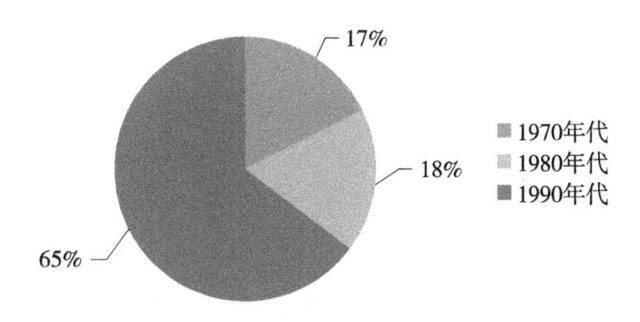

図2　百貨店「老」関連コーナー設置年代比較
出典：『朝日新聞』『読売新聞』『日経新聞』

　日本では1970年に65歳以上の高齢者人口が7%を超え「高齢化社会」となっていたが、1994年には14%を超え「高齢社会」となっており、1990年代は高齢者人口の伸びとしても1つの画期となっていた。資産状況についても、『厚生労働白書　平成18年版』によれば、全国の2人以上の一般世帯の貯蓄額の年次比較で、1966年から2000年の平均額について、それぞれ90.99万円から1,781.2万円と、その上昇率は19.6倍であるのに対し、世帯主が65歳以上の世帯では、1966年の125.55万円から2000年の2,739.4万円と、約21.8倍で平均上昇率を上回っていた（1966年から

223

2000年で消費者物価指3.83倍増加)。加えて、各調査年の全世帯平均を100とすると、1966年と2000年における比較では、24歳以下が世帯主の世帯では36.5から5.9、以下25〜29歳で46.5から27.6、30〜34歳で58.7から36.3とそれぞれ減少しているのに対し、65歳以上が世帯主の世帯では139.7から153.8に上昇。統計上からみても[20]、百貨店が高齢者層の貯蓄に新たな市場性を見出す状況が生じつつあったと言えよう[21]。

3.2 新たな「老」市場へのアプローチ

1990年代の高齢者向け売場作りは、「介護」を全面に出していった1970年代と異なる売場戦略が取られていくこととなる。1993年11月10日付け『毎日新聞』では、顧客層が百貨店に求めていたものが何であるのか、消費者の声を紹介することで端的に示している。

「デパートへの不満、期待は

デパートの影響力は大きい。介護用品とかの商品イメージを変えることができるのは、百貨店の演出力だと思う。本当にニーズのあるものを発掘して演出力を発揮して欲しい」

先に見たように1970年代における百貨店の「老」関連コーナーは、高齢者や介護を強調したがゆえに、ファッション性を売りとする百貨店空間にあって、当該顧客層に阻害感を惹起させてしまう嫌いがあった。そこで、百貨店では、マイナスイメージを持たれないような売場名称、配置を目指すことになる。1996年2月に三越日本橋店に新設された「ヘルス&ケアショップ」は『朝日新聞』1997年7月12日で以下のように紹介されている。

「東京都心にある三越日本橋店の新館二階。水着売り場とサービスカウンターにはさまれて、ベッドや車いすをはじめ、三百品目以上の介護用品を集めた「ヘルス&ケアショップ」がある。照明や陳列に工夫をこらし、明るい雰囲気」

売場名称やディスプレイを工夫し、介護用品を普通の商品と同じ感覚に近づけることが図られていったのである。同様の事例として1997年3月に髙島屋横浜店は介護用品売場を「ハートフルショップ」と名称変更している[22]。加えて商品自体においても「老」を意識させない商品構成への対応が進められた。『朝日新聞』1999年1月3日からは、その取り組みがみてとれる。

「"年齢相応"ではなく、自分のテイスト(好み)に忠実に——静かに進行している選択基準の変化は売り場も変えつつある。これまでも、二十代向けの服を三十代が着るなどの兆候はあった。でも、最近はその幅が、より上の年代に向けてボーダーレスに広がりつつあるのだ。大阪・梅田の阪急百貨店は昨秋、アダルト・ミドル・シニアの三つの年代(三十五歳から六十五歳)にまたがる婦人服担当を置いた。」

こうした嗜好の多様性やファッション性といった百貨店の強みを活かした高齢者向け商品への取り組みは、2000年代以降も既定路線となっていく。2003年9月15日付けの朝日新聞では百貨店において色柄やデザインの幅が広がっていることが

以下のようにみてとれる。

　「オレンジ、ブルー、花柄、チェック柄……。色々な柄のステッキが売り場に並ぶ。「柄物や旅行向けの折り畳み式が人気…（中略）…と、高島屋横浜店（横浜市）…（中略）…購入する人は65歳くらいで、6対4で女性が多いという。値段は1万円前後で、1日10本程度、多い日には40本も売れる。…（中略）…歩行補助車でも、収納部分をブランドもののバッグのようなデザインにするなど工夫した商品が増えている。東武百貨店池袋店（東京都豊島区）で70歳の男性は、「近くの公園に妻と出かけるのが楽しみ」と、チェック柄のものを妻のために購入」

　商品展開の多様化は、売場自体の拡大にも繋がっていく。2004年11月には京王百貨店新宿店では、5、7、8階の3フロアを高齢社会に対応した売場に改装、階まるごと高齢者をターゲットとした売場構成とした。これは従来からの点的な売場作りではなく面的変化として1つの画期となった。

　また平均寿命の伸びの中で介護用品そのものでなく、トレンド感を演出しやすい身体能力の補助的商品へ商品展開が注力されていった。『読売新聞』2011年9月11日の記事はそのことを示している。

　「［百貨店大研究］シニア　老眼鏡・杖もおしゃれ…（中略）…現在、介護用品はわずか。新たな主役は体の衰えに備えた商品…（中略）…ボタンをはめにくい人には、接着テープを使ったブラウスやポロシャツがお薦めだ。テープは隠れて見えず、飾りボタン付き。見た目は普通の服と変わらない。スタッフは「百貨店にはおしゃれな物があるだろうというお客さんの期待に応えたい」と話す。…（中略）…阪神梅田本店1階の眼鏡売り場「オプティオプト」には、赤、青、緑、チェック柄、キリンのイラスト入りなど派手な女性用老眼鏡が約40種類並ぶ。売り上げは2年前の開設時から5割増」

　「老」関連商品のトレンド化を志向する百貨店にあって、1990年代以降高齢者は他の年代層が好みの衣服を購入するのと同じように、明るい店内雰囲気の中、自らの嗜好に基づき、多様化した色柄やデザインの中から介護用品や身体能力の補助的商品を選択可能となったのである。1960年代以降の各種取り組みを経て、百貨店業界は1990年代になって、ようやく高齢者市場への販売戦略を軌道に乗せ、2000年代に顧客層として取り込む施策を確立したといえよう。

おわりに

　以上、20世紀初頭から現代にかけての百貨店顧客層戦略を通じ、日本の小売業界における「老」概念の変遷について考察してきた。本稿で明らかになったことは、百貨店を通じた「老」概念の変遷にはいくつかの画期があったという点である。1900〜1950年代、百貨店にとって「老」は貧困層、慈善対象であり、上流顧客の中に高齢者が存在することはあったものの、明確に高齢者という世代を顧客層として想定する意識は薄かった。しかし1960年代、日本における国民の祝日として「敬老の日」が制定されると、「老」を巡る催事が増加、高齢者市場が百貨店業界で意識されるこ

ととなる。もっともこうした催事の主たる消費者層はなお、高齢者の子以下の世代であり、「老」は贈答される対象として、核家族による消費の一貫と位置づけられていた。1970年代以降、生活圏拡大運動も相まって、介護用品市場に百貨店が取り組みはじめ、その過程で「老」関連コーナーが初めて常設されるようになる。しかし、ファッション性が高い百貨店空間とは対照的な売場構成であったことから、広がりには一定の限界があった。こうした中で、百貨店が本格的に高齢者層を顧客層として取り込む動きを見せるのは1990年代以降のことである。百貨店は売上高が減少していく中、人口率が増加し蓄財力が高まっていた高齢者層に活路を見出すこととなる。ここで取られた戦略は従来から百貨店が得意とする、トレンド感のある商品の展開と明るい売場空間を提供し、「老」を意識させない販売モデルの構築であった。1世紀にわたるタイムスパンで日本における百貨店が高齢者市場をどう捉えていたのかを論じた先行研究はこれまでほとんどない中、日本における大衆消費社会の展開過程と世代間構造、とりわけ高齢者市場を把握する上で、本稿は1つの見通しを提示したといえる。本稿での時期把握を踏まえつつ、今後は各期における百貨店間の具体的な経営分析や商品構成を通じ、近現代日本における大衆消費社会の進展と高齢者層の市場性について研究を進展させていきたい。

注

[1] 総人口に占めるおおむね65歳以上の老年人口（高齢者）の割合で定義
[2] 日本における老年学研究で人文・社会科学に関わる学会誌である『老年社会科学』において2010年に「スピリチュアリティ」の特集が組まれたことを除けば、人文学に関する投稿論文はほとんどない。
[3] 本稿は科学研究費補助金基盤研究(B)「ケアの現場と人文学研究との協働による新たな〈老年学〉の構築」の研究成果の一部である。
[4] 本稿では高齢者について、原則としてWHOの65歳以上の定義と同義とするが、時代により老年観は異なるため、より広義の意味で「老」を用いることとする。
[5] 用語として「高齢者」は明治・大正・昭和初期の日本ではほとんど用いられないため、同じく除いてある。
[6] 三越呉服店.1907年.『時好』明治40年5月号
[7] 伊藤博文（初代内閣総理大臣、初代韓国統監、元老）、大隈重信（第8・17第内閣総理大臣、早稲田大学初代総長）、井上馨（初代外務大臣、元老）、土方久元（第2代農商務大臣、第2代宮内大臣）
[8] 三越呉服店.1909年.『みつこしタイムス』明治42年3月号。みつこしタイムスは時好の後継となる三越呉服店が発行していたPR誌
[9] 銀座、浅草に店舗を持つ百貨店松屋の社長を務めていた
[10] 尾崎行雄のこと。1951年当時92歳、第2・3第東京市長、衆議院議員を務めた
[11] 1967年.厚生省.「厚生白書　昭和41年版」
　　　（http://www.mhlw.go.jp/toukei_hakusho/hakusho/kousei/1966/dl/11.pdf参照）
[12] 1976年.厚生省.「厚生白書　昭和50年版」
　　　（http://www.mhlw.go.jp/toukei_hakusho/hakusho/kousei/1975/dl/13.pdf参照）

[13]『朝日新聞』1966年9月12日夕刊
[14]『朝日新聞』1966年9月14日夕刊
[15]『朝日新聞』1973年9月9日朝刊
[16]『朝日新聞』1975年4月19日朝刊
[17]『朝日新聞』1972年1月27日朝刊、フォークリフトのついたマイクロバス改良車を町田市が注文し運用
[18]『朝日新聞』1973年3月9日朝刊
[19](渡部　2000;25)
[20]2006年.厚生労働省.『厚生労働白書　平成18年版』.P18
[21]1999年、日本百貨店協会は高齢者の購買力を期待し「孫の日」(毎年10月第3日曜日)を企画したが協会加盟百貨店の45.5%が集客効果ありと回答している。
[22]『日経産業新聞』1997年2月28日

参考文献

藤岡里圭. 2006. 『百貨店の生成過程』. 有斐閣

初田亨. 1993. 『百貨店の誕生』. 三省堂

岩淵令治(編). 2016. 「〔共同研究〕歴史表象の形成と消費文化」. 『国立歴史民俗博物館研究報告』. (197)

加藤諭. 2014. 「戦前期東北における百貨店の展開過程―岩手・宮城・山形・福島を中心に―」. 『講座東北の歴史　第二巻　都市と村』. 平川新・千葉正樹(編). 清文堂. 69-91

加藤諭. 2016. 「戦前期東北の百貨店業形成―藤崎を事例に―」. 『東北からみえる近世・近現代　さまざまな視点から豊かな歴史像へ』荒武賢一朗(編). 岩田書院. 147-187

前田和利. 1999. 「日本における百貨店の革新性と適応性―生成・成長・成熟・危機の過程―」. 『駒大経営研究』. 30(3)(4). 109-130

満薗勇. 2014. 『日本型大衆消費社会への胎動　戦前期日本の通信販売と月賦販売』. 東京大学出版会

中西聡. 2012. 「両大戦間期日本における百貨店の経営展開―いとう呉服店(松阪屋)の「百貨店」化と大衆化―」. 『経営史学』. 47(3). 3-31

大岡聡. 2009. 『昭和戦前・戦時期の百貨店と消費社会』. 成城大学経済研究所研究報告. (52)

末田智樹. 2010. 『日本百貨店業成立史―企業家の革新と経営組織の確立』. ミネルヴァ書房

神野由紀. 1994. 『趣味の誕生―百貨店がつくったテイスト』. 勁草書房

神野由紀. 2015. 『百貨店で〈趣味〉を買う　大衆消費文化の近代』. 吉川弘文館

鈴木安昭. 1980. 『昭和初期の小売商問題　百貨店と中小商店の角逐』. 日本経済新聞社

高柳美香. 1994. 『ショーウインドー物語』. 勁草書房

谷内正往. 2014. 『戦前大阪の鉄道とデパート　都市交通による沿線培養の研究』. 東方出版

山本武利・西沢保(編). 1999. 『百貨店の文化史―日本の消費革命』. 世界思想社

吉見俊哉. 2016. 『視覚都市の地政学―まなざしとしての近代―』. 岩波書店

渡部隆. 2000. 「百貨店の高齢者ニーズへの取組み」. 『流通とシステム』. (103). 25-32

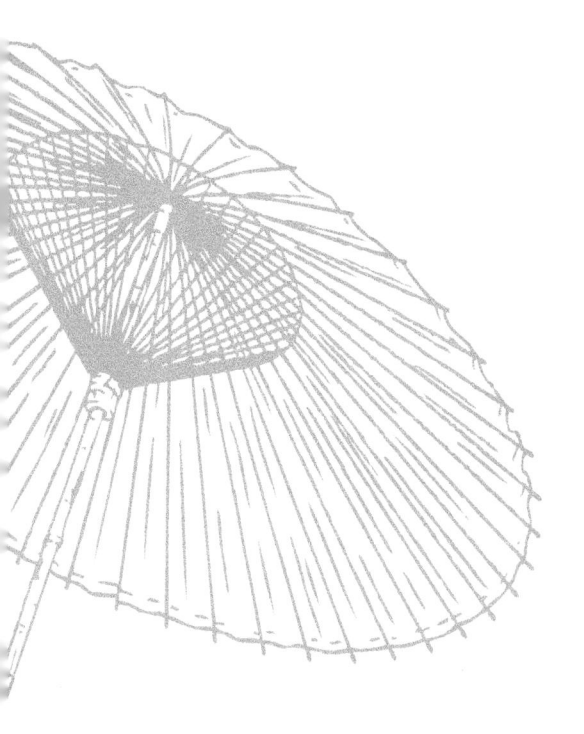

日本语言研究

大学基础阶段日语教材的词汇分析
——以日语外来语为例

北京外国语大学 谯 燕

要旨：本論文は4種の日本語教科書を調査資料にし、教科書における外来語の収録語数や出現率などを統計して分析した。各教科書の収録語数に差が大きいことと、教科書によって外来語の出現率が非常に異なることなどを明らかにした。また、中国教育部の『大学日本語専攻基礎段階教育要綱』の要求と比べた結果、要綱語彙表に収録された外来語の内、教科書に出現していないものも少なくないことが分かった。

关键词：日语教材　词汇收录　外来语　出现次数

1. 序　言

　　日语中存在着大量的外来语词汇，据日本国立国语研究所『現代雑誌九十種の用語用字Ⅲ』的统计，在所调查的30331个词（人名、地名除外）中，外来语有2964个，占总数的9.77％左右。调查结果表明外来语在日语词汇中占有不小的比例，是我们日语学习中的一个重要内容。

　　在计算机及因特网快速发展的今天，学生学习日语的方法非常多，但教材仍然是学习的主要途径之一，因此，在教材编制过程中，如何选择和处理词汇就显得非常重要。在以往的研究中，翟（2006）从中学日语词汇教学的角度，分析了日语教材编制中的词汇处理问题，指出从宏观上要把握词汇学习在培养综合语言运用能力过程中的定位，从微观上要根据词汇本身的特点和学习者的学习策略来选择和设计词汇学习的内容和形式。曹（2011）通过日语教材语料库和日语书面语平衡语料库的调查，对大学日语专业教材中复合动词的出现情况及教学方略进行了对比考察，认为日语教材中不仅存在复合动词数量不足的倾向，而且缺乏明确的教学目标和策略，并提出了解决的对策。王（2012）对《新编日语》的单词表词汇进行了统计，并从词性、词种、词汇量等方面进行了分析，指出了教科书中存在的问题。以上的研究从各个角度对教材中的词汇进行了考察，具有非常大的参考价值。不过，从日语教学研究数量的多寡来看，与日语教学法以及日语习得等方面的研究相比，对日语教材的研究、特别是教材中词汇的研究究依然非常缺乏。

　　本文主要利用《日语教材语料库》[1]，对我国广泛使用的日语专业基础阶段教材中的词汇进行调查，并在此基础上对各教材中出现的外来语的数量及使用频率等进行考察和分析。对于日语教学，我国教育部早在1990年就制定了教学大纲，从语音、文字、

词汇、语法、基本句型、功能意念等方面进行了详细的规定,并于2001年进行了修订。因此,我们在对基础阶段日语教材进行调查的同时,也把调查结果与教育部《高等学校日语专业基础阶段教学大纲》(简称《大纲》)的要求进行比较,以为今后的教材编制提供一些参考。

2.4种教材所收单词总数

2.1 《大纲》要求

《高等院校日语专业基础阶段教学大纲》(2001)在对词汇表的说明中指出,零起点的学生在1年级结束时,应掌握约3000个日语单词及少量惯用词组,2年级结束时,应掌握约5500个日语单词及少量词组。其中,1级词汇3200个,2级词汇2300个。大纲词汇表的制定参照了国内高等院校日语专业教学中普遍使用的7种基础阶段精读课教材以及日本文化厅《外国人留学生の日本語能力の標準と測定に関する研究について》所附词表的A、B级词汇分类和日本《現代雑誌九十種の用語用字》所列日语词汇使用率的统计材料,因此,可以说具有相当大的科学性,对大学基础阶段日语教材的编制具有指导意义。

2.2 教材所收单词的总数

为了解外来语在教材中出现的比例,我们首先对4种教材所收的单词总数[2]进行了统计,统计结果如表1。以下把《日语教材语料库》所收我国大学日语专业基础阶段的4种教材分别简称为SW、BD、BW和DW。

表1 4种教材收录的单词总数

教材\册	第一册	第二册	第三册	第四册	合　计
SW	1137	1434	1374	1328	5273
BD	1015	1724	2715	2628	8082
BW	1377	1316	726	1828	5247
DW	828	1139	1875	2028	5870

调查结果显示,我国大学本科日语专业基础阶段的4套教材中,BD的单词总数大大超过了大纲要求的5500个,达到8082个。另外3种教材的单词数虽然相互之间有一些差距,但都在5000个以上。不过,从收词总数上看,4种教材都接近或超过了《大纲》的要求,但是,具体到每一册来看,1年级教材(第一册、第二册)的收词数4套教材均未达到3000个。DW的1年级教材单词数甚至在2000个以下,而2年级教材(第三册、第四册)的单词数却接近4000个。这样的安排势必会造成1年级的单词量过少,而2年级又过多,加重了2年级的学习负担。

从每册所收单词数来看,4种教材显示出不同的特点。SW除第一册单词数稍少之外,其他几册基本相当。BD和DW几乎呈每册递增趋势。我们认为每册数量基本

相同或逐渐递增的词汇安排比较符合学习者的学习规律。与 SW、BD 和 DW 相比，BW 的单词数的安排似乎比较随意，意图不明。特别是第三册的单词数几乎只是前面两册各自词数的一半，到第四册又激增到 1828 个，超出第三册两倍多，这样增减无序的词汇安排不利于学生均衡地推进学习进度。

日本国立国语研究所的《日本語教育基本語彙七種比較對照表》主要是针对外国人的日语教育而编辑的一本类似资料集的书，书中汇集了日语教育相关的 7 种词汇表[3]，并对所有词的意义进行了分类，此书对编撰日语教科书时词汇部分的选词标准等有一定的参考价值。7 种词汇表中都收入的词共有 278 个，如"新しい、後、あの、同じ、これ、した、知る、足りる、使う、机、時、西、熱、始める、まだ"等，这些词可以说是日语教育中最基础的词。据我们对 4 套教材的调查，除个别的词以外，SW 有 276 个，BD 有 274 个，BW 有 273 个，DW 有 272 个，基本都收入进来了。也就是说，4 种教材虽然在收词总数和各册的单词分布上有较大差异，这些最基础的词却基本没有遗漏。

3. 教材中出现的外来语

3.1 大纲词表所收词汇分类统计

表 2 为大纲词表所收词汇的分类统计[4]，日语词、汉语词几乎各占一半，外来语只占到总词数的 4.69%，这与前述国立国语研究所《現代雑誌九十種の用語用字Ⅲ》统计数据中的 9.77% 有不小的差距。

表2 大纲词表所收词汇分类统计表

种类	词数	百分比（%）
日语词	2,676	48.66
汉语词	2,469	44.89
外来语词	258	4.69
混种词	97	1.76
合计	5,500	100

3.2 教材中出现的外来语数

我们在调查 4 种教材中出现的外来语数的同时，也调查了教材中没有出现的大纲词表所收的外来语，具体数据如表 3 和表 4。

表3 4种教材中出现的外来语数

词数＼教材	SW	BD	BW	DW
单词总数	5273	8082	5247	5870
外来语数（%）	319(6.04%)	381(4.71%)	509(9.70%)	350(5.96%)

BW收入的外来语数达到9.70%,与国立国语研究所的调查数据非常接近。SW和DW各占6%左右,只有BD稍少,也有4.71%。因此,无论从数量还是从百分比上看,4种教材的外来语数都超过了大纲词表所收的数量,说明教材的编撰者已意识到外来语的重要性,尽可能为学生提供更多的接触外来语的机会。

表4　4种教材单词表中未出现的大纲外来语数

教材	词数	（占大纲外来语总数的）%
SW	67	25.97%
BD	83	32.17%
BW	54	20.93%
DW	79	30.62%

如表4所示,大纲词汇表所收的258个外来语中,有许多并未出现在4种教材里,其中BD中只出现了3分之2左右,缺少约3分之1。即从外来语的收词数量上看,各种教材都超过了大纲词表所收外来语数,但在4种教材中出现的外来语,却与大纲词表有较大出入。此调查结果表明这些教材在外来语的选择上与《大纲》差距较大。

在未被教材收入的大纲词表的外来语中,4种教材均未收入的有9个,如"ウール、コード、パンツ、ファン、フィルム、プラン、ブルジョア、ミスプリント、ミリ",3种教材未收入的有25个,如"アルミニウム、サークル、スライド、ナイロン、ハイキング、ブラシ、メロディー"等,2种教材未收入的有37个,如"ガソリン、ソース、ドル、バケツ、ビニール、メンバー、レジャー、カバー"等,1种教材未收入的最多,有63个,如"エレベーター、カーテン、コース、スイッチ、バランス、スタート、ストップ"等。从以上的词例可以看出,教材中未收入的外来语,大多是比较常用的词。因此,虽然各种教材收入的外来语数量不少,但可能在基础阶段的内容全部学完后,仍有不少应掌握的外来语词汇没有学到。

4.教材中外来语的出现频率

学生在学习某个单词后,如果该词不再出现,极容易忘记。因此,对于一些记忆已经模糊的词,需要经过多次的重复,才会变得清晰。当然,一个单词需要出现多少次才会被记住,是因人而异的。有些人可能学习1次、2次就记住了,而大多数人可能得重复多次才能记住。据研究[5],一般至少要出现7次以上才能记住,无意识地学习时要遇到大概16次才能掌握该词的意思。以下我们对4套教材单词表中外来语的出现次数进行了统计。

表5　教材所收外来语的出现次数

出现次数 \ 教材	SW	BD	BW	DW
1—2	97(30.41%)	210(55.12%)	281(55.21%)	142(40.57%)
3—7	114(35.74%)	106(27.82%)	177(34.77%)	158(45.14%)
8—16	61(19.12%)	49(12.86%)	36(7.07%)	36(10.29%)
16以上	47(14.73%)	16(4.20%)	15(2.95%)	14(4.0%)
总计	319(100%)	381(100%)	509(100%)	350(100%)

4种教材中，外来语的出现次数为7以下的占绝大多数，DW和BW甚至接近90%，BD和BW中只出现了1次或2次的外来语超过了一半。除SW外，在其他3种教材中出现16次以上的外来语都在5%以下。尤其是外来语多以片假名表示，如此低的出现频率更加大了学生在记忆过程中的难度。以下我们再举几个具体词例来进行说明，请看表6。

表6　教材中外来语的出现次数(词例)

词例 \ 教材	SW	BD	BW	DW
アルバイト	15	16	2	14
アクセント	2	2	26	1
オーバー	1	7	2	2
ガス	12	7	2	24
カード	66	15	25	10
カメラ	22	7	13	18
シーズン	13	4	4	3
トラック	6	2	6	2
ノック	2	8	1	2
バイオリン	3	3	×	2
バター	×	2	1	2
バナナ	3	3	4	1
ページ	7	19	9	16

(×＝教材中未收录)

表6中虽然只列出了几个词的统计数据，我们也可以看出，各种教材中外来语的出现频率相当不均衡，有些词在某些教材中频率比较高，而在其他教材中却比较低。如"ガス"在DW中出现了24次，在SW中出现了12次，而在BW中只出现了2次。"オーバー"在BD中出现了7次，可是在BW和DW中只出现了2次，在SW中只出现了1次。当然，也有不少词在4种教材中的出现频率都比较高，如"ページ"在BD中共出现了19次，而且均匀分布在1、2、3、4册中，在其他教材中也至少出现了7次以上。这个词也被国立国语研究所的《日本語教育基本語彙七種比較対照表》的7种词

汇表中的 6 种所收录,说明是基础阶段必须学习及掌握的词。不过,也有些词的出现频率看似较高,但都集中在一、两篇课文中,如"シーズン"在 SW 中出现了 13 次,其中 11 次都出现在第 2 册的第 19 课里,这种出现方式也不利于学生学习和记忆词汇。另外,词与词之间的出现频率也相差甚远,有些词的频率非常高,而有些词却很低。例如"カード"在 SW 中共出现了 66 次,在其他教材中也出现了 10 次以上,是个非常高频的词。而"バター"却是个低频词,在 SW 中没有收入,其他教材中也只出现了 1 次或 2 次。事实上,表 6 中举出的所有外来语都是大纲词表中收入的词,是大纲要求学习和掌握的外来语。

5. 教材的编写特色及《大纲》要求

以上调查结果显示,无论收词数还是出现频率,几种教材之间的差异都比较明显,反映了各自不同的教学目标和编写特色。4 种教材在编写说明或前言中均提到了参照《大纲》的要求进行编写,编入了日语语音、文字、词汇、语法、句型等方面的内容,从这一点看大体相同。但各个教材又不拘泥于《大纲》的要求,各具特色,体现出专业日语基础教材的特点。

SW 的编写原则是从听说入手,听说与读写并重。采用情景教学法,设定场景,使学生通过情景和形象逐步培养直接用外语思考的能力。而 BD 的编选特色贯串了语篇特征,注释中以功能意念为主导,兼顾语法的系统性,把二者有机地结合起来。在编选课文时,要求句子合乎语法,同时考虑语篇结构。BW 针对成年人学习日语而又不具备日语的语言环境这一特点,采用了以教授语法体系为主的教学思想,并适当兼顾了句型和言语交际功能。而 DW 主要注重语言实际运用能力的训练,但又不偏废语言理论的传授。句型法与功能意念法相结合,充分体现了二者各自的优势。同时将语法知识融入句型,使学习者通过例句理解语法。

《大纲》提出的"基础阶段教学应重视听、说训练,培养口头交际能力"、"要克服只重视语言形式和结构,忽视语言功能的偏向,不仅重视句子水平上的语言训练,还要逐步培养在语篇水平上进行交际的能力"等基本思想大多在以上教材的编写中得到了体现和执行。特别是把"功能意念"正式列入大纲,反映了大纲重视语言交际能力的教学思想,该思想也基本在 4 种教材的编写中得到贯彻,应该说该教学思想对推动基础阶段日语教学的发展起到了不可忽视的作用。

然而对于词汇教学,《大纲》只提出了"词汇是基础阶段教学的重要内容之一",并给出了第 1 学年和第 2 学年应学习的单词数和词汇表,并没有对如何进行词汇教学作详细说明。我们通过调查发现,4 套教材中,只有 BW 在"本书的特色"中提到了教学中的词汇安排,"在前两册中每课安排了"关联词语",这不仅可以扩大词汇量,而且它本身就是一个分类词汇表,方便使用者对同类词汇的查阅"。BW 还特别指出了要加强外来语的学习,"按实际需要,在课文、练习中有意识地加强了对'外来语'的学习"。而且,还在第 1 册第 1 课前的"日语概论"中,对日语的语音、文字、词汇、语法、书写方式等进行了概述。指出外来语"绝大多数来自英语","由于日语的元音、辅音数量相对较少,在拼写外来词语时,现有的音节常常不敷使用,只得用一些相近的音来代替"。

这些说明虽然简单,但能让学生在进入系统学习之前,对日语的各个方面有比较全面的了解,非常必要。其他几种教材只是把需要学习的外来语列入单词表,并加入到课后的练习中,例如 BD 第一册第 11 课,就以课后替换练习的形式安排了许多外来语的练习,如"ビールをもらいます/ジュースをもらいます→ビールにジュースをもらいます"等。当然,通过课后练习进一步使学生熟悉和掌握外来语的读音和词义,也不失为一种比较有效的教学方法。

6. 外来语教学的问题与思考

通过以上的调查和分析,我们认为外来语在我国基础阶段日语教材及教学中还存在一些问题,需要我们在今后编写教材和日语教学中给予注意。主要有以下几点:(1)缺乏明确的教学目标及教学安排。我们所调查的 4 种教材中,课后的解释部分几乎都被语法解释所占据,偶尔有语音或句型的解释,但很少有对词汇、尤其是外来语的解释。而且,对词汇在教材中的呈现方式也不够重视,基本就是在课文后列出一个词汇表。外来语在日语中占据着重要的位置,今后,需要进一步明确基础阶段的教学目标,每课或每个教学阶段安排适当数量的外来语词汇,不仅是词汇表,还需要对一些典型外来语的读音、词义及与原词的关系等进行一定程度的讲解。(2)教学内容缺乏系统性和连贯性。教材中对外来语的教学没有统一的规划,外来语词汇的选择也有一定随意性,似乎并不是根据词汇频率表,也不完全是根据教育部的大纲。因此,在考虑教学内容时,需要把外来语依据词汇频率表或重要度分级安排,逐步进行教学。(3)外来语的出现频率高低不一。词汇按照一定的频率出现,可以加深印象、便于记忆。然而,出现频率太高,占用了学生宝贵的学习时间,没有必要,太低又不利于学生的学习和掌握。因此,需要适当调整外来语的出现频率以及间隔时间,使其均匀分散到各册,让学生能够高效地记忆相关词语。(4)教材中收入的大纲外来语的数量比较缺乏。如前所述,《大纲》是以许多相关资料为基础制定出来的,其选定的词汇有很大的参考价值。4 种教材所收的外来语数量虽然不少,但大纲词汇表要求的外来语却比较欠缺。今后,需要增加大纲要求的外来语的数量,保证学生在学习中不遗漏应学的词汇。当然,教材在编制时如何把大纲词汇收入进来也不是一个简单的工作,需要统筹安排。(5)大纲词汇表本身所收的外来语数量也偏少。虽然大纲是依据许多相关资料制定而成的,但与实际使用的外来语相比,仍然数量偏少。今后应适当增加外来语的数量,使我国的日语教学尽量不与实际使用情况脱节。

7. 结　语

在我国的日语教学中,语音、语法等在整个教学过程中都能够得到足够的重视和比较系统的讲解,而词汇教学却是一个相对薄弱的环节。虽然词汇教学贯穿于大学日语教学的全过程中,但在我国目前的词汇教学中,往往也只是在课后列出单词表或简单地举例来说明某个单词的用法。外来语教学亦是如此,因此,在教材编写中,我们需要关注外来语的收入数量、选词标准及出现频率等,以便进行系统的词汇及外来语教学。

注

[1]北京日本学研究中心开发研制的《日语教材语料库》所收教材为以下4种：
　A.《新编日语》4册（上海外语教育出版社1993年～1995年）（上外编）（简称SW）
　B.《新编基础日语》4册（上海译文出版社1994年～1995年）（北大编）（简称BD）
　C.《基础日语教程》4册（外语教学与研究出版社1998年～2001年）（北外编）（简称BW）
　D.《新大学日本语》4册（大连理工大学出版社2001年～2003年）（大外编）（简称）

[2]主要对课后的单词表所收单词进行了统计。4套教材对单词表的设置各不相同，既有只设一个单词表的教材，也有设了单词Ⅰ和单词Ⅱ两个单词表的教材。为便于比较，我们不区分单词Ⅰ和单词Ⅱ，把二者合并计算，统计单词表中出现的单词的总数。

[3]7种词汇表如下：
　岡本禹一(1944)『日本語基礎語彙』(国際文化振興会)
　加藤彰彦(1963～4)「日本語教育における基礎学習語彙」(『日本語教育』第2号及び第3・4合併号，日本語教育学会)
　玉村文郎(1970,78^3) *Practical Japanese-English Dictionary* (海外技術者研修協会)
　樺島忠夫、吉田彌寿夫(1971)「留学生教育のための基本語彙表」(『日本語・日本文化』第2号，大阪外国語大学研究留学生別科)
　文化庁国語課(1971,75^2)『外国人のための基本語用例辞典』
　J. V. Neustupuný(1977^3) *A Classified List of Basic Japanese Vocabulary* (Monash University, Department of Japanese, Melbourne)
　国立国語研究所日本語教育センター(1978)『日本語教育基本語彙第一次集計資料―2,000語』(第一研究室内部資料)

[4]参照《高等院校日语专业基础阶段教学大纲》(2001)。

[5]参照赵勇、郑树棠(2003)。

参考文献

鲍海昌.1988."日语外来语及教材中的外来语词汇".《外语学刊》1988年第5期
曹大峰.2006.《日语精读教材语料库的构建与应用研究》.高等教育出版社
曹大峰.2011."日语教材中的复合动词及其教学方略研究——基于语料库的调查与对比".《日语学习与研究》2011年第3期
教育部高等学校外语专业教学指导委员会日语组.2001.《高等院校日语专业基础阶段教学大纲》.大连理工大学出版社
日语专业基础阶段教学大纲研订组.1990.《高等院校日语专业基础阶段教学大纲》.高等教育出版社
唐磊、林洪.2002.《日语课程标准解读》.北京师范大学出版社
王静.2012."高校日语专业教材研究——基于《新编日语》词汇".《山西农业大学学报（社会科学版）》第11卷(第4期)
王彦花.2011."我国日本语教育中复合动词的研究以我国中学日语教材及各种教学大纲为中心".《日语学习与研究》2011年第5期
翟东娜.2006."日语教材编制中的词汇处理".《课程・教材・教法》26-6
赵勇、郑树棠.2003."大学英语教材中的核心词汇的关注".《外语与外语教学》2003年第6期

石野博史. 1983.『現代外来語考』. 大修館書店
石綿敏雄. 2001.『外来語の総合的研究』. 東京堂出版
国立国语研究所. 1982.『日本語教育基本語彙七種比較対照表』. 国立国语研究所
国立国語研究所. 1984.『現代雑誌九十種の用語用字』Ⅲ. 秀英出版
玉村文郎. 1991.「日本語における外来要素と外来語」.『日本語教育』74 号

中国語を母語とする日本語学習者の
漢語と和語の連語形式の習得に及ぼす母語の影響
―モンゴル語を母語とする日本語学習者との比較から―

（日本）明治大学　小森和子　（日本）文化学園大学　三國純子

北京外国语大学　徐一平

摘要：小森、三国、徐、近藤(2012)以中国日语学习者为对象进行了调查，明确了其不仅在中日同形词的汉语中，在和语中也使用母语知识，并指出在日语词汇习得中母语转移的可能性。但是为了证明母语转移，有必要和以其他语言为母语的日语学习者进行比较。因此，笔者又对蒙古日语学习者进行了追加调查，并与中国日语学习者的结果作了比较。研究结果证实在中国日语学习者日语词汇习得中发生了母语负转移。然而，本研究也表明：有关正转移，仅仅靠本研究所使用的正误判断课题不能做出明确判断，有必要做进一步调查。

キーワード：中国語を母語とする日本語学習者　母語の影響　漢語　和語　語彙習得

1. はじめに

　日本語の語種の一つである漢語の中には、「経済」と『经济』（以下、混同を避けるため、中国語には『　』を付す）のように、日本語でも中国語でも用いられる同形語がある。文化庁(1978)は、日本語と中国語とで、どの程度意味が一致しているかに基づいて、同形語をS語、O語、D語に分類している。S語は日本語と中国語とで意味がほぼ一致する語(Same語)、O語は両言語に共通の意味があるが、どちらか一方に独自の意味がある語(Overlapping語)、D語は日本語と中国語とで全く意味が異なる語(Different語)である。日中対照研究の分野では、日本語と中国語とで、どのように意味用法が異なるのかについて、詳細な分析が行われている(守屋1979；高1989；黄1994；上野・魯1995；三喜田2000；林2002；王・小玉・許2007など)。また、こうした日中対照研究の知見に基づいて、第二言語としての日本語の習得研究でも、中国語を第一言語(以下、L1)とする日本語学習者(以下、中国人学習者)を対象に、日本語としての同形語の習得について、実証研究が行われてきた。その結果、O語やD語は日本語と中国語とで意味の対応関係が複雑であり、習得が困難であるが、S語はL1の知識をそのまま日本語に当てはめれば、理解できることから、O語やD語に比べて習得が容易であることが示されている(安2000；陳2003；加藤2005；李2006など)。

ところが、S語でもどのような語と共起するかを見ると、日本語と中国語とで必ずしも同じではない。例えば、日本語の「整理」と中国語の『整理』はS語に分類されるが、中国語では、『头发』(日本語の「髪の毛」に相当)と共起して、『整理头发』と言えるのに対して、日本語では「*髪の毛を整理する」とは言えない。「整理」の漢字１字を使った和語の「整える」であれば、「髪の毛を整える」となり、共起関係が成立する。また、日本語の「建設」と中国語の『建設』の場合、中国語は『家庭』と共起して、『建設家庭』と言えるが、日本語は「*家庭を建設する」とは言えない。また、「建設」の漢字１字を使った和語「建てる」や「設ける」でも、「*家庭を建てる」、「*家庭を設ける」となり、正用とは言い難い。日本語では、「家庭を築く」が自然である。つまり、どのような語と共起するかという点からS語を見ると、日本語と中国語にはずれがあり、中国人学習者にとって必ずしも習得し易いとは言えない。さらに、漢語では成立しないが、漢語と同じ漢字を使った和語で共起できる場合もあれば、まったく異なる漢字を用いた和語が自然な場合もあり、中国語、漢語、和語の対応関係は複雑である。

そこで、筆者らは、この点に着目して、動詞の用法を持つS語の日本語の共起関係を、中国人学習者がどの程度習得できているか、調査を行った(小森・三國・徐・近藤　2012)。その結果、中国語でも(『破坏环境』)日本語でも(「環境を破壊する」)正用となる場合は日本語習熟度の下位群と上位群とで正答率に差がなく、下位群でも非常に高い正答率であった。この結果から、中国語の知識からの正の転移が起こっていると考察した。一方、中国語では正用だが(『整理头发』)、日本語では正用でない(「*髪の毛を整理する」)場合は、上位群でも正答率が非常に低かった。この結果から、中国語の知識が負の転移を起こしている可能性があると考察した。しかしながら、この研究では、調査対象者は中国人学習者のみで、他の言語をL1とする学習者と比較していない。そのため、中国人学習者のS語の習得に中国語の知識が影響を及ぼしていると結論づけるのは早計である。

そこで、中国語以外の言語をL1とする日本語学習者にも調査を行い、比較する必要があると考え、モンゴル語をL1とする学習者(以下、モンゴル人学習者)を対象に追試し、小森他(2012)の結果を検証、再考することとした。本稿はその報告である。モンゴル人学習者を対象としたのは、調査協力が得られた海外の大学の中で、一定の学習者数がおり、L1に漢語や同形語の影響がなかったのがモンゴルであったためである。

なお、本稿における連語とは、三好(2007)[1]に倣い、統語的に共起し得る、語と語の組み合わせを指すこととする。また、連語において本研究の対象語である動詞と共に用いられるヲ格やガ格の名詞のことを(動詞の)共起語と呼ぶ。

2. 先行研究

中国人学習者の同形語の習得研究で、S語を対象としたものは少なく、また、主なものは日本語と中国語の品詞の違いに関するものである(石・王 1983；侯 1997な

ど）。しかし、品詞が同じでも、両言語で同じ共起語を用いる場合もあれば、異なる場合もある。このような日本語と中国語のＳ語の共起語の違いの重要性を指摘した研究に柳（1997a、1997b）がある。柳（1997a、1997b）は、中国語の『保持』は『保持清潔』という形で使用できるが、日本語では「＊清潔さを保持する」ではなく、「清潔さを保つ」となるなど、共起語によっては漢語が正用にならない場合があるため、どのような語と共起するかを学習する必要があると述べている。

　また、五十嵐（1996）は中国の大学で日本語を専攻する学生のスピーチ原稿を集め、母語の干渉による誤用を８種類（中国語語彙の借用、意義範疇や用法のずれ、指示・疑問詞の誤用、受身・使役・自発等の誤用、テンス・アスペクトの誤用、助詞の誤用、接続詞の欠如、直接話法の誤用）に分類し、分析した。その結果、最も多かったのは中国語語彙の借用であった（例えば、「＊進歩を取られます」）。さらに、張（2009）は中国の大学生が書いた作文を用いて、語彙に見られる母語の転移を、語彙、文法、文章構成、文体等さまざまなレベルにおいて考察し、最小単位である語彙に転移が最も頻繁に起こると述べている。これらの先行研究により、語彙の誤用には中国語の知識をそのまま日本語に転移することによって起こるものが少なくないことが示されている。

3. 小森他（2012）の概要

　本研究は、中国人学習者を対象とした小森他（2012）を追試する。そこで、本節ではその概要を述べる。まず、小森他（2012）の研究課題は次の２点であった。

　1. 漢語（Ｓ語）の中で、中国語と同じ共起語をとる漢語と、中国語と同じ共起語をとらない漢語とで、習得にどのような違いがあるか。

　2. 共起語によっては漢語（Ｓ語）でなく、和語でなければ成立しない場合があるが、和語はどの程度習得できているか。

　調査対象語は、Ｓ語で動詞の用法を持つ漢語と、その漢語に意味的に対応する和語の動詞である。漢語は、文化庁（1978）と張（1987）でＳ語に判定された漢語で動詞の用法を持つ語の中から、（旧）日本語能力試験の出題基準の４～２級の語を選定した。また、和語は、漢語を構成する２つの漢字のうち、どちらか１つの漢字を用いた和語の動詞で、当該漢語と意味的に対応する語である。例えば、『整理』はＳ語で動詞の用法を持っているので、Ｓ語の漢語として認定し、同時に、「整理」の「整」を使った「整える」という和語が存在するので、これを漢語に対応する和語とした。

　次に、Ｓ語が中国語ではどのような語と共起するか、それは日本語の漢語や和語と同じかどうかを確認した。その際、日本語については現代日本語書き言葉均衡コーパスを参照し、中国語については北京大学中国語言学研究中心の開発したCCL语料库というコーパスを参照し、最後に母語話者が確認した。その後、中国語では成立する連語の中から、日本語の漢語で言える・言えない、和語で言える・言えない、の２×２の４タイプの連語を抽出し（表１）、便宜的にＡ～Ｄとした。なお、字義通りの意味ではない慣用表現の連語は調査対象に含まれていない。

中国語を母語とする日本語学習者の漢語と和語の連語形式の習得に及ぼす母語の影響

表 1　漢語と和語の連語とその適否

タイプ	中国語の連語	漢語動詞による連語(適否)	和語動詞による連語(適否)	数
A	整理头发　(○)	＊髪の毛を整理する　(×)	髪の毛を整える　(○)	各19
B	建设家庭　(○)	＊家庭を建設する　(×)	＊家庭を建てる　(×)	各21
C	提出申请书(○)	申請書を提出する　(○)	申請書を出す　(○)	各23
D	规模缩小　(○)	規模が縮小する　(○)	＊規模が縮む　(×)	各23

注：＊は不適切であることを示す

　まず、Aは漢語では誤用だが、和語では正用(漢×、和○)、Bは漢語も和語も誤用(漢×、和×)、Cは漢語も和語も正用(漢○、和○)、Dは漢語は正用だが、和語は誤用(漢○、和×)である。ただし、同じ動詞でも、共起語によって、異なるタイプに分類される場合があることがわかった。例えば、『整理』と「整理する」の場合、『整理头发』は、日本語の漢語では、「＊髪の毛を整理する」で成立しないが、和語では「髪の毛を整える」と正用になり、A(漢×、和○)に分類されるが、『整理意見』は、漢語は「意見を整理する」で、和語は「＊意見を整える」で、Dタイプ(漢○、和×)に分類される。また、他動詞に限らず、自動詞も対象とした。これは、中国語の抽出の際、自動詞か他動詞か判別が難しい語があったことや、中国語に対応する日本語の中にも、自動詞としても他動詞としても用いられる語があったためである。このようにして抽出した連語に文脈を加え、正誤判断テストの設問文を作成した。正誤判断テストは、中国語と同じ共起語をとらない場合は誤用文となるので、「×」と判断できれば、正答になる。また、中国語と同じ共起語をとる場合は正用文になるので、「○」が正答である。

　調査対象者は、中国国内の大学で日本語を学んでいる学生(92名)であった。調査では、日本語習熟度テスト、および漢語と和語の正誤判断テストを実施した。分析は、日本語習熟度テストの結果に基づき、調査対象者を上位群(30名)、中位群(33名)、下位群(29名)の3群に分けて、行った。なお、上位群は全員日本語能力試験のN1の合格者であった。

　分析の結果、中国語と同じ共起語をとる漢語CD(○)の方が、中国語と同じ共起語をとらない漢語AB(×)より、正誤判断テストの得点が有意に高かった。また、漢語CD(○)では、日本語習熟度の影響が認められなかったが、漢語AB(×)では、日本語習熟度に比例して正誤判断が正確になっていた。ただし、漢語AB(×)は上位群でも正答率が低く、習得が困難であることが示された。一方、和語についても、中国語と同じ共起語をとる和語AC(○)では、下位群から上位群まで同程度の得点であるが、中国語と同じ共起語をとらない和語BD(×)では、日本語習熟度が上がるにつれて、判断が正確になり、漢語と同様の傾向が認められた。

　以上の結果から、中国人学習者は、日本語の漢語に中国語の知識を当てはめることで、日本語習熟度が低い段階から、日本語を正しく用いることができる場合があること(正の転移)、また、中国語と異なる用法を持つ漢語は、日本語習熟度に比例し

て、徐々に正しく習得できるようになるものの、中国語の負の転移が非常に強く、その転移が誤りであることは、上位群のような超級者でも、十分に理解できていないということが示された。

4. 本研究の課題

本研究では、小森他(2012)の調査をモンゴル人学習者に対して追試し、その結果を中国人学習者と比較することによって、中国人学習者の漢語(S語)、および和語の正誤判断に、中国語の知識が影響を及ぼしているのか、について再考する。

もし、モンゴル人学習者が、中国人学習者とは異なり、中国語と同じ共起語をとる漢語や和語のテストの得点が日本語習熟度に比例して高くなるのであれば、小森他(2012)の中国人学習者に日本語習熟度の影響が認められなかったのは、中国語の知識が影響を及ぼしたからだと結論づけて良いであろう。

しかし、もし、モンゴル人学習者の結果が中国人学習者と同じで、中国語と同じ共起語をとる漢語や和語のテストの得点が日本語習熟度に比例しないのであれば、小森他(2012)の結果から、中国人学習者の正誤判断に中国語の知識が影響を及ぼしていると結論づけることはできないであろう。

5. 調　査

5.1　調査対象者

調査対象者はモンゴル国内の大学で日本語を学ぶ学部生、および大学院生88名(男性11名、女性77名)であった。調査時における日本語学習歴は平均4年2か月で、調査協力校では、中級から上級レベルの学習者である。

5.2　手続き

手続きは小森他(2012)と同様で、和語の正誤判断テスト、日本語習熟度テスト、漢語の正誤判断テストの順番で実施した。調査の際は、調査協力大学のモンゴル人日本語教員がモンゴル語で教示しながら、実施した。

5.3　材料

調査に用いた漢語と和語の正誤判断テスト、および日本語習熟度テストの概要を以下に示す。

5.3.1　正誤判断テスト

正誤判断テストは、小森他(2012)の漢語、和語、各86問の設問文のうち、一部を削除して用いた。設問文を一部削除したのは、中国人学習者の調査の際、正誤判断テストの設問数が多すぎて、調査対象者の負担が大きかったためである。今回設問文を吟味したところ、解釈によっては正誤判断が難しくなる項目があることがわかったため、それらを削除し、各63問を調査の対象にすることとした。

設問文は、前述の通り、4つのタイプの連語形式を基に作成し、Aタイプ(漢語×、和語〇)17種類、Bタイプ(漢語×、和語×)16種類、Cタイプ(漢語〇、和語〇)18種類、Dタイプ(漢語〇、和語×)12種類である。各タイプの連語形式は、文脈を加えて、20字程度の設問文になっている(表2)。なお、同じタイプの漢語と和語の設問文は、動詞以外は同じである。例えば、漢語の設問文は「＊今朝、私は髪の毛を整理した。」で、和語の設問文は「今朝、私は髪の毛を整えた。」とした。なお、どの部分についての正誤を問うているかを明確にするために、対象となる動詞に下線を引き、動詞の使用が適切か否かを判断するように教示した。なお、前述したように、字義通りの意味でない慣用表現は含まれていない。

表2　正誤判断テストの例

タイプ	漢語正誤判断テストの例	和語正誤判断テストの例	数
A	＊今朝、私は髪の毛を整理した。	今朝、私は髪の毛を整えた。	各17
B	＊結婚して、明るい家庭を建設したい。	＊結婚して、明るい家庭を建てたい。	各16
C	昨日、奨学金の申請書を提出した。	昨日、奨学金の申請書を出した。	各18
D	予算が減って、工事の規模が縮小した。	＊予算が減って、工事の規模が縮んだ。	各12

注：＊は不適切であることを示す

正誤判断テストの用紙は、漢語と和語で別々の冊子にした。また、設問文の順番も、漢語と和語では異なるように並べ替えた。解答の形式は、「〇」か「×」の二者択一である。正用文に対しては「〇」が正答となり、誤用文に対しては「×」が正答となる。

5.3.2　日本語習熟度テスト

日本語習熟度テストは、平成18年度の(旧)日本語能力試験の1級と2級の、文字・語彙、文法、読解の3類から、識別力と困難度の数値を参考にしながら、編集したもので、小森他(2012)と同じテストである。なお、(旧)日本語能力試験の問題を使用、編集するにあたっては、日本国際教育支援協会と国際交流基金に使用許諾願いを提出した。

問題項目数は、1級と2級からそれぞれ22問ずつ合計44問である。このうち、文字・語彙が15問(1級7問、2級8問)、文法が15問(1級8問、2級7問)、読解が14問(1級と2級、各1種類の文章と設問が7問)である。なお、(旧)日本語能力試験の出題基準の3級以上の漢字で、設問に直接関わらない漢字にはルビをふった。

6. 結果と考察

6.1　日本語習熟度テスト

日本語習熟度テストは1問1点で採点し、88名の得点を求めたところ、平均が18.

60点(最低6点、最高43点)、標準偏差(以下、SD)が5.35となった。小森他(2012)では、中国人学習者の最低点が12点であったので、6点から11点の対象者20名は除外して分析することとした。その結果、68名となり、平均は21.29点(SD7.91)であった。

次に、中国人学習者と同様の得点区分で、下位群、中位群、上位群に弁別した。なお、中国人学習者は、3群の人数がほぼ均等になるように分けてあり、下位群が12～25点、中位群が26～38点、上位群が39点～44点である。モンゴル人学習者をこの得点区分で3群に分けたところ、表3の通りとなった。今回のモンゴルの調査対象者は下位群の学習者が多く、上位群に配置されたのは3名のみであったが、この3名は日本語能力試験N1の合格者であった。

表3 日本語習熟度テストの結果

モンゴル人学習者	M	SD	Min	Max	N
下位群	17.64	3.83	12	25	52
中位群	31.54	4.89	26	38	13
上位群	40.33	2.31	39	43	3
全体	21.29	7.91	12	43	68

中国人学習者	M	SD	Min	Max	N
下位群	19.48	3.65	12	25	29
中位群	32.73	4.16	26	38	33
上位群	40.87	1.41	39	44	30
全体	31.21	9.29	12	44	92

注；Mは平均、SDは標準偏差、Minは最低、Maxは最高を示す．

6.2 正誤判断テスト
6.2.1 漢語の正誤判断
6.2.1.1 得点の比較

漢語CとDは、中国語でも日本語でも成立する正用文(○)で、漢語AとBは中国語では成立するが、日本語では成立しない誤用文(×)である。漢語の正誤判断テストの採点は、漢語Cと漢語D(30文)、漢語Aと漢語B(33文)をそれぞれ合算し、1問1点で行った。

採点の結果は表4の通りである。漢語CD(○)では、下位群から上位群まで得点がほぼ横ばいだが、漢語AB(×)では、日本語習熟度に比例して、得点が高くなっている。これは、中国人学習者と同様の傾向である。なお、小森他(2012)では、中国人学習者の得点について分散分析を行い、漢語CD(○)では、下位群、中位群、上位群の得点差が統計的に有意でないこと、また、漢語AB(×)では、得点差が有意であることが確認されている。しかし、本研究のモンゴル人学習者は、上位群の人数が極めて少ないため、分散分析を行うのは適当ではないと考える。そこで、漢語CDの得点と漢語ABの得点が、日本語習熟度テストと相関関係にあるかどうか、ピアソンの積率相関係数によって確認することとした。また、中国人学習者のデータも同様の方法で再分析することとした。

表4　漢語の正誤判断テストの得点

モンゴル人学習者	下位群 N=52	中位群 N=13	上位群 N=3	合計 N=68
漢語 CD(○)	21.08 (3.33)	22.23 (2.71)	23.33 (1.53)	21.40 (3.19)
漢語 AB(×)	14.35 (4.45)	20.23 (5.07)	27.67 (4.62)	16.06 (5.66)

中国人学習者	下位群 N=29	中位群 N=33	上位群 N=30	合計 N=92
漢語 CD(○)	25.86 (3.40)	26.30 (2.74)	25.70 (2.62)	25.97 (2.91)
漢語 AB(×)	9.41 (4.33)	13.06 (4.62)	18.13 (4.13)	13.57 (5.58)

注1：(　)の値は標準偏差である。
注2：漢語 CDは30問、漢語 ABは33問である．

　その結果、まず、漢語 CD(○)の得点と日本語習熟度テストの得点については、モンゴル人学習者も[$r=.189, df=66, n.s.$]、中国人学習者も[$r=.040, df=90, n.s.$]、相関関係が認められなかった。一方、漢語 AB(×)の得点と日本語習熟度の得点については、モンゴル人学習者も[$r=.596, df=66, p<.01$]、中国人学習者も[$r=.614, df=90, p<.01$]、正の相関が認められた。

　漢語 CD(○)は中国語と同じ共起語が成立する正用文であるが、中国人学習者だけでなく、モンゴル人学習者も、日本語習熟度テストの得点との間に相関関係が認められなかった。もし、中国語の正の転移があるなら、中国人学習者は下位群でも中国語の知識を日本語に当てはめられるため、日本語習熟度テストの得点と正答率の間には相関は認められないが、モンゴル人学習者は、日本語習熟度テストの得点と正答率の間に相関が認められる、と予想される。しかしながら、今回の調査の結果、モンゴル人学習者にも相関が認められなかった。モンゴル人学習者の場合には、中国人学習者のような正の転移によるものとは言えず、説明がつかない。では、なぜ、このような結果になったのであろうか。

　考えられる理由としては、調査方法の影響である。正用文の場合、それぞれの語の意味がわかれば、設問文の意味はすぐに理解できる。そのため、日本語習熟度が低い下位群にとっても比較的易しく、上位群と同等程度の正答率になったのかもしれない。一方、中国人学習者も日本語習熟度に関わらず、漢語 CDの得点は横ばいだが、これもモンゴル人学習者と同様に、下位群にとって漢語 CDの正誤判断が易しかったからかもしれない。しかし、正の相関が認められなかった理由は、両学習者で必ずしも同じであるとは限らない。よって、中国人学習者の場合は、L1の正の転移が起こり、下位群でも正答率が高かったという可能性も否定できないだろう。つまり、この結果だけでは、中国人学習者に正の転移が起こっているか否かを見極めることは難しい。

　ただし、漢語 AB(×)の得点に注目すると、中国人学習者の漢語 ABの得点は、中位群が13.06点、上位群が18.13点であるが、モンゴル人学習者は、下位群でも14.35点で、中国人学習者の中位群よりも高く、中位群は20.23点で、中国人学習者の上位群よりも高い。また、モンゴル人学習者の場合、上位群は3名と人数が

少なく、単純な比較はできないが、漢語 CD と漢語 AB の百分率得点（満点が異なるため、百分率に換算する）を見ると、漢語 CD が 77.77、漢語 AB が 81.38 で、両者は近い値である。しかし、中国人学習者の上位群の場合、漢語 CD の百分率得点は85.67 と高いが、漢語 AB は 53.32 で、モンゴル人学習者と比較して、漢語 AB は非常に低い。また、漢語 CD と漢語 AB の得点に大きな開きがある。すなわち、漢語 AB の得点を見ると、モンゴル人学習者は日本語習熟度に比例して、着実に得点が上がっており、上位群になると、漢語 CD の正答率と同程度になるのに対して、中国人学習者の漢語 AB の得点の伸びは小さく、上位群になっても、漢語 CD より得点が低い。漢語 AB は、中国語では成立するが、日本語では成立しない連語であることから、漢語 AB の正誤判断には、中国語の知識が影響し、負の転移が起こっている可能性が示唆される。

6.2.1.2　正答者数と誤答者数の比率の差の比較

　語によっては、ほぼ全員が正答しているような語もあれば、正答率が非常に低い語もある。そこで、各語について、正答者と誤答者の比率がモンゴル人学習者と中国人学習者とで違いがあるかどうかを検討するために、カイ二乗検定（独立性の検定）を行った。

　その結果、漢語 CD（○）の 30 問のうち、正答者と誤答者の比率の差が有意だったのは、18 問あった（表 5）。これらは、いずれも中国人学習者において正答者の比率が高い設問である。また、この 18 問のうち 11 問は、95％以上の正答率である。特に、「昔に比べて、医学が進歩した」では誤答者が 1 名のみ、「人間が自然環境を破壊した」では誤答者は 2 名のみであった。一方、モンゴル人学習者でも、80％以上の者が正答している設問も 2,3 あるが、中国人学習者のようにほぼ全員が正答するような設問はない。個々の設問文の正答者数と誤答者数の比率の差を見てみると、半数強の設問文で、中国人学習者の方がモンゴル人学習者より、正答者の比率が高いことがわかる。すなわち、中国人学習者の方が、モンゴル人学習者より、漢語 CD（○）を正用文であると正確に判断できる語が多かったということである。このことから、漢語 CD（○）の中には、中国語の L1 の知識が正の転移として影響する語が少なからずあると考えられる。前節で見たような得点の比較では、中国人学習者に正の転移の有無は明確にならなかったが、各設問文の正答者率の結果と総合して考えると、語によっては正の転移が起こっている可能性があると言えよう。

中国語を母語とする日本語学習者の漢語と和語の連語形式の習得に及ぼす母語の影響

表 5　漢語 CD(○)の正誤判断における正答者数と誤答者数

正答者率の比較	漢語 CD(○)の設問文	モンゴル人学習者 正答者数(%)	モンゴル人学習者 誤答者数(%)	中国人学習者 正答者数(%)	中国人学習者 誤答者数(%)	χ^2 値
モンゴル＜中国	人間が自然環境を破壊した。	53(77.94%)	15(22.06%)	90(97.83%)	2(2.17%)	16.281**
	国はゴミの問題について新しい委員会を設立した。	44(64.71%)	24(35.29%)	86(93.48%)	6(6.52%)	21.247**
	水が足りないので、水の供給が停止した。	51(75.00%)	17(25.00%)	84(91.30%)	8(8.70%)	7.884**
	昔に比べて、医学が進歩した。	58(85.29%)	10(14.71%)	91(98.91%)	1(1.09%)	11.327**
	友だちが来るから、部屋を整理しよう。	35(51.47%)	33(48.53%)	70(76.09%)	22(23.91%)	10.503**
	この車は一定の速度を保持して走っている。	44(64.71%)	24(35.29%)	80(86.96%)	12(13.04%)	11.101**
	国は市に今年の予算を分配した。	38(55.88%)	30(44.12%)	81(88.04%)	11(11.96%)	21.22**
	冬は空気が乾燥している。	55(80.88%)	13(19.12%)	86(93.48%)	6(6.52%)	5.928*
	日本に台風が接近している。	36(52.94%)	32(47.06%)	64(69.57%)	28(30.43%)	4.61*
	豊かな社会を建設するためにはみんなの努力が必要だ。	45(66.18%)	23(33.82%)	82(89.13%)	10(10.87%)	12.584**
	海岸にごみが堆積している。	38(55.88%)	30(44.12%)	88(95.65%)	4(4.35%)	36.955**
	大雨の後で、川の下流に砂が堆積した。	43(63.24%)	25(36.76%)	84(91.30%)	8(8.70%)	18.817**
	みんなの意見を整理して、結論を出そう。	47(69.12%)	21(30.88%)	89(96.74%)	3(3.26%)	23.397**
	混乱しているので、情報を整理してください。	58(85.29%)	10(14.71%)	89(96.74%)	3(3.26%)	6.861*
	交差点で交通事故が発生した。	44(64.71%)	24(35.29%)	87(94.57%)	5(5.43%)	23.491**
	友だちと一緒に会計事務所を設立した。	48(70.59%)	20(29.41%)	87(94.57%)	5(5.43%)	17.05**
	会社の規模を縮小するため、社員を減らした。	44(64.71%)	24(35.29%)	89(96.74%)	3(3.26%)	28.602**
	母は、呼吸が停止して、死んでしまった。	38(55.88%)	30(44.12%)	77(83.70%)	15(16.30%)	14.963**

注：** $p<0.01$, * $p<0.05$

一方、漢語AB(×)は、33問中、正答者と誤答者の比率の差が有意だったのは、18問であった（表6）。そのうち、14問は中国人学習者の誤答者の比率が高かったもので、80～90％の者が「○」と判断している。一方、モンゴル人学習者の場合、漢語AB(×)に対して、80％以上の者が「○」と判断した設問文はなく、中国人学習者より正答者の比率が全般的に高いことがわかる。前節で示した得点の比較と総合して検討すると、誤用文に対する正誤判断においては、中国人学習者に負の転移の傾向があると言えそうである。

　また、同じ漢語を用いて、漢語CD(○)と漢語AB(×)の両方で出題した設問文を比較してみると、語によって、連語レベルでの習得に違いがあることがわかる。例えば、正用文の「昔に比べて、医学が進歩した」では、98.91％の者が正しく「○」と判断しているが、同じ「進歩する」を用いた誤用文の「*留学して、日本語の学習が進歩した」では、正しく「×」と判断できたのは、18.48％である。つまり、日本語の「進歩する」が、「医学」とは共起できるが、「学習」とは共起しにくい、ということを理解できている者が少ないということである。一方、「*本だなをおいて、部屋を二つに分配した」、「*弟に大好きなケーキを分配してあげた」の誤用文に対しては、84.78％、73.91％が正答できている。同じ「分配する」を用いた正用文の「国は市に今年の予算を分配した」でも、88.04％が正答している。これらの結果から、S語の中でも、日本語独自の共起関係を正しく習得できている語と、そうでない語があることがうかがえる。

中国語を母語とする日本語学習者の漢語と和語の連語形式の習得に及ぼす母語の影響

表6 漢語 AB(×)の正誤判断における正答者数と誤答者数

正答者率の比較	漢語 AB(×)の設問文	モンゴル人学習者 正答者数(%)	モンゴル人学習者 誤答者数(%)	中国人学習者 正答者数(%)	中国人学習者 誤答者数(%)	χ^2値
モンゴル>中国	留学して、日本語の学習が進歩した。	28(41.18%)	40(58.82%)	17(18.48%)	75(81.52%)	9.965**
	今朝、私は髪の毛を整理した。	44(64.71%)	24(35.29%)	37(40.22%)	55(59.78%)	9.381**
	朝起きて、すぐにベッドを整理した。	37(54.41%)	31(45.59%)	21(22.83%)	71(77.17%)	16.88**
	疲れている時に、笑顔を保持するのは大変だ。	33(48.53%)	35(51.47%)	19(20.65%)	73(79.35%)	13.851**
	値段が高かったので交渉したら、希望の値段に接近した。	34(50.00%)	34(50.00%)	18(19.57%)	74(80.43%)	16.509**
	みんなが色々な意見を提出したので、結論が出なかった。	25(36.76%)	43(63.24%)	17(18.48%)	75(81.52%)	6.754*
	30年前に比べると、人種差別が縮小した。	14(20.59%)	54(79.41%)	7(7.61%)	85(92.39%)	5.777*
	A国とB国の間で、協議が破裂した。	32(47.06%)	36(52.94%)	17(18.48%)	75(81.52%)	15.033**
	親子の関係が破裂した。	27(39.71%)	41(60.29%)	10(10.87%)	82(89.13%)	18.293**
	私は、友だちとけんかをして、感情が破裂した。	33(48.53%)	35(51.47%)	16(17.39%)	76(82.61%)	17.844**
	練習したので、水泳が進歩した。	43(63.24%)	25(36.76%)	21(22.83%)	71(77.17%)	26.603**
	政府の増税案を聞いて、私は疑問を提出した。	28(41.18%)	40(58.82%)	23(25.00%)	69(75.00%)	4.712*
	課題を設立するので、明日までにやってきてください。	49(72.06%)	19(27.94%)	44(47.83%)	48(52.17%)	9.433**
	突然悲しいことが発生した。	30(44.12%)	38(55.88%)	12(13.04%)	80(86.96%)	19.502**
モンゴル<中国	木だなをおいて、部屋を二つに分配した。	42(61.76%)	26(38.24%)	78(84.78%)	14(15.22%)	11.049**
	弟に大好きなケーキを分配してあげた。	36(52.94%)	32(47.06%)	68(73.91%)	24(26.09%)	7.559**
	火事になって財産を全部破壊した。	25(36.76%)	43(63.24%)	60(65.22%)	32(34.78%)	12.711**
	結婚して、明るい家庭を建設したい。	31(45.59%)	37(54.41%)	66(71.74%)	26(28.26%)	11.202**

注：**p＜0.01，*p＜0.05

251

6.2.2 和語の正誤判断
6.2.2.1 得点の比較

　和語の正誤判断テストも、和語 AとC(35 文)、和語 BとD(28 文)について、1 問 1 点で採点した。和語 AとCは中国語でも成立する正用文(〇)で、和語 BとDは中国語では成立するが、日本語では誤用文(×)である。

　採点の結果(表 7)、モンゴル人学習者の場合、和語 AC(〇)の方が、和語 BD(×)より得点が高いが、いずれも習熟度に比例して、得点が高くなっている。一方、中国人学習者は和語 ACの得点は横ばいである。そこで、漢語の分析と同様に、和語 ACの得点と和語 BDの得点が、日本語習熟度テストの得点と相関関係があるかどうか、確認した。その結果、まず、和語 AC(〇)の得点と日本語習熟度の得点では、モンゴル人学習者に正の相関が認められたが$[r=.275, df=66, p<.05]$、中国人学習者には相関が認められなかった$[r=.027, df=90, n.s.]$。また、和語 BD(×)の得点と日本語習熟度の得点については、モンゴル人学習者も$[r=.625, df=66, p<.01]$、中国人学習者も$[r=.425, df=90, p<.01]$、正の相関が認められた。

表 7　和語の正誤判断テストの得点

	モンゴル人学習者				中国人学習者			
	下位群 $N=52$	中位群 $N=13$	上位群 $N=3$	合計 $N=68$	下位群 $N=29$	中位群 $N=33$	上位群 $N=30$	合計 $N=92$
和語 AC(〇)	22.77 (3.56)	24.54 (2.85)	26.00 (4.58)	23.25 (3.54)	26.69 (3.76)	26.00 (3.64)	26.57 (4.13)	26.40 (3.81)
和語 BD(×)	11.27 (3.47)	14.62 (3.57)	20.33 (2.89)	12.31 (4.06)	7.93 (3.22)	8.97 (3.78)	10.57 (4.25)	9.16 (3.89)

注1：(　)の値は標準偏差である。
注2：漢語 ACは35 問、和語 BDは28 問である.

　以上の結果から、モンゴル人学習者は、日本語習熟度に比例して、和語 AC(〇)も和語 BD(×)も正誤判断が正確に行えるようになるということが示された。一方、中国人学習者は、和語 ACの得点は、日本語習熟度の影響を受けないことが示された。このことから、中国語と同じ共起語をとる和語に対して、中国語の知識が援用されている可能性が示唆される。ただし、モンゴル人学習者の場合も、下位群の和語 ACの得点は比較的高く、下位群と上位群の差はあまり大きくない。これは、漢語の場合と同様に、正用文に対する正誤判断が易しかったためではないかと考える。

　一方、和語 BD(×)の得点の平均を見ると、モンゴル人学習者は中国人学習者より高い。特に、上位群では、和語 ACと和語 BDでは、百分率得点がほぼ同じである(和語 ACは74.29、和語 BDは72.61)。ところが、中国人学習者の上位群の和語 BDの得点(10.57)を百分率に換算すると37.75で、モンゴル人学習者の下位群の40.25よりも低く、さらに、和語 ACの75.91との開きも大きい。和語 BDは誤用文であるため、「×」が正答であるが、中国人学習者の場合、上位群でも「〇」と判断した者が多かっ

た、ということである。

6.2.2.2 正答者数と誤答者数の比率の差の比較

次に、各語について、正答者と誤答者の比率が、モンゴル人学習者と中国人学習者とで違いがあるかどうかを検討するために、カイ二乗検定（独立性の検定）を行った。

その結果、和語AC(○)の35問のうち、正答者と誤答者の比率の差が有意だったのは、13問あった（表8）。このうち、12問は中国人学習者において正答者の比率が高かったもので、モンゴル人学習者において正答者の比率が高かったのは1問のみであった。すなわち、3分の1の設問文で、中国人学習者の方がモンゴル人学習者より、正答者の比率が高いということである。和語が中国語の相当語と漢字1字を共有していることを考慮すると、中国人学習者は和語の判断に対して、中国語の知識を適用している可能性が考えられる。ただし、漢語CD(○)では半数以上の30問中18問で、中国人学習者の正答者の比率が高かったことを考慮すると、和語は、漢語ほどには正答者の比率が高くない。よって、仮に中国語の知識を活用して、和語の正誤判断を行っているとしても、その傾向は漢語ほど顕著でないと考えるべきであろう。

一方、和語BD(×)の28問中、正答者と誤答者の比率の差が有意だったのは、13問であった（表9）が、そのうち、12問はモンゴル人学習者において正答者の比率が高かった。中国人学習者で正答者の比率が高かったのは1問のみであった。さらに、中国人学習者の正答者の比率はモンゴル人学習者に比べると、全般的に低い。例えば、「＊海岸にごみが積もっている」では正答者は4名（4.35％）、「＊親子の関係が破れた」では正答者は7名（7.61％）で、正しく「×」と判断できる者が非常に少なかった。対応する漢語の正答者数を見てみると、正用文となる「海岸にごみが堆積している」では、正答者が88名（95.65％）だが（表5）、誤用文となる「＊親子の関係が破裂した」の正答者は10名（10.87％）と少ない（表6）。つまり、中国語で成立する連語は、日本語の漢語でも成立し、さらに、和語でも成立すると誤解している者が少なからずいると推測される。このように、語によっては、中国語の知識から何らかの影響があり、それが漢語だけでなく、和語の正誤判断にも及んでいる可能性がある。ただし、この調査方法では、和語に対して、中国語の知識が負の転移を及ぼしているとは言い切れない。和語に対して中国語の影響があるか否かを検討するためには、中国語と同じ漢字を用いた和語の連語と、中国語とは異なる漢字を用いた和語の連語とで、比較検討する必要があろう。

表 8　和語 AC(O) の正誤判断における正答者数と誤答者数

正答者率の比較	和語 AC(O) の設問文	モンゴル人学習者 正答者数(%)	誤答者数(%)	中国人学習者 正答者数(%)	誤答者数(%)	χ²値
モンゴル＜中国	今朝、私は髪の毛を整えた。	35(51.47%)	33(48.53%)	69(75.00%)	23(25.00%)	12.526**
	恋人に、結婚の条件を出した。	40(58.82%)	28(41.18%)	73(79.35%)	19(20.65%)	7.939**
	本だなをおいて、部屋を二つに分けた。	47(69.12%)	21(30.88%)	83(90.22%)	9(9.78%)	11.426**
	私は会社の規定を破って、注意された。	40(58.82%)	28(41.18%)	80(86.96%)	12(13.04%)	16.505**
	山本さんはよく約束を破る。	30(44.12%)	38(55.88%)	81(88.04%)	11(11.96%)	35.509**
	パーティーで友だちとプレゼントを分けた。	24(35.29%)	44(64.71%)	53(57.61%)	39(42.39%)	7.799**
	国はゴミの問題について、新しい委員会を設けた。	37(54.41%)	31(45.59%)	68(73.91%)	24(26.09%)	6.592*
	国は市に今年の予算を分けた。	31(45.59%)	37(54.41%)	67(72.83%)	25(27.17%)	12.222**
	この島に新しい生物が現れた。	43(63.24%)	25(36.76%)	85(92.39%)	7(7.61%)	26.656**
	冬は空気が乾いている。	45(66.18%)	23(33.82%)	73(79.35%)	19(20.65%)	5.861*
	元首相の影響力はすでに消えた。	38(55.88%)	30(44.12%)	83(90.22%)	9(9.78%)	25.006**
	日本に台風が近づいている。	48(70.59%)	20(29.41%)	85(92.39%)	7(7.61%)	13.251**
モンゴル＞中国	みんなが色々な意見を出したので、結論が出なかった。	57(83.82%)	11(16.18%)	63(68.48%)	29(31.52%)	4.91*

注：＊＊ p＜0.01、＊ p＜0.05

中国語を母語とする日本語学習者の漢語と和語の連語形式の習得に及ぼす母語の影響

表 9 和語 BD(×)の正誤判断における正答者数と誤答者数

正答者率の比較	和語 BD(×)の設問文	モンゴル人学習者 正答者数(%)	誤答者数(%)	中国人学習者 正答者数(%)	誤答者数(%)	χ^2 値
モンゴル>中国	私は今年の目標を設けた。	38(55.88%)	30(44.12%)	32(34.78%)	60(65.22%)	5.908*
	A 国と B 国の間で、協議が破れた。	32(47.06%)	36(52.94%)	14(15.22%)	78(84.78%)	19.353**
	親子の関係が破れた。	26(38.24%)	42(61.76%)	7(7.61%)	85(92.39%)	22.403**
	私は、友だちとけんかをして、感情が破れた。	31(45.59%)	37(54.41%)	20(21.74%)	72(78.26%)	9.392**
	政府の増税案を聞いて、私は疑問を出した。	25(36.76%)	43(63.24%)	16(17.39%)	76(82.61%)	6.837*
	奇跡が現れ、父の病気がなおった。	34(50.00%)	34(50.00%)	21(22.83%)	71(77.17%)	12.799**
	課題を設けたので、明日までにやってきてください。	41(60.29%)	27(39.71%)	34(36.96%)	58(63.04%)	8.552**
	自分の身に災難が生じた。	40(58.82%)	28(41.18%)	37(40.22%)	55(59.78%)	4.864*
	豊かな社会を建てるためには、みんなの努力が必要だ。	32(47.06%)	36(52.94%)	22(23.91%)	70(76.09%)	9.368**
	海岸にごみが積もっている。	28(41.18%)	40(58.82%)	4(4.35%)	88(95.65%)	32.358**
	銀行からお金を借りて、会社を設けた。	37(54.41%)	31(45.59%)	34(36.96%)	58(63.04%)	4.826*
	友人と一緒に会計事務所を設けた。	33(48.53%)	35(51.47%)	22(23.91%)	70(76.09%)	10.503**
モンゴル<中国	火事になって財産を全部壊した。	32(47.06%)	36(52.94%)	57(61.96%)	35(38.04%)	5.319*

注：** p＜0.01，* p＜0.05

7. 総合的考察

　本研究では、小森他(2012)の中国人学習者の調査結果を再考するためにモンゴル人学習者に調査を行った。その結果、漢語の場合、正用文に対する正誤判断では、モンゴル人学習者も中国人学習者も、日本語習熟度テストの得点と相関していなかった。そのため、中国人学習者における正の転移は実証されなかった。しかしながら、個々の設問文における正答者と誤答者の比率の差を検定した結果、設問文の半数強で中国人学習者の方が正答者比率が高く、語によっては、正の転移が起こっている可能性が示唆された。一方、誤用文は、モンゴル人学習者も中国人学習者も、日本語習熟度テストの得点に比例して、得点が高くなっていた。ただし、個々の設問文を見ると、中国人学習者の方が有意に誤答者比率が高いものがあり、負の転移が起こっている語があることもわかった。

　一方、和語については、正用文に対する正誤判断では、モンゴル人学習者は日本語習熟度に比例して、得点が上がっているが、中国人学習者には日本語習熟度との関係が認められなかった。また、中国人学習者の正答者比率の高い設問文が3分の1程度あった。これらのことから、中国人学習者の和語の正誤判断に中国語の知識が影響している可能性が推測される。一方、誤用文に対する正誤判断では、モンゴル人学習者も中国人学習者も、日本語習熟度の得点に比例して、得点が上がっているが、中国人学習者の方が有意に誤答者率が高い設問が多かったことから、中国語の知識が関わっている可能性も推測される。

　ただし、前述のように、和語の正誤判断に中国語の知識が影響しているか否かについては、本調査の方法では検証できない。よって、和語の習得に、中国語の知識がどのように関わっているのかについては、調査方法を見直した上で、改めて検討する必要がある。

　小森他(2012)では、S語の漢語、および和語について、中国語と同じ共起語をとる正用文(○)は、同じ共起語をとらない誤用文(×)と比較して、正答率が日本語の習熟度の影響を受けないことから、正の転移を示唆している。しかしながら、正用文の課題の困難さと、誤用文の課題の困難さとで差があることを考慮すると、正用文への正誤判断が日本語習熟度と関わらないという結果が得られたとしても、その結果だけから正の転移が示唆されるとは言いにくい。さらに、誤用文に対して、「×」と判断できたとしても、どう直せば正用になるかを理解している学習者が少ないことも明らかになっている(三國・小森・徐　2015)。

　以上を踏まえ、今後は、どのような方法を用いれば、L1の知識が日本語の習得に及ぼす影響を実証することができるのかを考え、L1の転移がどのような場合にどのように起こっているのかについて、検討したい。また、どのような方法で指導を行えば、連語レベルでの語彙の習得が促進されるのか、教材の開発についても検討していきたい。

注
[1]三好(2007)は、語と語の結びつきを、(1)慣用表現、(2)固定的だが個々の単語の意味から全体の意味が推測できるもの(傘をさす)、(3)語の意味範囲で自由に結びつくもの(お茶を飲む)の3つに分類し、効果的な語彙指導には、(3)の自由連結も連語として捉える必要があるとしている。

付記:
　本研究は科学研究費基盤研究(C)(課題番号:15K02656、研究代表者:小森和子(明治大学))、および科学研究費基盤研究(C)(課題番号:20520479、研究代表者:三國純子(文化学園大学))の助成を受けています。
　また、本論文を執筆するにあたり、北京日本学研究センターの譙燕先生、施建軍先生、モンゴル国立科学技術大学のウラムバヤル・ツェツェグ先生、常州工学院の李真先生、明治大学大学院生の黃叢叢さんに大変お世話になりました。ここに記して感謝申し上げます。

参考文献
安龍洙.2000.「日本語学習者の漢語の意味の習得における母語の影響について―韓国人学習者と中国人学習者を比較して―」.『第二言語としての日本語の習得研究』.3.5-17

五十嵐昌行.1996.「表現(日本語)時の母語干渉―山東大学語言文学系事例報告」.『日語学習与研究』.3.24-26

上野恵司・魯暁琨.1995.『おぼえておきたい日中同形異義語300』.光生館

王永全・小玉新次郎・許昌福(編・著).2007.『日中同形異義語辞典』.東方書店

加藤稔人.2005.「中国語母語話者による日本語の漢語習得―他言語話者との習得過程の違い―」.『日本語教育』.125.96-105

侯仁鋒.1997.「同形語の品詞の相違についての考察」.『日本学研究』.6.78-88

黄正浩.1994.「漢字語彙の日中朝対照研究」.『講座日本語教育』.29.334-358

高偉建.1989.「日中同形語の対照研究―日本の漢語の意義特徴を中心に―」.『大阪大学日本学報』.8.79-103

国立国語研究所現代日本語書き言葉均衡コーパス.<http://www.kotonoha.gr.jp/shonagon/>.(2016年6月8日)

小森和子・三國純子・徐一平・近藤安月子.2012.「中国語を第一言語とする日本語学習者の漢語連語と和語連語の習得―中国語と同じ共起語を用いる場合と用いない場合の比較」.『小出記念日本語教育研究会論文集』.20.49-60

石堅・王建康.1983.「日中同形語における文法的ずれ」.『日本語・中国語対応表現用例集』.5.56-82.

張淑榮(編).1987.『中日漢語対比辞典』.ゆまに書房.

張麟声.2009.「作文語彙に見られる母語の転移―中国語話者による漢語語彙の転移を中心に―」.『日本語教育』.140.59-69

陳毓敏.2003.「中国語を母語とする日本語学習者の漢語習得について―同義語・類義語・異義語・脱落語の4タイプからの検討―」.『日本語教育学会秋季大会予稿集』.174-179

菱沼透.1980.「中国語と日本語の言語干渉―中国人学習者の誤用例―」.『日本語教育』.42.58-72

文化庁. 1978.『中国語と対応する漢語』. 大蔵省印刷局
北京大学中国語言学研究中心 CCL 语料库. <http://ccl.pku.edu.cn:8080/ccl_corpus/>. (2013 年 12 月 27 日)
三喜田光次. 2000.『ここが違う日本語語彙と中国語語彙』. 天理大学出版部
三國純子・小森和子・徐一平. 2015.「中国語を母語とする日本語学習者の漢語連語の習得―共起語の違いが誤文訂正に及ぼす影響―」.『中国語話者のための日本語教育研究』. 6. 34-49
三好裕子. 2007.「連語による語彙指導の有効性の検討」.『日本語教育』. 134. 80-89.
守屋宏則. 1979.「資料・日中同形語―その意味用法の差違―」.『日本語学校論集』. 6. 159-168.
李愛華. 2006.「中国人日本語学習者による漢語の意味習得―日中同形語を対象に―」.『筑波大学地域研究』. 26. 185-203
柳納新. 1997a.「关於日汉同形近义词(上)」.『日语知识』. 6. 22-25
柳納新. 1997b.「关於日汉同形近义词(下)」.『日语知识』. 7. 23-25
林玉惠. 2002.「日華・日漢辞典からみた日中同形語記述の問題点―同形類義語を中心に―」.『世界の日本語教育』. 12. 107-121

「ただ」の副詞機能と接続詞機能の連続性[*]

北京外国语大学　曹彦琳

摘要：日语中的「ただ」一词具有副词和连词两种功能。作为副词使用时,「ただ」与前后要素之间关系密切,形成 syntagmatic 关系,同时限定修饰谓语动词的动作样式,排除其他的动作样式,形成 paradigmatic 关系。而作为连词使用时,「ただ」通常位于句首,只是表示前后句之间的 syntagmatic 关系,没有修饰谓语的副词功能。这两种用法看似各自独立,互不相同,实际上有着一定的连续性,因此会出现同时具备副词功能和连词功能的中间用法,而这种语法功能会受到「ただ」在句中位置的影响,一旦「ただ」不位于句首时,连词功能就会减弱,副词功能则会增强。

キーワード：副詞用法　接続詞用法　シンタグマティックな関係　パラディグマティックな関係

1. はじめに

　　現代日本語において、「ただ」は一つの形式で副詞機能と接続詞機能を同時に持っている。
　(1)彼はなにをするでもなく、ただぼんやりとテレビを見ている。（副詞用法）
　(2)彼の住所を知らない。ただ、誰かに聞けばわかるはずです。（接続詞用法）
　接続詞と副詞の違いについて、塚原(1958)は次のように述べた。

　　　「副詞が、後行する語句を修飾・限定するのに対し、接続詞は、前行する表現の意味を受けて、これを後行する表現に関係づけるところに、相違がある。」塚原(1958)

　　一方、接続詞と副詞が共通しているという説もある。山田(1936)は「国語には純粋の接続詞といふ観念語なきは事実なり」と主張し、それを副詞の下位分類として、「接続副詞」と呼んだ。松下(1974)も同じことを述べた。「欧語文典も従来の日本文典も接続詞といふ一品詞を立てて居るが、それは副詞の一種である」(松下 1974：211)という。
　　即ち、副詞と接続詞は共通しながら、独自の特徴がある。工藤(1977)は「タダ」の接続詞機能と副詞機能の関連性について、次のように述べた。

　　　限定副詞とは、文中の特定の部分を、それと範列的な関係にある他の項との

---

[*] 受北京外国语大学基本科研业务费资助。

関係をつけつつ、その語群全体の中からとりたてる機能をもつ語であった。それに対応させて言うなら、接続詞とは、同一の文章の中に連辞的に、並立して並べられた二項——語・文など——の関係をつけつつ、「接続」する語である。つまり、限定副詞と接続詞とは、範列的か連辞的かの違いはあるが、ともに他の項との関係づけを表現するという共通点をもっている。(1977：983)(下線は筆者)

また、接続詞と副詞の中間的用法として、次の例を出した。
(3)先生は何とも答へなかった。ただ私の顔を見て「あなたは幾歳ですか」と云った。(工藤 1977)

実は、(1)、(2)、(3)のような「タダ」の三つの用法は、孤立的ではなく、何等かの繋がりがあり、一定の条件が揃えば、中間的用法が簡単に副詞用法へと変換できる。本論文は「タダ」の副詞機能と接続詞機能の連続性を明らかにするのを目的とする。

2.「ただ」の副詞用法

工藤(1977)は「ただ」を「限定副詞」[1]の類に入れ、文中のある要素を限定し、それと同範列の他の要素を排除するという＜限定機能＞を有すると主張した。「限定副詞」を次のように定義した。

「文中の特定の対象(語句)を、同じ範列に属する他の語とどのような関係にあるかを示しつつ、範列語群の中からとりたてる機能をもつ副詞」(工藤 1977：971-972)(下線は筆者)

本稿では、「ただ」によって取り立てられる文中の要素を「X」と呼び、「X」と同範列の他の要素を「〜X」と呼ぶことにする。例(1)において、「X」と「〜X」はそれぞれ次のとおりである。

X：「何をするでもなく、ぼんやりとテレビを見ている(という見方)」
〜X：「何かやりながらテレビを見ている(という見方)」

例(1)のように、「ただ」の前件に「何をするでもなく」のような否定文が出て、後件に「ぼんやりと」のような副詞が出る用例は、「ただ」のもっとも典型的な使い方である。この場合、「ただ」は前件の否定文や後件の副詞と結びつき、＜シンタグマティックな関係＞を表しながら、「X」と「〜X」との＜パラディグマティックな関係＞を同時に有する。否定文や副詞の出方によって、次のように分類できる。

2.1 否定文と副詞が意味的相関性がある場合

次の例のように、(4)、(5)では、「言葉もなく」、「声をかけず」といった否定文は「黙って」という副詞相当の形式と同じ意味を表す。(6)では、「身じろぎもせず」は「じっと」という副詞と同じように、「人の動かない様」を表す。どの例においても、副詞「ただ」は動詞述語の動作様式を修飾し、述語に強い関わりがある。

(4)東京へ引き返す車の中で、私たちは言葉もなく、ただ黙って前方を見つめてい

た。(一瞬の夏)[2]
(5) 私はほとんど声をかけず、ただ黙って内藤の練習を眺めていた。(一瞬の夏)
(6) 死体は灰にして海に投げ捨ててしまいます。彼等のたく炎が赤黒く風にゆれ、煙は砂浜を伝わって流れ、部落民は身じろぎもせず、うつろな眼でただ煙の流れをじっと見ておりました。(沈黙)

この場合、「ただ」は前の否定文や後ろの副詞を焦点とし、動詞述語の動作様式を限定する。たとえば例(4)では、「ただ」に取り立てられる「X」と排除される「〜X」はそれぞれ次のものである。

X：「言葉もなく黙って見つめる(という見つめ方)」
〜X：「何か言いながら見つめる(という見つめ方)」

2.2 「タダ」の前件にしか否定文が出ない場合

この場合、「ただ」の後件に副詞が出ず、前件にしか否定文が出ない。「ただ」は前件の否定文と結びつき、〈シンタグマティックな関係〉を持ちながら、動詞述語の動作様式を取立て、他の動作様式を排除するという〈パラディグマティック〉な限定機能を有する。否定文の種類は次の二つある。

①〈人の言動〉に関わるもの：「言わずに」、「返事をせず」、「反応せず」など
(7) 信子は何も言わず、只、藤原の皿にたっぷりと骨つきの肉をとってやった。(太郎物語)
(8) 内藤は利朗の動きにはほとんど反応せず、ただサンドバッグの腹を殴りつけていた。(一瞬の夏)
(9) しかし、無礼なことに、辞儀もせず、ただ笑ったのである。(国盗り物語)

この場合、「ただ」は前の否定文を焦点とし、動詞述語の動作様式を限定する。たとえば例(7)では、「ただ」に取り立てられる「X」と排除される「〜X」はそれぞれ次のものである。

X：「何も言わずとってやる(というやり方)」
〜X：「何か言いながらとってやる(というやり方)」

②〈人の思想・意識〉に関わるもの：「知らずに」、「考えずに」、「分からずに」、「あてもなく」など
(10) しかも、尾根通しに木があることと、尾根は、痩せ尾根というほどではないから、なにも考えずに、ただ歩くといったふうな山歩きではなく、地図と磁石とをたよりに、一歩一歩を慎重に進まねばならない。(孤高の人)
(11) 前途になにがまちかまえているかを知らず、ただ成長することがうれしかった。(二十四の瞳)
(12) 住民たちは訳もわからず、ただ、おびえきった眼で海水の泡立つ家の中で身をふるわせていた。(戦艦武蔵)

この場合、「ただ」は前の否定文を焦点とし、動詞述語の動作様式を限定する。例(10)だけを説明すると、「ただ」に取り立てられる「X」と排除される「〜X」はそれぞ

れ次のものである。
　X：「何も考えずに歩く（という歩き方）」
　～X：「何か考えながら歩く（という歩き方）」

2.3　「タダ」の後件にしか副詞が出ない場合

「タダ」はよく次のような副詞や副詞に準じる形式と共起して、動詞述語を修飾する。＜人の言動や思想＞に関わる点で、2.2における「タダ」の前に出る否定文と共通している。

①「黙々と」系：黙々と、黙って、唖然として
②「じっと」系：じっと、ひたすらに、一筋に、夢中で、
③「ぼんやりと」系：ぼんやりと、呆然と、漠然と、無心に
④「その他」：むやみと、やたらに

この場合、「ただ」は後件の副詞や副詞相当の形式と結びつき、＜シンタグマティックな関係＞を表しながら、述語の動作様式をとりたて、それ以外の動作様式を排除するという＜パラディグマティック＞な限定機能を同時に有する。

　(13) 私は、ちいさく争う三人を、ただだまって見ていた。（忍ぶ川）
　(14) 少なくとも、ただ唖然として眺めていた人々には、一瞬の出来事としか思えなかった。（コンスタンティノープルの陥落）
　(15) そういう別途に得た食物がある間は、俊一はできるだけ体力を消耗しないとただじっとひたすらに寝ていた。（楡家の人びと）
　(16) 烈日が、具足を灼き、人馬は汗みどろになりつつ、ただ夢中で足を動かしていた。（国盗り物語）
　(17) おや、こんなところにも患者がいたのかなあ」と思いながら、私はそのドアについている No.17 という数字を、ただぼんやりと見つめた。（風立ちぬ）
　(18) 明智頼高は、この男の度胸にあきれかえって、ただぼう然と眼をひらいている。（国盗り物語）

例(13)だけを例にしてみれば、「ただ」は後ろの副詞「だまって」を焦点とし、「黙って見る」という見方を限定し、他の見方を排除する。

2.4　「タダ」の後件に出る副詞が述語と意味的相関性がある場合

次の例において、「ただ」の後件の副詞は述語と意味的につながりがある。例(19)、(20)では「じっと」は「凝視する」や「見つめる」と同じように、「対象から視線を逸らさないでずっと見続ける」様を表す。例(21)、(22)では「ひたすら」は「夢中になる」や「～続ける」と同じように、「何かに専念する」様を表す。

　(19) その突然のまぶしさに、あわてて目をふせたが、次の瞬間、もうそのまぶしさも忘れ、ただじっと正面の砂の壁を凝視するばかりだ。（砂の女）
　(20) 内大臣は、夕顔のことやら何やら、胸せまる思いであるが、口にはせず、ただ、うなずいて、美しい玉鬘をじっと見つめ、やがて御簾を出た。（新源氏物語）

(21)宮は、ご自分の存在が、誰かに苦悩を強いる原因になっていようなどとは、つゆ、思いもかけない風でいられる。たいそう若々しく、ただもうひたすら、今のところは琴の練習に夢中になっていられる。(新源氏物語)
(22)夏の灼熱の中を、冬の吹雪の中を、ただひたすら歩み続ける。(若き数学者のアメリカ)

　この場合、「ただ」は相変わらず動詞述語に関係が強く、後ろの副詞を焦点とし、述語の動作様式を取り立てる。たとえば、(19)では、「ただ」は「じっと」を焦点とし、「じっと凝視する」という見方を限定し、他の見方を排除する。

　以上から、副詞の「ただ」が動詞述語を修飾するのが主要機能で、述語に関係深いということが分かった。

3.「タダ」の接続詞用法

　接続詞は「単独で一文節をなし、二つ以上の語・句(文節・連文節)・文・段落(文章)、またはそれ相当の形式によって表現された叙述内容相互間を関係づけ、結び合わせる職能をもつ。すなわち、接続詞は、かならず先行の叙述内容(前件)を承けて、後行の叙述内容(後件)を先触れしつつ誘導する語詞で、前件と後件との関係の認定は、話し手の立場においてなされる。」(国語学大辞典 1980:553)

　接続詞の「タダ」について、森田(1989)で次のように述べた。

　　接続詞の場合は、前の文や句で述べた内容をいちおう"それでよい"と認めながらも、一、二の例外や、ごく僅かだが存在する問題点、聞き手に知らせておかねばならぬ事柄などを補足的に示すときに用いる。また、念のために言い添える場合にも使う。…「ただ」は、前にある文や句の内容説明がそれだけでは十分でない、さらに補足や注記が必要だという前提に立っている。(森田 1989:651)(下線は筆者)

　接続詞の「タダ」はいつも文頭に立ち、前後の文のつながりとして、役割を果たしている。ただし、「タダ」は述語とあまり関係がなく、何かを取り立て、他のものを排除する機能—即ち＜限定機能＞—はまったくない。例えば例(2)の「タダ」を述語の前に移動すれば、非文になる。

(2)彼の住所を知らない。ただ、誰かに聞けばわかるはずです。(接続詞用法)
(2a)＊彼の住所を知らない。誰かに聞けばただわかるはずです。

　すなわち、接続詞の「ただ」には動詞述語を修飾する機能が見られない。また、前後の文の関係を表すので、接続詞の「タダ」は前の文と緊密な関係を持ち、欠ければ文が不自然になる。

(2b)? 彼の住所を知らない。誰かに聞けばわかるはずです。

　「タダ」の接続詞用法は次のパターンに使われるものが多い。

3.1 「否定文。ただ～」

　接続詞「タダ」の前に否定文が来る用例は、だいたい半分ぐらい占めている。この

特徴は「タダ」の副詞用法の場合と共通していて、接続詞用法と副詞用法の連続性が見られる。また、副詞用法の場合と同じように、＜人の思想、意識＞に関わる「わからない」、「見当はつかない」、「知らない」などが多く見られる。

(23)道三の討死の刻限、狐穴付近の丘陵地帯で北上をさまたげられている信長には、むろんその死はわからなかった。ただ、いままで北方の天にひびいていた銃声が急にやんだことで、その事態を察することができた。(国盗り物語)

(24)「おれはあしかけ三年も仕事をしなかった、以前のような腕にいつ戻れるか、正直に云って自分でも見当がつかない、ただ、──いまのおれにとっては、おめえが側にいてくれるというだけが大きな頼みだ、これだけは忘れないでくれな、さぶ」(さぶ)

(25)加藤にとって冬富士は始めてであった。どこにどんな悪場があるか知らなかった。ただ、登る前に加藤が調べたところによると、御殿場口登山道の五合五勺と七合八勺に気象台の避難小屋があり、頂上に観測所があるということだった。(孤高の人)

(26)「私、北川大学の女子寮。修道女たちが舎監なの。クララ寮って言うの」「男は行っちゃいけないの？」「そんなことはないわよ。只、ロビイで話すことになってるけど」(太郎物語)

(27)鬚黒の大将は人柄もよく、将来は政界実力者と目されている人物である。内大臣の婿として不足はない。ただ、玉鬘は源氏に養われているので、養父の意向を無視することはできないから、一存で返事はできなかった。(新源氏物語)

3.2 「～が/けど。ただ～」

(28)アメリカ海軍も、この点、必ずしもそれほど進んでいたわけではないが、ただ彼らは、幸か不幸か、真珠湾で一挙に多くの戦艦を喪った。(山本五十六)

(29)高木はこの時久々ぶりに山本に会ったわけで、山本は海軍でいわゆる「潮ッ気」がたっぷりしみこみ、赤銅色に陽やけして、健康そうに見えたが、ただ、次官時代と較べるとずいぶん腹が出て肥っていたという。(山本五十六)

3.3 「ただ～が/けど」

(30)「どういうんだか、詳しくはわからん。只、前から不眠症になっていたらしかったんだけどね。状態がひどくなったもんで、奥さんが入院させて、今、睡眠療法をさせてるらしい」(太郎物語)

(31)平和と戦争とどっちも好きなのが人間なんですよ。ただその割合はひとによって違いますけどね。(太郎物語)

以上から、「ただ」の接続詞用法は副詞用法と形式上の共通点があると分かった。

4. 接続詞用法と副詞用法の連続

　副詞機能と接続詞機能を同時に持っている両面的「タダ」は、接続詞として文頭に立ち、前件の補充説明として後件を補うと同時に、副詞として述語部分を修飾し、＜限定機能＞を持っている。単なる副詞用法の場合と同じく、前件に否定文が来て、後件に特徴的な副詞が来るのは特徴である。

(32)母は古風な縞の着物をきて、髪は自分でひっ詰めに結う。化粧も何もしない。ただ一筋にひとりの息子を守って、未亡人の暮しを立てて来た生真面目な女だった。(青春の蹉跌)

　例(32)では、「タダ」は文頭に立ち、前後の文の関係を表し分けるという接続詞機能を持つ一方、「一筋に」という副詞と結びつき、述語「立ててくる」の動作様式―「一筋に立ててくる」を修飾するという副詞機能も有する。もし「タダ」は文頭の位置を失うと、接続詞の機能が弱くなり、副詞機能が強くなる。

(32)′母は化粧も何もせず、ただ一筋にひとりの息子を守って、未亡人の暮しを立てて来た(副詞)

　次の例も以上のように変われば、接続詞・副詞機能を同時に持っている中間的用法から副詞用法へと変換できる。

(33)いまは見栄も誇りもない。ただ一筋にこの医者に頼むよりほかに道はなかった。(青春の蹉跌)

(33)′いまは見栄も誇りもなく、ただ一筋にこの医者に頼むよりほかに道はなかった。

(34)この処世の芸のこまかさは、かれの庖丁芸のあざやかさを思わせた。が、その芸が、光秀にはわからない。ただひたすらに退隠をとめたが、藤孝はその顔に雅びた微笑をうかべつつかぶりをふるばかりであった。(国盗り物語)

(34)′その芸が、光秀にはわからずに、ただひたすらに退隠をとめたが、藤孝はその顔に雅びた微笑をうかべつつかぶりをふるばかりであった。

(35)私はいま、何の為にこんな手紙を書いているのか、自分でもよくわからないのです。ただありのままに、自分の気持を綴ることで、たぶんもう二度と差し上げることもない私からの一方的な手紙を書き終えるつもりでございます。(錦繍)

(35)′私はいま、何の為にこんな手紙を書いているのか、自分でもよくわからずに、ただありのままに、自分の気持を綴ることで、たぶんもう二度と差し上げることもない私からの一方的な手紙を書き終えるつもりでございます。

(36)宮村は加藤の意を察して、大きくうなずいたが、その顔にはなんらの感動も認められなかった。ただぼんやりそこに突っ立っているような姿だった。(孤高の人)

(36)′その顔にはなんらの感動も認められず、ただぼんやりそこに突っ立っているような姿だった。

「タダ」の接続詞用法、副詞用法や接続詞・副詞の中間的用法の典型的特徴を表1にまとめる。表1から分かるように、「タダ」の三つの用法の間に関連が深く、接続詞用法と副詞用法は構文的位置が違い、異なる文法的機能を果たすが、前件に否定文が出るという共通の特徴が見られる。中間用法は場合によっては、副詞用法に似通ったり、接続詞用法に似通ったりする。

表1 「タダ」の副詞用法と接続詞用法の連続性

	副詞用法	中間用法	接続詞用法
前件の特徴	否定文	否定文	否定文
後件の特徴	副詞や副詞に準じる形式	副詞や副詞に準じる形式	
構文位置	文中	文頭	文頭
意味機能	syntagmaticな関係とparadigmaticな関係を同時に有する	syntagmaticな関係とparadigmaticな関係を同時に有する	syntagmaticな関係が強い

表1でわかるように、「タダ」の副詞用法は前後の文や語との＜シンタグマティックな関連＞が緊密で、前件に出る否定文や後件に出る副詞と結びつきながら、述語の動作様式をとりたて、それ以外の動作様式を排除するという＜パラディグマティックな排他機能＞を果たす。一方、接続詞用法は＜パラディグマティックな限定機能＞が目立たず、前後の文の関係を表し分ける＜シンタグマティックな機能＞が主な機能である。接続詞・副詞の二面的用法は前後の文の関係を表し分けるという接続詞用法を持っていると同時に、前件に出る否定文や後件に出る副詞と結びつき、述語を修飾する副詞の排他機能も有する。文頭という位置を失えば、接続詞の機能が弱くなり、副詞用法に変わる。

5. 結 論

「ただ」は一つの形式で副詞用法と接続詞用法を同時に持っている。副詞の「タダ」は文の前後の要素との関連が緊密で、いつも前件に出る否定文や後件に出る副詞と結びつき、述語の動作様式を取り立てる。前後の文との緊密度から見れば、前後の文の関係を表し分ける接続詞用法と共通している。しかし、接続詞の「タダ」は動詞述語を修飾せず、排他という＜パラディグマティックな関係＞が目立たない。接続詞・副詞の二面性を持つ中間的「タダ」はいつも文頭に立ち、前後の文の関係を表す接続詞機能と動詞述語を修飾する副詞機能を同時に持っている。文頭の位置を失うと、接続詞の機能も弱くなり、副詞機能が強くなる。

「ただ」のように、一つの形式で副詞用法と接続詞用法を同時に持つ語はほかにもある。

(37)明日また来ます。(副詞用法)
(37)′彼は英語も、フランス語も、またドイツ語も話せます。(接続詞用法)
(38)東京より、かえって大阪のほうが住みやすい。(副詞用法)
(38)′車で行くのは時間がかかる。かえって、電車に乗ったほうが速い。(接続詞

用法）

(39) A、B、Cのうちから、たとえばAをとりあげる。（市川1965）（副詞用法）

(39)' 今日の社会問題について考えてみよう。たとえば、住宅問題について考えて見る。（市川1965）（接続詞用法）

　これらの語は「接続詞機能を有する副詞」と見られ、副詞から接続詞へと転成していくと認められる。「ただ」の両機能の連続性を明らかにするのは、副詞から接続詞への転成という現象についての研究の第一歩と位置づけたい。

注

[1] 工藤（2000）で「限定副詞」を「とりたて副詞」に言い換えた。
[2] 本稿の用例は『新潮文庫の100冊』CD-ROMから収集した。

参考文献

市川孝．1965．"接続詞的用法を持つ副詞"．《国文》．お茶の水女子大学国語国文学会
工藤浩．1977．"限定副詞の機能"．《松村明教授還暦記念国語学と国語史》．松村明教授還暦記念会編．pp969-986．明治書院
工藤浩．2000．"副詞と文の陳述的なタイプ"．《日本語の文法3モダリティ》．岩波書店
国語学会編．1980．《国語学大辞典》．東京堂出版
塚原鉄雄．1958．"接続詞"．《続日本文法講座1》．明治書院
松下大三郎、徳田政信．1974．《改撰標準日本文法》．勉誠社
森田良行．1989．《基礎日本語辞典》．角川書店
山田孝雄．1936．《日本文法学概論》．宝文館．

照応形としての三人称普通名詞の生起条件に関する考察

北京外国语大学　崔広红

摘要：本文以日语语篇照应中作照应语的第三人称普通名词为对象，探讨了它的使用情况和出现条件。经过探讨发现它的出现条件首先是：1.句子结构的制约；2.主题的非持续。而在主题持续时它的出现条件又主要有四个：1.前后文的内容出现跳跃；2.有时间或空间的间隔；3.有接续词等的插入；4.前文中有竞争对象。之后用两篇小说对该结果进行了验证，结果表明以上条件基本成立。

キーワード：文脈照応　照応形　三人称普通名詞　生起条件　主題

1.はじめに

　人称詞と言っても、普通は第1人称、第2人称、第3人称に分けられる。しかし、第1と2人称は目の前のあるものを指して「それをください」の「それ」のように、場面に依存しているため、外界照応の一種である。したがって、文脈照応における人称詞は基本的には三人称を表すものである。

　Halliday & Hasan(1976)では照応形の中で三人称代名詞の「he」「him」「his」などが頻繁に用いられ、テキストの結束性に大きな役割を果たしていると述べられている。日本語の場合は状況がどうだろうか。次の日英対訳の例を見てみよう。

　(1)①2014年9月23日の午後、テネリフェ島のロス・プエブロにあるマグマ・オーディトリウムで、スティーヴン・ウィリアム・ホーキング博士は(φ)講演の数分前に、(φ)スピーチの一部を書き直していた。

　②科学界では珍しいことに、宇宙論の最も基礎的な問題に取り組んでいる理論物理学者であり、同時に非常に有名でもあるその人は、書くのが遅いのだ(2014年1月に発表されたホーキングのごく最近の論文は、『ブラックホールのための情報保存と天気予報』というタイトルのものだった)。

　③ホーキングは(φ)右頬の筋肉を動かすことで(φ)コンピューターを操作する。④(φ)眼鏡に取り付けられた赤外線センサーがその動きを感知し、(φ)車椅子に設置されたモニター上のカーソルを動かすことができるのだ。

　⑤21歳の時から患っている病気、筋萎縮性側索硬化症のため、彼はこうして苦心しながら、1分間に数単語という速度で文章を紡ぎだす。⑥(φ)筋肉コントロールの悪化により、そのスピードすら少しずつ落ちているかもしれない。⑦『宇宙の量子論的天地創造』と題目されたホーキングのテネリフェ講演は、1,500席収容のオーディトリウムが満席だったという(博士は14年8月に「昨年肺炎を患って、冷水を

かぶるのはあまり賢明ではないと思ったので」、自分の代わりとして子どもたちにALSアイスバケツチャレンジに参加してもらった)。

(2) On the afternoon of September 23, 2014, a few minutes before his lecture at the Magma auditorium in Los Pueblos in Tenerife, Stephen William Hawking was rewriting parts of his speech.

Hawking, who is unusual in being both a theoretical physicist working on some of the most fundamental problems in physics (his most recent paper, in January 2014, was titled "Information preservation and weather forecasting for black holes") and being very famous, is a slow writer.

He operates his computer by moving his right cheek muscle. The movements are detected by an infrared sensor attached to his spectacles allowing him to move a cursor on a computer screen attached to his wheelchair.

He painstakingly builds sentences at a rate of a few words per minute, a speed that might be slowly decreasing as his muscle control deteriorates. His condition is a consequence of amyotrophic lateral sclerosis, an illness from which he has suffered since the age of 21 (he took part in the ALS Ice Bucket Challenge in August by volunteering his children: "Because I had pneumonia last year it would not be wise for me to have a bucket of cold water poured over me"). His Tenerife lecture was titled "The Quantum Creation of the Universe."The 1,500-capacity auditorium was packed.

(http://wired.jp/2015/07/25/stephen-hawking-interview/)

最初に導入された三人称のスティーヴン・ウィリアム・ホーキング博士とStephen William Hawkingがその後再び言及された場合、それと対応する照応形は表1にまとめられる。

表1　日英三人称の照応形

日本語		英語	
スティーヴン・ウィリアム・ホーキング博士		Stephen William Hawking	
照応形	回数	照応形	回数
ホーキング	3	Hawking	1
その人	1	he	4
彼	1	his	11
博士	1	him	1
自分	1	—	—
φ	7	—	—

この表から、日本語の場合、三人称の照応形として普通名詞を用いる頻度が高く、指示名詞句、三人称代名詞、再帰代名詞とゼロも使われている。それに対して、英語では比較的に三人称代名詞が多用されている。ここで注意すべきなのは「his」の使用である。英語の「his」の出現した場合の日本語訳にはゼロになるか、あるいは「普

通名詞＋の」で表しているっているが、11箇所の中に7箇所がゼロになっている。ゼロになる主な原因は英語の場合、統語的に「his」が必要であり、日本語には統語上その必要がないためである。こういう意味で、文①、③と④における日本語の(φ)のところはゼロ照応とは言えないのである。したがって、本研究ではテキストの結束性に貢献する文⑥の(φ)をゼロ照応と見なす。

また、人称詞のゼロ照応に関連するものは庵(2015)では次のような記述が述べられている。

(3)(日本語)太郎は留学したいと言っていた。φ(ガ)今ドイツの大学で勉強しているそうだ。

(英語)Taro often said that he wanted to study abroad. He seems to be studying in Germany.

例(3)の日本語の例では前件と後件が結束性のあるテキストを構成できるのは後件のゼロ代名詞が前件の「太郎」と照応するためであると解釈されている。そして、日本語と英語の例文からみる違いは、英語では有形の代名詞が使われるのに対し、日本語では音声的に無形の代名詞が使われるという点にあるにすぎないと述べられている。日本語の場合は場合によってはむしろ照応形の非出現、つまりゼロ照応になるのは無標であるとも言える。

前述の内容からわかったのは結束性の観点からみる日本語の三人称による照応現象の特徴は照応形のバリエーションが富むこととゼロ照応が現れることである。そうすると、日本語のテキストでは、ある人物が導入された後、後続文脈で再び言及されたとき、その照応形が出現するかどうかがまず問題になる。要するに、どのような場合に出現せず、どのような場合に出現するのかということである。また、日本語のテキストではゼロ照応は無標だとすれば、有形の照応形の生起条件の解明はテキストの動的な産出の研究において重要な課題となる。しかし、今までこの問題点については言及したものが多くないうえに、量的な研究はまた見当たらないのである。したがって、本稿は人称詞による文脈照応を巡って、結束性の観点からその生起条件を内省的に考察した上で、量的に検証することにした。しかし、紙幅のため、今回は三人称普通名詞のみを分析対象にする。

2. 先行研究と問題点

日本語では今まで結束性の観点から人称詞に関する研究は少ないが、それと関連のある研究は多く触れられている。その先行研究は主に三人称代名詞の研究と主題の研究に分けられる。

2.1 三人称代名詞

日本語の中に照応という観点から三人称を取り上げたのは中畠(1985)である。中畠は、日中対照の立場から、太宰治の『斜陽』の中国語訳を参照先として、三人称代名詞"ta(他/她)"を使って表された内容が、日本語ではどのような手段を用いて表

されるかを分析した。結論として中国語のテキストでは三人称代名詞が多用されているが、それに対して、日本語では三人称代名詞の「彼」、「彼女」より、ゼロ照応、「コソア」や普通名詞が好まれていると述べられている。

2.2 主題の連鎖

日本語におけるテキストの研究の中で、主題に関する研究が人称詞の文脈照応に関わっている。それらの研究では明らかに人称詞という言葉を使わなかったが、その例文から見ると、ほとんどある人物が主題として導入され、その後続文脈ではその主題が省略されたか、顕現するのかに関する議論である。その関連研究は主に三上(1960)、砂川(1990)と清水(1995)が挙げられる。

三上ではピリオド越えという現象を論じた。ピリオドとは「Xは」で導入された主題が一文を越えてその影響を及ぼし続けることを言う(庵 2003：120)。その場合、二文目以降が略題(無題化)となる。つまり、「ハ」の勢力範囲内では導入された人物の照応形がゼロになっている。

砂川では同一の指示対象を持つ主題が実際に継続していても省略されない現象を主題の非省略と呼び、主題の維持機能と主題の再設定機能を小説の例で検討した。主題の維持機能の場合として、「他の登場人物の介在」、「脈絡の不整合」、「時空間的なギャップ」、「語り様式の変化」と「書き手の視点の変化」などが挙げられた。

清水は評論文や新聞記事のデータを利用し、文連鎖における主題の省略と顕現を益岡(1987)の言う「叙述の類型」理論を援用して、属性叙述文→事象叙述文、事象叙述文→事象叙述文、属性叙述文→属性叙述文、の三つの場合は主題が省略されても顕現してもいいが、事象叙述文→属性叙述文では主題は省略できないと言っている。

2.3 問題点

中畠の研究が三人称の照応形の使用された場面の説明に留まっており、各照応形の生起条件や構文の中での働きなどについては論じられていない。

また、主題連鎖の研究では、三人称の照応形がゼロになるか、ゼロにならないかについての説明は挙げられた例からみると有効であるが、問題点も存在している。三上のピリオド越え現象についての説明は「テキストの内部のつながり(結束性)を考察する際に重要な視点を提供する」(庵 2003：121)が、ピリオド越えの原理については触れなかった。それに引き継ぎ、砂川と清水は異なる観点から主題の省略と非省略の原理を明示的に説明しようとした。しかし、そこにも問題がある。清水の原理で属性叙述文→属性叙述文の場合には主題は省略されても顕現してもいいと述べられているが、次の例(4)のように、

(4)①1998年12月2日、石阪公歴は、パシフィック・メール汽船会社のニューヨーク号に乗船し、横浜港を出発した。②公歴は当時19歳、同年齢の北村透谷にとって、妻ミナの弟に当たる親しい間柄であった。③公歴には、論語と辞書、二百ドル以

外に所持品はなかった。

(北村透谷と石坂公歴　文学 2014. 11-12 月号)

文②と文③とも主題が同じ、それに両方とも属性叙述文にもかかわらず、③は主題が省略しにくいのである。したがって、叙述の類型のみ人称詞の顕現を規定するのは十分ではないと考えられる。また、砂川の研究は本研究に多くの示唆を与えたが、「語り様式」や「書き手の視点」など多くの角度からの解説であるため、一貫性が欠けているように思われる。また、清水と砂川の研究は質的な研究もしくは個別研究で、量的な検証は不十分である。

したがって、本稿では主にテキストの結束性で大きな役割を果たす人称詞による文脈照応を対象にし、その照応形としての三人称普通名詞の使用実態とその生起条件及びテキストにおける働きなどを検討する。本章では人称詞を中心に考察するため、便宜上まず人称詞が大量に現れると予想できる人物の伝記、あるいは人物の生い立ちの紹介などのテキストを観察し、その生起条件と原理を整理した上で、その原理の適切さを小説などで検証する。

3. 照応形としての三人称普通名詞の生起条件

本節ではまず三人称普通名詞という照応形が生起するときの特徴を述べ、そしてどんな場合において出現するかという生起の条件を資料の観察を通して分類してみる。

3.1 主題と照応形

まずは前掲の例(1)の人称詞に付与された助詞の使用を観察してみよう。

(1)①…スティーヴン・ウィリアム・ホーキング博士は…。②その人は、…。③ホーキングは…。…⑤…彼は…。⑦…ホーキングの…(博士は)。　　(例(1)再掲)

例(1)では最初導入された人称詞の有形の照応形の中に後ろに「は」でかかるものが四つもあるということが見られる。また、次の例(5)と例(6)も見てみよう。

(5)①野坂昭如さんが脳梗塞の発症したのは2003 年 5 月 26 日。②朝帰りした野坂さんは、よろけて壁にぶつかり、歩けなかった。③様子がおかしいと見た陽子夫人は自ら運転して東京女子医大病院へ急ぐ。④医師の顔を見たとたん、野坂さんはすーっと意識を失っていったという。

⑤翌日、(φ)集中治療室で意識を取り戻したが、後遺症として右半身マヒと発声に問題が残った。⑥(φ)左目にも若干マヒが見られ、まぶたがかぶさるように閉じ気味になる。

(プレイボーイ野坂昭如の復活　オール讀物 2014. 12)

(6)①1998 年 12 月 2 日、石阪公歴は、パシフィック・メール汽船会社のニューヨーク号に乗船し、横浜港を出発した。②公歴は当時 19 歳、同年齢の北村透谷にとって、妻ミナの弟に当たる親しい間柄であった。③公歴には、論語と辞書、二百ドル以外に所持品はなかった。

④19日間の船旅を終え、洋服を着てサンフランシスコに上陸した公歴は、オークランドに移動して日本人美以美（メソジスト）教会に寄寓する。⑤公歴は元々、「家計ノ改復セザルベカラザルヲ感ジ」、「商業実地研究ノ目的」を持って渡米していた。⑥(φ)アメリカで生活を始めた直後も、「商業ニ依リテ富ヲ謀リ家政復興シテ両親ヲ安易」させるために「商業学校」を卒業し、サンフランシスコで二年間「実地ヲ研究」してから「米州有名ノ都府ヨリ欧州有名ノ都府ヲ跋渉シ貿易上外交上政治上ノ情勢ヲ修業シ熟練セン」という抱負まで持っていた。

⑦しかしその一方で、公歴は「当州ハ基督教国ノ内ノ一州ナレドモ新開地ナレバ種々ナレ人類来集セリ故ニ教国ノ名ノミ其実ナシ只金是権ノ有様ニ御座候」と感じていた。

（北村透谷と石坂公歴　文学 2014.11-12月号）

例(5)と例(6)で示したように、最初に導入された三人称の照応形は全て普通名詞で、例(1)を加えて、日本語の三人称の照応形にはもっとも多くのは普通名詞だと言える。そして、例(5)では照応形は全て主題であり、例(6)でも五つの照応形も主題の「は」がかかっている。助詞「は」の機能は主題の提示であるため、人称詞の照応形の多くは主題の位置にあると言える。また、2編の短編小説で検証する場合、表2のように、小説の登場人物の後ろに「は」が付与されるのは半分ぐらい示している。このことから主題が照応形の出現に緊密に関わっているとも言える。したがって、次節ではまず主題に位置している人称詞という照応形に絞り、その出現の条件を分析していく。

表2　短編小説の人称詞に付与された「は」

秋		全体数	「は」の付与	比率
主人公	信子	69	45	65.2%
	照子	38	17	44.7%
	俊吉	30	15	50.0%
患者		全体数	「は」の付与	比率
主人公	吉田	209	106	50.7%

3.2　生起条件1:構文的制約

主題について考察する前に、まずは構文上の必要となる条件を説明する。どの言語も同じであるが、構文的には必須なものもあれば、必須でないものもある。照応形の生起にも必須なものとそうでないものがある。例えば、例(1)②と例(5)の②③及び例(6)の④のような連体修飾の構文では、照応形の生起が束縛されて必須になるのに対し、例(6)の②と⑤のように構文的に必ず必須とは限らず、省略されてゼロになるのも可能である。便宜上、本研究では、構文上必須なものを構文的制約、必須ではないものを非構文的制約と言う。連体修飾という構文的制約は三人称照応形の生起の必要条件である。これから照応形の生起条件を考察する場合、主に非構文

的制約の照応形を対象とする。

3.3　生起条件 2：主題の転換

　まずは主題転換の場合の照応形の状況を見る。例えば、例(5)では文②の主題は「野坂さん」で、文③は「陽子夫人」であるが、文④に入ると、また「野坂さん」に転換した。文④はゼロにはなれないのである。ゼロになると、意志を失ったのは誰なのかは曖昧になってしまうためである。従って、主題が転換する場合、形を持っている照応形が生起するのは当たり前で、最も基本的な生起条件だと言える。言い換えれば、主題の転換は照応形の生起の必要条件の一つである。

3.4　主題が継続する場合

　前節で述べたように、主題が転換する場合は照応形が生起するのは当たり前である。そうすると、反対に言えば、主題が転換しない場合は照応形の生起の必要がないのか。これを考える前に、まず前出の例を見てみよう。例えば、例(5)の文④⑤⑥のように、主題が継続する場合、文⑤と⑥の照応形がゼロになっている。この現象は三上(1960)ではピリオド越えという。この時の主題の継続はピリオドだけではなく、段落も超えているため、主題の統括力の強さが見られる。また、前出の例(7)の記事全体からもピリオド越えの現象が見られる。

　(7)①喜劇俳優の花紀京(はなき・きょう、本名石田京三＝いしだ・きょうぞう)さんが5日午後7時44分、肺炎のため大阪市内の病院で死去、78歳だった。②(φ)大阪市出身。③葬儀は近親者のみで行う。
　④(φ)近代上方漫才の創始者、横山エンタツの次男として生まれた。⑤(φ)劇団「笑いの王国」などを経て1962年に吉本興業に入り、吉本新喜劇で活躍したほか、岡八朗さんと漫才コンビを組み、「エンタツ・アチャコの再来」として脚光を浴びた。⑥(φ)89年に新喜劇を退団した後も舞台で活動を続けた。
　⑦(φ)テレビでもコメディー番組「てなもんや三度笠」やNHKの連続テレビ小説「やんちゃくれ」などに出演。⑧(φ)2001年にはダウンタウンなどと参加したユニット「Re:Japan(リ・ジャパン)」の「明日があるさ」でNHK紅白歌合戦に初出場した。
　⑨(φ)02年8月に脳腫瘍の手術を受け、順調に回復したものの、03年5月に自宅で入浴中に倒れ、再び療養生活に入った。
　　　　　　(http://www.jiji.com/jc/zc?　k＝201508/20150806000623&g＝soc)
　例(7)は『喜劇俳優の花紀京さん死去』というタイトルで掲載された記事である。冒頭文①は記事全体からみると、トピックセンテンス(topic sentence)と言える。冒頭文によって花紀京を導入された後、後続の三段落八つの文のうち七つの文は主題である「花紀京」がゼロになっている。この記事は花紀京の死去とその寸描を語ったものである。そして、主に時間軸に沿って寸描を描いたため、また「花紀京」と競合になるものも現れず、全体的に統一性も備えているため、照応形がゼロになるのは自然である。語用論的な観点から見ると、冒頭文以降の主題がゼロになると、語

感的には記事全体が一つの文のようになり、一気に最後まで続いていくような感じがうかがわれるため、非常に結束性の強い、スピードにとんだテキストであった。

そうすると、主題が継続する場合、照応形が全てゼロになるのかというと、実のデータからみるとそうではないのである。次節から、どんな場合で三人称の照応形がゼロになりにくいのか、言い換えれば、どんな条件が満たされれば、照応形が現れるのかという照応形の生起条件を考察する。

3.4.1　生起条件3：テキストの内容が急に飛ぶ場合

一貫性のあるテキストの各単位の間には内的なつながりが存在している。文と文の間にはいつもある程度の連続性が見られる。しかし、この連続性の度合いは文との文のつながりによって違っている。この連続性の度合いの差は三人称の照応形の生起に影響を与えている。まずは例(8)を見てみよう。例(8)の文の①②③の主題は同じく三人称の石坂公歴である。ここでは、同じ主題なのに、どうしてゼロではなく、有形の照応形が導入されたのかは興味深い。その主な理由はテキストの前後の文脈の連続性に支障が現れ、つまりギャップが生じて、内容が急に飛んだためである。

(8)①1998年12月2日、石阪公歴は、パシフィック・メール汽船会社のニューヨーク号に乗船し、横浜港を出発した。②公歴は当時19歳、同年齢の北村透谷にとって、妻ミナの弟に当たる親しい間柄であった。③公歴には、論語と辞書、二百ドル以外に所持品はなかった。　　　　　　　　　　　　　　　　　(例(4)一部再掲)

内容としては、まず文①は「石坂公歴は汽船に乗って出発した」という「石坂公歴」の行為が述べられ、次の文②は文①の行為から飛び、その行為が行われるときの公歴の属性(年齢や北村との関係)の描写に転換された。従って、ここで前後の内容の転換が急なため、三人称普通名詞名詞で再び提示したのである。その提示で読み手に「次の内容は時間に沿って、行為の続きを述べるのではなく、別の内容に入る」という前置きの働きも果たしている。ゼロになったら、意味的には理解できるが、非常に唐突な感じを与え、座りの悪い文になる。また、文③も同じである。公歴の属性から、今度は船にいる公歴の描写に転換した。内容のギャップが生まれたため、「公歴には」で主題を提示した。もし例(8)では文②の介在がなければ、文③の「公歴には」はゼロになっても文の流暢さに影響を与えないだろう。従って、テキストの内容の急な展開により、ギャップが生じた場合、主題が継続していても、三人称の照応形の生起が必要となっている。

3.4.2　生起条件4：時空間的なギャップが生じた場合

前節で述べたように、テキストの文と文の間にギャップが生じる場合、主題が継続していても、三人称が生起する必要があるということがわかった。これは主題が継続する場合の三人称照応形の生起の最も基本的な条件で、生起条件の上位的な存在だと言える。本節と次節では、内容のギャップの条件の下位条件として三人称の照応形が生起しやすい条件を挙げてみる。次の例(9)と例(10)を見てみよう。

(9)①十九日間の船旅を終え、洋服を着てサンフランシスコに上陸した公歴は、オ

ークランドに移動して日本人美以美(メソジスト)教会に寄寓する。②公歴は元々、「家計ノ改復セザルベカラザルヲ感ジ」「商業実地研究ノ目的」を持って渡米していた。　　　　　　　　　　　　　　　（北村透谷と石坂公歴　文学 2014.11-12 月号）

(10)①(φ)慶応では、岩下壮一門下で中世哲学専攻の松本正夫が会長を務めるカトリック学生の勉強会「栄唱会」に参加したことが大きなできごとである。②ここで、彼女(須賀敦子)[1]はフランスの新神学に触れた。③須賀は晩年にいたるまで、毎年春分の日に行われる松本正夫を囲む会に参加していた。④また須賀はここで野崎苑子と知り合う。　　　　　　　　　　　　　　（『須賀敦子と9人のレリギオ』）

　上の二例とも主題が継続しているにもかかわらず、照応形が現れた例である。例(9)で文①は公歴が上陸した後の行為を、文②は渡米の目的を紹介している。文②は時間的に文①の行為より前のことであり、その印として「元々」という表現である。また、例(10)で文②は慶応の「栄唱会」で新神学に触れたこと、文③は生涯松本正夫を囲む会に参加すること、文④はまた「栄唱会」に戻って、野崎と出会ったことを述べている。時空間的には、文②と文④の連続性が強く、文③はより異質で、別の時空間のできごとである。こういう場合、照応形の生起が必要となっている。

3.4.3　生起条件5:関係節が挿入される場合

　時空間的なギャップが生じたとき、照応形が生起しやすい。またそのギャップは主に時空間的な表現が伴っていることが前節でわかった。ほかには、関係節が用いられた場合でも主題が継続しているにもかかわらず照応形が生起する現象が観察された。

(11)①彼女(須賀敦子)は図書館にこもって、カテドラルのファサードの写真を鉛筆で何日もかけて模写したという。②一方で須賀は一九四六(昭和二十一年)に結成されたカトリック学生連盟に加わり、破防法反対活動にも参加した。
　　　　　　　　　　　　　　　　　　　　　　　（『須賀敦子と9人のレリギオ』）

(12)①須賀は、エディット・シュタインを研究するドイツ人の同居人と議論し、教会から禁止された労働司祭が立てるミサに参加したりした。②そして(φ)しばしば重いこころを抱えてノートル・ダムに一人で出かけ慰められるものを感じた。③しかし、須賀はどうしてもパリに馴染め切れないものを感じていた。
　　　　　　　　　　　　　　　　　　　　　　　（『須賀敦子と9人のレリギオ』）

　例(11)で文①は須賀氏が図書館で写真を模写したこと、文②は学生連盟の活動に参加したことを描写しているが、①と②の間に「一方で」という関係節で繋がっている。関係節の挿入によって、「須賀」という普通名詞の照応形が再び提示された。しかし、例(12)からも分かるように関係節が挿入されては照応形が生起するというわけではない。例(12)で、①と②では「そして」でつながり、②と③の間には「しかし」で繋がっている。しかし、文②では主題としての照応形が出現していないが、文③では現れている。「そして」と「しかし」はテキストの結束性を表すのに重要な役割を担い、一見にして同じ性質のもののように見えるが、実はテキストの連続性から見れば大きな違いが見られる。テキストの内容から見ると、例(12)の文①はミサに

参加したりしたこと、文②はノートル・ダムに行って自己癒着することを描写し、文③の「パリに馴染め切れない」という結論に至った。①と②の間の「そして」はこの二つの文が表している内容が連続しているとのことを予知しているのであるのに対して、②と③の間の「しかし」は明確的にその内容の連続を遮断して、境目を設置する働きを果している。テキストを観察したところ、「そして」のほかに「その後」で介入される文の場合もゼロになるのは多いのである。反対に、「また(例(7)の文④)」「同時に」「それでいながら」「それにしても」などはっきり先行文脈と境目を置く関係節が挿入されたら、三人称の照応形が生起しやすい。

3.4.5　生起条件6：競合がある場合

競合というのは先行詞になりうる候補の数のことである。先行文脈には三人称が複数現れ、後続文脈は先行文脈と同じ主題であっても、文の理解に支障が出るおそれがある場合なんらかの形で照応形が現れる。例えば：

(13)①<u>須賀敦子</u>は一九二九年兵庫県武庫郡に実業家の長女として生まれた。②先代から事業を引き継いだ<u>父親</u>は、一九三五年、彼女が小学校の時に一年間かけてヨーロッパとアメリカを旅行した人である。③ベルリンオリンピックも<u>彼</u>は観戦している。
　　　　　　　　　　　　　　　　　　　　　　　『須賀敦子と9人のレリギオ』

例(13)の文②と文③の主題が同じであるが、文①にほかの三人称が現れ、この場合ゼロにしたら、主題がどちらであるかは曖昧になるため、有形の照応形で表したのである。

以上は主題の位置にある人称詞の生起条件について考察してきたが、それらの関係は次の樹形図1のようである。

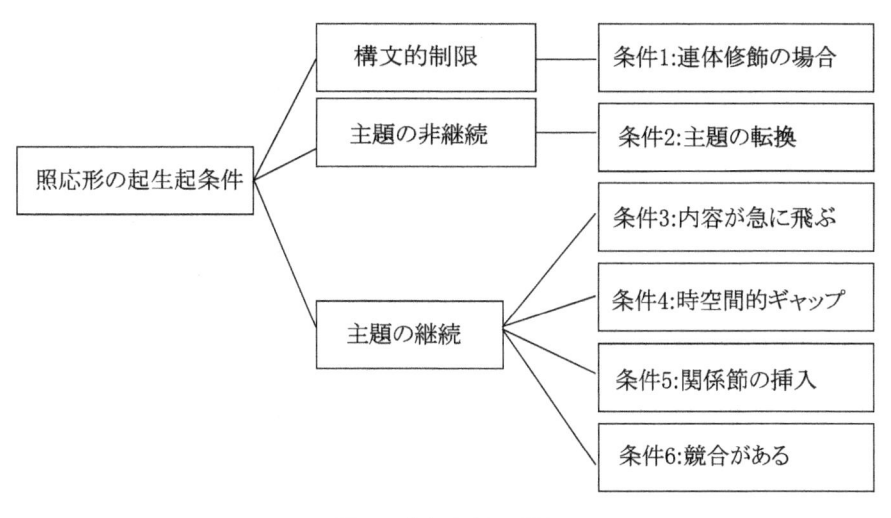

```
                        ┌─ 構文的制限 ──── 条件1:連体修飾の場合
                        │
                        ├─ 主題の非継続 ── 条件2:主題の転換
                        │
照応形の起生起条件 ──────┤                  ┌─ 条件3:内容が急に飛ぶ
                        │                  │
                        │                  ├─ 条件4:時空間的ギャップ
                        └─ 主題の継続 ─────┤
                                           ├─ 条件5:関係節の挿入
                                           │
                                           └─ 条件6:競合がある
```

図1　生起条件の関係

4. 生起条件の検証

前節では人物伝記などの実例の観察から人称詞の生起条件を記述してみたが、条件1と2は紛れもない真実であるが、条件3-6までは一定の確率性が見られる。本節では、量的に主題が継続する場合、条件3-6がどのぐらい合っているかを検証する。取り上げた2編の短編小説は『秋』と『のんきな患者』である。『秋』の登場人物が多く、主題の転換が頻繁に起こるため、主題の継続自体が少ない。したがって、本節では『患者』を利用して、主題が継続しているのに照応形としての人称詞が現れた例を検証することにする。

『患者』では、主題が継続していても人称詞が出現した例は全部32例が現れたが、その中、次の例(14)のようなゼロにしてもごく自然な文連続である例を除き、27例となった。

(14)あとでそれを家の者が笑って話したとき、吉田は家の者にもやはりそんな気があるのじゃないかと思って、もうちょっとその魚を大きくしてやる必要があると言って悪まれ口を叩いたのだが、吉田はそんなものを飲みながらだんだん死期に近づいてゆく娘のことを想像すると堪らないような憂鬱な気持になるのだった。

しかし、この27例もゼロにしても復元が不可能ではないため、ゼロになるのは全く不可能というわけではない。ただ、このテキストでは、ゼロにされず再び主題として提示される方が、より自然な文になる。主題継続の分類により、この27例の内訳は表3のようであるが、しかし、統計する場合、はっきり境界線を引いて分けるわけではない。それは主題が継続するとき、多くの要素が絡んでいるためである。内容的ギャップはもともと関係節の挿入と時空間的ギャップの上位的な存在であるため、関係節や時空間を表す言葉が現れない例だけを統計した。そして、関係節と時空間を表す言葉が同時に表すとき、関係節の例としてまとめた。

表3 主題継続時の人称詞

類型	出現数
内容的ギャップ	12
関係節の挿入	9
時空間のギャップ	5
競合がある	1
合計	27

まずは、内容的ギャップについてその12例の前件と後件の文の性質を見てみる。この12例の中に11例が例(15)のような心理的描写から事象の描写(客観的な出来事・具体的な動作)、あるいは例(16)のような事象の描写から心理的描写へ転換するときの主題顕現である。

(15)①吉田はこれまで一度もそんな経験をしたことがなかったので、そんなときは第一にその不安の原因に思い悩むのだった。②いったいひどく心臓でも弱って

来たんだろうか、それともこんな病気にはあり勝ちな、不安ほどにはないなにかの現象なんだろうか、それとも自分の過敏になった神経がなにかの苦痛をそういうふうに感じさせるんだろうか。③吉田はほとんど動きもできない姿勢で身体を鯱硬張らせたままかろうじて胸へ呼吸を送っていた。

(16)①「うちの網はいつでも空いてますよって、お家の病人さんにもちっと取って来て飲ましてあげはったらどうです」というような話になって来たので吉田は一時に狼狽してしまった。②吉田は何よりも自分の病気がそんなにも大っぴらに話されるほど人々に知られているのかと思うと今更のように驚かないではいられないのだった。

例(15)で三つの文連続である。文②は文①の具体的な思い悩む内容であり、二文とも心理的描写である。しかし、文③に入ると、視点が変わって吉田の呼吸の姿勢を描くことに変わった。このような急な転換のとき、主題の顕現が必要となっている。また例(16)の文①は吉田が網でメダカを取って病人(自分)に食べさせるという話を聞いて狼狽したことを客観的に描写して、文②は吉田自身の心理的描写である。この場合も主題が再び提示された。

残り1例は例(17)である。前件と後件は同じく心理的描写であるが、他人のことから自分のことへの視覚転換があるため、主題が顕現したのである。

(17)①吉田はそんなことをみな思い出しながら、その娘の死んでいった淋しい気持などを思い遣っているうちに、不知不識の間にすっかり自分の気持が便りない変な気持になってしまっているのを感じた。②吉田は自分が明るい病室のなかにいい、そこには自分の母親もいながら、何故か自分だけが深いところへ落ち込んでしまって、そこへは出て行かれないような気持になってしまった。

次は関係節の挿入の例であるが、全部で9例が出てきた。その関係節はそれぞれ「しかし」4例、「また」3例、「だから」1例とそして1例である。

(18)そして吉田は自分の頬がそのために少しずつ火照ったようになって来ているということさえ知っていた。しかし吉田は決してほかを向いて寐ようという気はしなかった。

(19)吉田は一も二もなくその欲望を否定せざるを得なかった。だから吉田は決してその欲望をあらわには意識しようとは思わない。

例(18)は「しかし」の例で、(19)は「だから」の例である。この使用傾向は3.4.5で述べた内容とほぼ一致しているが、しかし、ここで挙げられた関係節の挿入と主題の出現は必ず100%の関係ではない。中には一つの反例も現れている。

(20)吉田はまた猫のことには「こんなことがあるかもしれないと思ってあんなにも神経質にのってあるのに」と思って様分が神経質になることによって払った苦痛の犠牲が手応えもなくすっぽかされてしまったことに憤懣を感じないではいられなかった。しかし(φ)今自分は癇癪を立てることによって少しの得もすることはないと思うと、そのわけのわからない猫をあまり身動きもできない状態で立ち去らせることのいかにまた根気のいる仕事であるかを思わざるを得なかった。

例(20)では、「しかし」が使われているのに、主題がゼロになっている。その原因は二つがあると考えられる。まずは時間を表す表現「今」の出現、次は「自分」の出現である。「今」を使うと、時間的には前件との間にギャップがないことを証明する。また、「自分」があるのに、すぐ直前に「吉田は」を使うと、重複になり、経済的ではないことになっている。

　また、「そして」の場合も反例が現れた。「そして」で繋がる後件は主題がゼロになるのは無標であるが、出現する場合もある。

　(21)煙草を喫うも喫わないも、その道具の手の届くところへ行きつくだけでも、自分の今のこの春の夜のような気持は一時に吹き消されてしまわなければならないということは吉田も知っていた。そしてもしそれを一服喫ったとする場合、この何日間か知らなかったどんな恐ろしい咳の苦しみが襲って来るかということも吉田はたいがい察していた。

　例(21)では、二文とも吉田の認識に関する描写であるが、「そして」で文を繋げても後件には主題が顕現した。それは後件の目的語が長い上に、主題が後置されたためではないかと思われる。すなわち、この場合は主題の出現に内容的な影響より形式的な影響が強い。こういう意味で、日本語の主題の出現もある程度距離と関わっていると言える。

　また、時空間的ギャップの場合は、合わせて5例があり、時空間のギャップを表す表現は「しばらくして」「ある日」「二年ほど前」などである。

　最後は、競合がある場合の例は1例しか現れなかった。

　(22)吉田はその店にそんな娘が坐っていたことはいくら言われても思い出せなかったが、その家のお婆さんというのはいつも近所へ出歩いているのでよく見て知っていた。吉田はそのお婆さんからはいつも少し人人の好過ぎるやや腹立たしい印象をうけていたのである。

　例(22)では吉田と競合になる人物が二人現れたため、この場合、主題が継続してもテキスト解読者の理解に負担をかけないように出現したのである。

　上の検証から、日本語のテキストでは本研究で挙げた生起条件は大体当てはまるとのことがわかった。しかし、一点補足する必要がある。それは後件の文が長い場合、テキスト解読者を導くために主題が出現する傾向が高いことである。

5. 結　び

　本稿では、日本語における照応形としての三人称普通名詞を対象として、その使用実態と生起条件について考察を行った。その生起条件は、1)構文的制約（連体修飾）がある場合、2)主題が非継続する場合、3)主題が継続する時の①前後文脈の内容にギャップが生じる場合、②時空間的なギャップが生じる場合、③関係節が挿入される場合、④競合がある場合などが挙げられる。また、その生起条件を検証したところ、日本語のテキストでは本研究で挙げた生起条件は大体当てはまるとのことがわかった。

上述の考察を通して、日本語のテキストにおける照応形としての三人称普通名詞の生起条件を明らかにしたが、しかし、照応形の生起は実に複雑で、テキストの多くの要素が絡んでいる。ある一つの照応形の選択は多くの要素が関与し、時には書き手の個人的なスタイルや言葉使いの習慣など主観的な要素も入っているのである。したがって、今後はより多くの実例で検証する。また、本稿では紙幅のため、同じ三人称の照応形であるが、一定の標識を持つ「彼」類、「その人」類と「自分」という三種類の人称詞を考察対象に入れなかった。これも今後の課題にする。

注
[1]括弧は理解しやすいように筆者が添えたもの。以下同。

例文出典
雑誌：オール讀物 2014.12
文学 2014年11、12月号
ウェブサイト：(本文で掲載されているため、ここで省略)
著作：『須賀敦子と9人のレリギオ』神谷光信(2007)日外アソシエーツ
『秋』芥川龍之介(1968)青空文庫
『のんきな患者』梶井基次郎(1972)青空文庫

参考文献
Halliday & Hasan. 1976. *Cohension in English*. Longman
庵功雄. 2003.「『象は鼻が長い』入門」. くろしお出版
庵功雄. 2015. 日本語教育から見た『基本文型の研究』『文の姿勢の研究』. パネル予稿集
井上和子. 1976.「変形文法と日本語・下」. 大修館書店
甲斐ますみ. 2000.「談話における1・2人称主語の言語化・非言語化」.『言語研究117』
金水敏. 1989.「代名詞と人称」『講座　日本語と日本語教育　第四巻　日本語の文法文体(上)』.
　　　明治書院
佐野香織. 1997.「「自分」の発話意図」.『神田外語大学大学院言語科学研究3』
砂川有里子. 1990.「主題の省略と非省略」.『文芸言語研究 言語篇』
砂川有里子. 2003.「話法における主観表現」.『朝倉日本語講座文法1』北原保雄編. 朝倉書店
田窪行則・木村英樹. 1990.「中国語、日本語、英語、フランス語における三人称代名詞の対照研
　　　究」.『日本語と中国語の対照研究論文集(合本)』大河内康憲編. くろしお出版
田中望. 1983.「談話の研究」.『言語生活』9月号
中畠孝幸. 1985.「日本語における三人称の照応表現――中国語との対照」.『月刊言語』
三上章. 1960.「象は鼻が長い――日本文法入門」. くろしお出版
若森幸子. 2005.「名詞句の照応と代詞」『お茶の水女子大学中国文学会報 Vol.20』. pp353-341
王灿龙. 2000. "人称代词"他"的照应功能研究".《中国语文第3期》

非協調性からみた日本語の命令表現
―従来でいう「反語命令」への記述的な試み―

北京外国語大学　揣迪之

摘要:过往的交际研究大多是在"合作性"的前提下开展的,而日本文化和日语更是常常被贴上"注重礼仪""粗暴的表达方式不发达""集体意识强"的标签。而实际上使用日语的交际中也存在许多非合作性的话语,但在过往的合作性主导的交际研究中这些话语常常被视为脱离合作性话语之外的衍生物而没有得到足够的重视。本文论述了导入"非合作性"这一视角以及对语言中非合作性话语进行描述分析的价值和必要性,并尝试从此视角对日语中过往被称为"反语命令"的表达方式进行描述性考察,作为日语非合作性话语描述研究的一部分。此外,本文考察了此类表达方式与非合作性的关系,论述了"反语命令"这一名称缺乏足够合理性,并提出放弃"反语命令"这一名称,把话语的意思和使用条件等性质与其语言形式结合进行思考的主张。

キーワード:非協調性　協調性　命令　記述　コミュニケーション

1. はじめに

1.1　問題意識

　日本文化において人と人との付き合いは、「礼儀正しい」、「気配りができる」、「集団意識が強い」、「協調性が高い」などと評価されることがよくある。なお、日本語は悪いことばが発達していないという意見もよく耳にする。この二点から、「コミュニケーションにおいて協調的にふるまう」、「非協調的な気持ちはあってもことばとして表面に現れない」ということがどうやら日本語コミュニケーションの特徴のようである。ほかの言語や文化に比較してその傾向があるというのは合理的な見解かもしれないが、日々実際に発生している日本語コミュニケーションを観察すれば、非協調的な発話も多く存在することが分かる。ただ、日本語、日本文化がこの点において特殊であることはない。不愉快な事態に遭ったり、納得の行かない境遇に陥ったりすると、人間は不満などのマイナスな感情が生じ、その影響を受けて行為が自然に非協調的になる。その場合、発話も行為の一環として影響を受けて非協調的な方向へ傾く。このように、どの言語と文化にも非協調的な発話が存在すると主張し、日本語もその例外ではないことを本稿の前提とする。

1.2 非協調性を調べる必要性と価値

　実際の日本語コミュニケーションに存在する非協調的な発話に少し観察を加えると、その中に文字通りの意味を超越し、各部分から汲み取ることのできない非協調性を表現するもので、しかも形が定着している表現が数多く存在することが分かる。形が定着しているため、そのパターンの特徴や規則を体系的な記述が可能である上に、このような発話を明らかにする有効な手段でもあると考えられる。しかし、直接にそれに注目した調査が行われておらず全体的に不明であるのが現状であるため、記述することから調べる必要がある。人に悪印象を与えかねない非協調的な発話を知ることにより、コミュニケーションの仕組みに関して全体像をより明白にさせることができる。さらに、非協調的な発話の使用は必ずしも悪印象を与えるだけではなく、実際に仲間意識を確認しあい、向上させるなどのようなプラスな効果をもたらすユーモアの発話などには故意に非協調的な発話を使用することが多く見られる。

　一方、今までの言語やコミュニケーションの研究では、協調性に基づき、協調性を前提として展開するものがほとんどであるため、非協調的な発話は言及はするものの、光から生じる影のような周辺的、派生的なものとして位置づけられ、直接に非協調性に注目する研究は見当たらない。その結果、大量に存在する非協調的な発話は大部分が見落とされ、コミュニケーションへの認識も必然的に不完全なものになる。そこで「非協調性」という視点を導入することでそれらの表現を体系的に記述することが可能になり、コミュニケーションの研究に新たな光を当てることが期待できるのである。

　それから日常のコミュニケーション、特に外国語を使用した異文化コミュニケーションにおいては、正しく相手の発話を理解することと必要であれば自分の対抗する姿勢を過不足なく正確に表現するのが重要であることは言うまでもない。だが、日本語の学習者が教わるのはほとんど相手とのコミュニケーションを友好的に進めるような協調的な言語の使い方であり、実際のコミュニケーションの場面に対応しきれないところが多々ある。その結果、実際に不快な場面でいかに自分の不満や対抗する立場を表現するか分からないという時には大きな困惑が発生する。もちろんその表現の仕方は日本語を母語とする人々にはわかるのだが、学習者が不愉快な経験から少しずつ学ぶしかないのは現状である。また、仮に複数の言語に共通の現象が存在するのであればそれは人間の認知メカニズムと深く関わる要因が背後で働いていることが考えられる。このように、外国語の視点から非協調的な発話を観察することでどんな言語形式が非協調性を生むかという言語形式と非協調性との関係を探る手がかりがよりよく示唆できると思われる。

1.3 命令表現と非協調性

　前述したように、非協調的な発話を体系的に記述することから、特定の構造や音

声的な特徴を含めた言語の形態とコミュニケーションの非協調性を関連付けて検討するすることが可能になる。また、様々な発話により表現される非協調性の程度の調査、特定の発話を特定の場面と関連付けた使用方法の解明など、言語とコミュニケーションの研究に貢献する進展が期待できる。これらの課題に挑むための第一歩として非協調的な発話を体系的に記述することが必要である。このように非協調的な発話に注目することは、実際の問題にも言語とコミュニケーションの研究にも大きく貢献できると主張し、本稿は異文化コミュニケーションの視点を重んじ、筆者の母語である中国語の感覚から日本語の非協調的な発話を見て、命令表現の中に特徴的でよく非協調的な発話に使用される従来でいう「反語命令」の記述を試みることにする。

2. 先行研究

2.1　言語行為論に関する先行研究

　言語を行為として捉え、Austin(1962)は我々が遂行文を発することで何らかの行為を行っているとし、言語の使用を言語行為として論じ、後に言語行為論の発端となった。

　言語行為論の代表としてSearle(1975, 1979)は発語内行為を「断定」、「行為指示」、「行為拘束」、「感情表出」、「宣言」の五種類に分類し、自らの理論体系を築き言語行為を説明した。ただSearleの理論は実際の発話などを扱うときの応用が困難であることと、英語を基に構築された理論でほかの言語に適用しないことで批判を受けている。

2.2　コミュニケーションに関する先行研究

　コミュニケーションの研究でGrice(1975)は協調の原則とその下位にある「量の格率」、「質の格率」、「関連の格率」、「様式の格率」の4つの会話の格率を提案し、字義的でない発話の意味がどう理解されているかを説明している。この協調の原則が会話の参加者に遵守されるとの期待を前提に位置づけ、Griceの理論は会話の格率への違反、協調の原則への違反に対する認識で字義的でない発話が理解されると説明している。つまり「字義的な理解を試み、文脈と状況で字義的な理解が明らかにふさわしくないことを認識し、字義的でない意味の理解を探る」というプロセスで字義的でない発話が理解されるという。Griceの理論は意味の理解を体系的に説明する画期的な貢献を残し、後に協調性に基づくコミュニケーションの研究に大きな影響を与えている。

　後にGriceの会話の格率の一つである関連の格率を中心に据え、Sperber & Wilson(1986, 1995)が関連性理論を提唱した。関連性理論は「伝達の本質は推論である」と主張し、Griceは字義的でない発話がいかに理解されるかを説明するものだが、関連性理論は伝達全般を説明する理論であるなどとSperber & Wilson(1986,

1995)が論じている。関連性理論はコミュニケーションの研究に新たな示唆と大きな影響を与えたのだが、関連の確率を発展させた理論として協調性をコミュニケーションの前提とする立場から離れていない。

2.3 命令表現の先行研究

　森山ほか(2000)は命令形は聞き手(本稿でいう「相手」とほぼ同意と理解している)への直接的要求で待遇的には大変低く、ぶっきらぼうな言い方であると述べている。また表現の構造上、日本語は命令文にしろ要求の表現にしろ、命令表現の聞き手が言語化されない点で中国語と異なるという徐(2008)の指摘と、命令形の表現は希求の対象をことばにすれば成立するという徐(2009)の捉え方から、日本語の命令表現、特に動詞命令形がいかに単純な構造で話者の強烈な感情をストレートに表現するものか伺える。

　命令形の表現全般に関して仁田(1991)は運用論的な条件を以下のように[I]話し手側の条件、[II]聞き手側の条件、[III]実現される事態の側の条件を設けて説明している。

[I, a]　　話し手は相手たる聞き手に対して働きかけを行いうる立場・状況にある。
[I, b, 1]　話し手は、相手たる聞き手がある動きを実現することを、望んでいる。
[I, b, 2]　話し手にとって、相手が実現する事態は、都合のよい・望ましい・好ましいものである。
[II, a]　　話し手の働きかけを遂行する相手が聞き手として存在する。
[II, b]　　聞き手は、自分の意志でもって、その動きの実現化を計り、その動きを遂行・達成することができる。　　　　　　　　　　　　（仁田　1991:239-240)
[III]　　　命令されている事態は、未だ実現されていない事態である。

　この条件に基づき、本稿第3節で取り上げる「ウソつけ」、「ばか言え」のような命令表現に対して仁田(1991)は[I, b, 2]の条件に反することによって反語的な意味合いが出てくるとし、仁田(1991)は本稿の取り上げるものを「反語命令」と呼び、「ばか言え」などの表現に関して実際は「その事態が実現しないことを、相手に命じ、訴えている」と述べている。また、日本語の否定命令文を中心に考察した研究の尾崎(2007)も「ばか言え」を「反語命令」と称している。

　また、典型的な命令形表現と明らかに異なる表現で動詞の「て形」に「みろ」を付ける表現が第三節で取り上げられるが、それに関連する先行研究は以下のものが見られる。菊田(2012)は「Vてみろ」を(1a)非現実仮定型と(1b)警告・脅迫型に分けた上でその成立の過程が違うと指摘している。本稿の第三節で取り上げられる「…るもんなら…てみろ」の発話は菊田(2012)でいう(1b)に当たると思われるが、それに関して長野(1995)が少し言及しており、「話し手が、相手にその動作の実現の能力がない、と思っている」場合の発話としている。

2.4 先行研究から検討する本稿の立場と価値

「やればいいんだろやれば」「そうやってなさい」などのように、ことばの一個一個の意味は悪くないが、組み合わせると話者の態度が悪く非協調的になるような表現はたくさんある。本稿は語彙レベル以上のこのような構造から生じる非協調性に注目する立場を取る。

発話の理解に関する調査でGibbs(1984、1986)がアイロニー表現の理解にかかった時間が字義的な表現より長いことはないという結果を報告し、Searleの言語行為論とGriceの理論が共通する「字義的でない意味の理解は字義的な意味の理解を経てから得る」という主張が問われることになる。また、非協調的なアイロニーの意味の理解が常に協調的な文字通りの意味の理解から派生しているのではなく、人間がそれを直接に読み取って理解することもあることが分かる。よってGriceの協調の原則と関連性理論といった従来の協調性を前提にするコミュニケーションの理論に盲点があると考え、コミュニケーションの非協調性に直接に注目する視点を提唱したい。

また、言語行為論は英語に基づいて構築されたものであり、文化と言語の差異を考慮しない立場により、英語以外の発話を分析するための応用が困難である。それと対照的で文化や言語ごとの特徴と慣習を重視する立場を取る論調としてWierzbicka(2003)がある。文化を異にすると、発話行為の意味も大いに異なり、善し悪しの価値判断にも差異があったり正反対の場合もあるとWierzbicka(2003)が主張し、「感謝、謝罪、依頼、誘い」などと呼ばれる発話行為も各々の文化で意味するものがそれぞれ異なると論じている。本稿は実際に存在する発話に注目し、異文化と外国語の視点から眺める立場であるため、文化と言語の慣習的表現を尊重する立場を取る。

森山ほか(2000)と徐(2008、2009)の指摘から、命令形は待遇的に低いニュアンスを相手に表現するところから非協調性と繋がりをもつと考えられ、さらに話者の感情を強くストレートに表現することから、命令表現はコミュニケーションの非協調性と強い関連性をもつと思われる。さらに第3節が取り上げる命令表現はより非協調性が明白に表現されるものであり、「反語命令」とされてきたが、本稿はコミュニケーションでその意味などを「反語」でなくその表現自身のものと見ることを主張する。

3. コミュニケーションの中の非協調的な発話

3.1 命令表現一般と非協調性との関係

本稿で考える「命令表現」は動詞の命令形、「…てくれ」、「…なさい」、「するな」などの形式を含む。前節でも触れたように典型的な命令表現は相手の行為を要求するものであり、特に動詞の命令形を使用するのは多くの場合相手に失礼で良くない印

象を与えるため、命令表現性は非協調性との関連性が比較的に強いと思われる。さらに、多くの命令表現は「死ね」「くそくらえ」「黙れ」などのように〈相手の好ましくないこと〉を要求するか、「調子に乗るな」「ふざけるな」などのように〈相手のやっていることの反対のこと〉を要求することにより非協調性が生じる。また典型的な命令表現と異なり、非協調的な発話によく使用され、今までの研究で「反語命令」と呼ばれてきた表現があり、次節ではそれを取り上げ、記述と検討を試みる。

3.2 記述の試み

現代日本語書き言葉均衡コーパス(以下 BCCWJ)[1]と検索サイトを利用し、発話の形式パターンを手がかりになるべく使用場面が分かるように用例の収集を行った。BCCWJからの用例はその後ろに出処の作品名を明記し、検索サイトからの用例はURLを提示する[2]。発話ごとに「a. 形態、構造上の特徴」「b. 使用の場面」「c. 中国語の直訳と表現の同定」の三つのセッションで記述を試みる。

3.2.1 「ウソつけ」

(1)「おまえ、俺を逃がすつもりで…」「ち、ちがうよ。ボクの運動神経のなさ、かな」「ウソつけ！こうなることはわかってたんだろ！」『テイルズオブシンフォニア』

(2)ぼくが「知らない？」って聞いたら、すました顔で「すてました」なんていうんだぜ。「うそつけ！どこかかくしたんだろう。」『ぼくの・ミステリーなぼく』

(3)「そんなのいませんよ」「嘘つけ、そんなはずねえだろう、なあ」仲間に同意を求めながら、「さて」と腰を上げた。『札幌殺人事件』

(4)いきなり、懺悔するようなことしてません、という坂本君に、ヒガシ「うそつけー！あるだろう！」坂本「その言葉、そのまんまお返しします」

(http://www.fujitv.co.jp/b_hp/shonenty/story24.html)

(5)U「自分の持ちやすいように持ってるだけですよ？ずっとナイフとフォークで育ったから」N「うそつけーーー！おまえ……」

(http://himejoen.jugem.jp/?eid=1276)

(6)『買ったんです』先生がまた返した。ウソつけ。おまえんちにそんな金あるわけないだろっ」『君たちに明日はない』

(7)これ、なんの「心理テスト」なの？これ、アナタのキスをする時間だということで。ウソつけや！ちょと待って。小一時間キスしてたらさ、フヤけるでしょ！口が。『Yahoo！ブログ』

a. 形態、構造上の特徴

この発話は共通語の元の形態に戻せば「うそをつけ」になるが、(1)-(7)のように発話では「を」の縮約が多く見られ、(7)のように後ろに終助詞を付けて使用することも可能である。音声上の特徴としては、(4)(5)のように末尾の母音を延ばす発話が見られる。また、この表現は発話に現れる位置にも特徴があり、内容が後ろに続くことはあるが、何かの後ろに続くような発話はほとんど見当たらない。BCCWJにはこの表現の使用例が合計29件あり(「うそつけ」10件、「ウソつけ」8件、「嘘つ

け」11件)、例外なく全部発話の冒頭に使用されている。この表現はほとんどの場合、相手の発話を遮って発せられるか、相手の発話の直後に発せられる[3]ため、先行する発話との間にあまり間を置かないことが一般である。最後に、(1)(2)(4)(5)のようにこの表現に感嘆符がつくケースが数多く見られるが、通常話者が強い感情でこの発話をすると考えられる。

b. 使用の場面

文字通りの意味では〈嘘をつくこと〉を相手に要求する表現であるが、前後の文脈から見て考えれば、「今あなたがうそをついている」「あなたの嘘を私は見破っているから騙されない」「うそをつくな」の意味で使用されていることが分かる。相手の不誠実な発言に対し話者が不満で、相手の発言を非難するときに使用する表現である。

c. 中国語の直訳と表現の同定

中国語に直訳すると"你撒谎吧"になるであろうが、自然会話ではわかりづらい表現である。使用場面から中国語の表現を同定すると、"別撒谎了""別瞎说了"などの否定の命令表現もあるが、"你就扯吧""继续扯""接着吹"のような肯定の命令表現もあり、日本語の「ウソつけ」と非常に類似していると思われる。さらに言うと"净胡说""净瞎扯"のような相手の行為を提示するだけの表現も同じ場面で使用することが可能で、「ウソばっかり（言って）」に類似すると思われる。

3.2.2 「ばか言え」「ばかぬかせ」

(7)「来年は太一も小学校ですからね。健作もぼつぼつ考えてくれないと…」「学校か…」「お嫁さんですよ」「馬鹿いえ、太一はまだ六つだ」『女の気持』

(8)「あなた達、お友達でしたか」キャットは苦く笑って舌打ちした。「馬鹿言え、こいつは俺の死神さ。椅子の上でこんがり焦がして晩飯にしたいんだとよ」『ダンス・ウィズ・キャット』

(9)「用があるんなら言えよ、伝えとくから」「いいの。…お父さんだと言いにくいわ」「ばか言え、親子だろうが」『懐かしい人びと』

(10)「あれじゃないすか？他流派は遠慮してくださいって。俺らが派手な勝ち方したもんだから」「バカ言えー。でもなんだろうな。今更」
(http://ncode.syosetu.com/n1513by/306/)

(11)「どうした、宝くじにでも当たったのか」「ばかをいえ。中古車だ」『闇色のソプラノ』

(12)「たれが来るかわからんが、たれか来る。もう友軍の陣地に近い筈だ。眠ったら、そのまま参ってしまうぞ」「馬鹿ぬかせ、俺が死ぬもんか。」『昭和文学全集』

(13)安重根が平和の闘士だと？バカぬかせ！
(http://plaza.rakuten.co.jp/aikenriki/diary/200910260000/)

(14)ばかぬかせーっ!? あんなやつがライバルになれるわきゃねーっ！
(http://mimizun.com/log/2ch/charaneta/1112697461/)

(15)「えーと……、倉庫、開けっ放しにしてて、ご免なさい？」「バカぬかせ。んなこ

としてみろ[4]、正座で済むか」

（http://ncode.syosetu.com/n0996cw/2/）

(16)「知るか生徒の事まで！ だいたいそっちが…大和先生が喧嘩ふっかけてきたんだろ！」「馬鹿ぬかせ！ テメェんとこのピアスがウチののぐっちゃんに腹パンキメんのがわりぃんだろ!? 謝れよ！ 謝れ！！」

（http://s.maho.jp/book/166b48i168311679/5029148035/210/）

a. 形態、構造上の特徴

この表現は(7)-(11)のように「ばか（を）言え」と、「言う」を同じ意味で相手を卑しめていう語の「ぬかす」に置き換える「ばかぬかせ」との二種類の形態が見られる。この表現を共通語の元の形態に戻せば「ばか（なこと）を言え」「ばか（なこと）をぬかせ」になるが、(7)-(10)、(12)-(16)のように、前件の「ウソつけ」と類似して「を」が縮約されることが多く、相手の発話の直後に発せられることが多く見られる。BCCWJには「ばか言え」の使用例が合計21件あり（「馬鹿いえ」5件、「馬鹿言え」6件、「ばかいえ」1件、「ばか言え」5件、「バカ言え」1件、「バカいえ」3件）、例外なく全部発話の冒頭にある。また、(10)(14)のように、末尾の母音を延ばす発話も見られる。

b. 使用の場面

この表現は文字通りの意味では〈ばか（なこと）をいうこと〉を相手に要求するのだが、実際のコミュニケーションでの使用では「あなたの言っていることがばかばかしい」「ばか（なこと）をいうな」の意味で相手の発言を否定する場面で使う。この表現は相手の発言を否定するようなやや弱い非協調性から、激怒して相手を罵倒するような強い非協調性まで使用の場面が幅広い。

c. 中国語の直訳と表現の同定

中国語に直訳すると"你说傻话吧"になるであろうが、自然会話ではほぼ存在しない表現であり、非協調性も読み取れないと思われる。使用場面から中国語の表現を同定すると、"別说傻话了""別瞎说了"などの否定の命令表現もあり、"说什么傻话呢"のような疑問表現もあるが、「ばか言え」と類似して"你就扯吧""继续扯"のような肯定の命令表現で否定的な意味を表す表現と"胡说八道""开玩笑"のような行為を提示するだけのものもあると思われる。

3.2.3 「そうやってろ」「そうやってなさい」

(17)まあ、せいぜい負け組は負け組らしく一生そうやってろ

（http://minpuzz.com/blog-entry-5665.html）

(18)「だからさ、これから先も死ぬまでそうやってろよ。」

（http://sokkyo-shosetsu.com/novel.php?id=82189&PHPSESSID=b7u7gvu8b2bfhgo3huo9d9vvfm8bu3bc）

(19)お前の私見など聞きたくもない。お前がそう思うなら黙って独りでそうやってろ。

（http://www.logsoku.com/r/2ch.net/newsplus/1422755633/）

(20)「はいはい、アンタ達好きなだけそうやってなさい！ 邪魔者は消えるわ。」

289

(http://tokimeki2012.blog.fc2.com/blog-entry-1452.html)
　(21)過疎スレに粘着して早朝から必死で書き込みしていて恥ずかしくないんだね まぁ、死ぬまでそうやってなさい
　　(http://peace.2ch.net/test/read.cgi/hard/1294314345/l50)
　(22)アホか。俺だってSEなんだが。まあいいや。お互いの顔も知らず 何をやっているかも全く知らずにこうやって言葉遊びを繰り返して いるだけじゃ埒があかないね。いつまでもそうやってなさい。
　　(http://ir9.jp/prog/ayu/datlog/tech_cpp/1082047479/1082047479_03.html)
　(23)塞「はぁ…」パタパタ 白望「…私もあおいで」塞「…いやだよ。自分でやればいいじゃん」白望「めんど…」塞「じゃあ、一生そうやってなさいよ」白望「…」
　　(http://hisshich.seesaa.net/article/285960253.html)
　(24)だらだらと明日の学校の準備をする娘を見て華麗に颯爽とぶち切れて「ずーーーーっとそうやっていなさい！」
　　(http://37026.diarynote.jp/?month=200809)
　a.形態、構造上の特徴
　この表現は「そうやってろ」と「そうやってなさい」との二つの形態が見られ、共通語の元の形態が「そうやっていろ」と「そうやっていなさい」であるが、(17)-(23)のように「い」の縮約で「そうやってろ」と「そうやってなさい」の形態になることが多い。(17)(18)(20)-(24)に見られるように、この表現はその前に「好きなだけ」「ずっと」「いつまでも」「一生」のような程度や時間を表わす内容がつくことが多い。(18)(23)のように後ろに終助詞を付けて使用することも可能である。
　b.使用の場面
　この表現は文字通りの意味では〈そうやっていること〉を相手に要求するものだが、実際の使用をみると明らかに話者が相手のやっていることに不満を抱える場面が多く、「あなたは自分の好きなようにやっていればいい」「あなたが何をやっていようが私はもうあなたと関わらない」といった話者の呆れて相手との交流を切る意味で使用される表現である。相手のやっていることに不満はあるが、それを注意したり、直そうとしたりする自分の努力が無駄だったから自分は諦めて関わらないことにするという場面で使用するのが通常であろう。
　c.中国語の直訳と表現の同定
　中国語に直訳すると"你一直那様做吧"になるであろうが、やはり自然会話では存在しないと言える表現であり、非協調性も読み取れないと思われる。使用場面から中国語の表現を同定すると、"随便你吧""你愛怎様就怎様吧"などの表現が考えられる。
3.2.4　「…るもんなら…てみろ」仮設命令構文
　(25)『ルルーを放せ！ さもないとキサマを吹き飛ばすぞ！』シェゾの心の事情などつゆ知らず、サタンが吠える。「やれるもんならやってみろ。」『新・魔導物語』
　(26)「議員定数を75から38、議員1人当たりの年間報酬を1633万円から816万円にそれぞれ半減する！」…(中略)…「1600万円減らせるもんなら減らしてみろ！」

(http://wanigame.exblog.jp/m2010-03-01/)
(27)ミツ「出て行け!! 出て行け!!」紅子「ガタガタうるせえんだよこのクソババア!! 追い出せるもんなら追い出してみろよ!」
(http://sportsiroi.exblog.jp/14233969)
(28)日向「影山、指一本でお前を立たせなくしてやる」影山「ふん、できるもんならやってみろ」
(http://maborosiriarisuto.web.fc2.com/tja/tja-53.html)
(29)「来ないで下さい! 来るな! 殺すぞ!」…(中略)…「殺せるものなら殺してみろ!」『エスケープ!』

a. 形態、構造上の特徴

この表現は共通語の元の形態に戻せば「…るものなら…てみろ」になるが、(25)-(28)のように「もの」が「もん」に縮約する形態が多く見られる。この表現は(25)-(27)(29)のように同じ動詞が前に可能形、後に「て形」に「みろ」を付ける形で二回使用されることが特徴である。ただ(28)のように具体的な動詞の代わりに一般的な可能の意味を表わす「できる」が使用されることもある。そして(27)のように表現の後ろに終助詞を付けて使用することも可能である。

b. 使用の場面

この表現は命令表現の解釈で考えると〈それができるというなら、やってみること〉を相手に要求するものになるが、実際は〈相手にそれが(したいのだろうが)できない〉と嘲笑したり、相手を挑発したりする場面によく使用される。さらに、相手のしたいであろうことは話者にとって好ましくないことである場合が多く、もはや相手に何らかの行為を要求する表現とは言えないと思われる。

c. 中国語の直訳と表現の同定

中国語に直訳すると"做的到的话你就做做看吧"になるであろうが、相手を嘲笑、挑発する表現として非協調性は多少読み取れると思われる。使用場面から中国語の表現を同定すると、"有种你就…""有本事你就…""那你就…试试"などの表現が考えられ、意味も構造も日本語の表現と類似していると思われる。

3.3 まとめと議論

前述したように、命令表現は相手に何かを要求するものなので非協調性との関連性が比較的に生じやすい。ことばの意味を加えると例えば、相手にとって好ましくない行為を要求する表現として「死ね」「くそくらえ」など、相手にとって好ましい行為や既に行っている行為を否定的に要求する表現として「逃げるな」「ふざけるな」がある。このような論理と違って前節で取り上げた表現は文字通りの意味では「相手にある行為を望まない話者が相手にその行為を要求する」という特徴がある。この種の表現は仁田(1991)と尾崎(2007)が「反語命令」と称し、仁田(1991)が「その事態が実現しないことを、相手に命じ、訴えている」と述べている。

「ウソつけ」と「ばか言え」は「反語命令」と呼ばれるのは二つの理由によると考え

られる。一つは「ウソつけ」と「ばか言え」の使用場面に大抵の場合「ウソつくな」「ばか言うな」に置き換えることができることである。もう一つは、相手による〈ウソをつくこと〉と〈ばかを言うこと〉は話者にとって好ましくない行為であるが、命令表現が話者にとって好ましい行為を要求するものであるため、〈ウソをつくかどうか〉と〈ばかを言うかどうか〉のような二択から文字通りで要求する行為に反する〈ウソをつかないこと〉と〈ばかを言わないこと〉を話者の好ましい行為としての解釈のために選ぶことである。このように、「ウソつけ」が〈ウソをつかないこと〉を要求し、「ばか言え」が〈ばかを言わないこと〉を要求するように反語として解釈しているに過ぎないのである。こうして考えれば「ウソつけ」と「ばか言え」は〈ウソをつくこと〉と〈ばかを言うこと〉は要求していなくても、〈ウソをつかないこと〉と〈ばかを言わないこと〉を要求していると言えるほどの根拠がないことに気づく。

　また、「そうやってろ」と「…るもんなら…てみろ」に関してはさらに「反語命令」とは言い難い。「そうやってろ」と「…るもんなら…てみろ」は〈実際はそうしないほうが話者にとって好ましい〉場面で使用される点において「ウソつけ」、「ばか言え」と同じ水平にあり、仁田(1991)の［I, b, 2］「話し手にとって、相手が実現する事態は、都合のよい・望ましい・好ましいものである」という条件に反するという理由ではこれらも「反語命令」であろう。しかし第一、「そうやってろ」と「…るもんなら…てみろ」が使用される場面に「そうやっているな」と「…るもんなら…てみるな」(そもそも表現の自然度が低く存在するかどうかも疑問である)のような反対の内容を命令する表現に置き換えることができない。第二、「そうやってろ」と「…るもんなら…てみろ」がそれぞれ〈そうやっていないこと〉と〈それができるというなら、やってみないこと〉を要求しているとは言えない。したがってこれらの表現を「反語命令」と呼ぶのはふさわしくないと考え、「反語命令」を正当化させる論理にも不備があり、「反語命令」という名称も考え直さねばならない。

　考えてみれば、これらの表現は何らかの行為を要求するというより、相手の発言、行為への否定または相手の〈ウソをついたこと〉、〈ばかを言ったこと〉、〈そうやっていること〉、〈…たいと思っていること〉、ないしそこから相手という対象に対する不満や非難などの話者の何らかの非協調的な態度を表現するものである。「反語」として考えるのではなく、使用場面などを見てそれぞれの表現とその意味を直接に関連付けて検討したほうがより表現自身の性質が尊重されることによって有益な示唆が得られると思われる。

4. 終わりに

4.1　本稿のまとめ

　日本語コミュニケーションの中に非協調的な発話が多く存在しており、中にも言語形式が固定しているものも多い。本稿は非協調的な発話を体系的に調査して記述し、その分析から今までの言語とコミュニケーションの研究へ新たな示唆を与え

るというアプローチを提唱し、その記述作業の一部として命令表現の中の今まで「反語命令」と呼ばれてきたものに対し、記述を試みた。命令表現が非協調性との関連性が強く、しかも形式上の肯定の命令表現が否定的な意味を表わし話者の不満を表現する現象が日本語にも中国語にも存在することがわかった。さらにこのような命令表現を「反語命令」と称するのが合理性に欠けることを議論し、表現の意味や性質などを、ほかの表現を経由して解釈するのでなく、その表現自身のものとして尊重し、言語形式と関連付けて考えることを主張した。

4.2　今後の課題

本稿は非協調的な発話の記述を試み、命令表現について議論してみたが、まだ不足しているところが多く、それらを提示して今後の課題としたい。まずコミュニケーションの発話を記述するのは文字言語を扱うだけでは不十分である。固定している音声的な形式特徴があることも考えられるため、発話を十分に記述するには音声面の記述も欠かせないのである。

また、「ばか言え」などのような表現は軽い程度の否定から激怒して相手を非難する場面まで使用でき、いずれにしても話者が非協調的な態度であるが、程度と種類の差異があると思われる。様々な条件においてより多くの発話を記述して観察することから、非協調性の定義について思考することとその分類を試みる必要があると思われる。

さらに、形式が固定している命令表現による非協調的な発話は本稿で取り上げたもの以外にも多く存在する。例えば「ざまあみろ」「寝言は寝て言え」「空気読め」などのような特徴的ななものが考えられ、「ふざけんな」のような否定の命令表現にも非協調性を表すものが多い。また命令表現の非協調的な発話は動詞の「ます形」に「やがれ」を付けて使用するほか、多く見られることや「車に轢かれろ」のような受動命令表現といった非常に興味深いものも見られる。

これらの課題は稿を改めて論じることにする。

本论文得到国家留学基金资助，特此致谢。

注

[1] 現代日本語書き言葉均衡コーパス（BCCWJ）（http://www.kotonoha.gr.jp/shonagon/）少納言を利用した。

[2] 最終確認日は2016年3月31日である。

[3] 当然、実際の会話でなく、「サワヤカで自然体で…もう、ぜ〜んぶ「ウソつけーっ！」っていいたくなる。」（『ずっとこのまま愛せたら』）のように、会話の場面を脳内で再現したり、先行発話を引用してその直後に使用することもある。

[4] 例(15)の「してみろ」は菊田(2012)でいう「(1a)非現実仮定型」、長野(1995)でいう「仮定を表わすシテミロ」にあたると考えられる。

参考文献

Austin, J. L. 1962. How to Do Things with Words. 『言語と行為』1978. 大修館書店 坂本百大 訳，《如何以言行事》2012 商务印书馆 杨玉成、赵京超 译

Gibbs, R. W. 1986. On the psycholinguistics of sarcasm. *Journal of Experimental Psychology*: General, 115: pp3-15

Gibbs, R. W. & J. O'Brien. 1991. Psychological aspects of irony understanding. *Journal of Pragmatics*. 16: pp523-530

Grice, H. P. 1975. Logic and conversation. in: P. Cole & J. L. Morgan (ed.) *Syntax and Semantics*, 3: *Speech Acts*. pp41-58. New York: Academic Press

菊田千春. 2012.「テミロ条件命令文とその成立過程：構文ネットワークの役割」『日本語文法学会第 13 回大会発表予稿集』pp59-66

森山卓郎・仁田義雄・工藤浩. 2000.『モダリティ 日本語の文法 3』岩波書店

仁田義雄. 1991.『日本語のモダリティと人称』ひつじ書房

長野ゆり. 1995.「シロとシテミロ-命令文が仮定を表す場合」『日本語類義表現の文法』宮島達夫・仁田義雄（編）下: pp655-661. くろしお出版

尾崎奈津. 2007.「日本語の否定命令文をめぐって-「スルナ」を述語とする文の特性と機能-」『日本語の研究』第 3 巻 1 号 pp65-79

Searle, John R. 1975. A taxonomy of illocutionary acts. in: Günderson, K. (ed.), *Language, Mind, and Knowledge*. Minneapolis, vol. 7, pp344-369

Searle, John R. 1979. Expression and meaning: *Studies in the theory of speech acts*. Cambridge: Cambridge University Press

Sperber, D. & D. Wilson. 1986, 1995^2. *Relevance: Communication and Cognition*. Cambridge, Mass: Harvard University Press.『関連性理論――伝達と認知』内田聖二・中逵俊明・宋南先・田中圭子($1993, 1999^2$) 日本語訳研究社出版

Wierzbicka, A. 2003. *Cross-Cultural Pragmatics: The Semantics of Human Interaction*. 2nd edition, Mouton de Gruyter

徐一平. 2008.「中・日語対照研究と日本語教育」『大学院教育改革支援プログラム「日本文化研究の国際的情報伝達スキルの育成」平成 19 年度活動報告書』pp27-31(お茶の水女子大学大学院人間文化創成科学研究科)

徐一平. 2009.「動詞命令形の起源について―連用形との関係という立場から」《日语语言学前沿丛书 日语动词及相关研究》张威、山冈政纪（主编）外语教学与研究出版社

現代日本語書き言葉均衡コーパス（BCCWJ）少納言. http://www.kotonoha.gr.jp/shonagon/

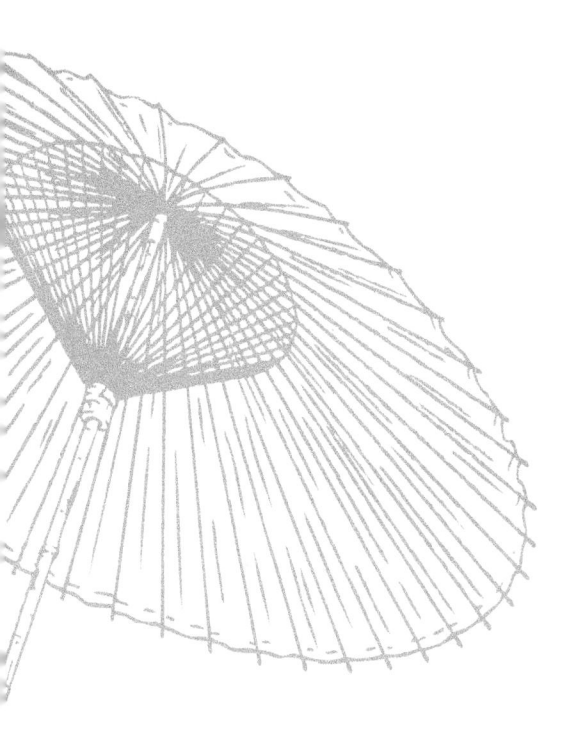

日语教育研究

关于20世纪30年代中国人编写的日语教科书的研究
——以《日本语法例解》为例

北京外国语大学　朱桂荣

要旨：本研究は『日本語法例解』（艾華著、1933年開明書店出版）を例にして、20世紀30年代において、中国人によって編集され、中国国内で出版された中国人向けの日本語教科書を分析した。その教科書の概要と構成を述べたうえで、編纂上の特徴をまとめた。具体的に(1)日本語の文法についての説明がとても詳しい、(2)日本語、中国語、英語の三言語の比較を重視する、(3)文法を説明すると同時に翻訳の方法も説明する、(4)日本語の学習方法を説明する、などの特徴を備えている。当時、中華民族は外敵に侵略されて極めて危機的な状態にあった。一方、学術的な出版物は日本語に翻訳されたものが多かった。日本研究が重要視されている中で、著者が「小さな貢献」をするために日本語の教科書を編纂した。『日本語法例解』は、著名な開明書店により出版され、その再版状況から、当時好評された教科書であると推測されている。

关键词：日语教科书　《日本语法例解》　详注例解

1. 前　言

　　20世纪30年代，中国遭外敌入侵、战争不断、民不聊生，中华民族陷入了存亡危机。1931年爆发九·一八事变，日本从军事、政治、经济、文化等方面对中国进行了全面入侵。在被日本占领的关东州地方以及（伪）满铁附属地区，日语教育受到了日本的极度重视，出版发行了大量的日语教科书，这些教科书充满了殖民主义色彩。另一方面，九·一八事变后，中国国内也兴起了"研究日本"的声浪，不少仁人志士希望通过学习日语来了解日本，并学习西方先进的科学技术，以达到救亡图存的目的。在这一背景下，20世纪30年代期间出版了多套日语教科书。按照编写者、编写目的、审定制度等标准，可将这些教科书分为四类：

　　第一类是教育部审定的日语教科书：
　　　　蒋君辉《教育部审定中学大学适用现代日语》上下卷、1930年
　　第二类是由中国人在中国国内编写、出版发行的非教育部审定教科书：
　　　　艾华《日本语法例解》1933年
　　　　丁卓《中日会话集》1936年
　　　　张我军《最新日语基础读本》1937年
　　第三类是日本人为开展殖民统治、进行奴化教育而编写的日语教科书：

南满州教育会教科书编辑部《中等日本语读本》(1-4)（修订版）1929 年-1930 年

南满洲教育会教科书编辑部、关东局在满教务部教科书编辑部《高等日本语读本》(1-8)1933 年

高宫盛逸《初等日语课本》1937 年

第四类是在日本出版发行的、针对中国留学生编写的日语教科书：

王玉泉《日语华译公式》1935 年

吴主惠《现代日语会话》1936 年

本文选取第二类教科书作为分析对象。理由之一是从数量上看，第二类图书的代表例较多，可推测当时这类教材编写的活跃程度。理由之二是第二类是由中国人编写并在中国国内出版发行，且非教育部审定教科书。第二类教科书在一定程度上反映了当时的日语研究者和日语教育者编写日语教科书的目的以及对日语教授方法的思考，值得后人研究。

在第二类教材中，上海语学专门学校教授丁卓编著的《中日会话集》于 1936 年由求进书屋发行，先后六次出版，并且发行量较大。该教科书的特点是：(1) 每页课文均为国语、日语、上海方言句句对应，三语并用的教学方式方便读者对比学习。(2) 重视语法和实用语的教学，内容详细。正文的大部分是语法教学，包括各类词性的用法、不同语态的用法、不同句式的用法，中间还掺杂着生活场景为主题的课文以扩充词汇量，采用短句列举的方式。该套教科书在上海地区广受欢迎，尤其在专科学校使用较多。多被初中级日语学习者用于学习会话和语法，也被用于比较语言学研究。

张我军编写的《最新日语基础读本》于 1937 年由天津世界图书公司出版。该书的特点是，(1) 高度注重语法教学，语法包括从名词、代名词、数词到被动句等句式以及敬语用法等知识点。内容以短句教学为主，结合语法应用进行示例教学。(2) 教学内容涉猎广泛，既有日常生活主题，如"日本地图"；也有专业性较强的主题，如"法律的分类"；既有抒情散文，如"风"；又有以具象描写为主的文章，如"窗"；还有以思辨形式创作的抽象描写的文章，如"所谓正直"等。(3) 在发音、语法、选文方面，全书循序渐进，由浅入深，通过对该教科书的学习，基本可以实现"可以阅读初级的日语读本"的教材编写目标。

以上，粗略介绍了第二类教材中的《中日会话集》和《最新日语基础读本》，而本文将详细分析 30 年代早期由艾华编写的《日本语法例解》。该教科书与上述两本教科书有着共性特征，即极为重视语法教学，但也有其独特之处。笔者希望通过本文的介绍，能够使读者了解当时日语教学体现在教材编写上的特征以及当时著者的教材编写动机和编写理念，以供当代日语教材编写人员研究比较之用。

2.《日本语法例解》概要

2.1 基本信息

《日本语法例解》为艾华所著，由开明书店于民国二十二年（1933）初版发行，并于

民国二十三年(1934)再版。该书本着"在国难时期,著述关于研究日本语言的书,也算是对国家和民族的一种小贡献"的想法,著者以伊索寓言为材料,先用日语讲述故事,再就故事中的用语、词性等,采用讲义方式对其意义与用法进行了详细讲解。著者撰写该书的目的是,"使读者彻底了解日语的意义,使读者容易理会翻译的方法",同时还希望该书能够提高读者"做人"和"处社会"的修养。

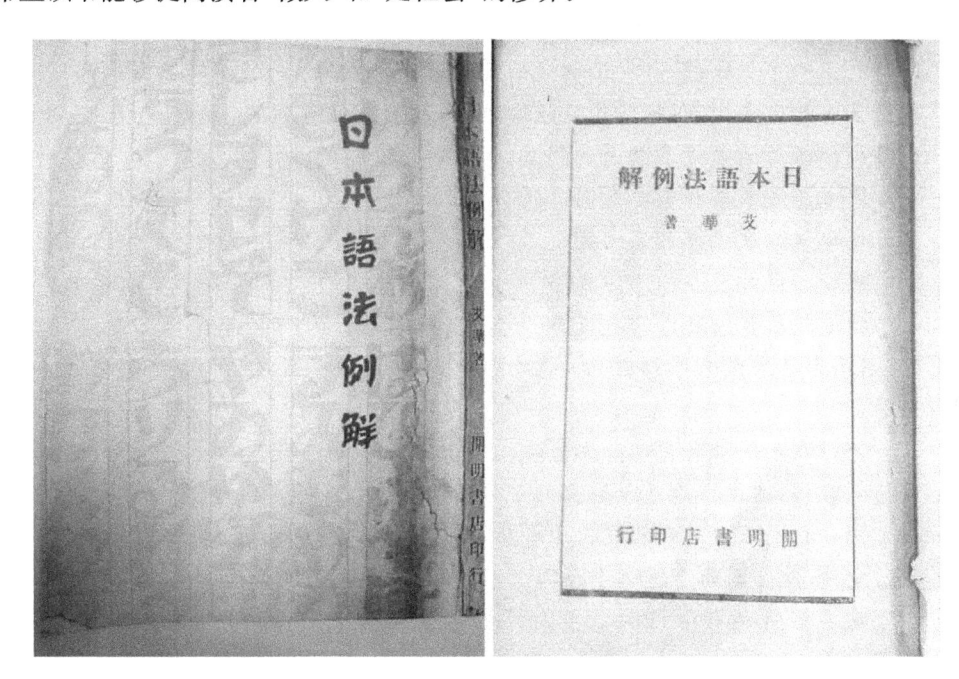

图1 《日本语法例解》的封面与封二

2.2 教科书的内容与体系结构

《日本语法例解》的基本构成如下:

表1 《日本语法例解》基本构成

封皮	封底	扉页	封二	索引	前言	后记	目录	附录	课文	总页数
√	√	√	√	√	√中文版(包括卷头语、告读者)	×	√(9页)	×	30篇	374页(指除封皮、封底外的所有页数。包括扉页、前言、目录、附录等)

《日本语法例解》由封皮、扉页、卷头语、告读者(凡例)、目录、正文、引得(索引)及封底组成。

2.2.1 卷头语

　　山海关内中日血战正酣,现在不能说彼此是在亲善的状态了。然而日本的学术界竟比我们的进步得多。这却是一件不能否认的事实。著者两年前发表拙著新日语捷径,当时曾在商务印书馆的图书报做过一个小小的统计,想看看中国出版的书籍,大概有多少是由欧、美、日本译来。结果是:任何学术的书都有由日本

译来的。拿分量来说，最少占百分之七，最多占百分之三十七。可怜我们连本国文字、文学、哲学的书都要去翻译日本的著述！

九一八霹雳一声，这才"研究日本"的声浪鼓起来了。研究日本，首先要研究他的语言，于是乎学日本语言的人，也雨后春笋般地增加起来了。在这个时候，著述关于研究日本语言的书，也要算是国难期间对于国家和民族的一种小贡献。

东三省是九一八失掉的；著者是这个非常时间的后五天病了的；这本小书也是从国家失了土地，著者失了健康的那几天写起来的。十九年冬天曾预备了日语伊索寓言的白文，想印行作为日语读本之用，后来想起早年在东京学英文，因读了许多详细译著的书得了很大的利益，便又取了这举例注释的办法。

著者著述本书的重要意图有两个：

使读者彻底了解日语的意义。

使读者容易理会翻译的方法。

执笔时所孜孜致力的也是这两点。语法不能不学的，而学语法总是干燥无味，用本书的方式来学语法，或许比较有兴趣。本书叙述详细，稍有门径，可以自通。

何以取了伊索寓言呢？因为在文字上它算是一种基本读本，在内容上它富有道德的教训，这教训是可以给我们一种"做人"、"处社会"的修养的——不管你要信奉哪一种主义。伊索寓言出于希腊，而各国都有数种以上的读本，永为青年学子所爱读，就是因为有这两个原因。在我国，既然英语的伊索寓言有价值，日语的伊索寓言自然也有印行的需要。根据伊索寓言来读语法，或许可以说是一举两得。

本书课文以严谷小波的伊索寓言为蓝本，而参考英文本稍微加以简单化，特此声明，以示不敢掠美。

本书初稿是黄亚平、陈宗静、刘淑兰三女士代为抄写。第二次稿及最后表格等的订正和抄写都是黄女士代为执笔。对于三位女士，著者要在此郑重申谢。

著者远在北平，全部校对工作都是畏友周颂久先生及其夫人夏桂征女士代为执笔。周先生和周夫人在溽暑蒸人的上海，在汗流浃背，手不停挥中替著者做这样的——这样苦的工作，隆情厚谊，绝非泛泛可比。这简直使著者找不出一句适当的的话来感谢他们！这书若能给读者以多少的帮助，周先生和周夫人热心的帮助是不可淹没的。

印行本书，开明书店的杜海生先生和夏丏尊先生都表示愿意接受著者的请求，关于付印一切手续，夏先生尤为热心奔走，这也要深深致谢。

用日语的书来做这样详注例解的工作，大胆地说，恐怕要算著者是首先尝试。著者不学，误漏自所难免，甚望博雅加以批评。若能够因此引出大家深刻的研究，使汉日互译开辟出简明确切的途径，则对"研究日本"的工作定可增加莫大的效果。这有岂是著者之幸?!

这书是九一八时在北平开始执笔的，我希望以后在北平还能有人购读，或者还有购读的自由。这希望是否过奢，实在不敢自信了！

民国二十二年四月三十日,长城失陷平津紧急声中,著者在旧京半亩居,时大病初起。

在卷头语中,著者详细阐述了著书背景、采用伊索寓言作为编写材料的意图及编写经过。

首先,从中我们可以了解到著者不顾病体,尽己所能为国家和民族做事情的拳拳爱国心。

其次,该书的编著得益于著者自身的学习经历,借鉴了其在日本学习英文的经验。

再次,阐述了著者对语法学习的思考。即语法学习不可缺少,但也难以使人产生兴趣,为此,著者选取了有故事性的内容作为语法学习的载体,以提高学生的学习兴趣。同时,著者认为读书的目的在于学会"做人"和"处社会"。这反映了著者对学习(也包括外语学习)的育人价值的理解。这些思考,对于我们现今的外语教学也具有重要的启发作用。

最后,卷头语还显示了著者"详注例解"的创新精神,其在日汉互译方面的贡献,彰显了教材所具有的研究价值。

2.2.2 告读者(凡例)

告读者
凡例

——为增加读者读书的效率计,凡例是应该看一看的。然而大概的读者都不看凡例,所以在此处特为冠以「告读者」三个大字。

——本书以「伊索寓言」为材料,每课先用日语揭示故事。然而再就故事中的用语词性等,详述其意义与用法。

——本书有:「使读者彻底了解日语的意义」和「使读者容易理会翻译的方法」的两个目的,希望读者要向这两方去用力。

——注解取讲义式,一语的用法,不嫌反复详说,且往往甲处说过又在乙处去说,故篇幅不觉稍多。但惟其如是,才可得到明了的理解,希望读者用有恒的态度读去。

——所举例语都是实用的,可借此练习会话。

——篇末所附记忆教材好像英语的 Phrase,务必努力暗记。这些材料多半改成现在肯定「在课文有过去、否定」以便读者自由活用。

——有时加用英语旁证,希望读者注意比较,或者可以多得一些帮助。

——复合动词普通字典上有的一律列表,否则分作两动词列其活用。重见者不重列。

——一字有数意,解释引例以原句上的意思为主,亦附说别的意思,但不是一律列举。

——括弧( )是普通的用法,其中的字句可以视为一种注解或是一种同意义的字。

——括弧〔 〕是特殊的用法,其中的字是原文没有而译文以加入为便的如第一

篇：结(立)了这样一个同盟条约(在那儿)生活着。也可以作为：结(立)了这样一个同盟条约在那儿生活着。也可以作为：结(立)了这样一个同盟条约生活着。

——译文「地」字是表所有。如第一篇「仲間ノ獸」是「同夥的獸」。「底」字是接形容词，如第二篇「温和ナ」是「温和底」。「地」字是接副词，如第一篇的「平均二」是「平均地」。倒可以借此去判断原文的词性。

——日语品词中以动词，助动词，助词为最难，本书亦在这三种词上致力例解。

——书中将楷书字母的「片假名」及草书字母之「平假名」参杂使用，以便读者对于两种字母都常有机会练习。

凡例是专为读者而写。内容包括该书所使用的素材、编写目的、讲解方法、以及使用该书学习日语的具体方法等，其中包括使用实用性很强的例句进行会话练习、熟记每课篇末的熟语和惯用的表达方式、请读者注意著者在解说过程中进行的中、日、英三国语言的比较，以及留意著者进行中文翻译时的微妙处理等。该书的凡例反映了著者对待读者的责任心与诚挚之心。

2.2.3 课文

该书一共有三十课。每课都是先用日语呈现伊索寓言中的故事，并在文中以(一)(二)的方式标注讲解要点，然后在"本篇注解"部分，再对文中标注的各个要点进行讲解。最后附上"本篇应暗记的熟语及惯用语"以及"本篇动词活用"。

在语法注解中，首先从课文中摘录带有语法点的句子(注有汉语翻译)，然后就此语法点进行注解，并举多个例句(注有汉语翻译)，以便于读者理解和巩固。例如，第一课"獅子王ト肉"中对以下语法点进行了注释(该目录为原文目录。原文目录中标注"篇中細目是擇要舉出，(一)(二)……等是註解符號。"，即原文目录只是将重要内容列入其中)：

（一）「デ」的用法— （二）表「並列」的「ト」的用法—「ハ」與「ガ」的主要區別(詳說見第 二十篇十一條)— （三）「ヲ」的用法 （四）……ト云フ……—「暮ス」與「暮レル」— （五）「ノ」— （六）ニ依ッテ— （八）…ノ無イ樣ニ—(九)成リマシタ— （一〇)サモ—(一三)「ダタウ」與「デセウ」—接續詞「ガ」— （一四）「〇〇ハ〇〇ダ」— （一五)カラ— （一七)トシテ— （二〇)「出來ル」的用法— （二一)御陰— （二三)推量否定助動詞「マイ」— （二四)サテ…— （二五)一寸— （二六)ヤガテ— （二七)ナガラ— （二八)「都合」— （三〇)「仕舞ヒマシタ」的意義和用法

由此可见，该教科书针对一篇文章，依据文章内容从词法、句法、文法等多个角度进行了详细的解说。

以第六个和第十一个注释为例，著者进行了如下解释：

六　条約に依って、——依「他們的」條約。

「に依って」是「根據於」,「根據」「依」「據」等的意思。上面多是名詞,翻譯的時候要把牠的順序顛倒上來。比方:

(1)其れに依って、根據那個。

(2)其の話に依って、根據那個話,根據他的話。

(3)彼等は彼等の主義によって行動する。他們根據他們的主義「而」行動。

(4)例に依って、照例,依例

這「に依って」的用法同英文的"According to"是很相似的。

十一　他の獣に向かって、——對着別的獸。

向かって　向,對,對着,對る。上面多有「に」,這「に」是往往有「於」的意味的。

如上所示,语法解释中所列举的例语均有较强的实用性,可借此练习会话。

此外,课文中收录的熟语和惯用语多为现在时肯定句。而课文中则出现了许多过去时和否定句的表达方式。在同一册教材中展示多种不同形式的表达方式,有利于读者自学日语。

该书在讲解助动词时,均附有助动词的种类与变化列表。例如:73 页附有セ、サセ、シメ"三个使性助动词的种类与变化列表",76 页附有"被动、可能、敬语助动词的活用列表"。

《日本语法例解》中的语法变化列表

该书附有"引得"即索引。"引得"将本书中出现的重要词汇及该词语在本书中出现的所有篇章都逐一列了出来。

该书的表记特点如下：前言和凡例均使用汉语的繁体字进行表记；目录使用汉字和片假名进行表记；正文部分第一、五、六、九、十、十三、十五、十七、十九、二十一、二十三、二十五、二十七、二十九课主要是用汉字和平假名进行表记，其余的课文和索引主要使用汉字和片假名进行表记。其中出现的所有汉字均注有"振り仮名"（注音假名）。

3.教科书的主要特点

3.1 注释和讲解极为详尽

该书将日语意义相近的不同表达方式进行了罗列，对不同表达方式之间的细微差别也进行了详尽的说明。例如：

第13页中的"やがて，——立刻，不久，不一會。可寫「軈」字，或作「軈て」。這是一個副詞，與「間も無く」「直ぐに」「程無く」等同意"。

再如，第4页中对「は」和「が」的区别，进行了较为详尽的说明。

「其の他の 獸 とが」的「が」是表示主格的助詞，「が」以上的詞是文章之主。牠的性質是概括底，固定底。「は」（普通讀如「ワ」）也是表示主格的助詞，但沒有「が」總括固定。牠含有比較區別的意思。「が」同「は」的用法是有點令人納悶的。可是絕無悲觀疑慮的必要，多讀多聽多說，自然會逐漸理會起來。在第六篇第十條已另為詳細說明，姑先舉一列略說牠們的異點如下：私 が行く。我去。（概括，「が」無從譯起。）私は行く。我是去。（略有「別人不去我却去」的意思。「は」有時不必譯。）

3.2 注重不同语言之间的比较

该书在讲解日语单词、语法、惯用语时，与中文和英文进行了大量的比较。其中，日英语言之间的对照多于中日语言之间的对照。具体的对照说明，详见如下事例：

（第3页）二、獅子と其の他の 獸 とが，——獅子和其他的獸。此中兩「と」字是同性質的字，作「與」，「同」，「和」……等字譯。牠是一個助詞。後面的「と」覺得牠似乎不很不要，而在日語却是必要的。就是必得多用最後的這一個「と」。這是日本語言的習慣。

在國語，我們說：「甲同乙」，「乙」字底下不再用「同」字了。在英語。我們說："A and B"，底下也不再用"and"了。而在日語，底下必得加用一個「と」，如上例，又如「東京和橫濱」作「東京 と 橫濱 と」之類。這用法可以拿一個原則來包括牠。就是每舉一件事物，必在後面用一「と」字。舉多少事物就用多少「と」字。

再拿英語來比較。英語說："Books, pens, …… and papers are school supplies"日語說：「本とペンと……紙とは学校用品です。」好像多用一個「と」,只好從牠的習慣。這個用法是隨處都有的,希望讀者多多注意。但也有省略最後的「と」。的比方：「煙草と酒は私は嫌ひだ」。是「煙和酒我不喜歡」之類。

为方便读者理解,著者还将日语与中国方言进行了比较。例如：

（第69页）一二　來テ見タラ此レハ真赤ナ嘘デ,——跑來一看哪,完全沒有這回事。「眞赤ナ」是「ニナ活用」形容詞的連體形,在這裡牠形容「嘘」之無根,極而言之也。「嘘」是「誑言」「扯謊」。我的家鄉的土話管「扯謊」叫「白嘴」。一個用「紅」來形容,一個用「白」來借喻,這到可以對照起來看看。

3.3　附带说明了语法翻译技巧

本书在进行语法解释时,也附带说明了相关语法的翻译技巧。如加译、减译、翻译顺序、时态问题等。这与著者的著书意图——卷头语中提到的"使读者容易理会翻译的方法"是一致的。有关翻译技巧的说明,详见如下事例：

（第2页）一　或時森の中で,——有一個時候,在森林里面。「森林」或作「樹林」亦可。「で」字是「在」字意,自然,有時也可譯作「於」,是一個助詞。牠又有「用」字等的意思,也有「因」的意思,接於名詞代名詞下。翻譯的時候要把牠顛倒上來。由漢譯日,自然又要把牠擱在底下。比方：(1)中山公園で遇ひました。在中山公園遇見了。（第一意）(2)筆で書きますか？ペンで書きますか？用(拿)毛筆寫呢？用鋼筆寫呢？（第二意）(3)私は肺病で今休んで居ます。我隱患肺病現在修養着——沒有工作。（第三意）註解二十七條下面課文中有「……勇者の權利で……」,即「以勇者的權利……」的意思,這時的「で」也是第二意。

3.4　介绍了日语学习方法

著者在讲解日语语法时也会介绍学习方法。例如：

（第196页）三　毎日屹度一ツ宛ノ卵ヲ產ミマシタ。——每天一定「給這農夫」下一個蛋。「卵」或寫「玉子」（下文就有）,發音完全一樣。此類情形,日本語非常之多。若注意了,理會了,便會得了一個學習日語的要領,日本語的學習便是很容易的,否則可以說是茫無頭緒。

4. 结　语

《日本语法例解》初版发行于1933年,再版于1934年。在1933年,日军发动了对

热河、察哈尔的进攻,又分别向长城各重要隘口进攻。日军突破长城防线,向华北扩大侵略。中国守军奋起抵抗,几经激战,被迫后撤。《日本语法例解》的卷头语也提及,九·一八事变后,长城沿线失守,平津危急,国难当头。著者艾华有感于出版界的诸多学术书籍是由日文翻译而来,并对此种现象表达了忧虑之情。著者认为著述关于研究日本语言的书,也算是国难时期对国家和民族的一种贡献。该书是中国人出于爱国的目的而编写的日文教科书。在编写动机上,大大不同于日本编著者。

在《日本语法例解》的卷头语中,著者详细阐述了采用伊索寓言作为材料编书的意图及编写经过。他认为在外语学习过程中,语法的学习是重要的,但又是枯燥的,为提高学习者的兴趣而有意选取了伊索寓言,同时还希望通过寓言故事达到教育国人的目的。在编写过程中,著者结合自身学习英文的经历,采用举例注释的讲义法来讲解日语的语法和相关词汇的意义及用法。《日本语法例解》采用"详注例解"方式编写日文教科书,对此著者自称是首创。该书例句丰富,解释详尽、注重中日、日英语言之间的比较、并附带说明了中日文翻译的技巧,还介绍了日语学习方法,这些无疑有助于学习者自学日语。开明书店是20世纪上半叶中国的著名出版机构,该书由开明书店出版发行,并且再版印刷,可窥见该书在当时具有一定影响力。

[本文系国家社科基金重大项目《中国百年教科书整理与研究》(项目批准号:10&ZD095,首席专家:徐岩)的阶段性研究成果之一。]

参考文献
関正昭.1997.『日本語教育史研究序説』スリーエーネットワーク
五味政信.1987.「戦前の日本語教育と日本語教育振興会」日本語学校論集 14,155-172
朱桂荣.2015.关于20世纪20～30年代中国留学生日语教科书的研究——以《日语全璧》为例.《日本学研究》第25期,75-86.学苑出版社

附录1

目次
[篇中細目是擇要舉出,(一)(二)……等是註解符號。]
一 獅子王ト肉 ………………………………………………………………… 一
(一)「デ」的用法―(二)表「並列」的「ト」的用法―「ハ」與「ガ」的主要區別(詳說見第 二十篇十一條)―(三)「ヲ」的用法(四)……ト云フ……―「暮ス」與「暮レル」―(五)「ノ」――(六)ニ依ッテ―(八)…ノ無イ樣ニ―(九)成リマシタ―(一〇)サモ―(一三)「ダタウ」與「デセウ」―接續詞「ガ」―(一四)「○○ハ○○ダ」―(一五)カラ―(一七)トシテ―(二〇)「出來ル」的用法―(二一)御陰―(二三)推量否定助動詞「マイ」―(二四)サテ…―(二五)一寸―(二六)ヤガテ―(二七)ナ

ガラー(二八)「都合(ツゴウ)」—(三〇)「仕舞(シマ)ヒマシタ」的意義和用法

二 老人(ロウソ)ト其ノ息子(ムスコ) .... 二一
(二)「或(ア)ル」的意義—(三)「ニナ活用(カツヨウ)」的形容詞及其用例—(四)助詞「テ」—(五)許(バカ)リ—(六)…ニ對シテ—(九)「遣(タ)ル」的用法—「度(タ)イ」的用法—モノ(モン)(一〇)見ルー(一一)ケレドモ—(一六)「御覽(ゴラン)」和「御覽(ゴラン)ナサイ」—(一八)一生懸命(イッショケンメイ)ニ—(二〇)スルト—(二二)「宛(ツツ)」的用法—(二三)造作無(ザウサナ)クー(二四)間モ無イ—(二七)「ネ」的用法—(二八)ナラー(三〇)遣(ヤ)ラレルーゾ

三 龜(カメ)ト兎(ウサギ) .... 三七
(一)マシター(二)「樣」和「方」的用法—ジャナイカ？—(六)能性助動詞「レル」—(九)ヨウ(ウ)ジャナイカ？—「ウ」同「ヨウ」—「マス」的用法—(一二)カウ＝コウ＝コー,サウ＝ソウ＝ソウ……的發音(參看第十七篇第二條)—「カラ」—的用法—(一四)「方(ホウ)」的用法—(一八)形容詞語尾變化「サ」的用法—(二〇)「テモ」的用法—「追ヒ付(オッ)ケル」與「追ヒ付(オッ)カレル」—(二四)「……ナカッタ」的用法及其變化

四 羊飼(ヒツジカヒ)ト狼(オホカミ) .... 六一
(三)「番(バ)」與「一番(イチバン)」—(四)仕樣(ショウ)ガ有(ア)リマセン——(五)「遣(ヤ)ル」的用法—(八)「下(クダ)サイ」的變化和用法—(一三)……「ガル」—「許(バカ)リ」的用法—(一七)使性助動詞「セル」,「サセル」的用法—(二〇)爲無(シナナ)ク成ル—(二三)被性助動詞「レル」,「ラレル」(能性助動詞和敬語助動詞同)

五 鳥獸合戰(チョウジウガツセン)ト蝙蝠(コフモリ) .... 八一
(二)「ク活用」形容詞和「シク活用」形容詞的變化—(三)ノデ—(四)暫(シバ)ラクー「デシタ」和「ダ」,「デス」等的變化及活用—(一〇)「相(サウ)」的用法—「味方(ミカタ)」與「敵(テキ)」—(一四)例,—(一六)「スル」和「致ス」—(一八)少シモ

六 星占著(ウラナヒモノ) .... 九五
(一)昔(ムカシ)—(二)トハ—(三)モノ—(一〇)ナサイ—助詞「ガ」和「ハ」的用法及其比較詳說

七 老人(ロウジン)ト死神(シニカミ) .... 一〇七
(四)未然的助動詞「ウ」的用法—(九)詰(ツマ)ラナイ—(一〇)寧(ムシロ)ロ……方(ホウ)ガイイ—(一一)ソレデ一度(タ)イ—(一三)「……ヤ否(イナ)ヤ」的用法—(一七)何致(ドウイタ)シマシテ

八 池畔(チハン)ノ鹿(シカ) .... 一一九

(一)「ウ」與「マセウ」的用法―(二)丸デ―(四)ジャナイカ？―
(一〇)動詞連體形和連用形「タ」下的名詞的翻譯法―(一三)「……為レバ……為ル程(丈)」的用法

九　獅子ノ皮ヲ着タ驢馬 …………………………………………… 一三一
(三)成ッタ―(五)スルト―(一〇)ノデ―(一一)「化」的意義

十　獅子ト鼠 ……………………………………………………………… 一四一
(一)彼方此方ト―(二)「マデ」(迄)的用法―(三)被性的「サレル」和「惡戲」―
(五)失敬―(七)否定助動詞「ズ」―(八)……サウニ―(一〇)申シ譯ガ御座イマセン―(一一)「オ上リニ成ル」和「食ベル」―(一二)丈―「下サイ」的用法―「御」的用法及其發音―「一四」其ノ儘―(一六)掛ル―(一七)幾ラ―(一八)ラレル―(二〇)處ガ―(二一)合點―(二四)上ゲマス

十一　獅子王女ト鼠 …………………………………………………… 一六一
(一)困ル―(五)御蔭デ―(八)「樣」的用法―「御前」「貴君」―ヂャー(一〇)何デモ好イ―遠慮無シニ―(一四)デハ―嫁―(一七)「サウカ」和「サウデスカ」―(一八)許リ

十二　狐ト葡萄 …………………………………………………………… 一七三
(一)遣ッテ来ル―(二)「葡萄ノ寶」的「ノ」―(四)……度クテ仕樣ガ有リマセン―(七)「取レル」和「取ラレル」―(一〇)モンカ(モンカ)―(一一)……テ仕樣ガ無イ―(一二)「ク活用」形容詞及「シク活用」形容詞的用法詳說

十三　狐ト狼 ……………………………………………………………… 一八五
(二)「助カル」和「助ケル」―(六)「呉レル」的用法―(九)「サヘ」的用法―(一一)後生ダガーマセンカ―(一四)気ノ毒―(一九)喋ル―(二二)御世辞

十四　黃金ノ卵 …………………………………………………………… 一九五
(三)「玉子」與「卵」(一字有二以上的寫法)―(四)……デハ無ク―
(九)「立派ナ」的兩個意義―(一五)ラシイ

十五　二ツノ壺 …………………………………………………………… 二〇三
(四)……易イ―(八)表示「禁止」的「ナ」―(九)心配ナ事ハ無イ―(一〇)形容詞連用形下的「スル」―(一二)「…ハ…ガ…」的構造及用法―(一五)ダカラ成ル

可ク
　　十六　葡萄畑ノ寶 ………………………………………… 二一三
(一)為ニ—(三)度ク無イ—(八)ナケレバナラン—接続詞的「ガ」—(一二)今迄
ーノハ—(一六)サテ—(一九)此レ迄ニ無ク
　　十七　雄鶏ト宝石 ………………………………………… 二二五
(二)何カ—「ウ」和「行カウ」、「挿サウ」……(参看第三篇第十二条)—(三)居リ
マシタ—(五)……カト思ッタラ……ダ—(七)「私ニ取ッテハ」和「貴君ニ取ッ
テハ」—一向—(九)知レヤシナイ
　　十八　旅行家ノ大言 ……………………………………… 二三三
(一)「男」的意義—(四)……オスル—(六)……ダッタラー幾ラモ居ル(幾ラ
モ有ル)—(一二)……タラ—(一三)流石
　　十九　寡婦ト雌鶏 ………………………………………… 二四一
(七)シカ—(八)丈—使性助動詞「セル」、「サセル」的變化,用法,實例—(一
〇)サウ—(一三)ナク成ル
　　二十　鳩ト蟻 ……………………………………………… 二五一
(三)サウ(動詞第二變化下的)—(九)「狙ハレテ」的「レ」—(一〇)「奪ハレヨウ」
的「レ」
　　二十一　驢馬ト軍馬 ……………………………………… 二五九
(五)邪魔スル—(六)失礼千万ナ——ナケレバナラナイ—(一六)例ノ—(一
八)「己」與「私」—(二二)思ヘナイ
　　二十二　犬ト鶏ト狐 ……………………………………… 二七一
(八)掛ケル—(一一)御馳走—(一四)御早ウ—十七「用心深イ」和「用心」—(一
八)折角—(二〇)「起ス」和「起キル」—(二一)案内
　　二十三　腹ト四肢 ………………………………………… 二八三
(一)譯—(三)ノニ—(四)御禮—(五)遊ンデ居ル(四段活用撥音便之一例)—
(八)デハナイカ—(一〇)何ナニ(幾ラ)……デモ—(一二)限リ—(一三)否定
助動詞「ヌ」、「ン」「ナイ」—(一六)仕切レナク—(一八)許リデナク—(一九)
ダッタ。
　　二十四　飼犬ト盗賊 ……………………………………… 二九三

(一)共—(四)「覚マス」和「覚メル」—(六)弱ル—(一〇)却ッテ—(一一)見損フ(一三)「換ヘラレル」的「ラレル」

二十五　猟犬ト番犬 ……………………………………… 三〇一

(二)「役」的意義和用法—(九)「楽」的意義—(一一)トハ—(一四)表「禁止」的「ナ」—(一六)命令法文句的改造

二十六　農夫ト蛇 ………………………………………… 三〇九

或ル冬ノ寒イ日—(二)「掛ケル」的意義和用法—(一三)流石ノ—(一四)關於「恩」—(一五)ヲバ

二十七　蛙ト医者 ………………………………………… 三十七

(一)大勢—(二)何ナ……デモ—(八)ラシイ—(一二)表並列的「シ」—(一三)「其リャ」和「其レハ」—(一四)「サヘ」和「癖ニ」

二十八　烏ト蛤 …………………………………………… 三二七

(一)君！君！—宜イジャナイカ—ヂャ—(七)サヘ……バ—(一〇)通リ—(一二)見事ニ

二十九　駱駝……………………………………………… 三三五

(一)「スル」的又一用法—(三)關於「害」字—(五)…様ニ成ッター(六)暫クデシター(七)關於「抵抗」

三十　桃ト林檎ト木苺 …………………………………… 三四一

(二)何方—有「カ」的文章改造—(六)顔ヲ出スー(九)チャンとー(一〇)ナゾ

中国人中級学習者の日本語漢字単語の中国語口頭翻訳における心内辞書の働き方
―聴覚呈示事態による中日間の形態・音韻類似性の影響―

北京外国语大学　费晓东

摘要：本研究以中级中国日语学习者为对象，探讨了中日汉字词汇的形态类似、语音类似两大因素对日语汉字词汇加工机制所产生的影响。实验设计采用听力词汇的口头翻译作业，以学习者反应时间为因变量、形态类似与语音类似为自变量，进行了二因素的方差分析。结果显示，(1)无论语音类似与否，形态类似因素效果显著，形态类似对日语汉字单词的翻译过程起促进性作用；(2)只有在形态类似条件下，语音类似因素效果显著，语音类似对日语汉字单词的翻译过程起促进性作用。形态类似因素的结果与先行研究一致，无论是视觉、听觉认知过程，还是从汉语到日语、从日语到汉语的认知过程，形态类似因素都显示促进性效果。语音类似因素，随着实验作业的变化显示不同的效果。在中国日语学习者的心理词典里，日语语音表征的形成度低，无意识下的语音表征的激活会产生抑制性作用。本研究结果表明，在日语词汇习得过程中，加强学习者对汉字词汇的中日间的语音认知有着非常重要的意义。

キーワード：中日漢字　形態類似性　音韻類似性　口頭翻訳課題　聴覚呈示事態

1. はじめに

　中国語を母語(native language：first languageとほぼ同義として以下，L1)とする中級の日本語学習者が，日本語の漢字単語をL1である中国語に口頭翻訳するとき，心内辞書(mental lexicon)ではどのような働き方がみられるのであろうか。本研究では，この問題を扱う。

　日本語は中国語と同様に漢字を使用するため，中国語をL1とする日本語学習者にとって日本語漢字単語の学習が有利であると考えられやすい。しかし，聴覚呈示事態による日本語漢字単語の処理過程において，形態が類似することによる促進効果がみられたものの，音韻が類似することによる抑制効果が生じることも報告されている(e.g., 費, 2013;費・松見, 2012)。心内辞書では何故抑制または促進の効果が生じるのだろうか。本研究では，語彙判断課題(lexical decision task)を用いた従来の研究と比較し，口頭翻訳課題(oral translation task)を用いて漢字の中国語と日本語(以下，中日)間の形態類似性と音韻類似性による影響を明らかにする。

2. 先行研究の概観

　第二言語(second language；以下,L2)の学習者が一度学習した単語について,その単語をうまく使えるとは限らない。単語認知(word recognition)の研究は,学習者が心内辞書に貯蔵されている(学習済みの)単語をどのように処理(理解)するかを教えてくれる。中国語をL1とする日本語学習者がL2である日本語の漢字単語を処理する際,L1の漢字知識が影響を及ぼすことが明らかにされている(e. g., 蔡・費・松見,2011；費,2015；費・松見,2012；松見・費・蔡,2012)。

　蔡他(2011)では,上級の学習者が視覚呈示される日本語の漢字単語を処理する際,L1である中国語がどのような影響を及ぼすかが検討された。実験では,漢字の中日2言語間の形態・音韻類似性が操作され,語彙判断課題が採用された。その結果,形態類似性の高い単語や音韻類似性の高い単語が類似性の低い単語よりも速く処理されることが分かった。形態高類似性や音韻高類似性が漢字単語の視覚的認知過程に正の影響を及ぼすことが示された。

　蔡他(2011)の実験に準じて松見他(2012)では,中級の学習者が視覚呈示される日本語の漢字単語を処理する際,L1である中国語がどのような影響を及ぼすかが検討された。その結果,音韻類似性の高い単語が類似性の低い単語よりも速く処理されることが分かった。すなわち,音韻類似性による正の影響のみが観察された。日本語の習熟度の違いによって形態・音韻類似性の効果が異なる可能性が示唆された。

　では,漢字単語の聴覚的認知過程に形態・音韻類似性がどのような影響を及ぼすのだろうか。費・松見(2012)では,蔡他(2011)の実験に準じて,上級の学習者が聴覚呈示される日本語の漢字単語を処理する際,L1である中国語がどのような影響を及ぼすかが検討された。その結果,形態類似性の高い単語が低い単語よりも速く処理され,音韻類似性の低い単語が高い単語よりも速く処理されることが分かった。漢字単語の聴覚的認知過程に形態類似性が正の影響を及ぼすが,音韻類似性が負の影響を及ぼすことが示された。視覚あるいは聴覚という呈示モダリティーの違いによって,形態・音韻類似性の効果が異なる可能性が示唆された。

　費(2015)では,費・松見(2012)の実験手法を用いて,中級の学習者が聴覚呈示される日本語の漢字単語を処理する際,L1である中国語がどのような影響を及ぼすかが検討された。その結果,形態類似性による正の影響及び,音韻類似性による負の影響がみられた。さらに,形態・音韻類似性が互いに関連して影響を及ぼすことが明らかとなった。音韻類似性の低い単語において形態類似性による正の影響,形態類似性の高い単語において音韻類似性による負の影響がみられた。視覚呈示事態と同様,日本語の習熟度の違いによって形態・音韻類似性の効果が異なる可能性が示唆された。

　これら一連の研究結果により,聴覚呈示事態において音韻類似性が負の影響を及ぼすという結果は興味深い。単語の形態情報の入力から処理が始まる視覚呈示事

態では，音韻類似性による正の影響がみられたことから，中日 2 言語間の音韻表象の連結，音韻表象と形態表象の連結をさらに解明する必要があると考えられる。しかし，従来の研究では，呈示言語と反応言語が中国語か日本語のどちらか一方のみに設定される場合が多く，呈示言語と反応言語が異なる言語に設定される場合がほとんど見当たらない。これらを考慮した研究として，費・松見（2014）が挙げられる。

費・松見（2014）では，聴覚呈示事態による口頭翻訳課題を用いて，中日 2 言語間の形態・音韻類似性の互いの影響が検討された。実験では，中国語が呈示言語として設定され，学習者が中国語単語を日本語に翻訳するように求められた。その結果，中国語単語の日本語口頭翻訳に，形態類似性がプラスの影響を及ぼすが，音韻類似性については形態類似性の低い単語においてのみ正の影響を及ぼすことが分かった。中国語の音韻表象が活性化すると同時に，形態類似性が高い場合，2 言語間で共有されている形態表象が活性化し，音韻類似性が高い場合，日本語の音韻表象が活性化することが示された。

従来の研究では，日本語が呈示され日本語で反応が求められるが，費・松見（2014）では，中国語が呈示され日本語で反応が求められる。では，日本語が呈示され中国語で反応が求められる場合，形態・音韻類似性のどのような影響がみられるのだろうか。この問題を明らかにし，先行研究の結果と比較することで，中日 2 言語間の形態・音韻表象の連結関係のさらなる解明に繋がると考えられよう。

3. 問題の所在及び本研究の目的

先行研究の結果を概観すると，形態類似性による正の影響が一貫してみられるが，音韻類似性は，視覚呈示事態による正の影響と聴覚呈示事態による負の影響の両方が観察されている。また，同じ聴覚呈示事態においても，中国語が呈示され日本語で翻訳が求められる場合，音韻類似性による正の影響がみられた。では，聴覚呈示事態において，日本語が呈示され中国語で翻訳が求められる場合，形態・音韻類似性の影響がどのようにみられるのだろうか。この問題を明らかにすることが，中国語から日本語へ，そして日本語から中国語への双方向から形態・音韻類似性の影響を検討することができる。先行研究の結果と比較し，形態・音韻類似性の相互関係をさらに解明することができよう。

以上をふまえ，本研究では，日本語漢字単語の中国語口頭翻訳課題を用いて，中日 2 言語間の形態・音韻類似性による影響や，両者の相互関係を検討することを目的とする。実験仮説を以下のように立てる。

【仮説 1】形態類似性によるプラスの影響が一貫してみられること（e.g.，松見他，2012；費・松見，2014；費，2015）から，音韻類似性の高い単語においても（仮説 1-1），音韻類似性の低い単語においても（仮説 1-2），形態類似性の高い単語は低い単語よりも反応時間が短くなるであろう。

【仮説 2】日本語漢字単語の聴覚的認知に中国語の音韻情報が負の影響を及ぼす

こと(e.g.,費・松見,2014)や,中国語から日本語への口頭翻訳課題では形態類似性の高低によって音韻類似性の影響の仕方が異なること(e.g.,費,2015)が報告されている。よって,形態類似性の高い単語では,日本語の音韻入力の直後に中日で共有される形態表象が活性化するのであれば,音韻類似性による効果がみられないであろう(仮説2-1)。一方,形態類似性の低い単語では,日本語の音韻入力の直後に音韻類似性の高い単語による中国語の音韻表象が活性化し干渉効果が生じるため,音韻類似性の高い単語は低い単語よりも反応時間が長くなるであろう(仮説2-2)。

4.実験的検討

4.1 実験参加者

中国語をL1とする日本語学習者16名(女性11名,男性5名)であった。全員が中国の大学の日本語学科で日本語を専攻する大学生であり,平均学習期間は2.0年であった。学習年数や大学のシラバスによると,参加者の日本語レベルは,日本語能力試験N3～N2相当と見なされる。全員が,日本での留学経験はなかった。

4.2 実験計画

2×2の2要因計画を用いた。第1の要因は漢字の中日間の形態類似性であり,高低の2水準であった。第2の要因は音韻類似性であり,高低の2水準であった。2つの要因ともに参加者内変数であった。

4.3 材料

すべての材料は,国際交流基金(2002)の3,4級(旧日本語能力試験)単語リストから選定された。当銘・費・松見(2012)の中日漢字単語の音韻類似性の調査資料をもとに,中日2言語間の形態・音韻類似性の高低に基づき,「形態・音韻類似性が高い単語」,「形態類似性が高く音韻類似性が低い単語」,「形態類似性が低く音韻類似性が高い単語」,「形態・音韻類似性が低い単語」について,それぞれ14個,計56個を選定した(表1を参照)。4種類の日本語単語は,天野・近藤(2000)に基づき,出現頻度がほぼ等質になるように統制された($F(3, 52)=2.12, p=.109, \eta^2=.01$)。

聴覚呈示用音声刺激について,日本語教師経験がある女性の東京方言話者に録音してもらい,それらの音声を聴覚呈示用に編集した。

表1 実験で使用された材料の例

	形態高・音韻高	形態高・音韻低	形態低・音韻高	形態低・音韻低
単語例	教育　研究	学校　交通	財布　立派	部屋　試合

4.4 装置

実験プログラムは,SuperLab Pro(Cedrus社製 Version 4.0)を用いて作成され

た。また，実験では，パーソナルコンピュータ（SOTEC PC-R502A5）とボイスキー（Cedrus SV-1）が用いられた。音声呈示をするために，ヘッドホンが用いられ，実験参加者の口頭反応を録音するために，ICレコーダー（Voice-Trek V-61）が用いられた。

4.5 手続き

個別実験であった。本試行の前に練習試行が10試行行われた。実験参加者は，ヘッドホンから1個ずつ音声呈示される日本語単語を，できるだけ速く且つ正確に中国語に口頭で翻訳するように教示された。実験本番中，ボイスキーを翻訳語の産出前に反応させないために，翻訳語を考えるときに，「えーと」「あのー」のような発言を避けるように，また，単語の意味が分からないときは，「わからない」と言うか黙って次の単語が呈示されるまで待つように教示された。

1試行の流れを図1に示す。音声が出てくる合図としてパソコン画面に注視点が500ms呈示された後，500msの空白をおいて中国語の単語が音声呈示された。単語の呈示時間は最大6000msで，この間に実験参加者の反応があるか，反応がなく6000msが経過した場合，2000msの間隔をおいて次の試行に移った。反応時間は，音声単語が呈示されてから実験参加者が口頭反応するまでの時間であり，ボイスキーを通じて自動的に計測された。翻訳の正誤を確認するために，実験参加者の許可を得て参加者の反応がすべて録音された。

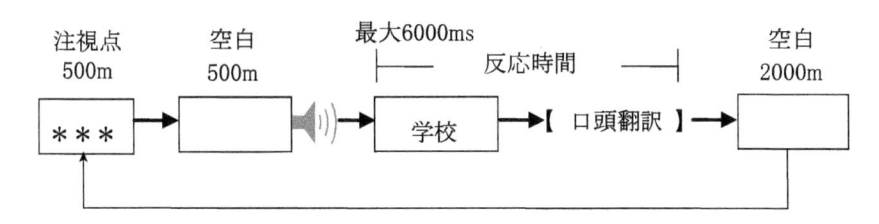

図1 実験における1試行の流れ

本試行終了後，ターゲット単語の翻訳同義語である日本語に関する未知単語のチェックおよび実験参加者の言語学習歴に関する筆記回答式の調査が行われた。

5. 結 果

分析対象は16名であった。各実験参加者における誤答，無答，及び未知単語が分析対象から除外された。各条件の正反応について平均反応時間及び標準偏差（SD）を求め，平均正反応時間±2.5SDから逸脱したデータは外れ値として分析対象から除外された。除外率は15.77%であった。

各条件の平均正反応時間について2要因分散分析を行った結果（図2を参照），形態類似性の主効果が有意であり（$F(1,15)=44.87, p<.001, \eta^2=.22$），形態類似性の高い単語は低い単語よりも反応時間が短かった。音韻類似性の主効果は有意で

はなかった(F(1,15)=0.60, p=.453, η^2=.01)た,形態類似性×音韻類似性の交互作用が有意であったので(F(1,15)=6.62, p=.021, η^2=.03),単純主効果の検定を行った結果,音韻類似性の高い単語においても(F(1,30)=44.16, p<.001, η^2=.21),音韻類似性の低い単語においても(F(1,30)=9.77, p=.004, η^2=.05),形態類似性の高い単語は低い単語より反応時間が短かった。また,形態類似性の高い単語において,音韻類似性の高い単語は低い単語よりも反応時間が短かったが(F(1,30)=4.31, p=.047, η^2=.03),形態類似性の低い単語において,音韻類似性の高い単語と低い単語との間に有意な差はみられなかった(F(1,30)=0.64, p=.431, η^2<.01)。

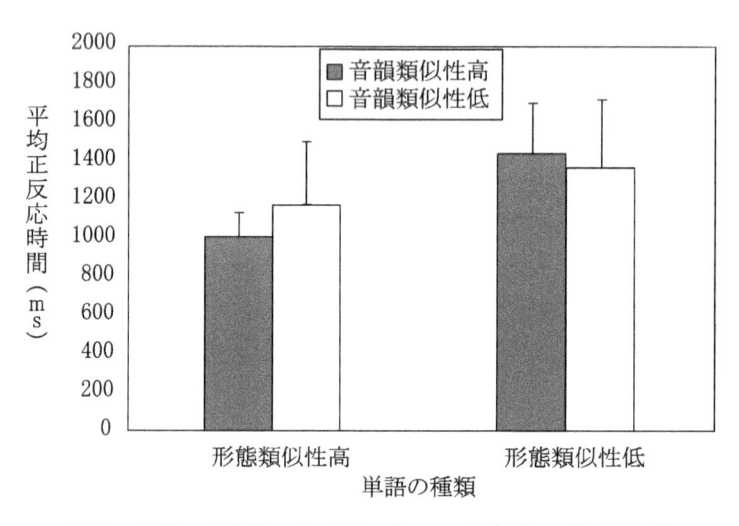

図2 実験の各条件における平均正反応時間及び標準偏差

表2 各種類の単語の誤答率及び標準偏差

	形態高・音韻高	形態高・音韻低	形態低・音韻高	形態低・音韻低
誤答率(SD)	2.56(5.32)	1.70(4.51)	2.07(5.57)	1.70(4.51)

なお,各条件における誤答率を算出し,逆正弦変換した値(表2を参照)について,反応時間と同様に2要因分散分析を行った。その結果,形態類似性の主効果(F(1,15)=0.05, p=.825, η^2<.01),音韻類似性の主効果(F(1,30)=0.46, p=.510, η^2<.01),形態類似性×音韻類似性の交互作用(F(1,30)=0.03, p=.864, η^2<.01)は,いずれも有意ではなかった。誤答率に関する以上の結果から,いずれの条件間においても,反応時間が短い条件で誤答率が高く,逆に反応時間が長い条件で誤答率が低いという,トレードオフ(trade-off)現象は生じなかったと言える。したがって,本実験の反応時間には,課題遂行に要する時間の相対的な長短が反映されていると考えられる。

6. 考　察

　本研究では，中国語をL1とする中級の日本語学習者を対象に，聴覚呈示される日本語の漢字単語を中国語に口頭翻訳されるときの形態・音韻類似性の影響を検討した。実験の結果，(1)音韻類似性の高い単語においても，低い単語においても，形態類似性による正の影響が生じること，(2)形態類似性の高い単語においてのみ，音韻類似性による正の影響が生じること，の2点が分かった。仮説1は支持されたが，仮説2は支持されなかったと言える。

　まず，形態類似性の影響について考察する。音韻類似性の高い単語においても，類似性の低い単語においても，形態類似性による正の影響がみられた。これは，費・松見(2014)や費(2015)と一致する結果であった。音韻類似性の低い単語において，形態類似性が高い場合は，日本語の音韻入力の直後に中日で共有される形態表象が活性化するため，形態類似性が低い場合よりも概念表所への意味アクセスが速いことが考えられる。音韻類似性の低い単語は，日本語から中国語へ，または中国語から日本語への双方において，中日で共有される形態表象を経由して概念表象に意味アクセスするという経路を有することが明らかとなった。一方，音韻類似性の高い単語については，日本語の音韻入力の直後に中日で共有される形態表象だけでなく，中国語の音韻表象も活性化することが予想される。中国語の音韻表象が活性化することが，単語の意味理解過程に負の影響を及ぼすことが考えられる。そこで，形態類似性の正の影響がみられることは，中国語の干渉よりも中日で共有される形態表象を経由する意味理解過程がより強く働くことを示唆する。中国語から日本語への口頭翻訳課題を用いた費・松見(2014)では，形態類似性による正の影響は有意ではなく，有意傾向にあることが示された。日本語の活性化による影響は中国語の活性化による影響よりも強いことが推察できよう。この結果は，費・松見(2014)で提唱された音韻表象の活性化の「不均衡現象」を支持するものであった。すなわち，口頭翻訳時の出力言語において，表象の形成度が圧倒的に高いL1の音韻表象と比べ，形成度が低いL2の音韻表象の活性化による干渉が強いことが窺えよう。

　次に，音韻類似性の影響について考察する。形態類似性の高い単語において，音韻類似性による正の影響がみられた。形態類似性の高い単語は，日本語の音韻入力の直後に中日で共有される形態表象が活性化し，意味アクセスが迅速に行われる。その上，音韻類似性の高い単語では，中国語の音韻表象も活性化し，その活性化が口頭翻訳(中国語で命名)に正の影響を与えることが考えられる。一方，形態類似性の低い単語において，音韻類似性による影響はみられなかった。形態類似性の低い単語では，日本語の音韻入力の直後に中国語の形態表象の活性化が起こるとは考えにくく，音韻類似性の高い単語による中国語の音韻表象が活性化することが予想できる。しかし，形態類似性の低い単語は，活性化した音韻情報が口頭翻訳(中国語で命名)の音韻情報と一致しないため，音韻類似性による正の影響が生じないことが考

えられる。音韻類似性の高い単語は低い単語と同様に口頭翻訳まで時間がかかり，音韻類似性による影響が生じなかったと言えよう。この結果は，中国語から日本語への口頭翻訳課題を用いた費・松見(2014)とは異なるものであった。費・松見(2014)では，形態類似性の低い単語において，音韻類似性の正の影響がみられた。この結果も，音韻表象の活性化の「不均衡現象」を支持するものであった。形態類似性の高い単語では，L1の音韻表象が先に活性化する場合，中日間の音韻類似性の高低に関係なくL2の音韻表象が活性化するが，L2の音韻表象が先に活性化する場合，音韻類似性の高い単語においてのみL1の音韻表象が活性化することが窺えよう。

最後に，語彙判断課題を用いた研究の結果と比較し，音韻類似性による影響についてさらに考察を行う。日本語が呈示され日本語で反応が求められる場合，中国語の音韻表象の活性化による負の影響が生じるが(費，2015)，日本語から中国語(または中国語から日本語)への口頭翻訳の場合，中国語(または日本語)の音韻表象の活性化による正の影響が生じる。この2つのパターンの音韻表象の活性化は，前者が無意識的なレベルで起こり，後者が意識的なレベルで起こる。すなわち，意識的なレベルでの活性化と無意識的なレベルでの活性化による影響は異なる可能性が高いことが窺える。また，語彙判断課題は理解過程のみを有するのに対し，口頭翻訳課題は理解過程と産出過程の2つの過程を有する。産出過程では，最終的に出力する音韻情報は，活性化した音韻情報と一致するため，音韻類似性による正の影響が生じることが考えらえる。よって，口頭翻訳課題では，理解過程に負の影響が生じても，産出過程に正の影響がより強く働くため，音韻類似性による正の影響が生じることが考えられよう。

7. 終りに

中日間の形態類似性は，呈示モダリティー(視覚・聴覚)，呈示言語(中国語・日本語)，活性化レベル(意識的・無意識的)などの違いに関係なく，正の影響が生じるが，音韻類似性は，それらの違いによって異なる影響が生じることが明らかとなった。中国語をL1とする日本語学習者における日本語漢字語彙の習得において，中国語漢字の形態情報に関する知識を有することが非常に優位であることが言える。一方，中国語の音韻情報に関する負の影響を及ぼすことがあるため，学習者に単語の中日間の音韻情報の違いを意識させることの重要性が窺える。

中日2言語間の形態・音韻類似性の影響について，学習者の習熟度の違いによってどのように変わっていくのだろうか。各学習段階において，形態・音韻類似性による影響の変化を明らかにすることで，学習者の語彙習得の過程を推測することができ，語彙習得過程で用いられたストラテジー及びその学習効果を検証することもできる。今後の課題として，学習者の習熟度別に，「視覚・聴覚」の両呈示事態や「日本語から中国語へ・中国語から日本語へ」の双方向課題を用いて，形態・音韻類似性の影響についてさらに検討を行う必要がある。

参考文献

天野成昭・近藤公久. 2000.『NTTデータベースシリーズ 日本語の語彙特性 文字単語親密度』. 三省堂

蔡鳳香・費暁東・松見法男. 2011.「中国語を母語とする上級日本語学習者における日本語漢字単語の処理過程―語彙判断課題と読み上げ課題を用いた検討―」.『広島大学日本語教育研究』. 第21号. 55-62

費暁東. 2013.「日本留学中の中国人上級日本語学習者における日本語漢字単語の聴覚的認知―中日2言語間の形態・音韻類似性を操作した実験的検討―」.『留学生教育』. 第18号. 35-43

費暁東. 2015.「中国語を母語とする中級日本語学習者における日本語漢字単語の処理過程―聴覚呈示事態における語彙判断課題を用いた実験的検討―」.『日本総合学術学会誌』. 第14号. 11-18

費暁東・松見法男. 2011.「中国語を母語とする中級日本語学習者における日本語漢字単語の聴覚的認知―中日2言語間の形態・音韻類似性による影響―」.『2011年度日本語教育学会秋季大会予稿集』. 273-274

費暁東・松見法男. 2012.「中国語を母語とする上級日本語学習者における日本語漢字単語の聴覚的認知―中日二言語間の形態・音韻類似性による影響―」.『教育学研究ジャーナル』. 第11号. 1-9

費暁東・松見法男. 2014.「中国人中級日本語学習者の中国語単語の日本語口頭翻訳における心内辞書の働き方―聴覚呈示事態における中日間の形態・音韻類似性の影響Ⅴ」.『2014年度日本語教育学会秋季大会予稿集』. 239-240

国際交流基金. 2002.『日本語能力試験出題基準 改訂版』. 凡人社

松見法男・費暁東・蔡鳳香. 2012.「日本語漢字単語の処理過程―中国語を母語とする中級日本語学習者を対象とした実験的検討―」. 畑佐一味・畑佐由紀子・百濟正和・清水崇文（編著）『第二言語習得研究と言語教育』. 第1部 論文2(pp43-67). くろしお出版

当銘盛之・費暁東・松見法男. 2012.「日本語漢字二字熟語における中国語単語との音韻類似性の調査―同形同義語・同形異義語・非同形語を対象として―」.『広島大学日本語教育学研究』. 第22号. 41-48

中国人非専攻日本語学習者の学習動機の変化
―中国における大学の日本語双学位学習者を対象に―

（日本）東北大学　王　俊

摘要：为了弄清中国人非日语专业学习者学习日语的学习动机的变化情况，本研究以H大学的日语双学位学习者为研究对象，跟踪调查了在其两年学习期间学习动机的变化情况。使用定性研究分析手法M-GTA，生成了"日语双学位学习动机减退"和"日语双学位学习动机维持"两大类。其中，"日语双学位学习动机减退"由《双学位开始时的学习动机》《日语双学位的困难》《继续学习者》《学习放弃者》这四小类构成。笔者发现"日语双学位学习动机减退"这一分类中，学习者的日语双学位的学习动机和日语的学习动机有所不同。研究还发现《日语双学位的困难》这一分类中，包括〔孤独〕，〔学费〕等〈制度利用上的困难〉和〔上课枯燥乏味〕，〔没有学习时间〕等〈授课关系的困难〉。弄清这些问题，对中国双学位教育的改善有着重要意义。

キーワード：中国人　日本語双学位学習者　学習動機の変化　定性研究

1. はじめに

　2012年に中国の高等教育機関で日本語以外の専門分野を持ち，外国語科目として日本語を学んでいる学習者数は，中国における日本語学習者総数の1～3を占めている（国際交流基金2013）。その中には英語の代わりに第一外国語として履修するパターンと，選択科目の第二外国語として履修するパターン，第二の専攻として学習するパターンがある。第二の専攻として学習するパターンは通称「双学位」と呼ばれる制度であり，中国の一部大学[1]において，学士課程において主専攻と異なる専攻で2年間程度の課程を修了した者に，別の学位記が授与される制度である。中国の改革開放以降，次第に学科間の相互浸透が進み，「複合型」人材の育成が求められるようになってきた。双学位制度は1980年代より一部の重点大学[2]において試行され，その後規模が大きくなり，現在大学内のみならず，大学間など広い範囲で採用されている（施 2009）。しかし，この種の日本語学習者については，これまでの研究においてほとんど言及されていない。特に，双学位制度では途中で履修放棄することができるため，時間が経つにつれて，履修継続に大きく関係する学習動機に変化が生じやすいと想定される。そこで，本研究では日本語双学位学習者を対象とし，双学位を取得するまでに学習動機がどのように変化したかを明らかにすることを目的とする。

2. 先行研究

2.1　学習動機

　Dörnyei(2001)は学習動機を,「人間の行動の方向と規模を決めるもの」であるとし,「なぜ」,「いかに」,「どのくらい」それを行うかについて,説明するものとしている。第二言語習得領域においては,学習動機を様々な角度から説明しようとする試みがなされてきている。その中で自己決定理論は,自己決定性の度合いにより,学習動機を「無動機」,「外発的動機」「内発的動機」という連続したプロセスとして説明されるものだと捉えている。無動機は全く動機づけられていない状態で,外発的動機は義務,賞罰,強制などにより生じる動機,内発的動機は好奇心や関心により生じる動機である。自己決定理論の利点の1つは,学習動機を連続体として捉えることで,変化のプロセスを考慮できる点である(Dörnyei 1998)。本研究の目的を達成するための理論的枠組みとして適切であるため,本研究でもこの分類を採用する。

　日本語教育の分野では,1990年代から学習動機の研究において従来の量的手法だけではなく,質的手法も用いられるようになり,学習動機の変化のプロセス及びそれに関わる諸要因を明らかにした研究が見られるようになった。瀬尾(2011)は香港の上級の日本語生涯学習者11名を対象にインタビュー調査を行った。これらの日本語学習者は学習前から日本文化への興味や日本旅行に関心を持っていた。学習開始後,学習者はさらに日本文化への興味を深め,上級になるにつれ,日本語が理解できることの喜びと共に他者との繋がりにも喜びを感じはじめていた。同時に,そこに至るまでに様々な日本語学習の困難を経験していたという。根本(2011)はカタールの日本語講座を修了した日本語学習者10名を対象にインタビュー調査を行った。その結果,日本と言語学習への興味が並行し,関連し合うことで日本語学習開始の決心をした後,カタールにおける日本語の位置づけの低さに直面したが,諦めと割り切りで対処し,頑張れる理由を持って日本語学習を継続させていることが分かった。三國(2011)は香港の民間学校日本語学習者10名を対象にインタビュー調査を行い,日本への興味や日本語を理解したいという欲求がきっかけで,積極的に関わるようになったことを明らかにした。また,学習を継続する上で,時間や能力,学習機会の不足から戸惑いが生じていることもあるが,学習の意味づけなどの自己の理解を行うことで,困難を克服していることも明らかにした。

　以上の研究は社会的環境も学習者の背景も多岐にわたるが,中国大陸の学習環境における日本語双学位学習者の研究は未だに見られない。

2.2　学習動機減退

　学習動機の減退要因とは,学習者の動機を弱くする要因のことである。垣田(1993)は学習動機を強めたり,弱めたりする要因として3つ挙げている(表1参照)。外国語学習における学習動機の減退要因に関する研究は英語教育分野ではこれ

まで多くなされてきたが，日本語の学習動機の減退をテーマにした研究は瀬尾他(2012)，Hamada & Grafström(2014)を除いて見られない。瀬尾他(2012)は香港大学専業進修学院で，初級日本語コースの受講を途中でやめてしまった社会人日本語学習者に対して質問紙調査と半構造化インタビューを行い，「仕事」と「時間」が原因で学習動機が減退した者が多かったことを明らかにした。また，Hamada & Grafström(2014)では，日本語学習歴5年以上のオーストラリアの大学生6名を対象に，インタビューを行った。その結果，授業の雰囲気がクラス内のグループ(日本文化への知識の差により結成されている)に影響されていること，学習者が漢字や礼儀の学習に困難を感じていること，オーストラリアにおいて日本語の社会需要があまりないことが分かった。学習動機の減退に触れた他の研究では，中井(2009)が，母国を離れた中国人就学生が日本で日本語を学習する際，学習動機の減退に繋がる孤独感が生じていたことを明らかにした。今福(2010)は台湾の日本語専攻学習者を対象とし，学習意欲(動機)が高くなるまたは低くなる教師要因と学習者要因を挙げている。これらの研究では，様々な学習環境における様々な背景を持つ学習者の日本語学習に影響を与える要因を明らかにしてきた。これらの研究対象はいずれも本研究の対象者である日本語双学位学習者とは異なり，先行研究で得られた減退要因が必ずしも当てはまるとは限らない。本稿では，中国の日本語双学位学習者の日本語学習における減退要因を明らかにすることにより，日本語双学位教育の質の向上に貢献したい。

表1　学習動機に影響を与える要因(垣田　1993:25)

環境の要因	社会環境，家庭環境，学校の物理的・精神的雰囲気など
生徒自身の要因	身体的・精神的健康，性格，情緒傾向，知能，適性，態度，目的・到達目標，欲求，学習の方法・習慣
教授の要因	教材，教授法，教授の質，教師など

3. 調査方法

3.1　調査対象

本稿は「七校聯合」に参加している中国のH大学を研究対象とする。2001年より中国武漢市のH大学をはじめ，相互に提携している7つの大学において双学位制度，通称「七校聯合」が始まった。「七校聯合」に参加している大学の学生は，参加大学の課程を任意に選択できるが，履修にあたり，学費を支払う必要がある。授業は休日や夏休みに行われる。学部2年生と3年生向けに相互科目履修が実施され，大学間で単位認定が行われる。2年生の後半から1年間学習し，規定の単位を取得した場合はマイナー(中国語では「輔修」)，2年間学習し，規定の単位を取得した場合は，ダブルディグリー(中国語では「双学位」)と見なされる。2008年時点で「七校聯合」は中国大陸の双学位制度の中で実施年数が最も長く，実質的な参加大学数が最

も多く,学習者数が最も多いと言われている(許 2008)。

　H大学を対象として選んだ理由は,2012 年にH大学で日本語双学位を利用した学習者数が他大学と比較して最も多かったからである。H大学における日本語双学位の担当教師は日本語専攻の教師で,開講科目も日本語専攻に準じている。総授業数は45分×800コマであり,4つの学期に分けられる。開始から3学期目までは,学習者はH大学にて授業を受け,残りの1学期は,各自指導教員と面会などの時間を取り,卒業論文に取り組む。1クラスあたりの人数には幅があり,おおよそ30人から60人程度である。毎年第1学年が終了するまでに履修放棄する者がいるため,人数調整のためにクラスの再編が行われる。

　2012年にH大学の日本語双学位課程において履修を開始した学習者は4つのクラスに分けられ,管理の都合上,同じ大学の学習者は同じクラスに割り当てられるよう配慮されていた。筆者は当時H大学大学院の学生であり,時間・場所共に調査しやすい地域であったため,H大学の学生が大部分を占めているクラスAを研究対象の1つとした。一方,同じ大学における学習者だけではデータに偏りが生じる恐れがあるため,3つの大学の学習者により構成され,学習者がバラエティーに富むクラスBも対象とした。

3.2　調査方法と分析手順

　第1学期の始業前,研究対象の2クラスにおいて調査の趣旨を説明し,同意書を渡し,署名を求めた。調査に際して,研究目的,研究結果の公表方法,匿名性への配慮,研究参加の任意性などについて知らせ,インフォームド・コンセントを得た。調査に参加している学習者は本人の同意を得て「S+数字」で表記する。学習者の生データを引用する際,学習者「S+数字+データ収集日」で情報源を示す。収集されたデータは中国語で記述されたものであり,本稿で引用したものは,筆者による日本語訳である。

　具体的なデータ収集方法は下記の通りである。

　(1)基幹となるデータは双学位課程終了前[3]の2014年4月に実施した記述式質問紙調査である。調査内容はこの2年間の学習期間において,学習動機にどのような変化があったか,現在の学習効果と当初予想した効果との間に相違があるか,日本語双学位と将来の進路との関係についてなどである。回答中,不明なところについてはその後メールでフォローアップインタビューを実施した。これを基幹資料とした理由は,このデータが本研究の研究目的である学習動機の変化プロセスを明らかにするという目的に最適のデータであり,また,協力してくれた学習者数が最も多く,収集したデータも豊富であったためである。以下は記述式質問紙調査の質問項目の一部である。

　　①(20140408)2年間の学習期間において,日本語双学位の授業の様子(出席状況,精神状態など)を学習時期(第1学年と第2学年のそれぞれ前後半)ごとに

分けて教えなさい。

②(20140408)2年前に想定していた学習到達度と現在の学習到達度には違いがあるか？　もしあれば，どのように違うのか教えなさい。

(2)2012年5月と11月，日本語双学位課程の第1学年の前期と後期のそれぞれ2週間を取り出し，学習者に日本語学習日記を記録させた。Wen(1993)を参考に，学習日記様式を作成した。学習日記の内容はその日にどのような日本語学習を行ったか，どのような気持ちであったかなどである。これらを記録することにより，日本語双学位の学習が学習者の日常生活の中でどのような位置を占めているかを見ることができる。

(S1　20121120)
今日は主専攻のほうの授業が多かったので，昼間は日本語をあまり勉強していなかった。夜，日本語の選択科目の授業に出ていた。内容は『標準日本語』初級・上で，教科書を持ってくるのを忘れたが，教科書なしで先生の説明を聞いていた。文法はほとんど勉強済みで，単語のほうでは1〜2個知らないものがあった。先生の話を聞きながら，ネットからダウンロードした日本語文法のまとめを読んでいた。

(3)日本語双学位開始時(2012年2月)，第1学年前半終了時(2012年8月)，第1学年後半(2012年12月)という3つの時点で記述式質問紙調査を実施した。これを実施することにより，学習者の当時の学習動機を正確に把握することができる。以下は，学習開始時に実施した調査における質問項目の一部である。

③(20120212)どうして日本語双学位を選んだのか。具体的に説明しなさい。
④(20120212)あなたは日本語(日本)に関する知識を持っているか。どのようにして得たか。

(4)日本語双学位の授業の雰囲気や学習者のパフォーマンスを把握するために，2クラスの授業観察を3回ずつ行った(クラスA(20120317,20120403,20120822午前)，クラスB(20120402,20120415,20120822午後))。表2は観察した際のフィールドノーツの一部である。学習内容，授業の流れ，学習者の授業中の様子，筆者が気づいたことを記述した。

表 2　授業観察のフィールドノーツ（一部抜粋）

クラス：A　期日：20120822（夏休み中の授業），水曜　日，場所：東九楼 104
内容：『総合日本語 1』第 12 課，ユニット3，p.249，担当教師：Z，出席人数：45人（総人数 50 人）

課題	授業の流れ	学生	備考
本文の音読	1　先生が挙手して発言するように一度促したが，挙手する人はいなかった。 2　先生がFを指名し，音読させた。 3　Gが挙手し，音読した。 4　2人に対する先生のコメント：「あまり良くありません。引き続き頑張ってください。」	F：流暢ではなかった，発音も少しおかしかった。音読しながら，おかしいところを先生に指摘されていた。 G：NとLの発音の区別がついていないところがあった。緊張のせいか，声が震えていたが，比較的流暢に音読できた。	1　教室環境：学習者はうつむいて自分で音読の練習をしていた。教室は騒がしかった。 2　学習者 Fは予習不足，Gは不足しているところを指摘されたが，予習していたことは窺えた。

　複数の調査者，複数のデータ源あるいは複数の方法を使うトライアンギュレーションは質的研究の妥当性の向上に有効な方法の1つである。木下（2007）は質的研究に用いられるデータとは，単に質的形態のデータということではなく，ディテールの豊富なデータであることを最大の特徴としている。本研究のデータでは上記データ収集方法（1）記述式質問紙調査を中心に用いるが，回想インタビューと同様に，対象者の記憶が褪せることにより，得られた回答に不明確，または，簡略化されたところがある確率が高いと思われる。その解決法として，上記のデータ収集方法（2），（3）を用いることで双学位学習当時の学習動機のディテールを引き出すことができる。本研究の基幹資料とした（1）の調査では，49 名分の対象者の回答を収集した。（2），（3）の調査では，日記（前期 31 名，後期 11 名）と質問紙調査（2012 年 2 月分 49 名，2012 年 8 月分 40 名，2012 年 12 月分 30 名）のデータを収集することができた。本研究では，分析する際，（1）より収集された主幹資料データに，（2），（3）から収集されたデータを付け加えて，学習者ごとに時系列に沿ってデータを整理した。

　分析には，木下（2003,2007）による修正版グランデッド・セオリー・アプローチを用いる。この理論は，人間の行動，とりわけ他者との相互作用の変化を説明できる動態的説明理論として活用されてきた理論である。本研究では，学習動機がプロセスを持つものであり，また，学習者と教師，学習環境などといった面で相互作用のある環境で行われたので，この理論が有効であると思われる。まず，分析するにあたり，分析焦点者を日本語双学位学習者とし，分析テーマを「日本語双学位の学習動機の変化のプロセス及び要因」とした。次に，学習者ごとに整理されたデータを読み，分析テーマに関係のありそうな部分に着目した。1 人分の文字化データを検討し，分析ワークシートを使用し，概念の生成を行った。分析ワークシートを作成するにあたり，バリエーション（具体例）から定義を定め，これらを基に概念を生成した。1 人分が終了した段階で，2 人目のデータ検討に移行し，新しい具体例が出現する度に概念生成を行った。解釈が恣意的にならないように個々の概念について類似例・対極例を集めて確認と比較をしながら概念の精緻化をした。生成された各概念は，概念間の関係性を検討した上で，さらに上位のカテゴリーにまとめた。概

念間及びカテゴリー間の関係性について,結果図を作成した。また,データ収集方法の(4)のフィールドノーツを用いて,データに対する情報補足や裏付け,確認なども行った。なお,分析にあたっては,学会発表やゼミ発表で質的研究の経験のある研究者に概念・カテゴリーを示し,確認・検討を行い,研究の信頼性と妥当性の確保に努めた。

4. 結　果

4.1　プロセス全体の流れ

　生成したカテゴリー,サブカテゴリーと概念を結果図として図1に示す。【　】はカテゴリー名,《　》はサブカテゴリー名,〈　〉は概念名である。【日本語双学位学習動機減退】と【日本語双学位学習動機維持】という2つのカテゴリーが生成された。学習者は〈周囲からの影響〉,〈好奇心〉,〈習得容易〉,〈主専攻の補助〉,〈就職に有利〉,〈日本留学〉,〈日本文化などへの興味〉,〈充実〉といった《双学位開始時の学習動機》から日本語学習を開始し,最初の1学年の前半,張り切って授業に参加していた。しかし,日本語を学習していくうちに,新鮮味が次第に減少し,《日本語双学位の困難さ》故に,日本語双学位の学習動機が減退し,結果として《履修継続者》と《履修放棄者》に分かれることとなった。学習者の動機減退に繋がる《日本語双学位の困難さ》は〈授業関係の困難〉と〈制度利用上の困難〉という2つの概念からなる。

4.2　各カテゴリーの説明

　以下,それぞれのカテゴリー,サブカテゴリーと概念について詳細に述べる。

4.2.1　【日本語双学位学習動機減退】

(1)双学位開始時の学習動機

①日本文化などへの興味

　〈日本文化などへの興味〉は日本語のアニメ・ドラマ・ゲーム・J-POPに興味があるので,翻訳や字幕なしにそれらの意味を知りたい,または日本の企業文化・日本文学・日本語そのものに関心を持っており,系統的な学習を通じてもっと知りたいということである。

　　日本文化に興味がある,特に企業文化だ。企業の運営形式などは私たちのモデルとするべきだ。これが日本語を履修する大きな原動力だ。(中略)この他にも,アニメや映画などに興味を持っている。(S2　20120211)

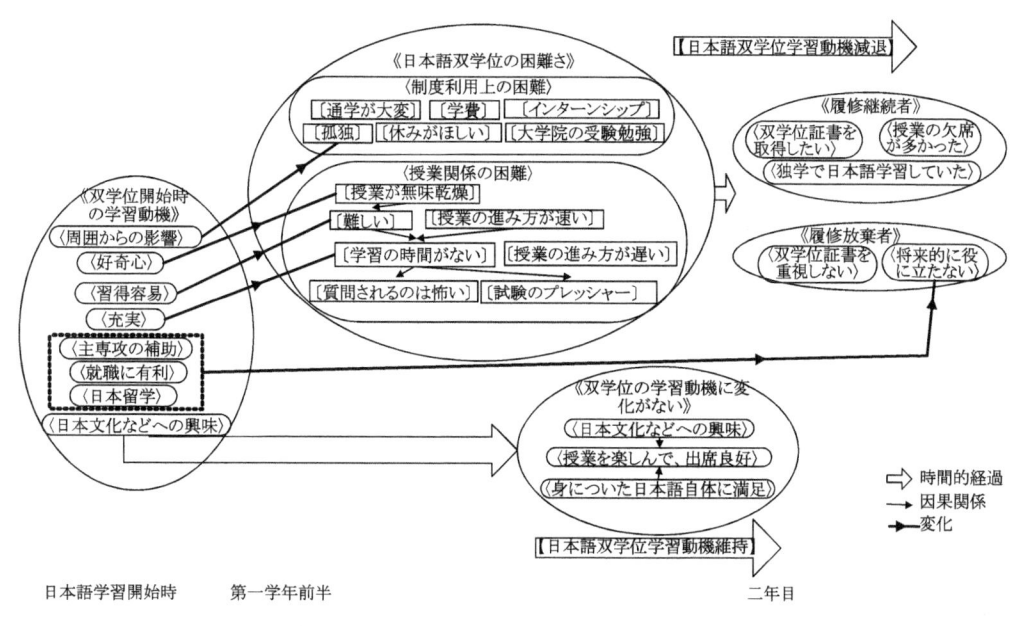

図1 日本語双学位学習者の学習動機の変化に関する結果図

②就職に有利

〈就職に有利〉は日本語をマスターすることで,将来の就職を有利にしようということである。具体的にどのように役に立つかについては,学習者自身もよく把握していないが,役に立つ日が来るだろうという考えがほとんどである。

> 日本語を選んだ主な理由は就職に有利だと思ったから。1スキルとして,役に立つ日が将来絶対来ると思う。(S3　20120211)

③日本留学

〈日本留学〉は自分の専攻分野で強い日本へ留学したい,または留学したいが,英語が良くないという消極的理由から,日本へ留学に行きたいということである。双学位開始時期は2年生の後半で,将来についてはまだ決めていない学習者が多いため,日本留学は多くの選択肢の中の1つなのである。

> 外国へ留学したいが,英語が全然だめで,日本へ留学するのを考えている。(S4　20120211)

④習得容易

〈習得容易〉とは学習者は日本語の中には漢字があるので,中国人にとって,他の外国語と比べてより習得しやすく見えるという期待のことである。

> 韓国ドラマが好きだが,韓国語が開設されていない。日本語の中に漢字があるので,習得しやすそう。(S5　20120211)

⑤周囲からの影響

〈周囲からの影響〉は無意識に周りの日本や日本語に関わる要素に影響され,また

は友人や家族に直接勧誘されることである。

> 元々英語以外の外国語を勉強したかった。そして,日本語双学位を履修した友人から勧められた。(S6　20120212)

⑥好奇心
〈好奇心〉とは新しい事物への新鮮な気持ちのことである。つまり,日本語が既習の英語とは違い,未知なものであり,学習者がそれについて探究心を持っていることである。

> 専攻が日本語とは関係がない新聞学で,日本語に触れたことがないので,面白く感じている。(S7　20120211)

⑦主専攻の補助
〈主専攻の補助〉とは日本語が主専攻学習と密接に関連しているため,日本語ができると,専攻学習に有利になることである。

> 自分の専攻は旅行管理なので,新しい言語を学んだほうが良さそうだ。他の言語にはあまり興味がない。日本人の謹厳な仕事ぶりにも感心している。(S8　20120218)

⑧充実
〈充実〉は日本語双学位を履修することによって,休日を利用することができ,充実した休日を過ごすことができることである。

> 休日を利用し勉強したい。そうでなければ,ルームメートとゲームをやることになってしまう。(S9　20120218)

4.2.2 《日本語双学位の困難さ》

学習者自ら日本語を選択したため,第1学年の前半では日本語に新鮮味を感じ,授業はほとんど出席していた。しかし,時間が経つにつれ,《日本語双学位の困難さ》にぶつかり,日本語双学位の学習動機が減退していった。

〈授業関係の困難〉では,勉強していくうちに内容が多くなり,〔授業の進み方が速い〕し,「日本語は難しい。日本語の漢語は中国語のものと意味が違う,中国語との語順も違う(S10　20121118)」とあるように,日本語が思った以上に〔難しい〕ことに気づき,〔学習の時間がない〕と感じていた学習者が多い。平日,主専攻のほうで忙しく,授業外で日本語学習に時間がかかりすぎると感じはじめていたため,土日の授業以外の日にはほとんど日本語学習をしないようになった。学習効果が良くなかったため,授業中では,先生に〔質問されるのは怖い〕。授業にも出たくなくなり,〔試験のプレッシャー〕を感じていた。このように,学習効果が良くない学習者は,次第に自信がなくなり,日本語双学位への動機も減退していったのである。

> 想像以上に難しかったので,時間がかかりすぎて,他のことをする時間まで取

られてしまった。学習効率も良くなかった，自信がなくなっている。(S11 20121221)

　一方，双学位課程の後半では，学習効果の良い一部の学習者が〔授業の進み方が遅い〕と感じ，あまり授業に出てこなくなった。その代わりに，授業外で独学で日本語教科書や日本語能力試験(以下JLPT)の受験勉強をするようになった。

　第2学年になると，日本語学校や独学で勉強したほうがJLPTに合格するのに効率的だと思う。(S12　20121221)

　また，教科書通りに教える先生もいるため，学習者が〔授業が無味乾燥〕と感じていた。

　最初は情熱があったが，時間が経つと，無味乾燥に感じてきた。授業のやり方が単調で，内容も多すぎる。(S13　20140408)

〈制度利用上の困難〉では，週末に休みがない生活に慣れていないため，単純に〔休みがほしい〕という気持ちが強くなった学習者が少なくなかった。特に，H大学以外の大学の学習者は早起きしなければならない上に，学習者によってはバスの乗り換えが多かったため，「受講に行くのに，2回乗り換えなければならない。疲れる。」(S14　20140408)とあるように，〔通学が大変〕と感じている学習者が多かった。

　また，土日の授業日にしか会わないクラスメートと一緒に学習することや，授業外では1人で日本語学習を行うことに〔孤独〕を感じた者もいた。特に，1学年が終了して履修放棄者が出たため，その影響によりクラス再編が行われ，新しいクラスに振り分けられた学習者は孤独で履修放棄したケースも見られた。

　一緒に双学位で学んでいた友達が1年で放棄したので勉強仲間がいなくなった。言語学習は2人でお互いに励ましながら勉強したほうが良いと思うので，私も諦めた。(S15　20140408)

　その他，家族から支持を得られなかったことで生じた〔学費〕問題や，〔インターンシップ〕への参加，〔大学院の受験勉強〕で，日本語双学位の授業に時間的に参加できなくなったことなどが挙げられる。

　インターンシップに参加するので，もし履修し続けると，授業に出られないことが多くなる。(S16　20140408)

4.2.3　《履修継続者》《履修放棄者》

　双学位履修開始後1年が経ち，《日本語双学位の困難さ》に直面した双学位学習者は《履修放棄者》と《履修継続者》に分かれた。《履修放棄者》には，独学で学習したほうが効率的であると感じていた者が多かった。また，日本語が進路とは関係ない，または学習効果が良くない学習者は，現在のレベルでは〈将来的に役に立たない〉と思うようになっていた。そして，これらの学習者は〈双学位証書を重視しない〉ため履修を放棄した。履修放棄者の中には，「将来日本に留学するために，JLPTに絶対合格できるように頑張っている(S17　20121221)」とあるように，日本語双学

位を中止しても,JLPTの受験準備をする学習者もいた。一方,その他の履修放棄者の中には,教科書による日本語学習を放棄したが,以前から興味を持っていた日本のアニメなどを依然として鑑賞していた者もいた。

　日本語双学位学習動機減退者の中でも,双学位証書が将来自分の学習経歴の一種の証明になると考え,〈双学位証書を取得したい〉《履修継続者》は継続して履修していた。しかし,第2学年では,《履修継続者》は〈授業の欠席が多かった〉。その代わりに,〈独学で日本語学習していた〉。その種の学習者には,双学位証書の取得のみを目標とし,双学位証書の取得条件であるJLPTのN3または中国教育部が主催する大学日本語4級試験や授業の試験に合格することを目標として最低限の日本語学習以外は行わないパターンと,JLPTのN1とN2合格を目指し,授業外でも受験勉強をしていたパターンが見られた。

　　双学位第2学年になり,ハードルが高くなったが,授業数が減った。しかも,文法中心の授業に無味乾燥さを感じてきた。能力試験も独学で勉強してきたので,ちょっと味気なかった。(S18　20140405)

4.2.4 【日本語双学位学習動機維持】

　この種の学習者は《双学位の学習動機に変化がない》者であり,常に〈日本文化などへの興味〉を持っており,JLPTに合格するのが目標ではなく,日本語学習過程に喜びを感じ,〈身についた日本語自体に満足〉していたため,〈授業を楽しんで,出席良好〉であった。

　　2年間続けられる自信ははじめからあった。興味から日本語学習をはじめたので,最終的にどれくらいのレベルに達するかについては考えたこともない。この2年間の学習効果については満足している。簡単な会話や文章が分かるようになった。今後独学でも大丈夫そう。(S19　20140408)

4.3　日本語双学位の学習動機と学習者数

　以上得られた日本語双学位学習者のカテゴリー,サブカテゴリーとその対応するクラスの学習者数を表3にまとめた。

表3　日本語双学位学習者のカテゴリー,サブカテゴリー,学習者数

	日本語双学位学習動機維持	日本語双学位学習動機減退		合計
		履修継続者	履修放棄者	
クラスA	4	14	7	25
クラスB	5	11	8	24
合計(%)	9(18.4%)	25(51.0%)	15(30.6%)	49(100%)

　表3から分かるように,80%以上の対象者が日本語双学位の学習動機が減退していることが分かった。クラス単位での日本語双学位の学習動機の変化を見てみると,2つのクラスには基本的に差があまりないことが分かる。

5. 考　察

5.1　日本語双学位の学習動機と日本語の学習動機

　以上から日本語双学位の履修を放棄していても日本語学習は続けていた学習者がいるように、履修放棄は必ずしも日本語学習の断念を意味するわけではなく、また、履修継続者は必ずしも双学位の授業に積極的に参加していたわけではないことが分かった。つまり、日本語双学位の学習動機と日本語の学習動機は必ずしも一致するとは限らない。以下では、内発的・外発的動機の視点からこの2つの面における学習者の学習動機を考察していく。

　双学位学習開始時、学習者の日本語双学位の学習動機は日本語の学習動機と同じであり、学習者は双学位履修を通じて、目標を実現しようとしていた。抽出された学習開始時の〈日本文化などへの興味〉と〈好奇心〉は内発的動機であり、〈周囲からの影響〉、〈習得容易〉、〈就職に有利〉、〈主専攻の補助〉、〈日本留学〉、〈充実〉は外発的動機に該当する。

　日本語双学位学習動機減退者中の《履修放棄者》は以下3つのパターンに分けられる。(1)日本語が進路とは関係ない者、(2)当時の日本語レベルでは将来的に役に立たないと判断した者、(3)1年間の双学位学習を通じて独学で学習できる能力を身につけ、独学で学習したほうがより効率的であると感じていた者。パターン(1)と(2)の学習者の一部は履修放棄後日本語を学習せず、日本語を完全に諦め、日本語の学習動機と日本語双学位の学習動機が無動機になったのである。日本語双学位の学習動機が無動機になったパターン(3)の学習者の中には双学位を諦めても、JLPT合格を目指し、試験合格という外発的動機で日本語の学習動機は依然として存在していた者もいた。

　それに対して、《履修継続者》の一部は双学位証書を取得するために双学位を継続していたが、同時並行で自分でも双学位の授業カリキュラムとは別にJLPTの出題基準に合わせて学習したほうがより達成感を感じていたため、独学で受験勉強をしていた。つまり、双学位証書の取得という外発的動機(日本語双学位の学習動機)とJLPT合格という外発的動機(日本語の学習動機)が共存していた。一方で、〈履修継続者〉の一部は日本語学習の効果に満足が行かず、双学位証書を取得することのみを目標とし、最低限の日本語学習をしていた。内発的動機または外発的動機から日本語双学位を開始した学習者は双学位証書の取得という外発的動機に変化し、日本語の学習動機は無動機になった。

　ここで注目すべきことは、《履修継続者》、《履修放棄者》のいずれにおいても、日本語双学位の学習動機が減退していても、日本語双学位または日本語学習を継続した学習者は、それぞれ異なる外発的・内発的動機から日本語双学位の学習を開始したにも関わらず、最終的に、日本語双学位証書の取得またはJLPT合格という明確な方向に動機が変化していったことである。これは、日本語双学位証書の取得や

JLPT合格が非常に実用的で(日本語能力が世間に認められる,または自分の日本語能力を把握することができる),学習者にとって大きな魅力であることが理由として考えられる。

日本語双学位学習動機維持者は,日本語双学位の学習動機と日本語の学習動機が終始一致していた。それは,日本語や日本文化をより知りたいという内発的動機である。

学習者の学習動機の変化は図2に示す通りである。

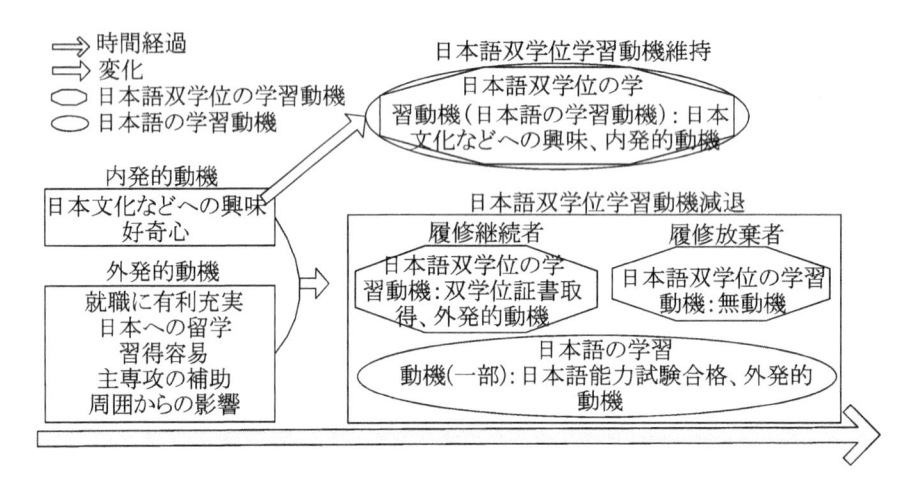

図2　日本語双学位学習者における日本語双学位の学習動機と日本語の学習動機の変化

5.2　学習動機の減退要因

以下では,垣田(1993)の分類にしたがい,環境の要因と生徒自身の要因,教授の要因という3つの面から学習者の日本語双学位の学習動機の減退要因を探る。

環境の要因の中の家庭環境では,学習者は好意的に日本や日本語のことを思っているが,学習者の周り,特に双学位の学費を払ってくれる親が,中日間の歴史問題などで負の印象があり,日本語双学位に支持を得られなかった学習者がいた。根本(2011),Hamada & Grafström(2014)はそれぞれカタールとオーストラリアの学習環境において,周りに支持されない理由として日本語に社会需要があまりないことを報告している。本研究で見られた日本に対する歴史上の負のイメージによる不支持というのは,関係国間でしか見られない減退要因であろう。それに,学習者とその親世代の日本に対する態度にギャップがあることが窺える。また,社会環境では,インターンシップ参加や大学院の受験勉強などによる時間的制約から日本語双学位の学習動機と日本語の学習動機が共にマイナスの影響を受けていたことが挙げられる。さらに,学校の精神的雰囲気や物理的制約では,孤独や通学距離から学習動機が減退していたことが挙げられる。孤独については,刘(2010)が,複数の大学間を行き来することになる双学位制度を利用することは,異なる大学のキャンパス文化に接することになり,その際,学習者が新しい環境やクラスメートに対して,

開放的, かつ包容的な態度で接していくことが大学間双学位を継続していく上で重要であると主張しているが, 筆者も同意見である。

　生徒自身の要因は, 主に日本語双学位学習前後に起こった日本語や日本語双学位に対する見方の変化である。日本語双学位開始前, 日本語がきっと将来役に立つ日が来ると信じた学習者の中には, 学習効果が良くなかったため, 現在のレベルでは役に立たないと思いはじめた学習者が多かった。好奇心で日本語を学習しはじめた学習者には, 学習開始後, 日本語の授業に新鮮味がなくなっていき, 退屈さを感じていた者がいた。元来充実した週末を過ごしたいという気持ちを持っている者もいたが, 1学期が過ぎて, 週末になるとどうしても休みたくなっていた。日本語が習得しやすいという理由で日本語双学位を履修した学習者は, 学習開始後, 難しさを感じており,〔質問されるのは怖い〕と感じたり,〔試験のプレッシャー〕を感じたりするようになった。このような変化があったのは日本語双学位を履修する上での困難さへの予想が足りなかったからだと思われる。瀬尾(2011)及び三國(2011)では, 双学位学習開始後, 必要な学習時間を日本語学習に割くことができなかったりしたため, 学習効果が良くなかったことを報告している。本研究でもこれが原因で, 逆に学習者の学習動機に悪影響を与えるという悪循環が見られたのである。これについて, 李(2009)は, 双学位課程では, 双学位制度の指導システムを整備し, 直面する可能性のある困難を事前に告知し, かつ学習過程で困難を抱えている学習者に迅速な対応や適切な指導を行い, 学習者が順調に学位を取得できるようにサポートするという解決方法を主張している。

　教授の要因では, 同じ授業でもスピードが遅すぎる, あるいは速すぎると極端に感じる学習者に対して, 如何に学習者のニーズに合わせて授業ができるかが問題となってくる。この場合, プレースメントテストを行い, 学習者のレベルに応じてクラス分けをしたほうが, より合理的に指導できるだろう。また, 文法中心の授業や, 教師が教科書通りに授業をすると学習者は授業が無味乾燥と感じる(今福　2010)。つまり, カリキュラム設計や教授法は工夫次第で解決できる問題であると考えられる。

6. おわりに

　本研究では, H大学の日本語双学位学習者49名を対象に, 学習動機の変化に重点を置き, M-GTAを用いて, 2年間の縦断調査を行った。本研究で明らかにした学習者の学習動機の変化プロセスとその要因は, 中国の双学位教育の改善・向上に寄与できると思われる。中国のほとんどの大学の専攻では, 希望者が定員を上回り, 入学成績が比較的良くない受験者は別の専攻に回されることになり, 学習者は不本意ながらその専攻を主専攻とすることが多々ある。双学位学習では学習者が自ら選択できるという点では, 学習者の学習動機を最大限に発揮させる良い手段であると位置づけられているが(王・張　2008), 本研究では日本語双学位学習動機減退者が全対象者中8割以上も占めていることが明らかになった。どのように学習者の

日本語双学位の学習動機を維持させるか,教師側,学習者側共に,5-3で述べたように,努力をしなければならない。また,日本語双学位学習の後半では,JLPTの出題基準に合わせて,独学での勉強に専念,あるいは日本語学校での学習を重視しはじめた学習者が出現したため,授業の欠席者が非常に多くなった。双学位学習と独学・日本語学校での学習とはどのように区別がつけられるのか,単なる双学位証書の取得だけではない,双学位教育のメリットは何かについては,教師側が検討しなければならないことである。

　本研究の限界としては,対象者の問題がある。本稿では中国の非専攻日本語学習者である双学位履修者を取り上げ,考察を加えたが,異なる地域やプログラムの学習者にも同じ結果が見られるとは限らない。今後は,異なる地域の日本語双学位学習者,さらに,英語の代わりに第一外国語として履修するパターンと,選択科目の第二外国語として履修するパターンに対する調査も必要である。

注

[1]原則として,双学位は一部の歴史のある,優れた教師陣により高水準の教育・研究が行われている大学に存在するプログラムである。
[2]中国大陸の大学のうち,権威ある大学と国家が認め,予算の優先配分などの支援を行うものとして,設置者を問わず選定された大学のことである。
[3]この時期には卒業論文の口頭試問が既に行われていたが,双学位証書は主専攻のほうの学位証書が取得されてはじめて取得可能となるため,双学位証書受領は6月に行われる学士卒業証書授与式の後になる。

参考文献

Dörnyei, Zoltán. 1998. Motivation in second and foreign language learning. *Language Teaching*. 31 (3). pp117-135

Dörnyei, Zoltán. 2001. *Teaching and Researching Motivation*. Harlow: Longman

Hamada, Yo. & Grafstrom, Ben. 2014. Demotivating factors in learning Japanese as a foreign language,『秋田大学教養基礎教育研究年報』16. pp9-18

今福宏次. 2010.「日本語学習意欲に影響を及ぼす要因―教室における動機づけを高めるための仮説形成を目指して―」『2010年度日本語教育学会春季大会予稿集』. pp193-198

垣田直巳. 1993.『英語の学習意欲』英語教育学モノグラフ・シリーズ. 大修館書店

木下康仁. 2003.『グラウンデッド・セオリー・アプローチの実践―質的研究への誘い―』. 弘文堂

木下康仁. 2007.『ライブ講義M-GTA実践的質的研究法―修正版グラウンデッド・セオリー・アプローチのすべて―』. 弘文堂

国際交流基金. 2013.『海外の日本語教育の現状―2012年度日本語教育機関調査より―』. くろしお出版

李莉. 2009.「我国大学輔修与双学位制改革的回顧与分析」『中国高教研究』(1). pp60-62

劉恩伶. 2010.『我国高校校際合作与人才培養模式的創新』. 中国山東大学修士論文

三國喜保子. 2011.「香港における成人日本語学習者の学習継続プロセス―修正版グラウンデッド・セオリー・アプローチによるインタビューデータの分析から―」『2011年度日本語教育

学会春季大会予稿集』．pp262-267

中井好男．2009．「中国人就学生の学習動機の変化のプロセスとそれに関わる要因」『阪大日本語研究』21．pp151-181

根本愛子．2011．「カタールにおける日本語学習動機に関する一考察―LTI日本語講座修了者へのインタビュー調査から―」『一橋大学国際教育センター紀要』2．pp85-96

瀬尾匡輝．2011．「香港の日本語生涯学習者の動機づけの変化―修正版グラウンデッド・セオリー・アプローチを用いた分析から探る―」『日本学刊』14．pp16-39

瀬尾匡輝・陳德奇・司徒棟威．2012．「なぜ日本語学習をやめてしまったのか―香港の社会人教育機関の学習者における動機減退要因の一事例―」『日本学刊』15．pp80-99

施雪梅．2009．『高校辅修制度的现状及思考——对H大学等几所大学部分院系的调查研究』．中国華東師範大学修士論文

王峰・张彦丽．2008．「双学位本科教育定位研究」『教育与现代化』86．pp28-33

Wen Qiufang. 1993. Advanced level English language learning in China：The relationship of modifiable learner variables to learning outcomes. Hong Kong University；Unpublished Ph. D. thesis

许晓东．2008．「武汉地区高校联合办学的探索与实践」『中国大学教学』5．pp72-74

『新編日本語 1-4』における敬語の扱いに関する一研究
―ポライトネス理論とディスコース・ポライトネス理論の視点から―

西安外国语大学　李　瑶

摘要:众所周知,敬语在日语中占据重要地位。笔者在学习《新编日语 1-4》(上海外语教学出版社 1992)时,发现其过度重视敬语的语言形式,并未讲述敬语在人际关系中的作用。虽然笔者调查了相关文献,但未发现论述如何把握敬语功能的内容。因此,笔者立足于礼貌策略理论和话语礼貌理论,从敬语的形式、功能及语体转换着手,考察了修订后的《新编日语》中有关敬语的内容,得出以下结论:(1)该教科书将敬语分为「尊敬語」・「謙譲語」・「丁寧語」三类,并且着重导入「丁寧語」;(2)虽然将敬语功能的重点置于「敬意」,但「敬意」伴随「距離の保持」出现;(3)语体转换中,既导入「アップ・シフト」又导入「ダウン・シフト」,「ダウン・シフト」的数量明显多于「アップ・シフト」,「アップ・シフト」着重强调「対立する意見の提出」,而「ダウン・シフト」则将焦点置于「自分の気持ちを強調すること」和「相手に親しみを表すこと」。

キーワード:敬語　敬語教授法　スピーチレベル　シフト　ポライトネス理論　ディスコース　ポライトネス理論

1. はじめに

　周知のように、敬語は日本語における不可欠なものである。宇佐美(1997)は、「日本人は正しい敬語を使いこなせて、「丁寧」な話し方ができなければ、円滑な社会生活は営めない」と指摘している。
　そのために、日本語学習者は日本語教科書での敬語に関する内容を大切にしていると同時に、正しく身につけないわけにはいかないと思われる。
　筆者には『新編日本語 1-4』(上海外語教学出版社　1992)を勉強したことがある。『新編日本語 1-4』(1992)に、敬語の表し方、分類、定義などの言語形式が重きにされたり、場面や人間関係などが軽視されたりする傾向がある。敬語の知識をある程度有しているが、機能がそつなく理解できないので、敬語を正しく使いこなせない。
　敬語の機能を明らかにするために、本論はブラウン＆レヴィソン(Brown, S. & Levinson, S.;以後 B&L)のポライトネス理論と宇佐美まゆみのディスコース・ポライトネス理論(以後 DP 理論)を踏まえて、文献分析法及び量的分析法で上海外国語大学を代表としている学校に広く使われている『新編日本語 1-4(修訂版)』(上海外語教育出版社　2009)における敬語に関する内容を検討してみたい。

2. 先行研究

この部分において、先行研究の内容と先行研究の問題点を検討する。

2.1 先行研究の内容

窪田(1990、1992)は、敬語を詳しく定義づけてから、敬語の難しさ、現状や使用条件、使用場面などを説明し、待遇表現、すなわち、配慮の視点から敬語を分析している。

宇佐美(1997)は、B&L(1987)のポライトネス理論に基づいて、ポライトネスは言語形式の丁寧度ではなく、人間関係を円滑に保つための言語ストラテジーであり、ポライトネス理論から敬語を捉えていくことが現在の言語教育に必要なものであると唱えている。そして、敬語のような言葉遣いの規範は、社会と時代に応じて変わっていくかもしれないが、円滑なコミュニケーションがしたいという人間の欲求が簡単に変わられないので、円滑な人間関係を保ちたいという欲求を持っている敬語に、心地よくさせる言語行動としてのポライトネスから何らかの提言ができるかもしれないとも主張している。

宮本(2007)は、「敬語の指針」への分析に基づき、敬語をコミュニケーションに置いて考慮すれば、生徒たちが生きた言葉が勉強できると提唱している。その上で、敬語の使用場面と相手に即した敬語の使い分けが敬語を勉強しているところでの重要な問題であるという内容にも及んでいる。

滝浦(2008)は、敬語に「敬語は＜距離＞の表現である」という新しい定義を与え、(1)話し手―聞き手―第三者の全体を含む会話の場面において、親疎や上下といった人間関係をそのつど表し分けるところにある(2)相手を尊敬する、あるいは、敬遠、疎外する(3)対象者との間に距離を置くとの内容を敬語の機能として扱っている。

任(2011)は、待遇表現から、在日中国人日本語学習者の語りと中国で使われている3種の日本語教科書における敬語に関する内容を分析したり、日本語専攻の敬語の現状と効果を考察したりして、それらの不足点に自分なりの改善方法を提案している。

毋(2011)は、研究対象とした中国人日本語学習者が敬語を一般的な文法内容としており、人間関係を調節する機能に認識不足であると指摘している。実証考察を通じて、待遇表現の教学現場でポイトネス理論の有効性を確かめている。

毋(2013)は、DP理論に基づき、スピーチレベル・シフトを対象として、敬語の有標と無標に研究を行っていた。その中で、スピーチレベル・シフトを教学現場に導入する必要性を説明し、これまでの敬語の分類法の不足を取り上げている。それらを踏まえたうえで、中国人日本語学習者に向けた新しい敬語の分類法を提出している。

2.2 先行研究の問題点

　以上の先行研究は、概に、二種類に分けられる。第一種は、窪田(1990、1992)、宮本(2007)、任(2011)のように、敬語の定義、形式、分類、人間関係などの伝統的な視点に拠える研究である。このような研究は、敬語をローカルな視点に置いて、敬語自身のものを対象として考察を行っているため、敬語の全体像がよく理解できないのであろう。そして、このような一連の研究は、敬語の機能をはっきりとして説明していないのであろう。

　第二種は、宇佐美(1997)、滝浦(2008)、毌(2011)、毌(2013)などが、B&L(1987)のポライトネス理論、あるいは、宇佐美まゆみのDP理論を基礎にしているものである。これらの研究には、ローカルとグローバルと結び合わせて敬語に関する内容を解説するという共通点がある。敬語の機能が言及されているが、どのように把握されるか、どのように日本語教学の現場に導入されるかはまだぼやけている。

　要するに、伝統的な視点であろうと、ポライトネス理論とDP理論の視点であろうと、上の先行研究は敬語の機能が不明であるという共通の問題点が存在すると考えている。

　そのために、本論はポライトネス理論とDP理論を理論根拠にして、ローカルな視点とグローバルな視点と結び合わせて、敬語の全体像を把握して、『新編日本語1-4(修訂版)』(以後『新編日本語1-4』)における敬語の扱いに関する内容を考察してみる。

3. ポライトネス理論とDP理論

3.1　B&L(1987)のポライトネス理論

　B&Lは1978年に、博士論文の内容としてポライトネス理論を発表した。1987年、単行本の形式で『Politeness: Some universals in language usage』が再刊され、序論で、ポライトネスは、「公的な外交儀礼と同様に、攻撃の可能性を前提としながらそれを和らげようと努めることになり、潜在的に攻撃的な当事者間のコミュニケーションを可能にするものである」(B&L　2011:2,田中ほか訳)と定義している。つまり、ポライトネスは、「円滑な人間関係を確立・維持するための言語行動」(宇佐美2002(1):100)である。B&Lは、人が「合理的」存在であり、「フェイス」という欲求を持つと仮定して、英語、ツェルタル語とタミル語を考察し、一連の研究を行った後、ポライトネスというものは、人間の言語行動における普遍的なものであると主張している。

　B&L(1987)のポライトネス理論には、「人間の基本的欲求」という「フェイス」(ポジティブ・フェイスとネガティブ・フェイス)、「FTA」(フェイスを脅かす行為)と「ポライトネス・ストラテジー」という三つの鍵概念があると思われる。ここで、主に「ポライトネス・ストラテジー」を説明したい。

「互いのフェイスが傷つきやすい状況で、合理的行為なら誰でもフェイス威嚇行為を避けようとするか、あるいはこの脅威を最小化するための何らかのストラテジーを用いる」と指されて、図1(B&L 2011:89,田中ほか訳)のように、一連のストラテジーが言及されている。

```
                        ┌ 1.補償行為をせず、あからさまに
            ┌ オン・レコード ┤           ┌ 2.ポジティブ・ポライトネス
            │            └ 補償行為をして ┤
 FTAをせよ ┤                          └ 3.ネガティブ・ポライトネス
            │
            └ 4.オフ・レコードで
 5.FTAをするな
```

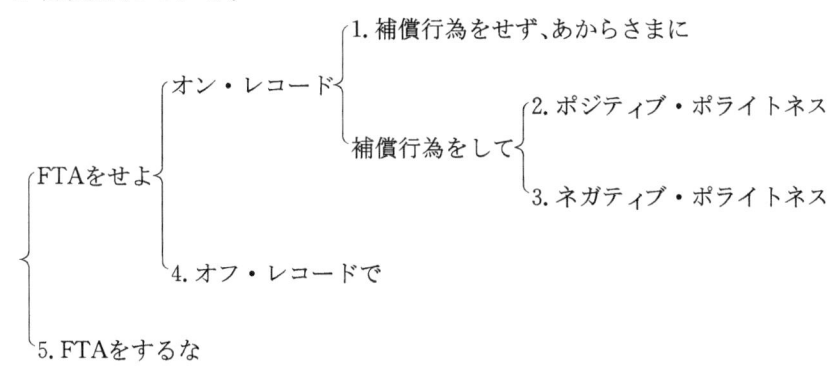

図1　FTAを行うための可能なストラテジー

1. 補償行為をせず、あからさまに：できるだけ直接的ではっきりと簡潔な仕方でそれを行うことである。

2. ポジティブ・ポライトネス：相手のポジティブ・フェイスに向けられた補償行為を指し、聞き手の永続的な欲求が常に望ましいものであると認められたい、という願望に沿うものである。

3. ネガティブ・ポライトネス：相手のネガティブ・フェイス、つまり、自由な行動や興味を邪魔されたくないという欲求に向けられる補償的行為である。

4. オフ・レコードで：ある伝達行為が、単一の明快な伝達意図によるものとして捉えることができないような形でなされる場面、つまり、行為者が、自分の行為を弁護できるような解釈をいくつか用意することで、自らに「逃げ道」を残している場面、それをオフ・レコードと呼ぶ。

「ポジティブ・ポライトネス」、「ネガティブ・ポライトネス」と「オフ・レコートで」という三つのストラテジーでは、ともに、40の下位ストラテジーを含んでいる。ここで、注意を払わなければならないのは、敬語は「ネガティブ・ポライトネス・ストラテジー」における「ストラテジー5:敬意を示せ」と関連している。それによって、敬語は「ネガティブ・ポライトネス」の一つであると思われる。

3.2　ディスコース・ポライトネス理論(DP理論)

宇佐美まゆみは、2002年、『言語』月刊で『ポライトネス理論の展開』を1月から12月にかけて12回連載し、その中で、ポライトネスという概念を詳しく説明してから、B&L(1987)のポライトネス理論を概に解説していた。

それから、宇佐美はB&L(1987)のポライトネス理論のすぐれた部分を継承して不足点を補い、ディスコース・ポライトネス理論を提出している。

ディスコース・ポライトネスとは、一文レベル、一発話行為レベルでは捉えるこ

とのできない、より長い談話レベルにおける要素、及び、文レベルの要素も含めた諸要素が、語用論的ポライトネスに果たす機能のダイナミックスの総体である(宇佐美　2002(7):107)。

宇佐美まゆみのDP理論はB&L(1987)のポライトネス理論と比べて、以下の新視点をもっている。

①ポライトネスを、B&Lの文レベルにおける捉えることと違って、「言語行動のいくつかの要素がもたらす機能のダイナミックな総体」として捉える。

②DP理論では、ディスコース・ポライトネスに「基本状態」があることを想定し、実際の発話効果としての「ポライトネス効果」は、その「基本状態」を基にして、相対的に生れてくるものであると捉えられている。

そして、DP理論は、「基本状態」、「有標ポライトネス」と「無標ポライトネス」、「絶対的ポライトネス」と「相対的ポライトネス」、「有標行動」と「無標行動」、3種のポライトネス効果と見積もり差(De値)という六つの鍵概念からなっている。本論は主として「基本状態」、「有標行動」と「無標行動」に触れている。

3.2.1　基本状態

基本状態は、あるディスコースの総体としての談話の典型的状態である(宇佐美 2002(10):99)。ここで、注意すべきなのは、「基本状態」は、話し手と聞き手とのそれぞれのスピーチレベルで、談話総体のスピーチレベルではないものである。

3.2.2　「有標行動」と「無標行動」

DP理論では、ポライトネス効果は、各々の言語行動の「基本状態」を基にして、そこからの「動き」に着目することによって、相対的に判断される。基本状態を構成する言語行動を「無標行動」と呼び、基本状態から離脱した言語行動を「有標行動」と呼ぶ(宇佐美　2002(9):102)。

3.3　ポライトネス理論、DP理論と敬語の関連

敬語は言語表現で、言語形式としての丁寧さが重視されている。それに対して、「ポライトネス」は、その行為自体がポライトネスに反するかどうかを大切にしている[1]。敬語はポライトネス理論におけるネガティブ・ポライトネスの下位ストラテジー(ストラテジー5:敬意を示せ)の一つである。敬語はネガティブ・ポライトネスに属するので、ポライトネス理論で敬語を解明することができると言っても過言ではないであろう。

DP理論は宇佐美まゆみによって、B&L(1987)のポライトネス理論を基にして、元の文レベルという研究対象を談話レベルへ拡大したり、「基本状態」、「有標行動」などの基本概念を増加したりして提出されている理論である。母(2013)はDP理論を基礎にして、会話の基本状態を「無標スピーチレベル」として、基本状態から離脱するものを「有標スピーチレベル」として、敬語のスピーチレベル・シフトを考察している。それから、スピーチレベル・シフトを敬語教学に導入する必要があると唱えている。すなわち、DP理論は敬語と緊密に繋がっている。

4. 研究視点と研究方法

4.1 研究視点

　宇佐美(2002)は発話効果としてのポライトネスを分析するにあたって、敬語の定義、分類、形式などのローカルな視点に留まらず、ディスコースレベルのようなグローバルな視点からも着眼すべきであると唱えている。本論は、それに基づいて、『新編日本語1-4』における敬語の扱いに関する内容を考察するときにも、ローカルとグローバルという二つの面に手をつけたい。

　『新編日本語1-4』における敬語の定義、分類、形式を言語形式として、機能を言語機能としてローカルな視点に置いて、それぞれの特徴をまとめてみる。また、毋(2013)によって、スピーチレベル・シフトをグローバルな視点に置き、研究を進めていきたい。

　そして、本論は、先行文献の滝浦(2008)を根拠にして、敬語の機能を「距離の保持」、つまり、相手を「ソト」の人として待遇し、距離を置きたい、あるいは、保持したいこと、と相手または当時の場面に尊敬や丁重な気持ちなどを表すことである「敬意の表し」と分類する。

　毋(2013)によると、スピーチレベルに敬体と常体(マーカーなし、つまり、中途終了型の発話も含めている)があり、「有標」と「無標」とも関連している。アンケート調査によって、現在、中国の日本語敬語教育は敬体を重きにし、常体を軽視し、敬語の習得は「一本槍」である。スピーチレベル・シフトが敬語教育に取り入れるべきであると指摘している。

　スピーチレベル・シフトは「無標スピーチレベル」と「有標スピーチレベル」との相互シフトであると定義している(毋　2013:33、筆者訳)。というのは、ディスコースにおける各スピーチレベルの比率を計りだし、基本状態が明瞭になる。もし、基本状態が常体であれば、無標スピーチレベルが常体で、当該会話に出てきた敬体が有標スピーチレベルになり、スピーチレベル・シフトは「アップ・シフト」である。宮武(2007)によって、アップ・シフトには、①対立する立場や意見の提出、②相手への非難や突き放す発言、③第3者に関する悪口や噂話、④会話開始/終了時、⑤新しい話題の提示という五つの機能がある。

　それに対して、基本状態が敬体であれば、無標スピーチレベルが敬体で、当該会話において常体は有標スピーチレベルとなる。鈴木(1997)は、そのスピーチレベル・シフト、つまり、「ダウン・シフト」には、①聞き手に親しさを表す②当時の場の雰囲気を生き生きとしている③話し手の強い気持ちを表すという三つの機能があると指摘している(毋 2013:35-36、筆者訳)。

　本論は、滝浦(2008)における敬語の機能の定義と毋(2013)の主張を踏まえて、『新編日本語1-4』の敬語に関する内容を検討してみたい。

4.2 研究方法
研究方法は「初め」の部分で言及したが、ここで、改めて詳しく説明しよう。
4.2.1 『新編日本語 1-4』における敬語の説明
下記の三つの手順に基づき、『新編日本語 1-4』における敬語の説明を集計して分析する。
①敬語に関する形式、解釈、説明や注釈などを集計する。
②上の結果を言語形式(敬語の種類、表し方など)と言語機能(敬語の機能)に分類する。
③敬語の説明の特徴と不足点をまとめる。
4.2.2 『新編日本語 1-4』における敬語の機能
『新編日本語 1-4』の会話に出てきた敬語[2]の機能を究明するにあたって、登場人物の人間関係と会話の場面を明瞭にする必要がある。
①登場人物の人間関係と会話の場面を判断する。
②人間関係と場面によって、敬語の機能を分析する。
③敬語の機能の特徴と不足点をまとめる。
4.2.3 『新編日本語 1-4』におけるスピーチレベル・シフトの考察
本論で、スピーチレベル・シフトに対する考察は宮武(2007)と鈴木(1997)に基づいて進めたい。主に、下記の四つの手順がある。
①当該会話の基本状態を判定する。すなわち、話し手と聞き手の無標スピーチレベルが敬体であるか常体であるかをそれぞれ分類して、数量を集計して、比率を計り出す。そのなかで、比率が一番高いスピーチレベルをその「活動の型」の無標スピーチレベルとしている。
②無標スピーチレベルによって、スピーチレベル・シフトの分類を判断して、機能を究明する。
③スピーチレベル・シフトの特徴と不足点をまとめてみる。

5. 『新編日本語 1-4』における敬語に関する研究

5.1 『新編日本語 1-4』における敬語の説明
ここでは、敬語の分類、定義、表し方を言語形式とし、敬語の機能、スピーチレベル・シフトに関する内容を言語機能としている。言語形式と言語機能から『新編日本語 1-4』での敬語の説明を集計する。

表1 『新編日本語 1-4』における敬語の説明の集計[3]

	『新編日本語 1』	『新編日本語 2』	『新編日本語 3』	『新編日本語 4』	合計
言語形式	3	11	0	0	14
言語機能	2	0	0	0	2

表1によれば、『新編日本語 1-4』は、敬語の言語形式が数多い。敬語の表し方、例えば、尊敬語の「お〜です」や「れる・られる」や「お(ご)…になる」などの内容がすべて詳しく説明されている。そして、『新編日本語 1-4』は敬語に関する分類は、尊敬語・謙譲語・丁寧語という伝統的な3分法を採用する。また、敬意を着眼点として敬語を解釈する。例えば、『新編日本語2』には、お客さん、上司、目上の人と話題に上がった尊敬すべき人に敬語を使わなければいけないという内容が取り上げられる(筆者訳)。(原文:対客人、上司、长者及谈话中谈及的应该尊敬的人物要用敬语。)(『新編日本語2』:32)。

　一方、敬語の言語形式は『新編日本語2』に集中しすぎ、言語機能はほとんど現れていない。それに、敬語は『新編日本語2』の第十三課と第十四課に集まって、尊敬語、謙譲語、丁寧語の定義や使い方は文法で具体的に解釈されなく、第十三課の読解文で述べている。人間関係や場面などが言及されるが、それらによって、どのように敬語を使うかをはっきりと説明しない。「お箸」などの言葉遣いを解明していない。

　要するに、『新編日本語 1-4』で、敬語の言語形式の説明はすべて敬意を着眼点としており十分で詳しい。しかしながら、伝統的な3分法を採用して、「お箸」のような言葉遣いの解釈が不明なのである。人間関係と場面などに及ぶが、敬語がどのように把握されるか、どのように具体的な会話に導入されるかはまだ曖昧なのである。

5.2 『新編日本語 1-4』における敬語の機能

　本論は敬語の「距離の保持」と「敬意の表し」という両面の内容を基にして、会話の人間関係、場面、敬語の分類、敬語を使う相手、話し手と聞き手の無標スピーチレベルから、『新編日本語 1-4』における登場人物の人間関係と場面が同時にはっきりとしている会話に出てきた敬語の機能を究明してみたい。

　『新編日本語 1-4』には、人間関係と場面と同時に明瞭する会話がわずか14課ある。『新編日本語1』の第十二課を「上下関係」の例にして、第十五課を「ウチ・ソト関係」の例にして、具体的な分析プロセスを説明したい。

例1
第十二課
話し手:先生
聞き手:学生
人間関係:教師と生徒(「上下関係」)
会話の場面:教室で
敬語の分類:丁寧語
敬語を使う相手:話し相手
話し手の無標スピーチレベル:敬体
聞き手の無標スピーチレベル:敬体

前文で会話の場面と登場人物の身分をはっきりと示している。登場人物の教師と生徒は「上下関係」で、生徒は教室で先生に丁寧語で話すのは、自分の尊敬の気持ちを表したり、なれなれしくない感じを与えないために、先生との間に距離を置いたりするかろと言えよう。それに対して、目上である教師は生徒に敬語を使うというのは、教室のようなフォーマルな場面で自分の丁寧な気持ちを表したり、生徒との間に距離を置ったりするからであろう。

例2
第十五課
話し手：学生
聞き手：職員
人間関係：学生と職員（「ウチ・ソト関係」）
会話の場面：学生センターで
話し手の無標スピーチレベル：敬体
聞き手の無標スピーチレベル：敬体

　当該会話で、登場人物の学生は職員と仕事場で会い、お互いに敬語を用いるのは、お互いに尊敬の気持ちを伝えることではなく、当時の場面に丁寧な気持ちを表し、相手を「ソト」の人として距離を保持したいかろであろう。

　例のように、『新編日本語1-4』における敬語の機能を分析してみると、以下の結果を得た。

　①『新編日本語1-4』において、敬語の導入、特に、丁寧語の導入が少ないと言えないのであろう。というのは、登場人物の無標スピーチレベルは敬体を主にしている。

　②敬語の分類について、『新編日本語2』を除き、他の教科書の会話に出てきた敬語は丁寧語を中心としている。そして、知人のような人間関係に敬体、つまり、丁寧語を使うこともあり、機能は話し相手と距離を保持しよう。ということであろ教師と生徒のような人間関係で、生徒は教師に敬語で話すことには、自分の敬意を表したいこともあれば教師を、「ソト」の人として距離を保持したいことがあり、目上としている教師は生徒に敬語を使うのは、距離を保持しよう。

　③『新編日本語1-4』における敬語の機能は、「ウチ・ソト関係」で「距離の保持」を主にしており、「上下関係」で「距離の保持」と「敬意の表し」と同時に中心としているのであろう。

　④一方、登場人物の人間関係と会話の場面がはっきりとする会話は14組であり、数多くの会話は登場人物の人間関係と場面が不明なので、敬語の機能を分析しがたい。また、教科書で述べられる「お客さん、上司、目上の人及び話題における尊敬されるべき人に敬語を使ったほうがいいのである」(対客人、上司、長者及談話中談及的応該尊敬的人物要用敬語(『新編日本語2』:32)という内容は図2をうまく説明することができない。すなわち、『新編日本語1-4』には、敬語の導入が敬意を中心にしているが、登場人物の人間関係と会話の場面が明瞭する会話に出てきた敬語の機

能を分析してみれば、単なる「敬意の表し」が会話に現れないで、「距離の保持」、「距離の保持」と「敬意の表し」との結び合わせの表現が著しい。

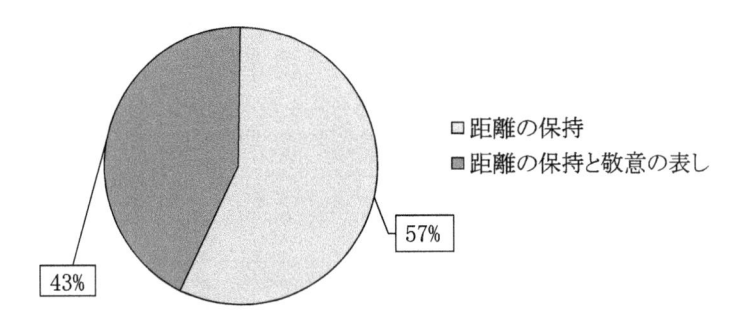

図2 『新編日本語1-4』における敬語の機能のまとめ

5.3 『新編日本語1-4』におけるスピーチレベル・シフトの考察

この部分で、筆者は話し手と聞き手とのスピーチレベルを敬体と常体から分類し、それぞれの無標スピーチレベルを判断してから、スピーチレベル・シフトに分析を行う。

5.3.1 『新編日本語1-4』におけるスピーチレベル・シフトの考察

『新編日本語1』には、ともに20課で、会話が19組あり（第2課から第20課まで）、16組の会話で話し手と聞き手とのスピーチレベルはすべて敬体であり、つまり、無標スピーチレベルは敬体である。一方、3組の会話で、敬体を除き、中途終了型の発話が出てくる、つまり、スピーチレベル・シフトが現れる。それなのに、表2のように、無標スピーチレベルは依然として敬体である。

表2 『新編日本語1』におけるスピーチレベル・シフトの集計

	登場人物のスピーチレベル		無標スピーチレベル		分類	機能
	話し手	聞き手	話し手	聞き手		
第十課	敬体100%	敬体88%：常体12%	敬体	敬体	ダウン・シフト	親しさの表し
第十七課	敬体95%：常体5%	敬体88%：常体12%	敬体	敬体	ダウン・シフト	親しさの表し
第十八課	敬体92%：常体8%	敬体100%	敬体	敬体	ダウン・シフト	親しさの表し

表2のように、『新編日本語1』において、話し手と聞き手との無標スピーチレベルはともに敬体であり、マーカーなしの常体が出てくるが、それに関する解釈や説明が少ない（教科書の最後の332ページに常体の概念だけを導入して、常体の機能を説明しない）。そして、『新編日本語1』に出てきたスピーチレベル・シフトは主にダウン・シフトで、相手に親しみを表したいのであろう。

5.3.2 『新編日本語2』におけるスピーチレベル・シフトの考察

『新編日本語2』において、ともに20課で、会話が20組ある。そのうち、12組の

会話で話し手と聞き手は一貫して敬体で話し、8組の会話に敬体にとどまらず、常体、あるいは、マーカーなしも出てくる、というのは、スピーチレベル・シフトが8組ある。にもかかわらず、無標スピーチレベルは表3のように相変わらず敬体である。

表3 『新編日本語2』におけるスピーチレベル・シフトの集計

	登場人物のスピーチレベル		無標スピーチレベル		分類	機能
	話し手	聞き手	話し手	聞き手		
第二課[4]	敬体100%	敬体87%；常体13%	敬体	敬体	ダウン・シフト	強い気持ちの表し
第三課[5]	敬体100%	敬体67%；常体33%	敬体	敬体	ダウン・シフト	強い気持ちの表し
第四課	敬体91%；常体9%	敬体93%；常体7%	敬体	敬体	ダウン・シフト	強い気持ちの表し
第七課[6]	敬体100%	敬体78%；常体22%	敬体	敬体	ダウン・シフト	強い気持ちの表し

『新編日本語2』において、話し手と聞き手との無標スピーチレベルは『新編日本語1』と同じように、すべて敬体である。そして、スピーチレベル・シフトはダウン・シフトを主としている。この教科書に、スピーチレベル・シフトに関する解釈や説明が取り上げていないが、『新編日本語1』よりスピーチレベル・シフトが多くなり、機能は自分の強い気持ちを表すこと以外に、相手に親しみを示すことも見られる。

5.3.3 『新編日本語3』におけるスピーチレベル・シフトの考察

『新編日本語3』の会話は、『新編日本語1』と『新編日本語2』と比べると、三つの相違点がある。一つ目は、数多くの常体が出てきて、例えば、第八課で、登場人物のおじさんは姪のひろ子と常体で話す。二つ目は、一つの課には、登場人物と文体が異なる会話が二つあり、例えば、第十一課で、一つ目の会話において、登場人物は社員で、敬体で話し、二つ目の会話の登場人物は夫婦で、常体で交流する。三つ目は、常体で交流する会話が前の二冊の教科書より増えるが、家族間に限って、親友や知人などの人間関係は前の教科書と同じように敬体を使う。

そのために、『新編日本語3』のスピーチレベル・シフトを集計するにあたって、前の二冊の教科書と少々違って、登場人物によって会話の集計をとり、すなわち、一課の会話内容であるが、短い会話が二つあり、登場人物がそれぞれ異なったら、独立の会話として集計する。そうすれば、『新編日本語3』には、ともに18課があるが、会話が24組ある（第四課、第七課、第十一課、第十二課、第十三課、第十六課に会話が二つある）。その中で、話し手の無標スピーチレベルが敬体である会話は19組であり、聞き手の無標スピーチレベルが敬体である会話は17組である。それに対して、話し手の無標スピーチレベルは常体である会話は5組で、聞き手の無標スピーチレベルは常体である会話は7組である。表4によって、それらの分布と特徴を見てみよう。

表4 『新編日本語3』におけるスピーチレベル・シフトの集計

		登場人物のスピーチレベル 話し手	登場人物のスピーチレベル 聞き手	無標スピーチレベル 話し手	無標スピーチレベル 聞き手	分類	機能
第二課		敬体87%；常体13%	敬体100%	敬体	敬体	ダウン・シフト	強い気持ちの表し
第四課	一	敬体100%	敬体62%；常体38%	敬体	敬体	ダウン・シフト	雰囲気を生き生きとしている表し
第四課	二	敬体100%	敬体71%；常体29%	敬体	敬体	ダウン・シフト	強い気持ちの表し
第七課[7]		敬体91%；常体9%	敬体67%；常体33%	敬体	敬体	ダウン・シフト	強い気持ちの表し
第十一課	一	敬体92%；常体8%	敬体42%；常体58%	敬体	常体	ダウン・シフト	強い気持ちの表し 親しさの表し
第十一課	二	敬体15%；常体85%	常体100%	常体	常体	アップ・シフト	対立する意見の提出
第十二課	一	敬体87%；常体13%	敬体71%；常体29%	敬体	常体	ダウン・シフト	強い気持ちの表し
第十二課	二	敬体33%；常体67%	常体100%	常体	常体	アップ・シフト	新しい話題の提起
第十三課	二	敬体25%；常体75%	常体100%	常体	常体	アップ・シフト	新話題の提起と対立する意見の提出
第十五課[8]		敬体100%	敬体80%；常体20%	敬体	敬体	ダウン・シフト	強い気持ちの表し
第十六課[9]		敬体60%；常体40%	常体100%	敬体	常体	ダウン・シフト	強い気持ちの表し

　『新編日本語3』のスピーチレベル・シフトには、ダウン・シフトのみならず、アップ・シフトも現れる。常体は無標スピーチレベルとしている会話は前の教科書より数多くなり、無標スピーチレベルである敬体は教科書の主なスピーチレベルである。そして、前の二冊の教科書（『新編日本語1』と『新編日本語2』）と同じように、スピーチレベル・シフトに関わる解釈や説明が述べられない。

　ダウン・シフトに関する内容は自分の強い気持ちを表すことを中心としているが、雰囲気を生き生きとしていることと相手に親しさを表すことも導入される。アップ・シフトは新話題の提起と対立する意見や立場の提出に絞っている。いずれにしても、『新編日本語3』にはスピーチレベル・シフトの導入がまだ不十分なのである。

5.3.4　『新編日本語4』におけるスピーチレベル・シフトの考察

　『新編日本語4』は『新編日本語3』のように、登場人物によって会話を集計する。

それで、『新編日本語4』には、ともに18課があるが、会話が23組あり、その中で、第六課、第七課、第八課、第十課、第十二課に会話が二つある。話し手の無標スピーチレベルは敬体である会話は18組であり、聞き手の無標スピーチレベルは敬体である会話が18組である。一方、話し手と聞き手との無標スピーチレベルは常体である会話はそれぞれ5組である。

表5　『新編日本語4（修訂版）』におけるスピーチレベル・シフトの集計

		登場人物のスピーチレベル		無標スピーチレベル		分類	機能
		話し手	聞き手	話し手	聞き手		
第六課		敬体100%	敬体64%：常体36%	敬体	敬体	ダウン・シフト	強い気持ちの表し
第七課	二	敬体33%：常体67%	敬体33%：常体67%	常体	常体	アップ・シフト	非難や突き放す発言 新話題の提起 対立の意見の提出
第八課	一	敬体86%：常体14%	敬体69%：常体31%	敬体	敬体	ダウン・シフト	親しさの表し
	二	常体100%	敬体13%：常体87%	常体	常体	アップ・シフト	対立する 意見の出
第九課		敬体92%：常体8%	敬体58%：常体42%	敬体	敬体	ダウン・シフト	強い気持ちの表し 雰囲気を生き生きとしている表し
第十一課		敬体90%：常体10%	敬体90%：常体10%	敬体	敬体	ダウン・シフト	強い気持ちの表し
第十二課	二	敬体100%	敬体70%：常体30%	敬体	敬体	ダウン・シフト	強い気持ちの表し
第十五課		敬体63%：常体37%	敬体82%：常体18%	敬体	敬体	ダウン・シフト	強い気持ちの表し
第十六課		敬体91%：常体9%	敬体71%：常体29%	敬体	敬体	ダウン・シフト	強い気持ちの表し 親しさの表し
第十八課		敬体100%	敬体73%：常体27%	敬体	敬体	ダウン・シフト	雰囲気を生き生きとしている表し

表5によれば、『新編日本語4』は、スピーチレベル・シフトが数多く、スピーチレベルをシフトする会話において、話し手と聞き手との無標スピーチレベルは依然として敬体であり、ダウン・シフトは主なスピーチレベル・シフトの分類として存在し、機能は自分の強い気持ちの表しと相手に親しさの表しである。要するに、スピーチレベル・シフトの数が多いが、分類と機能はやはり単純なのであろう。アップ・シフトが会話に取り入れられるが、ダウン・シフトと比べれば、数が少ないだけではなく、機能も対立する意見の提出に拘っている。

5.3.5 『新編日本語1-4』におけるスピーチレベル・シフトのまとめ

　『新編日本語1』において、スピーチレベル・シフトは少ないで、分類も単純であり、ダウン・シフトを主にして、機能は相手に親しさを表すことである。『新編日本語2』の中で、スピーチレベルの数も少ないと言えるが、分類がダウン・シフトだけで単純であると言っても過言ではないであろう。しかしながら、『新編日本語1』と異なるのは、相手に親しさを表すだけでなく、自分の強い気持ちを表すというダウン・シフトも導入される。『新編日本語3』と『新編日本語4』は、前の二冊の教科書より、スピーチレベルの数は多くなって、アップ・シフトも導入される。

　『新編日本語1-4』において、スピーチレベルをシフトする会話で、話し手であろうと、聞き手であろうと、敬体は主たる無標スピーチレベルであり、そして、ダウン・シフトがスピーチレベル・シフトの主な分類で、機能は自分の強い気持ちの表しと相手に親しさの表しを中心としている。アップ・シフトも導入されるが、『新編日本語3』と『新編日本語4』に集中し、図3のように、数が少なく、機能も対立する意見の提出に限っている。スピーチレベル・シフトが現れるが、どの教科書でも解釈されない。

　一方で、『新編日本語1-4』には、常体を無標スピーチレベルとしている会話があるが、数が少ないで、家族間に限り、常体の導入が不十分である傾向がある。

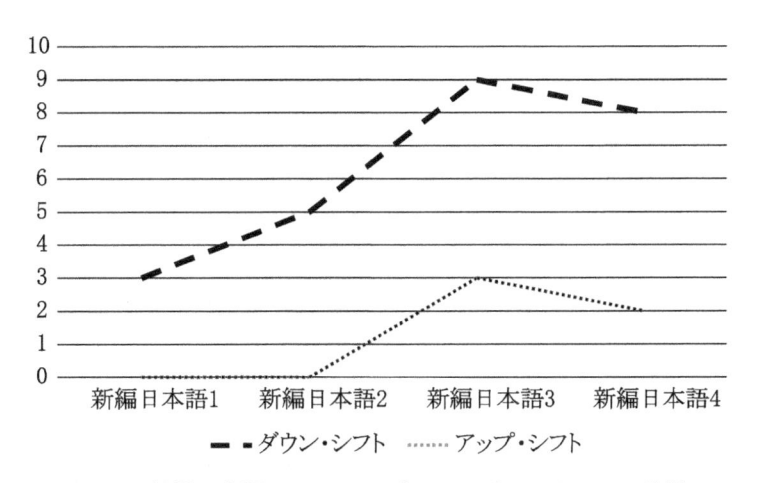

図3　『新編日本語1-4』でのスピーチレベル・シフトの集計

6. おわりに

　本論はB&Lのポライトネス理論と宇佐美まゆみのDP理論に基づいて、『新編日本語1-4』での敬語に関する内容を分析してみて、以下の結果を得た。

　まず、『新編日本語1-4』敬語の言語形式を詳細に述べており、敬意、あるいは、丁寧な気持ちを着眼点として、敬語に関する内容を解釈する。また、敬語は会話の場面と人間関係との関係を言及し、敬語をはっきりとして分類する。それから、スピーチレベル・シフトの「ダウン・シフト」と「アップ・シフト」とともに導入される

が、「アップ・シフト」の「新話題の提起」、「対立する意見や立場の提出」と「会話の終了と開始」という機能に触れている。「ダウン・シフト」の機能は自「分の強い気持ちを表すこと」と「相手に親しさを表すこと」を中心にしている。

一方、『新編日本語1-4』には、①『新編日本語1-4』で言語機能の導入が言語形式ほど多くないで、伝統的な3分法を中心にしており、「お箸」などの言葉遣いを解釈しがたいのであろう②丁重または敬意という視点から敬語を解説し、対人距離を調節する機能を言及していない③スピーチレベル・シフトが現れるが、それに関する解釈や説明がないという三つの不足点が存在している。

7. 今後の課題

本論は、教科書を選択するとき、上海外国語大学を代表として多くの学校に用いられる『新編日本語1-4』だけを対象としているので、初級日本語教科書での敬語に関する長所と不足点への認識に限りがあり、敬語に関する内容は、狭義の敬語に限定して、広義の内容に触れていない。また、それなりの実践を行っていない。

今後は、できるだけ国内で広く使われる教材をすべて分析して、初級日本語教科書での敬語に関するすぐれた部分と不足点をさらに明らかにしてから、ポライトネス理論とDP理論を踏まえて、敬語を勉強する新しいストラテジーを取り上げてみたい。

注

[1] 毋育新. 日漢礼貌策略対比研究[M]. 中国社会科学出版社, 2008年, 32
[2] ここで、「会話に出てきた敬語の機能」は、主に敬体で終わる会話に出てきた敬語の機能である。
[3] この部分は主に敬語に問する説明や概念などである。
[4] 『新編日本語2』の第二課の会話部分に、六つの異なる場面があり、マーカーなしが出てきた場面は三つ目の場面で、その場面だけのスピーチレベルを集計する。
[5] 『新編日本語2』第三課の会話部分に、五つの異なる場面があり、常体が出てきた場面は四つ目だけで、ただそのスピーチレベルを集計する。
[6] 『新編日本語2』第七課の会話部分に、翌日前の内容だけが独立だったり、その中に常体が出てきたりするので、その部分の内容を分析する。
[7] 『新編日本語3』の第七課で、会話一だけにスピーチレベル・シフトが出てきたので、会話一を集計する。
[8] 『新編日本語3』第十五課に二つの会話があり、二つ目だけにスピーチレベル・シフトが出てきたので、会話二のスピーチレベルを集計する。
[9] 第十六課に二つの会話があり、二つ目だけにスピーチレベル・シフトがあるので、それだけを分析する。

参考文献

庵功雄. 2012(第2版).『新しい日本語学入門』. スリーエーネットワーク

ブラウン&レヴィソン著. 2011.『ポライトネス―言語使用における、ある普遍現象』田中典子監訳. 研究社
宮本克之. 2007.「敬語教育のあり方についての考察」.『甲子園短期大学紀要』. 2007 (No. 26) pp91-96
宮武かおり. 2007.「日本人友人間の会話におけるポライトネス・ストラテジー―スピーチレベルに着目して―」. 東京外国大学大学院
滝浦真人. 2005.『日本の敬語論―ポライトネス理論からの再検討』. 大修館書店
滝浦真人. 2008.『ポライトネス入門』. 研究社
任麗潔. 2011.「中国の日本語専攻教育における・敬語教育・に関する考察―学習者へのインタビューと教科書分析を中心に」. 日本学研究. 第 21 期　pp171-187
窪田富男. 1990.『敬語教育の基本問題(上)』. 国立国語研究所
窪田富男. 1992.『敬語教育の基本問題(下)』. 国立国語研究所
毋育新. 2008.『中国人日本語学習者に対する待遇表現の指導に関する研究』. 中国社会科学出版社
宇佐美まゆみ. 1997.『言葉は社会を変えられる―21世紀の多文化共生社会に向けて』. 明石書店
宇佐美まゆみ. 2001.『談話のポライトネス―ポライトネスの談話理論構想―』. 国立国語研究所
宇佐美まゆみ. 2002.「ポライトネス理論の展開(1-12)」. 月刊言語. 総第 31 期(1-5,7-13)
佐々木瑞枝. 1996.『日本語ってどんなことば?』. 筑摩書房

中国語

毋育新. 2011. "将礼貌策略理论引入待遇表现教学的实证研究".《日语学习与研究》. 2011 年第 4 期,总 155 号 pp111-119
毋育新. 2013. "日语敬语的有标记性与无标记性研究-以语体转换为对象".《东北亚外语研究》. 2013 年第 1 期 pp32-37

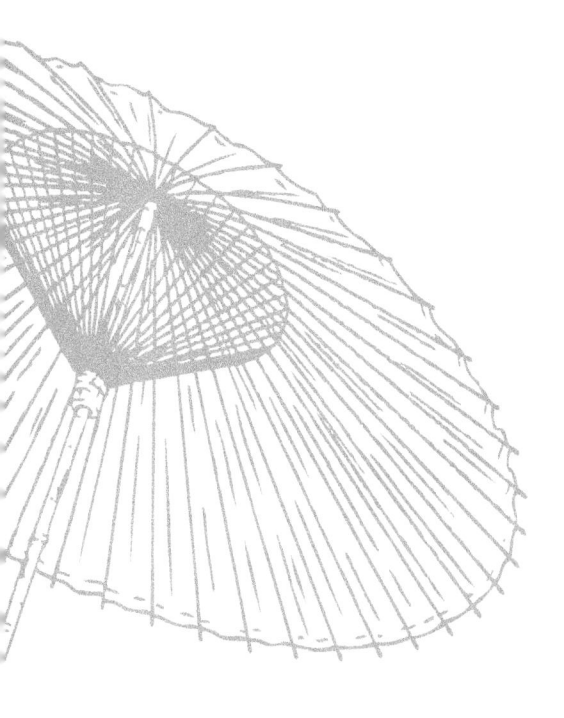

日本文学研究

北京での坪田譲治
―戦時下における日本児童文学の一側面―

江苏师范大学　刘　迎

摘要：坪田让治（1890-1982）是日本近代儿童文学代表作家之一，他塑造了众多天真无邪、生动活泼的儿童形象，开创了日本现实主义儿童文学的先河，被川端康成等誉为"写孩子的名手"。但是，在谈论坪田让治文学时，有个不可忽略的关键词，那就是"战争"。他在92年漫长的人生中，经历了"中日甲午战争""日俄战争""九一八事变""中日战争"以及"战败"等，这些后来反映到他的文学作品中，形成了重要的主题。其中以中日战争为题材的作品占据了相当的数量。

本文通过对坪田让治1939年6月在北京及其周边地区视察活动的考证，在解读其原文文本以及创作手记的基础上，从历史的、文化的脉络阐释了日本侵华时期坪田让治文学中中国以及中国儿童形象形成的根源及本质，并对其侵略言论进行了揭露和批判。

キーワード：坪田譲治　日本児童文学　北京育成学校　周作人　中国児童イメージ

1. はじめに

　戦争色のますます濃厚になりつつある中で、創作のゆきづまりの打開策として中国戦地視察を決行した坪田譲治は、昭和一四年（1939年）五月中旬、上海に上陸して以来、杭州・蘇州・南京・鎮江・大同・包頭・易県・保定などの戦跡や宣撫班の仕事ぶりを視察して、六月の末頃、最後の訪問地である北京に入った。二回目の北京入りであった。前は「蒙疆」に行くために北京を経由し素通りしたのだが、今回の訪問はいわゆる用意周到で、しかも七月三日頃まで約一週間という〈一ところに止つて〉（坪田　1941a : 10）もっとも長い滞在の間に北京のあちこちを駆け回って視察し、「感激」「感銘」を経験した後、目的達成したつもりで、七月五日に帰国の途についたのである。

　本稿では、北京における譲治の行動を確認したうえ、彼は中国に対してどんな視線を向けていたのか、そしてその文学には中国および中国人の子ども像をどのようなものとしてイメージし、そこに何を期待し何を賭けているのかについての考察を試みる。なかでも特に譲治と周作人との接点をはじめて明らかにしたことで、坪田譲治研究または周作人研究においては逸することのできない貴重な資料を提供するとともに、日本占領期における日中児童文学の交渉についての究明を可能にした。

2. 北京「育成學校」での視察

　譲治の北京での行動は興亜院の指導の下で行われたと思われる。興亜院は、日中戦争下、日本の対中国政策を実施するために昭和一三年(一九三八年)一二月に設立され、昭和一七年(一九四二年)一一月、大東亜省に吸収されるまでの四年足らずの間存在した機関である。主には日本が支配した中国占領地の行政を統括し、占領政策立案のために数多くの調査員や技術者を動員して調査を行い、日本による占領地の行政と資源収奪に密接に関わっていたのである。

　六月末日に、興亞院の島田事務官の案内で譲治は、北京城内にある「育成學校」を視察した。

> 　育成學校といふのは、崇貞學園で有名な朝陽門の内にあつて、十七年前、我が國の寄附によつて建てられたものである。聞けば、その頃支那に大飢饉があつて、世界各國で寄附が集められた。我が國でも、小學生などは一錢づつの寄附をしたりして、その額四萬圓—と言つたやうに思ふが、或はもつと多かつたかも知れない。—が支那に送られた。ところが、送る時期が遅れ、支那では各國から集つた金を、もうそれ〲處分してしまつてゐた。それで、こんなはした金では、どうもならないといふ譯でもなかつたのであらうが、日本の方で勝手にしてくれと言ふことになつた。それが、この育成學校の紀元である。(坪田　1940a：265-266)

「十七年前」というのは大正九年(一九二〇年)のことであり、この年、中国の北方五省(河北・山東・山西の三省に綏遠・察哈爾の二省を加える)では干ばつが起こり、雨が一滴も降らず、畑の作物はすべて萎れてしまったことで、何もとれなかった。そのため、人々は塗炭の苦しみに強いられ、餓死した人が続出した。そこでイギリス人宣教師がまず第一に動きだし、アメリカ人宣教師がこれに呼応して死を待つ中国の災民の救済に乗り出したことから、世界中で中国の干ばつをやかましく言うようになり、食料や義捐金が世界各国から送り届けられ始めたのである。

　こういう状況を見た日本はだいぶ出遅れたのだが、帝国教育会は災童救済のため、〈全國ノ學校生徒及教職員ヨリ義捐金ヲ募集シタルニ其額ハ十數万圓ニ達シタリ、帝國教育會ハ理事野尻精一、仝野口援太郎ノ二氏ヲ饑饉地ニ派遣シ罹災學童ニ對シ六萬着ノ綿衣ヲ施與シタ〉(中山　1924：1-3)のである。しかし、〈義捐金ノ内約三萬七千餘圓ハ集金ニ時日ヲ要シタル為メ饑饉救済ノ時期ニ遅レタル〉(中山　1924：3)ことから、帝国教育会はこの残留金の処分について、〈北京日本居留民ノ組織セル北支旱災救済會ノ委員タル中山龍次氏ニ諮リ〉、さらに中国の〈内務部及教育部ノ當路者ニ就キ意見ヲ徴シタル〉(中山　1924：4)ところ、残留金を基本金として北京市内に一つの小学校を設立することとなったのである。そして大正一一年(一九二二年)一月九日に帝国教育会長澤柳政太郎を設立者とする財団法人育成社が北京市内に設立され、民家を借りて同五月二二日に朝陽門内大街門牌三百四三号に育

成學校（小学校）を開始した。
　いっぽう時を同じくして、綿衣二千着の製作代金などとして帝国教育会から貰った五百何十円を資金に、キリスト教徒の清水安三は朝陽門外に崇貞學園を創立したのである。かくして朝陽門を挟んで、門内には「育成學校」、門外には「崇貞學園」という日本人の手によって建てられた二つの学校があるが、そのお金の出所は〈前者は帝國教育會、後者はその帝國教育會の事變の乘餘金〉（清水　1939：114）だったので、いわば双子みたいな関係であった。
　イギリス人宣教師による飢饉救済を、清水は、〈英國軍艦の大砲の彈の届かぬところに教會を建てる〉とか〈英國の國威を笠に着て傳道はせぬ〉（清水　1939：103）と揶揄したが、しかし、日本の動機も決して純粋で無償なものではなかった。あとで分かったことであるが、〈隣邦のために、たゞし善根を施した〉（坪田　1940a：266）と言われた日本がやがて袁世凱政府に対し二十一か条条約などさまざまな理不尽な要求を押し付けてしまったのである。
　小川未明の作品「死海から來た人」（初出未詳）は小学校での募金の様子を扱っている。その中で未明は、中国で起きた飢饉に対する日本人の無関心さと弱者軽視の日本社会の不条理さを批判して次のように書いている。

　　基督教徒の開いてゐる小學校で、バザーが開かれました。支那のずっと内地の飢饉へ賣上の金を贈らうといふのであるが、誰もその目的については、あまり知る者がなかつたやうです。
　　大抵の人は、どんな地方に、飢饉があるかといふことさへ知らなかった。また、かりにこの廣い世界の一角に、大きな地震があつたとしても、その地方が未開であり、そして、自分達に利害關係がなければ、つひに、そのことは知られずにしまふでせう。
　　これに反して、ニューヨークで活動俳優が自動車で怪我をしても、大袈裟に報道される。また、ロンドンで、婦人靴の新型が流行しても、各國の新聞は競つて寫眞をいれて掲載します。文學にしても、政治にしても、ひとり、英國や、米國や、佛國や、その他三四の強國だけのことは知られてゐるが、弱い國や、未開の國のことは、てんで知られてゐない。人生も、社會も、そこには存在しないごとくでした。（小川　1955：162-163）

当時の未明はプロレタリア運動の影響もあって、〈弱い國や、未開の國〉など弱者に同情する立場に立ったのだが、日中戦争がはじまると、彼は一変して軍国主義を支持することに回った。
　もう一つ指摘しておきたいのは、「育成學校」が終始日本人によって運営され管理されていたことである。譲治は〈善根を宣傳になど使ふことをいさぎよしとしない日本のことであるから、學校をつくると、經營一切を支那人の手に任せた。〉（坪田　1940a：266）と言っているが、それはとんでもない誤認なので、まったくの事実無根である。たしかに艾華校長をはじめ教員六人全員が中国人ではあるが、しかし、そ

の人事権および資金の運用などはすべて日本政府関係者や政府役人OBが中心となった財團法人育成社に握られており、また、〈入學ヲ希望スル者増加セルニ付之ヲ擴張スル為文化事業費ノ中ヨリ相當ノ補助ヲ仰キ度〉（芳澤　1925：2）とあり、〈この善根を棄ててはおけずといふので、興亞院で、今年一萬幾圓か、來年二萬何圓かの豫算で、これを親日の方に育成することになつた。〉（坪田　1940a：267）などとあるように、日本政府の関与もあったことが認められる。したがって、視察先を当時新聞や雑誌で「北京の聖者」と宣伝され一躍注目の的となった清水の「崇貞學園」ではなく、日本人が〈思ひ出して見るものさへなかつた〉（坪田　1940a：266）「育成學校」に選んだのは、一民間人の経営する学校よりも、日本政府とのつながりがある学校のほうが譲治にとって都合がよかったのではないかと思われる。

　　　門に大額あり、育成學校と書かれてゐる。重慶政府の元老蔡元培の字である。蔡元培は十七年前その頃、北京大學の總長をしてゐたとかで、この額の字以外、校内に幾つかの字を殘してゐる。何とふ字か忘れたけれども、みな教育的な美辭麗句である。
　　　門を入ると、小さな門番の部屋がある。そこで左に曲る。そこに第一の内門。その門内にまた一部屋。これは參觀しなかつたが、小使の部屋か、或は先生の住居かといふのであつたらう。右に第二の内門。そこは二三十坪の内庭で、兩側に一つづつの教室がある。その日は時間が遅く、一人も生徒がゐなかつた。突きあたりが事務室と、教員室で、眞中が應接間、一つ圓卓が置かれてゐた。そこで青年教師と應接し、初代の校長は十幾年前亡くなり、二代目の校長もこの春亡くなつたといふことを聞く。但し兩方の校長夫人とも教師として働いてゐる由。
　　　この事務室の後に校庭があり、それを隔てて校舎があつた。教室が三つか並んでゐる。校庭には石か瓦が敷きつめられ、一方に大きなアカシヤが枝を校庭の四分の一くらゐもさし出して茂つてゐた。けだし校庭がそんなに狭いものなのである。教室は我が國の田舎の小學校同様で、机など相當古く、そしていたんでゐた。柱などに張紙がしてある。清潔にせよとか、禮儀を守れとか、静かにせよとかいふ譯である。（坪田　1940a：268-270）

育成學校は、当初〈育成社ノ事業トシテハ現ニ所有スル基本金ヲ以ツテ僅ニ小規模ノ小學校ヲ經營スル外ナキモ將來經驗ト信用ヲ増スニ從テ何等カノ方法ニ依リ中學校ヲ設ケ更ニ進ンデハ專門學校又ハ大學ヲ設立スルヲ〉（育成學校　1923：3-4）目標としてスタートしたが、その後、〈其成績良好ニシテ支那人間ノ信用ヲ博シ入學ヲ希望スル者増加セル〉（芳澤　1925：2）ため、日本政府より「対支文化事業費」の援助を得て、昭和四年（一九二九年）四月に高等小学二学年を増設し、さらに高等科一、二年をも新設することになったのである。

翌日、卒業会に参列した譲治は、君が代を上手に合唱した生徒達に〈多少の感慨を催し〉、〈我が國の學校のそれと何の變りもな〉く、〈何の變哲もない卒業式であつ

た。〉と感じて、来賓として〈螢の光、窓の雪といふ我が國の卒業式の歌を引用し、少年の頃の小學校卒業式の思出を語つ〉(坪田　1940a：270)て挨拶した。しかしそのうち、一人の生徒が〈氣分が惡いと言つて、列外に出て休む〉(坪田　1940a：271)こととなったのである。それは彼の話した内容がよほど詰まらなかったのか、あるいは三〇度を超えた炎天下に長時間にわたり立たされて体調が崩れたのかはっきりと分からないが、とにかく彼は〈少年達の顔色に少しの喜びの色も認められない。悲しみの色がある譯でもないが、一體に暗い感じ〉(坪田　1940a：271)をしていたというのである。

　　　生き〲してゐないといふのは何故であらうか。これを私は事變に結びつけて考へて見た。これは當つてると思へなかつた。支那の子供の感じは一體に暗いのである。それは生活が迫つてゐるといふためではないであらうか。この生活難のために、彼等は早く生活を知り、そのために早熟となり、そして暗い表情をしてゐる。と私は結論をした。(坪田　1940a：271)

　子どもたちが〈生き〲してゐない〉のは戦争によるものだという事実を知っているにもかかわらず、譲治は〈生活難のため〉だとして、〈事變〉(戦争)とは無関係だと判断し、彼らをこのような不幸に陥れたのがあくまでも中国の「不誠」のせいだと結論づけたのである。その上、〈日支親善〉をするためには、〈中國人が日本人を理解するといふことは、日本人の精神力を知ること〉が大事だと主張し、〈日本精神は誠から發してゐる〉もので、〈他國の華々しさこそなけれ、貧者一燈の誠である。〉(坪田　1940a：268)として、「育成學校」を〈親日の方に育成する〉(坪田　1940a：267)こと、つまり中国の子どもたちへの親日教育をすることの重要性を訴えたのである。「日本精神」というフレーズは当時の指導思想として児童文学作品にもよく使われており、「国体の本義を自覚し、八紘一宇の顕現に挺身する精神」のことなのであるが、譲治のいう「日本精神の誠」というのは、こうした「八紘一宇の国体原理主義に基づく国威伸張の侵略正当化」のことである。これにより、国体原理主義者としての譲治の本性がすっかり明るみに現れていたのである。

3. 周作人会見の記

　譲治の北京訪問はもう一つ大きな収穫があった。それは中国屈指の文人である周作人と会ったことである。

　周作人(一八八五～一九六七)は中国近代を代表する文学者で、魯迅(周樹人)の実弟である。一九〇六年に日本に留学するが、辛亥革命の時に帰国し、後に北京大学の教授となる。周作人はその兄魯迅と並び、中国の新文学史・新文学運動史に最も輝かしい功績を残した文学者・思想家である。中国・日本・ヨーロッパに渡る広い知識を駆使した彼の随筆は、自由な小品散文の中国独自の可能性を洞察し、近代の合理主義に洗われた伝統的な文人筆記の最後の高峰の観を呈している。また、彼は日本の文学を愛し、『古事記』『枕草子』をはじめ、夏目漱石や島崎藤村などの作品

を中国に紹介したことで、日本文学翻訳家・研究者としても知られており、武者小路実篤や佐藤春夫など多数と交友をもっていたのである。

　日中戦争期間中、北京の対日協力政権に協力したことがあり、中国で「漢奸」のレッテルを貼られてしまう。戦後になって戦時中の対日協力のことで投獄を余儀なくされるが、「文化大革命」の時に病没した。

　日本軍の北京占領期において、周作人は北京の「苦住庵」に住んでいた。「苦住庵」の名は「樂行は苦住に如かず」という仏経に由来するが、周作人は次のように述べている。

　　この苦住というところは、とても私の意にかなうもので、書斎の庵名に借りようと思っていた。実は苦茶庵と同じ庵なので、そもそも庵など実際にありもしないのであるが。もっともそれはさておき、苦住という言葉はなかなかいいと私は思う。いわゆる苦んばるものは、なにも「三界無安、猶如火宅」（三界安きこと無くたとえば火宅の如し＝劉注）のようなものとは限らず、普段つらいといっている程度の意味でもかまわない。不佞は信仰の少ない者で、エホバの天国とも阿弥陀仏の浄土とも無縁で、与えられたのは南瞻部洲の摩訶支那という土地だったので、そこに住み着くほかはない。別に楽しい行に出かける大それた望みもないのだし、どうせ中国で旅行することはとてもつらいことなので、これ以上さらに苦を求めることもなかろう。（周　1940：243-244）

　周作人は北京残留の中国文化人の代表者と見なされ、かなり多くの日本文化人がその名を慕って彼のもとへ訪ねてきた。山本実彦、佐藤春夫、尾崎士郎、小田嶽夫、小林秀雄など、実に枚挙にいとまがないが、当時の日本文壇で活躍されている一流の文化人ばかりであった。たとえば、昭和一三年（一九三八年）五月に『文藝春秋』特派員として北京にやってきた佐藤春夫が周作人ら中国文化人とひそやかな会合をした。その様子を同席した竹内好は、〈席の空氣は終始なごやかであつた。話題は、料理の話とか、お化けの話など、たあいもない話が多かつた。（中略）文學や政治の話はほとんど出なかつた。もちろん歓迎の言葉など改まつたものはなかつた。昨日會つた人間のように、勝手にしやべりたいことをしやべつてゐた。要するに老人趣味なのである。よく言へば北京趣味である。〉（竹内　1973：82-83）と書き、佐藤が現地から『文藝春秋』に書き送った報告「北京雑報」にも、〈これほどの心づかひをしながらもこの會を催したり、出席されたのは特別に有難い譯であるのに…惨として歡を盡さずといふ程ではないが、何やら影のさすやうな氣分の失せぬものがあつたのは是非もない。〉（佐藤　1938：214）と述べたのである。かくしてその頃の周作人は国策とは一応無関係な民間日本人には、非常につとめて自然な付き合いを心がけていたようである。

　譲治が周作人に会ったのは昭和一四年（一九三九年）七月一日である。彼は丁度その頃北京にいた親友の小田嶽夫とともに周作人の「苦住庵」を訪れたのである。のちに小田は随筆「新北京の支那人」（『文藝春秋』一七巻一六号、昭和一四年八月）の

中で会見の様子をこう書き記している。

> さういふ北京にも周作人氏のやうな支那第一流の文人が殘つてゐる。一日僕は坪田、小山（東一）兩氏と共に、秋澤（三郎）君の勤め先の東亞文化協議會の斡旋により同氏に會見する機會を得た。
>
> 寫眞ではよく見た顔であるが、實際の顔は寫眞よりはいくらか痩せ、過般の刺客事件以來外へ出られないせゐか本來さうなのか、女のやうと言ひたい位ゐ白い皮膚で、それに支那人にしては濃い口髭を蓄へ薄い卵色地の絹紬（？）の長衣を着て、日の光りの入らぬやう密閉されたうす暗い室に端然と掛けられた姿は、ちよつと見には氣品高い名醫といふ感じである。（小田　1939：138）

「過般の刺客事件」とは、一九三九年元旦、周宅「苦住庵」に忽然招かざる客が現れ、周作人を銃撃したことである。一月一日の午前九時ごろ、天津中日学院の学生と名乗る二人の若者が面会を求めて部屋に入ると、いきなり周作人に拳銃で一発を打った。そして車夫の一人を即死させ、一人に軽傷を負わせて二人が逃走した。周作人はジャケツのボタンで弾が外れて臍の左に掌の大きさのアザができただけで奇跡的に助かった。この刺客事件は早くも日本の新聞にも取り上げられ、一月四日付の『大阪朝日新聞』には〈周作人氏狙撃さる-未遂・車夫のみ即死す〉という見出しで速報し、また、一月一〇日付の『都新聞』「大波小波」欄には〈然しこゝで考へるべき事は、この幸運のボタンを何時も望んでゐてはならないといふ事だ。これこそは、日本の對支文化政策・文藝政策の確立を促すべき銃聲であると認識されなければならない。〉と論評を掲載した。しかし、周作人は狙撃沙汰の黒幕は日本当局ではないかと気づいていたようである。〈日本の軍警はむろん極力国民党の特務になすりつけたが、しかし実は彼らがやったのだ。〉（周　2008：354-355）と晩年もそう信じて疑わなかった。

刺客事件の後、周宅周辺の警備が強化され、物々しい雰囲気となった。〈屈強な體格の私服刑事らしい男が數人控へてゐて、我々の訪往に對しても物々しい取次ぎ振りを示すのだが、その刺客事件についても我々には質問がはばかられ〉、〈我々の態度は今日の氏の環境への慮りから充分率直であり得なかつたのは當然である。〉（小田　1939：138）と小田は書いている。

会談は〈氏の日本書籍のつまつた、棚に圍まれた、土藏の内部のやうな空氣の冷りとした書斎でホツと暑さも忘れて、和やかに樂し〉い雰囲気の中で行われ、〈話題は日本文學の支那譯の話、支那の童話、民謡の話、支那精神の話、北京生活の話、江南の風景の話などと取り止めもなく移り、氏は終始微笑をたたへて物静かな日本語で語られるのだが、端麗な容貌のうちに強ひて光りをかくした如き瞳は時に微妙な鋭い閃きを見せる。そして僕等は否でも應でもあくまで剛毅不屈を堅持した文豪故魯迅の令弟で氏があることを思ひ出させられるのだつた。〉（小田　1939：138）といい、会談の内容が多岐にわたるが、〈氏自身は我々の質問を避けたがる底の小器では無い。氏は我々の知りたいと思ふ事項については、種々自ら進んで一端を漏らされ

た〉(小田 1939:138)というのである。

　譲治はこの会談の内容についてあまり語っていないが、中国戦地視察よりの帰途、岡山に立ち寄った彼は、『合同新聞』(前身は『山陽新報』＝劉注)の取材を受けて、〈支那の童話については魯迅の弟周作文(周作人の誤り＝劉注)に會つていろ〳〵聽いたのですが、日本と共通なものが澤山あるやうでした。〉(坪田 1939:1)と述べたのである。

　周作人は譲治・小田らとの会談では、もう少し立ち入ったことにも及んでいる。それは日本の対中国教育政策についての発言である。譲治は作品の中にたった一つだけ周作人と思われる人物による次のような発言を記している。

　　北京で日本語の非常にうまい、私などよりも上手な人に會つたが、その人は言つた。「日支親善、日支親善と言つて、日本は支那に今迄どんなことをして來たか。學校一つ建ててゐないではないか。これに比べれば、アメリカや英國などは、中國の文化のために相當な金と力をつくしてゐる。」これは親日中國人の言葉であるが、支那人一般の心持でもあるであらう。(坪田 1940a:267-268)

　それを裏付けたかのように、小田の「新北京の支那人」にも同じ趣旨の内容が書かれている。

　　今一人の支那人(周作人と思われる＝劉注)は日本人の支那にたいするやり方が歐米人に比して甚だ下手いことを種々好意的に指摘してくれたのであつたが、何等か参考になる點もあらうと思ふ。(中略)
　　「北京に崇實中學といふ英國人經營の基督教學校がありますが、一と頃支那に教育權の回收といふ運動が起り、この學校もその渦中に捲き込まれたわけでありますが、その時、その英國人の校長が、
　　『いや、支那にあり、支那の生徒の學ぶ學校であるから、支那の方がやられるのが當然のことです。私はいはばこの學校の基礎をつくつたわけで、皆様がやりたいと言はれるなら喜んで皆様にお譲りします。ただ私も永年この學校に關係して來ましたので、このままこの學校と縁を絶たされるのは誠に情に於て忍びない、ついては今後は私を一英語教師としてこの學校に止めて置いてもらひたいと思ひます』
　　と言つて、さつぱりとその學校を支那側にわたし、しかもその後毎年一回、自費で天井の塗り換へ、その他のことを行つてゐるさうです。
　　これなどはその腹はともかくやり方がなかなかすつきりしてゐる。支那人はやはりかういふことを大に徳としてゐるのです。…」(小田 1939:141-142)

　こうした「支那人」の漏らした不満や文句を、小田は〈好意的〉な指摘として〈参考になる點〉だと捉え、〈我々は政府の政治ばかりに頼らず個人と個人、青年と青年、文化人と文化人といつた具合にしつかりと手を握り合つて進みたいものだと應酬して置いたが、かういふ支那人が失望のあまり職務を放擲してしまはないために、何

としてもまはりの日本人の眞實の友好と絶えざる激勵が必要とされるであらう。〉と言っているのに対し、譲治の評価はあまりにも苛刻で善意的なものではなかった。〈我が國は貧しく、それに政治的な宣傳工作などは知らない。他國のやうに政治と文化を車の兩輪として支那を侵略するやうなことを考へなかつた。〉（坪田 1940a：268）と、彼はまるで日本の中国侵略を弁護したかのように述べて、〈支那人の心臟も相當なものである。この學校（育成學校＝劉注）の起原など思ひ出して見るものもなかつた。日本が忘れてゐるのをいゝことにして、しらっぱくれてゐたと言はれても仕方があるまい。〉云々（坪田 1940a：268）と、中国人の不誠実さを繰り返し非難した。

4.「親日」の子ども

　譲治の視察は北京郊外へも足を伸ばした。六月二八日、彼は島宣撫官の案内で門頭溝へ宣撫班の仕事を視察に行った。

　門頭溝は北京西南より十キロぐらいの永定河辺にあり、近くは日中戦争の発端となる盧溝橋と苑平県城がみえる。門頭溝周辺には炭鉱が密集しており、井徑炭鉱をはじめ、正豊炭鉱、柳川炭鉱、長城炭鉱そして門頭炭鉱などがあり、ほとんどが外国資本の支配下に置かれていたのである。

　譲治は島宣撫官とともにトラックで門頭溝へ向かったのだが、永定河という川の橋に来ると、そこでトラックを下りて川の向こうの小さな山の上にある忠魂碑まで案内された。〈そこは一年前島氏が匪賊の襲撃を受けて、滿人通譯を失つたところで、彼には思ひ出が深かつた。〉（坪田　1941a：13）というのである。童話「支那の子ども」（『森のてじなし』新選童話集・初級向、新潮社、昭一五・九）はこの島宣撫官の話をもとに作られたもので、漢奸の子どもを描いている。

　　私たちはそのへんからお花をたくさん集めて來てお供へしました。そして勇ましくせんしなされた兵たいさんたちにいく度もあたまを下げました。

　　その時、氣がついて見ますと、そばに支那の子どもが一人立ってゐました。島せんぶくゎんが、

　　「おう、これはおどろいた。」

　　といって、その子どもに話しかけました。支那のことばでいふのです。あとで聞きますと、この子どもも、このおはかにおまゐりに來てゐるといふことでした。

　　その子どもも手にお花を持ってゐました。だれにおまゐりするのでせう。

　　日本の兵たいさんにでありませうか。それでもありますが、その子のおとうさんにおまゐりしに來たのでした。

　　程子明といふのがその子の名前でありました。おとうさんは日本軍のつうやくだったのです。（中略）

　　程さんのおとうさんはこのちゅうこんひに名前は出てゐませんが、今年のは

じめ、日本の兵たいさんと一しょにこの町でせんししたのであります。ですから、程さんは毎日かうしてこゝへおまゐりするといふのでありました。
　今年十二ださうで、とてもかはいゝかほをしてゐました。おかあさんと二人で、今日本軍からいたゞいたお金で、くらしてゐるといふことでした。（坪田　1940b：239-242）

「程子明」って、この名前はどこかで聞いたことのあるような気がする。それはそうである。易縣城壁の上で守備する臨時政府の兵士で一八歳の青年高史明、それをモデルにした「易縣の兄弟」（『大阪朝日新聞』昭和一四年八月五日～九月九日）の少年高士明、また、「黄河の鯉」（『月刊文章』八巻九号、昭和一五年九月）にゐる「親日」老華僑の高士明と、譲治の作品に何度も登場した毎度お馴染みの名前ではあるまいか。名字だけが違って、下の「史明」「士明」「子明」は日本語で読むと、どれもこれも「しめい」と発音するのに気づく。偶然の一致とは思えないが、〈言葉も解らず、一ところに止ってゐることもなく、子供達と親しい接し方をしなかつた〉（坪田　1941a：10）とあったように、彼は中国の子どもの実情が何も分かっていない。したがって中国の子どもを扱った彼の作品は意図的に作り上げられた「虚構のイメージ」ばかりなので、その信憑性は疑わざるを得ない。結末はこう結ばれる。

　突然、周りに銃声がひびき、中国側のゲリラ五〇人ぐらいが攻撃してきた。程少年は自ら願い出てその潜伏場所を探り、日本軍を怯える中国兵を炭鉱に誘導する。そのおかげで、日本軍は炭鉱の穴に潜り込んだ中国兵全員を捕虜にしたというのである。

門頭溝小学校で、譲治らは〈村長まで参列〉させられて〈大變な歡待を受けた〉のである。

　宣撫官と共に東京からの客人來るといふので、小學生は直ぐ家に歸り、みんな少年團の服装をして來る。聯隊旗のやうな旗を三本立て、樂隊を先頭にして、運動場に並ぶ。島氏と私が出て行くと、奏樂、行進、頭右つといふやうな始末である。それから唱歌と遊戯、武藝體操といふやうなことが始まり、（中略）唱歌も、君が代に始つて、愛國行進曲から日の丸行進曲、桃から生れた桃太郎、もしもし龜よ龜さんよ、など五つも六つも聞かされ、私は支那にゐるやうな氣がしなかつた。（坪田　1941a：13）

子どもたちはそこを焼けるような陽光に責めつけられながら、東京からの客人のために、どんな気持ちで「親日」の唱歌や舞踊を披露していたのか。また、彼らは普段どれだけ厳しい練習を強要されたのか、当然、譲治は知る由もなかった。彼は〈私は支那にゐるやうな氣がしなかつた。〉（坪田　1941a：13）と満足げに語っただけであった。ちなみにこのような光景は日本軍占領地区（とくに華北）においては日常茶飯事というほどよく見られるもので、植民地教育の一端がうかがえる。

　それから、譲治は一つの炭坑を見に行って、〈何ともいたましい氣持にさせられ

た〉(坪田　1941a；14)のである。

　　　そこは普通の家のやうに屋根があつてカンカンが備へてあつた。坑は下へ丸太木の階段が急な勾配で下りてゐた。素よりそこは眞暗である。入る氣などになれない。下を見てゐると、カンテラの灯が見え出した。鉢巻のやうにして、カンテラの裸火を頭につけてゐる坑夫が、背中に負うた袋に一杯石炭を入れて、階段を這ふやうにして登つて來る。カンカンのところに來ると、そこに上つて、目方をはかる。机をすゑた事務員がそれを帳面に書き入れる。坑夫は殆ど裸で、顔も身體も石炭の粉で眞黒によごれてゐる。はかり終ると、それらは外に出て、石炭の山に登り、そこに背中のものをぶちまける。ぶちまけると、茶を一杯飲み、また坑内に入つてゆく。四五分ごとに、このやうな男が一人づつ、坑口を出たり入つたりする。(坪田　1941a；14)

　戦争のため、生活基盤も破壊され、まるで人間地獄のように過酷な労働を余儀なくされた坑夫(苦力)たちの悲惨な状況を目の当たりにしたが、譲治は〈私はこれらのものが、この世のものではないやうな氣がして來た。〉というのにとどまる。そこで彼は一人の少年坑夫に出会う。

　　　まもなく一人の子供がやはりさうして、坑内から登つて來たからである。聞けば、その子は歳が十一であるといふ。然し七八つにしか見えなかつた。激しい勞働に發育が止つたのでもあらうか。背中に石油罐を負ひ、中に一杯石炭を入れてゐる。坑底は二百尺の下にある。恐らく丸ビルよりもまだ高い、それを這ひ上つて來るのである。頭にカンテラをつけて前屈みになつて、つつつと上つて來る姿は一匹の動物、猿のやうにしか見えなかつた。それもこんなのが一人ではない後から後から幾人もゾロゾロ登つて來たのである。(坪田　1941a；15)

　日中戦争は中国の子どもの身体的、精神的、情緒的発達のあらゆる側面に影響を与えたのであった。戦火のもとで暮らした多くの中国の子どもたちにとって、子ども時代の暮らしは戸惑い、悲しみ、恐怖の連鎖で悪夢のようなものであった。戦争は家庭を破壊し、家族を離散させ、コミュニティを崩壊させ、信頼関係を崩し、保健・教育機関を閉鎖に追い込み、子どもの暮らしの基礎そのものを揺さぶったのである。そのため、彼らは多く大人同様の激しい労働を強いられ、搾取や虐待などあらゆる形態の残虐な非人道的な取り扱いを受けていた。しかし、譲治はこうした中国の子どもたちの苦しい生活を理解しておらず、同情するどころか、かえって〈彼等は多くこんなに生活に酷使され〉、〈生活のために、彼等は早く成人になる〉(坪田　1941a；15)のは、あくまでも中国の不誠のせいだと考え、〈これを、他國に對する誠心を以てせず、以夷制夷の攻略を傳統とした、國の不誠に歸する〉(坪田　1940a；272)のだと決めつけたのである。

5. 終わりに

　北京視察を終えて、七月五日に天津を経由し船で日本に帰ってきた譲治は、故里

岡山に立ち寄った際、地元紙『合同新聞』の取材に応じ、中国戦地視察を振り返って次のような感想を述べている。

  約五十日の大陸旅行から歸つて來ました。船で上海に上陸、蘇州、杭州を經て南京に出で、津浦線で北上、北京から京包線で包頭までいつて蒙古氣分を味ひ更に京漢線で南下、易水寒しの易縣までゆき保定へも寄つて歸つて來ました。全く慌しい旅でした。支那の子供は大へんみんな利口さうな顔をしてゐます。北京の小學校などは日本語の時間は一週一時間ですが、興亞院文化部から日本語の教科書が與へられてをり、みんな日本語の歌を上手に歌つてゐます。（坪田　1939：1）

おしなべて、昭和一四年（一九三九年）五月から七月にかけての中国戦地視察は、譲治にとってきわめて意義深いことであった。帰国後、彼は、〈この戦争は國力戦であるから一致團結火のやうな熱情と緊張を以て、戦争の目的を貫くために邁進しなければならない〉（坪田　1941b：78）と言い、〈私の出來ることをしたいと思ひつゞけ〉、大陸での感銘をモチーフにした作品の創作や〈勇士子弟の綴方〉（坪田　1941b：78）の編纂・出版、さらに戦場体験者による講演会の参加など、中国での体験を国策宣伝の材料に仕立てたことによって、戦争一色の文壇における発言力を一層増幅させたことになる。

【付記】
  本稿は中国江蘇師範大学人文社会科学研究基金重点項目"日本現当代儿童文学中'満洲記忆'題材的研究"（14XWA03）による研究の一部としてまとめたものであります。

参考文献
坪田譲治．1939．利口さうな新支那の子供．『合同新聞』，1939 年（昭和 14 年）7 月 7 日
坪田譲治．1940a．子供の支那．『随筆集　故郷の鮒』，1940 年（昭和 15 年）12 月
坪田譲治．1940b．支那の子供．『森のてじなし』．新潮社，1940 年（昭和 15 年）9 月
坪田譲治．1941a．支那の子供・二．『家を守る子』．墨水書房，1941 年（昭和 16 年）11 月
坪田譲治．1941b．家を守る子．『家を守る子』．墨水書房，1941 年（昭和 16 年）11 月
中山龍次．1924．財團法人育成社教育事業ノ補助ニ関スル請願ノ件，1924 年（大正 14 年）6 月
芳澤謙吉．1925．育成社教育事業ニ補助金下附願出ノ件，1925 年（大正 15 年）4 月
育成學校．1923．『財團法人育成社及育成學校概要』，1923 年（大正 14 年）6 月
清水安三．1939．『朝陽門外』．朝日新聞社，1939 年（昭和 14 年）4 月
小川未明．1955．死海から來た人．『小川未明作品集五』．講談社，1955 年 1 月
周作人．1940．桑下談序．《秉燭談》．北新書局，1940 年 2 月
周作人．2008．《知堂回想录》．安徽教育出版社，2008 年 6 月
竹内好．1973．佐藤春夫先生と北京．『日本と中国のあいだ』．文藝春秋，1973 年（昭和 48 年）7 月
佐藤春夫．1938．北京雑報．文藝春秋～現地報告・時局増刊九．文藝春秋，1938 年（昭和 13 年）6 月
小田嶽夫．1939．新北京の支那人．『文藝春秋』．17 巻 16 号．文藝春秋，1939 年（昭和 14 年）8 月

宮沢賢治文学における自己犠牲と武士道思想
—「グスコーブドリの伝記」を中心に—

(日本)北海道大学　阎　慧

摘要：本文旨在将宫泽贤治文学中的自我牺牲这一主题与武士道思想结合起来进行考察。在先行研究中，宫泽贤治与新渡户稻造之间的关联一直没有得到重视，而本篇论文，通过对二者关系的考察，阐明了新渡户稻造的武士道思想与宫泽贤治文学中自我牺牲精神的相似性。在此基础上，本篇论文以童话作品《古斯特·布都利传记》为重点，并结合其它相关作品，通过对其改稿过程的细致分析，充分把握了宫泽贤治作品中所体现的自我牺牲精神，并对其包含的危险性进行了一定程度的解读。

キーワード：宮沢賢治　自己犠牲　武士道思想　新渡戸稲造　「グスコーブドリの伝記」

1. はじめに

　自己犠牲というのは、他者のために、自分の時間、力、利益、さらに命を捧げる行為を意味する言葉である。自己犠牲のモチーフをよく描く文学者と言えば、宮沢賢治の名前はきっと挙げられるだろう。賢治自身は「自己犠牲」という言葉を使ったことがない。しかし、「グスコーブドリの伝記」、「銀河鉄道の夜」、「烏の北斗七星」など、賢治文学から自己犠牲の色合いを感じ取れることは間違いない。

　賢治文学における自己犠牲について、先行研究では、多くの場合、賢治の仏教信仰に繋げて論じられている。例えば、吉田玉水は、賢治文学におけるみんなの幸せのための自己犠牲から、「賢治の人生の支柱となった仏教思想に基づく「衆生救済」「他者救済」の意識がうかがえる」（吉田　1988：33）と述べている。また、賢治の自己犠牲を『法華経』に説かれる万物共生の願いと結び付け、論じるのは松岡幹夫の「自己犠牲の共生倫理」である。それから、自己犠牲という語彙に含まれるネガティブなニュアンスに注意を払い、賢治文学に描かれる「他者の幸福の為に喜んで命を捧げる行為を、賢治の意向をくみ取れば、我々は《捨身布施》と名付けるべき」（大塚 1996：160）だと、大塚常樹が指摘している。大塚は自己犠牲という語彙の使用について、異なる意見を提示したが、仏教思想の賢治文学における形象化に対して、肯定的な態度を持っている。これらの自己犠牲的行為を肯定的に捉える立場に対し、見田宗介は異なる意見を示した。見田は賢治が法華経を信仰するため、国柱会運動に身を投ずることを自己犠牲の行為と見なし、そこから、自己抑圧の構図を読み取り、自己犠牲は「抑圧的な支配のもとで身を粉にして働くことをも美化する道徳として

利用されうる」(見田　2001:154)と述べた。このように、見田は自己犠牲の崇高性ではなく、その危険性を鋭く指摘している。

　しかし、自己犠牲は従来、様々な分野で重視される概念であるため、賢治文学における自己犠牲を解釈するには、仏教思想のみを抽出するのは不十分であろう。そこで、賢治文学の自己犠牲について、新たな解釈を提示したのは、佐藤泰正の「賢治とキリスト教――「銀河鉄道の夜」再考――」である。周知のように、キリスト教義においても、自己犠牲の考えも見られる。『ヨハネ福音書』には友の為に命を捨てる以上に大きな愛がないというように、キリスト教では、自己犠牲は愛だとされている。佐藤の論では、賢治がキリスト教に対して深い興味を持つことが検証された。その上で、「銀河鉄道の夜」における青年教師、またカムパネルラの死は、キリスト教の自己犠牲精神の現れだと主張されている。

　以上の先行研究を踏まえた上で、本稿では、自己犠牲の精神を重視する武士道思想と繋げ、賢治文学における自己犠牲について考察する。まず、武士道思想が普及する過程を確認しながら、賢治が生きた時代までの武士道思想の変容状況を把握する。次に、賢治と関わりのある人物たちの武士道思想に焦点を絞り、賢治文学における自己犠牲と武士道思想の関係性を概観する。それから、自己犠牲のモチーフが最も典型的に現れる「グスコーブドリの伝記」およびその関連作品を取り上げ、武士道精神は如何に表現されたかを具体的に考察し、賢治文学の自己犠牲に対する再考を行う。

　自己犠牲という表現の使用について、前述の先行研究においても、その妥当性を疑う論者がいる。この問題は、立場によって見方が変わる。自己犠牲者自身の立場を取り、自分が喜んで他人のために命を捧げるなら、その行為は「犠牲」だと言えないかもしれない。しかし、第三者の立場から見れば、賢治文学によく現れる、他人のため、またある目的を達成するため、大切な命を捧げようとする行為あるいは考え方は、犠牲としか名づけられない。本論では、このような自ら命を捧げようとする行為あるいは考え方を、自己犠牲と呼ぶ。

2. 武士道思想の歴史

　では、なぜ賢治文学について考える時、武士道思想が浮上するのだろうか。まず、時代状況の理由を挙げると、賢治が生きた時代は、武士道が盛んに議論された時代であった。本節では、武士道の歴史をたどりながら、賢治が生きた時代までの武士道思想の変容過程を簡単にまとめてみる。

　武士道という言葉を定義づけるのは難しい。それはこの言葉の意味が、時代の変遷に伴ってずっと変化しているからである。鎌倉幕府から大政奉還に至るまでの約700年間の間、武士道という言葉は、支配階級である武士の道を表す多くの言葉のうちの一つである。「武士道」のほかに、「侍道」、「武士の道」、「士道」などがあった。武士道という言葉が、はじめて使われたのは、室町時代の末期、伴信友本の『塵国記』の中であったが、一つの行動様式として明確に述べているのは、高坂弾正の

『甲陽軍艦』である。それ以降、山本常朝の『葉隠』や大道寺友山の『武道初心集』など数少ない文献の中に、武士道という語が現れたが、明治時代以前、あまり使われていなかった。武士道という語が一般的に使われるようになるのは、明治維新以降、日清戦争で日本が勝利をつかみ取った後のことである[1]。

日清・日露戦争の勝利の影響で、国家主義が噴出し、それに伴い、武士道思想の再解釈も積極的に行われていた。一九世紀末期、武士道思想を論じ、関心を集めた論文として、山岡鉄舟と福沢諭吉によるものがある。山岡鉄舟は西洋から輸入した科学技術、物質主義の考え方に対して、否定的な態度を示し、武士道こそが日本の伝統的精神だと強調した。これに対して、福沢諭吉は「痩我慢の説」において、武士道を中心的に扱ってはいない。しかし、両者の武士道を日本の象徴シンボルとして認め、その復活によって、日本をより良い国として作り上げたい動機は、共通している[2]。

このような言説は、武士道の人気を高めていった。20世紀の初頭になり、武士道思想の普及に、大きな影響を与える人物がまた出てきた。この時期の典型的な武士道言説には、井上哲次郎のような国家主義者によるものと、新渡戸稲造、内村鑑三のようなキリスト教徒によるものの二つがある。このうち、国家主義的なものが圧倒的に数多く、新渡戸稲造の『武士道』が代表とするものは少数派であった。両者は共に武士道を日本民族の道徳、国民道徳として認めているが、国家主義者とキリスト教徒というそれぞれの立場から、異なる重点を置き、武士道の徳目を論じている。

「明治憲法」、「教育勅語」および「軍人勅諭」の頒布によって、日本は擬似家族国家として成立し、神格化される天皇に服従し忠誠を尽くすことが求められた。熱烈な国家主義者としての井上哲次郎は、武士道思想を論じる時、こうした忠君愛国の精神を度々強調し、国体思想への浸透を明白に述べている。井上は日本の民族精神を武士道精神と呼びかえ、武士道という概念は無条件で受け入れられなければならないと主張した[3]。このような日本国家主義の色合いが強い武士道観と対照的なのは、キリスト教徒である新渡戸稲造の武士道論である。

当時の国家主義者が天皇神権説を信仰し、君主への無条件の服従を強調している。それに対して、新渡戸は天皇象徴説をまずはっきり打ち出し、君主への無条件の服従を批判し、君主の気紛れや妄念邪想のため自己の良心を犠牲するのは、本当の武士道の忠義ではないと指摘した[4]。その上で、新渡戸はキリスト教義と親和性が高い、道徳システムとしての武士道思想を作り上げていた。後に具体的に述べるが、賢治文学における自己犠牲と共通性を持っているのは、この新渡戸の武士道思想だと考えられる。

最初に英文で書かれた『武士道』は、1899年アメリカで出版され、1908年、桜井鷗村による訳で日本でも出版された。『武士道』は現在まで読み継がれ、アメリカ大統領セオドア・ルーズベルトにも愛読されたことは、よく知られるエピソードであろう。『武士道』の序文では、新渡戸は執筆の動機として、ベルギーの法学者ド・ラブレーから宗教教育のない日本で、道徳教育はどのように授けられるのかと聞かれ、

即答できなかったことを挙げている。そこで、新渡戸は十年ほどの時間をかけ、自分の正邪善悪の観念を形作るのは武士道であったと気づき、『武士道』という本を書き上げた。その基調となる第一章「道徳体系としての武士道」では、新渡戸は以下のように記している。

> 武士道 chivalry は、日本の標章である桜の花にまさるとも劣らない、わが国に根ざした花である。それはわれわれの歴史の植物標本箱に保存される干からびた古い美徳ではない。私たちの間にあってそれは、いまだ力と美を持つ生きた存在である。そしてそれは、なんら実体的な形を持たないが、道徳的雰囲気の香りを漂わせ、私たちがなおその魅力のもとに置かれていることを気づかせてくれる。
>
> それを育んだ社会的条件は、すでに消え失せて久しい。しかし、現在はもう消滅した遠くの星々が、いまなお私たちに光を投げかけているのと同様、封建制の子である武士道の光は、その母なる制度より長く生き続け、いまも私たちの道徳の道を照らしている。（新渡戸　2010：17-18）

この本において、武士道はその起源から語られ、淵源には、儒教と仏教の存在があると指摘されている。また、武士道について、正直、勇気、仁愛、礼儀、誠実、名誉、忠実、克己、切腹、敵討ち、日本刀といった徳目や物事を巡って論じられている。これらの論述によって、封建社会における統治階級の政治的武士道に、近代国家における国民の精神的武士道のイメージが加えられ、武士道が日本の民族道徳システムとして確立することができる。さらに、武士道の後に平民道[5]の到来を期待する新渡戸は、武士道の感化とその将来といった問題まで言及している。

以上、武士道思想の変容の歴史を辿ってみた。武士道言説が盛んに議論された時代に生きていた宮沢賢治が創作した作品に、新渡戸稲造の武士道思想との共通性が見られる。次節から、新渡戸稲造の武士道思想に焦点を絞り、賢治文学における自己犠牲との関係性を概観しよう。

3. 新渡戸稲造の武士道思想と賢治文学における自己犠牲

新渡戸稲造は、1862 年南部藩士の子として生まれ、東京外国語学校に学び、札幌農学校に第二期生として入学し、日本の歴史上重要な役割を果たした人物の一人である。札幌農学校時代に、キリスト教を信じるようになり、これを契機に、武士道という日本人の道徳意識の基礎を再発見することができた。新渡戸稲造の武士道思想は以下の三つの独特の特徴を持っている。まず、前節でも強調したが、新渡戸の武士道思想は、道徳システムとしての性質が決められている。徳目の中に、君主への忠義は美徳として認められているが、「武士道は、われわれの良心を君主の奴隷となすべきことを要求しなかった」（新渡戸　2010：105）と指摘した。つまり、新渡戸の武士道思想は、天皇制を基盤とする国家主義や国体と繋げて論じられる武士道言説と明白に区別されている。次に、新渡戸は武士道思想の淵源には仏教、儒教など

の存在を指摘する一方、「孔子の仁の思想——仏教の慈悲の思想もこれに加えよう——は、キリスト教の愛の観念に到達する」(新渡戸 2010:192)と述べ、武士道思想はキリスト教に親和性を持つことをも認めている。それから、『武士道』の第 17 章「武士道の未来」において、新渡戸は武力で建てられた国家は永遠になれないと指摘し、戦闘を仕事とする武士の武士道は、封建制の終焉とともに消え去る運命にあることを認識した。そして、これから長く生き延びるのは、平和に繋がる道徳としての武士道だと、新渡戸は強調している。

では、新渡戸のこれらの武士道思想は如何に賢治に知られたのだろうか。新渡戸稲造と宮沢賢治との関わりは、従来の研究では、あまり重視されていない。しかし、同じ岩手出身の新渡戸稲造は、賢治にとって、強い存在感を持つ人物のはずである。新渡戸は第一高校の学長として盛岡農学校に訓話に行ったのは、ちょうど賢治が入学した年であった。また、後に賢治が訪れた北海道帝国大学の前身は札幌農学校であり、そこでは、新渡戸は学生時代を送っていた。賢治は札幌農学校に強い関心を持ち、新渡戸稲造の存在を知っていたに間違いない。さらに、盛岡高等農林学校の図書館には、賢治の専門である農学についての新渡戸の著書はもちろん、それ以外にも、『武士道』(1908 年)、『修養』(1911 年)、『世渡りの道』(1912 年)など、多数の新渡戸の著書が所蔵されている[6]。賢治はこれらの著書を読み、新渡戸稲造の武士道思想にも触れただろう。そして、新渡戸のこれらの思想は、賢治文学の自己犠牲の表現に反映されたと思われる。

『武士道』において、自己犠牲の概念は「女性の教育と地位」という一章で初めて明白に打ち出された。「武士道の全教訓は自己犠牲の精神がすみずみまで浸透しており、それは女性だけではなく男性にも要求された」(新渡戸 2010:158)ということが強調されている。新渡戸のいう「自己犠牲」は、具体的に義、仁、忠などの徳目に現れている。「義は、自分の身の処し方を、道理に従い、ためらわず決断する心を言う——死すべき時に死に、討つべきに討つことである」(新渡戸 2010:37)。新渡戸は著名な武士林子平の言葉を引用し、義の概念を説明している。次に、仁について、従来王者の徳として認められているが、新渡戸はそれを慈悲、惻隠の心として認識し、「弱者、劣者、敗者に対する仁は、特にサムライにふさわしいものとして、いつも賞賛された」(新渡戸 2010:59)と述べている。それから、武士にとっての最も大きな名誉——忠である。忠義の武士は、主君の身代わりとして死に赴き、自己を犠牲にし、国家に仕える。こうした徳目は、新渡戸の武士道思想における自己犠牲の判断標準となるだろう。

しかし、ここで注意しなければならない点がある。新渡戸は『武士道』において、君主と国のための犠牲を認めたが、「自分自身の良心を、主君の気まぐれな意志や酔狂や妄想のために犠牲にする者に対して、武士道では低い評価が与えられた」(新渡戸 2010:106)と述べ、盲目の自己犠牲を強く批判した。日本型家族国家ナショナリズムは、天皇制を基盤とし、天皇と国家を重ねる特徴を持っている。このような国体と結びつき、天皇＝国家への無条件の服従に繋がる自己犠牲を宣伝するのは、

井上哲次郎を代表とする国家主義者の武士道思想である。前述のように、天皇象徴説およびデモクラシーの平民道を提唱する新渡戸は、その反対の立場に立ち、盲目の自己犠牲を批判し、義理・仁愛の徳目に従う自己犠牲を賞賛している。では、次に、こうした新渡戸稲造の武士道思想は、賢治文学とどのように対応するのかを確認する。

自己犠牲のモチーフは賢治の早期作品にすでに姿を現わしている。童話集『注文の多い料理店』に収録される「烏の北斗七星」から、自己犠牲の色合いが感じ取れる。烏の大尉は義勇艦隊を引率し、敵の山烏を撃沈し、少佐へ昇進する。だが、敵の死骸を葬る許可を求め、マヂエルの星にこのように祈る。

> あゝ、マヂエル様、どうか憎むことのできない敵を殺さないでいゝやうに早くこの世界がなりますやうに、そのためならば、わたくしのからだなどは、何べん引き裂かれてもかまひません。（宮沢 1995：44）

敗者をいたわり、自分の敵に対しても慈悲を持ち、平和の道を立てる。これは新渡戸の武士道思想に提唱されている仁の徳目である。「烏の北斗七星」における烏の大尉は、仁の美徳を持っている武士を彷彿させるだろう。「戦場のなかに駆け入って討ち死にすることは、たいへん簡単なことで、とるに足らない身分の者にでもできる。生きるべき時に生き、死ぬべき時にのみ死ぬことを、本当の勇気というのだ」（新渡戸 2010：44）。新渡戸は徳川光圀の言葉を引用し、武士に要求される勇気について解釈している。烏の大尉が戦場で、命を惜しまずに敵と戦うのは確かに勇気ある行為である。ところが、戦士という職業を超え、人を殺さずに済む理想世界のために、自分の命を捧げようとすることこそ、新渡戸が賞賛した武士道の「大勇」であろう。

賢治文学において、烏の大尉のように、自己犠牲の精神を持つ登場人物はほかにもいる。「銀河鉄道の夜」において、焼身願望を持つ蠍、海に沈んだ青年教師とかほる姉弟、またザネリを救うため、川に沈んだカムパネルラ、いずれも他人のために、自分の大切な命を捧げる存在である。銀河鉄道の旅が終わり、生者として母のもとに還るのはジョバンニ一人だけである。だが、旅の中に、ジョバンニは「僕はもうあのさそりのやうにみんなの幸のためならばなんか百ぺん灼いてもかまはない」と述べ、自分の命を捧げる意志を表明する。これらの登場人物は、いずれも、死という究極の形式で自己犠牲を実現しようとし、死を恐れず行動する武士道の精神を連想させる。

ここで、誤解を招きやすいところについて、注意を喚起したい。新渡戸の武士道思想は決して自死を慫慂するものではない。『武士道』において、「真の武士にとっては、いたずらに死に急ぎ、死を恋いこがれることは、臆病に似た行為」（新渡戸 2010：136）だと述べ、死ぬほどではない理由による死を卑怯と見なしている。また、新渡戸の武士道論が提唱する自死による自己犠牲は、自分が信じる義理、徳目に基づき、死ぬ価値の有無を判断し、他者あるいは自分の責任を負うために行う行為で

ある。
　前述した佐藤泰正の論述によると、賢治文学における自己犠牲には、キリスト教の自己犠牲精神も見られる。両者は賢治文学において、共存するのだろう。新渡戸の武士道論では、『聖書』の内容が度々引用され、武士道思想とキリスト教の親和性が指摘されている。新渡戸と同じく没藩士族の子弟で、札幌農学校の友人内村鑑三は、これと類似する武士道思想を持っている。新渡戸の『武士道』より五年前の1894年、内村は英文で『日本と日本人』という書物を書いた。その中に、彼は代表的な五人の日本人を紹介し、代表的な日本人の精神は篤実、献身の武士道精神に他ならないと述べた[7]。西洋化のプロセスにおいて、内村は武士道をキリスト教に匹敵できる日本の道徳システムとして見なしている。1928年8月26日、札幌における「武士道と基督教」という講演では、内村は「武士道は神が日本人に賜ひし貴き光であると信じ[…]其内に基督教に似寄りたる多くの貴き教えがあ」(内村　1982：292-293)ると述べている。内村はキリスト教と武士道の共通点として、勇気がある、恥を重んじる、弱者を憐む、義務責任を果たすなどの点を挙げ、武士道の台木に基督教が接木される(内村　1982：161)ことを期待している。両者の融合に対して、新渡戸も同じ態度をとっているが、内村はより徹底した考え方を持っているようである[8]。佐藤泰正の「宮沢賢治とキリスト教——内村鑑三・斎藤宗次郎にふれつつ——」[9]では、賢治と内村鑑三との関わりはすでに検証されてきた。しかし、内村鑑三の武士道に関する重要な発言について、触れられていない。内村鑑三の存在を身近に感じる賢治にとって、内村の武士道に対する発言をも知っているはずであろう。賢治文学における自己犠牲に武士道とキリスト教の要素が共存するのは、内村、新渡戸と共通する考えが見られる。
　もちろん、賢治文学における自己犠牲は、仏教思想からの影響を無視してはいけない。では、それは武士道思想とどのような関係性を持つのだろうか。盛岡農林学校図書館の蔵書目録を確認すれば、両者の親和性を論じる加藤咄堂の存在が発見できる。『大死生観』(1908年)を代表とする多くの著書を持っている加藤咄堂は、新渡戸稲造と同じように、1900年代の教養主義運動で活躍した。丹波亀岡の格式高い武家出身である加藤咄堂は、21歳の時、築地本願寺の積徳教校で教える機会を得、以降、仏教関係の著述と講演などで暮らしが成り立っていた。加藤の最も重要な著作『大生死観』において、武士道の精神は、禅宗、浄土諸宗、日蓮宗によって明確にされていたことが述べられる。また、大和民族の死生観は死を恐れず、死を以て天地に帰るという特徴を持ち、武士道精神の中に具体化することも指摘されている[10]。盛岡高等農林学校の蔵書を読むことを通じて、賢治にとって、加藤の主張をも既知の事柄であろう。
　賢治文学における自己犠牲から武士道思想のみを抽出するのではなく、仏教、キリスト教の要素をも見出せる。これらの要素は矛盾せずに、共存することには、新渡戸稲造、内村鑑三、加藤咄堂などの人物の存在が考えられるだろう。
　次節では、「グスコーブドリの伝記」およびその関連作品を取り上げ、賢治文学に

おける自己犠牲について、作品分析を通じてさらに具体的に考察しよう。

4.「グスコーブドリの伝記」における自己犠牲

4.1 「グスコーブドリの伝記」の成立

　1932年3月、雑誌『児童文学』(第2冊)に発表された「グスコーブドリの伝記」は、賢治生前発表した数少ない作品の一つである。この作品は、賢治文学において自己犠牲を描く典型的なものだと言える。その先駆作品として、ばけものの物語「ペンネンネンネンネン・ネネムの伝記」(以下は「ネネムの伝記」と省略)および、下書稿「グスコンブドリの伝記」がある。生前未発表の「ネネムの伝記」の執筆時期は、1921、22年頃と推定されている。「ネネムの伝記」の物語は、人間世界と区別されているばけものの世界を舞台とする。人間世界とばけもの世界は明確な境界を持ち、もし人間世界に姿を現わせば、出現罪として罰せられる。しかし、ばけものの世界といっても、自然災害としての飢饉や火山の噴火が存在する。飢饉のため、両親は森に去り、妹のマミミも連れ去られ、ネネムは独立し、昆布取りとなる。十年後、フゥフィーボー先生の教室に入り、試験に合格して世界裁判長になる。マッチの押し売りの裁判を通じて出世し、またサンムトリ火山の爆発を正しく予言するネネムは、結局自分の慢心で出現罪を犯し、自ら辞職するのである。

　「ネネムの伝記」から大きな改作を経て、下書稿「グスコンブドリの伝記」(1932年頃)となり、さらに筋立てをほとんど変化させずに、量的に約三分の二と縮小され、「グスコーブドリの伝記」が成立するのである。「ネネムの伝記」から「グスコンブドリの伝記」までの過渡的段階を示すものとして、「ペンネンノルデ」メモ[11]が現存する。改作メモを確認すると、ネネムの伝記とブドリの伝記との連続性が見える一方、ブドリの伝記における人間による自然現象の管理が明白なテーマとなることもわかる。また、賢治の多くの作品の改稿過程で示された傾向と同じように、「ネネムの伝記」から「グスコンブドリの伝記」までの改稿は、幻想から現実に近づくプロセスが見られる。

　「ネネムの伝記」から「グスコンブドリの伝記」までの改稿は、ネネムの立身物語からグスコンブドリの献身物語への転換を実現させる。飢饉のために、家族が離散し、ブドリは独りぼっちとなる。森へ出て働き、その後、教育を受け、火山管理局の技術者にまで成長する。冷害を防ぐため、ブドリは身を挺し、カルボナード火山を噴火させ、人々を救う。このような物語の流れは、「グスコーブドリの伝記」でも変わらず、自己犠牲のモチーフも共通している。ただ、両者の自己犠牲に対する描き方は異なっている。従来の研究では、「ネネムの伝記」から「グスコンブドリの伝記」までの改稿は多く論じられるのに対して、二つの〈ブドリの伝記〉の改稿変化はあまり重視されていない。そこで、本稿では、「グスコンブドリの伝記」から「グスコーブドリの伝記」までの変化にも注意を払い、自己犠牲のモチーフについて考察する。

4.2 ブドリの自己犠牲と武士道思想の共鳴

　まず両者の共通するモチーフとしての自己犠牲の特徴を確認しよう。結論を先に言えば、ブドリの自己犠牲の精神に武士道思想の姿が見える。これから、なぜそう言えるのかをテクストを読みながら確認する。

　物語の冒頭に、「森」という一章が置かれ、飢饉のために家族を失い、独りぼっちになるブドリが家から森へ出るまでのことが語られている。森へ出ることによって、ブドリは森の世界で大きな試練に遭う。森に出るブドリは、最初にてぐす工場で雇われるようになる。この間、工場主は鬼のようにブドリたちを酷使し、彼らに生きられるだけの食物しか与えない。一季節の仕事が終わると、ブドリだけが工場の留守番を命じられる。てぐす工場の仕事を通じて、ブドリの忍耐力が鍛えられる。留守番中、偶然の機会にブドリは十冊の本を得る。勉強に夢中するブドリの姿から、強い向上心が見えてくる。次の年になり、てぐす工場は去年と同じ仕事を始める。しかし、火山噴火の影響で、てぐす虫が全滅する。工場主が引き上げ、ブドリも仕方なく、そこから離れ、野原へ出ていく。そして、ブドリは赤ひげの男に出会い、彼に使われ、沼ばたけで働くようになる。しかし、それからの年は旱魃の影響で、凶作が続き、沼ばたけの仕事がなくなり、ブドリはそこから離れ、イーハトーブの町を目指す。沼ばたけで、毎年凶作の為に苦しむ人々を見、ブドリはみんなのために勉強し、自然災害を取り除こうとする使命感を持つようになる。それで、ブドリはクーボー博士のもとで勉強し、試験に合格してから、イーハトーブ火山局に就職する。ブドリはいろいろ活躍しながら、数年間が経つ。ある年、冷害の発生が予測され、ブドリはみんなを冷害から救うため、火山を爆発させ、命をかけることを自ら選ぶのである。

　このような物語の流れは、二つの〈ブドリの伝記〉において、ほぼ共通する。ブドリは生活の困難に対し、不撓不屈の精神と強い忍耐力を持っている。自然災害のために苦しむ人々に対して、惻隠の心を持っている。これは、最後に、ブドリが自己犠牲を選ぶ行為の原動力となろう。命を失うことを知るにもかかわらず、徹底的に責任感を持ち、死に対して毅然たる態度を取る。家族離散、失業、身を置くところがないなど、ブドリは何度も人生の絶境に陥ったことがある。その場合には、生きることより死ぬことは簡単かもしれない。あえて生きることが、真の勇気が要る行為である。

　　　天の将に大任を是の人に降さんとするや、必ず先ず其の心志を苦しめ、其の筋骨を労せしめ、その体膚を〔窮〕餓せしめ、その身行（行動）を空乏せしむ、其の為さんとする所（意図）を拂乱せしむ。心を動かし性を忍ばせ、其の能くせざる所を曽益（増益）せしむる所以なり。（孟子　1972:314）

　新渡戸稲造は『武士道』において、このような孟子の言葉を引用し、「忍耐とくもりのない良心であらゆる災禍や困難に抵抗し、耐え」（新渡戸　2010:137）る武士の精

神を激しく賞賛する。賢治文学に描かれるブドリは、新渡戸が賞賛した大任を担う理想像に適合するモデルであろう。人生の難局に直面するとき、それを避けるための死は、武士道思想において不名誉の死である。ところが、より大きな使命を全うするため、毅然と死を選ぶことは、武士道の教えである。イーハトーブの人々を冷害から救うため、命を捧げるブドリの姿から、新渡戸が提唱した武士道の精神が見えるだろう。

　二つの〈ブドリの伝記〉において、このような自己犠牲のモチーフが共通しているが、その描き方には差異が存在する。これによって、こうした武士道思想の自己犠牲に対する賢治の見方は、その異なる側面が提示されている。次に、この点について具体的に考察する。

4.3　自己犠牲の異なる描き方

　まず、「グスコンブドリの伝記」の結末で、ブドリが献身を決意する内容からみよう。

> 　　クーボー大博士が云ひました。
> 「きみはどうしてもあきらめることができないのか。それではこゝにたった一つの道がある。それはあの火山島のカルボナードだ。あれは今まで度々炭酸瓦斯を吹いたようだ。僕の計算ではあれはいま地球の上層の気流にすっかり炭酸瓦斯をまぜて地球ぜんたいの温度の放散を防ぎ地球の温度を七度温にする位の力を持ってゐる。もしあれを上層気流の強い日に爆発させるなら瓦斯はすぐ大循環の風にまじって地球全体を包むだらう。けれどもそれはちゃうど猫の首に鈴をつけに行く鼠のような相談だ、あれが爆発するときはもう遁げるひまも何もないのだ。」ブドリが云ひました。「私にそれをやらせて下さい。私はきっとやります。そして私はその大循環の風になるのです。あの青ぞらのごみになるのです。」(宮沢　1996b:67)

　危険性を十分知っているブドリは十日後にカルボナード島に行った。「それから三日后イーハ〔ト〕ーブの人たちはそらがへんに濁って青ぞらは緑いろになり月も日も血のいろになったのを見」、「ブドリのために喪章をつけた旗を軒ごとに立て」、彼の死を記念する。このように、「グスコンブドリの伝記」において、自己犠牲をするブドリの英雄としてのイメージが作り上げられている。このプロセスにおいて、ブドリ自身の英雄的献身の強い意欲に目を留める。そこにはブドリの能動性が見えてくる。むろん、この能動性は個人の見栄を張るためではなく、そこに自分の犠牲により、みんなが幸せになるという信念が潜んでいる。結果からみれば、グスコンブドリの犠牲が好影響をもたらす。「三四日の後だんだん暖かくなってきてたうたう普通の作柄の年になり［…］たくさんのブドリのお父さんやお母さんたちはたくさんのブドリやネリといっしょにその冬を明るい薪と暖かい食物で暮らすことができた」。しかし、この幸福の実現の仕方はあまりにも単純過ぎるのではないか。

火山の噴火をコントロールし、自然規律を変えるのは、決して一人の犠牲者の出現によって、解決できる問題ではない。「グスコンブドリの伝記」のこのような設定から、賢治が自己犠牲の効果を過大視する傾向が読み取られる。

これに対して、雑誌発表形「グスコーブドリの伝記」において、自己犠牲のモチーフは、ブドリの自己認識に重点を置き描かれる。「グスコーブドリの伝記」の結末では、人々がブドリのために旗を立てる内容が削除され、ブドリが自己犠牲する前の姿勢も変わっている。

　　　ブドリは帰って来て、ペンネン技師に相談しました。技師はうなづきました。
　　　「それはいい。けれども僕がやらう。僕は今年もう六十三なのだ。ここで死ぬなら全く本望といふものだ。」
　　　「先生、けれどもこの仕事はまだあんまり不確かです。一ぺんうまく爆発しても間もなく瓦斯が雨にとられてしまふかもしれませんし、また何もかも思つた通りいかないかもしれません。先生が今度お出でになつてしまつては、あと何とも工夫がつかなくなると存じます。」老技師はだまつて首を垂れてしまひました。（宮沢　1995b；229）

「グスコンブドリの伝記」のように、自分が犠牲すれば、みんなが救われるという自信が見えなくなる。ブドリの積極的な発想が欠ける考え方から、その犠牲行為に潜んでいる不確定性が読み取れる。これによって、自己犠牲の必要性が疑われるだろう。そして、クーボー先生との対話から、ブドリの自分自身に対する見方が提示されている。

　　　「先生、私にそれをやらしてください。どうか先生からペンネン先生へお許しの出るやうお詞を下さい。」
　　　「それはいけない。きみはまだ若いし、いまのきみの仕事に代れるものはさうはない。」
　　　「わたしのやうなものは、これから沢山できます。私よりもつともつと何でもできる人が、私よりもつと立派にもつと美しく、仕事をしたり笑つたりして行くのですから。」（宮沢　1995b；229）

このように、自分は特別な存在ではなく、自分の代わりはいくらでもいるとして、自己犠牲しても惜しくないという気持ちが強く読み取れる。ブドリのこのような発言は、自己犠牲が無駄死になる高いリスクを示唆する。結末では、下書稿と同じような明るい未来が暗示されているが、「グスコーブドリの伝記」における自己犠牲の行為には、自分の命や価値を軽視する考えを誘発する。

以上、二つの〈ブドリの伝記〉における自己犠牲に対する異なる描き方を提示した。これは作品全体の基調に影響が及ばない、小さな変更かもしれない。しかし、自己犠牲の効果の過大視、自分の命や価値の軽視への誘発——自己犠牲というモチ

ーフの、賢治文学における異なる表し方が、これによって提示されている。

5. おわりに──賢治の自己犠牲思想の危険性

　本稿では、武士道の歴史を踏まえた上で、主に新渡戸稲造の武士道思想を参照し、「グスコーブドリの伝記」を中心に、賢治文学における自己犠牲について考察してきた。

　先行研究では、賢治と新渡戸の関係はあまり重視されていないことに対し、本稿では、両者の関係を検証することによって、賢治文学における自己犠牲は、新渡戸の武士道との共通性が認められた。また、武士道とキリスト教との融合を主張する内村鑑三、仏教と武士道の共鳴を明確に論述した加藤咄堂と賢治との関わりをも新たに提示し、賢治文学の自己犠牲から見られる武士道思想は、仏教とキリスト教思想にも親和性を持っていることも明かされた。

　それから、「グスコーブドリの伝記」およびその関連作品の考察によって、ブドリの自己犠牲と新渡戸の武士道思想とは、共通する部分を持つことが明らかになった。また、二つの〈ブドリの伝記〉において、自己犠牲に対する描き方の差異も提示された。自己犠牲の効果の過大視、あるいは自分の命と価値の軽視──賢治文学における自己犠牲のモチーフから読み取られるこの二つの傾向は、賢治の自己犠牲に対する考え方を示唆する一方、いずれも、自己犠牲の危険性を含んでいるだろう。これは賢治の自己犠牲思想を否定する意味ではない。ただ、賢治文学を読解するには、それをも含めて検討されるべきだと考えられる。

注

[1]武士道という語の使用歴史について、古川（1957）、アレキサンダー・ベネット（2009）、笠谷（2014）を参照。
[2]岡山鉄舟と福沢諭吉の武士道言説につて、佐伯（2004）を参照。
[3]井上哲次郎の武士道思想について、菅野（2004）を参照。
[4]髙橋（1986）を参照。
[5]新渡戸稲造は雑誌『実業之日本』（1919年5月1日号）に「平民道」を発表し、武士が消滅した後、デモクラシーは平民道だと指摘し、民本思想を基とする平民道の時代が来るべきだと主張した。本稿は、『新渡戸稲造全集』第4巻（1969年、教文館）に収録される「平民道」を参照。
[6]盛岡農林学校編（1937）『盛岡農林学校図書館和漢書目録』を参照。
[7]髙橋（1986）を参照。
[8]新渡戸稲造と内村鑑三の武士道に対する考え方の異同について、詳しくはミシェル・ラフェイ（2010）を参照。
[9]佐藤（1984）において、賢治は「内村氏の著書なども沢山読んだ」という宮沢清六の証言を載せ、賢治の友人、また内村鑑三の高弟でもある斎藤宗次郎を通じて、内村の存在が賢治にとってさらに身近になったとも述べられている。
[10]具体的には、加藤（1914）、島薗（2012）を参照。
[11]宮沢（1996a：45-47）を参照。

参考文献

アレキサンダー・ベネット.2009.『武士の精神とその歩み―武士道の社会思想史的考察―』.思文閣

古川哲史.1957.『武士道の思想とその周辺』.福村書店

加藤咄堂.1914.『大死生観』.東亜堂書房

松岡幹夫.2015.『宮沢賢治と法華経―日蓮と親鸞の狭間で―』.論創社

見田宗介.2001.『宮沢賢治　存在の祭りの中へ』.岩波書店

ミシェル・ラフェイ.2010.「新渡戸稲造と内村鑑三の武士道」.『基督教学』(第45号).pp30-39.北海道基督教学会

宮沢賢治.1995a.「烏の北斗七星」.『【新】校本宮沢賢治全集　第十二巻　童話[V]・劇その他　本文篇』.筑摩書房

宮沢賢治.1995b.「グスコーブドリの伝記」.『【新】校本宮沢賢治全集　第十二巻　童話[V]劇・その他　本文篇』.筑摩書房

宮沢賢治.1996a.『【新】校本宮沢賢治全集　第十一巻　童話[IV]　校異篇』.筑摩書房

宮沢賢治.1996b.「グスコンブドリの伝記」.『【新】校本宮沢賢治全集　第十一巻　童話[IV]　本文篇』.筑摩書房

孟子著.小林勝人訳.1972.『孟子(下)』.岩波書店

盛岡高等農林学校編.1937.『盛岡農林学校図書館和漢書目録』

新渡戸稲造著.山本博文訳.2010.『武士道』.筑摩書房

大塚常樹.1996.「『グスコーブドリの伝記』」.『国文学　解釈と鑑賞』(第61巻第11号).pp157-162.至文堂

佐伯真一.2004.『戦場の精神史　武士道という幻影』.日本放送出版協会

菅野覚明.2004.『武士道の逆襲』.講談社

笠谷和比古.2014.『武士道　侍社会の文化と倫理』.NTT出版

佐藤泰正.1984.「宮沢賢治とキリスト教―内村鑑三・斎藤宗次郎にふれつつ―」.『国文学　解釈と鑑賞』(第49巻第3号).pp36-42.至文堂

佐藤泰正.2000.「賢治とキリスト教―「銀河鉄道の夜」再考―」.『国文学　解釈と鑑賞』(第65巻第2号).pp20-26.至文堂

島薗進.2012.『日本人の死生観を読む　明治武士道から「おくりびと」へ』.朝日新聞出版

高橋富雄.1986.『武士道の歴史』.新人物往来社

内村鑑三.1982.『内村鑑三全集』.岩波書店

吉田玉水.1988.「宮澤賢治文学における自己犠牲概念―自己犠牲までの道程―」.『愛媛国文研究』(第38号).pp30-39.愛媛国語国文学会

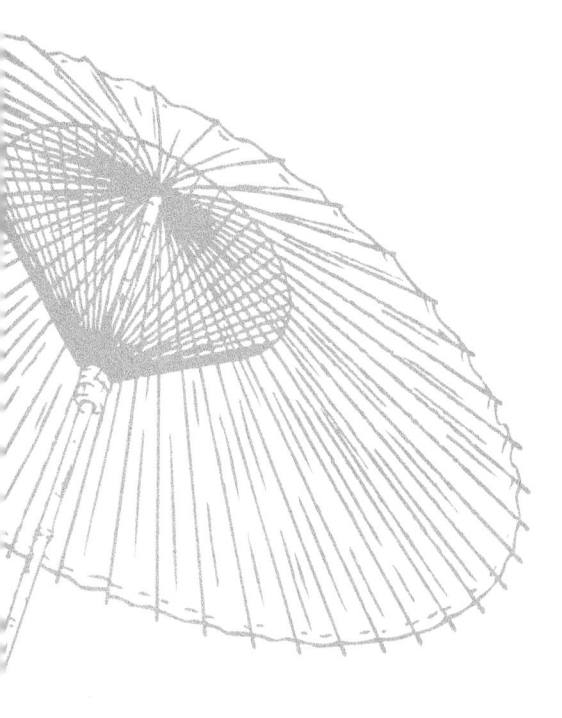

日本文化研究

岡倉天心の『茶の本』に関する一考察

北京外国语大学　叶晶晶

摘要： 冈仓天心是日本近代文明启蒙期的重要人物之一，也是日本明治时期著名的美术家、美术评论家、美术教育家与思想家。他在20世纪初撰写的英文三部曲即《东洋的理想》《日本的觉醒》《茶之书》在东西方世界引起了巨大反响。尤其是《茶之书》，有法语、德语、西班牙语、瑞典语等多种译本。对于《茶之书》的研究有很多，先行研究中强调其意义在于将日本茶道的文化价值向社会普及，特别是冈仓天心提出的茶是艺术、是美术、是一种美的论点为日本昭和时代之后的茶道论指明了方向。因此，冈仓天心给世间的印象是精通茶道的、对茶道抱有极大热忱的人物。然而，田中日佐夫以及熊仓功夫等研究者们对此提出了疑问，认为冈仓天心其实与茶道并没有直接的接触。基于此，本文将从《茶之书》的撰写年代以及冈仓天心的生平入手，分析他与茶道之间的渊源，以此分析冈仓天心为何以茶道为例叙述东方文化的原因以及该书中反映出的茶道观的形成原因。

关键词： 茶の本　岡倉天心　茶道観

1. 問題提起及び先行研究

　　『the book of tea』(『茶の本』)は岡倉天心により書かれ、1906年(明治39年)5月にニューヨークのフォックス・ダフィールド社より出版された本である。『東洋の理想』(『the ideals of the East』、1903)、『日本の覚醒』(『the awaking of Japan』、1904)とともに岡倉天心の「英文三部作」と言われた名作である。東洋や日本の文化を伝えるのに茶や茶道を取り上げ、日本と西洋との美の捉え方を比較して、西洋に決して劣らない自然と調和した美を追求する日本人の美意識について言及している。日本近代の美術教育家として、生涯日本の伝統文化・芸術の復興と発展に力を尽くした天心は、美術分野における功績は研究・評価されることが多い。

　　先行研究では、『茶の本』の影響について、茶の湯の文化価値を社会に普及した点、特に茶が芸術であり、美術であり、美であるという主張が昭和以降の茶道論を方向付けた点が強調されている。そのため岡倉天心は、茶の湯に強い関心を持った人物として印象付けられてきたと言える。しかし、岡倉天心と茶の湯の直接的な関係に疑問を投げかけた研究者もいる。例えば、田中日佐夫氏は、「その生きざまの人物像と、彼自身が書く茶の世界とはどうもぴたっと一致しないのである」と指摘し、破天荒な逸話で知られる岡倉天心と、茶の湯を直接結び付けることには抵抗があるという違和感を表明している[1]。さらに、2006年に開催された岡倉天心国際シンポジウム―『茶の本の100年』において、熊倉功夫氏[2]も同じような見解を述べている。

このように見ると、世間の一般的なイメージと違い、岡倉天心は必ずしも茶の湯に親しいわけではない。そもそも、岡倉天心はなぜお茶に関心を持ち、それを本のタイトルとして取り上げたのか[3]。『茶の本』には、どのような茶道観が見られるのか。本論文では、先行研究にあまり見られていない天心の茶道観及びその形成原因について、『茶の本』が書かれた時代背景（特に茶道界）や天心の生涯を辿りながら検討しようと考える。

2.『茶の本』の訳本と天心の略歴

『the book of tea』（茶の本）は1906年にニューヨークのフォックス・ダフィールド社から出版された英本であるが、その後すぐにベストセラーとなり、天心の代表作となる。その影響は欧州にまでおよび、フランス語、ドイツ語にも訳出されてその名声は全西欧に広がった。日本で出版されたのは、天心没後17年目の1929年（昭和四年、岩波文庫、村岡博訳）であった。他に有名な訳本としては、講談社より出版された浅野晃氏、桶谷秀昭氏の訳本などがある。本論文では、岡倉天心全集（平凡社、1980、全八巻）に収録された桶谷秀昭氏の訳本をテキストとする。

岡倉天心は、1862年に福井藩士の次男として、横浜に生まれた。本名は岡倉覚三、幼名は岡倉角蔵である。父は横浜で藩の貿易を担当していた。7歳頃、横浜で宣教師としても活躍する英語教師のジェイムズ・バラーの私塾に通い、英語を学び始めた。8歳に母親がなくなり、翌年長延寺に預けられ、住職玄導和尚に漢籍を学んだ。1875年の13歳で、東京開成学校（のちの東京大学）に入学した。同年、兄が病気でなくなった。大学時代からフェノロサの日本美術研究に助力、文部省に出仕し、1886～1887年にはフェノロサと欧米視察旅行した。帰国後、東京美術学校創設に参画し、1888年、東京美術学校が設立されると、岡倉は26歳で幹事に就任、29歳で校長となった。1898年、いわゆる東京美術学校騒動によって校長の職を追われるが、多くの教員たちが岡倉に従って辞職し、在野に日本美術院を設立した。また、中国での東洋美術調査、インドでのベンガル知識人たちとの交流やボストン美術館での美術品の整理や蒐集など、海外での活動が盛んとなった。

明治30年代後半には『東洋の理想』、『茶の本』などを英文で執筆し、日本の文化、芸術を海外へ発信していくことにも力を尽くした。そして、明治40年代の晩年は、文部省美術展覧会の創設や万国博覧会への参加協力、文化財保存など、多方面の美術行政に尽力した。1913年（大正2年）に満50、数え52歳の生涯を終えた。

3.『茶の本』に見られる茶道観

『茶の本』を構成する七つの章は、以下のとおりである。第一章「人情の碗（the cup of humanity）」では、東洋のお互いの不理解を嘆き、茶の湯を通じて理解し合おうと語る。第二章「茶の流派（the schools of tea）」では、中国の喫茶の歴史を団茶・抹茶・煎茶に分けて説明する。第三章「道教と禅道（Taoism and zennism）」では、道家思想と禅宗が日本の茶の湯に与えた影響について述べる。第四章「茶室（the tearoom)」では茶室の構造や装飾を西洋文化と比べ、第五章「芸術鑑賞(art appreciations)」では、表現者と鑑賞者の関係について解説し、第六章「花(flowers)」では、非常に詩的な文章を用いて生け花の審美観を説明する。第七章「茶の宗匠たち(tea-masters)」では、新しいスタイルを樹立した茶人を紹介し、利休の切腹の場面を描いて文章を閉じている。

岡倉天心の茶道観を端的に示す箇所は、以下のとおりであると思われる。

「茶の始まりは薬用であり、のちに飲料となった。中国では、八世紀になって、茶は洗練された娯楽の一つとして、詩の領域に入った。十五世紀になると、日本で、審美主義の宗教である茶道に高められた。茶道は、日常生活のむさくるしい諸事実の中にある美を崇拝することを根底とする儀式である。それは純粋と調和を、人が互いに思い遣りを抱くことの不思議さを、社会秩序のロマンティシズムを、諄々と心に刻みつける。それは本質的に不完全なものの崇拝であり、われわれが知っている人生ということの不可能なものの中に、何か可能なものをなし遂げるようとする繊細な企てである。

茶の哲学は、世間で普通に言われている、単なる審美主義ではない。それは倫理と宗教に結びついて、人間と自然に関するわれわれの全見解を表現しているからである。」(平凡社　1980；266)

「われわれの住居と習慣、着物と料理、陶磁器、漆器、絵画、文学ですら、あらゆるものが、茶道の影響を蒙ってきた。日本文化の研究家ならその影響の存在を無視することは不可能であろう」(平凡社　1980；266-267)

「茶の理想は東洋文化のさまざまな気分の特色をあらわしている。煮る団茶、かきまわす粉茶、淹す葉茶は、中国の唐、宋、明朝のそれぞれの情緒的衝動をあらわしている。かりに芸術分類のあまりに濫用された用語を借用するとすれば、それらをそれぞれ、古典的、浪漫的、自然主義的の茶の諸流派と名づけることができよう。」(平凡社　1980；275)

「茶をその粗野な状態から解放して、究極な理想化に導くには、唐朝の風潮を必要とした。八世紀の中葉に出現した陸羽をもって茶の始祖とする。」(平凡社　1980；276)

「茶道は変装した道教であった。」(平凡社　1980；280)

「茶道の理想ぜんたいが、人生のごく些小な出来事の中に偉大さを考えつくこの禅の一帰結なのである。道教は審美的諸理想に基礎をあたえ、禅道はそれら理想を実際的なものにした。」(平凡社　1980；289)

「茶室(数寄屋)は単なる小屋で、それ以上のものを望むものではない。…ひたすら不完全を崇拝し、故意に何かを未完のままにしておいて、想像力のはたらきにゆだねて完全なものにしようとするが故に「数奇家」である」(平凡社　1980；290)

それまでの茶道論といえば、それぞれの流儀を中心に語るものがほとんどであり、茶道が美とか芸術という言葉を使って論じられることはなかった。岡倉天心の上記文章から、少なくとも3つの視点が見られると言える。

1)茶道を日本文化の中核として位置づけ、国粋という方向性から論じた。
2)茶道は単なる審美主義ではなく、その精神性は道教や禅にあり、本質的には不

完全の美の崇拝である。

3)中国の唐宋時代の茶の湯、特に陸羽や『茶経』を高く評価し、中国と日本を同じ東洋文化圏に属するものであると認識し、日本は蒙古という遊牧民族の侵入のために断たれてしまった中国の宋の文化運動を継続できた国である。

4. 天心の茶道観の形成原因

以上のように、『茶の本』に見られる天心の茶道観を分析してきた。その茶道観はどのように形成されたのか。本節では、明治期の茶道界の状況及び天心の生涯を辿りながら分析しようと考える。

4.1 明治初期の茶道界

江戸時代は、茶道人口の増加により、点前の種類も増え、家元制度が確立し、また茶書が盛んに刊行されるようになるなどいわゆる茶の湯が大衆化する時代であった。しかし、その大衆化に伴い、茶の湯は手順や型を段階に追って習う芸事となり、精神性や創造力が失われつつ、遊芸と見られて貶されたことになっていた。さらに、1868年の明治維新以降は、新政府の意向により茶道を始めとする伝統的な文化は、旧弊なものとして排除されるようになり、かつ廃藩置県により大名などの支持者を失ったため、茶道は危機に陥った。一番代表的な事件としては、1872年(明治5年)に京都府が家職に税を課するために鑑札を与える際に、茶道家元に対して「遊芸稼ぎ人」の鑑札を与えようとしたことである。家元にほとんど弟子がいないなど、茶道界は非常に大変で困窮した時代であった。

1877年(明治10年)以降になると、茶道界では少し復興の傾向が見られる。茶道具や美術品の蒐集に注目する近代の数寄者の登場が拍車をかけたことが主因だと見られる。その茶道具蒐集の動機の一つは、「近代の財界人は欧米を見聞して、各国の財界人がそれぞれ国を代表する美術品のコレクターであり、外国からの客を、そのコレクションをもってもてなすのを知った」と言われる[4]。近代の茶の湯を推進した数寄者の活躍は、1877年(明治10年)から1955年(昭和30年)に至る約80年の間である[5]。

茶の湯は本来趣味であるという傾向は早くも1887年(明治20年)に見られる。茶道具の価格が上昇した一方、道具蒐集に乗り出し、「道具買いの大鰐」と呼ばれた政商赤星弥之助が出現した。それをより強く主張したのはのちの高橋箒庵(1861～1937)であった。

「茶の湯は本来趣味である。趣味として之を楽しめば夫れでおらは満足する。無論、茶の湯に依って世間に様々な好影響を及ぼす事があるかも知らぬ。併しそんな副産物を眼中に入れるのは、既に第二義に墜るものである。」(『おらが茶の湯』)

また、1897年(明治30年)前後に活躍した数寄者としては、益田鈍翁(1848～1938)が挙げられる。「茶是常識」という座右の銘に示されるように、彼の茶は常識を大切にする茶である。

「夫、茶の湯は人の心を豊かにし友の交を厚くし、なべて世の融和をはかるを本意

とす。人各其境遇を異にすれとも、茶事は貧富老若彼是の別無く、ともに楽しむこそ本意なれ」(「茶の湯」─『全集茶道』茶説茶史編)

このように、鈍翁は世間の融和を挙げ、茶の湯に対する期待も大きかったと言える。本日しばしば強調される非日常性に反し、茶の湯の日常性を主張し、既成の宗教や道徳から解放する茶の湯のイメージを受け取ることができる。

以上分析してきたように、明治初期から岡倉天心が1900年にアメリカに出かけるまでの日本の茶道界は非常に混乱し大変な時期であった。

4.2　明治知識人の茶道観

岡倉天心と同世代の知識人たちは、当時の茶の湯をどのように見ていたのか。彼らの茶道観と比較すれば、岡倉天心の茶道観の形成原因が一層明確になると思われる。英文『茶の本』の出版と同じ年に、夏目漱石は『草枕』(1906年、明治39年)において、以下の文章を書いた。

「茶と聞いて少し辟易した。世間に茶人ほどもったいぶった風流人はない。広い詩界をわざとらしく窮屈に縄張りをして、極めて自尊的に、極めてことさらに、極めてせせこましく、必要もないのに鞠躬如として、あぶくを飲んで結構がるものはいわゆる茶人である。あんな煩瑣な規則のうちに雅味があるなら、麻布の聯隊のなかは雅味で鼻がつかえるだろう。廻れ右、前への連中はことごとく大茶人でなくてはならぬ。あれは商人とか町人とか、まるで趣味の教育のない連中が、どうするのが風流か見当がつかぬところから、器械的に利休以後の規則を鵜呑みにして、これでおおかた風流なんだろう、とかえって真の風流人を馬鹿にするための芸である」(夏目漱石 1950：46-47)

このように、茶道を高く評価した岡倉天心と全く対照的と言えるほど、夏目漱石は異なる見解を示している。形骸化された茶道に対して強烈な批判を展開した。

ほぼ同じ時期に、日本で茶道の改革を起こした田中仙樵[6]は、『茶禅一味』(1905年、明治38年)を出版した。田中仙樵は、裏千家十一世玄々斎宗室(1810～1877)門下の前田瑞雪に茶を学び、1898年(明治31年)に大日本茶道学会を設立した。その学会の設立趣旨書そして『茶禅一味』の序に彼の茶道観が明確に示されている。

「抑も我が国の茶道は、珠光に始まり、紹鴎に中興し、利休に大成し、遂に以て一種の国粋的道学と成るに至れり。」、「本来茶道の深味に於けるや、禅より起り、理を是に資り、礼を曲礼に定む。夫れ、然り而して之を大にしては則ち六合に渉り、而して窮尽す可らず。之を小にしては則ち修身斉家治国平天下の基と為る(後略)」[7]

仙樵は天心と同様に、禅の精神性を茶道に導入し、茶道の価値付けを国粋にした。仙樵の業績について、西山松之助氏は、「今一つの方向は、茶の心やわざといっても、それが近代的な茶の美学、哲学であることを明確にし、その論理的基盤に立脚した茶のわざを確立することであった。これは結局、利休の茶の哲学を近代的に論理化し体系化し、それをわざのうえに実践することであった」[8]と指摘している。

しかし、両者が異なる点と言えば、禅に対する態度にあると思われる。仙樵は禅

の修行を重視し、茶道を「修身斉家治国平天下の基と為る」と位置づけた。これに対し、天心は禅を美学的な視点から理解し、「茶人たちの考えでは、真の芸術鑑賞は、芸術から生きた感化を生み出す者にのみ可能である。それゆえ、彼らは、茶室で行われている高度の風雅によって、その日常生活を律しようと努めた」[9]ように、日常生活を美的に律する規範として茶道を見ていた。田中秀隆氏は、その志向性に着目して天心のタイプを「生活構成の茶」、仙樵のタイプを「人間形成の茶」と名づけた[10]。

千賀可蛟が1889年（明治22年）『茶道為国弁』を著して茶道をもって国に奉ずる道を唱えたことを考えると、趣味化された茶道の現状に抵抗し、茶道を国粋的文化として位置づけて宣伝することが伝統茶道の再出発の道であることは、当時の知識人たちの共通の認識であると言える。このようにしてみると、岡倉天心が茶を切り口にして日本の文化を発信することは当時からすれば自然なことであると言える。また、茶道の精神性を道教や禅宗に求めることができるという認識も、当時形骸化された茶道への抵抗から生じたものと考えられる。

4.3　岡倉天心の生涯と茶道観の形成

上記内容では、時代背景を中心に検討してきた。本節において、岡倉天心自身に目を向けて、その茶道観の形成原因を探そうと考える。

まず、岡倉天心と茶の湯との接点について、戸田勝久は『近代の芸文と茶の湯』において、岡倉天心の茶の体験というものをいくつか挙げている。

（1）正阿弥という当時の有名な茶人が岡倉家に茶を教えに来た[11]。この正阿弥は幕府の同朋のなかの、字は違うが松阿弥の可能性がある。

（2）岡倉天心の奥さんである岡倉基子のもとに、石塚宗通（表千家の高弟、川上不白の系譜の茶匠として知られている）という有名な茶人の師匠がおり、天心に影響を与えた。

（3）星崎波津子（九鬼隆一）邸で天心が茶に親しんでいた。

また、岡倉の身辺には、茶の湯を嗜んでいた人物が多く見出される。特に近代数寄者としては、日本美術院のパトロンでもあった原富太郎と緊密な交流があったようである。

岡倉天心の研究資料から見れば、幼少期にお茶を習った記録はないが、大学時代に箏曲と茶道もそれぞれ当時の日本第一流の師について習っていたようである。当時、漢詩を学び、南画を描き、中国の古典に通じ「茶」や「琴」に親しむことは一種の社交手段でもあると考えられる。岡倉天心がどれだけ茶道に興味を持つのか分からず、茶歴も浅いかもしれないが、身内や友達にお茶関係者が多い点からすれば、お茶に親しい環境にいたことは間違いないと言える。

西川長夫氏は『幕末・明治期の国民国家形成と文化変容』において、岩倉使節団の秘書官として「米欧回覧実記」の執筆を担当し、能楽復興運動に尽力した久米邦武を中心に、能楽復興と国民国家形成との関連性を検討した。能の復興は、能が西洋の演劇に匹敵するものであると岩倉使節団によって見直されることがまず必要であ

る。茶道も同じように、その再認識と復興には、そのような「外の目」が必要とする。岡倉天心の略歴を振りかえってみると、日本育ちの方だとはいえ、「外の目」を持つ者だとも言えるのであろう。当時通商貿易で活況を呈していた横浜に生まれ、母語話者並みに再生できる能力を発揮する適齢期と言われる6歳にすでにアメリカ人宣教師ジェイムズ・バラーの英語塾に毎日通っていた。また、英語とほぼ同時に、お寺で漢文の教育を受けたので、岡倉天心は子供の頃から日本語・英語・漢語という三か国の言語や文化に触れ、国際的な視野を持っていたと言える。その「外の目」を持っているからこそ、この茶に東洋文化の精神を見出し、欧米を旅して東洋の優秀性を見出すことができた。

　また、『茶の本』にしばしば出てくる「不完全への崇拝」について、岡倉天心の茶道観と言えるとともに、彼の人生観でもあると思われる[12]。家庭が裕福で小さい頃から英才教育を受け、今で言うと「飛び級」で東京大学1期生として入学し、卒業後に文部省に出仕するなどいかにも順調な人生を送ったようである。しかし、8歳で母に亡くなられ、一年後父が再婚し、兄弟と離れて長延寺に預けられ、玄導和尚の指導を受けながら漢籍を学び、14歳の時はまた兄が亡くなるなど、幼い身で寂しさや孤独に耐えながら生きてきたと推測される。『茶の本』が書かれた時期を見れば一層理解できると考える。1906年と言えば、岡倉天心は40代である。1898年に35歳で、怪文書騒動[13]で岡倉天心は帝国博物館美術部長並びに東京美術学校校長を辞職するはめになった。その後、日本国内では不遇な時代が続いていた。1901年に自らの芸術論を確かめるために一年間インドを旅したが、インドが当初の理想とかけ離れ、その古代文化の喪失及び荒廃ぶりに心を痛めたようであった。1903年の40歳には、茨城県の五浦の海岸に土地を購入し、隠棲の地を求めた。同時に彼の私生活も波乱に満ちていた。

　そして、岡倉天心は道教に対し大きな関心を持っており、彼の名前である天心はその教えから取ったものであると言われている。さらに、「渾沌子」、「混沌子」、「五浦釣人」などの道教的な別号を用いること、中年以降は好んで道教の僧侶たちの道服に似たような衣服を身につけること、死後に彼の遺志によって道教的な半円型の墓「土饅頭」を建築したことなど、道教が天心の人生の中に見逃すことのできない位置を占めることが分かる。道教では、「形無きものを見、声なきものの声を聞く」(福永光司 1978;5)という教えがある。この言葉は道教の本質として語られ、「道」を知るうえで大切である。「茶道は変装した道教であった。」や「茶道の理想ぜんたいが、人生のごく些小な出来事の中に偉大さを考えつくこの禅の一帰結なのである。道教は審美的諸理想に基礎をあたえ、禅道はそれら理想を実際的なものにした。」などに示すように、天心は、その道教から、茶道の精神性を見出そうとしている。

　一方、岡倉天心は中国と深い縁があり、古代中国に対して思慕の感情を抱いた。長延寺時代から、『大学』、『中庸』、『論語』、『孟子』など一通りの漢籍を学び、東京外国語学校時代にも英語と中国語に熱中した。中国語の素養や中国文化への理解力が高いと言える。16歳の時、すでに漢詩集『三匝堂詩草』を一冊作っている。風景を

描く詩のほか、中国の女性の恋する想いを謡っている詩も三首ある。「懶求歓楽懶悲愁...」に始める長い詩には、少年岡倉天心でありながら、早くも一種隠者生活に人間の生き方の理想があると読み取れる[14]。さらに、1893年(明治26年)に清国へ旅行し、漢詩のふるさとの地に入った。

実は中国、インドや日本を一つの全体として捉える発想は、『The Ideals of the East』(『東洋の理想』)からも見られる。

「アジアは一つである。二つの強力な文明、孔子の共同主義をもつ中国人と、ヴェーダの個人主義をもつインド人とを、ヒラヤマ山脈がわけ隔てているというのも、両者それぞれの特色を強調しようがためにすぎない。雪を頂く障壁といえども、すべてのアジア民族にとっての共通の思想遺産ともいうべき窮極的なもの、普遍的なものに対する広やかな愛情を、一瞬たりとも妨げることは出来ない。こうした愛情こそ、アジア民族をして世界の偉大な宗教の一切を生み出さしめたものであり、地中海、またバルト海の海洋的民族とが、ひたすら個別的なものに執着して、人生の目的ならぬ手段の探求にいそしむのとは、はっきり異なっている。」(平凡社1980;13)

岡倉天心は、日本美術史はアジア美術史の中で論述しなければならず、そしてアジアから分離した日本美術史は考えられず、日本の美の歴史を考えれば、その源流であるアジアとのつながりにも考慮すべきであると考えていた。「茶の理想は東洋文化のさまざまな気分の特色をあらわしている。煮る団茶、かきまわす粉茶、淹す葉茶は、中国の唐、宋、明朝のそれぞれの情緒的衝動をあらわしている。」(平凡社1980;275)に示すように、日本の茶道に関しても同じような考えを持っている。彼が清朝やインドへの現地調査により、古代中国やインドに対する思慕の感情が一層高まったと言える。そのような感情が、中国の唐宋時代の茶の湯、特に陸羽や『茶経』を高く評価することにつながり、「中国と日本を同じ東洋文化圏に属するものであると認識し、日本は蒙古という遊牧民族の侵入のために断たれてしまった中国の宋の文化運動を継続できた国である」という認識にも反映されていると言える。

このように、岡倉天心の境涯を辿りながら、彼の茶道観の形成原因を分析した。総じて言えば、いくつかの点があると思われる。まず、お茶との関係から見ると、幼少期にお茶を習った記録はないとはいえ、お茶に親しい環境にいることから、それなりの教養を身につけていた。このような体験が『茶の本』を執筆した際の素材となり、説得力のあるすばらしい文章を作り出した大きな理由となる。また、彼の生涯を通して見る場合、順調満帆の人生を送ってきたように見えるが、孤独や空虚に耐えながら生きていた事、道教や古代中国やインド文化への陶酔などは、彼の茶道観の形成につながる。

5. 結 論

本論文では、岡倉天心の生きる時代及び生涯を振り返りながら、彼が『茶の本』を執筆した動機、そして『茶の本』に見られる茶道観及びその形成原因を検討してきた。「日本の茶道は中国の唐宋文化を引き継いだものであり、日本文化の中核であ

り、単なる審美主義ではなく、道教や禅に精神性が潜められ、その本質は不完全への崇拝である」という茶道観の形成には、環境的な外部要因と内面的な要因があると考える。明治維新以来、欧米文化が流れ込む一方、明治20年代には、ナショナリズムの風潮が起こり、茶道界では不景気な状況が続く中で、茶道具蒐集をする近代数寄者の登場で少し復興の傾向が見られた。岡倉天心が茶をテーマにしたのは、趣味化された当時の茶道現状に抵抗し、茶道を国粋的文化として位置づけて宣伝することが伝統茶道の再出発の道であるという当時の知識人たちの共通の認識からきたものとも言える。また、岡倉天心の波乱万丈な境涯もその茶道観を形成するうえで重要な内面的な要因である。具体的に分析すると、子供の頃から英才教育を受け、茶や琴に親しみ、飛び級で優等生として順調に出世した一方、幼小時代に母や兄と死別し、スキャンダルで公職から追われて不遇な時期に直面するなど浮き沈みの激しい人生を送ってきた。中国古代文化、特に道教や禅宗への陶酔や思慕がある一方、少年時代に培ってきた国際的な感覚で「外の目」を持っている岡倉天心を作った。このような矛盾した心境は、晩年に執筆した『茶の本』において茶道の精神性を禅宗や道教に求め、不完全を崇拝したという茶道観にも反映されている。そして、当時インド、中国（清国）、インドや米国への旅の感想は、中国やインドなど過ぎ去った古代文化を引き継いだ日本文化の優位性を強調することにもつながると考える。

注

[1] 熊倉功夫.1985.「近代における茶道と美術」.『茶道聚錦』第六巻.小学館.p146-147。
[2] 財団法人三徳庵ワタリウム美術館.2006.「茶道論の系譜から見た『茶の本』の異質性」.『茶の本の100年』.小学館スクウェア.p90-107。
[3] 先行研究での主流の解釈としては、当時欧米で注目されていた新渡戸稲造の『武士道』を「死の術」として読み取るのに対し、「生の術」として茶の湯を強調することで、日露戦争後の日本を平和国としてアピールしようとしたことが挙げられる。
[4] 熊倉功夫.1985.「近代数寄者の登場」.『茶道聚錦』第六巻.小学館.p15。
[5] 熊倉功夫.1985.「数寄者の茶の湯」の「表1 生年による数寄者の四類型」.『茶道聚錦』第六巻.小学館.p106。
[6] 1875年（明治8年）9月3日～1960年（昭和35年）10月6日。形骸化した既成茶道を批判して大日本茶道学会を創設し、秘伝公開・流儀否定の精神、『南方録』の本格的な研究で高く評価されている。『茶道改良論』などの著書がある。熊倉功夫氏は『近代茶道史の研究』において、田中仙樵の茶道改革運動には、近世茶道の継承者としての側面と次代の茶道の出発者としての側面が複雑に内包されていると評価し、彼を開拓者として位置づけた。
[7] 『茶道学誌』第一号、原文は以下のとおり。「抑我国之茶道者、始于珠光、中興于紹鴎、大成于利休、遂以至成一種之国粋的道学矣、本来茶道於深味也、　起自禅、　資理於是、定礼於曲礼、夫然而大之則渉六合、而不可窮尽、小之則為修身斉家治国平天下之甚、豈不復広大哉、然而星移物換茶道之弊有名無実、化成一種之遊芸、為婦女子之所翫弄、熟視今之茶人者、往々蒐集古器物、以誇示衆人、或表面正襟巧言令色、而裏面誹謗笑遷時、其甚者為庭園数寄結構至于蕩尽家産、於之乎為識者之所擯斥、僅留其形跡於逸遊者及婦女子間焉耳、嗚呼茶道之衰亦一至此乎、茶聖宗亘翁茶禅論曰、愛奇貨珍宝、択酒色之精好、或結構茶室、翫樹木泉石為遊楽設者、違茶道

之原意、只偏甘禅味為修行、是吾道之本懐也云々、由之観之転不堪嘆也、本会之起非敢好事不得止耳、乃以赤心自任明茶道之本旨、以保存国粋、外則示宇内万国、内則也修身斉家之基礎、以欲報国家、満天下同感之士、請来賜賛成本会至嘱至嘱。」

[8] 田中仙樵.1976.「近代茶道の先駆者」『田中仙樵全集』第一巻月報.p3。
[9] 平凡社.1980.『岡倉天心全集　第一巻』.p317。
[10] 熊倉功夫.1985.「知識人と茶の湯」.『茶道聚錦』第六巻.小学館.p131。
[11] 1929年（昭和4年）の岩波文庫版『茶の本』の刊行に際して、岡倉の弟である岡倉由三郎（1868～1936）が書いた「はしがき」の情報によれば、明治13年（1880年）に東京大学を卒業した岡倉は、自宅に月に何度か「正阿弥という幕末の有名な茶人」を呼び、茶の湯の稽古を受けている（岡倉由三郎 1929:6）
[12] 桶谷秀昭氏は『茶の本』の詩情性を岡倉天心のペシミズムの反映であると指摘し、木下長宏氏は「悲哀の情」こそが『茶の本』の基調であると指摘する。
[13] 美術学校騒動ともいう。「東京美術学校騒動文書」によると、1898年に博物館の運営方針や、九鬼の妻・九鬼波津子をめぐる問題（築地警醒会なる団体が岡倉批判の怪文書を関係各方面に送る）で岡倉天心が帝国博物館美術部長並びに東京美術学校校長を辞職するにあたり起きた学校騒動（平凡社 1980:166）。
[14] 木下長広.2005.『岡倉天心』.ミネルヴァ書房.p38。

参照文献

赤根彰子.1988.『岡倉天心　その生涯を彩る思想』.大蔵出版
岡倉由三郎.1929.『茶の本（岡倉覚三）』.岩波書店
木下長宏.1989.『詩の迷路―岡倉天心の方法』.学藝書林
木下長広.2005.『岡倉天心』.ミネルヴァ書房
熊倉功夫.1980.『近代茶道史の研究』.日本放送出版協会
熊倉功夫編.1985.『茶道聚錦六　近代の茶の湯』.小学館
斎藤康彦.2012.『近代数寄者のネットワーク　茶の湯を愛した実業家たち』.思文閣出版
財団法人三徳庵ワタリウム美術館編.2006.『岡倉天心国際シンポジウム　茶の本の100年』.小学館スクウェア
田中仙樵.1976.『田中仙樵全集』第一巻.茶道之研究社出版
茶の湯文化学会編.2014.『講座　日本茶の湯　全史』第三巻.思文閣出版
東郷登志子.2004.『岡倉天心「茶の本」の思想と文体 the Book of Teaの象徴技法』.慧文社
田中秀隆.2007.『近代茶道の歴史社会学』.思文閣出版
谷端昭夫.2010.『日本史のなかの茶道』.淡交社
桶谷秀昭訳.1994.『茶の本』.講談社
中村愿.1999.『美の復権』.邑心文庫
夏目漱石.『草枕』.1950.新潮社
福永光司.1978.『老子・上』.朝日文庫
堀岡弥寿子.1982.『岡倉天心考』.吉川弘文館
平凡社編.1980.『岡倉天心全集』第一巻・別巻.平凡社
依田徹.2013.『近代の「美術」と茶の湯　言葉と人とモノ』.思文閣出版

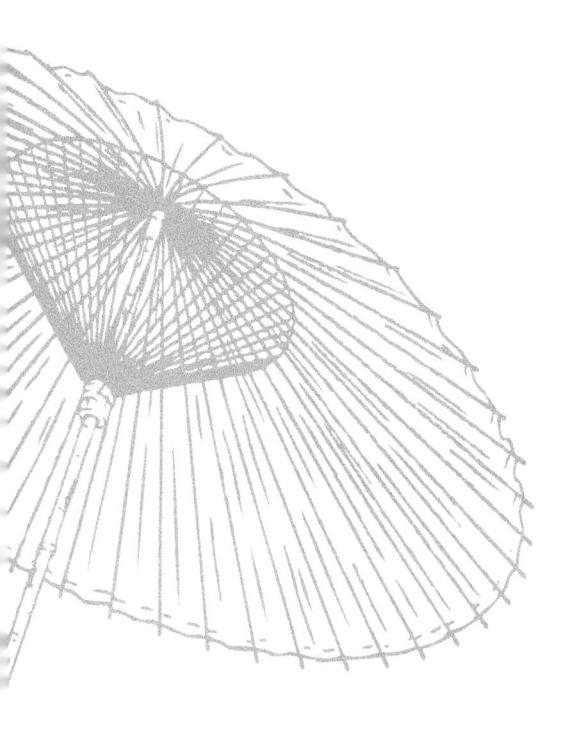

日本社会研究

关于日本福岛核事故原因的失败学思考

(日本)名古屋外国語大学　俞晓军

要旨：本稿では、まず文献レビューにより問題点を提起し、先行研究に基づいて福島原発事故には「人災」という性質があることを確認した上で、「失敗学」を本稿の研究方法として明示する。第二には、「ハインリッヒの法則も失敗研究に役立つ」という「失敗学」の観点に基づき、ハインリッヒの法則を用いて福島原発事故という重大な「失敗」が如何に「成長」してきたのか、そのプロセスを検証、解明する。第三には、日本原子力産業発展の初期条件と経路の考察を通して、日本原子力産業における「失敗」の頻発及び拡大の必然性と深層原因を明らかにする。最後の結論では、本稿の研究結果を纏め、それを踏まえた上で、中国の実情に関連させた建設的な提言を行う。

关键词：福岛核事故　失败学　海因里希法则　官民一体化

1. 引　言

　　2011年3月，日本福岛第一核电站发生了7级核事故（以下简称："福岛核事故"）。这一事件不仅给日本国民造成了高达9兆日元的直接经济损失[1]，而且还给日本及周边国家和地区带来了心理的和现实的危害，影响波及整个世界。尤其是福岛核事故发生在科学技术高度发达、企业精细管理闻名世界的日本，它彻底粉碎了日本政府和电力公司长期鼓吹的"核电绝对安全"的所谓"安全神话"，给全球带来的震撼前所未有，迫使部分国家不得不重新考虑本国的能源政策[2]。

　　世界上每一次核电事故，都会成为各国核电产业学习的难得的反面教材。1979年美国三哩岛核事故如此，1986年前苏联切尔诺贝利的核电事故也如此，日本福岛核事故就更应如此。日本问题专家冯绍奎明确指出："福岛核事故是已有先兆的危机，是偶然中的必然，存在一系列教训"（冯 2014：102-128）。毫无疑问，首先核电产业必须从福岛核事故中吸取深刻教训。但是，众所周知，核电的安全管理问题远远超出了某一个产业的领域，它是一个涉及技术、经济、行政和社会部门的巨大复杂系统。因此，我们有必要通过对福岛核事故这一典型案例的研究，将一个特殊产业的失败教训一般化，使其成为可供其他产业和社会部门共享的财富。

　　本文首先在回顾文献的基础上提出问题，通过对先行研究的解析，在确认了福岛核事故的"人灾"性质后，明确以失败学作为本文的研究方法。其次，根据失败学关于"海因里希法则（Heinrich's law）也同样适用于研究失败"的观点，通过对日本核电产业的防范失误、应对失误、中小事故及隐瞒、谎报等轻度失败记录的考察，应用海因里

希法则来验证和揭示福岛核事故这一重大失败的所谓"成长"过程的表层部分。第三,通过对日本核电产业发展的初始条件和路径的考察,进一步揭示日本核电产业失败不断发生、发展的必然性和深层次原因。最后的结语部分,在总结全文的基础上结合中国的实际提出笔者的见解。

2. 文献回顾及研究方法

2.1 日本主要事故原因调查委员会及报告书概要

福岛核事故以后,日本政府、国会、民间、东电(福岛核电站所属的东京电力公司)、学会(日本原子力学会)等先后成立了事故调查委员会,对事故发生的原因做了调查,并陆续公表了各自的调查报告书(表1)。

表1 日本主要事故调查委员会概要

	政 府	国 会	民 间	东 电	学 会
名称	关于东京电力福岛核电站事故调查检证委员会	东京电力福岛核电站事故调查委员会	福岛核事故独立检证委员会	福岛核事故调查委员会	关于东京电力福岛第一核电站事故调查委员会
成员	委员长:畑村洋太郎(东京大学名誉教授)委员:9人	委员长:黑川清(原日本学术会议会长)委员:9人	委员长:北泽宏一(原科学技术振兴机构理事长)委员:5人	委员长:山崎雅男(东电副社长)委员:7人	委员长:田中知(东京大学研究生院教授)委员:43人
调查方式	访谈:对象包括政治家及东电相关人员772人 其他:视察发电站,听取地方政府负责人意见	访谈:对象包括原总理在内的政治家及东电相关人员1,167人次 其他:视察发电站,对受灾地居民及发电站作业人员进行问卷调查	访谈:对象包括政治家约300人(曾计划对东电进行访谈,但因遭到拒绝未能实施)	访谈:对象包括本公司干部、员工约600人次	a.学会内各专业分会实施调查 b.对海外核电学会调查结果的分析研讨 c.对政府、东电等各调查委员会公布信息的分析研讨
特点	虽然是政府设置的,但以独立于原核电行政部门的立场开展调查	是日本宪政史上国会首次设立的调查机构	既独立于政府又独立于企业,以市民的立场进行调查分析	除了公司内部,对外部人员组成的"原子力安全品质保证会议事故检证委员会",也实施了意见听取、调查和检证	作为核电专家组成的学术组织,对事故本身以及伴随事故的核电灾害的实态,进行了科学、专业性的调查分析
公布时间	2012年7月	2012年7月	2012年2月	2012年6月	2014年3月

此表根据下述参考文献制作:①東京電力福島原子力発電所における事故調査・検証委員会2012;②東京電力福島原子力発電所事故調査委員会2012;③福島原発事故独立検証委員会2012;④東京電力2012;⑤日本原子力学会東京電力福島第一原子力発電所事故に関する調査委員会2014;⑥経済産業調査室・課2012。

各事故调查报告书中关于事故原因的表述可归纳为以下两点:

(1)关于事故直接原因的分析。除了民间的报告书以外,其他的报告书都认为事故的直接原因主要是对海啸防备不足造成的。其中,国会的报告书认为,不能确定地震未对重要功能造成损伤,关于这一点还有待第三者继续验证。而另一家由民间学者

发起的非政府、非东电的"福岛项目委员会"则在报告书中尖锐地指出,"巨大海啸并不是福岛核事故的根本原因,甚至连直接原因也称不上"[3]。

(2)关于事故根本原因的分析。东电在其报告书中说,尽管关于防范海啸的设定标准采纳了各个时期的最新成果,但是结果说明设定的防范标准过低。言下之意是:事故发生的根本原因是发生了"预想外"(想定外)的海啸。而东电以外的报告书则认为:政府的规制部门和东电的不作为、政府的监管形同虚设、监管和被监管位置倒错等,才是事故的根本原因。其中,国会和民间的两份报告书中明确指出:这是"人灾"。

日本的各事故调查委员会,主要通过对当事人及有关人士的访谈,对事故发生、发展的经过做了广泛调查,从不同的角度对事故的直接原因和根本原因进行了分析。他们的调查报告书,为进一步深入研究福岛核事故提供了宝贵的第一手材料。

2.2 本文的研究方法

为了选择适当的研究方法,必须首先搞清楚研究对象的性质和特征。对于本文来说,必须搞清楚究竟是"天灾"还是"人灾"的问题。因为在上述的事故报告书中,只有国会和民间的报告书明确指出是"人灾",其它几个并没有明确这个问题。

毫无疑问,造成这次福岛第一核电站重大事故的直接契机是巨大地震引发的海啸,这是有目共睹的事实。但是,另一方面,在此次地震和海啸波及的地区内共有4座核电站,其他3座安然无恙,唯独福岛第一核电站发生了7级重大核事故,这同样也是不可否认的事实(表2)。

表2 灾区4座核电站的概要

	震度	予想海啸值(m)	实际海啸值(m)	地基高度(m)
福岛第一核电站	6强	5.7	14以上	10
福岛第二核电站	6强	5.2	14以上	12
女川核电站	6弱	9.1	13	13.8
东海第二核电站	6弱	4.86	6.3	8

此表根据《東京電力失敗の本質》(橘川 2011:3)制作。

在同样的"天灾"面前,为什么结果却截然不同呢?对表2数据的观察,我们可以直观地发现一些表层的原因。①福岛第一核电站与福岛第二核电站相比较,4项数据中除了最后一项的地基高度福岛第一核电站比福岛第二核电站低了2m(10-12)以外,其它3项相差无几。可见,福岛第一核电站的差距主要表现在最后这一项上。②福岛第一核电站与女川核电站相比较,二者之间震度略有不同,但是予想海啸值与实际海啸值之间的差,前者超过了8.3 m(14-5.7),后者超过3.9 m(13-9.1),前者的予想值超过实际值太大;再对二者的实际海啸值与地基高度作比较,前者海啸超过地基4 m(14-10)以上,而后者则略低于地基高度0.8 m(13-13.8)。可见,福岛第一核电站的差距主要表现在后两项上。③福岛第一核电站与东海第二核电站相比较,二者之间震度略有不同,但是实际海啸值与予想海啸值相比较,前者超过了8.3 m(14-5.7),后者仅超过1.44 m(6.3-4.86),前者的差距过大;再对二者的实际海啸值与地基高度作

比较,前者海啸超过地基 4 m(14-10)以上,而后者海啸比地基低 1.7m(6.3-8)。可见,福岛第一核电站的差距也主要表现在后两项上。

在同样的自然灾害面前,结果却如此不同。这里面必然存在着天灾以外的人为因素影响,而这正是失败学所要研究的对象。根据失败学创始人畑村洋太郎的定义,"失败学中的失败是指与人有关的某个行为,当它未能达到事先确定的目的时称之为失败。换而言之,也可以表述为在进行与人有关的某个行为时,发生了不想得到的、预想之外的结果。其中,'与人有关'和'不想得到的结果'是两个关键词"(畑村 2005:25-26)。

鉴于上文对福岛核事故"人灾"性质的判断,本文应用畑村洋太郎在失败学中提出的概念和思路对福岛核事故进行分析探讨。"失败是成功之母",这本是世人皆知的名言。但是失败并不会自然而然地转化为成功,失败转化为成功是有条件的,只有在满足一定的条件之下,失败才会转化为成功。否则,失败可能重复、可能被复制,即所谓的"重蹈覆辙",甚至还有可能孕育出更大的失败。"失败学",正是研究总结如何将失败转化为成功的一门崭新的学科。

失败学认为,并不是所有的事故、灾害均起因于人为的失败。在事故与灾害中,地震、海啸、火山喷火、台风等等,往往作为与人的行为无关的自然现象发生。人力不可抗拒的此类事件,称之为"自然灾害",它应该与失败明确区别开。但是,尽管如此,在根本的原因与人的行为无关的此类自然现象中,也有可归类于失败的。例如,大雨造成决堤、地震导致房屋倒塌,虽然自然灾害是根本原因,但是也有被称之为"人灾"的。因为本应起到防灾作用的人造物体没有起到应起的作用,对于这种情况也应该视为失败。

鉴于失败学的上述观点,笔者认为福岛核事故的防范海啸的对策(人造的物体、设备)"没有起到应起的作用",因此称其为"人灾"并不为过。

失败学认为,失败有如下特征:

(1)失败是分层次的。考虑到对周围影响的大小,一个失败由多种原因叠加在一起,这些原因显示出某种层次:个人层次、组织层次、行政层次和政治层次。

(2)失败是会"成长"的。关于工伤事故 1:29:300(即在一件重大的事故背后必有 29 起轻度事故,还有 300 件潜在的隐患)的海因里希法则也同样适用于研究失败。因为如果对轻度的失败、隐患放任不管,失败必将"成长"。成为媒体炒作对象的重大事故,似乎某一天突然从天而降,其实不然。雪印乳业集团的集体中毒、JCO(Japan nuclear fuel Conversion Office)的临界事故等,日本企业多发的恶性事件都不是偶然的。

(3)失败是可以预测的。根据上述的海因里希法则,大事故的背后必然有近 30 起轻度事故——预兆。这时如果能引起足够警觉、及时应对,大的失败是完全有可能防范于未然的。令人遗憾的是,在现实情况中失败的预兆常常被放置不管。为什么呢?因为普遍存在讨厌失败,想极力避免看到失败的意识。一旦发生重大失败,总是以"不可知"、"不可抗拒"等理由来搪塞掩饰。因此,重大失败接连不断、反复出现,成为必然的社会现象。

3. 对日本核电产业失败"成长"记录的考察

本节根据失败学关于"海因里希法则也同样适用于研究失败"的观点，通过对防范失误、应对失误、中小事故及隐瞒、谎报等轻度失败"成长"记录的考察，应用海因里希法则来验证和揭示福岛核事故这一重大失败"成长"过程的表层部分。

在选择材料时，笔者基本赞成船桥洋一的见解[4]，与其他的报告书相比较，更愿意相信由民间人士组成的"福岛核事故独立检证委员会"的报告书中所提供的材料。本文以下部分，以该报告书公表的内容作为基本材料，同时也附加若干其它资料作为补充。

3.1 防范失误

(1)1993-2002年。1993年，东电时任社长荒木浩提出：要以"普通的公司"为改革目标，"要面向兜町（东京证券交易所所在地）开展工作"。1999年，东电时任社长南直哉提出的目标是：5年间减少成本20%，消减10兆日元以上的负债，落实降低电价的承诺。2002年。东电以迎接电力自由化为理由，在各发电站推行独立核算制度。位于新泻县的东电柏崎刈羽核电站为了减少停机造成的经济损失，大幅度缩短定期检查的停机时间，规定是3个月，但实际上有的原子炉还不足40天（福岛原発事故独立検証委員会 2012：314）。作为民企的东电，按照普通企业的逻辑重视经济利益本无可非议。然而，如果为了经济利益而忽视了具有高度危险性的核电安全问题，那就值得警惕了。

(2)2005年。东北地区宫城县南部发生地震，震级已明显超过了位于该地的东北电力公司女川核电站的设计标准（古川/船山 2015：110）。大自然已经向人类敲响了警钟！

(3)2006年。东电的核技术和品质安全部门的研究人员，在国际会议上发表了关于福岛核电站遭受海啸风险的概率论解析结果，预测到该地区有发生巨大海啸的可能性。而东电的上层却以这是"学术性问题"为由不予理睬（福岛原発事故独立検証委員会 2012：386）。事后得知此事的东电原社长后悔不及，但已为时过晚（福岛原発事故独立検証委員会 2012：319）。

(4)2007年。能登半岛发生地震，震级已明显超过了位于该地的北陆电力公司志贺核电站的设计标准（古川/船山 2015：110）。大自然又一次向人类敲响了警钟！

(5)2007年。新泻县发生地震，位于该县的东电柏崎刈羽核电站3号炉变压器发生火灾事故，地震等级大大超过了2006年安委会为核电站制定的《新耐震指针》标准（古川/船山 2015：110）。大自然再一次向人类敲响了警钟！

(6)2007年。上述的柏崎刈羽核电站发生火灾事故后，不少核电站将使用消防车注水列入了事故管理手册（AM）。但是，福岛核电站却没有这样做，以致在2011年3月应对核事故时，延误了事故后第一时间的注水，最终未能阻止核电站的爆炸（福岛原発事故独立検証委員会 2012：265-278）。

(7)2011年3月11日。福岛核电站外部供电停止后，政府通过有关部门紧急出

动了40多辆电源车。但是除了东电自备的以外,其他电源车或因无备用电缆,或因插头式样不同,均无法使用(福岛原発事故独立検証委員会 2012:77,96)。平时防范危机的麻痹松懈状况可见一斑。

(8)2015年。福岛核事故发生4年后,在一次政府审查东电柏崎刈羽核电站会议上,当问及发生丧失电源情况如何应对时,东电的回答是还用以前的那种(费时费力的)排气阀。政府的规制委员会认为"没有理解新标准的思想",责令东电重新考虑[5]。

3.2 应对失误

(1)2011年3月。福岛核电站发生故障后,由于冷却用的淡水用尽,福岛核电站的吉田所长发出向1号炉注入海水的指示。此后,时任总理菅直人听取了有关人员的汇报后担心海水有引起爆炸的危险,政府做出在总理批准之前暂停注入海水的指示。然而,吉田所长却在请示未获批准的情况下,擅自决定继续注入海水。危机管理中的命令执行系统的缺陷暴露无遗(福岛原発事故独立検証委員会 2012:83,97,118)[6]。

(2)2011年3月。福岛核电站1号炉爆炸后,翌日东电总部的有关部门缺乏原子炉冷却最起码的常识,急忙派遣2架直升飞机运去了2吨毫无用处的冰块。在关键时刻不仅浪费了人力、物力,更重要的是贻误了分秒必争的冷却最佳时机(福岛原発事故独立検証委員会 2012:165)。

(3)2011年3月。为了避免核电屋压力过大引起爆炸,在13日经济产业大臣、东电、原子力安全保安院(以下称"保安院")共同主持的新闻发布会上,宣布了实施打开排气阀减压的决定。然而,东电未向政府请示便自做主张,6小时之后才执行此项决定。事后东电在解释拖延的原因时说:东电与福岛县有协议,必须等待居民撤离后才能执行打开排气阀的决定(福岛原発事故独立検証委員会 2012:77-80,118)。这又一次暴露了危机管理中命令执行系统的严重缺陷。

(4)2011年3月。为了防止事故的进一步扩大,政府紧急动员了自卫队、警察、消防队进入福岛核电站参加注水活动。但是,东电却以按政府"设计基础威胁"规定办事为由,不提供核电站内部的详细地图,给这些外来部队迅速开展注水活动带来困难,再一次贻误了冷却的最佳时机(福岛原発事故独立検証委員会 2012:164-165)。

(5)2011年3月。福岛核电站在海啸袭来后,在多数设备发生故障的情况下未能迅速启动紧急事态注水手段和替代注水手段,被指平时对严重事故(severe accident)准备不足(福岛原発事故独立検証委員会 2012:41)。

(6)2011年3月。福岛核电站发生故障后,对于1号炉隔离冷凝器(IC)和3号炉高压注入系统(HPCI)的操作,被指操作人员有知识不足的嫌疑(福岛原発事故独立検証委員会 2012:42)。

3.3 中小事故及隐瞒、谎报

(1)1978年。根据2006年保安院对过去隐瞒问题进行调查的指示,东电曝光了所属的福岛第一核电站3号炉,早在1978年就发生过核分裂连锁反应的临界事故(橘川 2011:58)。这起事故被认为是日本最早发生的临界事故。

(2)1991年。福岛第一核电站的涡轮机房的管道由于被腐蚀而大量漏水,导致地下室内的备用柴油发电机发生故障(古川/船山 2015:108-109)。

(3)1991年。位于福井县的关西电力公司美浜核电站,发生了蒸汽发生器导热管破裂事故。事故达到 INES(国际原子能机构核事故分级标准)等级 2(橘川 2011:7)。

(4)1995年。位于福井县的日本原子力开发机构的高速增殖炉,从冷却管道漏出的钠与空气发生反应,造成火灾事故(古川/船山 2015:109)。为了掩盖事实真相,在上电视对外公开之前将原录像中起火燃烧部分删除(橘川 2011:6-7)。

(5)1999年。根据 2006 年保安院对过去隐瞒问题进行调查的指示,北陆电力公司曝光了所属的志贺核电站 1 号炉,曾在 1999 年发生过核分裂连锁反应的临界事故(橘川 2011:58)。这是日本发生的第二次临界事故。

(6)1999年。位于茨城县东海村的 JCO 核原料后处理设施发生临界事故,核分裂连锁反应持续了 20 小时,造成 2 人死亡,1 人重伤,667 人遭受核辐射影响。这是日本发生的第三起临界事故,也是日本首次因核事故而造成死亡的重大事故,事故达到 INES 等级 4[7]。事故的原因是该设施违反政府规定,另搞了一个内部处理程序。发生事故的当天,作业人员为了提高效率甚至连内部程序也未遵守,从而导致了恶性事故的发生[8]。

(7)2002年。东电长期篡改检查结果数据的丑闻曝光(福島原発事故独立検証委員会 2012:283)。当时保安院根据东电的协力公司美国 GE 技术人员的揭发,公布了 1980 年代至 1990 年代东电上报的核电站的自主检查结果中,有 29 处"虚伪记载"的嫌疑。东电开始称"记不清了"、"没有记录"等,不愿配合政府调查。后因 GE 公司对日本政府调查的全面配合,东电才不得不承认在被指控的 29 处"虚伪记载"嫌疑中有 16 处属实[9]。此后,其它电力公司篡改检查数据的丑闻也陆续曝光(福島原発事故独立検証委員会 2012:315)。

(8)2002年。位于福井县的关西电力公司美浜核电站因复水系统管道破裂,喷出的高温高压蒸汽造成 5 人死亡,6 人重伤(古川/船山 2015:109)。

(9)2007年。上述的东电柏崎刈羽核电站 3 号炉变压器发生火灾事故(福島原発事故独立検証委員会 2012:265)。

福岛核事故发生 4 年后,东电多次隐瞒和延迟公布核污染问题再次被媒体曝光(以下 4 项)[10]。

(10)2013 年 5 月。东电在福岛核电站附近的井水中发现含有高浓度核污染物质,但直到 6 月份才对外公布。事后东电解释称:"检测有不准确之处,为了慎重起见需要进一步分析。"

(11)2013 年 7 月。东电将福岛核电站受核污染的地下水排放到大海中,3 天之后才对外公布。事后东电解释称:"一是公司内部信息共享不足,二是公开信息的态度也不积极。"

(12)2014 年 1 月。福岛核电站虽然掌握了附近港湾及地下水中含有锶浓度的数据,但长达半年之久未对外公表。事后东电在解释原因时称:"锶浓度的数据与其它数

据之间有矛盾,不是故意隐瞒。"

(13)2015年2月。福岛核电站2号炉大型货物入口处排水沟,每当下雨便将高浓度的核污染水排放到大海中,东电掌握此信息长达10个月之久而未对外公表。事后东电解释称:"一是专心于排水沟的清扫,二是缺乏信息公开的观念。"

4. 对日本核电产业发展路径的考察

根据上述笔者收集到的不完全材料,日本核电产业的防范失误、应对失误、中小事故及隐瞒、谎报等轻度失败已达27次之多(含福岛核事故后的5次)。验证结果说明,福岛核事故这一重大失败的所谓"成长"过程,基本符合海因里希法则。而且,令人深思的是这种状况在福岛核事故以后仍然继续着,它并没有因为一次重大事故的发生而终止。因此,有必要进一步揭示失败发生和"成长"表层背后的某种必然性,即深层次的本质性原因。

本节根据前述的失败学关于"一个失败由多种原因叠加在一起,这些原因显示出某种层次:个人层次、组织层次、行政层次和政治层次"的观点,下面将考察的对象进一步扩展,对日本核电产业发展的初始条件和路径进行考察。

4.1 日本核电产业发展的初始条件
4.1.1 电力产业的地区垄断体制

日本没有独立的核电企业,只有附属于各家电力公司的核电部门。日本的电力产业经历了以下三个发展阶段,最终形成了地区垄断体制(橘川2011:122-154)。

(1)民间主导阶段(1883年—1938年)日本电力公司起始于1883年,由当初为城市照明供电的几家小型公司开始,逐步发展形成了以关东的东京电灯,关西的宇治川电气、大同电力、日本电力,东海和九州北部的东邦电力等5家大公司为主体,以地方的一些中小型公司为补充的自由竞争局面。由于电力产业具有设备初期投资大、回收期长、规模经济效益突出等特点,被称为自然垄断产业。1932年,以上述的5家大公司为核心成立了卡特尔——电力联盟。

(2)民有国营阶段(1938年—1950年)二战时期为了适应战争的需要,实行了民间所有国家管理的体制。国家将各发送电公司统合为一家国策企业——日本发送电,并将配电部门按地区分成9家公司,这9家配电公司就是战后9大电力公司的雏形。在民有国营体制下,由于不存在竞争,各公司不是努力通过改进技术和管理水平来提高效率、降低成本,而是竭尽全力在政府的会议上比谁的赤字多,以便向政府多要补助。12年的民有国营体制,使日本电力公司国企病蔓延,逐步丧失了民营企业应有的活力。

(3)民有民营阶段(1951年—现在)战后经历了几年GHQ(盟军最高司令部)统治时期,1951年在GHQ的直接干预下,将电力公司按照区域划分成9个民营公司,恢复了民有民营体制。在新的体制下,虽然改变了电力公司依靠吃国家补助的经营体质,但是由于实行地区性垄断,民有国营时期遗留下来的国企病并未被彻底根除。

地区性垄断,使电力公司失去了一般民企应有的竞争以及由此而产生的活力。

4.1.2 强大的反核势力

众所周知,1945年美国在广岛、长崎投下了2颗原子弹,使日本成为世界上第一个原子弹被爆国。1954年美国在马绍尔群岛试验氢弹,日本的第五福龙丸渔船上的23名船员遭遇核辐射,有1,423艘渔船遭受核影响[11]。这一事件又使日本人成为世界最早的氢弹被爆国民,反对发展氢弹签名的市民超过3,000万人(有塲2013:9),核的恐怖在日本国民的内心深处留下了挥之不去的阴影。此后,美国三哩岛核事故、前苏联切尔诺贝利核事故、日本东海村核事故等,重大事故接连不断,核电的危险性逐渐被人们所认知。1980年代,原日本社会党、日本工会总评议会等发起过大规模"制定脱离核电法"的市民运动,众多市民又参加了反对发展核电的签名(福岛原发事故独立検証委员会2012:328)。长期以来,存在于日本国民中的恐核心理和强大的反核势力,成为日本核电发展面临的巨大外部压力。

4.1.3 经济大国与能源小国的矛盾

经过1950年代中后期和1960年代的经济高速增长,1968年日本成为世界第二经济大国。1960年日本以国内煤炭为主的能源自给率达56%,而1970年能源自给率急速下降到14%,对进口石油的依赖加剧(橘川2011:109),经济大国与能源小国的矛盾日益突出。1973年爆发的石油危机,进一步暴露了日本能源小国的脆弱性。促使日本下决心选择新的、能够稳定供给的替代能源——核能。

4.2 日本核电产业发展的路径选择:官民一体化

初始条件(1)"地区垄断体制",使电力公司与政府的行政部门之间存在着千丝万缕的联系,为官民协作提供了天然的组织条件;初始条件(2)"强大的反核势力",为官民结盟共同应对外部压力提供了环境条件;初始条件(3)"经济大国与能源小国的矛盾",为官民共济在经济方面提供了共同的利益基础。这3项最终促使日本核电发展走上了一条"官民一体化"的路径。官民一体化主要表现在以下几个方面。

4.2.1 策略上:政府和电力公司共同编造、维护核电"安全神话"

东电及其他电力公司不惜出巨资让媒体为其编制各种形式的宣传广告,编造核电"安全神化",制造有利于发展核电的社会舆论(福岛原发事故独立検証委员会2012:326),甚至还被曝光有公司出钱邀媒体人士一起到海外旅游,拉拢媒体人士的嫌疑[12]。

除了电力公司以外,政府部门同公司"合谋"编造核电"安全神化"的问题也被曝光。2011年6月,经济产业省利用有线电视举办"玄海核电站紧急安全对策县民说明节目",九州电力公司事先指使相关企业投稿赞成核电站再启动的丑闻曝光。同年8月经济产业省成立第三者调查委员会,对过去5年间政府组织的14次研讨会等进行了调查。调查显示,其中有7次存在此类"不公正、不透明的行为",问题涉及到保安院、九州电力公司、中部电力公司、四国电力公司、中国电力公司、东京电力公司。调查还表明,政府部门和电力公司一起搞宣传的所谓的"合谋"问题,早在2001年政府部门改编之前就已存在,此后问题一直延续了下来(福岛原发事故独立検証委员会2012:305)。这就难怪政府监管部门的"原子力安全委员会",被人取笑为"安全宣传委员会"

了(福島原発事故独立検証委員会 2012:300)。

编造"安全神话"的后果极为严重。福岛核事故后对政府核心部门人员的访谈证实:"本来是讲给国民、特别是核电站附近居民听的'安全神话',可是这种安全神话讲久了,最终连编造神话者自己也信以为真,大脑被改造,相信'哪来的什么事故?'"(福島原発事故独立検証委員会 2012:298)。笔者参观日本核电设施时,也曾亲耳听到负责安全的干部在说:"什么危险、危险的,有两重、三重的防范措施,还会有什么危险?那些嚷嚷反对的都是些不懂核电的人"。

"安全神话"不仅需要编造,还必须维护。早年供职于日本原子力研究所的佐藤一男,早在1984年就出版了《原子力安全的逻辑》一书。该书认为安全性是核电发展亟待解决的紧迫问题,并且详细介绍了严重事故的发展过程。然而一些同行却说:"这不是'不安全'的自供状吗?别大声嚷嚷了……"[13]。可见,为了维护"安全神话",讲真话受到冷遇,其结果必然是讲假话、隐瞒和掩盖事实真相。

4.2.2 体制上:国策民营

如上所述,早在1951年电力产业就结束了"民有国营"体制,但是关于民营的法律《电气事业法》却直到1964年才出台。此后,9个电力公司为了落实民营化方针,开始了经营合理化[14]。石油危机以后,日本政府为了减少对进口中东石油的依赖选择了核电,1973年紧急制定了《电源开发促进税法》、《旧电源开发促进对策特别会计法》、《发电用设施周边地域整备法》,即所谓的"电源三法"。"电源三法"确立了通过提高电价、征收电源开发促进税以保证财源,为核电站所在地的自治体(地方政府)提供财政补贴的制度。根据日本资源能源厅的计算,新建一座135万千瓦的核电站,从开工到供电的10年间将为当地政府支付449亿日元的财政补贴。这种制度安排,给偏僻地区的自治体带来了巨额的财政补贴,也给所在地的居民增加了雇佣机会。国家以法律的形式为民企解决了建造核电站最为棘手的选址问题,发展核电的"国策民营"体制逐步形成。"国策民营"体制导致1964年以后的民营化方针受挫[15]。

进入90年代以后,在日本产业界有过几次电力自由化的呼声,为此1995年还曾对《电气事业法》进行了修改,允许其它独立系统的企业进入。2000年又开始了电力零售事业的部分自由化。东电虽然对扩大自由化的对象表示容忍,但是决不容忍发电和输电的分离。东电联合整个电力产业坚决反对,导致电力自由化方针再次受挫。电力自由化受挫的另一个原因,是由于建设核电站初期投资大、回收期长、核燃料后加工费用高,对于民企来讲负担重、风险大。因此,政府要优先发展核电就不得不继续维持"国策民营"体制(福島原発事故独立検証委員会 2012:314)。

4.2.3 规制上:监管和被监管位置倒错

东电的供、输电范围包括首都圈的一都七县和静冈县的东部,属于日本政治、经济、文化的核心地区。它的发供电量占整个日本的三分之一[16],是日本电力产业的龙头老大。东电在核技术人才、企划人才方面的实力超过政府的保安院和能源厅。加上日本普遍实行干部定期换岗制度,政府有关部门难以适应核电监管需要高度专门知识的要求,不得不依赖拥有丰富核电人才的东电,去编制和修订有关核电安全的规定和标准。换而言之,用来监管企业的有关核电安全的制度和标准,是在作为被监管对象

的参与甚至是主导之下完成的。东电对政府的规制、电力自由化、技术等问题,通过提出方案、指出问题等方式,影响政府制定和推行有利于本公司的方针政策(福岛原発事故独立検証委員会 2012:313)。

4.2.4 组织上:官商"癒着"[17]

据日本经济产业省 2011 年的调查,过去 50 年间仅该省的高官"下凡"(天下り)到电力公司任高管、顾问的共有 68 人,其中到东电的有 5 人。东电的 6 个副社长位置,必有 1 个是留给经济产业省退休高官的[18]。负责核电站安全监管的保安院,属于经济产业省下面的一个组织,它要去检查、监管有原上级高官任职的东电,其检查结果的可信度不能不令人怀疑。其实,除了经济产业省之外,到东电任会长、副社长、顾问、检查役、董事等高管的,还有来自外务省、建设省、资源能源厅、东京都等多个部门[19],官商间在组织上的"癒着"程度可见一斑。

5. 结　语

本文在回顾相关文献的基础上提出问题,在确认了福岛核事故"人灾"性质之后,应用失败学所提供的概念和思路,通过对日本核电产业失败"成长"记录的考察和对日本核电产业发展路径的考察,由表及里地揭示了福岛核事故爆发的内在必然性。从上文中我们清楚地看到,同其它重大失败一样,福岛核事故也经历了一个由小到大的所谓"成长"过程;它也是由多种原因叠加在一起的,而且这些原因呈现出个人的、组织的、行政的等层次,涉及到企业、产业、媒体、自治体、政府等社会的诸多方面。因此称其为是日本社会的一个缩影并不为过。正如日本专家水野博之指出的:"福岛核电问题是现代日本的象征性事件,而且它还将决定日本未来的走向"(FUKUSHIMAプロジェクト委員会 2012:2)。

在对日本核电产业失败"成长"记录的考察中,依据海因里希法则,通对防范失误、应对失误、中小事故以及隐瞒、谎报等轻度失败积累过程的考察,揭示了日本核电产业失败不断发生、发展的表层部分。事实说明,在具有高度危险的核电领域中,长期以来相关人员却采取了失败学中所指出的那种"遇到不想听的便听而不闻,遇到不想看的便视而不见"(畑村 2005:18)的态度,其发展逻辑必然是"隐瞒失败将引发下一个失败,接着是更大的失败"(畑村 2005:18)。更为严重的是,甚至在福岛核事故发生之后,这种状况仍然以某种方式继续着。人们难以理解:日本职业人士一向以对工作"一丝不苟,精益求精"著称的敬业精神究竟到哪里去了?

通过对日本核电产业发展路径的考察,我们就不难理解上述疑问了。电力产业的地区垄断体制,强大的反核势力,经济大国与能源小国的矛盾,这三个初始条件促使日本核电产业走上了"官民一体化"的发展路径,这条路径本身所内包的种种弊端,是诱发失败"成长"的深层次的本质性原因。

面对社会上强大的反核势力,官民采用了共同编造"安全神话"的错误策略。在"安全神话"的麻痹和毒害下,核电相关人员面对大自然一而再、再而三敲响的警钟听而不闻、不予理睬;对于最新的科研成果视而不见、束之高阁。国策民营、监管和被监管位置倒错、官商之间的"癒着"等等,导致核电企业逐步尚失了民企应有的活力。政

企之间职责不清，国企病蔓延，不仅对潜在的和现实的事故隐患无所作为，对已出现的中小事故采取隐瞒遮掩的态度，而且在实际的应急物资和设备的配置上，在具体的操作人员训练上也多有怠慢。只要"官民一体化"的发展路径带来的诸多弊端未被根除，诱发失败"成长"的土壤依然存在，同样的失败就还会发生。

无庸讳言，中国的某些产业也面临着"政企不分"的"官民一体化"问题，存在着监管和被监管位置倒错，官商间"癒着"等亟待解决的问题。从整个社会的视角来看，失败学在日本诞生的时代背景与当下的中国社会有不少相似之处。改革开放已经30余年，中国与发达国家的差距日益缩小。时代的关键词不是"引进"和"模仿"，而是"转型"和"创新"。经济发展方式的"转型"、科学技术的"创新"、企业管理的"创新"、国家制度的"创新"等等。"转型"和"创新"需要探索，探索必然伴随失败，因此中国社会正处于各种失败的多发期。面对时代的变化，政府和企业必须防微杜渐、防患于未然，努力将失败消灭在萌芽状态中。然而仅仅如此还不够，更为重要的是要营造失败学所提倡的那样一种文化、一种氛围：正视失败、允许失败；发现问题不隐瞒、不谎报；一旦出了问题，不是把工作重心放在追究、处罚几个当事人上，而是把重点放在努力降低失败成本，将失败转化为成功和各种"创新"的契机上。

注

[1] 日本的单位兆等于1万亿。9兆日元中，赔偿居民损失5.4兆，清除污染2.5兆，建造中间贮藏设施1兆（"被害と賠償⑥"．《日本経済新聞》．2015年3月3日）。

[2] 具有物理学背景的德国首相默克尔在2015年3月访日时，曾明确谈及德国决定停止核电的契机。"连拥有如此先进技术水准的日本也发生了事故。懂得了（核电）有想象不到的现实危险。……相信日本也应该（与德国）走同样的道路。"（"歴史・原発日独の距離感"．《朝日新聞》．2015年3月10日）。

[3] 其理由是：海啸致使外来供电丧失以后，1号机组的IC（紧急用复水器）又工作了8小时；3号机组的RCIC（原子炉隔离时冷却系）和HPCI（高压注水系）又工作了36小时；2号机组的RCIC又工作了70小时。换而言之，海啸到来以后这3个机组并没有立刻陷入不可控状态，在有限的一段时间里，被称作为保护核电站的"最后的堡垒"，仍在继续为核燃料的冷却工作着。按照该调查报告书作者之一的山口荣一所言，1号机组爆炸以后，"至少对3号机组和2号机组的失控是百分之百可以预见的"。事故的真相是：东电为了避免机组报废带来的经济损失，没有在事态尚可控制的时候听从时任总理菅直人关于打开安全阀、注入海水的要求，有意延误时间，坐失良机。3个机组均在发生爆炸之后才不得不注入海水冷却，已为时过晚。（FUKUSHIMAプロジェクト委員会 2012:12-19）。

[4] 福岛核事故独立检证委员会项目负责人船桥洋一，在该委员会的报告书中表述了这样的见解："政府任命的事故调查委员会写出的报告书，无论内容如何好，国内外均有可能以怀疑的目光来审视。"因为对于"日中战争、太平洋战争，战后政府并没有做出相关的调查报告，国会也没有对其原因、背景和责任进行调查检证。而对此做出不懈努力的是民间研究者。"（福島原発事故独立検証委員会 2012:9-10）。

[5] "国策の果て岐路の原発：④「ベント」日本は周回遅れ"．《朝日新聞》．2015年3月27日。

[6] 关于注入海水问题，据另一家民间组织的事故调查报告，东电为了避免机组报废带来的经济损失，没有在事态尚可控制的时候听从时任总理菅直人关于打开安全阀、注入海水的要求，有意延

误时间,坐失良机。3个机组均在发生爆炸之后才不得不注入海水冷却,已为时过晚(FUKUSHIMAプロジェクト委員会 2012年:12-19)。

[7] http://ja.wikipedia.org/wiki/2015年3月16日阅览。
[8] http://www.nuketext.org/jco.html/2015年3月23日阅览。
[9] http://ja.wikipedia.org/wiki/2015年3月16日阅览。
[10] "流出非公表,東電に憤り".《朝日新聞》.2015年2月26日。
[11] http://ja.wikipedia.org/wiki/2015年4月2日阅览。
[12] "東電・勝俣会長会見".《産経ニュース》.2011年3月30日。
[13] 同注释[5].
[14] "官と民,次第に一体化".《朝日新聞》.2015年3月24日。
[15] "国策の果て岐路の原発:②原発各地に「ミニ角栄」".《朝日新聞》.2015年3月25日。
[16] http://www.tepco.co.jp/index-j.html 2015年3月27日阅览。
[17] "癒着"一词在日语中多指两个不同的组织,互相勾结搞不正当的行为。
[18] "50年間で68人が電力会社に天下り".《MSN産経ニュース》.2011年5月2日。
[19] http://ja.wikipedia.org/wiki/ 2015年3月27日阅览。

参考文献

東京電力福島原子力発電所における事故調査・検証委員会.2012.《最終報告》(http://icanps.go.jp/post-2.html. 2015年2月2日阅览)

東京電力福島原子力発電所事故調査委員会.2012.《報告書》(http://naiic.go.jp. 2015年3月1日阅览)

東京電力.2012.《福島原子力事故調査報告書》(http://www.tepco.co.jp/cc/press/2012/1205628_1834.html. 2015年3月3日阅览)

福島原発事故独立検証委員会.2012.《調査・検証報告書》.ディスカウァー・トゥエンティワン

FUKUSHIMAプロジェクト委員会.2012.《FUKUSHIMAレポート 原発事故の本質》.日経BPコンサルティング

冯绍奎. 2014 "试论日本的核电技术发展——福岛核事故与日本核电发展路径缺陷".《日本学刊》.2014年第4期.pp102-128. 中华日本学会/中国社会科学院日本研究所主办

古川元晴/船山泰範. 2015.《福島原発、裁かれないでいいのか》.朝日新聞出版

橘川武郎. 2011.《東京電力失敗の本質》.東洋経済新報社

経済産業調査室・課. 2012. "福島第一原発事故と4つの事故調査委員会".《調査と情報》.第756号(http://dl.ndl.go.jp/view. 2015年3月2日阅览)

日本原子力学会東京電力福島第一原子力発電所事故に関する調査委員会. 2014.《福島第一原子力発電所事故その全貌と明日に向けた提言》.丸善出版株式会社

畑村洋太郎. 2005.《失敗学のすすめ》.講談社

有馬哲夫. 2013.《原発・正力・CIA―機密文書で読む昭和裏面史》.新潮社

日本智库对华认识的最新动态分析
——聚焦近五年来日本国际问题研究所发布的研究报告书

北京邮电大学　姜　瑛

要旨: 日本の外交政策の策定において、シンクタンクが大きな役割を果たした。日本国際問題研究所という組織は日本政府の外交活動における重要なシンクタンクであり、中国の軍事実力及び安全保障問題に長年にわたって注目している。近年、日本国際問題研究所が発行するレポートの中に、新たな注目点が現した:「中国の台頭」問題、「中国の海洋行動」問題及び「中国の対外援助」問題。これらのレポートをさらに分析すると、以下の結論が要約できる。中国の台頭について、学者型のシンクタンクメンバーが冷静的に国際政治・経済及びエネルギー合作開発分野への影響を分析するのに対して、専業型のシンクタンクメンバーが国際安全保障及び軍事領域において中国を今後の仮想敵と視されている。東海と南海における中国の海洋活動について、シンクタンクメンバーが一般的に警戒な態度を持ち、さらに過激な言論を放った方もいる。中国の対外援助について、数多くのシンクタンクメンバーが概観的な研究をし、且つ中日両国の対外援助分野における総合合作の前景に自信を持っている。

キーワード: 対中認識　日本のシンクタンク　日本国際問題研究所

　　日本的智库在日本政府对华外交问题上发挥着越来越大的影响力。密切关注日本智库的最新对华认识及政策建议等,有助于我们把握日本外交决策的动向。
　　日本共有约300所政策研究机构[1],而日本国际问题研究所无疑是核心。首先,该研究所的历史及官方背景决定了其地位。该研究所由前首相吉田茂于1959年创建,自成立之初便得到政府官员以及产业界要人的倚重和资助,历任领导均为外务省高级外交官,因而该所也得以频繁接受外务省委托,编纂国际问题调查研究及建言献策事业报告。其次,该研究所几乎参与了日本所有重大外交问题的研究,在日本外交政策制定方面颇具影响力。2006年麻生太郎的"自由与繁荣之弧"构想,2009年中曽根弘文的核裁军与核不扩散的基本方针,同年6月麻生太郎的"欧亚十字路"外交构想等的提出与强化,均与该研究所密切相关。再次,该研究所的研究成果具有学术性、权威性和代表性。从图(1)[2]可以看出,该所旗下29名研究人员形成了"产官学"一体的运行机制,定期与其他智库共同展开合作研究,或引进外国智库的研究成果。
　　我国对日本智库影响日本政府对华外交决策的研究起步较晚,对日本国际问题研究所的关注更显不足[3]。

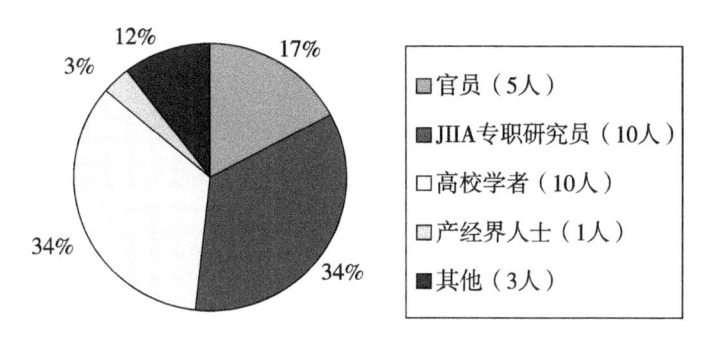

图 1　日本国际问题研究所成员

中国问题一直都是日本国际问题研究所的重点研究对象。从 2010 年 1 月 1 日截至笔者撰文结束的 2015 年 5 月 12 日,该研究所发布的 61 篇研究报告中有 14 篇针对中国问题。深层解读中国政府发布的国防白皮书及中国军事安保动态是该所历年的传统研究项目。然而,近年来该所针对我国的研究出现了新的关注点,集中在以下三个方面:

(1)探讨中国的崛起及对全球治理的影响
(2)探讨中国的海洋活动意图及日本的对策
(3)探讨中国的对外援助带给日本的启示和机遇

以下篇幅,笔者将围绕这三个新关注点对各项目报告书进行逐一解读。

1.对中国崛起问题及其影响全球治理的探讨

2012 年 5 月 10 日,为"分析新兴国家的崛起将给全球治理带来的影响,并讨论相关问题及对策"[4],日本国际问题研究所发布了研究报告《新兴国家的崛起与全球治理的未来》。该报告是受外务省资助的国际问题调查研究、建言献策事业的研究成果,由 11 篇报告构成。

项目为期一年,每月召开一次研究例会,同时开展数次海外调查,最终将一年内研究人员的阶段性成果汇总成册。如图(2)所示,14 名参与者中有 9 位高校学者,4 名该研究所研究员,民间智库 PHP 综合研究所顾问山本吉宣也参与了项目。

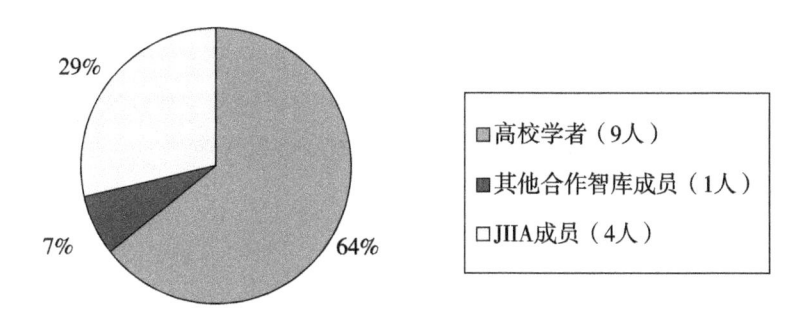

图 2　研究报告《新兴国家的崛起与全球治理的未来》撰写人员概况

1.1 对中国崛起问题的认识
1.1.1 国际政治领域——促进公平与公正

对于中国的崛起将给全球治理带来的影响,仅在国际政治领域的 2 篇报告出现了肯定的声音。青山学院大学国际政治经济学院的纳家政嗣认为,以中国为首的新兴国家的崛起,对冷战后逐渐发展起来的全球治理、或对全球治理的基础——自由主义体制将会产生威胁[5]。但他并未夸大"新兴国家威胁论",而认为这是促进国际秩序健康发展、强化全球治理的契机[6]。

南山大学综合政策学院的山田哲也列举了 2011 年 10 月联合国安理会就英法等国提交的叙利亚问题决议草案进行表决时中俄投反对票的实例,证明新兴国家越来越多地参与国际事务,将促使全球治理朝着更加公平与公正的方向发展。

1.1.2 安保、能源、外交领域——带来威胁与冲击

从国际安全保障与维和行动领域、国际能源合作领域、国际外交领域进行论述的 5 篇报告,均消极看待中国的崛起。

山本吉宣重点关注全球安全保障领域,认为新兴国家的崛起引起的中美力量角逐,可能会重现冷战时期美苏争霸的局面[7]。日本国际问题研究所的角崎信也、伏田宽范从军事领域指出,虽然中国尚难以撼动美国的压倒性优势地位,但军费支出在不断增大,国际秩序前景不容乐观[8]。东京大学研究生院综合文化研究科的东大作,从全球维和行动的角度出发,认为新兴国家的崛起是"未来联合国维和行动值得忧虑的事态"[9],他抨击中国"对拥有资源的国家展开维和行动"、"政治上消极参与"[10]。早稻田大学国际教养学院的太田宏指出,中国迄今为止对能源极度依赖的经济增长方式,从能源和气候安全保障角度来看无法实现可持续发展[11]。

1.1.3 国际经济合作领域——进步与后退的可能性并存

从国际经贸合作领域进行论述的 4 篇报告,消极、中立评价各占一半。

东京大学研究生院法学院的饭田敬辅从世贸组织关贸总协定交涉过程入手,认为金砖国家相互联合的能力不足,在通商领域对全球经济秩序不会产生积极影响[12]。专修大学经济学院的大桥英夫站在新兴国家转换经济增长方式的角度上,认为"新兴国家难以主导世界经济"[13],未来国际经济体制的安定性和连续性将出现后退[14]。

青山大学国际政治经济学院的菊池努和和田洋典,对中国崛起问题持中立态度。前者就中国经济的快速发展,认为中国并非在倡导与国际制度相左的规则规范,而是试图增加自己在国际经贸领域的话语权和影响力[15]。后者主要从宏观经济的角度,认为"如今的国际经济局势,尚不能看出以中国为首的新兴国家的崛起试图大范围改变当今全球治理的力量与利益分配"[16]。

1.2 执笔者的研究方法及所持观点分析

通过简要归纳各执笔者的意见,可以看出:

学者型智库成员中,从国际政治领域入手的报告,常从宏观理论出发,大多肯定了新兴国家对国际政治发挥的作用,对前景的预测也较为乐观。如纳家政嗣采用国际政

治宏观理论的研究手法,山田哲也则基于国际法、国际组织论的立场,从联合国的运作入手。而在国际安全保障与维和行动、国际能源合作、国际经贸合作等领域,执笔者大多采用微观分析法,评价较为消极。如一桥大学法学研究科的秋山信将从"核"问题出发,认为即将作为提供国参与原子能贸易的中印等新兴国家,可能使美国等现有国际秩序的缔造者们的力量呈相对后退趋势[17]。

另一方面,职业型智库成员更多关注安保和军事领域,言辞较为激进,甚至着力渲染"中国威胁论"。如山本吉宣从"传统安全保障"和"非传统安全保障"两个方面对新兴国家带来的影响加以论述。在"传统安全保障"方面,山本从冷战后中国的 GDP 及军事实力两方面预测中国的崛起将会再度造成大国间的紧张关系。在"非传统安全保障"方面,山本持有的理论是"人均 GDP 较低的国家,经济发展程度越高,政治自由化的呼声也会越大"[18],因此一再强调中国违背了此规律,或将止步不前。

1.3 对中国的崛起冲击日本的预测及相应对策

为应对中国崛起带来的冲击,智库成员首先对亚太区域各国及日本的形势做出了定位,其中山本吉宣的论述最具代表性。山本认为,如今中美两国犹如两个势力范围圈[19],安全保障领域属于美国圈、经济上属于中国圈的日韩澳等国在生存和发展问题上开始出现矛盾[20]。

为了调整这种矛盾,山本提出了两点策略:首先,通过取消关税等其他壁垒,缔结自由贸易协定等方法提高对美国的经济依赖,降低对中国的经济依赖[21]。其次,在安全保障领域,为抗衡中国军事实力的覆盖范围,亚太各国家必须增强本国的防卫能力,同时加深与美国及其同盟国的安全保障协作,并采取集团对中国包围战略。

归纳而言,智库成员纷纷主张"防范与抗衡"策略,即日本应在经济和安保领域假美抗中,扩大日美同盟的影响范围,拉拢东南亚、韩、澳等国。这与日本国际关系论坛执行副总裁大田洋主张的"规制与竞争"策略、日本经济产业研究所及日本国际政策研究所提出的"合作与交流"策略,共同形成了日本智库主张应对中国崛起的三大策略[22]。

2.对中国海洋活动和日本应采取对策的探讨

2012 年 9 月"购岛"事件发生之后,日本国内各大智库纷纷关注中国的海洋活动。日本国际问题研究所于 2013 年 1 月 17 日发布了报告《海洋安全保障诸课题与日本的对策》。这是该研究所下属机构海洋安全保障研究会开展的为期一年的研究项目成果。

该项目定期召开研究会议,通过发表报告、深入讨论、意见交换等方式,最终将个人的研究成果集结成册。如图(3)所示,11 名研究人员中有 6 名高校学者,3 名来自日本国际问题研究所,冈崎研究所的理事金田秀昭,以及伊藤忠商事有限公司顾问高野纪元也参与了项目。

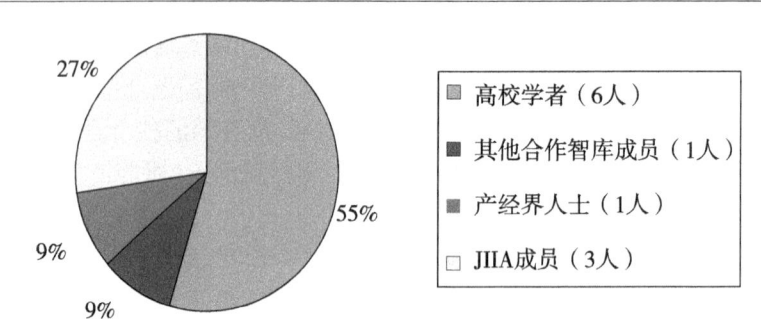

图3　研究报告《海洋安全保障诸课题与日本的对策》撰写人员概况

2.1 对中国在东海及南海开展海洋活动的认识

报告共9篇,分三个方向展开:中国的海洋活动对海洋安全保障的影响、对非传统威胁领域的影响、对海洋管理问题的影响。实际涉及中国海洋活动的7篇报告中,4篇态度中立,3篇立场消极。

2.1.1 海洋安全保障领域——带来不安与侵略

智库成员认为,中国等新兴国家在经济和军事层面实力的加强,打破了大国间的力量平衡。对此,高野纪元称,中国在东海和南海的海洋活动标志着"伴随经济崛起而自信倍增的中国在近年开始对美国海军舰艇及日本舰船采取妨碍行为和危险举动"[23]。但他态度中立,言辞谨慎道:"现在的中国并非像过去的苏联一样,希望将对抗西方先进诸国的意识形态和制度普及到国际社会"[24],并认为在海洋制度与非传统安全保障问题上,中美日三国可以相互协作,缓和其他对立国家间的冲突,增加世界各国的互信[25]。

看法最为激进的是金田秀昭,他宣称中国正在追求"海洋霸权",并将中国2012年在黄岩岛、西沙、南沙群岛等问题上维护国家领土主权的行动视为对周边国家海域的海洋侵略。

2.1.2 非传统威胁领域——带来隐患与威胁

非传统威胁领域主要指海盗、恐怖主义、大量破坏性武器的扩散等。

来自一桥大学、同时也是日本国际问题研究所客座研究员的秋山信将在报告书《PSI与海洋安全保障》中,为日益严峻的大量破坏性武器扩散问题提出了意见。其中,涉及中国的部分,仅分析了中国不加入大规模杀伤性武器防扩散倡议并非是挑战主导者美国[26]。

庆应义塾大学的神保谦从东南亚地区安全保障的角度出发,采用从GDP的推算值看军费比重的方法,认为东南亚国家联盟与中国的力量差距在显著扩大,中国的崛起及海洋活动对东南亚国家联盟是一种威胁[27]。

2.1.3 海洋管理问题——成为发现问题的契机

不断进步的科技将应用于海洋资源与能源的探测与生产,使得海洋管理问题愈发复杂。对海洋进行有效管理成为日本利用海洋能源的一大问题。

对此,东海大学的山田吉彦与东京大学的西村弓分别从日本管理领海、经济专属

区、大陆架的方法,以及依照国际法应采取的对策两个角度进行了论述。前者指出日本海上警备体制存在的问题,主张海上保安厅与防卫省必须联合,并且有必要建立类似美国海军部队的机构[28]。后者指出今后日本在海洋管理领域将面对"取缔外国船只的调查活动"与"维持未划界海域的秩序"问题[29]。两人对中国的海洋活动未做过多论述,仅将中国与周边国家发生过海洋领土冲突问题的事例作为论据以支撑论述观点。

2.2 执笔者的研究方法及所持观点分析

庆应义塾大学的阿川尚之在序章中预测中国在经济方面对能源的需求以及军事方面积极的国防政策,使得"中国在东海和南海力图扩大势力的基本立场难以改变"[30]。序章的消极姿态反映出智库成员对中国海洋活动异常警惕。报告中,半数以上学者型智库成员关注非传统安全威胁问题和海洋管理问题,尚能保持客观的立场,认为中国近期内寻求霸权的可能性不大。职业型智库成员则具体着眼中国军事实力的发展,甚至对中国的海洋战略进行了不客观解读。

如金田秀昭长期宣扬中国在追求"海洋霸权"。他认定现在正处在"靠海洋发展"阶段[31]的中国拥有固定范式侵略南海:渔民在政府授意下去有争议海域滋事,中国海上安保机关则以保护渔民为名前往抗议,甚至趁机占领岛屿进行建设[32]。金田在分析中国的海洋国家战略时,认为由"近海防御"战略转向"远海防御"的根本性原因是"中国在过去的历史上因为海权意识稀薄,曾被当时的列强夺去海洋主权和领土,基于这些屈辱的经验,便将夺回海洋主权和领土作为最高国家目标"[33]。甚至他妄言中国海洋战略的理论来自美国海军之父阿尔弗莱德·马汉(Alfred Thayer Mahan,1840-1914)的"海权论"[34]。金田的言论与其日本防卫大学出身、后加入海上自卫队并担任过护卫舰队司令官、以海将军衔退役继而加入亲美保守的冈崎研究所的经历有关。

另一位消极看待中国的崛起及海洋活动的智库成员神保谦,一贯持有对华强硬立场。神保于2013年2月在朝日新闻上撰文,将中国在东海、南海的活动认为是对邻国领空领海的侵犯,称必须要采取针锋相对的方式让双方自制[35]。这种对华强硬姿态,体现了他"将新兴国家引入自由开放的秩序当中,将与日美同盟、韩国、澳大利亚、印度、东南亚的安全保障协作作为战略资产"[36]的日本外交与安全保障战略。

2.3 对"购岛"事件之后发展中日关系的建议

"购岛"事件发生后,"采取强硬姿态,同时要完善应对突发事件的防卫能力以保护本国领土、领海、沿海专属经济区、大陆架等"[37]意见几乎是报告执笔者们的共识,与邻国建立互信机制、扩大共同利益也是智库成员们一直坚持的方针。报告书的末章总结了日本应对中国海洋行动的策略。

在海洋安全保障领域,需强化海上防卫态势,强化日美同盟及多角同盟,促进国与国之间的相互信赖。应对非传统的威胁,最重要的是相关各国提升综合国力。在强化海洋管理体制方面,日本需在2007年制定的海洋基本法之下推进对包括离岛政策及资源开发等的海洋问题的管理;同时,在专属经济区、大陆架等尚未划定边界的海域,

则需为日本行为的合法性寻求国际法依据。

此外,围绕海洋问题该报告书中出现了两个新倾向。首先,执笔者们更重视以日美同盟身份与环中国海域国家、特别是印度太平洋海域国家展开价值观外交。美国自2010年开始积极介入中国与一部分东南亚国家位于南海的领土争端,而面对中国迅速崛起导致中美两国的力量平衡逐渐发生变化的局面,日本的一项对策就是要强化日美同盟[38]。所以,在摸索与澳大利亚、与东南亚各国展开合作时,日本不再作为一个单独个体出现,"日美澳"、"日美与 ASEAN"等词屡见不鲜。2012年"购岛"事件发生之后,日本更加重视"印度太平洋"的地利位置及价值观外交。其次,智库成员开始强调寻找关于海洋问题的法理空白,通过立法加强海洋管理体制。特别是关于取缔外国船只的调查活动方面,该研究所指出,针对外国船只在沿海经济专属区和大陆架进行水路和军事调查行为尚无明文规定,这是一个法理上的空白点,因此,在领海区域内开展的应对措施能否充分应对现状是日本亟待解决的问题[39]。

3. 探讨中国的对外援助模式带给日本的启示和机遇

近年来,中国成为对外援助国际舞台上的新兴力量。为了收集和分析中国对外援助的信息,探寻中日两国在国际开发援助领域进行合作的可能性,2012年6月1日,日本国际问题研究所发布了报告《中国的对外援助》。这是该所在2010、2011年进行的为期两年的同名研究项目成果。如图(4)所示,11位执笔者中6名是出身经济、政策研究专业的高校学者,2名是来自日本国际问题研究所的专职研究员,另国际合作机构研究所的研究助理小林誉明,以及中国广东外语外贸大学的王平做为合作者参与了研究。其中,5人从国际政治角度评价中国的对外援助,2人持肯定立场,3人保持中立。4人从国际经济领域出发,均有乐观预期。国际外交领域,进行分析的2人均持中立立场。

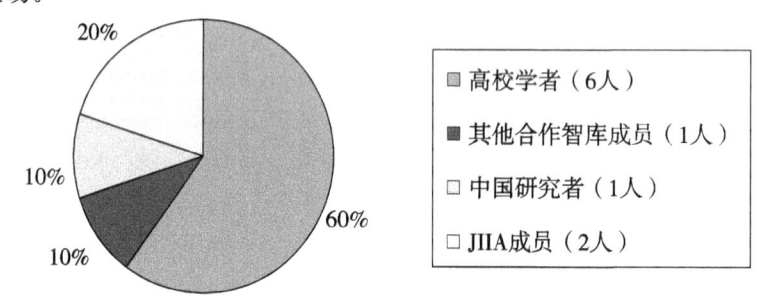

图 4 研究报告书《中国的对外援助》撰写人员概况

3.1 对中国式对外援助的认识

3.1.1 对国际政治的影响——增加援助形态和方式多样性

政策研究大学院大学、国际开发战略研究中心的大野泉,以及法政大学的下村恭民肯定了中国式对外援助的作用。前者认为,中国式对外援助促使西欧援助国家增加对亚洲开发、援助理念和方法的关心,使得国际援助社会增加了对援助形态和方式多

样性的理解[40]。后者指出,因为亚洲"新兴支援国"的崛起,亚洲型援助模式的队伍壮大,将更有发言权[41]。

国际协作机构研究所的小林誉明,以及爱知县立大学的铃木隆客观地分析了中国式对外援助对国际政治的影响。前者指出,中国等新兴支援国的登场,倒逼传统支援国思考既有对外援助模式的有效性,也提供了取代传统对外援助模式的可能性[42]。后者提出,中国政府在重视与当今国际援助政权协调的同时,也开始重新审视一贯的内政不干涉立场,考虑非洲各国国情及地区自主性,摸索更加积极的支援形式[43]。

3.1.2 对国际经济的影响——促进受援国的发展

大野泉从中国式对外援助的作用上,肯定了中国对非洲积极推行的基础设施建设援助和经济协作促进了非洲经济的复苏,他认为中国实践的是贸易投资与援助相联系、重视经济自立的开发战略,通过援助让受援国在市场经济化过程中学习到新的技术、知识、概念和管理方法。他评价这种援助模式"促进了经济增长回归"[44],并且中国加入国际对外援助可以增加援助者之间的竞争意识[45]。

针对国际上批判中国承包工程建设未给当地创造雇佣机会,来自专修大学经济学院的稻田十一以受援国安哥拉的实际情况为例指出,从长远来看,这种形式将会扩大受援国与中国的经贸合作及中国企业的投资,定将促进受援国工业的发展,创造更多的就业机会[46]。

下村恭民同样站在受援国的立场上,认为随着亚洲经济的繁荣,中国的经济发展将成为诸多发展中国家如非洲各国的榜样[47]。

3.1.3 对国际外交的影响——积极与负面效应并存

针对国际社会批判中国坚持"不干涉内政"的原则姑息和助长了受援国国内政治的贪污和腐败,稻田十一在报告中指出,在承认负面效应的同时也不能否认,这种支援方式强化了受援国政府的基础,强化了中国的外交关系。

铃木隆则在报告中预示,今后,中国将长期把本国的对外援助定位在"南南合作"上,坚持自己的路线,以着力确保在新兴国家援助集团内部的领导地位,建立新的国际援助集团[48]。

3.2 执笔者的研究方法及所持观点分析

目前日本对中国对外援助的研究尚处在"知己不知彼"的阶段,所以该报告书可谓是一次通往"知彼"道路的探索性尝试。不仅研究者绝大多数为高校学者,还收录了中国学者的论文《中国研究人员对日本 ODA 的研究》。

报告书中有一个现象值得重视:针对国际社会对中国式对外援助的批判,不少执笔成员分别从中国对外援助的对象及方式、原则、成效三方面予以了反驳。

针对中国为确保资源等的经济利益援助亚非低收入发展中国家这一指责,稻田十一认为这不是中国特殊的现象[49]。对于在提供援助的过程中还附带承担建设、提供劳务、设计咨询等业务的中国式"四位一体"援助模式,稻田甚至将其评价为一种"灵活运用天然资源及人力资源等内在资源实现经济自立"、"自力更生""双赢"的模式[50]。针对国际舆论指责中国坚持的对外援助方针姑息了受援国家政治的不透明和腐败,下

村恭民认为"不干涉内政"的原则、重视"援助、投资、贸易的协同作用"是中日等亚洲国家开展对外援助的共同特征[51]。至于中国对外援助的成效,稻田十一以安哥拉为例,通过分析通货膨胀率及GDP等数据,证实了中国对安哥拉的援助促进了基础设施建设及物资的引进,直接改善了人民的生活。

智库成员们多强调"今天中国的对外援助,可以说是日本在世界经济中地位大大提升时期推行过的'经济援助外交'的老调重弹"[52],"中国实践的贸易、投资与援助相关联,重视经济自立,这起源于日本"[53]。他们甚至将中国式对外援助模式看做是符合国际需求的一种新型援助模式。

3.3 智库成员对中国对外援助的展望及对策

对于今后中国对外援助的发展状况及日本应采取的对策,智库成员做出了展望和建议,以下两种是较有代表性的意见。

第一种意见对日本政府的对外援助立场提出了一个单选题。如稻田提出,面对新兴援助国家中国的崛起,日本或与中国联合作为非欧美援助国家达成某种协作,或与欧美援助国家一起将中国纳入现有国际援助协调框架之内[54],两者择其一。

第二种意见则认为"中国式对外援助模式"将引领"亚洲型援助模式"的崛起,并与传统西方国家的援助方式相互补充和竞争。法政大学的下村恭民将中印日三国的援助方式定义为"亚洲型援助模式",认为"不干涉内政"和"注重援助、投资、贸易相结合"的特点是亚洲各援助国共通的、不同于国际援助机构主流的援助方式[55]。他认为,多样的发展中中国家有着多种援助需求,传统意义上的西方对外援助模式可以更好地对抗贫困与不公正现象,而亚洲型援助模式更加注重发展中国家的自力,所以两种模式虽本质不同,但分别符合不同国家不同发展阶段的不同基本需求,具互补性和竞争性[56]。

对于这种互补竞争关系,下村恭民认为是日本展开对外援助的新机遇:首先,日本既是亚洲型援助模式的奠基者,又是很早加入发展援助委员会的成员国之一,应充分利用自己的有利地位将这两种模式的互补和竞争导向富有建设性的方向。其次,日本的援助经验可以为亚洲各援助国提供参考。第三,日本可以对中国进行知识转移。他认为中国尚未到达援助、投资、贸易相辅相成的最终阶段,而日本的经验可以帮助中国在对外援助领域发挥更大的能量[57]。

结　论

综上所述,随着中国的崛起及中日关系的发展,日本智库的重镇——日本国际问题研究所在延续解读中国的国防、军事及安保动态之外,对中国问题的关注出现了新的动向。

针对中国及新兴国家的崛起,学者型智库成员多理性看待在国际政治、国际经济及能源合作领域等主要方面对全球治理带来的影响,职业型智库成员则更多关注安保领域和军事领域,有强硬渲染"中国威胁论"的倾向。总体而言,日本智库普遍将中国视为发展道路上的假想对手。在主张与中国建立经济合作互利互惠关系的同时,更倾向于在加深日美同盟的基础上,大力与环中国的俄罗斯、韩国、亚太国家建立战略伙伴关系,并寻求在国际舞台上提升本国的竞争力。这除了与日本的内政外交方针有关,

还因经济的低迷加上政局的不稳,便易产生出将中国作为假想对手、转移国内不满情绪的倾向。

看待中国在东海及南海的海洋活动,日本智库成员们大多持警惕态度。虽有分析指出中国并无称霸的可能,但他们仍敌视中国。不仅是日本国际研究所,日本各大智库皆对"购岛"事件之后中国海洋行动的走向做出了消极预测。笔者认为,日本智库应对中国的海洋活动进行认真而严肃的评估,而非妄下结论,在军事上两国应加深沟通。另外,我国应当加强对海洋问题的立法,在国际海洋法的基础上并参考海洋划界理论制定出一套海洋基本法,从法理上保障我国海洋领土及权益不受侵犯。

在中国对外援助问题方面,执笔者们普遍肯定中国式对外援助,并强调如今中国推行的对外援助模式是在走日本的老路。日本智库成员如此突出日本在国际援助领域的贡献和资历,有其自身用意。日本历来重视经济外交,期望通过经济实力提高国际地位和增大话语权。除了在激烈的能源争夺战中获得一席之地,非洲和西亚还是日本欲实现联合国常任理事国的拉票地。同时,为了对抗中国在非洲不断上升的地位,也是日本坚持加大对非洲进行援助的动因之一。笔者认同日本智库成员所持的观点,即今后两国在开发援助领域有着良好的合作前景。今后我国的对外援助模式将立足于丰富的劳动力资源,向着发挥本国在知识、人才等方面的优势实现援助、投资、贸易协同发展的对外援助模式进行转变。我国可以与日本加强交流与合作,带动亚洲型援助模式和传统援助模式的共同发展。

* 本文系北京外国语大学校内重大研究课题《改革开放以来中国在日本的形象研究(项目号:2013XG005)的中期成果。

注

[1]根据日本综合研究开发 NIRA 的年度统计报告所示,详见 http://www.nira.or.jp/pdf/tt2013_gaiyo.pdf。访问日期:2015 年 5 月 12 日。

[2]本文中的表格均为笔者根据日本国际问题研究所官方网站公布的信息进行统计制作而成,数据采样截至论文完成的日期 2015 年 5 月 12 日。

[3]仅在以下论文中略有提及:孟晓旭.2014."日本外交安保智库及其对'中国威胁论'的认知".《人民论坛》.2014 年第 23 期.pp230。

[4]日本国際研究所.2012.《新興国の台頭とグローバル・ガバナンスの将来》序言.

[5][6]納家政嗣.2012.「新興国台頭とグローバル・ガバナンス」.『新興国の台頭とグローバル・ガバナンスの将来』.pp6、16.日本国際研究所。

[7]山本吉宣.2012.「新興国の台頭と安全保障ガバナンス」.『新興国の台頭とグローバル・ガバナンスの将来』.pp70.日本国際研究所。

[8]角崎信也・伏田寛範.2012.「新興国の台頭とは何か」.『新興国の台頭とグローバル・ガバナンスの将来』.pp42-45.日本国際研究所。

[9][10]東大作.2012.「グローバルな「平和執行・平和構築活動」と「新興国」の台頭」.『新興国の台頭とグローバル・ガバナンスの将来』.pp205.日本国際研究所。

[11]太田宏.2012.「新興国の台頭とグローバル・コモンズのガバナンス:中国の「新エネルギー危

[12]飯田敬輔.2012.「通商における新興国のグローバル・ガバナンス戦略——WTOのDDA交渉を中心に」.『新興国の台頭とグローバル・ガバナンスの将来』.pp124.日本国際研究所。

[15]菊池努.2012.「地域制度はグローバル・ガバナンスに資するか?」.『新興国の台頭とグローバル・ガバナンスの将来』.pp170.日本国際研究所。

[17]秋山信将.2012.「グローバル・コモンズとしての核不拡散秩序」.『新興国の台頭とグローバル・ガバナンスの将来』.pp104-105.日本国際研究所。

[18][22][23][24][25][26]山本吉宣.2012.「パワー・トランジッション(力の移行)の中の中日米関係」.『新興国の台頭とグローバル・ガバナンスの将来』.pp69、70、51、32、54、22.日本国際研究所。

[22]朱立群.2010."日本智庫的展现状及問題".《日本問題研究》.2010年第2期,pp39-41。

[23][34][35]高野紀元.2013.「東アジア情勢と海洋秩序」.『守る海、繋ぐ海、恵む海——海洋安全保障の諸課題と日本の対応』.pp2、19.日本国際研究所。

[26]秋山信将.2013.「PSIと海洋安全保障:穏やかなガバナンスの中のエンフォースメント」.『守る海、繋ぐ海、恵む海——海洋安全保障の諸課題と日本の対応』.pp59.日本国際研究所。

[27]神保謙.2013.「東南アジアにおける海洋安全保障のためのキャパシティ・ビルディング」.『守る海、繋ぐ海、恵む海——海洋安全保障の諸課題と日本の対応』.pp75-76.日本国際研究所。

[28][40]山田吉彦.2013.「日本を取り巻く海洋紛争」.『守る海、繋ぐ海、恵む海——海洋安全保障の諸課題と日本の対応』.pp85-89、87.日本国際研究所。

[29]西村弓.2013.「海洋安全保障と国際法」.『守る海、繋ぐ海、恵む海——海洋安全保障の諸課題と日本の対応』.pp99.日本国際研究所。

[30]阿川尚之・浅利秀樹.2013.「序章」.『守る海、繋ぐ海、恵む海——海洋安全保障の諸課題と日本の対応』.pp1.日本国際研究所。

[31][42][43][44][45][46]金田秀昭.2013.「中国の覇権的行動が及ぼす地域海洋安全保障への影響」.『守る海、繋ぐ海＋恵む海——海洋安全保障の諸課題と日本の対応』.pp24.日本国際研究所。

[35]参见 http://www.canon-igs.org/column/security/20130228_1759.html,2013年2月16日朝日新闻刊神保谦文章《向美报告与中的共存战略》,访问日期:2015年5月10日。

[36]参见报告神保谦在2011年7月的CIGS Workshop上做的报告『アジア太平洋地域におけるパワーシフトとパワートランジション——アジア太平洋の安全保障秩序の行き方』(《亚太安全保障的长期展望:力量转移与安全保障构建》)。访问日期:2015年5月10日。http://www.canon-igs.org/event/report/report_110722/pdf/110722_jimbo_presen.pdf。

[37][50]日本国際問題研究所.2013.『守る海、繋ぐ海、恵む海——海洋安全保障の諸課題と日本の対応』.pp105.日本国際研究所。

[40][60][61][73][81]大野泉.2012.「中国の対外援助と国際援助社会——伝統的ドナーとアフリカの視点から」.『中国の対外援助』.pp10、16、29.日本国際研究所。

[41][63][69][70][75][76][77][82]下村恭民.2012.「中国の対外援助と日本の活路」.『中国の対外援助』.pp140、132、143.日本国際研究所。

[42]小林誉明.2012.「中国援助に関する「通説」の再検討——伝統ドナーからの乖離と途上国への開発効果」.『中国の対外援助』.pp29.日本国際研究所。

[43][64]鈴木隆.2012.「国際開発援助コミュニティに対する中国の「学習」状況とその政治・外交的立ち位置について」.『中国の対外援助』.pp111.日本国際研究所。

[46][65][66][67][68][71][72][74]稲田十一.2012.「中国の援助を評価する——アンゴラの事例」.『中国の対外援助』.pp57、40、42、60、40.日本国際研究所。

21世紀初頭における日本経済界の対中認識

北京外国语大学　山东农业大学　卢永妮

摘要：中国和日本分别是世界第二大、第三大经济体，是亚洲最具影响力的两个邻国。在全球化时代，两国的互惠双赢对亚洲乃至世界的和平、安定、繁荣有着重要的意义。然而，现在中日关系因为靖国神社、钓鱼岛等问题，陷入国交正常化以来的低谷期，两国国民的相互信任度跌入历史谷底。这让人不禁深思如何改变当前僵局？突破口在哪里？从历史上来看，日本经济界是促成日本政府与中国建交的直接推动力，经济界的对华认识对日本政府的对中政策产生了很大的影响。在中日关系陷入僵局的当下，日本经济界能否再次成为中日关系转暖的推手？需要我们研究当前日本经济界是如何看待中国的，才能做出判断。基于上述事实，本文利用经济团体的会刊、报告书、经济杂志、报纸等资料，探析2000年以后日本经济界的对华认识及其形成背景，以期为中日关系的转暖寻找突破口。

キーワード：21世紀初頭　日本経済界　対中認識

　中国と日本は世界第2、第3の経済大国であり、アジアにおいて最も影響力のある隣国でもある。グローバル化に伴い、両国の互恵はアジアと世界の平和、安定、繁栄にとって重要な意義を有することである。ところが、現在の日中関係は、靖国神社参拝、尖閣諸島をめぐる問題が発生し、国交正常化以来最悪の状態に陥り、両国の世論が相互に不信感を抱く事態となっている。ところで、歴史上からみれば、日本経済界は日中経済関係、日中関係の発展において巨大な促進作用を果たすことが分かるようになった。日本経済界の対中認識は日本政府の政策決定にある程度の影響を与えるのだけではなく、日中経済関係はもとより、日中関係の未来の発展趨勢にも大きな役割を果たすのである。だから、このような不正常な状態を変えるには、日本経済界の対中認識を研究する必要がある。

1. 先行研究

　「日本の中国認識」研究は日本においても中国においても早く行われたのである。日本においては、アメリカ学者のジョシュア・A・フォーゲルに影響されて、シノロジスト、歴史学者は古代中国を研究対象として研究を進めているが、近年来中国史学者の小島晋治に編集された『幕末明治中国見聞録集成20巻』、『大正時期中国見聞録集成20巻』及び政治思想史学者の野村浩一の『近代日本の中国認識』などの成果が上がった。時間の推移にともない、国際関係研究者などは現代中国に注目するようになってきた。その研究成果は馬場公彦の『戦後日本人の

中国像：日本敗戦から文化大革命・日中復交まで』、『現代日本人の中国像：日中国交正常化から天安門事件・天皇訪中まで』及び天児慧の『日本人の見た中国』などが挙げられている。

　中国においては、日本史学界は先に日本の対中認識研究に注目を集め、日本の清末中国(1840-1911)、民国(1912-1949)に対する認識をたくさん研究し、近年来日本の新中国(1949-現在)にたいする認識も研究視野に入り始めた。また、ソフトパワー理論の登場につれ、文学界も積極的に日本を含んだ「西方の中国形象」研究に力を入れ、「海外漢学研究ブーム」を引き起こした。それから、国際問題研究界特に中日関係研究界も現在日本の対中認識を盛んに研究した。現在、上述の研究界の成果は主に次のとおりである。楊棟梁(日本史学界)の『近代以来日本的中国観』、呉光輝(文学界)の『日本的中国形象』、蒋立峰(国際問題研究界)の『中日両国的相互認識』などである。

　「日本」の中国認識研究と比べて、「日本経済界」の中国認識についてのモノグラフはそんなに多くないようである。その代表的な研究は次のとおりである。李廷江は『日本財界与辛亥革命』において、日本財界の対中国政策制定・執行過程における役割を研究した。田慶立、程永明は『近代以来日本的中国観第六巻』において、社会学の社会階層論を利用して、中日国交正常化以来政界、経済界、国民の中国観の変遷軌跡と発展特徴を考察した。李恩民は『転換期の中国・日本と台湾— 1970年代中日民間経済外交の経緯』において、1970年代に日本経済界の対中認識及び中日関係発展過程における作用を論じた。朱建栄は「日本各階層是怎麼看待中国的?」において、界別に日本人の対中認識を考察した。管秀蘭は「国交正常化以来日本経済界の対中認識研究」において経済界の対中認識の生成・変動メカニズムを研究した。李彦銘は「小泉政権期における日本経済界の対中認識—「政冷経熱」現象に関する一考察」において、小泉政権期における日本経済界の政策要求、政治関係に対する役割及びその形成要因を明らかにした。

　以上の先行研究は研究方法と研究対象においてヒントを与えた。日本の中国認識は単一的なものではなく、多元、多様なものであり、また、階層によってその外交関係に対する影響力も異なっている。したがい、社会階層論を利用して、経済界の対中認識を研究することが有意義である。それにもかかわらず、先行研究は研究方法において主に二つの問題点がある。一つは、伝統的な文学、歴史学のテキスト分析方法によりある経済人或いは何人かの経済人の中国認識を研究したので、その代表性が不十分のではないだろうか。もう一つは、文献資料が単一で、一貫性がなく、説服力がすこし欠いている。

　上記の現実の需要と先行研究に基づき、本稿は経済団体の機関誌・報告書、経済専門誌、新聞などの資料を利用して、2000年代に入ってからの日本経済界の対中認識とその形成背景を明らかにすることである。

2. 21世紀初頭日本経済界の対中認識の内容

2.1 「経済界」の定義

「経済界」とは何か。学者によって、それについての理解が違っている。緒方貞子によれば、経済界は「財界」、「業界」、「企業」の三つの層によって構成された人的集団であり、また「財界」は一般的に経済団体連合会（経団連）、日本経営者団体連盟（日経連）[1]、日本商工会議所（日商）、経済同友の四団体を中心とする経済団体とその指導者を指す。緒方氏の狭義的な理解に対して、程永明は広義的な考え方を示す。程氏によると、経済界は経済関連団体・業界・企業界の人的集団、経済研究関連学者と経済関連省庁の従業員などを指す。経済団体だけでなく、経済研究関連学者と経済関連省庁の従業員の対中認識も日中経済関係と関わりがあるので、本稿では程氏の広義の定義を用いるのである。

2.2 この時期における経済界の対中認識の内容

本稿では、この時期における日中関係の大事件に基づき、経済面における「中国脅威論」と靖国神社参拝などの歴史問題による日中緊張関係に対する経済界の反応からその中国認識を検討してみよう。

2.2.1 中国経済発展についての認識：「中国脅威論」から「中国特需」へ

「中国脅威論」は20世紀90年代から軍事領域に始まり、次第に経済領域にも波紋を投げ、21世紀の初めごろより一層高まっていた。経済界の「中国脅威論」は日本の対中投資と中国の対日貿易という二つの方面からなっていた。

日本の対中投資における「中国脅威論」は製造業の加速する中国進出による日本の「産業空洞化」に対する認識である。「日本国内での工場閉鎖が続く中で、中国への投資が拡大して日本の産業基盤が崩れようとしている」との認識はその代表的な考え方である。国際協力銀行の2001年の調査によれば、「海外事業を強化・拡大する」と回答した企業は2000年の54.5％から71.6％へ、「海外生産が国内生産を代替するために国内生産は減少する」と答えた企業が2000年の13.6％から22.5％へ大幅に増えた。第一生命経済研究所の試算によれば、日本企業の1997年から2000年にいたる中国投資の増加は、国内雇用の減少とデフレを助長させる結果となっていたまた、日本の製造業の中国移転はその経済停滞の主因であるという米国の研究結果も発表された。家電事業、IT関連産業などの製造業が特に顕著で、その工場の海外移転によるコストダウンが国内雇用の空洞化を引き起こした。

もう一つは、中国の対日貿易における「中国脅威論」は「中国から低価格の製品が入ってくることで、日本の産業が大きな被害を受けている」という認識であった。日本貿易振興会（JETRO）が2001年8月に行った「日本市場における中国製品の競争力に関するアンケート調査」によると、中国製品の日本進出に対し、21％の企業が「いま脅威を感じている」と答え、29％が「近い将来脅威を感じる」と答えた。また、

競争力の弱い農産品、繊維業界は中国製品に対するセーフガードの発動という保護主義的な措置を日本政府に求め、その結果2001年4月にネギ、シイタケ、イグサに対する暫定発動が行われた。

　ところで、上記の「中国脅威論」に対し、経済人と経済団体からの反論が早くから存在した。経済人では、2001年後半に中国は「脅威ともチャンスともなりうる」との議論が提出された。2002年頃には「個別企業にとっての中国脅威論とは一線を画する」との議題が展開された。たとえば佐々木聡吉(伊藤忠商事常務執行役員、中国総代表)は「脅威論」が過大評価であり、佐藤雄二朗(アルゴ21会長)は「空洞化という発想そのものがもはや時代遅れ」であり、立石信雄(オムロン代表取締役会長)は「中国抑制策は意味のないこと」だと主張した。「空洞化」論に対し御手洗冨士夫(キャノン社長、2006年5月/2010年5月日本経団連会長)は、「脅威論を唱える人がいるけれども、これは70年代、80年代に日米間に起きたことを考えてみればよい」、「日米間で起きた貿易摩擦と同じことが、いま、日中間で起きろうとしている」との見解を示した。

　「中国脅威論」に対する批判は、経済人の反論のほかに、経済団体の提出した意見書にもそれが窺える。旧経団連が2001年に提出した意見書「21世紀の日中関係を考える—日中の相互信頼の確立と経済交流拡大のための提言—」では、中国の製造業の成長が及ぼす影響の可能性を指摘した。続いて、2002年に中国委員会企画部が「中国製造業の台頭とアジアの国際分業体制に及ぼす影響」について検討したうえで、「中国の発展は脅威ではなく、日中は共存共栄が可能だ」との結論を出した。そして、2002年にアジア・大洋州地域委員会企画部会が整理した中間報告「ASEAN諸国との経済連携強化に関する基本的考え方」のなかでも、中国の発展を歓迎し、中国との関係はチャレンジかつチャンスであると認められた。

　このように、2004年になると、「中国脅威論」はだんだん静かになり、それに代わって「中国特需」が主流の認識となっていった。斎藤宏(みずほコーポレート銀行頭取)は「日本の今の景気回復の要因を……五割は中国特需」と考え、「その特需は三年前から始まり、今後も続き、日本にとって不可欠」だと語った。この時期に経済団体の中で「日中企業アライアンス」などの包括的提携関係も提案された。その認識の下で、2000年代後半から2010年代前半までこれまでとはかなり様相が異なる第四次中国投資ブームが起こっている。

2.2.2　日中歴史問題と日中政治問題の関係についての認識：日中関係の改善をより一層求める

　小泉政権期において、首相・閣僚の靖国神社への参拝や歴史教科書の記述など歴史認識に関わる問題の発生につれて、日中政治関係が冷えていった。この状況下で、経済人は国益を考慮したうえで、自分の意見を発表した。

　小泉首相の靖国参拝を巡っては、前経済同友会代表幹事の小林陽太郎氏(富士ゼロックス相談役最高顧問)は2001年から慎重な態度を示し、2004年に記者会見で「個人的にはやめていただきたい」と発言し、2005年に同友会が靖国参拝の中止を

要請するまでに至った。経済同友会代表幹事の北城恪太郎（日本IBM会長）は2006年の会見で「参拝を控えた方がいいということで提言した。日中両国の国民が対立的な感情を持つことは安全保障の観点でも好ましくなく、経済の安定的な発展もない」と述べた。日本経団連会長の奥田碩も2006年に小泉首相の靖国参拝には「近隣諸国への配慮が必要」などと、懸念を表明している。

そのほか、経済人だけでなく、経済団体も意見書などを通して、首相の靖国参拝の中止を要請するのである。

日中経済協会21世紀日中関係展望委員会は2003年に発表した意見書「日中関係の進化を求めて」のなかで、「歴史認識を明確にし、未来創造に挑む信頼関係を確立する」と主張した。

また、歴史認識をめぐる問題による日中間で政治上の摩擦現象をよりよく解決するために、日本の政権交代の2006年になると、各経済団体が今後の日中関係について次々と提言を行った。2月に関西経済連合会と関西経済同友会によって開催された「関西セミナー」では、中国・韓国との関係改善が強く訴えられ、6月に企業の共通意見「企業のアジア戦略・五つの視点」を政府に提言した。そのセミナーでは、中国について、「今後もグローバル競争の拠点とな」り、「現地の文化や歴史を理解しながらビジネスを展開する」などのことが述べられた上で、「東アジア自由経済圏の実現」が提案された。4月に関西経済同友会は提言「歴史を知り、歴史を超え、歴史を創る」のなかで、近現代史教育を強化すべきこと、未来志向と戦略的取り組み、幅広い人的交流を展開することを提唱した。経済同友会は5月9日に、小泉首相の靖国神社参拝に再考を促すことなどを盛り込んだ「今後の日中関係への提言」を提出した。日中経済協会21世紀関係展望委員会も9月に「新内閣の発足にあたり、日中関係を望む」を発表した。

そして、現政権との対立をできるだけ避けようとする伝統と持っている経団連は、意外といえるほど2001年2月に「21世紀の日中関係を考える―日中の相互信頼の確立と経済交流拡大のための提言」という意見書を提出し、そのなかで歴史認識や台湾問題など政治に関する問題にも言及するのである。

2006年10月安倍晋三首相の来中と2007年4月温家宝総理の訪日は両国の戦略的互恵関係発展を進め、ここ数年「靖国参拝問題」による日中間の政治的不正常な状態も未来に向けて新展開を辿るように見えたが、また2012年から尖閣諸島をめぐる外交上の問題が発生し、日中関係はかつてない厳しい困難に直面している。日中経済協会21世紀関係展望委員会は11月に緊急提言「日中友好の大局に立ち不正常な事態の早期打開を」を提出した。日中友好の大局に立った早期の事態収束に向けての外交努力、経済関係の速やかな正常化、戦略的互恵関係の創造的な発展、強固な相互信頼の再構築との四つの提言を発信した。そして、2013年11月に提言「揺るぎない日中関係を目指して」において、「信頼関係を再構築し深遠な日中関係を目指そう」と再び呼びかける。また、2014年9月に提言「日中相互信頼への回帰を望む」の中で、日中首脳会談の早期実現、日中ハイレベル経済対話等の早期再開、民間ベー

スの交流拡大、地方との交流強化という四つの提案を出した。

3. この時期における経済界の対中認識の形成背景

　上記からみれば、日本経済界は中国経済の急速発展に対する認識は「中国脅威論」から「中国特需」へと変わっていき、歴史問題による日中関係の悪化に対する認識は歴史認識を明確し、再び相互信頼の関係を構築するようと望むことが分かるようなってきた。そのような対中認識の形成背景は何か。つぎはこの問題ついて分析してみよう。

　中国は1978年の改革開放に始まり、2001年のWTO正式加盟を経て、製造業を中心に飛躍的な経済成長を遂げた。経済規模は、2001年には日本の3分の1程度であったが、2009年に日本を追い抜き世界第2位の経済大国となり、2014年には日本の2倍強に拡大した。

　中国経済の飛躍的な発展は、日本経済に巨大なインパクトを及ぼしていることは言うまでもない。バブル崩壊後の日本では、消費者ニーズに応えた中国製品への嗜好が急増し、1990年代後半には中国製消費財が日本に向けて大量に輸出された。中国製品の日本市場への進出に伴い、競争力を維持しようとした日本企業の海外移転も急増し、そのため、中国経済の台頭は日本の産業空洞化の一因とされた。またデフレに直面する日本では、安価な中国製品がデフレを加速化させたとして、中国の「デフレ輸出」が批判の的となった。こうして20世紀末には、特に競争力の弱い農産品、繊維業界では中国脅威論が高まることとなった。

　ところが、中国のWTO加盟（2001年末）前後から、中国経済が「いざなぎ越え」と呼ばれた日本の長期景気拡大を支えるようになると、「中国脅威論」はまもなく沈静化することとなった。日本経済は「中国特需」に沸き、中国の景気拡大が資源輸入を促し、資源輸送の増加が船舶・造船需要を拡大させ、さらには鉄鋼生産を回復させた。このように、日本で久しく「構造不況業種」と呼ばれてきた産業が、「中国特需」で息を吹き返したのである。また中国の建設ブームや自動車ブームは、日本国内の建機・自動車産業に火をつけ、工場の新・増設も相次いだことから、国内の建設需要にも活性化させた。

　中国経済の2000年代半ばの5年連続の2桁成長を通して、日本経済の中国依存度は急速に上昇した。2009年に中国は日本の最大の輸出市場となり、生産拠点のある中国が東アジアの輸出生産ネットワークに組み込まれることにより、日中間でも産業・企業内貿易の比率が一段と高まった。日中貿易の構造は、垂直貿易から水平貿易へ、また水平貿易の中心は繊維から機械へ、そして機械貿易の内容は最終財から中間財へと高度化しつつある。

　日本経済の牽引車となった感のある日中経済関係であるが、中国の改革・開放30年を経て、これまでのように日本のモノ、ヒト、カネが一方的に中国に移転してきた関係から、文字通り双方向の経済関係が構築されつつある。

　2005年度の『通商白書』では、国際分業において日本・NIEsが中間財を生産し、中

国・ASEANが中間財を輸入して最終財に組み立て、最終消費地の欧米へ輸出するという「三角貿易」がすでに成立していたと指摘された。

要するに、日本と中国は競合関係ではなく、補完関係にある。日本経済界特に経済団体はそのことがはっきり分かるから、東アジア共同体を念頭におきアメリカ・東南アジアとの関係を考慮したうえで、日本の成長戦略を考慮した国益に基づき、首相の靖国参拝への批判をしたり、日中関係の改善を求める行動をしたのである。

終わりに

本稿は21世紀初めにおける日中関係の大事件に基づき、経済面における「中国脅威論」と靖国神社参拝・教科書などの歴史問題による日中緊張関係をめぐって、経済界の対中認識とその形成背景を検討してきた。

20世紀末には、中国経済の台頭による安価な中国製品の日本進出のため、競争力の弱い農産品、繊維業界では「中国脅威論」が高まることとなった。しかし、中国のWTO加盟による日本の長期景気拡大につれて、「中国脅威論」に代わる「中国特需」が主流となった。グローバル化が急速に進んでいる現在、日本経済界特に経済団体は日本と中国の補完関係を十分に認識し、また、東アジア共同体を念頭におきアメリカ・東南アジアとの関係を考慮したうえで、国益に基づき、歴史問題による日中関係の悪化の改善を政府に訴えたのである。

本文是国家社科基金项目"当代日本对华舆论形成的结构和机制研究"(16BXW051)，北京外国语大学规划项目"改革开放以来日本的中国形象研究"(2013XG005)和山东农业大学外国语学院社科研究项目"21世纪初日本经济界的中国认识研究"的阶段性成果。

注

[1]2002年に経済団体連合会（経団連）と日本経営者団体連盟（日経連）が併合し、日本経団連となった。

参考文献

伊藤元重. 2002.「中国脅威論に惑わされるな」.『産経新聞』. 2002年8月1日. 産業経済新聞出版社

御手洗冨士夫. 2002.「インタビュー；御手洗冨士夫キャノン社長」.『エコノミスト』. 2002年4月8日. pp8-9. 毎日新聞出版社

大橋英夫. 2012.「中国経済の台頭と日米中関係」『日米中関係の中長期的展望』. pp8-9. 日本国際問題研究所出版社

緒方貞子. 1977.「日本対外政策決定過程と財界」.『対外政策決定過程の日米比較』. 東京大学出版会

国吉澄夫. 2002.「中国企業の虚像・実像と日本製造業」.『日中経協ジャーナル』. 98. pp2-3. 日中経済協会発行

経済産業省. 2005.『通商白書2005年版』. ぎょうせい

公益社団法人経済同友会. 2006.「今後の日中関係への提言―日中両国政府へのメッセージ」. 経済同友会

斎藤宏. 2004.「今月の視点；副会長に聞く」.『日中経協ジャーナル』. 128. p.3. 日中経済協会発行

佐藤雄二朗. 2002.「空洞化という考えが時代遅れ」.『エコノミスト』. 2月4日. pp40-41. 毎日新聞社出版

立石信雄. 2002.「21世紀に残された巨大なフロンティア」.『エコノミスト』. 2月4日. pp42-43. 毎日新聞社出版

関西経済連合会. 2002.「日中経済交流と日本の戦略」.『関経連四季報』. 68. pp26-31. 関西経済連合会出版社

李彦銘. 2011.「小泉政権期における日本経済界の対中認識―「政冷経熱」現象に関する一考察」.『法学政治学論究』. 88. pp111-138. 慶應義塾大学大学院法学研究科内『法学政治学論究』刊行会

矢吹晋. 2002.「中国経済と脅威論」.『NHK視点論点』. 2002年2月6日. NHK解説委員室日中経済協会21世紀日中関係展望委員会. 各年度提言書. http://www.jc-web.or.jp/JCCont.aspx? SNO=001&b=548&s=560&k=562

程永明. 2013. "复交以来日本经济界的对华认识".《东北亚学刊》. 2013年第1期（总第6期）. pp29-35. 天津社会科学院东北亚研究所主办

田庆立. 2013. "试析中日复交以来日本各界对华认识的主要特征".《南开日本研究》. 2. pp33-50. 南开日本研究院主办

田庆立・程永明. 2012.《近代以来日本的中国观・第六卷(1972-2010)》. 江苏人民出版社

张季风. 2008.《中日友好交流三十年(1978-2008)・经济卷》. 社会科学文献出版社

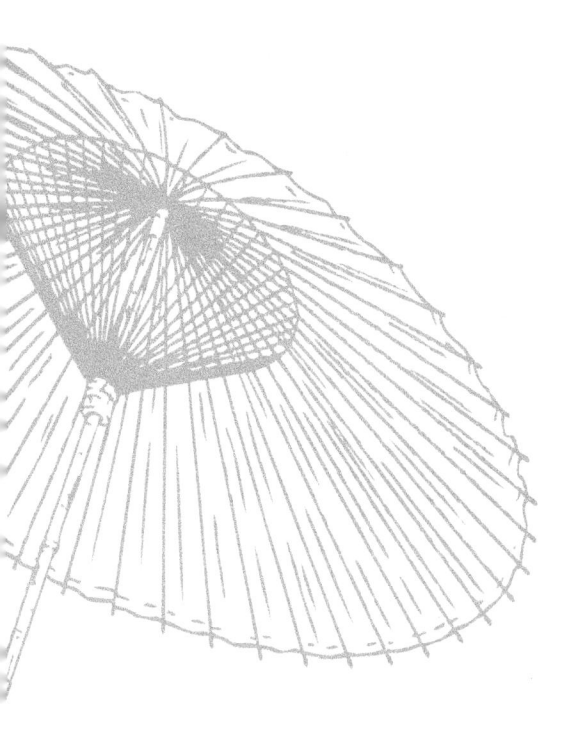

日本经济研究

パート活用の高度化に対する実態研究
―第三次産業の企業調査を中心に―

大连工业大学外国语学院　刘　婷

摘要: 90年代以后的日本劳动市场中,非正式员工的比例在不断上升,其中计时工所占的比例最大,也是典型的非正式员工。总务省统计局的劳动力调查结果显示,批发业、零售业、饮食业等大多半的业务都是由以计时工为中心的非正式员工来负责承担的。伴随着对计时工雇佣需求的增加,计时工从事的职业范围也在不断扩大,并且出现了很多与正式员工从事相同工作的计时工,他们逐渐由从事过去的辅助性职位向骨干性职位转变。从2008年起,《修订计时工法律》开始实施,这是缩小计时工与正式员工待遇差距的法律。另外,学界和企业界纷纷提倡以进一步发挥计时工作用为目的的"计时工活用高度化"。基于上述问题意识,笔者针对计时工的使用和管理等问题,对积极利用计时工最具代表性的三个行业中的不同企业进行了调查研究,比较并综合这三家具有行业代表性的企业的管理方法,揭示出目前日本在计时工的使用方面的普遍趋势和所存在的问题。

キーワード: パート　活用の高度化　基幹労働力化

　1990年代後半以降の日本において、非正規雇用は急速に拡大した。雇用者全体に占める正規社員の比率が減少、他方、パートタイマー(以下、パートと略称する)、アルバイト、派遣社員など非正規社員の比率が増加している。その背景は、第三次産業の拡大、企業の人件費の抑制策、非正規雇用を希望する者の増加などである。
　非正規社員の全雇用者に占める割合の急速な増加に伴い、量・質的に職務が正規社員とほぼ変わらない従業員が増えており、非正規社員の「基幹労働力化」が進んでいることが指摘される。パートはをその典型的な部分である。パート雇用の高い需要に伴って、その職域も拡大しており、正規社員と同様の仕事をしているパートも増えている。パートの役割は従来の補助的なものから基幹的なものへと広がり、今や日本の多くの業界でパートは重要な存在になっており、雇用の需要サイド、供給サイドの双方にとって欠くことのできない雇用形態となる。
　パートをはじめ、非正規社員は数の上だけでなく(量的基幹労働力化)、担当する仕事内容の点(質的基幹労働力化)においても重要な労働力となり、基幹的な労働力としての役割を担い、企業の戦力としての活用が進んでいる。パート活用の高度化の企業は、パートを採用する以上、その能力と意欲を有効に活用し、活性化と定着化を推進し、能力を最大限に発揮するように工夫を払うことが望ましい。
　従来の企業の人事管理は、長い間正規社員を中心に考えられてきた。しかし、現

在のように、正規社員雇用が減少している一方、非正規社員の雇用が増加しつつある。企業の雇用が非正規社員に依存する傾向が強まれば、非正規社員の人事管理に力を入れる必要性が増すと思われる。非正規社員の人事管理を適切に行うことができれば、企業にとっては、これによって、合理的で機動的な企業運営が可能になり、経済全体にもプラスになる。一方、非正規社員自身にとっても、長期拘束されないフレキシブルな働き方が実現できるというメリットがある。

非正規社員の活用に関する先行研究は主に因果関係に基づき論じられ、その高度化の実態についての研究はまだ少ない。本研究は、今後、雇用の広がりが見込まれる非正規社員の活用の高度化の実態を、とりわけ非正規社員の大半を占めるパートに対象を絞り、その活用の高度化で先行している第三次産業に事例を求め探ることとする。

1. パート雇用の現状

1990年代以降の日本企業の雇用の特徴と言えば、まず挙げられるのは雇用形態の変化である。具体的には、雇用者全体に占める正規社員が減少、一方、パート、アルバイト、契約社員、派遣社員といった非正規社員の割合が増加、非正規社員化の進展が見られることである。

本節は、非正規社員の多半数を占めるパートに焦点を当て、その活用状況と進展する要因を分析する。

1.1 統計からみたパート

総務省統計局の労働力調査によると、平成16年以来増加傾向にあった就業者数は、平成20年、6,376万人と前年に比べ27万人の減少に転じた。一方、雇用者に占める非正規社員の割合は年平均で34.1%と年々増加傾向にある。そのうち、パートは、非正規社員1,760万人中1,152万人を占め、依然として需要の高さがうかがえる。

パートはどのような産業で就業しているかを「平成19年就業形態の多様化に関する総合実態調査」で確認する（表1）。非正規社員を雇用している事業所の中で、パートの割合を業種別に見ると、「飲食店，宿泊業」が55.6%と最も多く、次いで「卸売り，小売業」36.9%、「サービス業」27.4%の順となっている（表1）。

表1　就業形態別労働者の割合（単位：%）

産業・事業所規模	総数	正社員	正社員以外の労働者	契約社員	嘱託社員	出向社員	派遣労働者	臨時的雇用者	パートタイム労働者	その他
総数	(100.0) 100.0	62.2	37.8	2.8	1.8	1.2	4.7	0.6	22.5	4.3
前回（平成15年）	[100]	[65.4]	[34.6]	[2.3]	[1.4]	[1.5]	[2.0]	[0.8]	[23]	[3.4]

続表

産業・事業所規模	総数	正社員	正社員以外の労働者	契約社員	嘱託社員	出向社員	派遣労働者	臨時的雇用者	パートタイム労働者	その他
産　業										
鉱業	(0.1) 100	85	15	1	3.2	2.3	0.9	0.6	3.1	3.9
建設業	(6.8) 100	85.7	14.3	2.2	1.9	1.2	2.8	0.4	2.8	3
製造業	(23.1) 100	70.3	29.7	1.5	1.7	1.1	9.8	0.3	10.9	4.3
電気・水道業	(0.5) 100	90.8	9.2	0.7	2.4	1.4	2.2	0	1.5	1.1
情報通信業	(3.4) 100	74.5	25.5	5	1.1	2.5	9.9	0.2	4.8	2.1
運輸業	(6.7) 100	71.7	28.3	3.9	4	1.3	4.1	1	11.6	2.6
卸売・小売業	(21.9) 100	52.2	47.8	2.4	1.1	0.7	1.7	0.6	36.9	4.4
金融・保険業	(3.6) 100	73.5	26.5	3.4	2.2	1.7	9.5	0	7.8	1.8
不動産業	(0.9) 100	64	36	3.4	4.5	3.8	3	0.5	17.3	3.6
飲食店・宿泊業	(7.1) 100	31.9	68.1	1.5	0.7	0.7	2	0.9	55.6	6.7
医療・福祉	(8.9) 100	67.3	32.7	3.9	1.8	0.3	1.1	0.5	21.4	3.6
教育・学習支援業	(2.6) 100	55.4	44.6	9.6	1.7	0.5	2.6	0.2	25.3	4.6
複合サービス事業	(0.7) 100	76.4	23.6	2.3	2	0.7	1.2	0.9	6.1	10.4
サービス業	(13.7) 100	54.3	45.7	3.6	2.1	2.1	4	1.1	27.4	5.4
事業所規模										
1000人以上	(5.3) 100	74.2	25.8	3.1	1.4	1.5	11.3	0.5	4.2	3.8
500〜999人	(6.0) 100	66.3	33.7	3.9	1.8	2.2	10.5	0.6	11.2	3.5
300〜499人	(4.3) 100	62.5	37.5	3.6	1.9	1.4	8.8	0.4	16.9	4.5
100〜299人	(16.5) 100	61.6	38.4	3.6	2.5	1.6	6.9	0.4	18.6	4.8
50〜99人	(17.6) 100	59.5	40.5	2.9	2.1	1.1	4.3	0.7	23.9	5.4
30〜49人	(8.8) 100	63.2	36.8	2.8	2	1.1	3.1	0.7	23.4	3.7
5〜29人	(41.5) 100	61.3	38.7	2.2	1.3	0.8	2.2	0.6	27.8	3.8

出所：厚生労働省「平成19年就業形態の多様化に関する総合実態調査結果の概況」

　パートはどのような仕事に従事しているかを「平成21年版パート白書」で確認したい（表2）。パートを雇用している事業所で、パートが従事している職種についてみると、「事務」職が47.2％で最も多かった。次いで「製造・労務」職27.7％、「サービス」職20.8％、「専門・技術」職18.4％、「販売・営業」職14.7％、「医療・介護」職7.5％の順になっている。これを職種でみても、パートはすべての職種で「事務」職、「サービス」職、「専門技術」職に従事している。

表2 パートが従事している職種（単位：%）

	専門技術	医療介護	事務	販売営業	サービス	製造労務	その他
計	18.4	7.5	47.2	14.7	20.8	27.7	0.3
建設業	33.3	1.2	54.3	4.9	6.2	28.4	—
製造業	14.0	0.3	42.4	6.4	6.4	71.6	0.6
情報通信業	38.0	0.8	53.7	13.2	18.2	10.7	—
運輸業	6.5	2.2	41.3	15.2	28.3	41.3	
卸売業	3.3	—	55.6	16.7	11.1	45.6	
小売業	5.4		33.8	76.9	26.2	13.8	
金融・保険・不動産業	4.5	1.8	78.2	14.5	20.9	1.8	0.9
飲食店・宿泊業	4.8	—	11.9	23.8	88.1	19.0	—
医療・福祉業	20.2	80.7	31.1	3.4	8.4	2.5	
教育、学習支援業	46.6	6.8	48.9	4.5	19.3	5.7	—
ビル管理・警備業	15.2	—	18.2	—	69.7	27.3	
その他のサービス業	20.4	0.5	44.4	9.3	41.2	11.1	0.5
その他の業種・	25.0	5.2	77.1	5.2	10.4	9.4	—

出所：「平成21年版パート白書」

1.2 パートの基幹労働力化

　パートの基幹労働力化には量的な基幹労働力化と質的な基幹労働力化の区別があると思われる。前者はパートの雇用比率の上昇であり、職場における量的パート拡大とそれがもたらすパートタイム労働の重要性の上昇である。職場でパートが増えることで、あるいは正規社員が減ることで、経営にとってパート重要度は以前より高まっている。量的な基幹労働力化とは職場における量的なパート拡大とそれがもたらすパートタイム労働の重要性の上昇も含んでいる。

　後者はパートの仕事の質を向上させることである。質的な基幹労働力化とは、職場におけるパートの仕事内容や能力が向上し正規社員のそれに接近していることを指す。例えば、職場では、パートであっても正規社員と何ら遜色ない仕事ぶりが認められ、かつて正規社員が担っていた作業をパートが担っているし、また、パートによっては他のパートを管理する場合もある。パートは以前と比べて高度な仕事を配分する面と、同じ仕事であってもパートの能力が向上するという面がある。

1.3 パート増加の背景

　パートは高度経済成長により産業構造における第三次産業の比重が増加し、労働力不足が生じたときに、卸売業・小売業や製造業における臨時工の雇用形態を応用して、短時間勤務による女子雇用労働者の増加を図ったことによって、広く普及し

たと見なされている。また、パートが傾向的に増加する契機は、第一次石油危機前後のチェーンストアの発達による短時間労働者の需要の増加と、石油危機とその後の安定成長期における世帯主収入の増加率の低下ということであった。少子・高齢社会の進展による労働力不足に伴い、安定成長期以後、「人件費が割安」、「曜日や時期的繁忙対応」、「景気の変動に対応しやすい」等の理由で、パートは雇用調整手段として雇用数が増加しつつある。

以上、本節は、非正規雇用とパート雇用の現状を概観した。パートをはじめ、非正規社員は重要な労働力として日本企業で活躍している。非正規社員を活用した以上、企業は雇用管理制度に力を入れる必要があると思われる。次節では、パートをはじめ、非正規社員活用の高度化に関する先行研究を概観する。

2. パート活用の高度化に関する実態調査

今回、従業員に占めるパート比率が高い第三次産業を中心にパート活用の高度化を調査した。対象企業三社はそれぞれ、小売業(A社)、外食業(B社)、そしてスーパーマーケット(C社)である。三社ともパート活用が進んでおり、全従業員に占めるパートの割合はいずれも70％を超えている。パートタイム労働への依存度が相当高い。したがって、パートタイム労働の重要性を認めた上、パートの人事管理や人材開発に力を入れている。対象企業三社にパートの活用と人事管理に関する調査を行うことにした。

調査の内容はパートの活用実態と雇用管理をめぐって、対象企業三社にある雇用管理制度(社員区分、育成制度、人事評価、賃金制度、賞与と退職金制度)を調査する上で、パートの活用方針を明確にする。

2.1　A社の調査概要

1926年設立のA社は、小売業をはじめ、自ら事業を営みながら、グループ各社の株式を保有し、グループ経営を行う事業持株会社体制をとっている。A社の非正規社員はパート、アルバイトと呼ぶ。2009年2月時点でA社の従業員数は55,154人で、その中で、パートは約38650人(男性が3005人、女性35645、女性が圧倒的に多い)、アルバイトは約10600人である。(パートとアルバイトの違いは、学生と2ヶ月以下の雇用契約のものがアルバイトで、それ以外はパートである)。

(イ)社員区分

A社には3つの社員群が設定されている。ナショナル社員群、エリア社員群、ストア社員群である。各社員群の違いは勤務地の範囲である。ナショナル社員群は全国勤務、エリア社員群は関東、東北、近畿中部といった広域エリアから一つを選び、そのエリア内での勤務となる。ストア社員群は店舗限定の勤務で、他店舗への異動がない。ナショナル社員群、エリア社員群はいわゆる正規社員の位置づけであり、ストア社員群はいわゆる非正規社員に相当する。この三つの社員群は正規社員自身が選び、変更は可能である。また、職種や役職就任は社員群に関係ない。

(ロ)育成制度の整備状況

　A社のパートは、入社後に入社時研修を受ける。研修では、会社の理念、小売業での心構え、接客、社会人マナーなどについて1週間かけて学ぶ。それが終わると、すぐに各店舗に入店し、2週間の新入社員入店時教育を受ける。この2週間の研修では店内ルールの説明、レジや包装業務などを中心に訓練が実施される。そのあとに部門別研修(配属された部門での業務研修もしくはOJTそのものである)を受ける。その中、シスターと呼ばれる女性の長期勤続のパートがパートからの相談を受ける窓口がある。パートの多くが女性であるために同性間で話がしやすいであろうとの意図で作られた制度である。そのあと、再び部門別研修を経験して、5ヶ月研修を受ける。5ヶ月研修では一通りの技能の確認が行われ、同時にライセンス取得にも挑む。5ヶ月研修終了後はOJTにより売り場で業務をしながら技能を育成する。

(ハ)評価制度の整備状況

　A社予め公開されている30項目に基づいて、年に2回人事評価が行われ、各項目についてのランクづけがなされる。しかも、基幹的な役割を担っているパートと定型業務を担うパートを違う人事考課表で評価する。また、「能力評価による昇給の仕組み」が導入する。つまり、この人事評価によって給与の上昇度合いが変化する。給与が変化するということは、賞与を受けているパートにとっては賞与金額も変化することを意味する。

(ニ)賃金制度の整備状況

　A社の賃金体系では、非正規社員のうちパートの賃金は時給制である。賃金は基礎時給+能力加給(100円上限)+移行給+時間帯・日祝・早朝加算で構成している。

(ホ)賞与と退職金制度

　A社において、従業員全員にボーナス制度を設けている。ただ、正規社員向けのボーナス制度とパートのと違うように設置されている。

　正規社員にも、パートにも、毎年6月と12月に2回分けてボーナスを支払うが、正規社員のボーナスは4ヶ月分の給料に相当する一方、パートのは毎年1ヶ月分の給料に等しい。ただ、正規社員のボーナスの金額は会社の業績により少なくなったり、なくなったりすることがあるが、パートのボーナスは会社の業績に影響を受けない。

　また、パートにも退職金制度がある。支払う日はパート本人との協議で決める。

2.2　B社の調査概要

　B社は、牛丼を主力商品とする、大手外食チェーンストア(牛丼屋)である。B社はパートをはじめ、非正規社員雇用の高度化会社と言える。従業員構成(2009年2月時点)は、正規社員が約1万2千人、パート(7.5時間換算)が約7万4千人であり、パート比率は約80%である。

(イ)社員区分

B社の社員は、転居転勤可否と労働時間の長さを区分基準に、「正規社員」と「非正規社員」に分けられる。また、非正規社員は主に「パート社員」「アルバイト」で構成している。

パート社員は週25時間以上35時間以下、週25時間未満の2つのタイプに区分されており、構成比はそれぞれ62%、38%である。アルバイトについては3区分あり、「学生」が週40時間以下、「シニア」が週20時間未満、「短期・臨時」が週40時間以下である。

(ロ)育成制度の整備状況

B社の非正規社員には、等級が設定され、最下位のJ1からJ2、L1、L2、M1まで設定されている。J1、J2の等級は一般区分、L1、L2、M1の等級は管理監督区分と呼ばれている。採用者はJ1からスタートして、任用試験で合格すればJ1からJ2へ、J2からL1へと昇格が可能である。試験に合格すれば、一般区分から管理監督区分へと昇格することができる。管理監督区分で実施されているOFF-JTについてみる。このOFF-JTでは、主に管理者として求められる能力育成のための技能形成が研修を通じてなされている。研修では、管理・監督者の役割と責任、仕事の進め方・基本の復習、実務知識習得教育がおこなわれる。具体的には、社会的責任や労基法・就業規則、管理・監督者の役割やその責任、コミュニケーション能力育成である。また、管理者に必須の資格取得に関する講習も実施される。

(ハ)評価制度の整備状況

B社における評価は、「業績」「能力・スキル」「やる気・情熱」の3つを基準に実施されている。正規社員、非正規社員とも同一である。

「業績」評価では、例えば売上高、利益高の達成度を出し、それぞれの結果でウェートづけして達成度合いの序列を出す。これは主に業績賞与に反映する。

「能力・スキル」評価は、昇給や役割間の昇降格、降職などの参考になる。正規社員かパートかを問わず、担当者レベルは資格項目として知識・技能、態度・姿勢の実行度などを評価する。

「やる気・情熱」の評価は、選抜・降職などに用いられ、普通は上司による評価と多面観察で行われている。昇進する際、集団討論か分析演習発表と、個人面接を通じて判断している。

非正規社員の人事評価については勤続6ヶ月以上のものを対象に半年ごとに実施される。方法は正規社員との面接であり、評価用のチェックリストに沿って行われる。この時に下される評価は時給に反映される。

(ニ)賃金制度の整備状況

B社は、パートを正規社員と同一の賃金制度で活用する。具体的に言うと、例えば、正規社員と同じ仕事の内容や責任の度合いなどの働きをしているパートの場合は、正規社員の基本給が260,000円で、正規社員の1ヶ月の所定労働時間が160時間であれば、260,000円÷160時間=1625円であり、1625円の時給になる。また、正規

社員が月給制であれば、パート社員も職務と責任を担うことにより時間換算額を月給制に置き換える。これは、B社のパート人材の活用上において大進歩である。
　（へ）賞与と退職金制度の整備状況
　賞与については、正規社員が4ヶ月相当なのに対し、パート社員にもおおむね3ヶ月相当が支給されている。また、正規社員は退職金制度はあるが、パート社員はない。

2.3　C社の調査概要

　1957年設立のC社は、衣料品、住生活用品、食料品の総合スーパーとして、いち早く全国チェーン化を成し遂げた。従業員構成は正規社員が1560人（うち男性980人、女性580人）、パート・アルバイト（8時間換算）が6790人で、全従業員に占めるパート・アルバイト比率は約78％となっている。
　（イ）社員区分
　C社の社員は、会社が求める働き方の2つの要件①フルタイム（週40時間勤務）か、パートタイム（週30時間以上40未満、週20時間以上30時間未満、週20時間未満）かの勤務形態②転勤を伴う異動の有無――を基準に、それに見合った処遇で正規社員と非正規社員（パートを中心）を区分している。
　（ロ）教育訓練の整備状況
　教育訓練は従業員全員に同じように施す。正規社員もパートも、まず、OJTをベースに、新商品情報や売場づくりなど、必要に応じOFF-JT（年2回程度）との組み合わせでなされている。具体的に言うと、従業員が入社2週間までに会社の事業内容などについてビデオテープや各種マニュアルによるレクチャーを受ける。入社二週間後、各自の職務内容について、先輩と上司から指導される。1ヶ月後、職場で具体の操作について、OJTを受ける。非正規社員のOFF-JTとしては正規社員が開催している各部門の技能向上のための勉強会への参加や通信教育や各種公開講座の受講が挙げられる。基本的に、C社でも非正規社員の教育訓練はOJTで、その際の教育担当は主に勤務店舗の店長、副店長である。熟練非正規社員が指導に当る場合もある。
　また、パートのモチベーションを上げる工夫としては、例えば全国で売り出すお弁当・惣菜の商品企画などを競い、賞金を出すコンクールなどに取り組んでいる。また、「人間力アップ」に取り組むため、「商売人育成部」を新設し、あいさつ・マナー等を徹底するよう指導している。
　（ハ）評価制度の整備状況
　非正規社員のうちパートについては以前、主に年功（勤続年数）に基づき評価してきたものの、2006年度からは役割、技能、ルール遵守、目標達成度などを基準とするセルフチェックを適用し、正規社員とほぼ同じ評価手法に合わせた。これは、先述したように、評価の公正化を図り、パート社員間の納得性を高めるねらいがある。パートのセルフチェックは年に2回、3月と10月に実施する。3月の評価は時給改

定と夏の賞与に、9月の評価は冬の賞与に反映する。
　（二）賃金制度の整備状況
　Ｃ社の賃金体系では、非正規社員の賃金体系は時給制であり、採用時給＋部門給＋地域給（地域（店舗）による賃金市場格差）＋資格給（資格の違い）＋職位給（売場長などで定額）＋評価給（5段階評価で0〜100円。下がることもある）＋時間帯加給＋曜日加給で算出する。
　（ヘ）賞与制度の整備状況
　賞与については、正規社員には基準部分4ヶ月＋業績変動部分2ヶ月が支給されるのに対し、パート社員にもおおむね1ヶ月相当が支給されている。
　Ｃ社で、パートの労働時間が週に20時間以上のものには賞与制度がある（年間で1ヶ月分である）。労働時間が週に30時間の者は社会保険に加入している。さらに、勤続年数が一年以上のものに限り、組合員になれる。
　以上、パート活用の高度化の小売業、総合スーパー業、さらに外食業における今回のヒアリング事例調査では、パートにとどまらず、正規社員の働き方や処遇にもかかわる各社の制度見直しの内容を明らかにした。次節は、パート活用の高度化の三社の調査した結果をまとめた上、それぞれの特徴と雇用傾向などについて分析する。

3. パート活用の高度化に対する分析結果

　本節では、各社のパート活用の代表的な特徴及び問題点について論及する。

3.1　各社のパート活用の特徴

　パート活用の高度化を促進するために、対象企業三社はともにパートの活性化を図ることに取り組んでいる。簡単にまとめると、三社ともに社員区分制度を運用すること、すべての社員が同じ教育機会を受けさせ、入社時の研修については、主にOJTによる育成体系を採ること、従業員全員に賞与制度を設けいること、また、評価制度についても、評価基準は正規、非正規とも同一であることなどである。
　Ａ社は、正規社員への転換制度を設け、それを運用する。この制度はパート本人から希望を出す。したがって、時間的に余裕が出て、フルタイム勤務になりたい、残業、出張も可能であるパートにとっては、会社の試験に合格して、上司から適格だと考えたら、正規社員に転換できる。また、Ａ社は2001年に「リーダーパート制」を導入し、優秀なパートは役職に就けるようにしたほか、2002年には「社内立候補制度」の適用対象にパートも加え、パートの役職登用をめざしてきた。現在のところ、パートの役職登用は担当マネジャーやレジチェッカーマスター、サービスカウンターチーフなど7人を数えるにとどまっているが、可能な部分から処遇の均衡を図ろうとする事例である。Ａ社の一連の制度は、役職登用されるようなパートに限っては、可能な部分から処遇の均衡を図ろうとともに、正規社員側の体系を職務に応じ

た賃金や転居転勤の実態に即した社員区分に改める向きにある点でほかの2社と異なっている。

　B社が業務の合理化を進め、人員構成を変革するなかで、基幹的なパートが店舗運営の中核となってきた現場実態がある。パートを正規社員と同一の賃金制度で活用する。例えば、マネジャー以上の役職についたパート社員については、賃金の支払形態を日給月給制に統一し、月例賃金の項目もおおむねベース部分＋資格部分＋役割部分＋手当関係で構成し、役割給は時間比例で加給するほか、資格給については格差を5％以内に抑えた。月例賃金の水準で、同一資格・同職位にある正規社員の約90％を確保できるよう設計した。賃金の全体水準が同等になるよう設計した。

　C社はパート社員の活用戦略として、正規社員数が逼迫している職場で中核的な役割を担ってもらうよう意識してきた。現在、パートには、店長レベルの職務（販売促進や店舗全体の管理、人事考課、要員管理に基づくパートの募集など）を除き、商品構成・ディスプレイから部門スタッフのマネジメントまで、正規社員とほぼ同様の職務・権限が委ねられている。また、パートを対象に、実質的に働き方（ともに転居転勤がなくシフト勤務）が異ならない正規社員と比較して処遇のバランスを図っている。正規社員と同じ教育、試験を受け、マネジャークラスまで（中小型店店長まで）登用されるよう、資格・評価体系を一本化にさせる。これにより、社員区分による役割や期待、教育・資格登用の機会といった違いがなくなるとともに、結果として同一職務同一賃金に近づくこととなった。

3.2　各社のパート活用の問題点

　正規社員との均衡処遇に関して、三社とも検討して改善する必要があるところがある。パート活用の高度化は誰も否定しない傾向として、日本企業に進んでいるにもかかわらず、パートタイム労働だから正規社員なりに責任が取られない、というパートタイム労働に対する固有観念のせいで、パート活用の範囲はなかなか広げられない現状がある。均衡処遇が法律として、企業に義務つけるようになったが、企業としては、法律の規定とはっきりと違っているところがあることが今回の調査で発見した。2008年3月より実行されて始めた「改正パートタイム労働法」は、短時間労働者と正規社員との処遇の均衡について、「短時間労働者を区分ごとに処遇するよう」と規定している。しかし、今回調査した三社はいずれもパートを改正パート法の規定通りに、明確に区分していない。均衡処遇の仕方も自社なりに決めているもので、改正パート法とはかなりばらつきがある。そして、パートはもともと、いろいろな形態があるので、彼らを明確に区分しないと、企業側に管理の混乱を招致するし、パート自身に納得できなくて、モチベーションを低下する恐れもある。つまり、法律の面にしても、パート活用の効率にしても、均衡処遇の実現は改善される余地がある。

　さらに、対象企業三社のパート活用を見てわかるように、パートの使用に関して、

高度的な活用が進んでいるといわれる。三社とも、パートを多く使っていて、パートの能力向上のために、教育訓練を施し、人事評価を取り入れ、賞与制度と社員登用制度を設ける。これによって、パートのモチベーションを高めるよう、いろいろな面で工夫している。ただ、調査を通してもうひとつの発見は、パートが、依然として、非常に限っている職務に就けるのが現状である。

　本調査では、各社の事例をパート自身がどう受け止めているかまでは追跡できなかった。それだけに各社の制度見直しがパートの納得性にどの程度つながっているのかは、今後の課題の一つであると思われる。また、均衡処遇の取り組みを正規社員個々がどう受け止めるのか、そうした視点での調査研究も今後必要だと思われる。

おわりに

　サービス経済化や女性労働力率の高まり、さらに企業の人件費節約志向の強まりなどを背景に、今後もパートの増勢は続くであろう。パート数やその割合が増えるにつれ、第三次事業などを中心に、正規社員とほぼ同等の仕事に就くパートはさらに増えた。これらの産業や企業では、パートはもはや正規社員の補助労働力ではなく、基幹的労働力ともいえる存在になっている。パートの勤続の長期化や職域拡大は、個々のパートの担当職務の広がりと、それに伴う能力差の拡大をもたらすであろう。

　こうしたパートの位置づけの変化を受け、従来のパート活用や雇用管理のあり方も変わりつつある。パートをはじめ、非正規社員の雇用管理は、正規社員のそれと同じ重みで考えられなければならないし、とりわけ正規社員との処遇のバランスをどうとるべきかということは重要な論点となってくるであろう。また、パート雇用をはじめ、非正規雇用は日本経済が抱える「少子高齢化に伴う労働力人口の減少」という課題への対応策ともなりうる点においても重要となっている。それとともに、正規・非正規の格差是正策など、経済社会の変化に対応した雇用の在り方、ひいては日本人の暮らし、働き方について、国民的な議論の下で検討すべき時期が来ているように思われる。

参考文献

本田一成.1993.「パートタイム労働者の基幹労働力化と処遇制度」『日本労働研究機構研究紀要』.労働政策研究・研修機構.No.6

今野浩一郎・佐藤弘樹.2004.『人事管理入門』.日本経済新聞出版社

脇坂明.2003.「パートタイマーの基幹労働力化について」雇用関係の変貌（社会政策学会誌第9号）』.法律文化社

三山雅子.1991.「パートタイマー戦力化と企業内教育」『日本労働研究雑誌』.労働政策研究・研修機構.No.377

西本万映子、今野浩一郎.2003.「パートを中心にした非正規社員の均衡待遇と経営パフォーマンス」『日本労働研究雑誌』.労働政策研究・研修機構.No.518

小野晶子. 2001.「大型小売業における部門の業績管理とパートタイマー」『日本労働雑誌』労働政策研究・研修機構. No. 498
中村恵. 1989.『技能という視点から見たパートタイム労働問題についての研究』. 大阪婦人少年室
財団法人労務行政研究所 http://www.rosei.or.jp/index.html
労働政策研究支援情報 http://www.jil.go.jp/kikaku-qa/hanrei/hanreitop.html

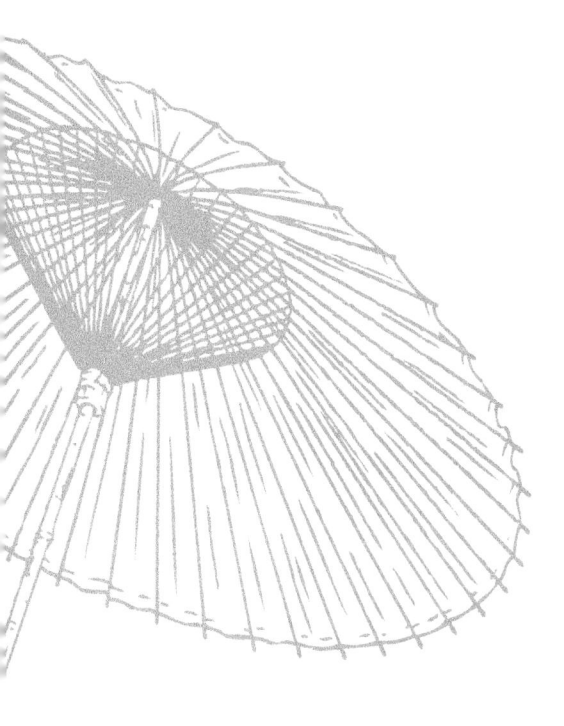

2016 年度优秀硕士论文

中日広告表現の対照研究
—談話分析の角度から—

北京外国語大学　滕　越

摘要:近年,随着市场经济的发展,广告行业开始受到越来越多的关注。本文将广告语篇看作是一种言语事件(Speech event),在语篇分析的视角下,将中日两国的电视广告加以对比。分析后得出:行为顺序上,感情类和行为类的话语功能在日本的广告语篇中出现频率更高,而信息类的话语功能则在中国的广告语篇中出现频率更高。在结构方面,中国的广告更多出现直线型的结构,而日本广告语篇的结构更为复杂。整体上看,中国的广告符合 Report-talk 的特点,而日本的广告具有 Rapport-talk 的特点。综合分析广告和说服类沟通行为发现,有关说服话题的信息是说服的基础;中日两国的说服行为在内容和结构上皆存在差异;存在"问题解决型"的说服模式。
キーワード:広告　談話分析　中日対照　説得行為

1. はじめに

1.1　背景となる問題意識

　　広告とは、「広告主の名で人々に商品やサービス、考え方などの存在・特徴・便益性などを知らせて、人々の理解・納得を獲得し、購買行動に導いたり、広告主の信用力を高めたり、特定の主張に対する支持を獲得するなどの目的のために遂行する有料のコミュニケーション活動のこと。またそのための制作物」[1]である。近年、中国でも市場経済の発展に伴い、広告業界が日々発達しているが、中国と日本のコマーシャルではその内容はずいぶん異なる。
　　一方、現代社会では、コミュニケーション能力や伝える力が重視される傾向にある。広告も一種のコミュニケーション活動であるが、その中でも、「理解・納得を獲得し、購買活動に導」くという観点からみると、説得を目的とするコミュニケーション活動であると言える。説得とは発話行為の一種であるが、自分の知っている情報を相手に押し付けようとすると、相手のネガティブ・フェイスを脅かしてしまうため、特に工夫し、注意を払う必要がある。
　　本稿では、広告を「説得」という発話行為の一種と位置付け、中日の広告表現を対照していきたい。

1.2 研究の目的と意義

本稿の目的は、広告を「説得」という発話行為の一種と位置付け、中国と日本の広告表現の特徴とその違いについて明らかにし、広告と通常の説得行為を比較することである。広告に用いられているストラテジーを研究することで、中日の広告表現の違いを明らかにするだけでなく、どのようにしたらよりよく人を説得できるかという、実生活のコミュニケーションをよりよく営むことにもつながると考えられる。

そのためには、広告表現全体の構成や流れを分析することができる、談話分析の方法を取る必要がある。なぜなら、説得という発話行為の成立は、何か一つの語によってではなく、始めから終わりまでの一つ一つの要素の積み重ねによってなされるものであるためである。

1.3 先行研究

本稿の研究対象は「広告表現」であり、方法論として「談話分析」を用いる。そのため、「広告表現」と「談話分析」の二つの方面から先行研究を考察する。

1.3.1 広告表現に関する先行研究

広告については、中国でも日本でも、特に21世紀に入ってから盛んに研究されてきている。ここでは、本研究に深く関連するものを分析する。

呂(2013)では、広告キャッチフレーズの平叙文を対象に、どのような発話機能が用いられているかを論じている。先行研究の山岡(2008)を基に、広告表現で用いられる発話機能を8つに分類し、平叙文では「行為要求」、「行為拘束」、「情報提示」、「感情表出」の4つの発話機能が観察されるとし、広告の基本的機能は情報の提示であるため、付与類の発話が多いことを述べている。

呂は広告表現の分析のために先行研究の発話機能の分類を再検討しており、「広告の基本機能は情報の提示であり、付与類の発話が多い」という結論は評価すべきだが、発話機能の分類において、明確な定義と広告の特色を反映した分類がなされていないことが問題点である。

呂はその後、広告の語用論的研究をさらに進めており、2014年に広告の解釈プロセスについての論文を発表している。考察の結果、広告表現の解釈では文脈創成の過程が行われるとしたが、筆者は同意しかねる。なぜなら、「文脈創成」が行われれば、受け手が創成した文脈によって広告の目的は様々に解釈し得るためである。しかし、ほとんどの広告の目的は購買を促すことである。呂が広告を「文脈創成型」だと結論付けた原因は、キャッチフレーズのみを研究対象としたことだ思われるので、広告表現を語用論的に研究するには、コマーシャル全体に注目する必要があると考えられる。

さらに、その他の広告表現に関する研究を概観すると、データの集め方と処理の方法について、客観性が不足している；キャッチフレーズのみを研究対象としてい

て、広告を説得談話の一種として研究するためには不十分であるの2点の不足点がある。

1.3.2 談話分析に関する先行研究

次に、本研究の研究方法である談話分析と、「説得」、「依頼」[2]に関係する先行研究をまとめてみたい。

橋内(1999)によると、「談話分析」とは、「談話を研究対象にして、そのしくみと働きを解き明かそうと」する分野であり、統語論、語用論、社会言語学と関連をもつ。談話分析の主な課題は「談話にみられる構造と機能の双方を考察すること」である。

談話分析の研究対象である「談話」は、通常「文より大きい言語単位」とされるため、本稿の研究対象である広告も一種の談話である。そのため、その機能と構造を分析するのに談話分析の方法を用いる。

柳(2012)はこの方法を用いて、「依頼」の日韓対照研究を行っている。柳は、談話の構造やストラテジーの観点から、日本語母語話者と韓国語母語話者に対して、依頼談話の対照研究を行った。その結果、日本語の依頼では、情報提示が小出しにされるのに対し、韓国語の依頼では情報提示がすべて行われてから依頼の応答がなされる特徴があるとした。また、柳は自ら先行研究に基づいて発話機能を再分類している。

「説得」に関しては東(2010)が、政治家の選挙演説について研究している。選挙演説を一種のコミュニケーションととらえ、2009年8月の衆議院議員選挙について、民主党の「政権交代」の言葉のからくりを分析している。分析の結果、自民党の演説は情報的な話し方(リポートトーク、後述)で、話し手中心で抽象的なものが多く、民主党の演説は内容も聞き手中心で、共感を高める話し方(ラポートトーク、後述)であったがために、多くの支持を得たと結論づけている。

「説得」という行為そのものに関しては、佐生(1993)で、アメリカ人は日本人より「説得」を好み、日本人は「相談」を好むこと；西條・田中・小野(2015)では説得のストラテジーについて、日本語母語話者は情動のアピールを、スペイン語母語話者は習慣のアピールをよく用いるという、大変興味深い分析結果が出ている。

このように、「説得」という言語行為を好むかどうか、またその方法には異文化・異言語間で差異があることがわかる。

2. 研究の方法

2.1 関連概念

第3章からの分析に先立ち、本稿の関連概念について説明する。

まずは、Tannen(1990、邦訳1992)の「リポートトーク」と「ラポートトーク」の概念である。Tannenは男女の会話は異文化間コミュニケーションであるとし、男性は「地位」、「独立」、「直接的」、「専門用語を使う」、「パブリックスピーキング」、「客観

的」、「情報を伝える」といった特徴のある「リポートトーク」を好み；女性は「和合」、「親和」、「間接的」、「共感する」、「プライベートスピーキング」、「人間関係を築く」といった特徴のある「ラポートトーク」を好むとした。

　Tannenの理論は男女間のコミュニケーションに新たな扉を開いただけでなく、言語学のほかの分野にも新たな視点を提供した。例えば、Ujiie(2010)のように、言語間の区別を説明する際にも用いられている。

　本稿ではコマーシャルの内容と構成について重点的に分析するが、それには発話機能の概念が深く関連する。

　発話機能とは、山岡(2008)によると、「コミュニケーションにおいて、発話によって話者から聴者に伝達された最終的な意味のうち、それが両者の対人関係上に果たした機能を抽出して名称を与えたもの」である。本研究では先行研究の呂(2013)と柳(2012)に基づいて発話機能の再分類を行う。

　また、本研究では発話内容の概念も用いる。本研究でいう発話内容とは、発話機能の「機能」の部分を弱めた「この発話は何に関する発話であるか」を指す概念である。2.3で本研究の発話機能を三分類しているが、第3章と第4章ではそれぞれのカテゴリーの下に発話内容を設定する。

2.2　研究対象

　本研究の研究対象はテレビで放送されている商業コマーシャル(次段落より、コマーシャル)とする。テレビを選択したのは実生活のコミュニケーションに最も近いため、商業コマーシャルを選択したのは、営利目的であるが故に「説得」の意図が明らかなため、数量が多いためである。

　また、中国のコマーシャルは中国中央テレビ総合チャンネル(以下、CCTV1)と湖南衛視、日本のコマーシャルは日本テレビから[3]採集した。

　データの採集の期間は、中国のコマーシャルは2015年4月14日から10月6日まで、日本のコマーシャルは2015年3月31日から8月10日までである。この期間で中国のコマーシャルを計621本、日本のコマーシャルを計948本収集した。

　また、業種ごとに説得方法が異なるため、業種についても選定した。収集したデータを、先行研究に基づいて18の業種に分類し、其々の業種のコマーシャルの量、日用消費財か耐久消費財かなどを考慮し、さらにコマーシャルの同質性を保証するため業種をさらに細分化し、最終的に［女性用化粧品］と［乗用車］を分析することとした。

　コマーシャルの長さについても、情報量が異なるため限定し、中日いずれでも多かった15秒のコマーシャルを分析する。

　また、シリーズ広告は、製作者の意図が類似しているため、一シリーズ一本を抽出して分析する。

2.3 発話機能の定義と分類

本研究の発話機能の分類は、柳(2012)と呂(2013)を参照した。

表1 本研究の発話機能の分類

カテゴリー \ 発話機能	種類	柳(2012)との対応	呂(2013)との対応
情報類	(1)情報要求	情報要求	情報要求の大部分
	(2)情報提供	情報提供	情報提示の大部分
感情類	(3)見解要求	見解要求	感情要求、情報要求の一部
	(4)見解表明	見解表明	感情表出、情報提示の一部
	(5)関係作り・儀礼	関係作り・儀礼	なし
行為類	(6)意思表示	意思表示	行為拘束、宣言
	(7)行為要求	単独行為要求、共同行為要求	行為要求、宣言要求
その他	(8)注目要求	注目要求	なし
	(9)注目表示	注目表示	なし
	(10)同意要求	同意要求[4]	なし

以下、それぞれの発話機能について定義する。

情報型の発話機能：
(1)情報要求：聞き手に情報を求める発話。
(2)情報提供：情報を与える発話。質問への答えも含む。
感情型の発話機能：
(3)見解要求：聞き手の感情や考えを尋ねる発話。

ただし、(1)情報要求と(3)見解要求、そして後述の(8)同意要求に関しては、本当に聞き手に情報、見解あるいは同意を求めているわけではない。コマーシャルにおける〈情報要求〉と〈見解要求〉の発話は〈注目要求〉に似た機能を兼ね持つと考えられる。

(4)見解表明：話し手の感情や考えを表す発話。
(5)関係作り・儀礼：感謝、挨拶など、聞き手との人間関係にかかわる発話。
行為型の発話機能：
(6)意思表示：話し手の未来の行動を表す発話。
(7)行為要求：聞き手の未来の行動を要求する発話。
その他の発話機能：
(8)同意要求：ある事柄について、聞き手の同意を求める発話。
(9)注目要求：聞き手の注意を引くための発話。
(10)注目表示：発話を認識したことを表す発話。

以上の発話機能を、広告にあてはめた例を、中日一つずつ挙げる。

例1	広告テキスト	発話機能
N[5]：	重要时刻,我要出众闪耀。	見解表明
	秘密在,力士!	情報提供
	密集滋养,抚平受损毛鳞片,	情報提供
	保3D闪耀秀发。让我光彩照人。	情報提供
	3D闪耀,尽在力士。	情報提供

【150519 力士 湖南衛視】

例2	広告テキスト	発話機能
N1：	おかげさまで、	関係作り・儀礼
	ホンダ、Nシリーズ、早くも100万台を突破です。	情報提供
	NEW NEXT 100万台 乗り物。	情報提供
	ありがとう。	関係作り・儀礼
	ホンダ、Nシリーズ。	情報提供
N2：	この週末は、ホンダカーズへ。	行為要求

【150606 ホンダ Nシリーズ】

そして、発話機能の分類を基に、コマーシャルを《情報型》、《感情型》、《行為型》の三種類に分類して分析した。具体的な分類の方法と考察については3.2と4.2を参照されたい。

3. 日用消費財広告の中日対照——化粧品コマーシャルを対象に

3.1 本章の研究対象

本章の研究対象は中国と日本の15秒の女性用化粧品コマーシャルである。統計の結果中国のものが46本、日本のものが86本あったが、同質性を求めるため、シリーズ広告、商品の価格、宣伝対象の年齢層、季節性、言語以外の要素の影響を考慮し、中国の化粧品コマーシャル39本、日本の化粧品コマーシャル43本を、本章で分析する。

3.2 コマーシャルの定義と分類

2.3の発話機能の分類を基に、化粧品コマーシャルを《情報型》[6]、《感情型》、《行為型》の3種類に分類した。

《情報型》コマーシャルとは、テキストに〈情報型〉発話機能の発話しかないコマーシャルを指す。《感情型》コマーシャルは、テキストに〈感情型〉の発話があるコマーシャル、《行為型》コマーシャルを、テキストに〈行為型〉の発話があるコマーシャルと定義する[7]。三種のコマーシャルを中日各一例ずつ挙げ、それぞれの数を統計

する。

《情報型》コマーシャル
 例3 広告テキスト   発話機能
   A：水密码细肤水，   情報提供
    独有3X水养系统，创新DST细肤科技，   情報提供
    还原肌肤水润细腻。   情報提供
    水养细肤，细腻如初。   情報提供
    补水专家，水密码。   情報提供
               【150516 水密码 湖南衛視】

 例4 広告テキスト   発話機能
   N：DHC薬用ディープクレンジングオイルから、 情報提供
    ディズニーデザインボトル登場。   情報提供
    美容オイルでメイクを落とすような、至福の瞬間。 情報提供
    うるおい満ち溢れていく。   情報提供
    DHC薬用ディープクレンジングオイル。   情報提供
        【150413 DHC 薬用ディープクレンジングオイル】

《感情型》コマーシャル
 例5 広告テキスト   発話機能
   N：我们恨化学，我们恨化学，我们恨化学！   見解表明
    自然护肤，法兰琳卡。   情報提供
    法兰琳卡，十年专注自然护肤。   情報提供
   M：法兰琳卡。   情報提供
               【150815 法兰琳卡 湖南衛視】

 例6 広告テキスト   発話機能
   A：べたつく梅雨時は、プリマの皮脂崩れ防止下地。 情報提供
    ジメジメしてても平気なの。   情報提供
    おでこも小鼻もてかってない！   見解表明
    プリマの下地、ホント助かるよね。   同意要求
   N：梅雨時、下地で差がつく、-5歳肌。   情報提供
   A：プリマビスタ。   情報提供
              【150703 プリマビスタ】

《行為型》コマーシャル
 例7 広告テキスト   発話機能

N：	都市生活，让脸上危机重重。	情報提供
	全新博颜诗皮肤科研级方案，	情報提供
	经真人实测，	情報提供
	健康肌肤，净、润、弹。	情報提供
	搜索博研诗。	行為要求

【150820 博研诗 湖南衛視】

例8	広告テキスト	発話機能
N：	HABAの高品位「スクワラン」は、	
	たった一滴で、乳液やクリームの代わり。	情報提供
	うるおい素肌へ。	情報提供
	うるうる。	情報提供
	やっぱり、	
ALL：	スクワランが好き！	見解表明
N：	HABAで検索。	行為要求

【150519　HABA】

表2　化粧品コマーシャルの分類

国 タイプ	中国		日本	
	データ数	パーセンテージ	データ数	パーセンテージ
情報型	14	35.90％	13	30.23％
感情型	20	51.28％	24	55.81％
行為型	8	20.51％	11	25.58％
計	39	100.00％	43	100.00％

　その結果、中国・日本共に、《感情型》が最も多く、次いで《情報型》、《行為型》であった。《情報型》は中国の方がやや多く、《感情型》と《行為型》は日本の方がやや多かった。

3.3 〈情報型〉発話の発話内容

　次に、発話内容について分析する。まずは、〈情報型〉の発話であるが、これはコマーシャルの中でも最も基礎的な、情報伝達の役割を果たす。〈商品名〉、〈商品情報〉、〈環境・常識〉、〈使用効果〉、〈特典・新発売〉、〈体験談〉の6つの発話内容を規定した。以下、それぞれの発話内容を定義する。

　〈商品名〉：商品、ブランド、企業名。
　〈商品情報〉：商品の成分や技術、質感、販売実績など。
　〈環境・常識〉：周りの環境について、または誰でも知っているような常識。
　〈使用効果〉：商品の使用が消費者にもたらす良い変化。

〈特典・新発売〉：期間限定、セールス情報など、あるいは商品の進化、新商品など。[8]

〈体験談〉：実際の商品使用者が語る商品に関連する情報。

そして、〈情報型〉発話機能が出現するコマーシャルにおいて、どのくらいの割合でこれらの発話内容が出現するのか統計した。

表3　化粧品コマーシャルにおける〈情報型〉発話の内容

発話内容 \ 国	中国 データ数	中国 パーセンテージ	日本 データ数	日本 パーセンテージ
コマーシャル数	39		43	
商品名	39	100.00%	43	100.00%
使用効果	36	92.31%	37	86.05%
商品情報	32	82.05%	32	74.42%
特典・新発売	13	33.33%	16	37.21%
環境・常識	12	30.77%	9	20.93%
体験談	4	10.26%	9	20.93%
その他	2	5.13%	0	0.00%

統計の結果、〈情報型〉の発話内容の分布は中日両国で類似しており、上位の〈商品名〉、〈使用効果〉、〈商品情報〉、〈特典・新発売〉は同じで、中国はその後〈環境・常識〉と続き、〈体験談〉が最下位であった。一方、日本のコマーシャルは〈環境・常識〉と〈体験談〉が同率で最も少なかった。

また、中日を比較すると、〈商品情報〉、〈環境・常識〉と〈使用効果〉は中国のコマーシャルの方が多く、〈特典・新発売〉と〈体験談〉は日本のコマーシャルの方が多かった。特に、〈環境・常識〉と〈体験談〉の二つは中日間の差異が顕著だった。

中日共に〈商品名〉、〈商品情報〉、〈使用効果〉の3要素が多く、〈環境・常識〉、〈特典・新発売〉、〈体験談〉の3要素が少なかった原因は、日用消費財では商品と直接関連する要素を宣伝するため、化粧品はその効果を期待して購入することが多いためであろう。〈環境・常識〉、〈体験談〉が少なかったのは周辺的要素であるため、〈特典・新発売〉が少なかったのはすべての製品に特典や新発売があるわけではないためである。

また、中国と日本で多用される発話内容に異なる傾向があったのは、リポートトークとラポートトークの概念が関連している。以上の6種の〈情報型〉の発話は、情報の質や誰の視点に立った発話かは異なる。話し手の立場、直接的か間接的か、専門用語を多用するか、パブリックスピーキングかプライベートスピーキングかの4つの要素を分析し、「＋」でリポートトーク的、「−」でラポートトーク的、「0」でどちらともとれることを表して、表にまとめる。

表4 〈情報型〉発話内容とリポートトーク、ラポートトーク

	立場	直接/間接	専門用語	パブリック/プライベート
商品名	＋	＋	＋	＋
商品情報	＋	＋	＋	＋
環境・常識	＋	－	0	＋
使用効果	－	＋	－	＋
特典・新発売	－	＋	－	＋
体験談	－	－	－	－

　分析の結果、日本のコマーシャルに多かった〈特典・新発売〉と〈体験談〉はラポートトーク的で、中国のコマーシャルに多かった〈商品情報〉、〈環境・常識〉はリポートトーク的であった。
　また、コマーシャルの構成として、〈商品名〉→〈商品情報〉→〈使用効果〉という直線的な情報の流れが観察された。

例9　　　広告テキスト　　　　　　　　　　　　　　　　発話内容
　　　A：上妆不再被约束!　　　　　　　　　　　　　　　使用効果
　　　　　随你,随时,随地,15秒,上出完美底妆。　　　　　使用効果
　　　　　卡姿兰气垫CC霜,　　　　　　　　　　　　　商品名
　　　　　百万储水微气孔,　　　　　　　　　　　　　商品情報
　　　　　让底妆水润、清透、无暇。　　　　　　　　　使用効果
　　　　　我的气垫CC,我的卡姿兰。　　　　　　　　　　見解表明(商品の選択)
　　　　　【150519 卡姿兰气垫CC霜 湖南衛視】

例10　　　広告テキスト　　　　　　　　　　　　　　　　発話内容
　　　N：ヘアオイルはベタつくってまだ思い込んでる?
　　　　　　　　　　　　　　　　　　　　　　　　　　　見解要求(現状への不満)
　　　　　ロレアルパリの売り上げナンバーワンヘアオイルなら、商品名
　　　　　独自の軽いフラワーオイルで、　　　　　　　商品情報
　　　　　潤うのにべたつかない。　　　　　　　　　　使用効果
　　　　　使えばわかる。　　　　　　　　　　　　　　　行為要求(商品使用勧誘)
　　　　　ロレアルパリ。　　　　　　　　　　　　　　　商品名

　このパターンは中国の化粧品コマーシャルで多用されており、39本中29本で観察された。日本の化粧品コマーシャルは43本中15本で観察された。日本のコマーシャルではより複雑かつ間接的なパターンが多くみられた。

3.4 〈感情型〉発話の発話内容

次に〈感情型〉の発話について分析する。〈感情型〉発話は聞き手の共感を高める働きがある。〈商品の選択〉、〈商品への要望〉、〈現状への不満〉、〈使用の感想〉、〈消費者への感謝〉、〈モットー〉の6つの発話内容を規定した。

〈商品の選択〉:その商品を選ぶことにしたという考え。
〈商品への要望〉:商品に対する、このような機能があったらよい、このような効果が得られればいいといった期待。
〈現状への不満〉:現有の商品または現在の環境、個人の身体状況などに対する不満。
〈使用の感想〉:商品を使用した人の、使用効果などに対する感想、評価。
〈使用の感想〉の中に、他人の感想、つまり商品使用(効果)への評価についての発話がある場合、〈他者の使用の感想〉として区別した。
〈消費者への感謝〉:企業側からの、消費者側への感謝。
〈モットー〉:話し手の生き方、座右の銘などについての発話。

《感情型》コマーシャルにおいて、どのくらいの割合で6つの発話内容を含むコマーシャルが出現するのかを統計した。

表5 化粧品コマーシャルにおける〈感情型〉発話の内容

国 発話内容	中国 データ数	中国 パーセンテージ	日本 データ数	日本 パーセンテージ
コマーシャル数	20		23	
商品への要望	7	35.00%	4	17.39%
商品の選択	6	30.00%	3	13.04%
現状への不満	3	15.00%	2	8.70%
モットー	3	15.00%	1	4.35%
使用の感想	1	5.00%	16	69.57%
うち他者の使用の感想	1	5.00%	3	13.04%
消費者への感謝	0	0.00%	1	4.35%
その他	2	10.00%	0	0.00%

表5の結果、中国の化粧品コマーシャルは、〈商品への要望〉、〈商品の選択〉の発話が多く、〈消費者への感謝〉は一例もなかった。一方、日本の化粧品コマーシャルで最もかつ圧倒的に多かったのは〈使用の感想〉で、そのほかの発話内容は少なかった。

中日両国を比較すると、〈商品への要望〉、〈商品の選択〉、〈現状への不満〉、〈モットー〉は中国が多く、〈消費者への感謝〉、〈使用の感想〉は日本が多かった。特に〈使用の感想〉については、日本のコマーシャルの方が圧倒的多かった。

本研究での〈感情型〉の発話は「意見や考え」を表すものと「感情」を表すものの両方を含むが、「感情」を表すものはより直観的であり、共感を誘いやすいのに対し、「意見や考え」を表すものはより複雑で論理的である。

〈感情型〉の6つの発話内容のうち、〈商品の選択〉、〈商品への要望〉、〈現状への不満〉、〈モットー〉は話し手の「意見や考え」を表すが、〈消費者への感謝〉と〈使用の感想〉は話し手の「感情」を表す。中国の消費者は理論を好み、日本の消費者は直観的な感覚を好むことがわかる。

3.5 〈行為型〉発話の発話内容

次に、〈行為型〉の発話について分析する。〈行為型〉の発話は、直接的に商品の購入を促すものが多いが、〈意思表示〉は消費者を安心させる働きをする。本節では〈行為型〉の発話に対し、〈来店勧誘〉、〈商品使用勧誘〉、〈検索勧誘〉、〈生活方式提唱〉、〈約束・保証〉の5つの内容を規定し、《行為型》コマーシャルにおいて、どの程度5つの発話内容がコマーシャルが出現するのかを統計した。

〈来店勧誘〉：小売店に来店することを勧める発話。
〈商品使用勧誘〉：商品を使ってみることを勧める発話。
〈検索勧誘〉：詳しい情報を調べることを勧める発話。
〈生活方式提唱〉：生き方や生活面のアドバイス。
〈約束・保証〉：話し手の聞き手に対する約束・保証など。

表6　化粧品コマーシャルにおける〈行為型〉発話の内容

発話内容＼国	中国 データ数	中国 パーセンテージ	日本 データ数	日本 パーセンテージ
コマーシャル数	8		11	
生活方式提唱	4	50.00%	4	36.36%
商品使用勧誘	3	37.50%	4	36.36%
来店勧誘	2	25.00%	1	9.09%
検索勧誘	1	12.50%	1	9.09%
約束・保証	0	0.00%	1	9.09%
その他	0	0.00%	1	9.09%

5つの発話内容のうち、話し手の未来の行動を拘束する〈意思表示〉の発話機能の〈約束・保証〉は日本のコマーシャルのみに観察された。これは聞き手のネガティブ・フェイスを脅かすことのない、聞き手志向の発話である。

残りの4つの発話内容は、中日共に〈商品使用勧誘〉や〈生活方式提唱〉が頻繁に用いられていた。〈商品使用勧誘〉は、直接「商品を使ってほしい」と勧誘する発話は少なく、ほとんどは「効果を体験してほしい」の形で表れる。中国でも日本でも直接的すぎる購入勧誘は好まれないことがわかる。また、〈生活方式提唱〉は中国より日本

のコマーシャルの方がより具体的であった。
　また、〈行為型〉の発話機能の出現位置を観察すると、中国のコマーシャルでは開始部のみに使用されているものが4例、終了部のみに使用されているものが3例、中間部と終了部に使用されているものが1例あった。日本のコマーシャルでは開始部に使用されているものが2例、終了部に使用されているものが6例、中間部に使用されているものが3例あった。

3.6　本章のまとめ

　本章では、中国39本、日本43本の化粧品コマーシャルを対象に、談話分析の方法でその内容と構成について分析した。発話機能を〈情報型〉、〈感情型〉、〈行為型〉の三種類に分類し、それに応じてコマーシャルを《情報型》、《感情型》、《行為型》の三種類に分類した。すると、中日共に《感情型》コマーシャルが最も多かった。
　《情報型》コマーシャルは中国がやや多く、〈情報型〉発話の内容は〈体験談〉、〈特典・新発売〉は日本が多く、〈環境・常識〉、〈使用効果〉、〈商品情報〉は中国が多かった。日本に多かった発話には、ラポートトークの特徴が観察された。
　《感情型》コマーシャルは日本がやや多く、〈感情型〉発話の内容は日本では〈使用の感想〉と〈消費者への感謝〉が多く、中国では〈商品の選択〉、〈商品への要望〉、〈現状への不満〉、〈モットー〉が多かった。日本のコマーシャルでは「感情」を、中国のコマーシャルでは「考え」を重視する傾向があった。
　《行為型》コマーシャルは日本がやや多く、〈行為型〉発話の内容は、話し手の行動を拘束する〈意思表示〉の〈約束・保証〉は日本のコマーシャルのみに観察された。商品関連の〈行為型〉発話内容は中日両国で類似していたが、〈生活方式提唱〉は日本のコマーシャルの方が具体的であった。
　構成面からみると、二つの特徴が見られた。まず、中国のコマーシャルで特に、〈商品名〉→〈商品情報〉→〈使用効果〉という構成が頻繁に観察された。このパターンは比較的直線的かつ直接的であるため、リポートトークの特徴と一致している。日本のコマーシャルではより複雑な構成が好まれる。また、〈行為型〉発話は、中国のコマーシャルでは開始部に近い位置で、日本のコマーシャルでは終了部に近い位置で観察される。
　化粧品コマーシャルでは、中日両国共に、〈商品への要望〉、〈現状への不満〉、〈商品情報〉、〈使用効果〉、〈使用の感想〉、〈体験談〉などの発話内容が多く観察されたが、これらの内容は「現時点での問題→問題解決の方法→解決後の変化」という流れを構成する。これを「問題解決型」のコマーシャルの構成パターンとする。

4. 耐久消費財広告の中日対照――自動車コマーシャルを対象に

4.1　本章の研究対象

　本章の研究対象は中国と日本の15秒の乗用車コマーシャルである。統計の結果

中国のもの、日本のものそれぞれ33本あった。シリーズ広告、外国語吹き替え、音楽の影響などの要素を排除し、比較的同質的なコマーシャル（中国 19 本、日本 18 本）を分析対象とした。

4.2　コマーシャルの定義と分類

　本章でもまず、自動車コマーシャルの行為連続について分析する。発話機能に関しては、2.3の表1の発話機能の定義と分類を本章でも使用する。そして、第3章と同じように、コマーシャルを《情報型》、《感情型》、《行為型》の3種類に分類し、それぞれのデータ数を統計した。

《情報型》コマーシャル
　例11　　　広告テキスト　　　　　　　　　　　　　　発話機能
　　　N：全新 MURANO 楼兰，　　　　　　　　　　　情報提供
　　　　　创行先锋，惊世新生。　　　　　　　　　　　情報提供
　　　　　东风日产。　　　　　　　　　　　　　　　　情報提供
　　　　　　　　　　　　　　　【150815　东风日产 MURANO CCTV1】

　例12　　　広告テキスト　　　　　　　　　　　　　　発話機能
　　　N：危険を見つけて、自動で止まる。　　　　　　情報提供
　　　　　仲間が増えても、余裕で乗れる。　　　　　　情報提供
　　　　　やりたいこと全部、この一台で。　　　　　　情報提供
　　　　　ニュー日産ノート、絶好調。　　　　　　　　情報提供
　　　　　　　　　　　　　　　　　　　　【150411　日産　ノート】

《感情型》コマーシャル
　例13　　　広告テキスト　　　　　　　　　　　　　　発話機能
　　　N：雪佛兰新克鲁斯，　　　　　　　　　　　　　情報提供
　　　　　新表现，更过瘾。　　　　　　　　　　　　　情報提供、見解表明
　　　　　雪佛兰。　　　　　　　　　　　　　　　　　情報提供
　　　　　热爱我的热爱。　　　　　　　　　　　　　　見解表明
　　　　　　　　　　　　　　　　　　　【150414　雪佛兰 CCTV1】

　例14　　　広告テキスト　　　　　　　　　　　　　　発話機能
　　　N：あ、好き。という気持ちを、車にしました。　　情報提供
　　　　　好き、時々大好き。　　　　　　　　　　　　見解表明
　　　　　生まれ変わった、ニューラパン。　　　　　　情報提供
　　　　　スズキ。　　　　　　　　　　　　　　　　　情報提供
　　　　　　　　　　　　　　　　　【150725　スズキ　ニューラパン】

《行為型》コマーシャル

例15	広告テキスト	発話機能
N：	是谁,让世人屏息以待。	情報要求
	福特,旗舰座驾,金牛座。	情報提供
	邀您亲临展厅,品鉴卓越。	行為要求
	福特,进无止境。	情報提供

【150923　福特　金牛座CCTV1】

例16	広告テキスト	発話機能
N1：	ドライビングハイブリッドで、もっと賢く、気持ちよく。	情報提供
	いいクルマのある、幸せ。	見解表明
	インプレッサスポーツ、ハイブリッド、デビュー。	情報提供
N2：	残価設定10300円から。	情報提供
	詳しくは北海道スバルへ。	行為要求

【150505　三菱　デリカ】

表7　自動車コマーシャルの分類[9]

タイプ＼国	中国		日本	
	データ数	パーセンテージ	データ数	パーセンテージ
情報型	7	36.84%	5	27.78%
感情型	5	26.32%	7	38.89%
行為型	7	36.84%	11	61.11%
計	19	100.00%	18	100.00%

　表7を見ると、中国の自動車コマーシャルは《情報型》と《行為型》が多く、《感情型》はやや少なかった。日本の自動車コマーシャルは《行為型》が最も多く、次いで《感情型》、そして《情報型》という順序だった。
　全体的にみると、自動車コマーシャルは化粧品コマーシャルと比べ、《行為型》が多く、《感情型》が少なかった。また、《情報型》は中国のものが多く、《感情型》は日本がやや多かった。《行為型》は、日本の方が明らかに多かった。

4.3 〈情報型〉発話の発話内容

　発話機能別に発話内容に関してより詳細な分析を進める。まず、〈情報型〉発話を〈商品名〉、〈商品情報〉、〈環境・常識〉、〈使用効果〉、〈特典・新発売〉の5つの内容に分類した。発話内容の定義は3.3を参照されたい。自動車コマーシャルには〈体験談〉の発話は観察されなかった。そして、〈情報型〉発話機能が出現するコマーシャルにおいて、それぞれの発話内容の出現率を統計した。

表8 自動車コマーシャルにおける〈情報型〉発話の内容

国 発話内容	中国 データ数	パーセンテージ	日本 データ数	パーセンテージ
コマーシャル数	19		18	
商品名	19	100.00%	18	100.00%
商品情報	11	57.89%	15	83.33%
特典・新発売	9	47.37%	12	66.67%
環境・常識	5	26.32%	2	11.11%
使用効果	1	5.26%	5	27.78%

　統計の結果、中日両国共に〈商品名〉、〈商品情報〉、〈特典・新発売〉の発話が比較的多く、〈環境・常識〉、〈使用効果〉は比較的少なかった。
　化粧品コマーシャルと比べると、〈特典・新発売〉と〈使用効果〉の出現率に差異があった。自動車コマーシャルで〈使用効果〉の出現率が低いのは、自動車は化粧品と比べ、即効性の効能が期待されないためと考えられる。
　また、個々のカテゴリーに対して中日を対照したところ、〈商品名〉は中日共にすべてのコマーシャルに現れていた。〈商品情報〉、〈使用効果〉、〈特典・新発売〉は日本のコマーシャルが多く、〈環境・常識〉は中国のコマーシャルが多かった。〈商品情報〉以外の要素は、リポートトークとラポートトークの中日の特徴に一致していた。〈商品情報〉は日本のコマーシャルで多く観察されたが、中国のそれより具体的であった。
　また、構造に関しては、〈商品名〉の出現が、中国のコマーシャルの方が日本のコマーシャルよりも開始部に現れやすい傾向があった。

4.4 〈感情型〉発話の発話内容

　〈感情型〉発話に関しても、発話内容を〈商品の選択〉、〈使用の感想〉、〈消費者への感謝〉、〈モットー〉の4種類に分類した。発話内容の定義は3.4を参照されたい。自動車コマーシャルには、〈商品への要望〉、〈現状への不満〉は観察されなかった。そして、それぞれの発話内容の出現率を統計した。

表9 自動車コマーシャルにおける〈感情型〉発話の内容

国 発話内容	中国 データ数	パーセンテージ	日本 データ数	パーセンテージ
コマーシャル数	5		7	
使用の感想	2	40.00%	3	42.86%
モットー	2	40.00%	2	28.57%
商品の選択	0	0.00%	1	14.29%
消費者への感謝	0	0.00%	1	14.29%
その他	1	20.00%	0	0.00%

自動車コマーシャルの全体的な特徴として、〈感情型〉発話が化粧品コマーシャルより少なかったが、これは自動車が感情が動けばできる買い物ではないためだろう。また、〈消費者への感謝〉は日本のコマーシャルのみに観察された。

4.5　〈行為型〉発話の発話内容

〈行為型〉の発話内容を〈来店勧誘〉、〈商品使用勧誘〉、〈生活方式提唱〉、〈約束・保証〉の4種類に分類した。発話内容の定義は3.5を参照されたい。自動車コマーシャルでは〈検索勧誘〉は観察されなかった。そして、《行為型》コマーシャルにおいて、4つの発話内容のコマーシャルでの出現率を統計した。

表10　自動車コマーシャルにおける〈行為型〉発話の内容

発話内容 \ 国	中国 データ数	パーセンテージ	日本 データ数	パーセンテージ
コマーシャル数	7		11	
生活方式提唱	4	57.14%	4	36.36%
来店勧誘	3	42.86%	5[10]	45.45%
商品使用勧誘	1	14.29%	1	9.09%
約束・保証	0	0.00%	2	18.18%

自動車コマーシャルは、〈行為型〉の発話が化粧品コマーシャルよりも多く、特に〈生活方式提唱〉、〈来店勧誘〉が多く観察された。聞き手志向の〈約束・保証〉は日本のコマーシャルのみに観察された。また、中日共に〈行為型〉の発話内容が〈来店勧誘〉と〈生活方式提唱〉に集中していたのは、自動車は即決購入が難しいため、まずは商店に客を呼ぼうという考えと、自動車は人々の生活を大きく変えることができるためと考えられる。〈商品使用勧誘〉が少なかったのも自動車の「耐久消費財」という性質に関連していると考えられる。

また、〈行為型〉の発話がコマーシャルのどこで使用されているのかを観察すると、化粧品コマーシャルと同じように、中国のコマーシャルと比べると、日本のコマーシャルの方が構成の後半部に〈行為型〉の発話を用いる傾向があった。

4.6　本章のまとめ

本章では、中国19本、日本18本の自動車コマーシャルを対象に、談話分析の方法でコマーシャルの内容と構成について分析した。すると、中日共に《行為型》コマーシャルが最も多かった。

《情報型》のコマーシャルは中国が多く、発話内容は〈商品情報〉、〈特典・新発売〉、〈使用効果〉は日本のコマーシャルに多く観察され、〈環境・常識〉は中国のコマーシャルに多く観察された。

《感情型》のコマーシャルは日本が多く、発話内容は〈使用の感想〉、〈商品の選択〉、〈消費者への感謝〉は日本の方が多く、〈モットー〉は中国のコマーシャルによく見られた。

《行為型》のコマーシャルは日本のほうがやや多く、話し手の行動を拘束する〈約束・保証〉は日本のコマーシャルのみに観察された。また、〈生活方式提唱〉、〈来店勧誘〉の発話が中日共に多かった。

化粧品コマーシャルと比較すると、自動車コマーシャルでは〈体験談〉、〈商品への要望〉、〈現状への不満〉、〈使用効果〉などが極端に少なかった。これは、化粧品が安価、即効性、問題解決といった特徴を持つのに対し、自動車は高価、生活スタイルや地位の向上といった特徴をもつためと考えられる。

コマーシャルの構成面から観察すると、〈商品名〉と〈行為型〉発話が、中国のコマーシャルで開始部に、日本のコマーシャルでは終了部に現れやすい傾向があった。

5. 広告と説得行為

5.1　広告と説得行為との比較

本章では、第3章、第4章の分析を基に、広告と説得行為の異同と広告の説得行為への示唆について分析する。

まずは、中国のセールストークの例を見てみる。

例17　中国のセールストーク（風邪薬の販売）

談話	発話機能
（前略）	
A：那您感冒,发热吗?	情報要求
B：对,有点烧,嗓子也疼,还有点头疼。	注目表示、情報提供
A：那您这感冒还挺严重的,您最好上医院去看看吧。	行為要求
我先给您拿点药。	意思表示
您是上班呢吧?	情報要求
B：是的。	情報提供
A：给您拿盒×××吧。	意思表示
这个药啊,就是白天吃白片,吃了以后不会瞌睡,不影响正常上班。	情報提供
晚上吃黑片,还不失眠。	情報提供
这个药啊,上班族都挺喜欢的。	情報提供
B：哦,那这个吃了以后不会困吧。	注目表示、情報要求
A：您白天吃白片就不会。	情報提供
这个药就是针对上班族设计的。	情報提供
现在感冒药普遍的缺点就是吃了以后容易犯困,影响正常的作息时间嘛。	情報提供
×××就是没有这个特点。	情報提供
这药卖的挺好的,而且也不贵。	情報提供
（後略）	

中国の広告とセールストークに、共にみられた特徴は三点あり、〈情報提供〉の発話が多くを占めること、「现在感冒药普遍的缺点」という、日本の説得行為では比較的少ない〈環境・常識〉の発話が観察されること、〈行為型〉の発話が前半部分に観察されたことである。

セールストークには広告では観察されなかった特徴もあった。まず、「要求」類の発話機能は、本来の「情報要求」や「見解要求」の機能を果たす。次に、購入を促す発話が、説得者の主動的な行為を表す〈意志表示〉の形で表れている。これは、テレビコマーシャルは時間内に明確に話し手の意志を伝える必要があるが、セールストークは時間が長いため、間接的な方式でも購入を促すことができるためと考えられる。また、「那您感冒，发热吗？」といった、消費者の現状を聞く発話が観察された。

続いて、日本のセールストークの例を見てみたい。

例18　日本のセールストーク（調整下着の販売）
談話　　　　　　　　　　　　　　　　　　　　　　　　　　　発話機能
（前略）
A：あの、ガードルとか、ボディースーツをお使いでいらっしゃいますか？
　　　　　　　　　　　　　　　　　　　　　　　　　　　　　情報要求
B：いやー、使ってないですね。　　　　　　　　　　　注目表示、情報提供
A：前からもう全然お使いに（ならない）。　　　　　　　　　　情報要求
B：そうですね。あまりねえ、体を締めたりするのが好きじゃないんで。
　　　　　　　　　　　　　　　　　　　　　　　　　注目表示、情報提供
A：ああ、そうですか。　　　　　　　　　　　　　　　　　　注目表示
　　体型的に気になるところってございますか。　　　　　　　見解要求
B：もちろんあります。おなかまわりとか。　　　　　　　　　見解提供
　　食べ過ぎたり、運動不足になったりすると、やっぱりぽてっとしてますね。
　　　　　　　　　　　　　　　　　　　　　　　　　　　　　情報提供
A：ああ、そうですか。あの、体型補正のね、下着を見たことございますか？
　　　　　　　　　　　　　　　　　　　　　　　　　　　　　情報要求
B：いや、ありません。　　　　　　　　　　　　　　　　　　情報提供
A：あ、そうですか。あの、着けてるだけでね、摩擦によって、脂肪を小さくして、
　　移動させて、あの、細くしていく下着があるんですね？　注目表示、情報提供
B：ええ。　　　　　　　　　　　　　　　　　　　　　　　　注目表示
A：その試着キャンペーン行ってるんですね？　　　　　　　　情報提供
　　で、あの、お時間30分ぐらいなんですけど、もしお時間ありましたらお願いしたいな、と思うんですけど。　　　　　　　　　　　情報提供、意志表示
（後略）

ここでも広告とセールストークの共通点は三点あり、情報型の発話が最も多いこ

と、「おなかまわりとかぽてっとしている」など、〈体験談〉の形で個人の情報が多く現れること、行為型の発話が後方部に観察されやすいことである。

　また、セールストークと広告の違いも観察された。〈意志表示〉の形で購入への働きかけをすること、要求型の発話機能は本来の役割を果たしていること、被説得者の現状を聞く発話があることである。また、日本のセールストークでは、明らかに〈注目表示〉の発話が多かった。

　広告とセールストークの共通点は、中日両国の説得行為の違いを反映している。広告とセールストークの相違点は、相互行為かそうでないか、また談話の時間の長さなどに起因すると考えられる。

5.2　広告の説得行為への示唆

　本節では広告表現の説得行為への示唆について論じる。

　まず、中日両国、二つの業種のコマーシャルから共通して示唆されるのは、「説得の基礎はやはり情報」ということである。本稿では、発話機能を〈情報型〉、〈感情型〉、〈行為型〉に分類しているが、すべてコマーシャルで〈情報型〉の発話機能が観察された。また、商品の使用や購入の働きかけのみで構成されるコマーシャルは観察されなかった。つまり、説得話題に関する情報は説得するうえで不可欠であり、ただ「説得話題をしたほうが良い」のように説得するのは効果的でないと考えられる。

　次に、コマーシャルの観察を通して得た、中日両国の説得行為の区別について三点にまとめる。

　まず一点目は、感情への訴えに関する中日間の差異である。〈感情型〉の発話機能は、日本のコマーシャルにより多く観察され、《情報型》コマーシャルは中国の方が多かった。また、〈情報型〉の中でも、感情的要素の強い〈体験談〉は日本のコマーシャルに多かった。つまり、説得において、日本では感情に訴え、中国では情報そのものを重視することが示唆される。

　二点目は説得する際の重点についてである。日本のコマーシャルでは、〈消費者への感謝〉、〈約束・保証〉などの被説得者志向の発話機能が多く、被説得者に近い立場で話そうとする説得者の意図がうかがえた。中国のコマーシャルでは、説得者は権威を以って説得を行っている。

　三点目は説得の方法論上の示唆である。〈行為型〉発話と〈商品名〉は、中国のコマーシャルでは開始部に、日本のコマーシャルでは終了部に観察される傾向があった。さらに、〈商品名〉→〈商品情報〉→〈使用効果〉という流れは、中国のコマーシャルにより多く観察された。中国では単刀直入な説得方法が好まれるのに対し、日本では説得の際にクッションがある方が好まれる。

　最後に、説得話題の説得との関係について述べる。

　自動車コマーシャルでは、化粧品コマーシャルには観察された〈体験談〉、〈商品への要望〉、〈現状への不満〉や〈使用効果〉がほとんど観察されなかった。これは、説得話題の自動車と化粧品の違いによるものであろう。化粧品は通常、何らかの問題の

解決のために使われるが、自動車は生活スタイルの向上を意味する。上述の発話内容は、「問題解決」という目的に深く関連しているため、化粧品コマーシャルで多く用いられたのだろう。

6. おわりに

6.1 結論

本稿では、化粧品と自動車のコマーシャルを対象に、談話分析の方法で、広告の内容と構成について、中日対照研究を行った。

まずは、10種の発話機能を〈情報型〉、〈感情型〉、〈行為型〉の3種類に分類し、発話機能の分類を基準にコマーシャルを《情報型》、《感情型》、《行為型》の3種類に分類してデータ数を統計した。その結果、化粧品コマーシャルでは中日両国共に、《感情》コマーシャルが最も多く、両国を比較すると《感情型》と《行為型》のコマーシャルは日本の方がやや多く、《情報型》コマーシャルは中国の方がやや多かった。また、自動車コマーシャルは、中国では《情報型》と《行為型》が多く、《感情型》は少なかった。日本では《行為型》が最も多く、次いで《感情型》、そして《情報型》という順序だった。《情報型》は中国の方が多く、《感情型》と《行為型》は日本の方が多かった。化粧品と自動車で順序にはやや違いが見られたが、《情報型》コマーシャルは中国の方が多く、《感情型》と《行為型》コマーシャルは日本の方が多かった。

次に、発話機能別に発話内容を観察した。〈情報型〉の発話内容において、〈商品名〉と〈商品情報〉は業種、国別にかかわらず、かなりの確率で観察された。業種別にみると、化粧品コマーシャルでは〈使用効果〉が多く、自動車コマーシャルでは〈特典・新発売〉が多かった。〈情報型〉の中で感情的要素が強い〈体験談〉が日本のコマーシャルで比較的多く観察された。構成上では、中国のコマーシャルでは〈商品名〉→〈商品情報〉→〈使用効果〉という直線的な構造が、日本のコマーシャルと比べて多く観察された。

〈感情型〉では、日本のコマーシャルのみに〈消費者への感謝〉が観察された。日本のコマーシャルの作り手の方が消費者を意識していることの表れだろう。また、中国のコマーシャルでは、理論的な「意見」が多く、日本のコマーシャルでは直観的で感情的な発話が多かった。

〈行為型〉の発話では、中日共に直接過ぎる勧誘はほぼなかった。また、両業種とも、〈約束・保証〉は日本のコマーシャルのみに見られた。構成上は、中国のコマーシャルでは開始部や中間部に、日本のコマーシャルでは中間部や終了部で〈行為型〉の発話が観察された。また、日本の〈行為型〉発話の方が具体的で商品と関連が高かった。

以上をまとめると、中国のコマーシャルは《情報型》が多く、直線的、理論的かつ抽象的で、日本のコマーシャルは《感情型》が多く、非直線的、直観的かつ具体的であった。つまり、中国のコマーシャルはTannen(1990、邦訳1992)のリポートトークの特

徴と、日本のコマーシャルはラポートトークの特徴と一致している。そのため、中国のコマーシャル情報伝達型、日本のコマーシャルは感情共感型の傾向が強いと判断できる。

　また、広告と通常の説得行為を比較すると、中国のコマーシャルと説得談話は、〈情報型〉発話の現れ方、〈行為型〉発話の位置など、日本のコマーシャルと説得談話は、〈体験談〉発話の現れ方や〈行為型〉発話の位置などの面で類似していた。また、通常の説得談話では〈注目表示〉の発話が多いこと、購入への働きかけは〈意思表示〉の形も用いられることなど、コマーシャルとの相違点も観察された。

　さらに、広告表現から説得行為への示唆が得られた。まず、説得行為全体においては、説得対象に関する情報が大切である。また、中日の説得行為を対照すると、中国の説得行為では情報が重視され、説得者は権威のある者の場合に効果が期待され、説得行為の開始部に説得話題や目的を明確にする方法が好まれる。一方、日本の説得行為では感情が重視され、説得者と被説得者の立場が近い場合に効果が期待され、説得話題や目的を明確にする前に前置きがあったほうが好ましい。さらに、問題解決型の説得モデルが一定の場合に効果的であることもわかった。

6.2　本研究の問題点と今後の課題

　最後に、今後の課題について何点か述べて本論文の結びとしたい。

　まず、本論文では中日両国のコマーシャルで、それぞれ情報を重視する、感情を重視するという考察結果が導き出されたが、その原因に対する分析はまだ不十分だと自覚しているため、今後さらに深く探求していきたい。

　そして、時間とデータの制限があり、コマーシャル数の絶対量が少ないが、今後はより長い時間をかけてのデータの収集、統計を目指したい。

　最後に、本稿の目的は中日両国間の対照であり、紙幅の関係もあり、業種間の区別に触れるのは最小限にとどめたが、実際は業種間でもとても興味深い区別が観察されている。今後は業種間の区別も詳細に考察し、なぜそのような区別があるのかも分析していきたい。

注

[1]『改訂　新広告用語事典』(2001:78)より。
[2]「説得」と「依頼」は、どちらも聞き手への行為要求であり、聞き手のネガティブフェイスを脅かす恐れがあるなどの点で関連する。
[3]視聴率が高いテレビ局を選択した。また、中国のチャンネルが二つあるのは、国営局と地方局でコマーシャルの業種分布が異なるためである。
[4]柳(2012)は談話機能を13種に分類しているが、そのうちの確認要求、談話表示は本研究では観察されなかった。
[5]以下、Nはナレーター、ナレーター以外の登場人物はA、B、Cなどで表す。
[6]以下、〈〉で発話機能と発話内容を、《》で広告を表して区別する。
[7]〈情報型〉、〈感情型〉と〈行為型〉の三種の発話機能を含むコマーシャルは《感情型》と《行為型》

の両方にカウントされ、一部重複が存在する。
[8]〈特典・新発売〉を〈商品情報〉と区別した理由は、〈特典・新発売〉は消費者の視点に立った、消費者の興味を引く特殊な情報だからである。
[9]ただし、自動車コマーシャルの量が第三章の化粧品コマーシャルの半分以下であるため、本章のパーセンテージデータの信頼性は第三章に劣るものであることを明記しておく。
[10]一部同一のブランドによる、重複した宣伝文句がある。

参考文献
著書・論文類
東照二. 2010.『選挙演説の言語学』. ミネルバ書房
西條結人・田中大輝・小野由美子. 2015.「意見文課題における説得のアピールの日西対照研究」.『兵庫教育大学教育実践学論集』. 第16号. pp99-107
佐生武彦. 1993.「対人間説得に見る日本人のコミュニケーション」.『中国短期大学紀要』. 第23号. pp181-187
ザトラウスキー, ポリー. 1993.『日本語の談話の構造分析——勧誘のストラテジーの考察』. くろしお出版
橘内武. 1999.『ディスコース 談話の織り成す世界』. くろしお出版
福田一雄. 2013.『対人関係の言語学——ポライトネスからの眺め』. 開拓社
山岡政紀. 2008.『発話機能論』. くろしお出版
柳慧政. 2012.『依頼談話の日韓対照研究——談話の構造・ストラテジーの観点から』. 笠間書院
呂晶. 2013.「広告表現の語用論的機能に関する一考察」.『研究論集』. 第13号. 北海道大学大学院文学研究科. pp272-283
呂晶. 2014.「広告表現の解釈プロセスに関する語用論的考察」.『研究論集』. 第14号. 北海道大学大学院文学研究科. pp161-171
Tannen, Deborah. 1990. *You Just Don't UNEDERSTAND : Woman and Man in Conversation*. Ballantine Books.[デボラ・タネン(著). 田丸美寿々(1992訳).『わかりあえない理由——男と女が傷つけあわないための口のきき方10章』. 講談社]
Ujiie, Yoko. 2010. *A Speaker's Cognition Encoded in Japanese : Speech, Mind and Society*. Sangensha. pp94-106

辞書・事典・年鑑類
金田一春彦・林大・柴田武ら編. 1988.『日本語百科大辞典』. 大修館書店
電通広告用語事典プロジェクトチーム. 2001.『改訂 新広告用語事典』. 電通

中国日本語学習者と日本人教師との異文化葛藤の原因帰属と解決方略

北京外国語大学　袁　茜

摘要: 近年来,中国的日语教育界愈发关注学习者的跨文化交际能力,并将跨文化交际能力的培养作为日语教学的重要目标。在培养跨文化交际能力的过程中,跨文化接触的经历是必不可少的。其中,对于日语专业的学生而言,与日本外教间的交流是他们跨文化接触经历中极其重要的一部分。然而,与外教的跨文化交流并非都能够加深学习者对目标语言文化的理解,也有可能使学习者产生跨文化交际焦虑心理,甚至是产生跨文化冲突。可以说,如何正确看待和解决跨文化冲突问题是培养学习者跨文化交际能力的一个"突破口"。因此,本文将研究对象锁定在中国大学的日语专业学生和在中国执教的日本外教之间发生的跨文化冲突上,通过对冲突内容的收集,有针对性地发掘中国日语学习者的冲突归因和解决策略选择模式上的特点,同时探究冲突归因和解决策略的关联性,希望对今后我国日语教育领域中跨文化冲突教育的开展提供有益的参考。

キーワード: 中国人日本語学習者　日本人教師　異文化葛藤　原因帰属　解決方略

1. 研究背景

　　近年、グローバル化が進行する中で、異なる文化背景をもつ人々の共生が現代社会の課題の一つとなっている。現行の『中国高等院校日語専業基礎階段教学大網』(2001)で、「外国語教育の重要な目的は学習者の異文化コミュニケーション能力の育成である」と日本語教育の目標として明確に提示された。

　　一方、異文化コミュニケーション能力をもつ人材を育成するには、異文化接触の経験がその目標達成に大きな期待が寄せられている(八島2004)が、現実として中国における学習者が日本人と接する機会が限られている。このような限られた異文化接触環境において、学習者にとって接触可能性の高い母語話者教師が果たす役割は重要であるといえよう。しかし、日本人教師との異文化接触は必ず異文化理解に結びつくとは限らない。接触の結果は、異文化ストレスが起きたり、葛藤が生じたりすることもある。加賀美(1997)では、学生と教師との異文化接触の場面で生じた種々の葛藤は両者の関係に亀裂を生じさせることが少なくないと指摘された。つまり、異文化葛藤によってもたらされたネガティブな感情を乗り越えないと、日本語学習の動機付け、さらに異文化理解の深化にはつながりにくいといえよう。

　　中国における異文化葛藤に関する先行研究において日本語教育に注目する論文

はまだ限られている。中国の日本語教育において、「異文化コミュニケーション能力の育成」にずっと注目してきたが、その重要性を提唱したところにとどまり、教育現場における完備な実践活動までにはまだ至らないと朱(2015)で指摘された。どのように異文化コミュニケーション能力を身につけるかを考える前に、まずは異文化葛藤が生じる際に、どのようにそれを認識し対応するのかという問題を究明する必要がある。この「異文化葛藤」に関する研究は「異文化コミュニケーション能力の育成」の「切口」として、日本語学習者の異文化コミュニケーション能力の育成に不可欠な基礎情報を提供することになる。

日本の日本語教育現場における異文化葛藤の研究が数多く見られる。その中で、葛藤の内容分析、葛藤に対する原因帰属と解決方略との関連、教育価値観と解決方略との関連などの課題に着目したものが多い(加賀美1997;大渕・小嶋1999;加賀美・大渕2004;加賀美2007)。これらの先行研究に示されたのはいずれもマイノリティである学習者とマジョリティである教師という勢力関係である。一方、中国の日本語教育現場において、日本語学習者と日本人教師の関係性が逆転されていることにより、中国日本語学習者と日本人教師の間に、葛藤の内容、学習者が葛藤に対する原因帰属や葛藤を解決する方略などが、先行研究と異なることを想定しやすい。

以上を踏まえ、本論文は中国における日本語学習者と日本人教師の間に生じた異文化葛藤を対象とし、葛藤内容を把握する上で、葛藤の原因帰属と解決方略との関連性を検討する。そして、本論文は中国における日本語学習者の異文化能力の育成に必要なデータを提供することを目指す。

2. 先行研究

2.1 異文化接触をめぐる諸概念
2.1.1 文化

文化について、社会心理学・言語教育の分野などで多様の定義がなされている。

社会心理学において、Ting-Toomey(1998)は、文化をコミュニケーションの成員が相互作用することによって、世代から世代へ引き継がれ、様々な度合いで集団成員の共有された伝統、信条、価値、規範、シンボルからなる学習された意味体系とされた。一方、松本(2000)は、文化は比較的変化しにくいが、動的な存在であり、時代とともに変化していくと述べた。一方、言語教育分野において、細川(1999, 2002, 2005)は日本事情教育をめぐって、「個の文化」という概念を提起した。細川(2002)は「個の文化」について「人間の形成する社会とその集団文化の存在を認めつつ、一方でそうした社会・文化を支える個人一人一人が有する、さまざまな認識とその可変性、あるいは言語活動を通した思考と表現のあり方を「個の文化」として捉える」と述べている。このような言語教育の視点からみれば、社会文化背景の違う人々のコミュニケーション活動を考える場合、「外側からの文化差」だけではなく、「内側からの文化差」も存在するとされている。

2.1.2 異文化と異文化接触

「狭義」の異文化を語るには、Hofstede(1991)の「国民文化(national culture)」という概念が挙げられる。Hofstede(1991)は、「多くの場合、国家は複数の異なる「社会」や「集団」から構成されている。元々社会組織が歴史の中で発展してできた「社会」、または、民族・言語・宗教などの「集団」では、その文化の共有度が高いため、国家という枠組みこそが、国民に共通するメンタル・プログラムのかなりの部分を規定する源になっている」と論じられている。一方、Gudykunst(2003)は広義での異文化を適用し、国以外の異なる集団、例えば、異なる民族・人種間、世代間などの分野でコミュニケーション研究が行われているのは、異なる集団の間に異なる文化的背景が存在するという前提があるからであろうと述べている。

次に、異文化接触の定義を述べる。斎藤(1993)は文化的背景を異にする人々の間でなされる対面的相互作用を異文化接触とした。ここの「対面的相互作用」は上原(1997)によると、大きく「対人関係」と「集団関係」に分けられ、対人関係は友人、教師と生徒、カウンセラーとクライエント、医者と患者などであるのに対し、集団関係は企業や組織間、国と国との関係などを指している。

2.1.3 葛藤と異文化葛藤

葛藤(conflict)は人間社会の中で避けられないものである。その中に、個人間葛藤を対人葛藤と呼ばれ、福島・大渕(1997)では「対人葛藤は他者が自己の行動、感情、意図を妨害していると、個人が認知した状態」であると述べられている。そして、葛藤は表現されるものだけではなく、潜在的に認知される心理状態(軋轢、ストレス、不満、不愉快など)でもあると指摘されている(福島・大渕 1997)。

一方、「異文化葛藤」は「同文化葛藤」と対照しながら提起されたものである(大渕 1995)。ここの「同文化」は一般的に「同じ文化圏」で扱われている。しかし、前述のように、広義の文化の捉え方もあり、それを前提にして考えると、異文化葛藤とは「異なる集団の間における関係者が期待していることが妨害されていると認知することである」と理解していい(加賀美 2007)。しかし、多くの研究者は上述した広義の異文化葛藤の概念を認めていながら、慣習的に同じ文化圏で生じる葛藤を「葛藤」と呼び、異なる文化圏で生じる葛藤を「異文化葛藤」と呼んでいる。本論文における異文化葛藤とは、中国人学習者と日本人教師の間に、相手が自己の行動、感情、意図などを妨害していると個人が認知している顕在的、あるいは潜在的な軋轢、ストレス、不満、不愉快などの状態である。

2.1.4 原因帰属と葛藤の解決方略

原因帰属とは、ある出来事に関して、その原因を帰属することである。原因帰属は行動や出来事の原因を説明することで、内的帰属と外的帰属があり、内的帰属とは行為者の性格、動機、態度への帰属であり、外的帰属とは仲間からの圧力、社会規範、偶然性などへの帰属(Heider,1958)である。Fincham & Bradburry(1987)によると、原因帰属は葛藤が生じた際に、葛藤解決方略を規定する心理学的要因として働いていると指摘されている。

葛藤解決方略は、多様な対立する相互作用の状況における一般的傾向、または類型化された反応の形を示すものである(Ting-Toomey 1998)。福島・大渕(1997)は葛藤解決方略について、葛藤に直面した個人がその解決に動機付けられ、その時に個人が試みる行動であると述べている。本論文では、葛藤解決方略を「葛藤に直面した時の相手への働きかけ」と定義する。また、葛藤解決方略の分類について、以下の表1、表2のように2つの代表例があげられた。

表1　葛藤解決方略の分類1(Thomas & Kilmann 1974)

方略行動	定義
①「回避」	自己志向性と他者志向性が共に低く、葛藤事態から撤退する。
②「主張」	自己志向性が高く他者志向性が低い、すなわち、相手の利害を無視し、自分利益中心に解決を図る。
③「譲歩」	「主張」とは逆に、自己志向性が低く他者志向性が高く、すなわち、自分の要求を抑えて相手に協力する。
④「妥協」	自己志向性と他者志向性が共に中程度であり、要求水準を下げて部分的な実現を図る。
⑤「協力」	自己志向性と他者志向性が共に高く、自他双方の立場を尊重し、協力し合いながら事態の解決を図る。

表2　葛藤解決方略の分類(大渕・福島 1997)

カテゴリー	方略行動	定義
積極的方略	①「対決」	自分の立場を強く主張したり、相手を責めたりする。
	②「強調」	話し合いによって相手との合意を目指す。
消極的方略	③「服従」	一方的に相手の要求に従う。
	④「回避」	何もせずに葛藤の表面化を避ける。

多くの研究者は自己志向性(concern for self)と他者志向性(concern for others)という2次元によって葛藤方略を分類している。自己志向性とは、葛藤当事者が自己利益への関心の強さを表すのに対し、他者志向性とは他者利益への関心の強さを表す。本論文は大渕・福島(1997)の分類法を利用する。

2.2　学習者と教師との異文化葛藤に関する研究
2.2.1　中国における研究現状

葛藤の内容や発生する原因を分析する質的研究として、憑(2010)があげられる。憑(2010)は英語専攻の大学院生を対象とし、母語話者教師との間にどんな葛藤が生じたのかについて、学習者と教師にインタビューを行った。収集した葛藤事例を「教師と学生との人間関係」、「授業の教え方」、「授業での質問」、「質問に対する回答」、「宿題」、「評価」、「教室ルール」、「ルール違反への処罰」、「葛藤に対する認識」、「葛藤対処方略」、「文化的違いに対する態度」という11個のカテゴリーに分け、学習者と教師の両方の考えを比較しながら、葛藤を発生する原因をHofstede(2001)の価

値志向理論[1]を用いて分析した。原因分析の結果、中国人の学習者は権力の格差が大きいため、教師中心の授業が好んでいるのに対し、欧米人の教師は権力の格差が少ないため、学生の創造力を引き出す学生中心の教え方を提唱し、理論的な知識をあまり教えていなかったといった状況の背後にある原因が明らかにされた。

一方、量的研究としての韋(2012)は、中国人とアメリカ人の葛藤解決方略の使用スタイルの差異を明らかにするために、中国人初級英語学習者とアメリカ人初級中国語学習者を対象とし、質問紙調査を行った。研究の結果は、①中国人とアメリカ人は葛藤解決方略の使用様式には有意な差異が見られない、②両グループの学生はともに回避方略を用いる傾向が一番強く、対決方略を用いる傾向が一番弱いということである。

また、喩(2007)は、中国人とアメリカ人の葛藤解決方略の特徴を明らかにするために、中米学校における中国人中学生とアメリカ人中学生を対象とし質問紙調査を実施した。分析結果から、中国人とアメリカ人はどちらも服従方略を選ぶ傾向が一番強いことがわかった。また、全体的に見れば、女性より男性のほうが対決や回避の方略を選ぶ傾向が高く、男性より女性のほうが服従方略を選ぶ傾向が高い。さらに、低学年生(中学校1年生)より高学年生(中学校3年生)のほうが協調方略を選ぶ傾向が強いことがわかった。

以上の先行研究でわかるように、学習者と外国人教師との葛藤の発生原因として「文化価値観」の違いに注目する研究がほとんどである。また、中国人学習者の葛藤解決方略の特徴として、宥和的な「服従」・「回避」方略を好んで、「対決」方略を選ぶ傾向が一番弱いことが見られた。さらに、解決方略の影響要因として、性別や学年などの調査対象者の属性があげられた。

2.2.2 日本における研究現状

葛藤の原因帰属について、加賀美(1997)は、日本語教育の葛藤場面のシナリオから日本人教師と在日アジア系留学生(中国、韓国、台湾、マレーシア)との葛藤の原因帰属様式の差異を検討した。場面ごとに教師と学生との内的帰属度(教師は教師に、学生は学生に原因を帰属させる傾向を示す度合い)と外的帰属度(教師は学生に、学生は教師に原因を帰属させる傾向を示す度合い)の差異を分析した結果、発音矯正や母国に関する例文を提示する場面では、教師は学生より内的帰属傾向が高く自己批判的であった。一方、プレースメント試験結果の判定のように、客観的な基準がある場面以外において、学生が教師より外的帰属傾向が高く教師に対し批判的であった。これは学生が自国の理想な教師像と比較し日本人教師を評価する傾向があること、職業経験を持つ高学歴の成人学生が多いことが理由ではないかと加賀美(1997)で指摘された。

加賀美・大渕(2004)は、外国人学生の原因帰属と解決行動の関連性を検討するために、日本語教師、留学生(中国人、韓国人)を対象に質問紙調査を行った。その結果は、①学生は服従や協調などの宥和的方略が主で、対決が選択されることは少ない。②中国人学生は服従方略を最も用いると評定し、韓国人学生は服従か協調を多く用いると

評定した。③外国人学生は個人要因に帰属させる場合は協調方略；教師の個人要因に帰属させる場合は対決方略；文化要因に帰属させる場合、中国人は回避方略を選択する傾向があるが、韓国人はそういう傾向が見られないということであった。

2.3　問題の所在

　以上のように、中国と日本における学習者と教師との異文化葛藤の研究から、学習者と教師の異文化接触において様々な葛藤が生じる可能性が高く、学習者の属性（性別・学年）が葛藤の原因帰属様式や解決方略の選択に影響を及ぼすと考えられる。さらに、学習者の葛藤原因帰属が、彼らの解決方略に何らかの影響を与えるという結論が見出された。

　しかし、これまでの中国において葛藤内容分析や葛藤解決方略の比較文化研究が行われたものの、調査対象からみれば、中国人の英語学習者や留学生がほとんどである。日本語学習者と日本人教師との葛藤に焦点を当てる研究が数少ないことは一つの限界といえよう。

　一方、加賀美（2004）は日本における中国人留学生が日本人教師との葛藤に対する原因帰属と解決方略の関連性を検討したが、勢力関係が逆転されている中国日本語学習者の葛藤原因帰属と解決方略との間にどのような関連性があるかを明らかにする必要があると考えられる。

3. 研究課題と研究方法

3.1　研究課題

　本論文では、中国における日本語学習者と日本人教師が授業内外に生じた異文化葛藤の事例に焦点を与え、中国人学習者の性別と学年という属性が葛藤に対する原因帰属や解決方略との関係、及び葛藤の原因帰属が葛藤の解決方略の選択への影響について検討し葛藤の現状を明らかにするを目的とする。研究目的を踏まえ、3つの研究課題を設定した。

　研究課題1：中国における日本語学習者向けの異文化葛藤の原因帰属と解決方略に関するアンケートを作成する。

　研究課題2：中国における日本語学習者の属性（性別・学年）が葛藤原因帰属や解決方略とどのような関係があるか。

　研究課題3：中国における日本語学習者の葛藤原因帰属と解決方略の間にどのような関連が見られるか。

3.2　研究方法

①KJ法（川喜田 1997）

　本論文はKJ法（川喜田 1997）を利用し、インタビューで集めた大量の質的データに基づき、異文化葛藤事例に関する情報を整理した。データ分析の際は名刺程度の

大きさのカードに転記したデータをグループ分けし，グループこどの関係を図解化した上で，それを文章化し解釈を行う。

②シナリオ法(加賀美 1997)

　加賀美(1997)によれば、シナリオ法はフィールド調査などによって得た情報から解決すべき問題と思われるものをシナリオ記述したものである。架空の人物像の利用シーンを思い描きながらストーリを作ることで、もし自分がその場合にいるならどうするかを読者に想像させながら反応を求めることが目的である。

③分散分析(平井 2012)

　分散分析は、観測データにおける変動を誤差変動と各要因およびそれらの交互作用による変動に分解することによって、要因および交互作用の効果を判定する統計的仮説検定の一手法である(小塩，2009)。本論文は研究課題 2-「学習者の属性(性別や学年)が葛藤原因帰属や解決方略とどのような関係があるか」を解決するために分散分析を行う。

④重回帰分析(平井 2012)

　回帰分析は、変数間の因果関係を想定し、1つまたは複数の独立変数から従属変数の予測の大きさ(説明率)を検討する場合に用いる。1つの従属変数を1つの独立変数から予測する場合は単回帰分析、複数の独立変数から予測する場合は重回帰分析を用いる。そこで、本論文の研究課題3の中に、独立変数としての葛藤の原因帰属が3つあるため、原因帰属(教師要因・学生要因・文化要因)が解決方略(対決・協調・服従・回避)をどのように規定するかを検討するには独立変数を全て使って式をたてるという強制投入法[2]による重回帰分析を行う。

3.3　調査概要

3.3.1　半構造化インタビューの実施

　2015年1月から4月まで、北京の大学における日本語専攻生22名と日本人教師8名を対象に半構造化インタビューを実施し、学生と日本人教師との葛藤場面について自由に語ってもらった。調査協力者の属性は表3に示している。

表3　インタビュー調査の協力者の属性(人)

教師(8)	性別	男性(3)、女性(5)
	年齢	20代(4)、30代(1)、40代(2)、50代(1)
	滞在期間(中国で)	1年以内(2)、1年～5年(2) 5年～10年(3)、10年以上(1)
	就職地	北京(8)
学生(22)	性別	男性(8)、女性(14)
	学年	大学3年生(2)、大学4年生(12) 大学院1年生(4)、大学院2年生(2)
	大学の所在地	大連(8)、アモイ(6)、青島(3) 広州(2)、北京(2)、長沙(1)

また、本インタビュー調査の実施目的は中国における日本語学習者と日本人教師との異文化葛藤事例の収集である。そのため、「葛藤があるか」・「葛藤の内容」・「葛藤の発生原因」・「葛藤への対応」という4つの部分からインタビューを展開した。具体的な質問は加賀美（1997）の質問紙を参照し、以下のように設定した。

①中国人の学習者（日本人教師）と関わっている時、違和感を覚えたり困ったりしたこと、またはストレスを感じたことなどがありますか。
②その事例の概要を話していただけませんか。
③問題が生じた原因はなんだと思いますか。
④その事例をどのように解決しましたか。

　次に、インタビュー調査の手続きを述べたい。インタビューは半構造化の形で実施した。できるだけ協力者の都合のいい時間や場所を選んだ。協力者の中に、中国人日本語学習者は北京以外の地域にいる場合、We-chatでオンラインインタビューを行った。インタビューの内容は、調査対象者の同意を得た上でICレコーダーで録音した。インタビューする時間は1時間以内にしたが、状況によって長引いたこともある。

3.3.2　アンケート調査の実施

　まず、アンケート調査の対象は中国の大学における日本語を専攻とする学生である。2015年9月から10月にかけて、中国の7つの地域（北京，上海，広州，アモイ，大連，合肥，保定）における228名の日本語学習者（女性182名、男性46名）が調査を協力していただいた。学年の内訳は大学2年生48部、大学3年生59部、大学4年生80部、大学院生41部である。調査協力者の具体的な属性は表4に示している。

表4　アンケート調査の協力者の属性　単位：部

合計（228）			
所属	北京日本学研究センター(41)		北京師範大学(9)
	集美大学(47)		アモイ大学(9)
	北京外国語大学(20)		広州大学(7)
	国際関係学院(20)		大連工業大学(6)
	中央民族大学(21)		北京第二外国語大学(4)
	北方工業大学(14)		河北農業大学(4)
	アモイ大学嘉庚学院(10)		安徽合肥学院(4)
	広東財経大学(11)		華東師範大学(1)
学年	大学2年生(48)	大学3年生(59)	大学4年生(80)
	大学院1年生(10)	大学院2年生(13)	大学院3年生(18)
性別	男性(46)	女性(182)	
葛藤経験	無し(191)	有り(37)	

　次に、アンケートの内容について述べる。本調査のアンケートは、第一部「フェースシート」、第二部「異文化葛藤に関する質問」で構成されている。そのうち、第一部

「フェースシート」は回答者の所属、性別、学年、年齢、日本語学習歴、日本人教師との葛藤経験、日本語能力などについて質問した。第二部「異文化葛藤に関する質問」は、中国人学習者と日本人教師との異文化葛藤に関する3つのシナリオの下に、それぞれに回答者の原因帰属を求める6項目の質問と、回答者の解決方略を求める4項目の質問を設定した。回答は5件法(1 全く当てはまらない～5よく当てはまる)を用いた。

最後に、アンケート調査の手続きを述べたい。アンケートの妥当性を保証するために、まずは予備調査を実施した。2015年8月に、中国の大学院における日本語教育専攻生4名に質問紙に回答してもらい、修正に関するコメントを求め、質問紙の項目や言葉遣いの調整を行った。アンケートは最初に日本語で作成し、その後、中国語に翻訳した。中国語への翻訳は筆者と日本語教育専攻コースの中国人大学院生2人と一緒に完成した。アンケートの意図や翻訳しづらい部分については、複数回調整し、等価性を持たせるように翻訳した。

アンケートの修正が完成した後、本調査に入った。今回の協力者の地域分布が幅広いため、オンラインアンケートの形で実施した。オンラインアンケート専用ウェブサイトである「问卷星」で中国語版のアンケートを入力し、アンケート回答のURLをもらった後、調査協力者にメールでオンラインアンケートを配布し、調査を始めた。

4. 分析の結果

4.1 研究課題1の結果

異文化葛藤の解決方略を測定する尺度がいくつかある(Thomas&Kilmann 1977；Rahim 1983)が、葛藤への原因帰属を測定するには、具体的な葛藤場面を設定することが前提条件である。本論文では、加賀美(2004)で作られた質問紙を参考した。

4.1.1 インタビュー調査の結果

本論文では、日本人教師と中国人学習者との異文化葛藤の事例収集のために、日本人教師と中国人学習者にそれぞれインタビューを行った。そこで得られた質的データをKJ法によって図解化した。同じ種類の異文化葛藤事例が1つのグループに集めた。具体的な手順は以下の通りである。

①ラベル作り：収集した48件(教師からの事例27件、学習者からの事例21件)の事例に見出しをつけてカード化した。その後、葛藤の内容が記入されたカードを机の上に広げ、内容の類似性によってカードを集める作業を繰り返した。

②グループ編成：日本語教育専攻の日本人大学院生の協力のもとで、葛藤の生じる原因という観点から、12のグループが編成された。それらを命名し、「小カテゴリー」とした。

③図解化：編成された12のグループのうちに共通点のあるグループを再びもっと大きい範囲を表す「大カテゴリー」に集めた。また、それぞれの内在関係性によって図解化された。その結果は以下の図1で示している。具体的な内容について後述する。

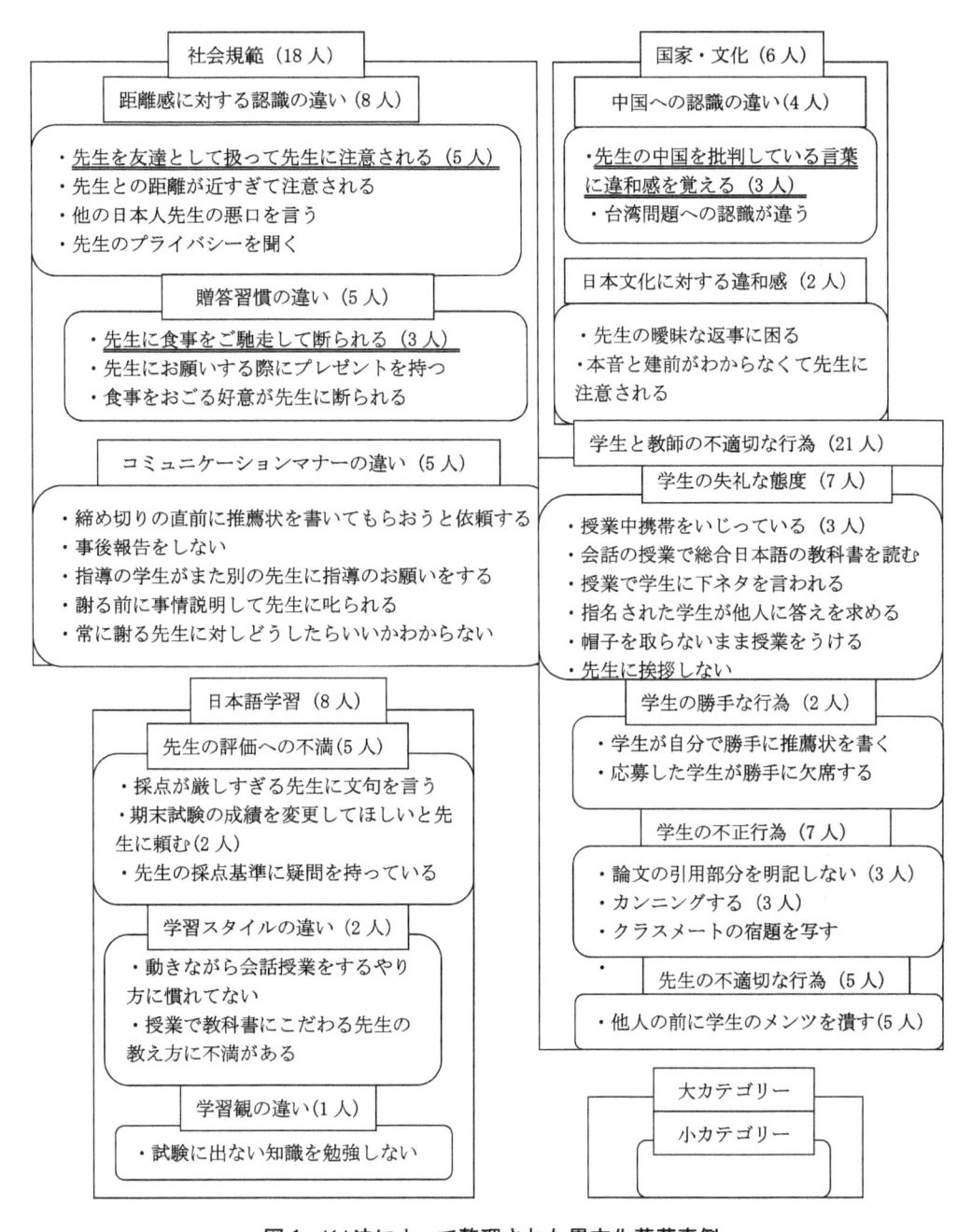

```
┌─────────────────────────────────┐      ┌─────────────────────────────────┐
│        社会規範（18人）          │      │       国家・文化（6人）          │
│ ┌─────────────────────────────┐ │      │ ┌─────────────────────────────┐ │
│ │  距離感に対する認識の違い(8人)│ │      │ │ 中国への認識の違い(4人)      │ │
│ │ ・先生を友達として扱って    │ │      │ │ ・先生の中国を批判している言葉│ │
│ │   先生に注意される（5人）   │ │      │ │  に違和感を覚える（3人）    │ │
│ │ ・先生との距離が近すぎて注意される│      │ │ ・台湾問題への認識が違う    │ │
│ │ ・他の日本人先生の悪口を言う │ │      │ └─────────────────────────────┘ │
│ │ ・先生のプライバシーを聞く  │ │      │ ┌─────────────────────────────┐ │
│ └─────────────────────────────┘ │      │ │ 日本文化に対する違和感(2人) │ │
│ ┌─────────────────────────────┐ │      │ │ ・先生の曖昧な返事に困る    │ │
│ │    贈答習慣の違い（5人）    │ │      │ │ ・本音と建前がわからなくて  │ │
│ │ ・先生に食事をご馳走して    │ │      │ │   先生に注意される          │ │
│ │   断られる（3人）           │ │      │ └─────────────────────────────┘ │
│ │ ・先生にお願いする際にプレゼントを持つ│  └─────────────────────────────────┘
│ │ ・食事をおごる好意が先生に断られる│   ┌─────────────────────────────────┐
│ └─────────────────────────────┘ │      │ 学生と教師の不適切な行為（21人） │
│ ┌─────────────────────────────┐ │      │ ┌─────────────────────────────┐ │
│ │コミュニケーションマナーの違い(5人)│      │ │   学生の失礼な態度（7人）   │ │
│ │ ・締め切りの直前に推薦状を書いて│      │ │ ・授業中携帯をいじっている(3人)│ │
│ │   もらおうと依頼する        │ │      │ │ ・会話の授業で総合日本語の教科書を読む│
│ │ ・事後報告をしない          │ │      │ │ ・授業で学生に下ネタを言われる│ │
│ │ ・指導の学生がまた別の先生に│ │      │ │ ・指名された学生が他人に答えを求める│
│ │   指導のお願いをする        │ │      │ │ ・帽子を取らないまま授業をうける│
│ │ ・謝る前に事情説明して先生に叱られる│    │ │ ・先生に挨拶しない          │ │
│ │ ・常に謝る先生に対しどうしたらいいかわからない│ └─────────────────────────────┘ │
│ └─────────────────────────────┘ │      │ ┌─────────────────────────────┐ │
└─────────────────────────────────┘      │ │  学生の勝手な行為（2人）    │ │
┌─────────────────────────────────┐      │ │ ・学生が自分で勝手に推薦状を書く│
│       日本語学習（8人）          │      │ │ ・応募した学生が勝手に欠席する│ │
│ ┌─────────────────────────────┐ │      │ └─────────────────────────────┘ │
│ │  先生の評価への不満（5人）  │ │      │ ┌─────────────────────────────┐ │
│ │ ・採点が厳しすぎる先生に文句を言う│      │ │   学生の不正行為（7人）     │ │
│ │ ・期末試験の成績を変更してほしいと│    │ │ ・論文の引用部分を明記しない(3人)│
│ │   先生に頼む（2人）         │ │      │ │ ・カンニングする（3人）      │ │
│ │ ・先生の採点基準に疑問を持っている│    │ │ ・クラスメートの宿題を写す  │ │
│ └─────────────────────────────┘ │      │ └─────────────────────────────┘ │
│ ┌─────────────────────────────┐ │      │ ┌─────────────────────────────┐ │
│ │   学習スタイルの違い（2人） │ │      │ │   先生の不適切な行為（5人） │ │
│ │ ・動きながら会話授業をするやり方│      │ │ ・他人の前に学生のメンツを潰す(5人)│
│ │   に慣れてない              │ │      │ └─────────────────────────────┘ │
│ │ ・授業で教科書にこだわる先生の│       └─────────────────────────────────┘
│ │   教え方に不満がある        │ │           ┌──────────────┐
│ └─────────────────────────────┘ │           │  大カテゴリー │
│ ┌─────────────────────────────┐ │           │ ┌──────────┐ │
│ │    学習観の違い（1人）      │ │           │ │小カテゴリー│ │
│ │ ・試験に出ない知識を勉強しない│ │           │ └──────────┘ │
│ └─────────────────────────────┘ │           └──────────────┘
└─────────────────────────────────┘
```

図1　KJ法によって整理された異文化葛藤事例

4.1.2　シナリオの作成

　図1で示したように、「社会規範」「国家・文化」「日本語学習」「学生と教師の不適切な行為」といった4つの大カテゴリーが作られた。この4つのカテゴリーから中国人学習者と日本人教師が一番共感を覚える3つの典型事例を取り上げようとする。その3つの事例は以下のように示す。

シナリオ1:先生を友達として扱って先生に注意される場面

「Aさんは中国の大学における日本語専攻の学生です。Aさんの日本人の先生は性格が明るいし、親しみやすいので、学生たちとの関係がとてもいいです。Aさんは先生を友達のように感じているので、友達言葉で先生に話しかけました。しかし、先生は急に真顔になり、「話し方に気をつけてください」と注意しました。それ以来、Aさんは先生と話しづらくなりました。」

シナリオ2:先生に食事をご馳走して断られる場面

「Bさんは中国の大学における日本語専攻の学生です。ある日、日本人の先生を誘って、一緒にご飯を食べました。Bさんは自分が先生を誘ったので、自分がおごるのが当たり前だと思いました。しかし会計の時、先生は「割り勘にしよう」と主張して、結局別々に払ってしまいました。Bさんは日本人の先生がよそよそしいと思って、それ以降、先生を食事に誘う気がなくなってしまいました。」

シナリオ3:先生の中国を批判している言葉に違和感を覚える場面

「Cさんは中国の大学における日本語専攻の学生です。Cさんの日本人の先生は日本事情の授業で、「中国ではよく道にゴミが落ちていますが、日本の道はゴミがなくてとてもきれいですよ」と言いました。しかし、それを聞いたCさんは先生が中国を批判していると思って、先生の言葉にどうしても納得できず、違和感を覚えました。」

4.1.3 質問項目の設定

上述の3つのシナリオの原因帰属に関しては、インタビューで集めた調査対象者が認知した原因をもとに、加賀美(1997)を参考に、「教師要因」、「学生要因」、「文化要因」の3つとし、それぞれに2つの下位項目を設定し、回答パターンはこれらの帰属要因を組み合わせて6項目を作成した(表5)。これらの葛藤の帰属要因について、「以上の場面のような状況がなぜ起こると思いますか」と質問し、以下に示した文ごとに5段階評定で回答を求めた。

表5　葛藤の原因帰属に関する質問項目の設定

	要因	項目	内容記述パターン
原因帰属	教師要因	第1項目 第2項目	・日本人教師が私の文化を持ち込みたいという気持ちを理解してくれないから(シナリオ1・3) ・日本人教師が私の文化を理解してくれないから(シナリオ2) ・日本人教師が自分の文化を私に教えてくれないから(シナリオ1・2) ・日本人教師自身の認識には問題があるから(シナリオ3)
	学生要因	第3項目 第4項目	・私が教師の文化を理解していないから(シナリオ1・2) ・私が教師の気持ちを考慮しないから(シナリオ1・2) ・私が自分の文化を持ち込んでいるから(シナリオ3) ・私が批判的な意見に過敏すぎだから(シナリオ3)
	文化要因	第5項目 第6項目	・私の文化はこうであるため仕方がないから(シナリオ1・2・3) ・教師の文化はこうであるため仕方がないから(シナリオ1・2・3)

表6 葛藤の解決方略に関する質問項目の設定

	方略	項目	内容記述パターン
解決方略	対決	第1項目	・私は教師に説明を要求する/教師に断る/教師に抗議する
	強調	第2項目	・私は教師に自分の気持ちを伝え、話し合う
	服従	第3項目	・私は教師の意見に従って、自分の意見を取り下げる
	回避	第4項目	・私は何も言わないで、そのままにしておく

　また、葛藤の解決方略について、加賀美・大渕(2004)を参考とし、「対決」・「協調」・「服従」・「回避」という4つの項目を作成した(表6)。これらの行動について、「以下に示した行動をあなたが取る可能性はどのぐらいありますか」と質問し、それらに対し5段階評定で回答を求めた。

4.2　研究課題2の結果

　研究課題2は、学習者の属性(性別・学年)が葛藤原因帰属や解決方略とどのような関係があるかを明らかにすることである。その中に、原因帰属の第1項目と第2項目を合わせて「教師要因」という一つの因子とし、第3項目と第4項目を合わせて「学生要因」という一つの因子とし、第5項目と第6項目を合わせて「文化要因」という一つの因子であるとした(加賀美1997)。各シナリオで、まず、「学年」という予測の影響要因を除き、学年ごとに男女2つのグループ間で分散分析をすることにした。次に、「性別」という予測の影響要因を除き、学年ごとに大学2年生・3年生・4年生・大学院生という4つのグループ間で分散分析をすることにした。ここでは、シナリオごとに分散分析の結果を述べたい。

4.2.1　シナリオ1「距離感に関する葛藤場面」

　学習者の属性(性別・学年)が原因帰属や解決方略とどのような関係があるかを明らかにするには、属性要因と帰属や方略要因との交互作用[3]を見る必要がある(小塩 2009)。

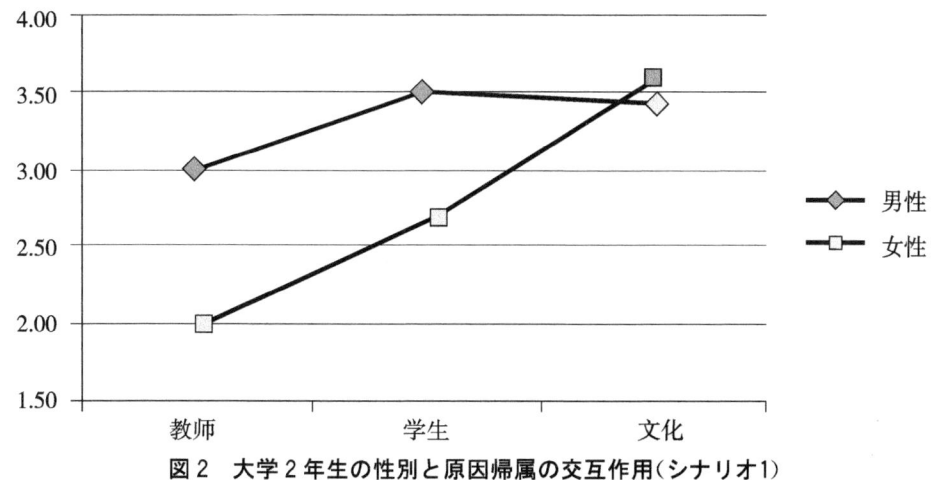

図2　大学2年生の性別と原因帰属の交互作用(シナリオ1)

図2で示したように、シナリオ1における性別と帰属要因の交互作用については、大学2年生のグループで有意な傾向(F(2,52)=3.05,p＜0.10,η^2=0.04)が見られた。性別による変化は教師要因や学生要因への帰属において有意な傾向が見られた。男性のほうが評定値が高く、女性よりは男性のほうが教師要因や学生要因へ帰属する傾向が比較的に強いことが明らかになった。

一方、シナリオ1において性別と解決方略の交互作用が見られなかった。また、学年と原因帰属、及び学年と解決方略の交互作用も見られなかった。

4.2.2　シナリオ2「贈答習慣に関する場面」

図3は性別と帰属要因をかけあわせた時の結果を示す。シナリオ2における性別と帰属要因の交互作用については、大学2年生のグループにおいて、教師要因への帰属は女性よりは男性のほうが強い傾向が見られた($F(1,78)$＝9.13,p＜.005,η^2＝0.10)。

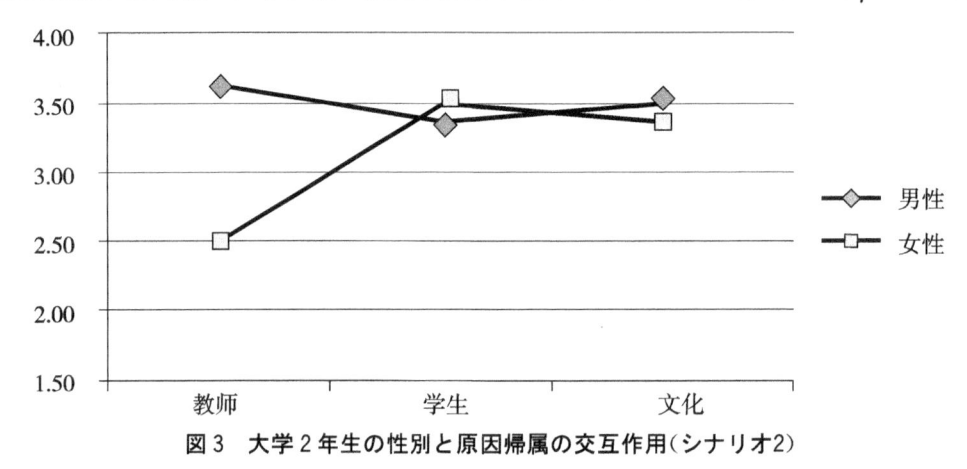

図3　大学2年生の性別と原因帰属の交互作用(シナリオ2)

図4はシナリオ2における大学4年生の性別と解決方略をかけ合せた時に結果を示す。シナリオ2における性別と解決方略の交互作用については、大学4年生のグループにおいて、女性よりは男性のほうが「対決」や「協調」を選ぶ傾向が強く、「服従」を選ぶ傾向が比較的に弱い。また、「回避」を選ぶ傾向に男女による有意な差が見られなかった。

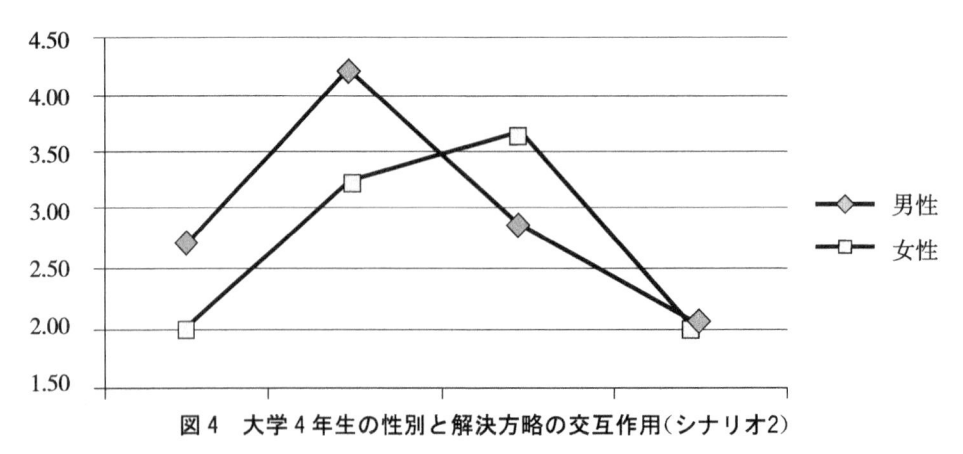

図4　大学4年生の性別と解決方略の交互作用(シナリオ2)

一方、シナリオ2において学年と原因帰属及び解決方略との交互作用が見られなかった。

4.2.3 【シナリオ3】中国への認識に関する葛藤場面

図5で示したように、4つの解決方略の中に「服従」の方略のみ男女による有意な差が見られた（F(3,78)＝2.73, p＜.05, η^2＝0.05）。女性よりは男性のほうが「服従」の傾向が比較的に強いことがわかった。

一方、シナリオ3において性別と原因帰属、学年と原因帰属及び解決方略との交互作用が見られなかった。

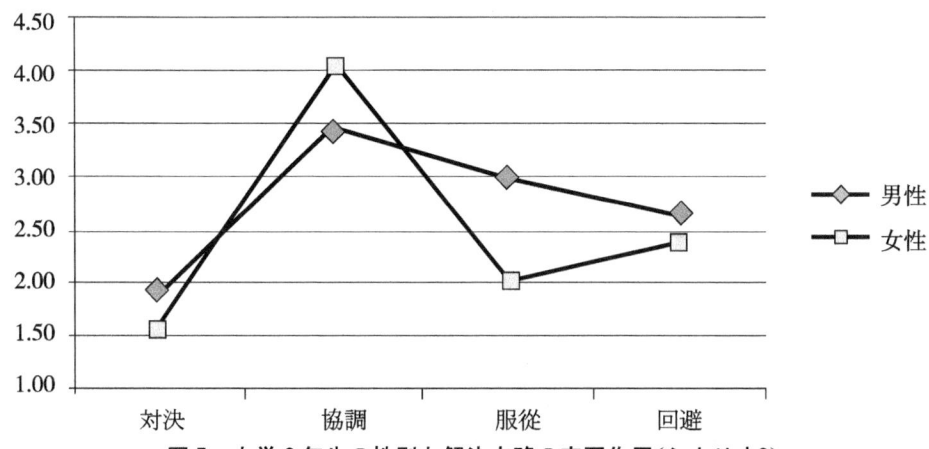

図5　大学2年生の性別と解決方略の交互作用（シナリオ3）

4.2.4　学習者の葛藤原因帰属と解決方略の特徴

表7で示したように、3つのシナリオにおける原因帰属に全部有意差が見られた。シナリオ1とシナリオ2において、学生や文化要因への帰属が一番強いのに対し、教師要因への帰属が一番弱い。それに対し、シナリオ3においては、教師要因への帰属が強く、文化要因への帰属が一番弱いことがわかった。

表7　原因帰属に関する各質問項目へのそう思う度合いの平均評定値

シナリオ	mean			sig.（s＝有意）		
	教師	学生	文化	教師-文化	教師-学生	学生-文化
1	2.64	3.13	3.46	s.	s.	ns.
2	2.86	3.55	3.50	s.	s.	ns.
3	3.43	3.39	3.07	s.	s.	s.

表8 解決方略に関する各質問項目へのそう思う度合いの平均評定値

シナリオ	mean 対決	mean 協調	mean 服従	mean 回避	sig. 対決-協調	sig. 対決-服従	sig. 対決-回避	sig. 協調-服従	sig. 協調-回避	sig. 服従-回避
1	2.26	4.28	4.00	2.03	s.	s.	s.	ns.	s.	s.
2	2.00	3.71	3.34	1.72	s.	s.	s.	ns.	s.	s.
3	1.89	3.82	2.50	2.14	s.	s.	s.	s.	s.	s.

また、表8で示したように、3つのシナリオにおける解決方略に全部有意差が見られた。どのシナリオにおいても「協調」を選ぶ傾向が一番強く、次は「服従」であることが明らかになった。シナリオ1とシナリオ2において「回避」を選ぶ傾向が一番弱いのに対し、シナリオ3においては「対決」を選ぶ傾向が一番弱いことがわかった。

4.3 研究課題3の結果

研究課題3では、中国における日本語学習者の葛藤原因帰属と解決方略の間の関連性を明らかにするために学習者全員（男46 女182）を分析の対象とし、シナリオごとに原因帰属を独立変数、解決方略を従属変数とした重回帰分析を行った。その結果は以下の表9、表10、表11のように示している。

表9 シナリオ1における原因帰属と解決方略の重回帰分析結果

シナリオ1	対決	協調	服従	回避
教師要因	0.137*	−0.019	−0.101	0.137*
学生要因	−0.129+	0.042	0.093	0.012
文化要因	0.137*	0.049	−0.03	−0.001
R^2乗決定係数	0.047*	0.004	0.016	0.02

数字は標準偏回帰係数 β　　*** $p<0.001$　** $p<0.01$　* $p<0.05$　+ $p<0.10$

シナリオ1において、原因帰属は解決方略＜対決＞に影響を与える要因であることが明らかになった（t＝4.1, p＜0.001）。教師要因への帰属（t＝2.03, p＜0.05）は解決方略＜対決＞を促進し、学生要因への帰属（t＝-1.92, p＜0.10）は解決方略＜対決＞を抑制し、文化要因への帰属（t＝2.07, p＜0.05）は解決方略＜対決＞を促進することがわかった。

シナリオ2において、原因帰属＜教師要因＞は解決方略＜対決＞（t＝3.37, p＜0.001）、＜協調＞（t＝2.95, p＜0.01）、＜回避＞（t＝3.79, p＜0.001）を促進する。原因帰属＜学生要因＞は解決方略＜服従＞（t＝2.33, p＜0.05）を促進し、解決方略＜対決＞（t＝-2.39, p＜0.05）を抑制する。原因帰属＜文化要因＞は解決方略＜協調＞（t＝3.91, p＜0.001）を促進し、解決方略＜服従＞（t＝-1.82, p＜0.10）を抑制することが明らかになった。

表 10　シナリオ2における原因帰属と解決方略の重回帰分析結果

シナリオ2	対決	協調	服従	回避
教師要因	0.221 ***	0.187 **	−0.074	0.246 ***
学生要因	−0.092	0.076	0.157 *	−0.157 *
文化要因	0.083	0.249 ***	−0.122 +	−0.056
R²乗決定係数	0.059 **	0.121 ***	0.036 *	0.078 **

数字は標準偏回帰係数 β　　*** p＜0.001　　** p＜0.01　　* p＜0.05　　+ p＜0.10

表 11　シナリオ3における原因帰属と解決方略の重回帰分析結果

シナリオ3	対決	協調	服従	回避
教師要因	0.212 ***	0.273 ***	−0.366 ***	0.007
学生要因	−0.082	0.034	0.07	0.006
文化要因	0.078	−0.044	0.165 **	−0.05
R²乗決定係数	0.064 **	0.072 **	0.157 ***	0.002

数字は標準偏回帰係数 β　　*** p＜0.001　　** p＜0.01　　* p＜0.05　　+ p＜0.10

最後に、シナリオ3において、原因帰属＜教師要因＞は解決方略＜対決＞(t＝3.24, p＜0.001)、＜協調＞(t＝4.18, p＜0.001)を促進し、解決方略＜服従＞(t＝-5.89, p＜0.001)を抑制することがわかった。また、原因帰属＜文化要因＞は解決方略＜服従＞(t＝2.65, p＜0.01)を促進することが明らかになった。

5. 総合考察

5.1　中国日本語学習者の葛藤原因帰属と解決方略の特徴

以上の結果をまとめると、中国日本語学習者の葛藤原因帰属と解決方略の特徴は表12のように示す。

表 12　中国人日本語学習者の葛藤原因帰属と解決方略の特徴

	シナリオ	原因帰属	解決方略
強い傾向の見られる要因/方略	1	学生と文化	協調と服従
	2	学生と文化	協調と服従
	3	教師	協調
弱い傾向の見られる要因/方略	1	教師	回避
	2	教師	回避
	3	文化	対決

シナリオによって学習者の原因帰属と解決方略のパターンに共通している部分もあるが、一貫性のない部分もある。シナリオ1(距離感に関する葛藤場面)とシナリオ2(贈答習慣に関する葛藤場面)においては同じであるが、シナリオ3(中国への認識に関する葛藤場面)には違いが見られた。シナリオ1と2において、「学生要因」

や「文化要因」への帰属が強く、「教師要因」への帰属が弱かった。Hofstede(2001)によると、中国社会は権力格差が比較的に強い(米国やスウェーデンなどの欧米国より)ため、上司、父親、教師などの権力の強いものに支配されたりすることに対する寛容度が高いと指摘された。それによって、中国人学習者が教師に帰属するより、自分のほうに帰属する傾向があると考えられる。また、加賀美・大渕(2004)は日本における中国人学生は学生要因への帰属が一番強く、教師要因や文化要因への帰属が弱かったという結論を出したが、本論文の結果と対照的に見ると、「文化要因」への帰属に違いが見られた。それによって、日本にいる第二言語学習者より中国の日本語学習者が異文化と自文化との差異をより強く意識している姿がうかがえる。シナリオ3では、教師や学生への帰属が強く、文化への帰属が一番弱いと特別な帰属パターンが出てきた理由として、中国事情への認識は互いの個人的な経験、考え方などにより違うと考えたほうが合理的なものだと考えられる。

　また、解決方略選択の特徴として、シナリオ1とシナリオ2では学習者が「協調」と「服従」の方略を一番好んで、「回避」の方略を選ぶ傾向が一番弱かった。シナリオ3では学習者が「対決」の方略を選択することは少なかった。加賀美・大渕(2004)によると、中国人学生は「服従」の方略をよく用い、「対決」を選択することが少なかった。本論文でわかるように、「協調」方略の多用が中国にいる日本語学習者の一つの特徴といえる。争いをできるだけ避けるが、問題をそのまま放置するのではなく、対話を通し両方がウィンウィンになるような中国人日本語学習者の姿がうかがえよう。

5.2　学習者の性別と関係のある葛藤原因帰属や解決方略

　学習者の性別と関係のある葛藤原因帰属や解決方略の結果は表13のようになる。

　以上の結果から、男性のほうが「教師要因」に帰属した傾向が強いことがわかった。これは、Hofstede(2001)が指摘したように、中国は「男性らしさ」の社会であるため、男性は支配的な地位において、自分の合理性を主張する傾向があるものと考えられる。

表13　学習者の性別による葛藤原因帰属と解決方略

	原因帰属			解決方略			
シナリオ	教師要因	学生要因	文化要因	対決	協調	服従	回避
1	男＋	男＋					
2	男＋			男＋	男＋	女＋	
3						男＋	

＊男＋:男性のほうが傾向強い　女＋:女のほうが傾向強い

　また、本論文では先生におごることを断られた場面(シナリオ2)において、男性の学習者の方が「対決」や「協調」という積極的な方略を好んでいるが、中国の道端にゴ

ミが落ちていることを批判している場面において、男性の学習者のほうが「服従」の消極的な方略を選んだ。これは中国の道路にゴミが落ちているかどうかに対する認識上の個人差があるので、男性は比較的理性的で、このような問題について、教師に対決したりするのは無益なものと認識しているのではないか。この結果から、感受性の豊かな女性の学習者が自国を批判する声に敏感であり、男性の学習者が自国の問題に対する客観的な姿がうかがえる。つまり、「男性らしさ」の社会である中国において、男性のほうが自分の支配的な地位を立てるために積極的に自己主張するが、場面によって女性よりもっと理性的に葛藤を認識し対応することもある。また、女性の学習者は権威的なものに対し自分の意見を取り下げる傾向があることがわかった。

5.3 学習者の学年と関係の弱い葛藤原因帰属や解決方略

本論文では、学習者の学年が葛藤原因帰属や解決方略と関係が弱いという結果が出された。アンケート調査の結果から見れば、日本語能力試験一級に合格した学生は大学院生全員と、大学4年生の87.4％、大学3年生の20.6％であるが、大学2年生は1人も合格していない結果から、高学年と低学年の学習者は日本語能力に差があることがわかった。ということは、学習者の日本語能力と原因帰属や解決方略の間に有意義な関係が見られなかった。言い換えれば、日本語上手な人は積極的に異文化葛藤を処理できるとは言えないということである。確かに言語能力が学習者の異文化対処力[4]（山岸, 1995）における不可欠な要素であるが、一番重要な要素とは言えない。言語能力の他に、異文化に対する寛容性・柔軟性・オープンネス、社交性・観察力などの状況調整能力という特質があればこそ、良好な異文化葛藤対処能力を持つようになる（加藤, 2009）。それによって、従来から「語学教育」に偏っている日本語教育の中に、学習者の異文化に対する状況調整能力を育むトレニーグを取り入れる「異文化葛藤教育」が必要になると考えられる。

5.4 シナリオによって変わる原因帰属と解決方略

本論文では、学習者全員を対象とする重回帰分析の結果考察からみれば、シナリオによって学習者が同じ要因を帰属しても、解決方略の選択への影響に正反対の結果が見られる（表14 影付け部分）。各シナリオの文脈性を無視できないと言えよう。

表14 解決方略ごとの原因帰属の影響（シナリオ）

	対決方略	協調方略	服従方略	回避方略
教師要因	促進(1,2,3)	促進(2,3)	抑制(3)	促進(2)
学生要因	抑制(1)		促進(2)	抑制(2)
文化要因	促進(1)	促進(2)	促進(3) / 抑制(2)	

文化要因が、シナリオ2において、服従の方略を抑制するのに対し、シナリオ3において服従の方略を促進する。シナリオ2は学生が先生に食事をおごることに関する葛藤であるが、先生に断られた理由を文化の違いと捉えたら、日本人の考え方をそのまま取り入れるのではなく、先生を否定しないことを前提とし、相手に積極的に解釈し自文化を守ろうとする中国人日本語学習者の姿が見られた。シナリオ3は中国のゴミ問題への認識に関する葛藤であるが、その背後に国家文化的な意味が強かった。学習者はこういうような葛藤の発生原因を文化背景が違ったり、中日では清潔に対する評価基準が違うものであると認めたら、積極的に対話しても無益なことであると考えられた(加賀美,1997)。以上により、原因帰属と解決方略について検討する際は、シナリオの文脈性が対象者にとってどのような意味を持つかについても考慮するべきだと言えるであろう。

6. 日本語教育への示唆と今後の課題

6.1 日本語教育への示唆

中国における日本語学習者が異文化接触の中で積極的に葛藤を認知し、対処する能力を育成するために、学習者の個性を考慮しながら、原因帰属の客観性と柔軟性に気づかせることが重要である。また、原因帰属のほか、積極的な解決方略を選ぶように促す工夫が必要である。その場合、以下の点について留意する。

第一、教師が学習者の性別を意識する必要がある。男性の学習者は教師と直接に抗議したりし、女性の学習者は自分の意見を取り下げ、教師の意見に従う傾向がある。

第二、日本語教育に「異文化葛藤教育」を取り入れる。日本語能力が高い人が上手に葛藤を解決できるとは限らない。従来から「語学教育」に偏った日本語教育に、異文化に対する寛容性・柔軟性・オープンネスや社交性・観察力などの状況調整能力を育む異文化葛藤トレーニングを取り入れる価値があると考えられる。

第三、葛藤の原因帰属や解決方略を「過剰一般化」[5]することを避ける。本論文の結論として、葛藤の原因帰属と解決方略との関連性はシナリオに大きく影響されることが示された。葛藤への認識や解決方略の選択は個人の習慣と関係あるが、具体的な状況に左右される。そのため、学習者の異文化葛藤対処能力を育成するには、葛藤場面を「過剰一般化」し帰納するより、できるだけ多くの葛藤場面をあげ、ケースに基づく指導のほうが望ましいと言えよう。

6.2 今後の課題

本論文の調査分析において以下のような限界がある。

まず、質問紙に関する限界がある。本論文では、具体的な葛藤場面を想定し原因帰属や解決方略を選択してもらうために、シナリオ法を用いた。先行研究や事前のインタビューをもとに作成したとはいえ、シナリオの内容、原因帰属の6項目、解決

方略の4項目が回答者にとって現実的な場合が想定できればそうでない場合がある。実際の葛藤の原因帰属と解決方略への選択は実際の行動研究ではなく、あくまでも意識のレベルに留まっている調査である。

次に、本論文において、葛藤をその時点で解決することを前提に質問紙を作成していた。例えば、解決方略＜服従＞を選択したとしても、時間をかけて＜協調＞方略で解決しようと考えているかどうかについて、質問紙で測ることはできない。また、個人内の固定化された原因帰属や解決方略についても測ることはできない。

以上の点を踏まえ、今後の改善点をまとめると、「意識レベル」だけではなく、ナラティブなどの質的研究法も活かし、「実際の行動面」の調査をする必要があると思われる。また、アンケート調査という手法について、シナリオの数を増やす必要がある。

今後質問紙調査の考察内容を学習者にフィードバックし、より信頼できる研究をしたい。さらに、調査の内容面に関して、原因帰属のほか、学習者の異文化感受性などの属性は葛藤の解決方略にどのように規定しているかも検討を行いたい。

注

[1] 価値志向理論：Hofstedeは1960年代から約29年間にわたり、50カ国と3つの地域にあるIBM社で働く人々を対象に、仕事に関する価値観についての調査研究を進めてきた。その研究で実証的に見出されたのは、権力格差（社会の中における権力の不平等な分布を権力の弱いものが受け入れるかどうかの指標）・個人主義と集団主義・男らしさと女らしさ（男らしさの社会では男女のやくわりがはっきりわかれている）・不確実性回避（不確実な状況や未知の状況に対し脅威を感じる程度）という4つの文化的特徴を表す指標である。

[2] 強制投入法：全ての変数を強制的に取り入れる方法。重回帰分析の重要な役割に「変数の選択」がある。従属変数に影響を及ぼしている変数を多くの変数の中から選択し、これは独立変数の組み合わせを様々に変化させて重回帰分析を繰り返し、最も当てはまりの良いモデルを選択する方法である。

[3] 交互作用：交互作用は、一方の要因の条件によって、他方の要因の効果が異なることを言う（迫田，2006）。両方の要因の間に交互作用が見られ、しかも有意差があるとしたら、両方の要因の間に関係があるといえる。両方の要因の間に交互作用が見られても、有意差ではなく有意な傾向しか見られないとしたら、両方の要因の間に関係が弱いことを意味している。

[4] 異文化対処力：山岸（1995）によると、文化的・言語的背景の異なる人々と好ましい対人関係を持つためのコミュニケーション能力や、異文化環境下で、ストレスに対処し、個人にとって意味のある生活を送ることのできる心理的適応能力などの統合を指す。その中に、言語能力はコミュニケーション能力の一部として取り上げられた。

[5] 過剰一般化：ここの「過剰一般化」という表現は筆者のオリジナルのものである。それは葛藤の原因帰属と解決方略との関連性をきれいにまとめるために葛藤事例を一般化しすぎてステレオタイプに落ち込んでしまう結果となると意味している。

参考文献

日本語文献

八島智子. 2004. 外国語コミュニケーションの情意と動機. 関西大学出版部

大渕憲一, 福島治. 1997. 葛藤解決における多目標――その規定因と方略選択に対する効果. 心理学研究. 68

大渕憲一, 小嶋かおり. 1999. 対人葛藤における方略選択：動機的、認知的要因. 行動科学. 38

渡辺文夫. 1995. 異文化接触の心理学. 川島書店

加賀美常美代. 1997. 日本語教育場面における異文化間コンフリフトの原因帰属―日本語教師とアジア系留学生との認知差. 異文化間教育. 11

加賀美常美代. 1999. 日本語教育場面における葛藤の原因帰属―中国人学生、韓国人学生、米国人学生の比較. 三重大学留学生センター紀要. 1. 35-52

加賀美常美代, 大渕憲一. 2004. 日本語教育場面における日本人教師と中国及び韓国人学生の葛藤の原因帰属と解決方略. 心理学研究

加賀美常美代. 2007. 多文化社会の葛藤解決と教育価値観. ナカニシヤ出版, 2007

迫田久美子. 2006. 講座・日本語教育学- 言語学習の心理. スリーエーネットワーク

平井明代. 2012. 教育・心理系研究のためのデータ分析入門―理論と実践 SPSSから学ぶ活用法一. 東京図書

斎藤耕二. 1993. アカルチュレーションの心理学. 国際教育論. 中西晃. 創友社

山本志都. 2011. 異文化間協働におけるコミュニケーション：相互作用の学習体験化および組織と個人の影響の実証的研究. ナカニシヤ出版.

藤森立男. 1989. 日常生活に見るストレスとしての対人葛藤の解決過程に関する研究. 社会心理学研究. 4

細川英雄. 2002. 日本語教育におけるステレオタイプと集団類型認識. 早稲田大学日本語教育研究. 1

小塩真司. 2009. 研究事例で学ぶSPSSとAmosによる心理・調査データ解析. 東京図書

英語文献

Brislin, R. W. 1981. *Cross-cultural encounters: Face-to-face interaction*. New York, Pergamon Press. 72-108

Chen, G. M & W. J. Starosta. 1997. *A review of the concept of intercultural sensitivity*. Human Communication. 1

Chen, G. M & W. J. Starosta. 2000. *The Development and Validation of Intercultural Communication Sensitivity Scale*. Human Communication

Falbo, T, & Peplau, L. 1980. A. *Power strategies in intimate relationship*. Journal of Personality and Social Psychology. 38

Heider, F. 1958. *The Psychology of Interpersonal Relations*. New York: Wiley

Kramsch. 1993. C. *Context and culture in language teaching*. Oxford University Press

Sherif, M. 2003. Managing conflict and negotiating face. Communicating with Strangers: An Approach to Intercultural Communication, 4thEd, NY: McGlow-Hill

Ting-Toomey, S. 1998. Intercultural conflict styles, *Theories in Intercultural Communication*. Newbury Park

Weiner, B, A. 1979. *Theroy of Motivation for Some Classroom Experiences*. Journal of Educational Psychology. 71. 3-25

中国語文献

房妮子. 2009. 中国大学外语学习者与外籍教师发生冲突时的处理方式——一项对中国石油大学（华东）外国语学院学生的调查. 上海外国语大学

冯曼. 2010. 理性分析研究生外语课堂中与外教的文化冲突. 湖北成人教育学院学报. 16

李新月. 2010. 多维度下的中国大学生与外籍教师间文化冲突研究. 黑龙江大学

唐红. 2012. 新疆中亚留学生课堂教学中的跨文化冲突现象分析. 新疆师范大学

王晓春. 2012. 王晓春给青年教师的100条建议. 中国轻工业出版社

韦丁文. 2012. 在华高校的中美外语学习者处理跨文化课堂冲突的策略的对比研究. 西安外国语大学.

修刚. 2008. 中国高等学校日语教育的现状与展望：以专业日语教学为中心. 日语学习与研究. 5. 1-5

喻言虎. 2007. 文化冲突解决风格及其对英语教学的启示：一项关于中美合作学校的调查. 辽宁师范大学

赵倩. 2009. 中国跨文化冲突研究现状综述. 西南农业大学学报. 7(2). 93-96

朱桂荣. 2015. 跨文化交际与日语教育学术研讨会. 北京大学外国语学院日本语言文化系

「ひかりの素足」から「銀河鉄道の夜」への変奏
—少年の異界体験を中心に—

北京外国语大学　李凯夏

摘要：宫泽贤治创作了不少异界相关的作品，其中只有《发光的裸足》和《银河铁道之夜》两篇童话以"少年在异界生离死别"为主题。本论文将《银河铁道之夜》视为《发光的裸足》的变奏版进行解读，通过比较分析《发光的裸足》与《银河铁道之夜》中少年的异界体验，对《发光的裸足》到《银河铁道之夜》的创作过程进行了考察。通过考察得知，两部作品皆以宗教性空间为异界的舞台，作者始终贯彻了拒绝特定解释的态度。作品中所描写的异界是不存在语言障碍的空间，《银河铁道之夜》中捕鸟人捕鸟的场面是一种语言游戏，与杀生无关。另外，比较两部作品中主人公重返现实世界的场面，可知《发光的裸足》的主人公的决心空洞无力，无法与《银河铁道之夜》的主人公相提并论。异界体验虽是梦境中发生的事情，但梦与现实紧密相连，梦即另一种现实。最后，结合贤治丧失至亲的经历，通过分析贤治为悼念亡妹而写的一连串的挽歌群，探究了从《发光的裸足》发展到《银河铁道之夜》的原因。

キーワード：宮沢賢治　ひかりの素足　銀河鉄道の夜　異界

はじめに

　「ひかりの素足」は「銀河鉄道の夜」の前駆的作品であることは、諸家の認めるところである。モチーフや構成上の類似性が指摘される一方、「ひかりの素足」と「銀河鉄道の夜」とは比べ物にならないという見解が見られる。実際、「ひかりの素足」の草稿には「凝集を要す〜恐らくは不可」、「余りに〜センチメンタル〜迎意的なり」といった書き込みがあり、賢治自身もこの作品を酷評していたことが分かる。
　確かに、精神の高さといいスケールの大きさといい、両テクストの間には大きな隔たりがある。しかし、比較すべくもないは、比較するに値しないと同義ではない。というのは、宮沢賢治テクストに異界を扱ったものが極めて多いものの、そのうち主人公は二人一組で、生者と死者に分かれ、共に現実から異界（死後の世界）に彷徨い込み、一人が異界に留まり、一人だけが現世に帰還する物語は、この二作を措いてほかにはないのである。
　また、「銀河鉄道の夜」の草稿には七度にわたる手入れの跡が残っていることはよく知られているが、「ひかりの素足」の草稿には九度にわたる推敲の跡が見られることは案外あまり知られていない。「ひかりの素足」は作者によって「恐らくは不可」と酷評されるが、「銀河鉄道の夜」に勝るとも劣らないほど手を入れていることか

ら、作者のこの作品に対する執念は並大抵のものではないことが窺える。

「ひかりの素足」と「銀河鉄道の夜」は、題名こそ異なるものの、「同一主題を取り扱った双子の作品」[1]とさえ評される。それは単に物語の骨組みが似通っているだけでなく、作品における異界の在り方にも一脈相通じるところが見られるのではないか。両テクストの核心に据えられている少年の異界体験がどのように展開されているか。「ひかりの素足」がいかに止揚されて「銀河鉄道の夜」へと熟していったか。以上のような問題意識を念頭に置いて、本論文では主として「ひかりの素足」「銀河鉄道の夜」の二作を取り上げ、他の関連作品にも言及しつつ、作品を相互照射させることによって、「ひかりの素足」から「銀河鉄道の夜」への変貌過程の一端を明らかにしたい。

1. 宮沢賢治テクストとは何か

1.1　賢治テクストの特質

　周知の如く、宮沢賢治は今でこそは日本の「国民的作家」として認知され、日本のみならず世界中に広く読み継がれているが、彼が生前に発表したのは一冊の詩集『春の修羅』(一九二四・四)と一冊の童話集『注文の多い料理店』(光原社、一九二四・十二)のみであった。いずれも自費出版で売れ行きは芳しくなかった。刊行されたごくわずかな作品を除けば、現在流布している宮沢賢治テクストのほとんどは草稿から活字化されたものである。

　宮沢賢治は稀に見る推敲癖の激しい人としても知られるが、その原稿を実際に目にすると、激しいどころか一種の脅迫観念(オブセッション)さえ感じられる。最も典型的な例を挙げれば、未定稿のまま遺された「銀河鉄道の夜」の草稿には縦横無尽・自由奔放な推敲の跡が見られ、その凄まじい推敲ぶりは人々を瞠目させるには十分である(図①)[2]。これらの推敲の跡は、字句上の推敲に留っているものもあれば、物語全体の構想(コンセプト)に関わるものもある。いずれにせよ、度重なる手入れの跡は幾つもの層を成し、草稿自体が極めて不安定な状態にあるのが手に取るように分かる。

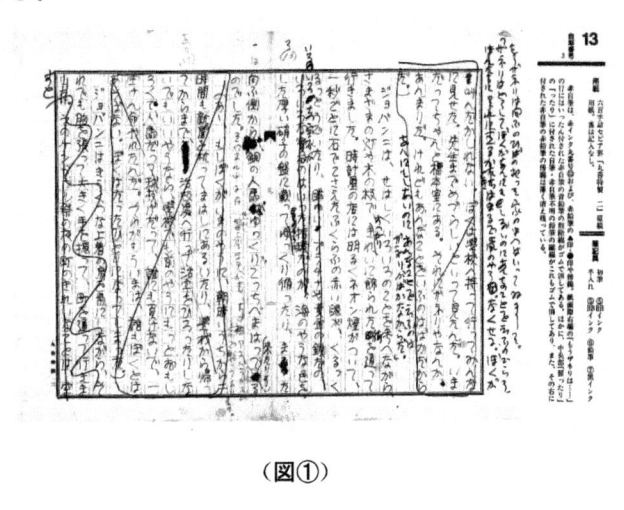

　また、推敲は未発表のものに留まらず、発表された作品にも継続されていた。例えば、『春の修羅』は賢治の生前に刊行された唯一の詩集だが、刊行後の自筆手入れ

(図①)

本は、現在判明しているだけでも宮沢家所蔵本、菊池暁輝氏所蔵本、故藤原嘉治氏所蔵本の三点ある。つまり、発表された作品はあくまでその時点での定稿であり、最終的な決定稿ではない。そこで本文決定の際、どの形態を本文にすべきかという厄介な問題が生じてくる。

　文学研究はある特定のテクストに依拠して展開されるのが一般的であるが、賢治の場合は一筋縄では論じられない。何故ならば、宮沢賢治テクストのほとんどは推敲途上のままで残された草稿であり、絶えず変貌し転生を遂げ、不確定性を内在化させているのである。本文とされる最終形のみを俎上に載せて、その他の異稿を一切不問に付するようなら、木を見て森を見ないに等しく、とどのつまり一断面しか捉えられないと断言してよい。

1.2　宮沢賢治テクストを《Versions》として読む

　次に、天沢退二郎が打ち出した「《Versions》としての賢治作品」[3]という考え方を紹介したい。《Versions》はフランス語で、本来は「翻訳」の意で、現在では「あるテクストがさまざまな改変を受けた、その各々の状態」の語義が一般的である。天沢の考えでは、賢治テクストはまず「詩バージョン」と「童話バージョン」に大別される。「詩バージョン」をさらに分けると、「口語バージョン」と「文語バージョン」に分けられる。天沢は具体例を挙げていないが、賢治文学において同じ題材を扱った口語詩が後に文語詩へと移行していった例は枚挙に暇がないほどある。詩に留まらず、一つの童話にも複数のバージョンが見られる。

　賢治文学の集大成と称される「銀河鉄道の夜」もその例外ではない。「銀河鉄道の夜」には四つのバージョンが併存する。のみならず、その先駆的作品として「氷と後光」「青森挽歌」「双子の星」「手紙四」など数多くの作品が挙げられる。「ひかりの素足」はそのうちの一つであり、「銀河鉄道の夜」の別バージョンとして読むことができる。少々言葉を換えて言うならば、「銀河鉄道の夜」は変奏された「ひかりの素足」として捉えられる。

　「銀河鉄道の夜」が天国篇なら、「ひかりの素足」は地獄篇にあたると吉本隆明は述べる[4]。天沢退二郎の《Versions》説に置き換えると、「銀河鉄道の夜」は天国バージョンで、「ひかりの素足」は地獄バージョンにあたる。また、前者はキリスト教的表象に彩られているのに対し、後者には「にょらいじゅりゃうぼん第十六」という仏教コードがあからさまに露呈している点を考慮すると、「銀河鉄道の夜」はキリスト教バージョンで、「ひかりの素足」は仏教バージョンとも言える。さらに、「ひかりの素足」では、主人公の兄弟が岩手方言で会話を交わし、土着的な雰囲気が漂っているが、「銀河鉄道の夜」ではイタリア風の名前を持つ主人公が登場し、作品全体にはエキゾチックな雰囲気が醸成されている。前者は日本バージョンで、後者は異国バージョンとして対比できる。

2. 両テクストの生成事情と物語構成

2.1 「ひかりの素足」について

　「ひかりの素足」の成立時期に関しては諸説紛々である。そのうち、現在最も有力とされるのが大正十二年頃説(杉浦静)である。現存する四十六枚の四百字詰の原稿用紙には九度にわたる推敲の跡が見られ、この作品に対する賢治の思い入れの深さが看取できる。その複雑な成立過程は、杉浦静によってコンパクトにまとめられている[5]。要約すれば、この作品には三種類の原稿用紙が混用されており、作品の後半部は殆ど差し替えと言って差し支え無い。

　中でも特に注目すべきは、大幅な差し替えが行われた後半部の成立時期である。周知のように、賢治には二歳年下の妹・トシがいて、賢治にとってトシは肉親にして信仰を一つにするたつた一人の道連れでもあった。その最愛の妹を喪ったのは大正十一年十一月二十七日のことで、「ひかりの素足」の後半部の推敲・差替には妹トシの死が色濃く影を落としている。

　次に、「ひかりの素足」の全体像を鳥瞰しておきたい。「ひかりの素足」は「一、山小屋」「二、峠」「三、うすあかりの国」「四、光のすあし」「五、峠」の五章から構成されている。漢詩の構成法で言う〈起承転結〉に当てはめると、「一」は〈起〉で、主人公の兄弟の日常風景の描写から物語は始まる。「二」は〈承〉で、題名からも分かるように、遭難のトポスが提示されており、兄弟が遭難に至るまでの経緯及び遭難場面が克明に描写されている。「三」と「四」は〈転〉の部に相当し、兄弟の目の前で地獄さながらの光景が広がっていたが、「白く光る素足の人」の神通力によって地獄は極楽へと一変する。「五」では、弟の楢夫は凍死し、兄の一郎だけが生還するという悲しい結末が用意されている。

2.2 「銀河鉄道の夜」について

　賢治文学の集大成とされる「銀河鉄道の夜」は未完成のままに遺された草稿であり、第一次稿から第四次稿まで四つの異稿(バージョン)が存する。第一次稿の成立は大正十三年頃と推定されているが、最晩年(昭和八年)まで推敲が重ねられた第四次稿に落ち着くまでには、およそ十年近くの歳月が経過していた。

　その複雑な生成過程は、天沢・入沢の両氏が作成した「銀河鉄道の夜『推移概念図』」[6](付録参照)によって明快に示されている。この図表からも一目瞭然であるように、「銀河鉄道の夜」には第一次稿から第四次稿まで四つの異稿が読み分けられる。そのうち、第一次稿から第三次稿までは初期形、第四次稿は後期形と規定されている。元の形(初期形)では、物語は第四章「ケンタウル祭」から始まり、主人公が夢から醒めるところで終わっているが、後期形では冒頭の三章が付け加えられ、結末部も大幅に書き換えられ、ジョバンニが夢から醒めて母親の牛乳を受け取る場面と、親友の溺死を知らされる場面が加筆されている。後期形では冒頭部と結末部が

対称的であり、稿を改めるに従って作品はより安定した構成になっている。
　本論では完成度が最も高いとされる後期形第四次稿を主な比較分析の対象とする。「銀河鉄道の夜」テクストの引用は原則として後期形第四次稿に拠るが、初期形に言及することもあり、その都度初期形からの引用であると明記する。

2.3 「ひかりの素足」と「銀河鉄道の夜」の関連性

　一見して明らかなように、「ひかりの素足」と「銀河鉄道の夜」は起承転結が極めて明瞭である。また、主人公の少年が現世から異界へ迷い込み、そして異界から現世に帰還するという基本構造を共有する「ひかりの素足」と「銀河鉄道の夜」(特に後期形)は、明らかに額縁構造型[7]の物語に属する。つまり、日常世界は〈額縁〉であって異界は〈本体〉に相当するのである。「ひかりの素足」の後半部には大幅な差し替えが行われ、作品の力点は〈本体〉、すなわち異界体験のほうに置かれているが、「銀河鉄道の夜」の改稿過程を辿っていくと、このテクストが次第に〈額縁〉のほうに拘泥していったことが見て取れる。
　『校本宮沢賢治全集』の編纂に携わった天沢退二郎・入沢康夫は「銀河鉄道の夜」のエクリチュールに沿って、二度にわたって共同討議したことがある。その折、「銀河鉄道の夜」(初期形)における「セロのやうな声」を発するブルカニロ博士と「ひかりの素足」に登場する「立派な大きな人」との類似性や、チョコレート風のお菓子が両テクストに共通して見られるといった点が指摘されたが、残念ながらそれ以上突っ込んだ分析はなされていない。本論では両氏の指摘を踏まえた上で、一歩踏み込んで両テクストの関連性を考えてみたい。

3. 異界へのいざない

3.1　境界線上の物語

　まず、異界の定義について確認しておきたい。異界は本来、限定された範囲での学術用語であり、亡霊や妖怪が跳梁跋扈する不気味な世界を指すが、近年ではその意味範囲が拡大され、人類学や民俗学に限らず、文学研究などの分野にも多用されるようになった。その定義について、文化人類学者・民俗学者の小松和彦は「境界の向こう側に広がっている世界」[8]、「人びとの日常世界・日常世界の外側にあると考えられている世界・領域」[9]と説明している。
　小松が言う異界の定義を両テクストに適用すると、「ひかりの素足」では「うすあかりの国」「銀河鉄道の夜」では「不完全な幻想第四次の銀河鉄道」が異界にあたる。両方とも死後の世界であり、厳密には「他界」と言ったほうが適切だが、異界は「他界」「異郷」など幾つかの概念を統合した言葉として多用されるので、ここでは一括りにして異界として呼ぶことにする。
　さて、「ひかりの素足」において一郎と楢夫が山小屋から家に帰る途中、〈峠〉で雪嵐に遭難し異界に迷い込む。〈峠〉は山の上と下と書き、字面からも「山頂の登り下

りの境目」[10]という意味が伝わる。その象徴的意味に関して、すでに「他界指標」（天沢退二郎）[11]、「向こう側とこちら側の裂け目・通路である」（吉田文憲）[12]といった的確な指摘がある。

　一方、「銀河鉄道の夜」においては、ケンタウウル祭の晩、クラスの者から除け者にされたジョバンニが、一人で町外れにある黒い〈丘〉に向かう。その〈丘〉の上で眠りに入り、気が付くと異界への旅を始める。その〈丘〉は、町から離れた場所にあり、銀河のお祭りで賑わう町と違って、不気味で人気もなく、いかにも寂れた非日常空間として描写されている。〈丘〉の頂には天気輪の柱が屹立している。ジョバンニはその柱の下で寝転びながら、銀河を仰ぎ見ていたが、いつしか夢の世界に入る。

　天気輪の柱に関して、太陽柱説（根元順吉）、七宝の塔説（斉藤文一）、ブリューゲルの柱説（別役実）など諸説があり[13]、科学的な解釈と宗教的な解釈に分かれるが、それらの論の当否は別として、ここでより重要なのは天気輪の天上志向性と境界性である。地上の天気輪がそのまま天上の三角標へと変わっていることから、天気輪は天上へと導く道標として機能していることが読み取れる。また、この天気輪の柱は二つの世界の境目にあり、境界性を帯びたシンボルとして捉えられる。

3.2　宗教的異空間

　「ひかりの素足」において、「にょらいじゅりゃうぼん」という言葉を契機に、光の素足を持つ人が地獄に登場する。彼の神通力によって、それまでの赤い地面は「平らな波一つ立たないまっ青な湖水の面に変り」、地獄は極楽へと転換されていく。この極楽浄土の描写は「如来寿量品」にある「自我偈」の一節に依拠していることは、すでに諸先学によって指摘されている。日蓮宗の信者である賢治は「自我偈」を重視し、その経文を踏まえて極楽浄土の風景を作品の中で再現していると考えるのはまず間違いはない。

　しかし、だからといって「ひかりの素足」の天上界は「仏教的で図式的地獄・極楽絵図」であり、「イマジネーションの貧弱さ、ストレートな感傷性」[14]が見て取れる、といった消極的な評価を出すのは性急である。というのは、作品の中に仏典に回収されない部分も大いにあるのである。例えば、天人たちの話によると、極楽浄土には「あらゆる世界のできごとがみんな集まってゐる」博物館、図書館、運動場、学校は全部揃っているし、チョコレートという「立派なチョコレート」もあるという。いかなる仏典にこのような近代的な施設が載っていようか。

　また、光の素足の正体に関して如来、お釈迦様、弥勒菩薩、地蔵菩薩など諸説が出されたが、むしろ「作者があえて『光のすあしの人』として、特定の仏にイメージを収斂させていないことが重要であろう」[15]という指摘が肯綮に当たっていると思われる。そもそも「ひかりの素足」という題名自体が一つのレトリックとして捉えられる。それは、無論「ひかりの素足」の人を指示しているが、体の一部で全体を表しているので、一種の提喩（シネクドキー）と言える。

　なお、光の素足の身体的特徴について、「貝殻のやうに白くひかる大きなすあし」

という表現が見られる。このイメージは賢治の「小岩井農場」（大正十一・五・二一）という長編詩にも見られる。この詩の下書稿に「雪と素足。」の題が書き残されており、「童話「ひかりの素足」の初期題か」[16]と思われるほど「ひかりの素足」と深い関連にある作品である。この詩の中に、白い素足の人を髣髴とさせるような、白く光る大きな素足を持つ天の子供らが登場する。

> どこの子どもらですかあの瓔珞をつけた子は
> 《そんなことでだまされてはいけない
> ちがつた空間にはいろいろちがつたものがゐる
> それにだいいちさつきからの考へやうが
> まるで銅版のやうなのに気がつかないか》
> 雨のなかでひばりが鳴いてゐるのです
> あなたがたは赤い瑪瑙の棘でいっぱいな野はらも
> その貝殻のやうに白くひかり
> 底の平らな巨きなすあしにふむのでせう（下線部筆者、以下同）
>
> （パート九）

瓔珞をつけた大きな素足の子供らは、地上の者ならず、賢治の眼には天の童子のように映る。先駆形Aでは「透明な光の子供らの一列」「透明な魂の一列」と表現され、彼らの素足が踏む地面は「平らな青光の地面」とされる。「ひかりの素足」と読み比べれば、光の素足の人のイメージが光の子供らのイメージと重なっていることは明白である。畢竟するに、「ひかりの素足」における仏教的異空間には、賢治独自の幻想性が加味されており、仏典に還元しきれない部分も大いにあることを強調したい。

一方、「銀河鉄道の夜」はどうであろうか。一読すればすぐ気付くが、テクストの随所にキリスト教的表象が鏤められている。ここでは特に白い着物の人を取り上げ、光の素足の人と比較してみたい。家庭教師の三人組はサザンクロスで下車し、主人公たちと別れるが、その停車場に近づいた時、人々は「まっすぐに立ってお祈り」をする。イエス・キリストと覚しき人が「見えない天の川の水」を渡って来る。

> そして見ているとみんなはつつましく列を組んであの十字架の前の天の川のなぎさにひざまずいていました。そしてその見えない天の川の水をわたってひとりの神々しい白いきものの人が手をのばしてこっちへ来るのを二人は見ました。けれどもそのときはもう硝子の呼子は鳴らされ列車はうごき出しと思ううちに銀いろの霧が川下の方からすうっと流れて来てもうそっちは何も見えなくなりました。

「神々しい白いきもののひと」は光の素足の人と同様に救済者として登場する。「ひかりの素足」において「その人」の手足の白さ、特に白い素足が印象的に描写されているのに対し、「銀河鉄道の夜」では「白いきもの」がクローズアップされている。

その救済者の正体や全体像について深入りしないという書き手の姿勢が一貫している。光の素足の人が作品のタイトルとも関連している重要な存在なのに対し、「銀河鉄道の夜」でその救済者が見えたのはほんの一瞬の出来事で、両者の扱い方には顕著な相違が見受けられる。

また、「銀河鉄道の夜」には「ほんとうの幸い」という主調音が流れている。「ジョバンニは銀河の旅で出会った人々との交流を通じて、特定の人(鳥捕り)の「ほんとうの幸」から不特定の「そのひと(海で遭難した誰か)のさいはい」へ、そして最終的には不特定多数の「みんなの幸」を求めるようになった。本当の幸いとは何かについて、「銀河鉄道の夜」においては最後まで開示しなかったが、「銀河鉄道の夜」の先駆作「手紙四」に「それはナムサダルマプフンダリカサスートラというものである」とある。「ナムサダルマプフンダリカサスートラ」というのは、サンスクリット語で「妙法蓮華経に帰依します」という意味である。「手紙四」において明確に示された「すべてのいきもののほんとうの幸福をさが」す＝法華経に帰依する、という図式が「銀河鉄道の夜」では作品の背後に影を潜めるようになった。

このように、「銀河鉄道の夜」は表層的にはキリスト教的色彩が濃厚であるが、その深層には法華経信仰という通奏低音が流れていることは確かである。思えば、「銀河鉄道の夜」は両義的な言葉で飾られたテクストでもある。天気輪は仏教の五輪塔とも、cosmic pillar(宇宙柱)とも受け取れる。「十」という文字はキリスト教のシンボルの十字架であると同時に、法華経で説かれる十如是、十界とも理解できる。「水晶の数珠」は仏教的コードと思われがちだが、キリスト教にも数珠をかける習慣がある。個人への愛を普遍的な愛に昇華させることは、大乗仏教の菩薩行であってキリスト教で説かれるアガペーにも繋がっている。

要するに、作者の意図はどうあれ、このテクストは一義的な解釈には収まらないように出来上がっている。それは、言うまでも無く作者が明確に書いていないことに深く関連している。仏教ともキリスト教とも取れる一方、片方へと収斂させたら必ず何かがこぼれ落ちてしまう。テクスト自体が一義的な解釈への抵抗を内在化させており、読者に十人十色の解釈が許容される場を提供しているように思われる。

3.3　異界での交流

「銀河鉄道の夜」初期形(第三次稿)において、ジョバンニが異界に入り込む直前、「銀河ステーション」という声が聞こえた。

> するとこんどは、前からでもうしろからでもどこからでもないふしぎな声が、銀河ステーション、銀河ステーションときこえました。そしていよいよおかしいことは、<u>その語が、少しもジョバンニの知らない語なのに、その意味はちゃんとわかる</u>のでした。

この「ふしぎな声」について、入沢康夫・天沢退二郎の両氏は「原言語の世界」[17]

と指摘し、中野新治は両氏の考えを受けて、「ふしぎな声」を「非言語的言語」と呼び、その言語は「各民族語という形態を失い原言語に還元されているのだから、あらゆる民族の人間に自在に理解可能なのだ」[18]と敷衍している。

つまり、その異空間はお互いに「理解可能」な言語空間であり、そこから聞こえてくる声は、自動的にジョバンニが理解できる言葉へと変換されるのである。古今東西の文学作品を見渡すと、異界を扱ったものが無数にあるが、異界の言葉は現実の言葉とは異なるものである、という考え方はあまり見られない。しかし、興味深いことに「銀河鉄道の夜」の前駆的作品「ひかりの素足」において、似たような現象が起きている。

ここで「ひかりの素足」における主人公の兄弟の言葉遣いの変化（方言→共通語→方言）に注目したい。作品の冒頭部の二章（「一、山小屋」「二、峠」）において、主人公の兄弟が方言で会話を交わしていたが、「うすりの国」に足を踏み入れた途端、岩手弁が共通語へと変わっている。賢治が意図的に二つの世界で方言と共通語を使い分けていることは明白である。

よく考えれば、他者の介入なしに、ずっと岩手弁で会話を交わしていた兄弟が、急に共通語で喋り出すのはなんとも不自然なことである。とすると、二人が言葉遣いを変えたのではなく、異界に入ったとたん岩手弁が自動的に共通語へと変換される、としか考えられない。異界に入っても普段と同じように喋るのが一般的であるが、現実と異界の言葉がはっきりと区別されている点において、「ひかりの素足」と「銀河鉄道の夜」は共通しており、他の異界訪問譚とは一線を画しているように思われる。

3.4　異界の食べ物

食べ物というコードで「銀河鉄道の夜」に接近することの可能性が早くも高橋世織によって示唆されている[19]。牛乳のダブルミーニングやリンゴの象徴的意味に関しては、すでに諸家によって卓抜した指摘がなされてきたが、チョコレートやお菓子への関心はなぜか希薄である。

ところが、注意を喚起したいのは、「銀河鉄道の夜」で主人公たちが異界で唯一口にしたものは、鳥捕りからもらった「チョコレート」風の鳥の「お菓子」である。他方、「ひかりの素足」において主人公の兄弟が異界で唯一口にしたのは、奇しくも白い素足の人から授かった「チョコレート」なのである。両テクストに共通して見られる「お菓子」を手掛かりとして読み解けば、これまで見落とされてきた何かが浮上してくるのではないか。

まず、光の素足の人が子供たちにチョコレートを授ける場面を取り上げてみよう。

「さあたべてごらん。」その大きな人は一つを楢夫にやりながらみんなに云ひました。みんなはいつか一つづつその立派な菓子を持ってゐたのです。それは

一寸嘗めたときからだ中すうっと涼しくなりました。舌のさきで青い蛍のやうな色や橙いろの火やらきれいな花の図案になってチラチラ見えるのでした。たべてしまったときからだがピンとなりました。しばらくたってからだ中から何とも云へないいゝ匂いがぼうっと立つのでした。

「立派な大きな人」から手渡されたチョコレートという「立派な菓子」を口にしたら、子供らの「からだ中から何とも云へないいゝ匂いがぼうっと立」った。このチョコレートは地上のチョコレートならず、天上の聖なるお菓子として描写されていることが読み取れる。子供の舌の先でちらちら明滅するチョコレートの描写は、直ちに「銀河鉄道の夜」における鳥捕りが鳥を捕獲する場面を連想させる。

鳥捕りとは「白鳥の停車場」で乗車した謎めいた人物である。彼は天の野原の菓子屋らしく、銀河のほとりに立って鳥を捕まえては菓子に化け、その菓子を売る商売をしている。彼が鳥を捕る場面を見ると、鷺が撃たれたわけでもないのに、独りでに空から「雪が降るように」「天の川の砂の上」に舞い降りてくる。そして、捕まえられるやいなや、まるで「蛍のやうに、袋の中でしばらく、青くぺかぺか光ったり消えたり」してお菓子へと転化していく。

この場面は殺生場面と捉えられがちであるが、「ひかりの素足」と読み比べれば、子供の口の中でちらちらする「立派なお菓子」の描写は、「銀河鉄道の夜」における明滅しながら消えていく鳥の描写と酷似していることに気づく。つまり、子供の舌の先で溶けていく「青い蛍のやうな色」で「チラチラ見える」チョコレートと、「蛍のやうに」点滅しながら「融け」ていく鷺のイメージに重なる要素が見られ、後者を前者のデフォルメされた形として捉えられる。

さて、光る鳥のお菓子という発想がいかにして生成されたのか。宮沢賢治は童話作家・詩人として世に知られているが、彼の文学的出発点は意外にも短歌であった。石川啄木の「一握の砂」に触発されて、賢治の短歌創作は明治四十四年から始まって大正十年まで続いた。「歌稿A」と仮称される草稿は創作の早期に書かれた短歌群であり、そのうち、次の一首が見られる。

　　　薄明穹まったく落ちて燐光の雁もはるかの西にうつりぬ（短歌A762）

『定本　宮澤賢治語彙辞典』によれば、「燐光」とは「燐の自然発火による青白い光」のことである[20]。では「燐光の雁」とは何か。「初期短編綴等」に収められた短編「ラジュウムの雁」と併読すれば、その意味は直ちに明らかになる。

> 青ざめた薄明穹の水底に少しばかりの星がまたたき出し、胡桃や桑の木は薄くらがりにそっと手をあげごく曖昧に祈ってゐる。杜の杉にはふくらふの滑らかさ、昆布の黒びかり、しづかにしづかに溶け込んで行く。
> （中略）
> ふう、すばるがずうっと西に落ちた。ラジュウムの雁、化石させられた燐光の雁。

前後の文脈からして、「燐光の雁」は「すばる」の隠喩（メタファー）として機能していることは明白である。「燐光の雁」（光る雁）という発想はかなり早い時期から形成されていたと推定できる。なお、短歌A762と「ラジュウムの雁」に「薄明穹」という時間帯が提示されていることも看過できない。「薄明穹」という言葉が見られる関連作品として、「詩ノート」に収められている一〇五七番の詩が連想される。

　　　一〇五七　〔古びた水いろの<u>薄明穹</u>のなかに〕
　　　　　　　　　　　　　　　　　　　　　　　　九二七、五、七、
　　　むかしわたくしはこの学校のなかったとき
　　　その森の下の神主の子で
　　　大学を終へたばかりの友だちと
　　　春のいまごろこゝをあるいて居りました
　　　<u>そのとき青い燐光の菓子でこしらえた雁は</u>
　　　　<u>西にかかって居りましたし</u>
　　　　　みちはくさぼといっしょにけむり
　　　　友だちのたばこのけむりもながれました

　下線部を見ても分かるように、「燐光の雁」と「菓子」が見事に結びついた。換言すれば、もともと心象にあった「燐光の雁」にお菓子のイメージが加わり、「銀河鉄道の夜」に出てくるような光る鳥のお菓子が生成されたのである。では、雁と菓子はどこで結びついたのか。

　結論を先に言うと、落雁という干菓子がある。『日本国語大辞典』（小学館）を引くと、落雁とは「干菓子の一種。もち米・うるち米・小麦・大麦・粟・大豆・小豆子などの穀物を粉にして、水飴・砂糖水などを加えてねり、型に入れて焙炉（はいろ）で乾燥させたもの」[21]とある。また、『類聚名物考』にある「落雁」の項で次のような説明がなされている。

　　　今らくがんといふ菓子有りもと近江八景の<u>平砂の落雁</u>より出し名なり白き砕米に黒胡麻を村々とかき入たりそのさま雁に似たれバなり形ハ昔ハ洲濱のさまなりしか今ハ種々の形出来たりかかる物といへともその初ハ故由有しが後ハとりうしなへる事多くその名同しくして物異に變るものなり[22]

これは落雁の語源説の一つともなっている。注目したいのは「銀河鉄道の夜」における鷺が天の川の「砂」の上に舞い降りる光景は、偶然とは思えないほど「平砂落雁」と一致している。ただし、「銀河鉄道の夜」では空から舞い降りてくるのは〈鷺〉であり、その場面は〈落雁〉ならず、〈落鷺〉へと巧妙にすり替えられている。また、落雁は和菓子ではなく、異国風の舞台に相応しそうなチョコレート風の洋菓子へと変換されている。

　言うならば、「銀河鉄道の夜」における〈落鷺〉の場面には二重のトリックが仕掛けられており、正しく手の込んだ鷺＝詐偽そのものである。そういう変換こそ、いわ

ゆる変換・修飾された心象（mental sketch modified）ではないか。いずれにせよ、鳥捕りが鳥を捕る場面は一つの言葉遊びの現場であり、殺生行為とは結びつかないことは明白である。

4. 異界から帰還した少年

4.1 主人公の決意

「銀河鉄道の夜」の初期形と後期形では、ブルカニロ博士の有無という質的な相違が見受けられる。興味深いことに、「ひかりの素足」にもブルカニロ博士を髣髴とさせる超越的存在、すなわち光の素足の人が登場している。ここでは二人が主人公を教え諭す場面を比較し、ブルカニロ博士を抹消させた理由を考えてみたい。まずそれぞれの該当箇所を引用しておく。

作品名	対応箇所
「ひかりの素足」	「（前略）よく探してほんたうの道を習へ。」その人は一郎の頭を撫でました。一郎はたゞ手を合せ眼を伏せて立ってゐたのです。
「銀河鉄道の夜」第一次稿	「僕きっとまっすぐに進みます。きっとほんたうの幸福を求めます。」「あゝではさよなら。」博士はちょっとジョバンニの胸のあたりにさわったと思ふともうそのかたちは天気輪の柱の向ふに見えなくなってゐました。
「銀河鉄道の夜」第二次稿・第三次稿	「（前略）お前は夢の中で決心したとほりまっすぐに進んで行くがいゝ。そしてこれから何でもいつでも私のとこへ相談においでなさい。」「僕きっとまっすぐに進みます。きっとほんたうの幸福を求めます。」ジョバンニは力強く云ひました。

このように抜き出してみると、主人公の主体性には截然たる相違が見受けられる。具体的には、「ひかりの素足」の一郎は「たゞ手を合せ眼を伏せて立ってゐた」とある。あれほど必死で鬼から弟を守ろうとした兄は、ここでは無言のまま佇み、一郎には主体性が感じられない。「銀河鉄道の夜」第一次稿において、ジョバンニは「僕きっとまっすぐに進みます。きっとほんたうの幸福を求めます」と決意表明する。第二次稿では、「ジョバンニは力強く云ひました」という加筆があり、それによってジョバンニの決意がより堅固なものとなった。このように、一郎とジョバンニを比較してみれば、主人公が次第に主体性を獲得していくことが読み取れる。

よく考えれば、一郎は最初から弟思いの優しい兄として造型され、彼には成長する余地が果たして残されていたのであろうか。言い換えれば、ジョバンニと違って、一郎には「ほんたうの道」を決意するに至るまでの経緯が欠如しており、その決意は美しくとも論理的には甘く、とどのつまり空疎な決意に過ぎない。

一方、「銀河鉄道の夜」初期形では、ジョバンニはブルカニロ博士の心理実験の被験者に過ぎず、すべての出来事は博士の思惑通りに運んでいる。それに対して、後期形ではブルカニロ博士が消滅し、ジョバンニは一つの独立した人格を持つ主体として描かれ、彼は自分自身で判断し、銀河鉄道の旅を通じて精神的成長を遂げ、最終

的には生きとし生けるものの「ほんたうのさいはひ」を尋ねることを決意する。

このように見ていくと、主人公を自立させるために、物語をブルカニロの支配から解放するために、ブルカニロ博士の消滅は必然である、ということが分かってくる。

4.2 異空間の実在性

「ひかりの素足」は次の場面によって閉じられている。

> 猟師が叫びました。一郎は扶けられて起されながらも一度楢夫の顔を見ました。その顔は苹果のやうに赤くその唇はさっき光の国で一郎と別れたときのまゝ、かすかに笑ってゐたのです。けれどもその眼はとぢその息は絶えそしてその手や胸は氷のやうに冷えてしまってゐたのです。

光の国で兄と別れた時のかすかな笑いが、そのまま楢夫の死顔に残っている。楢夫の笑顔によって、異界と現実が繋がっているのである。その安らかな死顔は楢夫が極楽浄土に転生できたことを物語っていると同時に、異界での出来事は単なる夢ではないことの証明にもなれる。一郎が弟の死という厳然たる現実をいかに受け止めたかについては語られていないが、物語は一郎が楢夫の息絶えた顔を見つめるところで閉じられていることから、異界で別れた時に見た見た「かすかに笑う」顔とそっくりな笑顔が一郎の目に鮮烈に焼き付き、一郎にとって異界で体験したことは単なる夢ではないことは想像に難くない。

「銀河鉄道の夜」初期形では、夢から醒めたジョバンニの前にブルカニロ博士が姿を現し、銀河での体験は「夢」の出来事であったと語り、ジョバンニが夢の中で見た「あやしい天の切符」にそっくりな「小さく折った緑いろの紙」をジョバンニのポケットに入れる[23]。これまで見落とされてきたこの切符渡しの場面には、実は極めて重要なメッセージが秘められている。ブルカニロ博士はこれまでの体験は彼の心理実験による「夢」の出来事であったと明かすが、夢の中で見たどこまでも行ける通行券が、現実に戻っても手に入れるということは、銀河の旅は単なる夢ではないことの証になれるのである。

後期形では、ブルカニロ博士の存在自体が抹消され、それと共にこの切符渡しの場面もばっさり削除されたが、作品の結末部でジョバンニが「銀河が巨きく写って」いる川を眺めながら、「そのカムパネルラはもうあの銀河のはずれにしかいないというような気がしてしかたなかった」と思う場面がある。「直喩的感覚の形ではあるが、〈夢〉世界の実在性は確証される」[24]と中村三春が指摘した通り、異界の実在性を証明できる切符こそもらっていないものの、ジョバンニは銀河での体験が確かにあったと確信している。

このように、証があろうがなかろうが、夢と現実が繋がっており、主人公にとって異界での出来事は単なる夢ではないことが分かる。なお、賢治が晩年近くに手がけた口語詩「東の雲ははやくも蜜のいろに燃え」下書稿（二）の裏に、次のような思索メ

モが書き留められている。

　　　序
　　　　科学に威嚇されたる信仰、
　　　　本述作の目安、著書、　　　異構成-異単元
　一、異空間の実在　天と餓鬼、　　分子―原子―電子―真空
　　　幻想及夢と実在、
　二、菩薩仏並に諸他八界依正の実在
　　　内省及実行による証明
　三、心的因果法則の実在
　　　唯有因縁
　四、新信行の確立、

　方法はともかく、このメモを見る限り、賢治が「異空間」「幻想及夢」「菩薩仏並に諸他八界依正」「心的因果法則」の実在を確信し、それを証明しようとしたことが窺える。

　なお、両テクストとも二作とも少年が夢の中で異界を体験する話であるが、異空間の実在性が示唆されているだけでなく、その夢は現実とは異なるもう一つの現実であることも暗示されている。フロイトやユングのように、夢を意識の底に沈んだ欲望や衝動、もしくは集団無意識の表れと考えるのではなく、賢治の夢に対する捉え方は、むしろ古代日本人の心性に近い。すなわち、「夢もまた一つの『うつつ』、一つの独立な現実である」[25]という考え方である。

おわりに

　最後に、作家論的な視座に目を転じて、宮沢賢治が妹トシを亡くした実体験と結びつけて、「ひかりの素足」から「銀河鉄道の夜」へと変貌する所以を探ってみたい。

　両テクストの成立時期は定かでないが、妹トシを喪った賢治の実体験が色濃く投影されている。トシが肺結核で二十四歳の若さで早世したのは、大正十一年十一月二十七日のことである。

　その日の日付が付された詩は、「永訣の朝」「松の針」「無声慟哭」の三篇がある。三篇の詩に「ひとり」という表現が共通して見られる。「Ora Orade Shitori egumo」(ひとりいきます)という言葉は、最初は妹の口から発したものであったが、それが賢治の心に留まって、妹は「たつたひとり」で「さびしく」どこへ行こうとするのだ、とその行方を執拗に問うようになった。

　トシを喪った翌年の七月の末、賢治は教え子の就職依頼を兼ねて、妹の魂の行方を求めるべく、北海道経由で樺太へと渡った。その結果として、妹の死を悼む一連の「オホーツク挽歌」群が書かれた。「青森挽歌」はその挽歌群の中の一首であり、「一九二三、八、一」という日付が付されている。この詩の成立過程について、千葉一

幹は次のように述べている。

　「ひかりの素足」という作品は、妹トシの死という痛切な体験を経て一応の完成へと至りさらにそれは詩編「青森挽歌」へと連なり、最終的には賢治の代表作である「銀河鉄道の夜」へと到達する、その道程の起点になる作品であるのだ。[26]

　つまり、「青森挽歌」は「ひかりの素足」とも「銀河鉄道の夜」とも密接に関連しており、「ひかりの素足」と「銀河鉄道の夜」を繋ぐ過渡的な作品として位置付けられる。この詩の中に、次のような一節がある。

　　　あいつはこんなさびしい停車場を
　　　たつたひとりで通つていつたらうか
　　　どこへ行くともわからないその方向を
　　　どの種類の世界へはいるともしれないそのみちを
　　　たつたひとりでさびしくあるいて行つたらうか

　「あいつ」とは昨年に亡くなった妹トシのことである。「どの種類の世界へはいるともしれないそのみち」という一行には、妹が三悪道（畜生道・餓鬼道・地獄道）に堕ちてしまったのではないか、という賢治の危惧の念が滲み出ている。「たつたひとりで」という表現は二度も反復されて、妹の死から八ヶ月経ったにもかかわらず、賢治にとって妹の行方問題が依然として気がかりであることが窺える。また、この詩は次の一節によって締めくくられている。

　　　《みんなむかしからのきやうだいなのだから
　　　　　けっしてひとりをいのってはいけない》
　　　ああ　わたくしはけっしてさうしませんでした
　　　あいつがなくなってからあとのよるひる
　　　わたくしはただの一どたりと
　　　あいつだけがいいとこに行けばいいと
　　　さういのりはしなかったとおもひます

　二重括弧にある言葉を幻聴と見るか、賢治の内面の声（自己の分裂）と見るかで諸家の見解が分かれるが、腑に落ちないのは最後の一行である。賢治はなぜ断定表現を避け、「とおもひます」で結んだのか。断定し切れないところに、賢治の心の迷いが読み取れる。つまり、「けっしてひとりをいのってはいけない」と知りつつ、心ならずも一人の幸いを祈ってしまったことがあるのではないかと推測される。

　「青森挽歌」からおよそ一年後に「薤露青」という詩が書かれた。この挽歌の中に「……あゝ　いとしくおもふものが〜そのまゝどこへ行ってしまったかわからないことが〜なんといふいゝことだらう……」という一行がある。「いとしくおもふもの」は妹を指しているが、あれほど執拗に妹の行方を捜し求めた賢治は、ここでは「そのまゝどこへ行ってしまったかわからないことが〜なんといふいゝことだらう……」と詠む。この言葉には深い諦観の念が滲み出ている。この詩こそ、賢治が妹

の死を巡る思考の一応の帰着点と考えられる。

　大正十五年三月の末、賢治は教師の職を辞し、下根子にある宮沢家の別宅に移住し、農民として生きる道を選択した。その年の六月頃に書いたと推定される「農民芸術概論綱要」に「世界がぜんたい幸福にならないうちは個人の幸福はあり得ない」という有名な一節がある。「個人の幸福」よりも「世界」の幸福を求めるという高邁な理想が掲げられている。

　昭和四年、賢治は高瀬露に「私は一人一人について特別な愛といふやうなものは持ちませんし持ちたくありません。さういふ愛を持つものは結局じぶんの子どもだけが大切といふあたり前のことになりますから」と書かれた手紙を送り、彼女からの求愛を頑として拒否した。

　妹トシの死を契機として、賢治は「ひとり」への固執を断念し、それを「みんな」への愛に昇華させたとよく言われるが、これまで見てきたように、その過程は一言で片付けられるような生易しいものではなく、「ひとり」と「みんな」の問題は半生にわたって賢治が抱え続けた難題(アポリア)である。

　「青森挽歌」を書いた時点では、賢治はまだ個人への執着を断ち切れていないと見える。そもそも完全に断ち切れていたら、サハリンまで渡って妹の魂の行方を捜そうとはしなかったはずである。その時、賢治にとって最も切迫した問題は、ほかならぬ彼女の転生問題であり、そのことは「ひかりの素足」の成立と深く関与していると考えられる。

　ここで「ひかりの素足」における主人公たちが兄弟として登場していることを思い出してもらいたい。なぜ男女という両性の対ではなく、男同士という設定になっているかという問題が依然として残るが、「ひかりの素足」において肉親の死後の救済が取り扱われていることは看過できない。「ひかりの素足」を執筆した際に、賢治にとって一番切迫した問題は妹の転生問題であり、不本意ながらも作品の中でそのことに拘ってしまったのではないかと思われる。

　一方、「銀河鉄道の夜」では、作品の主眼は同伴者の救済ではなく、「みんなのほんたうのさいはひ」を探し求めることへと移行している。肉親を喪った悲しみを超克したとは言えないまでも、ある程度相対化できたので、カムパネルラ父親にカムパネルラの死を淡々と語らせることができたのではないか。死者よりも生き残ったジョバンニに力点が置かれていることから、賢治の心境に大きな変化があったことが窺える。

注

[1] 田口昭典. 1991. 『賢治童話の生と死』. 洋々社. p. 208
[2] 図①は入沢康夫監修・解説の『宮沢賢治「銀河鉄道の夜」の原稿のすべて』(1997. 宮沢賢治記念館)から取ったものである。
[3] 天沢退二郎. 1996. 「《Versions》としての賢治作品・序説」. 『国文学』41(7)
[4] 吉本隆明. 1989. 『宮沢賢治　近代日本詩人選13』. 筑摩書房. p. 137

[5]杉浦静. 2003.「ひかりの素足」.『宮沢賢治の全童話を読む』. 学燈社. pp148-149
[6]『新校本全集』第十一巻「校異篇」所収。(1996. 筑摩書房. p. 174)
[7]〈額縁構造〉とは小説ジャンルを規定する代表的なフレームの一つであり、中村三春はその概念について「現在と過去、中心と周縁、現と夢、現世と黄泉の国、おとなとこども、あるいは書簡・日記・手記や聴き語り(いわゆる語りの入れ子構造)など、小説的な仕組みの多くは、いずれもフレームとなる額縁構造のヴァリエーションとも言える」と分かりやすく敷衍している。(中村三春. 1994.『フィクションの機構』. ひつじ書房. pp252-253)
[8]小松和彦. 2007.『異界と日本人——絵物語の想像力』. 角川学芸出版. p. 13
[9]小松和彦編. 2006.『日本人の異界観』. せりか書房. p. 516
[10]堀井令以知. 2002.『語源大辞典』. 東京堂出版. p. 170
[11]天沢退二郎. 1986.『《宮沢賢治》鑑』. 筑摩書房. p. 26
[12]天沢退二郎編『新装版　宮沢賢治ハンドブック』にある〈峠〉の項参照(2014. 新書館. p. 133)。
[13]『別冊太陽創刊五十号記念　宮沢賢治銀河鉄道の夜』「五、天気輪の柱」(1985. 平凡社. pp19-21)に詳しいので参照されたい。
[14]松田司郎. 1990.『宮沢賢治の童話論——深層の原風景』. 国土社. p. 229
[15]木村東吉. 2009.「『ひかりの素足』考——その未定稿の背景」.『国文学解釈と鑑賞』74(6). p. 134
[16]1995.『【新】校本宮澤賢治全集　第二巻　詩Ⅰ　校異篇』. 筑摩書房. p. 39
[17]入沢康夫・天沢退二郎. 1990.『討議『銀河鉄道の夜』とは何か　新装版』. 青土社. p. 33
[18]中野新治. 1992.「「銀河鉄道の夜」初期形・再考——主人公の孤独と幻想空間の解釈をめぐって——」.『日本文学研究』28. p. 169
[19]髙橋世織. 1988.「宮沢賢治　銀河鉄道の夜〈向こう側〉のコスモロジー」.『国文学』33(4). p. 75
[20]原子朗『定本　宮澤賢治語彙辞典』(2013. 筑摩書房，p. 770)にある「燐光」の項参照。
[21]小学館国語辞典編集部. 2002.『日本国語大辞典　第二版　第十三巻』. 小学館. p. 760
[22]山岡俊明. 1904.『類聚名物考』. 近藤活版所. p. 592
[23]第一次稿では単に金貨二枚を渡すが、第二次稿以後は切符を渡す場面に書き直されている。
[24]中村三春. 1994.「"争異"するディスクール——『銀河鉄道の夜』のレトリック」.『国文学』39(5). p. 29
[25]西郷信綱. 2012.『西郷信綱著作集第2巻　記紀神話・古代研究Ⅱ古代人の夢』. 平凡社. p. 10
[26]千葉一幹. 2012.「「ひかりの素足」から「青森挽歌」へ—信仰の危機としてのトシの死—」.『人文・自然・人間科学研究』(27). p. 82

参考文献

宮沢賢治テクストの引用は、筑摩書房版『【新】校本宮澤賢治全集』「本文篇」に拠った。草稿の推敲過程は、筑摩書房版『【新】校本宮澤賢治全集』「校異篇」を参照した。

一、著書

中村稔. 1972.『宮沢賢治』. 筑摩書房
佐藤泰正編. 1980.『宮沢賢治必携』. 学燈社
天沢退二郎. 1986.『《宮沢賢治》鑑』. 筑摩書房
吉本隆明. 1989.『宮沢賢治　近代日本詩人選13』. 筑摩書房
入沢康夫・天沢退二郎. 1990.『討議『銀河鉄道の夜』とは何か　新装版』. 青土社
松田司郎. 1990.『宮沢賢治の童話論——深層の原風景』. 国土社

田口昭典. 1991.『賢治童話の生と死』. 洋々社
入沢康夫. 1991.『宮沢賢治　プリオシン海岸からの報告』. 筑摩書房
中村三春. 1994.『フィクションの機構』. ひつじ書房
石内徹編. 2001.『宮沢賢治『銀河鉄道の夜』作品論集』. クレス出版
国文学編集部. 2003.『宮沢賢治の全童話を読む』. 学燈社
小松和彦編. 2006.『日本人の異界観』. せりか書房
小松和彦. 2007.『異界と日本人――絵物語の想像力』. 角川学芸出版
西郷信綱. 2012.『西郷信綱著作集第2巻　記紀神話・古代研究Ⅱ古代人の夢』. 平凡社
天沢退二郎編. 2014.『新装版　宮沢賢治ハンドブック』. 新書館

二、論文

高橋世織. 1988.「宮沢賢治　銀河鉄道の夜〈向こう側〉のコスモロジー」.『国文学』33(4)
中野新治. 1992.「「銀河鉄道の夜」初期形・再考――主人公の孤独と幻想空間の解釈をめぐって――」.『日本文学研究』28
中村三春. 1994.「"争異"するディスクール――『銀河鉄道の夜』のレトリック」.『国文学』39(5)
天沢退二郎. 1996.「《Versions》としての賢治作品・序説」.『国文学』41(7)
木村東吉. 2009.「『ひかりの素足』考――その未定稿の背景」.『国文学解釈と鑑賞』74(6)
吉村悠介. 2011.「空所としての〈さいはひ〉可能態としてのイーハトヴ童話」.『日本近代文学会北海道支部会報』(14)
千葉一幹. 2012.「「ひかりの素足」から「青森挽歌」へ―信仰の危機としてのトシの死―」.『人文・自然・人間科学研究』(27). pp82

三、事典・辞典

山岡俊明. 1904.『類聚名物考』. 近藤活版所
堀井令以知. 2002.『語源大辞典』. 東京堂出版
小学館国語辞典編集部. 2002.『日本国語大辞典　第二版　第十三巻』. 小学館
原子朗. 2013.『定本　宮澤賢治語彙辞典』. 筑摩書房

付録

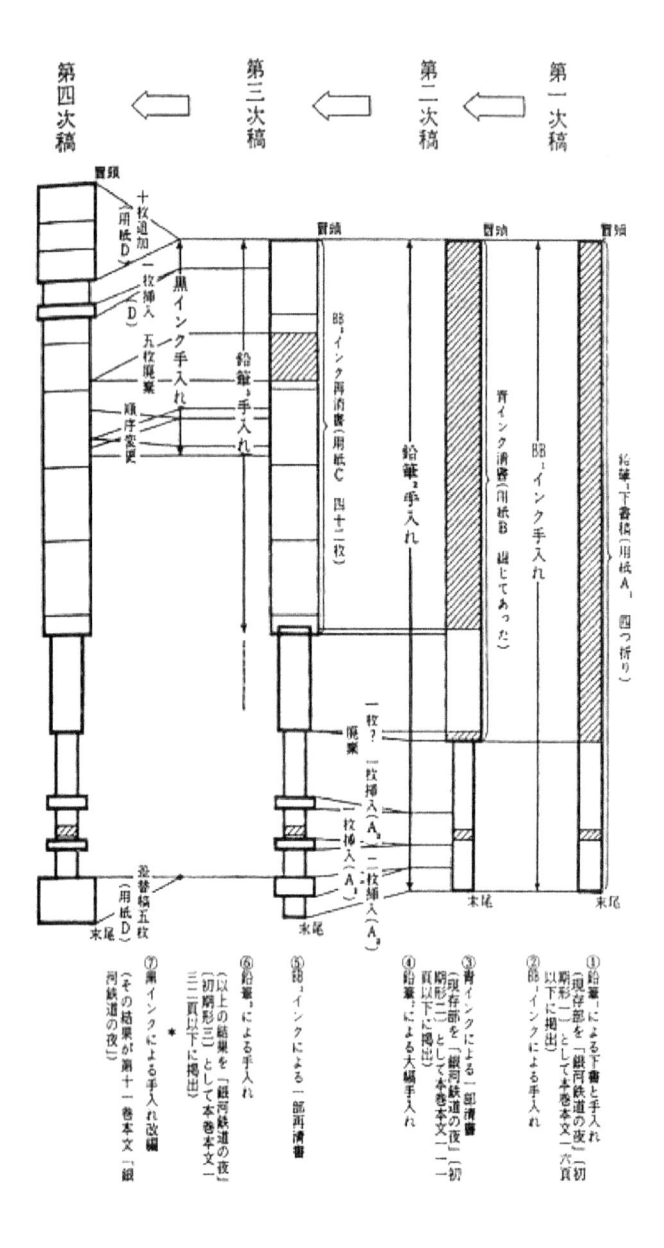

「銀河鉄道の夜」推移概念図 （あとから加わった部分ほど幅広に表わす。斜線部は現存せず）

①鉛筆による下書と手入れ〔現存部を「銀河鉄道の夜」〔初期形一〕として本巻本文二一六頁以下に掲出〕
②BBインクによる手入れ
③青インクによる一部清書〔現存部を「銀河鉄道の夜」〔初期形二〕として本巻本文二一一頁以下に掲出〕
④鉛筆による大幅手入れ
⑤BBインクによる一部再清書
⑥鉛筆による手入れ〔以上の結果を「銀河鉄道の夜」〔初期形三〕として本巻本文三三三頁以下に掲出〕
⑦黒インクによる手入れ改編〔その結果が第十一巻本文「銀河鉄道の夜」〕

*

内藤湖南の中日関係構想
―ワシントン大会前後の時局論説を中心に―

北京外国语大学　秦潇潇

摘要：本文以1920年代内藤湖南的思想转变为主线，来探究他的中日关系构想及理论特质。第一章主要考察华盛顿会议前后的时代背景及内藤湖南中日关系构想的形成。他的中日关系构想最初形成于甲午中日战争以后，早期的作品中可以看出他对中国历史的最初认识。第二章着重探讨华盛顿会议前后湖南的思想转变问题。转变的外因是国际秩序的变化，内因是身份和理论框架的变化。第三章结合前面的分析，通过与同时代日本知识分子的比较研究来考察内藤的理论特点。内藤思想的深层是作为一个日本人的国民使命感，中层是湖南作为一个学者的超越国界的文化史观，表层是作为一个记者的政治观。内藤思想的理论特征是"带有文化性质的政治观"。他构想的中日关系是在承认与中国古代历史渊源的基础上，无视中国主权，由日本主导的和平的民族融合体。对现实问题认识的偏离，导致湖南始终没有成为超越时代的客观的中国学者。

キーワード：中日関係　日本使命　国際管理　国民的使命感　文化史観

はじめに

　内藤湖南（1866-1934）は、20世紀初期に日本の代表的な中国学者として、名を馳せた人物である。中国問題に特別な好意を持ち、衝突溢れた中日関係を平和的に発展させようと熱心に提案策を提示した。ところが、1920年代に建言する方向に転換が生じていた。一戦後から1922年まで、氏は「国際管理論」を唱えたが、会議が終了後のわずか2年未満の間に、国際管理策を諦め、「日本使命論」に転じた。激しい戦争時代ではなく、比較的平和時代における思想的転換は、如何なる理由で遂げたのか。国際情勢の影響のみならず、内部より理論的構造に何か大きな変動があるのではなかろうか。本稿では、1920年代の思想転換を軸として内藤湖南の中日関係構想を明らかにしようとする。

　内藤湖南の論調をめぐる研究文献はかなりの蓄積がある。一々取り上げることは避けるが、ワシントン会議前後の対中論説に関連する代表的な研究をまとめたい。その中で、着目点から時局論と歴史論に大別する。時局論からの湖南評価は日本学界にせよ、中国学界にせよ、湖南批判を主流としている。山根幸夫[1]は湖南の中国歴史に対する極めて深い認識を肯定したが、政治問題に対する国益に基づいた主観的な見方を批判した。楊棟梁[2]は、湖南が一人の漢学者であるにも関わらず、

完全に中国民族分裂論者と位置付けた。そして、近代史学という視角から湖南の思想を根底的に読み抜こうとする研究においては、賛否両論が存在しており、日本側には増淵以外に肯定な見解を示あしたが、中国国内に湖南の文化功績を是認しながらも、日本の大陸進出に責任を逃れられないという批判的な態度が一般的であった。代表的なのは日本の増淵龍夫[3]と中国の李欣、趙俊槐[4]の研究である。

それに、湖南の思想を学問と時局論を統合して、全体的に把握しようとする研究としては、アメリカ学者J. A. フォーゲル[5]は湖南の思想を全面的に理解しようとした。中国学者銭婉約[6]は内藤中国学の本質は世界帝国主義時代の拡張主義の思想理論で、日本近代国権拡張の学術界における反射であるという結論を出した。朱琳[7]は、政治の「文化」化と文化の「政治」化という湖南認識の特色を提示した。

先述したの内藤研究は各分野から湖南を評価したものだが、不十分なところが二点あると思われる。(1)1920年代における湖南の思想転換に言及した研究はあるが、それに対して十分な注意が払われなかった。フォーゲル[8]が、湖南の提出した国際管理に触れる際に、日本が果たすべき役割を「使命」という言葉を取り上げ、合わせて論じた。胡天舒は[9]国際管理論を日本興中論の一側面として捉え、表面的に矛盾のように見えるが、そこにある日本主体性選択という特質が一貫すると述べた。つまり、極めて短い時間で提出した二つの論理が、混同されたり、前者は後者の理論的下準備であると認識され無視されやすい傾向がある。しかし、この転換は湖南の思想構造と深い関わりを持っていた。(2)湖南思想を究明する過程において、橘樸との対照的検討が非常に少ない。同じくジャーナリスト出身の内藤と橘は、1920年前後に五四運動、中国革新の仕方を共に提案を行った。両者の満州問題に関する観点を研究する者がいるが、1920年前後の論説を比較した者が未だ出ていない。内藤湖南は橘との比較において、新たな特徴が浮き上がり、よって、湖南思想に新たな地平を開くのであろう。

以上の問題関心を踏まえ、本稿において、二つの課題を設定する。一つ目は、1920年代に内藤湖南の思想的転換は、どういう土壌で生まれたのか、理論的構造とどのようにつながっているのか。二つ目は、湖南の中日関係構想と理論的特質は一体何なのかというのである。研究方法としては、ワシントン大会前後の時局論説を手がかりに、個人の思想転換における分析を縦軸としながら、橘樸を代表とする同時代の知識人たちとの横断的な対照にも手を加える。このように立体的に研究を行い、内藤思想の特質及び時代的位置づけを究明しようとする。

1. 中日関係構想の形成

1.1 ワシントン大会前後における時代背景

第一次世界大戦は戦勝国の勝利によって終了したが、双方とも開戦当時に予想しなかった未曾有の犠牲を生み出し、旧世界秩序の破壊をもたらした。戦後の混乱された国際秩序を整えようとしてパリ講和会議が開かれ、その中で、中国における山

東権益の譲渡問題が中日両国で目を引くこととなった。1915年に、山東権益の譲渡に関して日独間で条約が締結された。その後、日本は山東半島のドイツ租借地を中国に返還すると国内外に宣告したが、戦時の賠償としてすべて獲得するのが本物の目的であった。ドイツが敗戦した後、この問題が直ちに中日間の外交問題となっていた。1919年1月、パリ講和会議で、日本の山東権益の無条件譲渡の主張に、中華民国全権の顧維鈞は反発した。日本側に英仏が支持しているのに対して、中国側にアメリカ代表が助言を行っていた。その後五四運動が爆発し、中国代表はヴェルサイユ条約に調印しなかったことで、山東問題の解決はワシントン大会まで持ち越されることになっていた。1922年にワシントン会議で、ドイツの山東租借地を中国へ還付、日本軍隊が山東から撤退、膠済線鉄路は中国の賠償金によって取り戻すと明記された中日山東問題解決に関する条約が締結された。中国は法律上で山東省主権を収復したが、高額な鉄路賠償金のみならず、鉄道が依然として日本にコントロールされている。二十一か条の廃止などにも、実質的な成果を収めなかった。

　アメリカは日本の中国における影響力の増大に懸念を抱いたうえでワシントン会議が開かれたが、日本側には中国の満蒙における特別権益を列強の容認が得られた。しかし、日本国内では、九か国条約の締結で大幅に削減された権益に非常に不満を覚えた。政府の協調外交に反対の意見が多く出され、一連の事件に関して日本の社会で物議を醸した。一方、中国では、新しい国際秩序に期待していたが、戦争が終わるにも関わらず、戦勝国の一員として主権の回復が失敗し、無力感を感じるより、ワシントン体制下でも変わらない帝国主義支配に憤りが高まったのである。1917年に起きたロシア革命が模索し続けた中国人に新しい道を開け、五四運動をはじめに、中国共産党の運動や、漢鉄道ストライキで帝国主義や軍閥に重い打撃を与えた。

　本稿の選んだ時期は、ワシントン会議前後というのですが、明確的に言えば、一戦の終わった1918年から1925年までと締め切った。上述したように、戦争終了の期間が一見安定な時期だと多くの研究者に評価されたが、文面の背後にあった日本の山東支配、中国の青年たちと共産党人による排日運動が、中日関係にいろいろな不確定性、危機感と可能性を満たした。一戦後から二戦前の間は、最も重要な時期であると言わざるを得ない。孕んでいた安定的と不安的な要素に対して、知識人の内藤湖南がどのように認識しているのか。これを明らかにすれば、現在の曲折を重ねた中日関係に示唆を与えたのであろう。

1.2　ジャーナリストから歴史学者への転身

　内藤湖南の生涯といえば、二つの大きな転換点から区切りすることができる。一つは二十歳頃に上京して、言論界に踏み出した時期であり、いまひとつは、四十歳頃に京都帝国大学で教授を就任し、歴史学者へ転身した時期であった。

　内藤湖南が生まれた南部藩領の鹿角地方は学問の盛んなところである。幼い頃

から『四書』などを読み、十二歳の時に、頼山陽の『日本外史』を通読し、十湾はその本の底流する反幕府的な思想に傾倒していて、湖南も父の世代に与えた影響を承知していたに違いない[10]とフォーゲルは推測したが、歴史書に初めて触れた湖南にとって、それよりも漢文力と歴史への興味をそそるに過ぎなかった。そして、湖南は歴史への関心が徐々に高まり、「そのころ一番詳しい西洋近世史という二十冊本を全部読んだ」[11]。秋田師範学校で授業学んだもののみならず、西欧哲学、進化論、『民約論』の触媒によって知的視野を広げた。青年期の学問への関心は、学術者になるまでの伏線を敷いたのではなかろうか。

　湖南は徐々に未来への抱負がさらに強くなり、1886年上京し、記者としてのキャリアが本気的に始まった。政教社に入り雑誌『日本人』に務めた時期に湖南の立場は徐々に明らかになり、文化ナショナリズムの潮流に乗せ、「国粋主義」を唱える同人に一種の共感を覚えた。湖南によれば、「欧米崇拝の人々は、多くは変則の外国の学問をした人であり、……本当に外国の事を正則に学んだ人々は、却って欧米崇拝者にはならずに国粋主義になるのだ。[12]」欧化主義を鋭く反発した湖南は、日本ならではの日本を作ろうという理念を貫いていた。『内閣政綱』の起草で政治界への進入が挫折した湖南は、歴史研究という道に転向した。

　彼は東京大学に批判しながら政治を離れ、実証的な学問をなすべきと京都帝国大学に主張し、1907年京大の講師となった。中国国内外の混乱した状況と清代の経世思想の影響によって、清朝史の研究に目を向けた。『支那現勢論』、『過去の満州研究』などを発表し、『清朝史通論』をテーマとして演説し、1915年に初めて体系的に中国歴史三区分説を提出した。中国視察を重ねるにつれ、中国の古代史、古典学、日本の古代史、文化史、さらに地理学、東アジア諸国の感生帝説に関する文章を発表し、分野が多岐に渡るようになった。

　ところが、注意しなければならない点は一つある。アカデミズムの世界で活躍した湖南は、同時に言論界で以前よりも目覚ましい成果を収めた。1914年に発表した『支那論』と十年間ぶりに発表した『新支那論』は、歴史学界にしろ、時局評論にしろ、大きな響きを持つ著作であると言わざるを得ない。そこには、彼特有の着想と歴史観が看取できる。歴史の触媒が青少年期から始まったが、成熟した歴史観を形成したのは、京大に入ってからの十年間であった。湖南の歴史研究は、同時代の中国の時局論的分析から出発し、学術的考察へと深められていった[13]。その時期が湖南学問的深化の過程であれば、本稿の対象とする1919年からは、学問的知見を積み重ね、中国認識を極めた時期に入ったといえよう。一戦後の社会は安定的で、激しく衝突する戦争が特にないため、この時期における言論統制も比較的に緩めになっている。言論人と学者という二重身分を見事に両立できた湖南が、中国の社会問題に対する認識を解明すれば、彼の理論構造を明らかにできるのであろう。

1.3　早期中国論

　内藤湖南は中国問題や中日のあるべき関係に本格的に目を向けるようになった

のは、甲午戦争の発生した以降からである。彼が早期に発表した『近世文学史論』、『諸葛武侯』、『涙珠唾珠』という三部作は学術の道を歩む前の試練であり、後期の歴史認識の原型が窺える。

彼は中国史に対する最初的な考えとしては、以下のようである。「春秋戦国より漢初に至るまで、創才の尚ばれし世たり、而して東漢以て六朝に及ぶ、学殖の価大に珍とせられたり、唐其の枢機を転じて、宋は創才の極盛たり、明清に至りては、又学殖の転々崇尚せらる々を見る。[14]」それに対し、日本史については、「明治二十一年来れり」に区分されたことがわかる。「去るの年は去り来るの年は来る、而して茲に明治二十年の去り明治二十一年の来るを見るなり、咄明治よ汝、汝明治は生まれて既に二十一年なるぞや、汝明治は既に法律に於て丁壮と認めらるべき者なるぞや、汝明治は去れる二十年の間、汝が先進の誘導と汝が活発なる好尚とによりて汝が教育をば了りしぞや[15]」

ここからは、文化を基準として歴史区分を行い、歴史的な大きな転換点、唐代をしめしたのである。ここから湖南の有名な「時代区分説」——「唐宋変革論」の端緒が伺わせるが、この時期に中国史と日本史への認識は別々であり、統合して東洋において日本史の位置づけを模索するまで行かなかった。しかし、当時湖南の理解は、以降の中国史認識と深く結びつき、その下準備であると考えられる。

それに、湖南の数多くの論説においては、歴史認識だけでなく、時局情勢を分析し、ジャーナリストとしての湖南の「自国優位感」が読み取れる。例えば、欧米列強によるアジア進出の危険を憂慮して、中国、朝鮮の遭遇を分析したところ、以下のように締めくくった。

「試に一想せよ、富士の上に踞して望めば、太平の洋淼漫として東南遥かに巴拿馬に連り、日本海一衣帯水西北直ちに浦監港に接す。敵国の辛苦経営する所、敢て以て吾人の経路とするに至らば、此小世界も亦少しく吾人の心胸を洗滌するに足らずといふべからず。世の壮士諸君、区々たる小日本に局促することなく、此小世界を以て諸君の技倆を試みる場と為さば如何。[16]」

一見して中国の問題を論じるようであるが、その議論の到着點は日本の将来にある。中国の分析を軸[17]として、日本の運命を関連させて核心とするところに特徴がみられる。これは以後の理論に通貫したものであり、湖南の心底にある観念ともいえるのである。

さらに、辛亥革命以後には、湖南は中国の未来をすごく懸念し、これからの発展にたいする献策に力を注いでいた。「往々清国改革の気運、…其人物、皆乾坤を旋転すべき大気魄、大力量あるに非ず、加ふるに一国人民、柔惰怯恛の風、容易に抜くべからざるを以てす、改革の言議、層見畳出すと雖も、此を以て其の風気大に開くの徴と為すは、極めて早計なりといふ[18]」湖南は清朝の人物、政治の分析を踏まえ、改革助成論を唱えた。これは以降の「国際管理論」、さらに「日本使命論」と関連付けをもっている。

511

2. ワシントン大会前後における思想転換

2.1 「愛国心」提唱と五四青年批判

　1919年に勃発した五四運動に対して、日本国内には相異なったいくつかの評価が共存していた。内藤湖南はどのような考えであろうと本節で検討してみたい。これを論じる前に、先だって内藤湖南が提唱した「愛国心」の意味を明確にする。湖南にとって、国民の愛国心は政治家の徳義心と固く深く結びついている。徳義心を抱いている政治家は現れたこそ、国民一人一人の国への愛は生み出すという。政治的徳義というのは、政治家が自発的に腐敗、賄賂、高俸禄の受け取りを拒否し、私利のために政治方針を変えないうえに、外国に対して平和主義をとり、国家の利益、国民の利益をいつまでも至上に念頭に置いていることである。それに、「愛国心」とは、自国の国民である自覚と国に対する義務感である。時代の流れを見逃せば、五四運動が勃発したときに、まさに「愛国心」が実現され、湖南は喜ぶだろうと予測しても無理はないが、湖南は五四運動に対して予想以上に批判していた。

　五四青年に対して、彼等は「支那の歴史を知らず、自分の国の弊害がどういう点から来ているということも知らず、唯西洋の翻訳的政治を行わんとするのみである。[19]」と批判した。加えて、儒教の重要性から、何千年の歴史を持っている儒教は、長い間「支那」の道徳を維持し、その存在は必ず理由があったため、「歴史的に玩味しなくては、儒教排斥論は甚だ無価値なものとはいはねばならぬ。[20]」と青年たちの「無知」を強く指摘した。中国の政府は、「愛国心」のまったくない青年たちを取り締まるべきだ。彼らの行為は侵略主義、外国の平等主義という言論に麻痺されたので、一早く目覚めて、日本と中国の永遠の利益を図るべきであると従来例のない強い口調で唱えた。

　青年団体に対する強い批判からは、湖南の理想した中国の政治的革新が一層明確に看取できるであろう。李鴻章のような有力な政治家と、湘軍のような伝統的家族関係による軍隊があってこそ、民衆の愛国心が生じる。湖南にとって、儒教は中国の伝統文化において最も魅力的なところであるため、中国の革新が必ずこの枠組みの中で行われる。だから、儒教排斥を唱えることで新たな道を導こうとする青年たちに対して、許せない存在となっていた。それに、五四青年の唱えた個人の解放は、氏の提唱した集団主宰と衝突している。湖南は青年たちの国民的使命感を批判するというより、むしろその採用した方式に反感を抱いた。この点からは、「愛国心」提唱と五四青年批判にみられる矛盾は解釈しやすくなる。「愛国心」は人民の国家に対する義務感であるとしても、それを評判する基準は単にこれだけではなく、歴史認識、階級の未来性、日本への影響も加えている。こういう付加条件から見れば、「愛国心」提唱と五四青年批判は根本的に一致している。しかし、だからこそ、湖南の思想は一つの枠に囲まれ、中国新生力の覚醒をさえ看過する思想的限界が見られる。

2.2 「国際管理論」から「日本使命論」へ

多くの研究者が捉えたように、湖南は国際秩序の変化によって対中提案を移行した。辛亥革命後から一戦前、欧米列国が中国において、「均勢」状態になり、中国の独立を危うくすることはなく、逆に中国人民の救済、世界の平和にとっても必須[21]であるため、湖南は中国の自発的改革に期待をよせ、それとともに外国の監視を加えるだけで、共和制を実現する「革命助成論」を唱えた。

一戦後、湖南は中国の政治家に対して失望感を感じ、自発的な改革ではなく、外国人の手に譲る「国際管理論」に転じたのだ。「支那に於ける政治、殊に国家人民の命脈に関する所たる財政に於いて、其の他の経済機関に於いて…、外国人が管理する[22]」中国人自身による革新の見込みがないため、政務、軍務、財政などがそれぞれ各国の管理に任せ、外国人の公徳心が中国の多数人民に植え付けられ、これが基礎となって中国を根底からの革新を成し遂げるというのは、内藤の説いた「国際管理論」である。

ところが、ワシントン会議が開かれた後、内藤湖南は全く異なる言説を発表していた。国際管理論の代わりに、湖南が提言したのは政治上郷団組織が全国まで拡大し、民衆を政治の見物人とする。経済上に列国の代わりに日本が開発の技術と資金を提供する。文化上には日本が新たな中心となり、中国文化を吸収した上、東洋文明の代表者として西洋文明と戦うという「日本使命論」であった。

この転換點は研究者たちに見逃されやすい点であるが、頗る重要だと思われる。国際管理論は未来の帰趨であると信じ切っていた湖南は、なぜそれを放棄したのか。その一つ大きな理由は、国際情勢である。1921年に山東問題が交渉される最中であるため、利益関係を配慮して日本の役割協調を避けるのは合理的である。今一つは、日本国内の政策である。湖南はワシントン会議後の軍事戦略に不満を覚え、複雑な時局で日本のあるべき姿を模索しようとする国民的自覚感から「日本使命論」を提出した。

しかし、これらはあくまでも外因となり、内藤自身の思想構造にも質的変化が生じてくる。長年史学の研究に努めた彼は、日本の世界における位置付けに悩みを感じ、解明していない中、章学誠の『章氏遺書』を精読し始めた。氏は「あらゆる學問は哲學が根本ではなしに史學が根本である。[23]」という点に高評価し、章氏史学が新しい史観の「絶学」であると絶賛し、自分の研究に大事な示唆をもらえたという。その後、文化史の視角から日本の歩むべき道を探索し、湖南は『日本文化の独立』などを発表したうえ、1924年に文化中心移動説を中心とする「日本使命論」を提出したのである。湖南は中国自身の歴史の流れから、優位性と問題点を探し出す時代的歴史観と、外国の中国に与える影響を重視する空間的歴史観をこの時期に成していた。

要するに、内藤湖南は、日本という国の位置付けを模索すると同時に、自身の位置付けをも探りつつある。ジャーナリストとして溢れた無力感から、国民的使命感を

成し遂げられる史学研究者へ転身したのである。理論的変化によって、湖南の心情的葛藤が伺える。そこで日本の役割は参与→共同→主宰に変容したのである。一見多くの研究者と把握したような動きであるが、そこに潜んでいた政治から文化への跨りを見逃してはならない。これが湖南自身にとって、理論的構造における大切な転換となり、当時代の理想と現実の板ばさみに陥る言論人の苦悩と悪あがきにも如実に反射している。最終的に、中国史注目から、東アジア史に視野を広げ、ようやく日本の位置づけを探り出し、中国の文化優勢と日本の政治経済優勢を見出し、それぞれの役割を果たす融合関係を構築した。

2.3 「文化波動説」における日本の役割

　湖南は文化史という視角から中国文化の行方を究明し、最終的に「文化波動説」を提示した。「文化波動説」は、二つの過程によって形成された。一つは、中国文化が周辺の民族に対する影響力である。いま一つは、周縁が反作用して中央に刺激を与えることである。この波動説の理論的根拠として、湖南の「文化中心移動説」が浮かび上がってくる。外種族の混入によって老衰した生命を若返らされることは、単に中国のみならず、東アジアにおいてもこの規律を尊重しなければならない。こういう文脈の中で、日本の役割を強調する「日本使命論」に導き出した。

　一体文化波動という過程において、日本はどのような役割を果たすのか。湖南は文化面、経済面から論じていた。文化面といえば、「西洋文化の従来の発展した方法を採用して、或る一部分は東洋文化の不必要な點を切り去ることはあるが、其の根本を其の儘に育てて行く[24]」。つまり、日本の役割としては、西洋文化のエッセンスを適用し、東西の媒介者にとどまらず、中国の優れた伝統文化を継承した上で新たな文化中心として東西文化の融合で東アジア文化の新生面を創造するところにある。経済面では、「日本の支那に対する経済的運動は、国民が個々の発展から殆ど国民の生存問題として行はれてゐる[25]」。湖南は日本の経済的関与は、利潤追求の欧米諸国と異なり、自国の人口過剰の解決と中国経済の根本からの革新を目的とすると唱えた。

　こういう湖南の文化波動説から、二つの特徴が伺わせる。第一に、移動の経路は階級、地域に限られないにとどまらず、超国界的な特性を持っている。湖南の言葉で謂えば、「支那国民は…超国界の観念を抱いてゐることは事実である、超国界の観念を応用する時は、今日支那の国家に包括せられない日本とか朝鮮とかも現代の支那国民と同一のものとして考へ、支那国民の勢力中心、文化中心の移動は其処まで及ぶものと考へるべきものである。[26]」彼の文化中心移動説は、中華文明の光被の中で民族的対立を解消する一種の中華思想的発想に基づいているともいうことができる[27]。

　第二に、湖南の論述から、自国本位という特質がはっきりと見渡せる。中国を対象としているが、彼の理論的出発点は必ず日本にあり、日本の使命と位置づけは最終的な課題である。例えば、彼の文化的構想を実現するためには、他国進出による

侵略でも問題にならない[28]とする。ところが、自国の問題になると、土を譲渡されなければ「圧迫[29]」になり、戦争を起こす恐れもあると警告した。これは国民的自覚というより、日本の優位からの自負であり、一種のナショナリズムである。

　だから、彼の文化論は当時の日本帝国主義に理論的支えを提供するなど、戦後から知識人たちの批判の矛先となっていた。無論、当時の国際秩序を考慮にいれるのは当たり前であるが、湖南は文化波動論によって日本の政治的介入を推し進めるかどうかはいまだに証明することができない。日本の大陸進出を正当化するために、学術から理論的根拠をさぐり、政治的学術を確立しようとは言えないであろう。政治と学問の間に見られる矛盾は、湖南一人ではなく、同時代、さらに現代の学者たちが直面している苦闘であると言えよう。

3. 湖南の中日関係構想の特質

3.1　排日運動における日本の論調及び橘樸の湖南批判

　一戦後の再編された国際秩序に日本の政界、経済界、知識界などの人々が注目していた。五四運動に対する評価は批判と肯定と二分するが、否定的な見方を示しているものが一般的である。この中で、「支那青年の盲動」と「外国煽動論」と、二つの見解が見られている。それに対して、中国の情勢に強い関心を寄せ、その新しい変化を十分肯定的に目に留まった知識人もいる。吉野作造はその代表者として、大正デモクラシー運動との連帯をとり、五四運動を中国民族の自覚的な運動と高く評価し、客観的に中国の未来像を論じた。五四青年に異議を唱える学者たちが、ワシントン会議の結果にも不満を覚えていたが、彼等の中国認識にも一種の対立を呈した。一部分は欧化主義の支持者で、津田左右吉のように、「西欧化は日本発展の方向と容認しながら、中国の文化と思想は、日本の独自な生活や文化の形成に、いいかえれば、自己の歴史形成に本質的にかかわりをもたない異物である[30]」と、中国の一切を軽蔑の姿勢を取っていた。一方、残りの人々は、欧米諸国への強い警戒心から、日本を中心とするアジア民族団結とアジアの復興を図った。この人たちの共通したところが、日本優位感である。

　無論、湖南は批判派の後者の隊列に立っている。それでは、湖南の反対側に身を置いた知識人が、どこまで異なる意見をもっているのか。これを解明するために、湖南の議論に強く反発した橘樸を見過ごしてはいけない。橘は中国政治家批判と、中産階級の改造勢力において内藤と共通性を持っているが、湖南の五四運動評価を批判した。第一に、内藤は日本が中国の政府建設を手助けすべきだと考えたのに対して、橘は「一国の国際的地位を保障する最終且つ唯一の力は他国人の国家概念の変化や所謂勢力均衡ではなくして矢張自己の力である。[31]」と中国干渉に正反対の意見を示した。第二に、内藤は学生団体を取り締まるべきだとしたのに対して、橘は青年団体は中国統一の担い手であるとして一定の評価を与えている。第三に、内藤は日本を基点として中国の動きを把握する。これに対して、橘は五四運動は中国

515

人の「自我的覚醒[32]」であると考え、中国を基点として物事を考えている。第四に、個人主義を唱える新人たちを指摘した湖南に対し、「個人主義は世界的趨勢[33]」であると意見を述べた。

　二人の見解相違に異なる問題関心が読み取られ、ここで挙げるべき點は、二つある。一つは、二人とも関心を寄せている儒教である。橘も実に湖南と異存となく儒教思想の崇拝者である。しかし、橘は儒教批判から中国青年否定の湖南に反発した。その理由として、中国青年は「単に孔子を利用して専制政治を弁護した後世の政治家や御用学者を罵倒したに過ぎない[34]」のであり、儒教のその不合理的な部分を除き去るのは歴史の自然の流れである。いま一つは、重きを置いたのは日中か、日本かというのである。橘は日本の国益保護もある程度見出されるが、中国社会における新しい潮流と中国知識人の言論傾向などを客観的且つ精細的に捉えている。湖南の理論的深層には、日本をあまりに重視することによって中国認識の欠如が呈した当時言論主流から脱出できない言わざるを得ない。こういう湖南の認識が、一種の限界として見直している。ところが、こういう湖南の認識こそ、日本社会に容易に受容される特性があり、日本の人々に対して、大きな影響力を持っているに違いないのである。湖南に首唱された国際管理論は短い期間に多くの知識人に承認され、さらに展開されたのはこの点を説明する一つの「成功例」である。

3.2　湖南の「郷団自治論」──橘の「中間団体説」との異同

　「文化波動説」は湖南の歴史認識の軸とすれば、「郷団自治論」は彼の社会認識を貫徹する基盤として重きが置かれていた。そのため、中国社会の未来に構想した湖南の共和制論、国際管理論、日本使命論を解明するには、「郷団自治論」が見逃してはならない存在であった。湖南の所謂郷団自治とは、「血縁結合の父系の親族団体たる宗族や地縁結合を意味する郷党で構成される地方の基層社会[35]」である。郷団組織は辛亥革命後に湖南の唱えた共和制の基盤であり、五四運動後にも郷団自治の重要性が依然として高かったと唱えた。こういう自力的団体は、政府の力を借りる必要なく、安定的な性質を持っている。さらに、この郷団自治論と国家的統合と関連づけ、「民衆自身が其の統治の機関を郷団に限らずして、これを一省乃至は支那全体に及ぼす様になることを希望するのである。[36]」一言で総括すれば、湖南が構想した中国の未来像は、「支那人の郷団自衛の組織乃至観念を有為な人物が統率し軍事的手段に訴へて統一国家を建設する[37]」というのである。

　こういう湖南の理論はどのように評価すればいいか。これを明かすアプローチとして、橘の「中間団体説」との比較を試みたい。湖南が重きを置いた郷団組織と橘の重大視した中産階級の改造勢力と、その組織が中国改革における大きな役割、発展経路と、国家的統合との結びつけは完全に一致する。一方、湖南の具体論説に対して、橘はいくつかの面で批判の意を表した。一つは、中間団体の発展による力である。湖南はそれを曽国藩のような人材に希望を寄せるのに対し、橘は、「支那の改造が…社会階級の団結した力に待つものである[38]」と自発的な団結の力に関心を

向ける。もう一つは、中間団体成立の原因である。湖南はそれを外部の圧迫から自発的に成立するとするが、それを内部から追究すべきであると橘は主張した。続いて、内藤氏が組織形成の「重要な原因は唐の半葉迄に完成した国民経済組織の社会的及び政治的効果[39]」を無視していると指摘した。この違いによって、内藤は日本使命論を唱えるのに対し、橘は中国腐敗の根本を除去するのに求めた。

こうして湖南の郷団自治論は三点の特徴が看取できる。一つは、湖南の郷団自治論は歴史的な流れからみれば、一種の進歩性が読み上げられる。郷団自衛は、20年代以降展開した共産主義の農民革命運動と、「一種の相似形の機能をもっていた[40]」ことが見出される。もう一つは、湖南は郷団自治を論ずるに目を向けたのは、中国内部というよりも、むしろ外部的な刺激である。この点は文化中心移動説と一貫している。最後に、郷団組織は腐敗した無政治的徳義の政客の反対面に置いた点である。湖南の構想において、政治への無関心から成立った郷団組織は、漸次に規模拡大すると同時に、愛国心を生ず、政治への参与により、人民「真の自治」を実現する。これは一種の平民主義となるが、橘の具体的構想とは異なり、具体的展開に見られる不足があり、文化と政治、歴史と民族に対するバランスの取れない特性を導いた。

3.3　湖南の国際認識における「主権」と「文化」

ワシントン大会が開かれる際に、中国問題をめぐって「門戸開放」を唱えるアメリカと、特権主義をもとめる日本などの国は、「中国とはなんであるか」という論争が浮かび上がってきた。それに対し、内藤湖南は自分なりの意見を提示した。

1922年の時局評論の中で、彼は政治面と経済面から論説を展開した。政治面においては、「主権」を言及した。主権というのは「其の国が確実なる政府に依つて遺憾なく主権が行使せられ、統治が完全に行はれて居ることの意義を持ち、更に国際的には其の領土内に於ては他の外国人の生命、財産、事業等に危害が及ばず、充分に之れを保護し得ると云ふ意味を持つ所のものである。[41]」それを満たさなければ、名目的に自国の領土といえども、実際に領土権、主権を行使することはできない。続いて、経済面から説明を行っていた。能力のある国民が能力のない国の資源を開発するのは、当然の責務であり、世界的発展の成り行きでもある。ここに、「主権」の定義にもう一つの条件、即ち「世界の人類の進歩を阻害しない」と付けくわえた。自国の都合で外国の開発を許さないことは、理屈上で許されないと批判を示した。政治上と同様に、経済において日本人の努力によって満州の富が何十倍、何百倍増やしたことで、日本の特別な役割を強調し、中国における「特権」を要請した。

以上に触れた湖南の国家観から、三点の特徴が見出される。第一に、湖南は中国と日本に対する国家概念の認識は決して同じ基準に基づいていなかった。主権を満たす条件は中国という国を考えるのに必要であり、日本という「国家」には適合しない。第二に、世界的人類の発展という偉大な理想を根拠としながら、結局世界の中の日本の発展に締めくくった。第三に、国際的に共同開発を提唱し、国家の「主

権」を完全に無視する。湖南の思想においては、中国と日本、中国と他国は平等的な立場ではなく、むしろ老衰期の国であり、他国の援助や新生命の注ぎがなければ、滅亡に瀕した状態にある。

　政治観における「主権」論は以上の様であるが、文化観と何等かの共通点が読み取れる。上述の第二点と対応して、世界的人類の発展と東洋文化の新創造は、広い理想を根拠とする面では意外と共通点をもっている。日本の経済的な特権と、日本の新しい文化中心とする位置とは、世界であれ、東洋であれ、日本の役割を特別に強調するところは一致する。次に、上述の第三点と照らして、文化波動論においては、「国家」、「主権」という概念は全く視野に入れず、超国界的な特性を強調していた。文化観における「国家」への無視と政治観における「主権」への弱化は重なり合っている。

　要約すれば、湖南は中国を「原料出産国」、「過剰人口移住国」、「文化発展基盤国」として捉えている。「民族」、「主権」と「文化」は湖南の思想構造に一貫している。彼の国家観の論述は薄弱であり、文化観の論証はシステム的に展開したことと、両者の論述構造、アプローチの共通することで、「文化」観は湖南の思想中層に置かれ、「政治」観は湖南の思想表層に置いていることが看取できる。湖南は自国利益の保護を出発点とし、歴史認識を理論的基礎とし、現実問題の解決を趣旨とし、日本発展を成し遂げたうえでの中日両国の平和的な関係を最終目的とする。これで、文化理論の革新性と政治認識の不徹底性は彼の思想に共存している。文化認識で現実の両国関係問題を改善しようとするのは、本来行き届かない矛盾が存在しており、彼の理論の実用性を制限し、言論人としての湖南の発展を抑えたのである。

おわりに

　本稿では、湖南の評論や学術著書を中心に、中日関係構想を考察した。ここでは、「はじめに」で提出した課題に解答を試みる。

　まず、1920年代に内藤湖南の思想的転換は、どういう土壌で生まれたのか、理論的構造とどのようにつながっているのかという問題である。排日運動が勃発し、ワシントン会議で山東問題をめぐる緊張した交渉する中、内藤は当時日本政府の親善論に不満を覚え、国際管理論を唱えた。しかし、会議後、いわゆるワシントン体制が成立するにあたって、列国が門戸開放の名目で各自の権益を図り、湖南は日本国民としての危機感が感じながら、問題解決を図ることなく、軍事戦略を積極的に再策定する日本政府に腹立ち、自分なりのやり方で試みようとした。そこで日本使命論を打ち出した。世界共同利益の目指しから、日本を始めとする東洋利益の追求へと変換したところに、国際秩序の再編成への静観、日本権益の配慮と列国利益奪取から自国的危機感という複雑な心情的葛藤が窺える。それに、湖南の理論的構造にも変化を示している。各事件向けの時局分析から、章学誠の影響で文化史学に向け、独特な史観の由で物事を検討すると転換した。それゆえ、ようやく湖南の理論が成熟し、中日の未来像が明らかになった。湖南自身もジャーナリストから中国学者へ

と真の転身が実現できた。理論構造における政治観が弱化され、文化史観が支柱となっていた。

次に、内藤の描き出した中日関係構想も形成したが、それを歴史的経路からまとめれば、以下のようである。固有の文化のない日本は古来中国文化の影響で国民的自覚を生じ、国家を形成した国である。『神皇正統記』の出現で日本文化の独立を実現し、蒙古襲来後に徹底的に中国文化から解放された。中国は最古の文化国であるが、今や老衰期に入って、政治的弊害、資源開発の無力化と国家の分裂で存続し得ない国である。だから古来緊密した関係における中日両国は同じく東洋に位置するに留まらず、当時においても深く関わっていた。中国の国情に利益が最も影響されやすかったのは日本であり、中国を根本から救済し、革新を実現する国は日本に他ならない。そのため、未来の中日関係においては、日本が主宰の位置に立ち、中国の国土で、資源開発、国務管理を行い、新文明と伝統文化を融合することを通じて世界に誇る東洋文明を創り出し西洋文明と対決し融合するという世界的な使命を果たす。しかし、この過程における中国は社会を根本的な革新を成し遂げると同時に、「文化古国」の気風を名残するだけで、中国という国が存在しなくなる始末である。

内藤の構想した中日関係は、二つの独立した国家ではなく、あくまでも日本の主宰した平和的な融合体である。これは極めて独創的な着想であり、利点と欠点が共存している。「郷団自治論」における進歩性と、政治的弊害への鋭い洞察は超時代的な観点である。日本文化、日本国の由来を中国に求める見解は、日本国粋主義者、欧化主義者の非難を臆さずに提出したもので、中国軽蔑論が盛んになった時代の板挟みに置いて、ずば抜け中国理解で中国現状を心底から革新する立場が見逃してはならない。ところが、中国問題を内部より根本を探り出し徹底的に改善すると主張した湖南は、結局自身もできなかった。学問的限界や自国優位意識によって、中国青年の国民的覚醒と赤化運動を見逃し、郷団組織の成立を外部的刺激に求めてしまった。また、中国という国家の存在を配慮とせず東洋文明を展望することが、国民的使命感の膨張と欠如した国家意識に由来すると言えよう。

ここでは、内藤の思想深層におけるものが問題になってくる。現実の中国社会の改革における日本の指導的役割を強調する際、湖南は、中国史に遡って、それを正当化しようとしている[42]と述べた学者がいるが、必ずしもそうであるとは言えない。「唐宋変革論」、「宋近世説」を通じて、「郷団自治」提唱から中国の共和制を展望することが、中国の歴史から、中国のために物事を分析する好例である。積極的に中国社会を知り抜く学者の姿勢と進歩的な歴史観を持っている湖南は、政治の為に学問を歪曲するわけではないと見出される。史学から政治的根拠を突き止めるのではなく、まさに湖南が自己価値の実現と国家利益の合致点を模索するために、アプローチを変換したのである。

1920年代の湖南は、外部的環境から影響されても、成熟した歴史理論的基盤を持っていて、ようやく理論構造が形成されていた。湖南の思想深層にあるのは、日本人としての国民的使命感であり、国家利益が一切思考の前提となる。そのため、不

対等的に日中両国を考える特性は彼の理論に通貫した。学者として国家の限界を超克する文化史観が中層にあり、これが深層と合わせて問題分析の理論的基調を成していた。中国の主権、国家を無視する超国界的な特性と、中国伝統文化に崇拝しながらも日本の東洋文化中心を位置付けようとするのはこの点の表れである。表層にあるのは、ジャーナリストとして持っていた政治観である。儒教崇拝から郷団組織の自治を提唱したが、具体的な政治形式が言及されなかったなど、文化史観に基づいた時局論説である「文化的政治観」という湖南思想の特質が考えられる。30年代に入って、激変した国際環境と中日における衝突が湖南に反省する機会を与えていた。湖南は近代の本質をしっかり掴み、無限に資源開発を唱えた20年代と対照的に、資本拡張による悪影響を省察し、晩年期に政治提案から文化的建設に力を向くようになった。

戦間期における一人の知識人として、内藤湖南は中日関係、東西洋関係を緩和するために、文明融合策に望みをかけて、熱心に建言をした。しかし、それが現実にならなかった。湖南は自国利益の保護を出発点とし、歴史認識を理論的基礎とし、現実問題の解決を趣旨とし、日本発展を成し遂げたうえでの中日両国の平和的な関係を最終目的とする。文化認識で現実の両国関係問題を改善しようとするのは、本来行き届かない矛盾が存在しており、湖南が文化史観から政治提案を行った以上、現実問題の認識が断片的となり、実現する可能性が少なくなった。国民的使命感でその時代から超脱した時局論者と中国学者にはならなかった。しかし、この限界が当時の日本の軍事戦略に反対し、日中を代表とする東洋の勃興を目指す言論人の共通点であり、時代的悲劇であろう。ところが、内藤湖南の中国革新の本心、中国伝統文化への重視、中日文化交流への提唱と中日ひいて東洋文化再興への呼びかけが、疑いかねる卓越的な発意であろう。

注

[1] 山根幸夫「「日本人の中国観」——内藤湖南と吉野作造の場合」、東京女子大學論集 19(1)、1968年9月。

[2] 楊棟梁「民国初期内藤湖南的「支那論」弁析」、南開学報（哲学社会科学版）、2012年第1期。

[3] 増淵龍夫「日本の近代史学史における中国と日本Ⅱ——内藤湖南の場合」、『歴史家の同時代史的考察について』、東京：岩波書店、1983年。

[4] 李欣、趙俊槐「論内藤湖南的「文化論」」、教師、2010年8月。

[5] J.A.フォーゲル著、井上裕正訳『内藤湖南ポリティックスとシノロジー』、平凡社、1989年。

[6] 銭婉約著『内藤湖南研究』、中華書局、2004年。

[7] 朱琳「中国史像と政治構想——内藤湖南の場合」、国家学会雑誌、通号（1099～1103）2010年10月～2011年4月連載。

[8] J.A.、前掲『内藤湖南ポリティックスとシノロジー』、p.231。

[9] 胡天舒「内藤湖南中国観的変与不変」、中南大学学報（社会科学版）第19巻第3期、2013年6月。

[10] J.A.、前掲『内藤湖南ポリティックスとシノロジー』、p.44。

［11］神田喜一郎・内藤乾吉編『内藤湖南全集』（第二巻）、p.705。
［12］神田、内藤、前掲『内藤湖南全集』（第二巻）、「杉浦重剛先生と私」、p.724。
［13］朱、前掲「中国史像と政治構想——内藤湖南の場合」、p.758。
［14］神田、内藤、前掲『内藤湖南全集』（第一巻）、「涙珠唾珠」、1897年、p.359。
［15］神田、内藤、前掲『内藤湖南全集』（第一巻）、「明治二十一年来れり」、1888年1月4日、p.429。
［16］神田、内藤、前掲『内藤湖南全集』（第一巻）、「小世界」、1888年、p.434。
［17］朱、前掲「中国史像と政治構想——内藤湖南の場合」（二）、123(11、12)、通号(1100)2010年12月。
［18］神田、内藤、前掲『内藤湖南全集』（第二巻）、「清国改革の風気」、1898年9月11日、p.519。
［19］神田、内藤、前掲『内藤湖南全集』（第五巻）、「支那対外関係の危険」、p.492。
［20］神田、内藤、前掲『内藤湖南全集』（第五巻）、「新支那論」、p.540。
［21］吉尾寛「内藤湖南の中国共和制論——『支那論』から『新支那論』への道すじを考えつつ」、『内藤湖南の世界；アジア再生の思想』に収録された、p.202。
［22］神田、内藤、前掲『内藤湖南全集』（第五巻）、「支那の政治的復活」、1919年3月1日、p.51。
［23］神田、内藤、前掲『内藤湖南全集』（第十一巻）、『支那史学史』、p.482。
［24］神田、内藤、前掲『内藤湖南全集』（第五巻）、「東洋文化中心の移動」、p.510。
［25］神田、内藤、前掲『内藤湖南全集』（第五巻）、「東洋文化中心の移動」、p.515。
［26］神田、内藤、前掲『内藤湖南全集』（第八巻）、「支那人の観たる支那将来観と其の批評」、p.164。
［27］増淵、前掲「日本の近代史学史における中国と日本Ⅱ——内藤湖南の場合」、pp53-54。
［28］内藤、前掲、「東洋文化中心の移動」、p.513。
［29］内藤、前掲、「東洋文化中心の移動」、p.516。
［30］増淵龍夫『日本の近代史学史における中国と日本：津田左右吉と内藤湖南』、《リキエスタ》の会、p.50。
［31］山田辰雄、家近亮子、浜口裕子編『橘樸翻刻と研究：『京津日日新聞』』、「支那統一論」（五）（六）、pp20-21。
［32］橘樸『中國研究』、東京：勁草書房、1966年、p.421。
［33］橘樸「支那はどうなるか——内藤虎次郎氏の『新支那論』を読む」『支那思想研究』、p.363。
［34］橘、前掲「支那はどうなるか——内藤虎次郎氏の『新支那論』を読む」、p.394。
［35］朱琳「二つの中国認識——吉野作造と内藤湖南」、124(1、2)、2010年11月、p.97。
［36］神田、内藤、前掲『内藤湖南全集』（第五巻）、「新支那論」、p.506。
［37］橘、前掲「支那はどうなるか——内藤虎次郎氏の『新支那論』を読む」、p.373。
［38］橘、前掲「支那はどうなるか——内藤虎次郎氏の『新支那論』を読む」、p.380。
［39］橘、前掲「支那はどうなるか——内藤虎次郎氏の『新支那論』を読む」、p.387。
［40］岸本美緒「「帝国」日本の学知』第3巻、東洋学の磁場」、2006年、p.267。上記の引用文は岸本美緒がこの著書で内藤湖南の郷団自治論に対する評価である。
［41］神田、内藤、前掲『内藤湖南全集』（第五巻）「支那とは何ぞや」、p.159。
［42］朱、前掲「中国史像と政治構想——内藤湖南の場合」、p.77。

参考文献

青江舜二郎.1980.『竜の星座：内藤湖南のアジア的生涯』、中央公論社
入江昭著、興梠一郎訳.1995.『日中関係この百年：世界史的展望』.岩波書店

臼井勝美.1972.『日本と中国：大正時代』.原書房

岡本 隆司. 2015年1月.「中国社会は停滞していたのか：矢野仁一から内藤湖南へ」.『読書人の雑誌』第40巻第1号.講談社

岸本美緒.2006.『「帝国」日本の学知』第3巻、東洋学の磁場』.岩波書店

胡天舒.2013(06).「内藤湖南中国観的変与不変」、中南大学学報（社会科学版）第19巻第3期

神田喜一郎・内藤乾吉.1969〜1976.『内藤湖南全集』（全十四巻）.筑摩書房

社団法人中国研究所.1963.『中国近代化と日本』中国研究所紀要第二号.株式会社大安

J. A. フォーゲル著、井上裕正訳.1989.『内藤湖南ポリティックスとシノロジー』.平凡社

胆紅.2007(03).「五・四運動と日本のジャーナリスト」.国際公共政策研究 11(2).(通号 20)

藤田昌志.2008.『内藤湖南の日本論・中国論』.三重大学国際交流センター紀要第3号

朱琳.2010.10〜2011.4.「中国史像と政治構想――内藤湖南の場合」.国家学会雑誌.123(9、10)〜124(5、6)、通号(1099〜1103)

朱琳.2010.11.「二つの中国認識――吉野作造と内藤湖南」、吉野作造記念館吉野作造研究／吉野作造記念館 編 (7)

錢婉約.2004.『内藤湖南研究』.中華書局

錢婉約.2003.「日本近代中国学的重要学者――内藤湖南」、国際漢学

橘樸.1966.『中國研究』.勁草書房（橘樸著作集／橘樸著作集刊行委員会編；第1巻）

陶徳民.2007.『明治の漢学者と中国：安繹・天囚・湖南の外交論策』.関西大学出版部

内藤湖南研究会編著.2001.『内藤湖南の世界：アジア再生の思想』.河合文化教育研究所

内藤湖南.1895〜1928.「支那の亡兆」「山東問題と排日論の根底」.『太陽』.博文館

山田辰雄，家近亮子，浜口裕子編.2005.橘樸翻刻と研究：『京津日日新聞』.慶應義塾大学出版会

橘樸.1936.『支那思想研究』.日本評論者

古屋哲夫.1996.『近代日本のアジア認識』緑蔭書房

増淵龍夫.2001.『日本の近代史学史における中国と日本：津田左右吉と内藤湖南』.《リキエスタ》の会.トランスアート市谷分室（発売）

増淵龍夫.1983.「日本の近代史学史における中国と日本Ⅱ――内藤湖南の場合」.『歴史家の同時代史的考察について』.岩波書店

松尾洋二.2009(12).「内藤湖南・久保天随・桑原隲蔵――「民族」対「文化」」.研究論集／河合文化教育研究所 編 7

山田智，黒川みどり共編、田澤晴子［ほか著］.2013.『内藤湖南とアジア認識：日本近代思想史からみる』.勉誠出版

山根幸夫.1968.「「日本人の中国観」――内藤湖南と吉野作造の場合」.東京女子大學論集 19(1)

李彩華.2010(03).「橘樸のアジア主義――満州事変以降の言説を中心に」.年報日本思想史 (9)

李欣、趙俊槐.2010(08).『論内藤湖南的「文化論」』.教師

楊棟梁.2012年第1期.『民国初期内藤湖南的「支那論」弁析」、南開学報（哲学社会科学版）

地域活性化におけるソーシャル・メディアの役割

北京外国语大学　刘兆媛

摘要：近年来，以 Facebook 和 Twitter 为代表的社会化媒体不仅被个人用户广泛使用，自治体等公共机关的社会化媒体账户也在显著地增加。地方自治体等多种主体开始利用社会化媒体，通过促进社区再生，商店街的活性化，旅游业振兴等致力于地区振兴。然而，在笔者的调查范围内，迄今为止的先行研究主要集中于社会化媒体对促进地区交流的探讨。对于以地区经济活性化为目的的社会化媒体利用却没有多少研究。因此，本论文将在先行研究的基础上，考察地区经济活性化中社会化媒体的利用，对其现状、效果、经验、问题进行探讨，在此基础上提出更好更有效的社会化媒体利用模式。

　　本论文由四章构成。第一章简述笔者的问题意识，研究目的，意义及研究方法。第二章总结介绍地区活性化的背景及课题以及社会化媒体利用的相关先行研究。第三章为事例研究部分，以埼玉县县厅和相模原市为例，介绍地方自治体具体如何利用社会化媒体促进地区特产销售，振兴旅游以及提高人气。在事例分析部分，通过运用已有调查结果推测利用社会化媒体的效果，并根据采访调查的内容总结自治体社会化媒体运营的经验及运营过程中存在的问题，在此基础上提出更有效的利用模式。第四章对全文内容进行总结，最后对照中国国内社会化媒体的发展现状，展望今后社会化媒体研究的相关课题。

キーワード：地区経済　活性化　ソーシャル・メディア

1. 序　章

1.1　研究背景

　　近年、ソーシャル・メディアというウェブサービスが世界中で爆発的なブームを巻き起こしている。ソーシャル・メディアとは普通の人々が書き込み、共有、コメント、議論、コミュニケーションできるウェブサイトとそのような技術をいう。日本では、東日本大震災からの復旧・復興過程において、Twitterを利用して迅速な情報の受発信ができるようになり、救援活動に大きな役割を果たした。それでソーシャル・メディアの強い情報伝播力が実感されたのである。一方、日本の地域社会において経済の低迷と人口流出等の社会的課題が山積している。震災後、これらの課題を解決するために、ソーシャル・メディアがコミュニティの再生、商店街の活性化、観光振興に活用されるようになった。

1.2　問題意識

地域活性化は経済活性化と交流活性化という二つの面に分けることができ、今までの研究は主に交流の活性化への貢献に集中しており、経済活性化におけるソーシャル・メディアの活用に関する議論が少ない。そのため、本稿は地域経済活性化を目指すソーシャル・メディア活用の現状、効果、問題などを検討する上で、ソーシャル・メディアの役割を究明し、より効果的な活用モデルを提案したい。

1.3　研究の意義

情報化という背景のもとで、地域活性化の様々な課題に対応するには情報通信技術、特にソーシャル・メデイアの役割を活かすことが重要である。ソーシャル・メディアの利用に関する研究は、日本の地域の情報化と活性化及び新しい公共の構築に重要な意義を有している。さらに、ソーシャル・メディアに対する認識は日本に限らず、中国にとっても重要なことである。近年、中国において微博、微信などが個人に限らず、政府機関、企業、公共施設等によって盛んに利用されている。ビッグデータ[1]、IoT：Internet of Things(モノのインターネット)[2]、クラウドコンピューティング技術[3]等の発展を背景に、「インターネット＋(互聯網＋)」が国家戦略として政府によって推奨されている。したがって、ソーシャル・メディアとそれに関連する産業が発達しつつあると想定される以上、これに関する研究を進まなければならない。

1.4　研究方法

本稿は主に事例研究の方法を採用する。筆者はソーシャル・メディアを地域活性化に活用する典型的な事例を選び、具体的にソーシャル・メディアを地域産品の販売、観光振興、地域の魅力向上に活用する取り組み、及びその効果と影響について検討する。さらに、自治体のSNS担当者や関係者にインタビューを行い、課題と改善方法を明らかにする。

2. 先行研究

2.1　地域活性化の問題と課題
2.1.1　地域と地域活性化

地方という言葉は普通都市と対して使われることが多い。地域は地方と混用されることもよく見られるが、本稿において地域は都市と地方に関わらず、ある一定の空間の広がりを示す言葉として使っている。なので、地域活性化は地方の活性化を意味することではなく、都市と地方に関係なく一定の人々の生活している地理空間の活性化を指している。地域活性化について、榎並利博らの共同研究では、地域活性化を「地域に経済的及び非経済的な利益をもたらす活動」とし、経済的な利益をもたらす活動を「地域経済活性化」、非経済的な利益をもたらす活動を「地域交流活

性化」と区別して扱っている。[4]本稿では榎並らの定義を用いる。
2.1.2 地域活力低減の背景
　日本では1960年代以降、産業や人口が大都市圏に集中する一方、地方において人口流出や産業空洞化が問題になって久しい。その後、二度にわたる石油危機やバブルの崩壊、安さを武器にしたアジア諸国の追い上げにより、地方の製造業の空洞化がより深刻になり、多くの地域が雇用の喪失や低賃金化に見舞われている。また、少子高齢化で人口が減少し、産業や地域活動の担い手が不足してしまった。それに加えて、個人主義の進行に伴い、都市に限らず地方においても人間関係が疎遠になり、近所の付き合いも少なくなっている。このように、経済不振、少子高齢化プラス人口流出と人間関係の疎遠などの原因の共同作用で、地域活力の低減が深刻になりつつある。（図表1）以上の問題を解決するために、自治体や企業、活動団体等の主体によって行われた経済的な建て直しや地域の活力回復などの取組が地域活性化である。

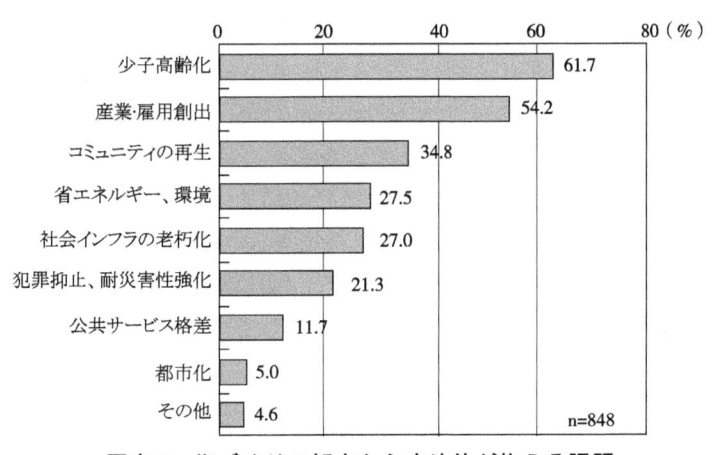

項目	%
少子高齢化	61.7
産業・雇用創出	54.2
コミュニティの再生	34.8
省エネルギー、環境	27.5
社会インフラの老朽化	27.0
犯罪抑止、耐災害性強化	21.3
公共サービス格差	11.7
都市化	5.0
その他	4.6

n=848

図表1　街づくりの観点から自治体が抱える課題

2.2　ソーシャル・メディア
2.2.1　ソーシャル・メディアとは何か
　ソーシャル・メディアは、大量の利用者が自発的に情報を編集、貢献し、コンテンツ（文章、画像、映像）などを共有し、意見交換するプラットフォームである。Antony Mayfieldはソーシャル・メディアの特徴を参加、公開、交流、対話、コミュニティ化、関連性だとまとめた。[5]
　ソーシャル・メディアの種類から見ると、代表的なのはFacebook、Twitter、YouTube、Line、中国の新浪微博などがある。SNS(Social Networking Service)をソーシャル・メディアと混用することが多く見られるが、実際に前者が主にFacebook、Twitterを指す言葉で、後者の範囲内に含まれている。代表的なソーシャル・メディアの特徴は図表2の示している通りである。ソーシャル・メディアの発展に伴い、情報流通が一方通行から双方向へと変化し、社会全体の情報流通の規模が拡大

した。[6]

図表2[7]　代表的なソーシャル・メディアと特徴

サービス名	特徴
Twitter	短文の投稿。「リツイート」による情報の拡散。フローメディア　他者との短いコミュニケーションも可能
Facebook	比較的に長い文章の投稿ができる。「いいね!」による情報の拡散。写真の投稿が読者の目を引くFacebookページはファンとのコミュニケーションの場
ブログ	まとまった内容を記事として投稿する。ストックメディア　特定の話題に関する見解・思い等を記録する場

2.2.2　自治体による利用現状

　自治体によるソーシャル・メディアの利用も進みつつある。特に2011年3.11大震災から、ソーシャル・メディアの強い情報伝播力が認識されてきて、導入する自治体が一気に増えてきた。畑耕治郎が責任者とする「地域主権時代における現代版井戸端会議導入によるコミュニティマネジメントの実証研究」は2013年6〜8月に全国1,742市区町村の自治体に対して「地域活性化を目指したソーシャル・メディア活用に関するアンケート調査」[8]を実施した。回収した696自治体の回答によって自治体のソーシャル・メディア利用現状を調べた。調査結果によると、何らかのソーシャル・メディアを導入しているまたは導入したことある自治体は51%強である。地域SNS導入しているのが44自治体ある。一方、Twitterを導入している自治体は219で、Facebookは235である。そしてLINE等を利用する自治体もあるが、まだ少ない状態である。

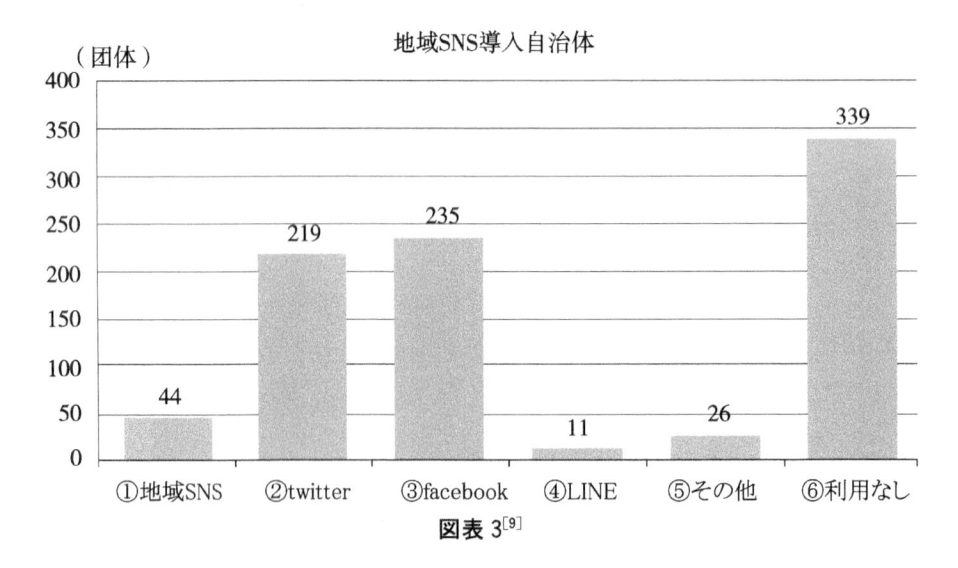

地域SNS導入自治体

①地域SNS: 44
②twitter: 219
③facebook: 235
④LINE: 11
⑤その他: 26
⑥利用なし: 339

図表3[9]

　『情報通信白書』によると、自治体がソーシャル・メディアを活用する目的は主に地域内外に向けての情報発信である。利用上の利点について、「即時性・手軽さ・情報の拡散力に優れる」「広域の情報発信が容易」「財政負担・労力が少なくてすむ」

が最も評価される。

2.3 地域活性化を目指すソーシャル・メディア利用に対する国と社会の姿勢

　ソーシャル・メディアを含んでいるICT（情報通信技術）を利用して地域活性化を図る取り組みは幾つかの自治体による孤立している行動ではなく、すでに国と社会全体の共通認識である。総務省として、「地域社会の活性化・課題解決に貢献するとともに、地域における ICT 利活用を促進することを目的」（情報通信白書 2011：297）にするという立場から地域情報化政策を推進してきた。総務省では2004 年に、2010 年までの期間を対象にした情報通信政策ビジョンとして「u-Japan 政策」を策定し、ユビキタス社会に向けた取組の方向性を示した。

　それから、経済産業省中部経済局が2014 年 3 月に発表した「IT 利活用による地域活性化に関する方向性」は地域活性化におけるIT 利用に関する施策と各地方の具体対処について詳しく紹介した。観光については、「市場の開拓、拡大への取り組み・従来のパッケージツアーに加えて、滞在型、体験型、文化・グルメ等探求型等の観光市場を開拓し拡大するため、特定分野のカリスマのツイッターやSNSを活用した質の高い情報発信が重要となる。また、個人の嗜好にあわせた情報提供により、観光への興味・動機を高めることが必要である。」そのための施策として、観光客から Facebook、Twitter 等により発信された情報収集・分析の支援、Wi-Fi 等システムの導入・更新支援が挙げられた。[10]

　このように、ICT 技術の発展という情報化の波は、地域活性化に大きな影響を与えている。ソーシャル・メディアが最も広範に利用されているものとして、全主体が参画している「地域活性化 2.0」時代において、掛け替えのない役割を果たすべきだと期待されている。

2.4 地域によるソーシャル・メディアの利用に関する研究

　ソーシャル・メディアが地域活性化に利用されるのがごく近年のことなので、直接ソーシャル・メディアと地域活性化をテーマとする研究はまだ少ないようである。しかし、公共機関の目的達成や商店街活性化、コミュニティ活性化によるソーシャル・メディアの利用に関する研究は少なくない。公共機関の効率向上や商店街活性化も地域活性化につながっているから、これらの研究も先行研究として捉えている。筆者の調べた限り、以下のものが挙げられる。

2.4.1 公共機関の利用に関するもの

　まず、代表的な研究はSocial Media in the public sectorである[11]。本書は「ネットワーク社会における参加、協力、可視化を達成するための入門書」を目指し、公共機関によるソーシャル・メディアの利用を背景と実践という二つの部分を分けて検討した。著者 Ines Mergelによると、ソーシャル・メディアが公共機関に利用される主な目的は「参加、協力、可視化」を促進することである。ソーシャル・メディアを通して即時且つ双方向の情報交換ができる。それがマスメディアに比べてソーシ

ャル・メディアの最も重要な特徴である。ソーシャル・メディアを通して、公共機関が情報を拡散し、重要話題を巡る市民の対話と意見を十分把握し、必要に応じて返事することと、議論された話題の温度と市民の態度を感じることができるようになる。

また、野口等が佐賀県武雄市のFacebookの利用効果をソーシャル・キャピタル（社会関係資本）とシビック・パワー（政治エリートに対して適切な支持、批判、要求、監視を行う市民の力）という指標で分析した。その結果、FBページは武雄市全体のSC（ソーシャル・キャピタル）を高めることはなかったが、職員同士のSCを高めており、また市民と職員、行政を繋ぐことで、ひいてはCP（シビック・パワー）を高めていることが明らかになった。

さらに、河井孝仁が2012年に日本全国810自治体を対象にアンケートを実施し、431自治体からの回答を得て定量的な現状及び意向調査を行った。その結果、自治体の利用しているツールは主にTwitter及びFacebook、Youtubeであることが分かった。しかし運用上はガイドライン不全、運用体制不十分、効果測定方法不明など課題が大きい。今後は多面的な評価手法を採ることで、目的と運用の整合性を明らかにすることを提言した。

2.4.2 商店街活性化に関するもの

落合等がTwitterの商店街の活性化における役割を究明するために、新丸子商店街の利用者と商店主を対象にアンケート調査を行った。その結果、ソーシャル・メディアの取組について認知度は低いものの、発信内容は高い評価を得ていることがわかった。それから、ソーシャル・メディアを活用していけばいくほど、商店主と利用者のコミュニケーションが多くなり、両者に利点が生まれると述べた。

2.4.3 コミュニティ活性化に関するもの

田中秀幸が日本国内の市単位の地域を対象に、ソーシャル・メディアの利用が地域コミュニティ活動への参加に対して及ぼす影響について、ソーシャル・キャピタルを通じる回路に焦点をあてて実証分析を行った。分析の結果、地域社会におけるソーシャル・メディアの利用は、橋渡し型のソーシャル・キャピタルから一般的信頼度を通じて地域コミュニティ活動への参加につながるとともに、同メディアの利用が直接、同活動への参加につながる可能性がある。また、同メディアの利用は、ネット上のソーシャル・キャピタルには直接影響する一方で、実社会のソーシャル・キャピタルに間接的に影響する可能性があることが明らかになった。

以上の研究をまとめることを通じて地域の各主体によるソーシャル・メディアの利用現状が大体把握できる。ところが、既存の研究は主にソーシャル・メディアによるつながりの再生、交流の活性化への貢献に関するものである。筆者の調べた限り、自治体が主体として活用し経済活性化を目的とする事例に関する研究はないようである。そのため、問題意識のところで述べたように、ソーシャル・メディアはどのように地域経済の活性化に貢献できているか、その利用効果と利用上の問題と課題を明らかにすることは、本稿の目的である。

3. 事例研究

　地域活性化を目指すソーシャル・メディアを活用する取り組みが増えつつあり、研究に値する事例も少なくない。企業や商店街、民間等の主体による利用も多いが、自治体主体を選ぶ原因として、企業等の民間主体は主に自分の事業目的を目指してソーシャル・メディアを活用しているのに対して、自治体は比較的に地域発展の全般に関する事業に関与しており、各主体の連携の中に自治体も中核となるからである。自治体の事例の中から、ソーシャル・メディアを比較的に早く導入し、多方面で多様な目的で活用しているものとして、埼玉県庁と神奈川県相模原市の事例を選んで詳しく考察する。

3.1　事例の紹介
3.1.1　埼玉県庁のソーシャル・メディア利用現状

　埼玉県は日本の関東地方の中央西側内陸部、東京都の北に位置する内陸県である。県庁所在地はさいたま市である。人口は7,237,734人、県内総生産は20兆円強で共に日本の都道府県中で第5位である。埼玉県内自治体のSNS採用率から見ると、SNSの活用において埼玉県はやや積極的である。現時点までに、活用中のソーシャル・メディアはFacebook，Twitter，Youtube，Line，Blogと中国の新浪微博である。Facebookは各部署運営のアカウント総計35あり、Twitterアカウントは16ある。この数多くのアカウントの中で人気の高いものをFBの四つとTwの三つを選んで詳細情報を図表4-1，4-2にまとめた。

図表4-1　埼玉県庁人気Facebookアカウント情報

FBアカウント名	開始時間	FBカテゴリー	運営部署	アカウント紹介	いいね数	話題数	ガイドライン有無
埼玉県庁	2012.5.16	政府機関	県民生活部広聴広報課	埼玉県は都市と田園の魅力を併せ持つ埼玉の魅力をさらに高め、(1)安心を実感する埼玉(2)チャンスあふれる埼玉(3)生活を楽しむ埼玉——の実現を目指します。	4220	844	有
LOVE bicycle SAITAMA	2011.10.2	政府機関	県民生活部広聴広報課	自転車発祥の地で自転車保有率日本一の埼玉県が、自転車と埼玉の魅力を発信します。「ポタガール」が日本の女子自転車ムーブメントを牽引中！	4884	462	有
コバトンあちこち出没隊	2011.9.2	政府機関	県民生活部広聴広報課	埼玉県マスコット「コバトン」と「さいたまっち」の公式FBだよ。埼玉の魅力を幅広くドンドン発信しちゃうよ。よろしくお願いしま～す。	3285	942	有

续表

FBアカウント名	開始時間	FBカテゴリー	運営部署	アカウント紹介	いいね数	話題数	ガイドライン有無
たびちょこ埼玉観光情報局	2013.8.22	政府機関	産業労働部観光課	わたくし、ひなが埼玉県内を取材しながら、オススメの"埼玉たび"へとご案内しますわ♬	10132	346	有

図表 4-2 埼玉県庁人気 Twitterアカウント情報

アカウント名	開始時間	運営部署	アカウント紹介	フォロワー数	ツイート数	ガイドライン有無
埼玉県庁	2012.4	県民生活部広聴広報課	埼玉県庁の公式アカウントです。埼玉県におけるトピックをはじめ災害時等における緊急情報を発信します。	41027	2350	有
コバトン家/ちあちこち出没情報(公式)	2011.8	県民生活部広聴広報課	コバニチハ！埼玉県のマスコット「コバトン」と「さいたまっち」の出没情報をお知らせするトン！コバトンは埼玉県の特命宣伝部長も頑張ってるからとっても多忙!!前よりも出没が減っちゃうけど、さいたまっちと一緒に少しでもたくさんお友達に会いに出かけるトン!!みんな声かけてト〜ン(˘o˘)/	12161	14335	有
ちょこたび埼玉観光情報局	2012.6	産業労働部観光課	埼玉の「旬」がわかる情報や、ここでしか見られないオリジナル企画など、編集部が厳選した観光情報を発信しています。ぜひ埼玉の魅力を新発見して、遊びにきてくださいね♪	7942	2326	有

3.1.2 相模原市のソーシャル・メディア利用現状

　相模原市は、神奈川県北部にある政令指定都市である。70万人の人口規模を擁している。2010年4月1日を以て政令指定都市に昇格させて、首都圏南西部の核として国から位置づけられている(首都圏業務核都市指定都市)。相模原市は行政情報の拡散や市の魅力向上のために、各種のソーシャル・メディアを活用している。現時点までに、活用中のソーシャル・メディアはFacebook，Twitter，Youtube，Lineがある。Facebookは各部署運営のアカウント総計8あり、Twitterアカウントは6ある。人気アカウント情報を図表5と6にまとめた。

図表5　相模原市人気Facebookアカウント情報[13]

アカウント名	開設時間	facebookカテゴリー	運営部署	アカウント紹介	いいね数	話題数	ガイドライン有無
相模原市シティセールス	2012	商品・サービス	シティセールス・親善交流課	相模原市の様々な魅力やイベントをはじめ、楽しい情報を発信していきます!!	5,283	78	
ミウル	2012	架空の人物	緑区役所区政策課	相模原市緑区の公式アカウントです。緑区魅力づくり事業実行委員会で運営しています。	1414	233	

図表6　相模原市人気Twitterアカウント情報

アカウント名	開設時間	運営部署	アカウント紹介	フォロワー数	ツイート数
相模原市シティセールス	2011	シティセールス・親善交流課	相模原市シティセールス推進課です。イベントやシティセールスの取り組みなど情報発信します！	3425	977
さがみん【本物】		シティセールス・親善交流課	【公式】「潤水都市 さがみはら」のマスコットキャラクター『さがみん』だミン♪お返事は基本的にはできないのぉ、ごめんだミン。たくさんお友だち増えたらいいなぁ。さがみんをよろしくなんだミン〜	1373	536
ミウル	2012	緑区役所地域振興課	【相模原市緑区公式アカウント】相模原市緑区のイメージキャラクターのミウルです。自慢のヘアスタイルは、緑区のシンボルマークをイメージしたものだけど、似合っているかなぁ？「潤水都市さがみはら」の中で、水と自然、人の温かさがいっぱいの緑区から「潤い」を伝えたいな♪ツイッターに慣れるまで返信には答えられないけど、ごめんなさい。	2196	1351

3.2　地域活性化に資する各アカウントの取り組み

　地域経済活性化の目標を達成する為に、地方自治体は観光振興、地域産品の販売の促進、地域の魅力向上など様々な方法を通じて努力している。以下の3節では、ソーシャル・メディアがこの努力の過程において果たしている役割を具体事例で説明する。

3.2.1　観光振興

　「観光」は地域活性化の一つの柱として重視されており、日本政府は観光を「21世紀のリーディング産業」と位置づけ、『観光立国推進基本法』を策定した。地域経済活性化のために、ソーシャル・メディアを通じて地域の魅力をアピールし、国内外

から多くの人に来てもらうことが期待されている。世界各地の利用者を持っているFacebookやTwitterは名産のPRや観光スポットの宣伝を行うこの上ない有利なプラットフォームである。それから、観光業の発展はほかの産業を連動させ、地域内外の人的交流を促進され、地域全体の活性化につながることも期待されている。

　自治体のソーシャル・メディアアカウントを見ればわかるように、観光振興はソーシャル・メディア活用の最も重要な目的の一つだと言える。埼玉県庁と相模原市がソーシャル・メディアで発信している内容の中で観光に関する情報は半分以上である。それから、多数のアカウントを持っている自治体は通常観光情報専用のアカウントを開設している。専用アカウントが観光振興に注力すると同時に、他のアカウントも違う面から市の宣伝に助力している。観光専用アカウントは普通他の物より比較的人気が高い。

　「たびちょこ埼玉観光情報局」は埼玉県庁の観光専用のアカウントの一つである。アカウントは雛という女性の目線から第一人称で発信している。雛が埼玉の各地にあるイベントや観光地に訪れ、素敵な写真をついて観光者として自分の体験を言葉にして発信している。このような体験談は自治体や観光サイトなどの公共機関の言い方に比べてよほど柔らかく、読み手との距離が縮んで、より親しい感じである。

図表7　　　　　　　　　　　図表8

3.2.2　地域名産宣伝

　Facebookでは、アカウントの紹介（図表4）でも言ったように、埼玉の「旬」がわかる情報も発信している。埼玉県は関東地方における近郊農業の盛んな地域で、ネギやホウレンソウ等産出額が全国5位以内に入る農作物も多い。旬によって農作物が違って、その新鮮で美味しそうな様子を写真で見せながら、品種、特徴、産地関連

の情報を紹介して有力な販売促進手段として利用されている。

　例えば、1月頃がちょうどイチゴ狩を楽しめる時期で、雛が埼玉県「越谷イチゴタウン」にイチゴ狩に行って、その当時の気持ちを即時に発信したのが図表9である。この短い文章と写真を通して、取り立てのイチゴの美味しさ、イチゴ狩の面白さと雛の嬉しさが十分感じることができる。これを見ると読み手も早くイチゴ狩に行ってみたくなるだろう。このように、状況の紹介だけではなくてその場の雰囲気ないし語り手の心理状態が良く読み手に伝えられるのが、ソーシャル・メディアならではの特徴だと思っている。

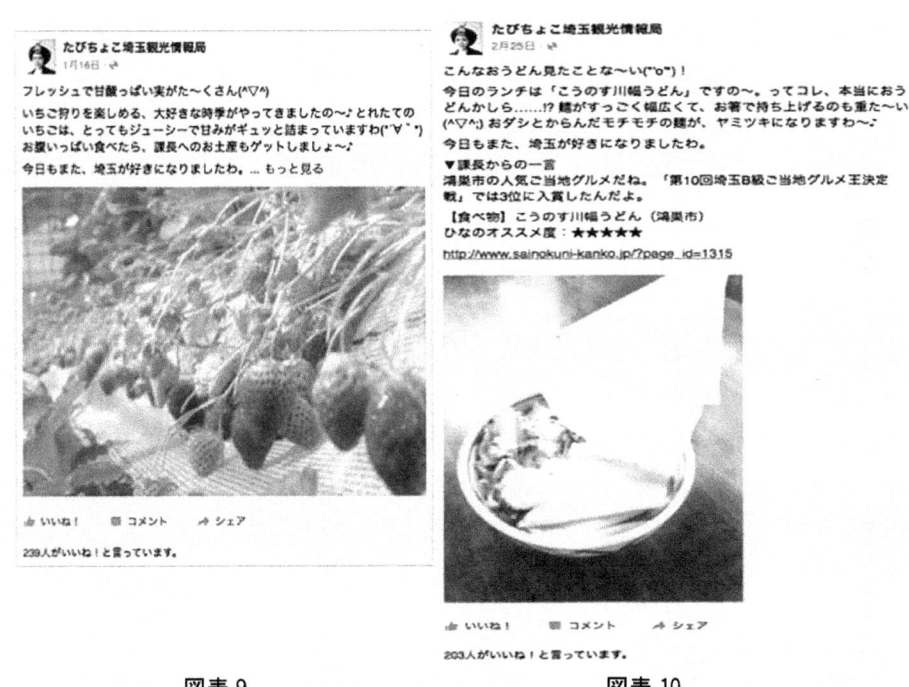

図表9　　　　　　　　　　　図表10

3.2.3 「ご当地ゆるキャラ」と地域の魅力向上

　地域の知名度や魅力を向上させ、地域活性化に繋がる為に、近年特に注目を集めているのがゆるキャラの活用である。ゆるキャラは、「ゆるいマスコットキャラクター」を略したもので、イベント、各種キャンペーン、地域おこし、名産品の紹介などのような地域全般の情報PR、企業・団体のコーポレートアイデンティティなどに使用するマスコットキャラクターのことである。[14]「ご当地ゆるキャラ」は「ゆるキャラ」の一種である。『ゆるキャラ大図鑑』を出版してこの言葉を世に広めたみうらじゅんは「1 郷土愛に溢れた強いメッセージ性があること；2 立ち居振る舞いが不安定かつユニークであること；3 愛すべきゆるさをもちあわせていること」という3つの条件を満たすものをゆるキャラと定義している。[15]しかしゆるキャラの中には企業や団体などの物もあるので、本稿では地域活性化を目指して生み出されて、またこの3つの条件を満たすものを「ご当地ゆるキャラ」とする。

図表11　　　　　　　　　図表12

　埼玉県のゆるキャラ「コバトン」と相模原市の「サガミン」はそれぞれFacebookとTwitterのアカウントを持っており、第一人称方式で、いろいろな活動に参加して積極的に情報発信したり、ファンたちと交流したりしている。毎日「おはよう」から、今日のやる事について報告し、「おやすみ」まで1日が終わる。サガミンは特定の「サガミンタイム」があり、例えば今から一時間が「サガミンタイム」と発信したら、ファンたちがコメントでサガミンに話しかけて、サガミンがリプライしてやりとりし続ける。自治体の公式アカウントに比べて、ゆるキャラの発信内容がより身近で、文体もより親しみやすい感じであるので、人気も高い。図表11と12はコバトンとサガミンの公式ツイッターアカウントである。

3.3　事例の考察
3.3.1　効果の推定
　それでは、これらの取り組みは地域経済に対してどのような影響があるか。自治体の発信した情報を見てその名産を買った消費者や、観光情報がきっかけで現地に行った観光者がどれくらい存在しているかは、それらの人たちに聞かないとわからない。さらに、SNS上の情報はただその消費や観光行動に影響する多数の原因の一つなので、その情報を見たから物を買った、あるいはその情報を見たから旅行に来たと断言することはできない。言い換えれば、SNSを活用した様々な取り組みが実際にどのような程度で現地での消費を産んで、経済の活性化に役立てたかを実証することはとても難しい。しかし、SNSの消費行動に対する影響と、SNSが観光のきかっけ情報と情報源になっていること、そしてご当地ゆるキャラによる地域の魅力向上効果はすでに研究や調査によって証明された。

3.3.1.1　SNS掲載商品に対する購買意欲
　SNS上の情報は実際に消費者の購買意欲や消費行動にどのような影響を与えているのか。JTB総合研究所が2014年9月に日本在住の20歳〜79歳までの男女計

1030名に対してインターネットでアンケート調査を行った。調査結果は「海外ショッピングレポート（2014）〜日本人海外旅行者の動向と購買行動」にまとめた。レポートによると、SNS上で見かける商品に対する購買意欲に関しては、全体としては、「その場に旅行してでも買ってみたくなる」「旅行しなくて済む範囲で探して買ってみたくなる」「実際にはあまり必要がない物でもSNSで見た商品だと買いたくなる」「買おうか悩んでいる時にSNSで見たということが購入の後押しになる」という、纏まって言うとSNSが購入を後押ししたとの回答が全体では42.7％ある。

　性別年代別に見ると、主に20代男性と20〜30代女性ではSNSが購買の引き金となっている傾向が見られる。なかでも20代男性への効果が高く、「その場に旅行してでも買ってみたくなる」人も12.6％いて、SNSに影響されて購買意欲を高められたことが示された。一方、女性の場合は「買おうか悩んでいる時の後押しになる」という人が多い。男女ともに30代以上では年齢が上がるにつれて「SNSで見た商品を買いたくなったことはない」「SNSで見た商品は買いたくなくなる」人の割合が増加しているが、これはSNS利用率自体が低下する影響かもしれない。[16]

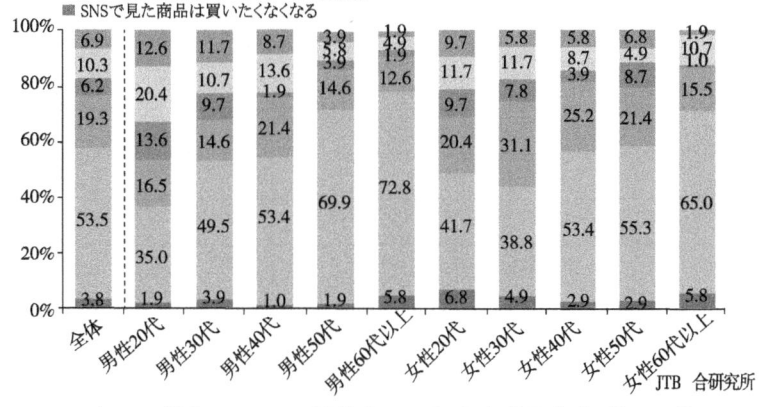

図表13　性年代別SNS掲載商品に対する購買意欲（単一回答）

3.3.1.2　SNSが観光のきっかけや情報源としての役割

　SNSで掲載されている観光情報がどれくらい観光行動に影響するかについて、JTB総合研究所が2014年9月に、スマートフォンを利用している18歳から69歳までの男女2060名を対象にインターネットアンケート調査を行った。SNSで経験したことについて聞いた結果、「SNSの投稿を見て行ってみたいと思った場所へ行った（15.7％）」「SNSで発信したいと思い話題の場所に出かけた（4.4％）」など、SNSで言及される場所が旅行のきっかけとなっていることかわかる。男女共に20〜30代の人にとってSNSが新たなつながりや移動、購買のきっかけになる可能性が高い。

　また、JTB総合研究所2014年5月に行ったもう一つのインターネット調査は20歳〜64歳の女性計2060人を対象とし、女性の旅行と情報収集に関するものであ

る。調査報告書によると、SNSで自分の体験を「発信したい」から出かけたことがあるかという質問に対して、「経験がある」と回答したのが全体で5.3％、20代で11.2％ある。SNSが旅行の経験談を交流する場となっていることも出てくる。

図表14　SNSを利用していて経験したこと（性年代別）（複数回答）

	サンプル数	昔の知り合いとSNSで繋がって、再び交流するようになった	SNSの投稿を見て行ってみたいと思った場所へ行った	SNSで知った情報で、いいと思った物を購入した	SNSで知り合った人に会いに出かけた	SNSで話が盛り上がり、メンバーを募って旅行やレジャーに出かけた	SNSで発信したいと思い、話題の場所に出かけた	旅行などであえてSNSが繋がらない場所へ出かけた
		つながりや移動のきっかけ						
全体	2060	21.3	15.7	9.6	7.2	4.5	4.4	2.2
男性29才以下	206	24.8	17.0	14.6	9.7	12.6	6.3	3.9
男性30代	206	27.7	15.0	14.1	10.2	8.7	10.7	3.4
男性40代	206	16.0	15.0	8.7	6.3	3.9	3.9	1.5
男性50代	206	17.5	9.2	9.2	2.9	1.9	3.9	2.9
男性60才以上	206	11.7	7.8	2.9	3.9	1.0	1.9	2.9
女性29才以下	206	37.4	34.5	19.9	19.4	7.8	55.8	1.9
女性30代	206	34.5	24.8	9.7	6.8	2.4	2.9	1.5
女性40代	206	15.5	12.1	6.8	5.8	1.9	1.5	1.5
女性50代	206	17.5	16.0	6.8	5.3	3.9	4.4	1.9
女性60才以上	206	10.2	5.8	3.4	1.9	1.0	1.5	0.5

SNSで発信したいので話題になりそうな場所へ行ったことがある

全体（n=2060）	20代（n=412）	30代（n=412）	40代（n=412）	50代（n=412）	60～64（n=412）
5.3	11.2	6.8	3.9	2.4	2.2

JTB総合研究所

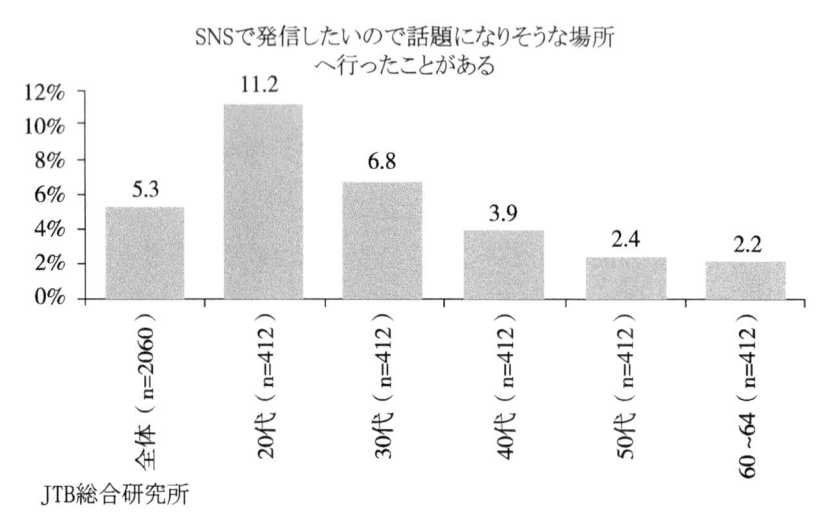

図表15　SNSで発信したいので話題になりそうな場所へ行った

3.3.1.3　ご当地ゆるキャラの効果

前文で述べたように、ご当地ゆるキャラは近年地域活性化の為に大いに活躍している。全国のご当地ゆるキャラの活用状況を明らかにするには、東京市町村自治調査会が2014年にアンケート調査を行い、全国の1084の市区町村自治体、33の都道府県自治体及び1500の住民から回答を得た。住民のご当地キャラクターへの印象について調査したところ、8割程度の人は「ご当地キャラクターは地域の知名度を上げている」「地域の魅力をPRするのに役立っている」、「地域の経済に好影響がある」、と答えている。[17]

		割合
(n=1438)	全国：地域の知名度を上げている	40.9%　40.1%　7.8%／6.9%／4.4%
(n=1438)	全国：地域の経済に好影響がある	31.4%　43.7%　10.8%／9.5%／4.6%
(n=1438)	全国：地域の魅力をPRするのに役立っている	36.7%　42.1%　8.9%／8.2%／4.0%
(n=1438)	全国：地域住民がその地域の魅力を見直すきっかけになる	21.1%　40.8%　18.8%／6.2%／13.1%

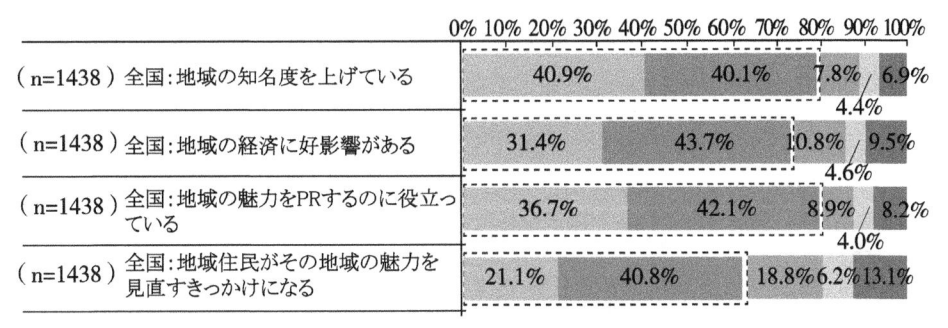

図表 16　ご当地キャラクターへの印象（単一回答）

それから、東京市町村自治調査会が2015年3月に行った「ご当地キャラクターの活用に関する調査研究 アンケート調査」の報告書によると、ご当地キャラクターがきっかけとなり、地域について知ったこと・興味を持ったこと、経験のある行動をみると、ご当地キャラクターを通じて、初めて知った地域や興味を持った地域がある答えは少なくない。しかし、「ご当地キャラクターがきっかけで、訪れた地域がある」等実際の行動につながる割合はまだ少ない。今の段階では、ご当地キャラクターの作用は主に地域の知名度向上と地域への興味の喚起だと理解してよいだろう。（図表17）

事実上、前でも言及したように、メディアの経済効果は即時効果と長期効果に分けており、後者の場合は一定の時間を経たないとわからないものである。それに、情報化の時代においては、利用者が常に無意識のうちにメディアに影響されているため、それがどのような程度で効果を果たしているのを確実に把握することが難しい。今まで大多数のメディアの経済効果に関する調査研究は推測にすぎない。調査方法として、最も効果的なのは直接消費者を対象にアンケート調査を行う方法である。そして、大量の調査対象がないと説得力が足りない。しかし時間と能力の制限で、現段階で筆者はまだこのような調査を行う条件がないので、主に現存の調査結果を引用して論じたのである。

	全国 (n=1438)	多摩・島 (n=578)
ご当地キャラクターを通じて、初めて知った地域がある	42.9%	42.4%
ご当地キャラクターを通じて、興味を持った地域がある	27.5%	25.8%
ご当地キャラクターを通じて、行きたくなった地域がある	10.1%	7.4%
ご当地キャラクターがきっかけで、訪れた地域がある	2.9%	1.7%
ご当地キャラクターのグッズが欲しくなったことがある	17.5%	16.1%
ご当地キャラクターのグッズを持っている	10.6%	8.5%
ご当地キャラクターのグッズを買ったことがある	8.7%	7.3%
「ゆるキャラグランプリ」に投票したことがある	5.4%	5.2%
その他	19.3%	24.2%

図表17　ご当地キャラクターに係る行動・ご当地キャラクターがもたらした効果

　以上述べたように、SNSの消費行動に対する影響、SNSが観光のきかっけ情報と情報源になっていることとご当地ゆるキャラによる地域の魅力向上効果は否定できないものである。埼玉県庁と相模原市の場合もこのような調査が行われなかったので、正確な数字を以ってSNS活用の効果を断言することはできない。しかし、SNS上の情報発信は地域の魅力向上、名産販売、観光振興においてすでに軽視できない役割を果たしていることは違いない。

3.3.2　運営者の知見

　地域活性化に役立てるためにソーシャル・メディアを効果的に運営することが重要である。今年6月から7月までに、筆者はSNSの利用について、東京都千代田区、神奈川県相模原市、埼玉県庁という三つの自治体広報担当者計6人にインタビューした。SNS担当者や運営者によるSNS利用上の重要な見解を伺った。

3.3.2.1　経験

　運営者の経験によると、SNSを順調且つ効果的に活用するために、以下の点が重要である。

3.3.2.1.1　よく検討して戦略を立てた上で始める

　SNSの活用は孤立している政策ではなく、地域情報化や活性化という大戦略の中の一部分として、他の各方面の取り組みと協働しながら運営することが重要である。ゆえに、SNSを導入する前に、SNSの活用は地域の広報戦略、さらに地域の情報化と活性化政策においての位置付けを明らかにすることは先決だとされている。

　具体的に言えば、まず、目的と活用方法を確認することである。SNSを活用する目的は共通するものが多い。例えば行政情報をよりよく住民に伝えることや、地域の魅力をアピールすることなどがある。しかし、自治体が導入する前に、ターゲッ

トを明確にしより具体で明確な目標を設置することが重要である。

次に、利用規約を定めることである。ソーシャル・メディア活用の有用性とリスクを踏まえ、ソーシャル・メディアをより有効かつ安全に活用するために、業務としての活用指針を示すことが重要である。それとともに、個人が利用する場合における留意事項も含めたソーシャル・メディア活用ガイドラインを策定することが必要である。

3.3.2.1.2 コンテンツに工夫する

地域の魅力をどのような程度でアピールできるかはSNSで発信するコンテンツによって決める。コンテンツを作成する際には、以下のポイントを注意したほうがいい。まず、投稿記事の内容については、主に天気情報、季節写真、季節儀礼・祭礼、地域の歴史等に分類することができる。次に、投稿のタイミングは発信内容により異なる。時効性のある内容(イベント、祭礼)などについては、事前告知と事後報告には重要な違いがある。事前告知は参加者を募る事ができる点が利点である一方、写真もなくて内容を作成することが難しい。事後報告は写真等を使ってより具体的な記述が可能であり、記録としての機能も持つ点が利点である。

3.3.2.2 課題
3.3.2.2.1 炎上防止と双方向性

これまでのメディアに比べて、ソーシャル・メディアの重要な特徴の一つは双方向性である。双方向性というのは、ソーシャル・メディアが単なる情報発信のツールだけではなく、個人間のコミュニケーションの経路として機能している。しかし、多くの自治体のSNSアカウントを見ると、一方的な発信が圧倒的で、コメントの数は意外に少ない。筆者の統計によると、埼玉県庁と相模原市の運営しているアカウントでは情報一通の平均コメント数はFBでもTwでも3個にすぎない。アカウントの人気が高いわりに、なぜコメントがこれほど少ないだろう。

この疑問について相模原市のSNS運営者に聞いたところ、相模原市は炎上防止のためにコメントに対してリプライしないことを原則にしていることがわかった。炎上とは、なんらかの不祥事をきっかけに爆発的に注目を集める事態または状況を指す。[18] 自治体はリプライしないという前提があって、発信内容に対する市民のコメントも非常に少ない。つまり双方向性という特徴はあまり活用されていないのが現状である。

この問題があるのは、ソーシャル・メディアはまだ新しい技術として、特に自治体等の公共機関による利用がごく近年の事なので、その短所を回避して長所をうまく活用することはまだできないと理解できる。そして、ソーシャル・メディアの発信にはやはり情報の発信主体と受信主体の全体的な判断に違いがあり、その違いを尊重することと関わっている。ただそのような思惑がある以上、ソーシャル・メディアの効果的運営が期待しにくいだろう。ソーシャル・メディア運営の安全性を確保する上で、いかに市民との交流を増やすかは課題の一つである。

3.3.2.1.2　発信内容チェック体制と即時性

　ソーシャル・メディアのもう一つの重要な特徴は即時性である。今起こっていることを即時に報告するのがソーシャル・メディアの利点で、東日本大震災の中でソーシャル・メディアが大きな役割を果たした理由でもある。例えばイベントが行われている当時、担当者がその現場にいて、現場の写真をとって「今何処何処でこんなことがやっているよ」と発信したら一番反響の大きい情報になるだろう。しかし、相模原市の場合、担当者は即時に内容を作成しその場で発信することはあまりできないようである。なぜかというと、自治体SNSアカウントは責任を持って発信しなければいけないので、発信内容は前もって広報担当者の上司によってチェックすることが必要である。それで、即時性を活かせるために、このようなチェック体制をいかに改善すればいいかは一つの課題である。

　六反さんが指摘されたように、発信内容チェック体制の問題は日本従来の文書主義や職場の責任分担の問題と深く関わっている。アカウントの運営者は職員が担当しているのに、何かあれば責任が上司にあるというようなやり方は安全ではあるが、非効率的ではないか。もしその運営者本人が責任を持って情報を編集、発信して、毎回ではなく、定期的に発信状況を上司にチェックしてもらえば、現場での発信も可能になり、ソーシャル・メディアの即時性がよりよく発揮できるだろう。

3.3.2.1.3　効果測定への迷い

　ソーシャル・メディアを導入する自治体が増えている一方、評価を実施している自治体は少ないようである。河井孝仁が2012年に日本全国810自治体の都市自治体広報担当課長を対象にアンケートを実施し、431自治体からの回答を得て定量的な現状及び意向調査を行った。調査結果によると、効果測定を実施しているまたは実施したことある自治体は22しかなかった。この22の自治体の中から、筆者が活用度の高い12の自治体を選んで今年6月に追加でアンケートを実施した。9の自治体から回答を頂き、効果測定を行っていると答えた自治体は5つであった。（図表18）。調査を通じて、効果測定を実施する自治体が少ない、そして実施手段もアクセス数といいね数に限られていることがわかった。

図表18　自治体の効果測定実施状況

対象自治体	返信	効果測定行っていない	効果測定行っている	効果測定方法
12	9	4（岡崎市、那須塩原市、三田市、志布志市）	5（金沢市、佐世保市、田辺市、市川市、川西市）	アクセス数 いいね数 リツイート数等

　筆者の調べた限り、自治体が効果測定を行われていない原因として、まず、自治体は殆ど無料でSNSを運営している。経費をかかる事務事業は大体年に一度事務事業評価を行うことが必要である。しかし、大多数の自治体は特別な経費を設けず、運営者の人件費と電気代だけ、無料に近い状態でSNSを運営しているので、

事務事業評価も行われていない。そのため、効果測定が一切ないか、あるいはいいね数やフォロワー数だけを見ている。それ以外に、効果測定の重要性が認識されていない、測定方法の不明、調査を行う予算がない等も原因と考えられる。

3.3.3 効果的な活用モデル

以上の部分では自治体によるソーシャル・メディア利用の現状、知見と問題をまとめた。現状から見ると、今までソーシャル・メディアはただ従来のメディアに比べてより即時で、市民たちに親近感ある情報発信の手段として利用されている。それがソーシャル的なコミィニケーションツールとしての肝心的な特徴、いわゆる双方向性と即時性はあまり活用されていないようである。それから、利用体制の不十分や効果測定の不足等の問題も指摘されている。なお、政府以外に、企業や民間組織等も利用の主体であり、ソーシャル・メディアを最大限に活用して地域活性化を図るために、主体間の連携と協力が重要である。

今後、ソーシャル・メディアを利用してよりよく地域経済活性化に貢献できるように、新たな活用モデルが必要である。そこで、本稿は各運営主体の連携を踏まえて、より効果的な活用モデルの提案を試みる。（図表19）

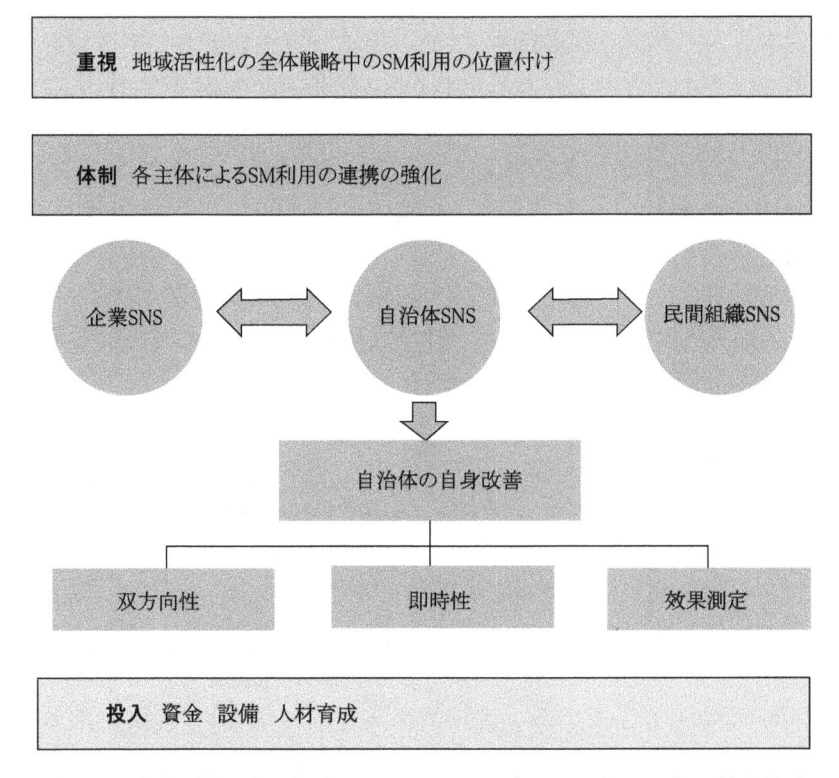

図表19 地域活性化を目指すソーシャル・メディアの活用モデル（筆者作成）

まず、政府がソーシャル・メディアの役割を十分重視して、ソーシャル・メディアを利用する地域活性化の全体戦略を策定することが重要である。地域活性化におけるソーシャル・メディアの活用はまだ初期の段階にあるので、その効果はまだ調査や研究によって証明されていないのが現実である。しかし、成功事例から見ると、ソーシャル・メディアは地域活性化に大きく貢献することが可能である。力を入れなければ、効果をあげることも当然できないと私が考えている。ソーシャル・メディアの力を発揮するには、まずその効果を認識した上でソーシャル・メディアの役割を重視して活用しなければならない。

　次に、地域活性化は企業、自治体、活動団体等多様な主体によって担っているので、各主体間の連携と協力が必要である。地域においても、自治体、企業、活動団体等の主体が各自に目標達成のためにソーシャル・メディアというプラットフォームを活用している。これらの取り組みは違う方面から地域の活性化に貢献できると思う。今後は全体の戦略を背景に、各主体間の連携を強化する努力が重要である。

　さらに、自治体のソーシャル・メディア利用体制の完備が重要である。双方向性を活用するために、不適切な発言のリスクを避ける上で住民や他のアカウントとの交流を増やす方が、自治体ソーシャル・メディアの影響力を拡大しやすいと考えている。そして、即時性を発揮するには、発信内容のチェック体制を改善し、アカウントの運営者本人がイベントに参加して、その現場で責任を持って発信できるような体制を完備すべきだと考えている。それから、効果測定も必要であり、これについては次節で述べる。

　最後に、ソーシャル・メディアをより効果的に活用するためには、多方面の投入が必要である。資金面では、大体のソーシャル・メディアは無料で運営できるが、多様で面白いコンテンツを作成するために、アカウント運営者の人件費や交通費、活動主催や取材等にかかる費用を増加しなければならない。そして、ソーシャル・メディアを効果的且つ持続的に運営するには、経験とやる気の両方ある担当者も重要である。総じて言えば、ソーシャル・メディアを活用するために資金と人材の投入が欠かせないことである。

3.3.4　効果測定指標の提案

　自治体広報担当者の話によると、殆どの担当者は効果測定の重要性を認識している。だが、調査を行う予算と人力がないのが現状である。なので、経費をかからず直接利用できる効果測定指標は最も現実的だと思っている。そこで、筆者が東京大学情報学環の授業でチームワークに参加し、同チームのメンバー原田さんと一緒に以下の効果測定指標案を考えた。（図表21）指標案の構造は図表20の示しているように、四つの部分からなっている。定期的に測定してまとめれば、自治体は自分の発信量、発信した内容の拡散範囲、受信者の属性について把握できる。これらの指標はSNS活用が人々の行動にどれくらい影響しているかを推測するための基礎となる。地域の活性化と情報化に貢献するために、測定結果によって、目標に合わせてSNS活用の戦略を調整することも必要だと考えている。

地域活性化におけるソーシャル・メディアの役割

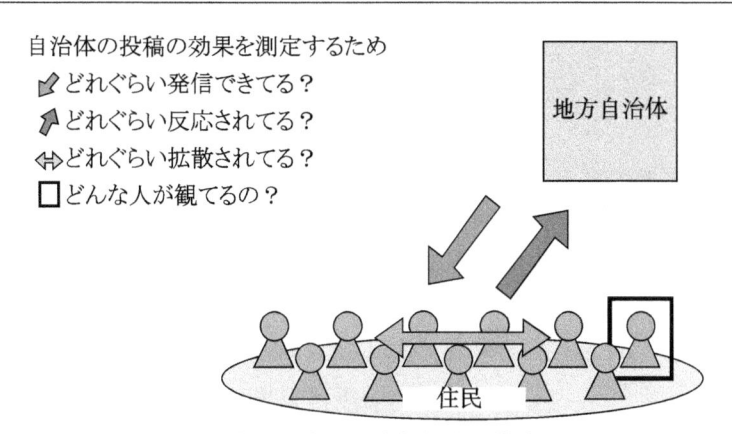

自治体の投稿の効果を測定するため
↙ どれぐらい発信できてる？
↗ どれぐらい反応されてる？
↔ どれぐらい拡散されてる？
□ どんな人が観てるの？

図表 20　効果測定指標案の構造

図表 21　効果測定指標案[19]

	Title	Description	FB	Tw	Factor	Tool
赤	どれくらい発信できている？	どれくらいの情報を提供してきたのかの参考指標	√	√	投稿数	画面
			√	√	発信頻度	画面
				√	インプレッション	Twitter Analytics
青	どれくらい反応されている？	発信情報に対してどれくらい・どのような反応がなされていたかについての参考指標		√	フォロワー数	画面
				√	Likeファボ	
			√		プロフィールへのアクセス	
				√	@ツイート	
			√	√	詳細のクリック	
			√	√	リンクのクリック	
			√	√	自治体のサイトへのアクセス分析	
緑	どれくらい拡散されている？	自治体の発信した内容がどれくらい拡散されていることを把握できる方法		√	リツイート数(個人、政府機関、NPO等組織団体)	画面
				√	インプレッション	Twitter Analytics
					ブログのコメント	画面
			√	√	被リンク(ブログ、自治体等でリンク掲載数)	サイト画面
黄色	どんな人が見ている？	自治体のSNS公式アカウントのフォロワーの特徴の把握方法	√		フォロワーの年齢	Twitter Analytics
				√	住所	同上
				√	学歴	同上
				√	興味関心	同上
				√	言語	同上
				√	ライフスタイル	同上
				√	端末	同上
				√	性別	

543

4. 終　章

4.1　まとめと課題の展望

　本稿は地域活性化におけるソーシャル・メディア活用の背景を説明し、関連する先行研究を整理した上で、まず埼玉県庁と相模原市の事例を用いて地域活性化のために自治体がソーシャル・メディアを活用して行っている取り組みを名産販売、観光振興、地域の魅力向上とまとめた。次に、これらの取り組みの地域経済活性化への貢献について、調査結果を用いてSNSの消費行動に対する影響、SNSが観光のきっかけ情報と情報源になっていることとご当地ゆるキャラによる地域の魅力向上効果を確認した。さらに、筆者がインタビュー内容をまとめ、ソーシャル・メディア運営する経験と今直面している課題をまとめた。現存の課題に対して、より効果的な活用モデルを提案した。

　本稿は主に自治体に注目しており、企業、観光協会等他の主体による利用に関する考察はなかった。そして、効果はあくまでも推定で、具体事例におけるソーシャル・メディアの効果を究明することができなかった。また、中国の経済活性化におけるソーシャル・メディアの役割に関する考察、さらにこの問題を巡る中日両国の比較研究も課題として残っている。

4.2　中国でのソーシャル・メディア研究の提示

　中国においてのソーシャル・メディアブームは海外よりも激しい形で展開しつつある。新浪微博のユーザー人数は2013年2月までに5億人を超え、微信は2011年1月登場して2013年1月までに3億人のユーザーを抱えているように発展してきた。

　ソーシャル・メディアを直接販売や決済手段として利用できるのが微信の特徴である。この二三年間、微信は従来のソーシャル・メディアの社交機能の範囲に突破し、新たな微信支払い機能を開発し、ディディタクシー、携帯料金支払い、微信紅包などを通じて日常生活の多方面においてサービスを提供している。測算によると、2013年6月から2014年7月まで、微信が直接牽引する生活消費が総計110億元に達している。その中で娯楽が53.6%で一位を占めている。[20]

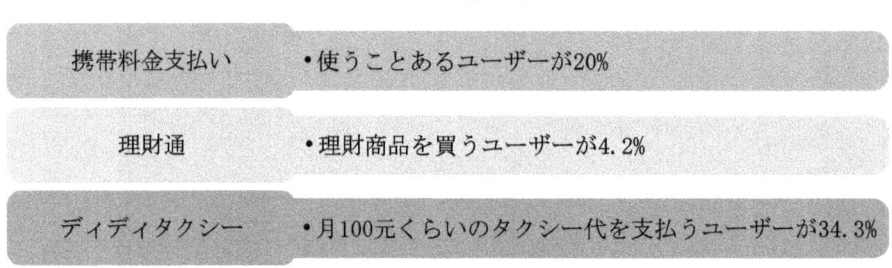

携帯料金支払い	・使うことあるユーザーが20%
理財通	・理財商品を買うユーザーが4.2%
ディディタクシー	・月100元くらいのタクシー代を支払うユーザーが34.3%

図表22　微信の社会影響力：生活サービス[21]

さて、中国の経済規模と近年アリババを代表とするE-Commerce（電子商務）の繁栄から見ると、中国の経済発展に対するソーシャル・メディアの貢献は日本の倍以上だと期待できる。ソーシャル・メディアを効果的に活用するために、本稿で紹介した事例と日本の運営者の知見は重要な参考になると思っている。

ソーシャル・メディアの普及に伴い、それに関する国内の研究も増えつつある。まず、彭蘭が著した『社会化媒体-理論と実践解析』を通じて、ソーシャル・メディアの発展経緯と現在中国での利用現状が把握できる。特に、微博と微信を論じる二章はその自身の特徴だけではなく、企業や政府、メデイア機関による利用に関しても論じている。次に、蒋雋怡が「ソーシャルコーマスビジネスモデル研究」[22]において、Facebook、Pinterest、新浪微博、美麗説、モーグ街を代表とする五つのソーシャル・メディアプラットフォームのビジネスモデルを分析し、ソーシャル・メディアの果たしている役割を説明し、ソーシャルコーマスの現状と問題、及び今後の発展方向を検討した。ところが、筆者の調べた限り、ソーシャル・メディアの観光や産業振興の貢献を指標で明確する研究はまだない。

最後に、ソーシャル・メディアは新しいメディアで、それが地域活性化を目指す利用もこの二三年のことで、効果はこれからである。これから、ソーシャル・メディアのさらなる発展に伴い、本研究もより深く進まなければならない。ソーシャル・メディア研究を推進し、ソーシャル・メディアを活用して経済発展に貢献するために、今後より一層研究を進めたいと思っている。

注

[1] ビッグデータ（big data）とは、市販されているデータベース管理ツールや従来のデータ処理アプリケーションで処理することが困難なほど巨大で複雑なデータ集合の集積物を表す用語である。ウィキペディア

[2] モノのインターネット（Internet of Things）は、一意に識別可能な「もの」がインターネット/クラウドに接続され、情報交換することにより相互に制御する仕組みである。中国では「物聯網」という。ウィキペディア

[3] クラウドコンピューティング（英：cloud computing）とは、コンピュータネットワークをベースとしたコンピュータ資源の利用形態である。中国では「雲計算」という。ウィキペディア

[4] 榎並利博等「地域経済を活性化させるための 新たな地域情報化モデル」

[5] Antony Mayfield What is social media

[6] 『ソーシャル・メディアが2時間でわかる本』

[7] 河野義広「ソーシャル・メディア活用による個人・組織のブランディング戦略」

[8] 「地域活性化を目指したソーシャル・メディア活用に関するアンケート調査」https://secure.kiis.or.jp/research/idobata/enquete2013summary.html

[9] 同上

[10] 「IT利活用による地域活性化に関する方向性」-中部経済産業局 http://www.chubu.meti.go.jp/kikaku/itrikatsuyou_torimatome/4houkousei.pdf#search='地域活性化と情報活用

[11] Ines Mergel, Social Media in the public sector, Maxwell School of Citizenship and Public Affairs, 2013

[12]図表4・1と4・2は作者が埼玉県庁のSNSページにより整理したもの。
[13]図表5と6は作者が相模原市のSNSページにより整理したもの。
[14]「ゆるキャラ」https://ja.wikipedia.org/wiki/ゆるキャラ#cite_note-1
[15]「「最近、俺がゆるキャラになってる・」みうらじゅんインタビュー」http://www.oricon.co.jp/news/movie/71089/full/
[16]JTB総合研究所海外ショッピングレポート（2014）"日本人海外旅行者の動向と購買行動" 2014年第14号
[17]東京市町村自治調査会「こ・当地キャラクターの活用に関する調査研究 アンケート調査結果 報告書」2015年3月
[18]炎上 https://ja.wikipedia.org/wiki/炎上_(ネット用語)
[19]Ines Mergel「Social Media in the public sector 」、野村総合研究所「自治体のソーシャルメディア活用とその指標」、河井・孝仁「地方自治体によるソーシャルメディアの活用について」などより抽出
[20]「2015年微信プラットホームデータ研究報告」ペンギン智酷
[21]「2015年微信プラットホームデータ研究報告」に基づいて筆者作成
[22]蒋雋怡「ソーシャルコーマスビジネスモデル研究」上海交通大学 2012-12-23

参考文献

Antony Mayfield *What is social media* Icrossing e-book 2008.01.08
坂村健等「オープンデータ活用でICTを推進」、市政 MARCH 2014
財団法人地方自治情報センター「地域SNSの活用状況等に関する調査」、2007.2
陳暁馨等「観光におけるソーシャル・メディア利用研究現状と評述」観光学刊 第30巻 2015年第8期
常陽地域研究センター（ARC）「ソーシャル・メディアを活用した街づくりの可能性」、『JOYO ARC』2012年5月号
川村秀憲「ソーシャル・メディアと観光振興」『開発こうほう』11.12［35］信金中央金庫地域・中小企業研究所「商店街におけるソーシャル・メディアを活用したにぎわいの創出」、『地域調査情報』24-1、2012.5.23
段会輝「微信の媒介営業モデル分析」山東師範大学 2015-06-01
河野義広「ソーシャル・メディア活用による個人・組織のブランデイング戦略」『社会情報学』第2巻1号、2013
和崎宏「地域SNSによる地域ネットワークに関する研究」、2009.10、兵庫県立大学大学院環境人間学研究科
蒋雋怡「ソーシャルコーマスビジネスモデル研究」上海交通大学 2012-12-23
落合美有紀等「ソーシャル・メディアを活用した新しい商店街活性化策に関する研究」、第4回ケータイ社会研究レポートコンテスト2013
米倉達広「ソーシャル・メディアによる社会情報学」、常陽地域研究センター（ARC）、『JOYO ARC』2012年5月号
Moktaj Jan Piskorski ,A Social Strategy How We Profit From Social Media ,Princeton
Ines Mergel, Social Media in the public sector, Maxwell School of Citizenship and Public Affairs,2013

みずほ情報総研株式会社「ソーシャルメディアの利用実態に関する調査研究の請負報告書」、2010.3.24、総務省情報通信国際戦略局情報通信経済室

内藤啓介等「各地の地域活性化から見た今後の地域振興の課題」、『みずほ総研論集』2009 年 IV 号、みずほ総合研究所

内閣府総務省　平成 22-25 年『情報通信白書』

内閣府経済社会総合研究所「コミュニテイ機能再生とソーシャル・キャピタルに関する研究調査報告書」、2005.8

彭蘭『社会化媒体―理論と実践解析』中国人民大学出版社 2015.7 第一版

ペングイン智酷「2015 年微信プラットホームデータ研究報告」

人民網輿情監測室と新浪微博「2014 年上半年新浪政務微博報告」、2014 年 7 月

守谷学「開かれた政府を目指す、オープンガバメントラボについて」、『行政 & 情報システム』2010 年 12 月号、行政情報システム研究所

山岸恵美「市町村におけるソーシャルメディアの活用」2012.8.1、東京市町村自治調査会 201

山田晴義「地域の再生と協働のまちづくりの実現に向けて」、2011、NPO 法人ローカル・グランドデザイン

杉本星子編『情報化時代のローカル・コミュニティ　ICT を活用した地域ネットワークの構築』、国立民族学博物館、2012

砂原英幸「facebook を活用した地域コミュニティ活性化への検討」NPO 法人 ローカル・グランドデザイン

樋口雄太郎等「主要 SNS mixi , Twitter, Facebook の利用調査に基づく性質の相違点」、『社会情報学会 (SSI) 学会大会研究発表論文集』2012.9.14、一般社団法人社会情報学会

田中康裕等「地域におけるソーシャルメデイアの役割と利用誘因に関する調査研究」、情報通信政策レビュー 3 号、2011.10

王彦博『ソーシャル・メディアの影響と応用』科学出版社 2013.6

野口将輝等「自治体における Facebook 広報に関するメディア効果測定」『情報文化学会誌』20(2)，35-42, 2013-12-15

中国インターネット情報センター「2014 年中国社交類アプリケーションユーザー行為研究報告」2014 年 7 月

庄司昌彦「Twitter 政治は民主主義を増進するか」、『智場.』(115) 2010.1、東京 ; 国際大学グローバルコミュニケーションセンター

庄司昌彦「地域における社会ネットワークと情報通信技術」、国立民族学博物館、『国立民族学博物館調査報告』31-Aug-2012

株式会社レッカ社『ソーシャル・メディアが 2 時間でわかる本』PHP 文庫、2012.9.5

执政党对日本公共投资地区间分配影响的实证研究

北京外国语大学 刘思言

要旨：本稿では、国から地方への公共投資の配分がいかなる要因で行われてきたかについて分析する。とりわけ、与党政治力の影響に注目し、2000年代に利益誘導政治がなされてきたか否かを検証する。2001年から2011年までを対象として、2009年の政権交代前後に各都道府県の公共投資の配分にどのような変化が起こったかを、pooled-OLSと固定効果モデルでそれぞれ分析した。実証分析の結果、政権交代前は自民党および民主党に関する要因が公共投資配分に有意に正の影響を与えていたが、政権交代後は民主党に関する要因のみが影響を与えるようになったことが示された。

关键词：执政党 公共投资地区间分配 利益诱导政治

序 章

战后，日本经济历经了长达20多年的高速发展期，这样的高速发展与日本政府重视并不断加强公共投资密切相关，尤其在促进经济发展、推动社会进步及缩小地区贫富差距方面，日本公共投资都做出了巨大贡献。然而，公共投资在为日本经济的高速腾飞做出巨大贡献的同时，问题也在日益凸显，比如开始出现公共投资政策正被利益诱导型政治[1]所左右等问题，尤其表现在公共投资地区间分配这一方面。如果利益诱导型政治确实存在，那么公共投资的经济功能可能将因利益诱导型政治的存在而难以实现，真正需要公共投资的地区得不到有效投资，而并不需要大量投资的地区却又不断获得重复投资，最终造成社会资源的严重损失。因此，通过实证研究来阐明日本公共投资地区间分配是否正受利益诱导型政治所左右，并探讨未来社会如何才能实现更合理的地区间分配，从而减少社会资源的浪费，使公共投资发挥真正的作用，其社会意义将十分重大。

本文的研究目的是：1)通过分析日本选举与公共投资分配的关系，对先行研究的实证模型进行改进，并设计出能更为准确地评估政治因素对日本公共投资的影响的模型；2)根据新设计出的模型，收集相关数据，进行实证分析，然后验证日本是否存在"猪肉桶"政治，并分析政治因素对日本公共投资的地区间分配产生了怎样的影响，最后再对现行预算决算制度提出改善对策及建议。

1. 文献综述

上世纪80年代以来，日本学术界开始关注政治因素是否正左右公共投资地区间

分配。这些先行研究中,根据政治因素代理变量、分析对象、分析时段、分析手法的不同,其政治因素的作用结果也随之不同。表1列出了日本国内外在此领域的代表性研究,通过对表1的分析,可以总结出以下几个方面:

第一、在政党政治影响力代理变量的选取方面,先行研究各有不同。在研究自民党影响力的先行文献中,大多都是将各都道府县的自民党议席数、议席比例、得票率作为政治影响力的代理变量。比如,菊池(1989)、玉田(2005)、近藤(2008)采用了"自民党议席数、议席比例";Levitt(1995)、鹫见(2000)、长丰(2000)、齐藤(2010)采用了"自民党得票率"。在这些研究中,根据所采用的政治影响力代理变量的不同,政治因素到底起正面作用还是反面作用,其结论也会有所不同。

在将"自民党得票率"作为代理变量的研究中,土居·芦谷(1997)通过对47个都道府县1956年-1993年面板数据的研究,深入分析了选举年份期间自民党得票率对国库支出金比例的影响,最后证实了在经济高速增长期日本确实存在执政党向得票率更高的地区分配更多国库支出金的倾向;长峯(1997)通过建立将需求、供给、政策及政治因素同时考虑入内的联立方程,以1993-95年各都道府县为研究对象,分析了国库支出金中的人均道路桥梁费对自民党得票率的影响,分析结果为,在自民党得票率越高的地区,国库支出金分配得越多;另一方面,长峯(2001)在长峯(1997)构建的计量模型的基础上,将道路投资分为国有投资及地方投资,对其分别进行分析后得出,自民党得票率对两种投资都产生负面影响;Levitt and Synder(1995)以1984-1990年美国各选区的民主党得票率对联邦政府补助金项目的影响作为研究对象,进行了深入系统的实证研究,分析得出以下结论,执政党的得票率对补助金的分配确实有一定程度的正效应,但在"扭曲国会"实施期间,未能明显看出执政党的影响。

在将"议席数、议席比例"作为政治因素代理变量的研究中,堀(1996)通过对政治伯仲期间自民党与公共设施建设费的关系进行分析后得出,在执政党与在野党竞争越是激烈的地区,自民党众议院议员数以及当选次数对公共设施建设费产生的正效应越显著,表明公共投资确实曾被自民党用来当作过维持政权的工具。另外,近藤(2008)为了考察1993年政权更迭的效果,将分析时段切割成1980-1993年及1994-2003年,再将各都道府县的公共投资额按照投资目的进行划分,最后采用操作变量法进行实证分析后得出,除了生活基础设施投资以外,自民党议席数对公共投资的影响力都呈显著的正相关关系。

在同时采用了"自民党得票率"及"议席数、议席比例"作为代理变量的研究中,土居(2000)将1956-1993年的自民党得票率及自民党议席比例对国库支出金比例进行回归后,得出自民党得票率越高的地区其国库支出金比例反而越低,自民党议席比例越高的地区其国库支出金比例也随之增高的结论。鹫见(2000)将1991-1996年的补助金比例对执政党议席比例与执政党得票率进行回归分析后得出,执政党的议席比例及得票率两者都对补助金的分配产生正的影响。

此外,一部分研究也得出了政党政治影响力并未对中央政府拨款施加作用的结论,比如,菊池(1989)将1980年的执政党议席比例及得票率对国库补助金进行回归分析后,得出政治影响力并不显著这一结论。玉田(2005)通过使用考虑了内生性等问题

的固定效果操作变量法,将1991-1998年的自民党议席比例对国库支出金配额进行回归分析后得出,议席比例与国库支出金配额之间并无显著相关关系这一结论。

第二,在因变量的选取方面,大部分先行研究都是以公共投资总额或各地区投资占比作为研究对象。然而,在公共投资总额当中,既有国有资本,也有地方资本,而国会中的执政党议员只能对国有资本产生影响。考虑到这一点,若在因变量的选取过程中,将先行研究中的公共投资总额换成公共投资中的国有资本额,其回归的结果可能会有所改变。

第三,在分析时段的选取方面,笔者所能查阅到的先行研究中所选取的分析时段大多集中于70-90年代,然而,1998年新成立了以鸠山由纪夫为党首的民主党,在2000年的第42届众议院议员总选举中,民主党取得四分之一的议席,成为日本第二大政党,开始危及自民党的执政地位,所以民主党虽为在野党,但也极有可能对自民党的公共投资分配行为产生影响,公共投资的分配格局也可能将因此而发生改变。此外,2007年,在第21届参议院议员总选举中,自民党首次败给民主党,日本国会进入"扭曲国会"[2]模式,2009年,在第45届众议院议员总选举中,民主党取得四分之三的议席,议席数首次超过自民党而成为执政党。这场政权更迭也可能会导致公共投资的分配行为再度发生改变。考虑到以上原因,对2000年以后的公共投资分配状况进行研究,并分析政治因素对此期间内公共投资地区间分配的影响,其研究意义将十分重大。

第四,先行研究中所使用的回归模型几乎全为线性模型,但是公共投资额与执政党得票率或议席比例之间并不一定为线性关系。假定执政党将公共投资作为稳固政权的手段,而政权得以稳固的前提又是必须在国政选举中获得比例过半的议席,那么可以推出,执政党的议席比例只要超过一半,对执政党而言则无必要再增加更多的议席。故在议席比例过半的地区,则会出现公共投资额持平乃至略微减少的情况,以将有限的资源投放到议席比例不到一半的地区,从而在更多地区获得过半的议席。如此一来,公共投资额与执政党政治影响力之间很可能就会出现非线性关系。基于此假设,在计量模型的构建过程中,笔者认为有必要将非线性因素考虑入内。

基于上述先行研究中的遗漏课题,本论文决定对公共投资地区间分配过程中的政治影响因素进行研究,以2000-2011年为分析时段,采用非线性回归模型作为计量模型。

表1 先行研究概要总结

先行研究	因变量	政治变量	分析对象	分析时段	分析方法	分析结果	支持假说
吉野·吉田(1988)	公共投资(区分项目)	选票效用差	都道府县	1966-84年(每5年)	面板数据、OLS	生活设施投资:一产业设施投资:+	无
Levitt and Synder(1995)	国库补助金项目(区分方差高低)	执政党得票率	美国各州	1984-90年(分为政权更迭前后)	Pooled-OLS	高方差项目:+	回报假说

续表

先行研究	因变量	政治变量	分析对象	分析时段	分析方法	分析结果	支持假说
菊池(1989)	国库补助金、普通建设事业费	执政党议席比例、得票率	都道府县	1965-80年	面板数据、Pooled-OLS	无	无
鹫见(2000)	补助金比例、普通建设事业费、特别交付税比例	执政党议员比例、执政党议席比例、执政党得票率	都道府县	1991-96年(93年除外)	面板数据	+	回报假说
长峯(2000)	道路投资（区分国有资本及地方资本）	自民党得票率、自民党议员连任届数、自民党议员担任内阁大臣届数	都道府县	1993-95年度	联立方程模型	−	拉票假说
土居(2000)	公共投资额比例	执政党议员比例、执政党得票率	都道府县	1956-93年度（选举年份）	面板数据	执政党议员比例：+ 执政党得票率：−	议员比例：回报假说 得票率：拉票假说
Yoshino and sakakibara(2002)	公共投资（区分项目）	选票效用差	都道府县	1966-84年	Pooled-OLS	生活设施投资：− 其他：+	生活设施投资：拉票假说 其他投资：回报假说
玉田(2005)	公共投资·国库支出金	自民党议席比例、人均议席数、自民党担任大臣虚拟变量	都道府县	1991-98年	Pooled-OLS、IV、Fixed effects、Fixed-effects IV	无	无
砂原(2005)	基础设施建设费·教育费	自民党国会议员数、自民党议席率、县长属性虚拟变量	都道府县	1975-2002年（分为1990年前后）	Pooled-OLS	改革派势力：−	无
近藤(2008)	公共投资（区分项目）	自民党议席数	都道府县	1980-2003年（分为1993年前后、全时期）	Fixed-effects IV	生活设施投资：− 其他：+	生活设施假说：拉票假说 其他投资：回报假说
齐藤(2010)	补助金	执政党得票率、执政党议席率	都道府县	1977-90年	Pooled-OLS	无	无
玉田(2011)	公共投资（区分项目）	自民党议席比例、议席数、自民党担任大臣虚拟变量	都道府县	1981-99年	Pooled-OLS、IV、Fixed effects、Fixed-effects IV、LIML	无	无

图表出处：由笔者参照近藤(2008)制作而成。

2.日本公共投资地区间分配影响因素的理论分析

通过前两章的分析,可知执政党在对公共投资进行地区间分配时,政治因素是执政党的重点考虑因素,所以在分析影响因素时,本论文将把政治因素列入其中并进行重点考察。此外,由于实施公共投资的主要目的是缩小地区贫富差距、促进就业及调整产业结构,所以本文还将验证执政党在分配公共投资时,是否切实考虑了经济因素以及地区属性因素。由此,本章节将分别对政治因素、经济因素以及地区属性因素等三个方面进行分析。

2.1 政治因素

2.1.1 得票率和议席比例

本文与先行研究一样,假设政治家的目标是实现连任,并且投票者的投票依据是根据政治家向自己选区提供的利益多寡,而非基于对政治家政策的喜好,因此,对于掌握公共投资分配大权的执政党来说,公共投资作为利益输出的手段之一,就成为了实现再获当选这一目标的工具。

对于执政党而言,执政地位得以维持的前提条件是取得一半以上的议席,为了维持一半以上的议席,执政党倾向于将公共投资分配至政治资源更丰富的地区(齐藤(2010)),对此,可以设想两个假说(鷲見 2000:33-50)。

第一,拉票假说。在政党竞争激烈的年代,执政党为了维持执政地位,有动机向议席数不到一半的地区投入更多的公共投资,以提高该政党在该地区的得票率及议席数(齐藤(2010))。具体而言,在执政党得票率越低的地区或议席比例越低的地区,也就是在在野党政治影响力越大的地区,执政党就越有动机向这些地区增加公共投资以获取更多议席。

第二,回报假说。假设在执政党与投票者之间,存在利益与选票的交换机制。从投票者的立场来看,投票者只有在执政党向该地区增加投资的情况下,才会在下次选举中投票给执政党;从执政党的立场来看,执政党在决定预算分配的时候,将根据投票者的投票态度来增加或削减对该地区的投资。一旦投票者支持在野党,那么执政党便会停止对该地区的利益输送;同样,如果执政党对支持本党的地区擅自停止利益输送,投票者也会将票转而投向在野党。投票者与执政党之间正是在这样的报复机制的作用之下,两者间的合作关系才得以维持(齐藤(2010))。基于此理论,可以考虑这样一种可能性,即执政党在向得票率或议席比例较高的地区分配更多公共投资的同时,也对支持率较低的地区采取缩减投资的报复措施。如此一来,执政党得票率或议席比例与公共投资额之间在呈现正相关关系的同时,在野党支持率与公共投资额之间将呈现负相关关系。

表2列出了政治变量在计量回归中的符号及对应假说。

表 2 回报假说及拉票假说的区别

	自民党得票率・议席比例	民主党得票率・议席比例
回报假说	＋	－
拉票假说	－	＋

2.1.2 得票率二次项与议席比例二次项

本文以 2000-2011 年为分析对象,这段期间正值自民党与民主党之间竞争最为激烈之时,根据堀(1996)对保革伯仲期[3]的研究可知,在执政党与在野党竞争激烈期间,执政党的拉票动机大于回报动机,故本文假设现实中的合理情况为,2000 年以后在执政党方面,既有拉票动机,也有回报动机,得票率或议席比例等政治变量与公共投资额之间存在非线性关系。由于执政党只有在得票率高于 50％,或虽不足 50％但远远超过在野党时,执政党才能确保在该地区获得议席,所以当执政党的得票率低于稳获议席的临界点时,在利益与选票的交换机制下,执政党会向该地区增加利益输送,直到在该地区的议席已得到保证,鉴于公共投资的总额十分有限,执政党将停止增加对这些地区的利益输送。

表 3 列出了根据政治变量的一次项及二次项的符号变化而成立的相应的政治变量假说,基于上文假设的合理情况,本论文将回报假说或拉票假说分为合理、半合理及不合理三种情况。

首先,考虑一次项与二次项符号相一致的情况。当两者符号均为正时,如果是公共投资随执政党的政治影响力强度不断增加,则半合理的回报假说成立。之所以为半合理的原因是,由于公共投资的预算有限,所以当议席超过一半时,执政党倾向于将剩下的公共投资分配至其他议席数还未过半的地区,以拉拢更多选票获取更多议席,而不太可能在政治资源饱和的地区一味增加投资。相反,如果是在野党的政治影响力强度与公共投资的额度呈正比关系,则半合理的拉票假说成立。半合理的原因是,在在野党政治影响力十分强的地区,执政党争夺议席的成本将十分大,性价比不高且希望渺茫,如此一来,执政党不仅不会增加投资,反而还可能会减少投资。

当两者符号均为负时,表示执政党对支持率越高的地区分配的公共投资越少,此情况在选票与利益交换机制的作用下几乎不可能存在,故为不合理的拉票假说。若将 x 轴换成在野党支持率,则表明对于在野党支持率越高的地区,执政党越有动机对该地区采取报复措施,减少公共投资,此种情况下,半合理的回报假说成立。半合理的原因是,在在野党支持率低于 a 点即政治影响力的强弱临界点时,且在执政党支持率与在野党支持率相差不大的地区,政治倾向波动性较大,执政党在成本可承受的范围内,有希望且有动机向该地区通过增加公共投资来提高支持率;此外,在在野党支持率低于 a 点但执政党支持率高于 50％的地区,由于执政党的支持基础已稳固,所以执政党会对这些地区停止增加利益输送。

其次,考虑一次项为正而二次项为负的情况。当 x 轴为执政党支持率时,表示随着执政党政治影响力的增强,公共投资额呈先增加后减少的趋势。基于本文的假设,可知曲线前半段为合理的回报假说,后半段为合理的拉票假说。后半段当得票率高到

稳获议席以后,执政党为了在下次选举中仍然获得支持,在利益与选票的交换机制下,不敢对高支持率的地区大幅减少公共投资,所以曲线后半段呈下降趋势的部分略不合理,但现实情况中,得票率或议席比例并不会无限制增加,参考历届选举结果,可知在执政党高支持率的地区,其得票率大都稳定在50%~59%之间,正处曲线波峰中较为平稳的一段,故也可将此处的拉票假说视为合理。然而,当 x 轴为在野党支持率时的情况可以考虑为,在在野党政治影响力越是薄弱的地区,执政党得以成功拉票的几率就越大,存在对其增加公共投资的动机,然而随着在野党政治影响力的增强,执政党拉票难度将随之增加,需要投入的成本即公共投资则越多,当成本高到一定程度时,执政党为了将公共投资分配至政治资源更有利于本政党的地区,反而会对该地区采取减少投资的报复措施,。

最后,考虑一次项为负而二次项为正的情况。当 x 轴为执政党支持率时,表示随着执政党支持率的提高,公共投资先呈减少的趋势,然而这在利益与选票的交换机制下不可能发生,故为不合理的拉票假说。后半段中随着支持率的提高,公共投资开始增加,表示执政党为了报答帮助自己成功获得议席的地区,便对其增加公共投资,这在现实情况下可能会发生,故为合理的回报假说。然而,若将 x 轴换成在野党支持率,在在野党政治影响力薄弱的地区,就算不对其增加公共投资,执政党仍然具有较强竞争力,故对执政党而言,不存在加强利益输出的动机。同时,在野党影响力低的地区大多为执政党影响力高的地区,执政党有回报这些地区对其增加公共投资的动机。故前半段的回报假说合理。后半段中,在在野党支持率极高的地区,执政党不会对其增加公共投资,故为不合理的拉票假说。

表3 关于政治变量的假说(一次项与二次项)

一次项	二次项	函数曲线	X 轴:执政党政治影响力	X 轴:在野党政治影响力
基于假设,现实中可能出现的合理情况总结:			前半段:回报假说 后半段:拉票假说(持平/略减)	前半段:拉票假说 后半段:回报假说
+	+		回报假说(半合理)	拉票假说(半合理)
+	−		前半段:回报假说(合理) 后半段:拉票假说(合理)	前半段:拉票假说(合理) 后半段:回报假说(合理)

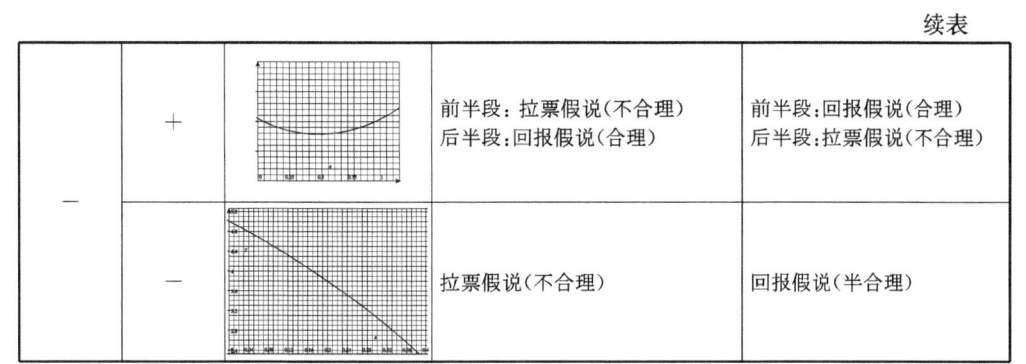

续表

	+		前半段:拉票假说(不合理) 后半段:回报假说(合理)	前半段:回报假说(合理) 后半段:拉票假说(不合理)
−	−		拉票假说(不合理)	回报假说(半合理)

注:x轴表示政治变量,y轴表示行政投资额。

2.1.3 政权更迭的影响

2009年自执政党由自公联合政权更迭至民社国联合政权以后,由于民社国联合政权中占主导地位的民主党提出了削减公共投资的政策,由此可以推测政权更迭在时序列上将对公共投资产生负的影响。至于政权更迭后自民党及民主党在政治影响力上各自发生了何种变化,本文做出如下推测,考虑到政权更迭后民主党既需要巩固政治地位,更需要扩大政治影响力,所以政权更迭后民主党的政治影响力可能同时满足回报假说与拉票假说;然而,自民党变成在野党后,其政治影响力对公共投资是否施加作用,将随民主党的拉票动机与回报动机的大小而定。

2.1.4 小泉改革的影响

2001-2005年期间,自小泉内阁上台后,日本开始实施经济结构改革,改革的主要内容是建立"小政府",将公共服务民营化,缩减乃至废止部分国库补助负担金。因为小泉改革的影响,公共投资的国有资本部分在五年期间从2001年的91兆6368亿日元减少到了66兆2430亿日元,减少了38%,所以,可以推测小泉改革在时序列上将对公共投资产生负效应。

2.1.5 官僚出身且由自民党推荐当选的知事的影响力

对于预算的提案权,日本的地方政府采用知事与地方议会二元代表制,但是知事的权力远远大于地方议会(砂原(2005)),由于预算提案权在知事手中,所以知事可以选择自己喜好的提案(名取(2004))。在日本,要明确分清知事支持的党派并非易事,因为知事为了在知事大选获取更多支持,在参加知事大选之前,通常会将所属党派改为无党派。不过,候选人无论是否属于无党派,由于日本参加知事大选的候选人都必须得到一个政党的提名才能获得参选资格,所以当选的知事将在一定程度上代表推荐党派的利益,受自民党单独推荐或自民党及其他党派联合推荐的知事就将代表自民党的利益。

此外,当中央省厅出身或众议院出身的官僚成为知事后,可能还会利用担任官僚时积累的政治影响力,往任职所在地拉拢更多公共投资,如果该知事既为官僚出身,又为自民党所推荐,那么该知事所在地区吸引公共投资的能力将大大强过其他地区,从而对公共投资的分配产生正效应。

2.2 社会经济因素

为了控制社会经济因素对公共投资的分配所产生的影响,同时也考察执政党在进行公共投资时是否有将缩减地区贫富差距等目的考虑入内,本文的计量模型中还将加入表示社会经济状况的变量作为控制变量。控制变量的假说如下所示:

2.2.1 地区经济发展水平

表示地区经济发展水平的指标有财政发展指数、第一产业比例、第二产业比例、有效求人倍率等。这些指标对公共投资地区间分配的影响分别如下:

财政自给率[4]表示地区财政的健康水平,财政自给率越高则表示财政状况越好。由于日本公共投资的主要目的为缩小地区贫富差距,比起效率更重视公平,所以可以推测日本的地方财政自给率与公共投资的额度将呈反比关系。

第一产业比例和第二产业比例,反映的是该地区的农林水产投资及产业设施投资分别占总投资的比例。该指标对公共投资分配的影响存在两种可能性:一方面,第一产业比例或第二产业比例越高,则表明农林水产从业人员及建筑业从业人员等地方利益团体的人数越多,即该地区的潜在政治影响力则越大,从而可能会对公共投资额产生正的影响;另一方面,第一产业发达的地区多为农村,而第二产业发达的地区多为城市,由于城市的基础设施建设相比农村更加完善,农村相对于城市更需要基础设施建筑,所以第一产业比例越高的地区,公共投资额将更高,而第二产业比例则反之。

有效求人倍率作为能反映景气良好程度的指标,该值越低则表示就业形势越严峻,经济越不景气,从而需要更多的公共投资。

2.2.2 地区属性

作为表示地区属性的变量,本文将考虑可居住地面积、人口、14岁以下人口比例及65岁以上人口比例等四个指标。

可居住地面积越大的地区,对基础设施建设的需求则会越多,所以将需要更多的公共投资;同理,人口规模越大的地区,对公共投资的需求也越高。所以可以推出可居住面积与人口规模均对公共投资的分配产生正效应;在15岁以下人口比例或65岁以上人口比例越高的地区,对于学校设施或养老设施的需求则更高,从而可推出,随着该比例的提高,公共投资也将有所提高。

2.2.3 特殊地区及特殊年份的影响

2011年日本发生东日本大地震,这场灾难为岩手县、宫城县、福岛县、茨城县、栃木县等地区[5]带去了巨大损失,由于灾后重建需要大量公共投资,所以2011年受灾地区获以分配的公共投资有所增长。

作为特殊地区,北海道及冲绳县在补助金的预算拨款中一直受到特殊优待,此外,承担首都功能的东京都对公共投资的需求也远远高于其他地区,因此中央政府投向北海道、冲绳及东京都的公共投资将高于其他地区。

表 4　关于诸因素的影响总结

	变量名	系数符号
政治因素	自民党得票率	＋
	自民党得票率二次项	－
	自民党得票率＊政权更迭虚拟变量交叉项	＋/－
	自民党议席比例	＋
	自民党议席比例二次项	－
	自民党议席比例＊政权更迭虚拟变量交叉项	＋/－
	民主党得票率	＋
	民主党得票率二次项	－
	民主党得票率＊政权更迭虚拟变量交叉项	＋
	民主党议席比例	＋
	民主党议席比例二次项	－
	民主党议席比例＊政权更迭虚拟变量交叉项	＋
	自民党推荐且官僚出身知事虚拟变量	＋
	政权更迭虚拟变量	－
	小泉改革虚拟变量	－
经济因素	财政力指数	－
	第一产业比例	＋
	第二产业比例	＋/－
	有效求人倍率	－
社会因素	可居住地面积	＋
	人口	＋
	14 岁以下人口比例	＋
	65 岁以上人口比例	＋
	东日本大地震年份虚拟变量	＋
	东日本大地震受灾区虚拟变量	＋
	东京虚拟变量	＋
	北海道虚拟变量	＋
	冲绳虚拟变量	＋

3．计量分析

3.1　计量模型

本文根据先行研究及理论框架构建模型如下：根据经济变量及社会变量中是否考虑时间滞后效应，本文将模型分为时间滞后效应模型及同时效应模型。进行分类的原因为，日本预算年度的起始月份有别于常规年度，为每年 4 月 1 日至次年 3 月 31 日，

比如2010年4月1日至2011年3月31日期间预算分配案的确立时间就是在2010年3月31日以前,然而,在决定2010年预算年度的各地区预算分配时,因为无法获得2010年4月1日以后的数据,所以政府分配预算的参考标准只能以2009年的财政情况、地区状况以及选举结果为准,也就是说2009年的选举结果、地区财政情况及地区属性影响的年份是2010年度的预算分配,中间存在1年的时间滞后效应,故本文决定在模型一中将该时间滞后效应考虑其中。

然而,尽管本年度预算法案的参照标准为上一年度的地区属性及经济指标,但财政预算除了包括预算法案中提前制定的一般预算,还包括需要根据当年实际情况做出调整的补充预算,如此一来,本年度的政党支持率及财政状况就可以通过补正预算对本年度的行政投资分配产生影响,所以,为了使实证分析的结果更加稳健,本文还决定将此同时效应考虑入内,构建模型二。

分析方法上,本文将采用Pooled-OLS及固定效应模型。在用Pooled-OLS进行实证分析的过程中,可能会存在各地区间无法观察到的且不随时间改变而改变的地区属性差异(ci),还可能会存在随时间推移而产生的与地区属性无关的时间效果差异(λt),其中,(ci)及(λt)与误差项(uit)无关,所以,为了提高模型分析结果的可信度,本文将采用除去地区属性差异(ci)及时间效果差异(λt)的固定效应模型与不考虑以上差异的Pooled-OLS模型进行对比。由于地区属性差异也可能仅仅是随机分配产生,所以为了验证该随机效应是否存在,本文还进行了Hausman-test检验,检验的结果显示,随机效应假说被舍弃[6],地区属性差异由固定效应产生。

本文的分析方法,除了采用Pooled-OLS,还将使用固定效应法。固定效应法是指,除去面板数据中各地区的固定效应后,对变量进行推定的分析方法。由于自变量中的大部分变动将被固定效应吸收,故通过固定效应法进行分析的结果,相对于Pooled-OLS而言,有意的结果将会有所减少(Levitt and Snyder(1995)),不过,社会经济变量作为控制变量,就算结果因固定效应法从显著转为不显著,就算符号有所变化,也对本文的重点变量即政治变量的结果判断不产生影响。

①时间滞后效应模型(模型一):

$$Y_{it} = \beta_0 + \sum_{k=1}^{24}\beta_k X_{kit-1} + \sum_{k=1}^{4}\alpha_k X_{kit-1}^2 + c_i + \lambda_t + \mu_{it}$$

②同时效应模型(模型二):

$$Y_{it} = \beta_0 + \sum_{k=1}^{24}\beta_k X_{kit} + \sum_{k=1}^{4}\alpha_k X_{kit}^2 + c_i + \lambda_t + \mu_{it}$$

Y:人均行政投资额(国有资本)

<政治因素>

$X_1 \sim X_2$:得票率

$X_3 \sim X_4$:议席比例

$X_{12} \sim X_{42}$:$X_1 \sim X_4$的平方

X_5:政权更迭年份虚拟变量

$X_6 \sim X_9$：X_5 分别与 $X_1 \sim X_4$ 的乘项
X_{10}：小泉改革年份虚拟变量
X_{11}：自民党推荐且官僚出身知事虚拟变量

＜经济因素＞
$X_{11} \sim X_{14}$：财政状况变量

＜社会因素＞
$X_{15} \sim X_{18}$：地区自然属性变量
$X_{19} \sim X_{22}$：特殊地区虚拟变量
$X_{23} \sim X_{24}$：年份虚拟变量

i：都道府县（1～47）、t：年份（2001～2011、2001～2009、2010～2011（模型一）；2000～2011、2000～2009、2010～2011（模型二））
c_i：无法观测的各地区固定效应、λ_t：只因时间推移而产生的时间固定效应
β_0：常数项、u_{it}：误差项

3.2 样本与数据

本文选取 2000-2011 年间日本 46 个都道府县作为研究样本。虽然本文研究的是日本众议院选举的影响，但本文不以选区作为分析单位，而采取都道府县作为分析单位进行研究。一方面，由于选区级别的统计数据很难入手，另一方面，考虑到政府投资将带来外部效应，即投资所产生的效益不仅停留于该选区，还将波及到周边选区，比如，机场或铁路等建设就会给多个选区同时带去良好效益（玉田(2011)），故本文以都道府县作为分析单位进行研究。

3.2.1 因变量

本文采用两个因变量，其一是日本政府公共投资额中的国费部分；另一个是按投资目的分类的各项公共投资额，两者数据皆为实际发生的额度，皆选自《行政投资实绩》（总务省）。据《行政投资实绩》，公共投资额因其资本负担主体的不同而被分为国费、都道府县费、市町村费。因国家议会能决定的预算分配仅限于国费部分，故本文仅将国费作为研究对象。在时间单位的选取方面，日本的预算年度为每年 4 月 1 日至次年 3 月 31 日，虽然以预算年度为时间单位最为理想，但由于无法获得以预算年度为基准的公共投资额数据，因此本文还是决定以每年 1 月至 12 月的常规年度作为时间单位进行分析。为了控制人口因素，本文将采用公共投资额的人均值。

3.2.2 政治变量

本文中政治变量将采用各党[7]的得票率及议席比例。其中，得票率及议席比例只考虑国政选举[8]中众议院总选举小选区比例代表并列制中的小选区选举[9]情况。得票率的数据选自《民力》，议席比例的数据为笔者基于《国会便览》制作而成。本文中的议席比例表示各党派在各地区相对于全国的相对政治影响力，其计算方法具体为各地

区中各党派议席数除以各党在全国所占的议席总数。考虑到选举结果的影响将从次年预算年度延续到下次选举年份之前,故没有选举的年份,其政治变量的数据采用最近选举年份的结果进行线性填充。

本文的政治变量还将采用自民党推荐且官僚出身的知事虚拟变量,此虚拟变量的数据算法分为三步:第一步,设立自民党单独推荐或自民党与其他党派联合推荐的知事虚拟变量;第二步,设立中央省厅出身的国家公务员或众议院议员出身的官僚出身知事虚拟变量;第三步,将自民党推荐知事虚拟变量与官僚出身知事虚拟变量相乘,其交叉项则为自民党推荐且官僚出身知事虚拟变量。知事的履历参考全国知事会《历代知事名簿》。

3.2.3 经济变量

经济变量的数据中,财政力指数的算式为基准财政收入除以基准财政需求;第一产业比例或第二产业比例则为第一产业产值或第二产业产值分别除以县民生产总值而得,;有效求人倍率的数据则由年度有效雇佣数除以年度有效求职者数而得。

3.2.4 社会因素相关变量

为了避免可居住地面积及人口的数据在分析过程中数值过大,笔者对其进行了对数化处理。相关数据皆出自于《国势调查》,只是,国势调查每隔五年才进行一次,对此,调查年份以外的数据将进行线性填充。

表 5 汇总了统计性描述,表 6 为数据出处的总结。

表 5 描述性统计

样本:各都道府县、2001~2011 年

	min	max	mean	std. dev	obs
人均行政投资额(国费)	21.16	243.66	69.97	33.68	517
人均行政投资额(生活设施投资)	59.71	253.71	107.59	30.94	517
人均行政投资额(国土安全投资)	4.69	103.82	28.31	16.46	517
人均行政投资额(农林水产投资)	0.70	101.01	26.06	18.76	517
人均行政投资额(产业设施投资)	10.07	196.83	58.91	31.45	517
人均行政投资额(其他)	7.36	145.43	30.53	16.42	517
可居住地面积(log)	3.27	4.92	3.77	0.28	517
人口(log)	5.77	7.10	6.30	0.32	517
14 岁以下人口比例	11.20	20.30	14.10	1.14	517
65 岁以上人口比例	12.44	29.60	21.76	3.32	517
财政力指数	0.03	2.78	0.47	0.24	517
第一产业比例	0.04	5.52	1.91	1.21	517
第二产业比例	11.60	48.19	27.38	7.51	517
有效求人倍率	0.21	1.94	0.61	0.28	517
自民党推荐且官僚出身知事虚拟变量	0.00	1.00	0.50	0.50	517

续表

	min	max	mean	std.dev	obs
自民党得票率	15.30	64.70	46.16	9.46	517
自民党议席比例	0.00	60.80	33.04	11.80	517
民主党得票率	0.00	10.50	2.13	1.64	517
民主党议席比例	0.00	16.25	2.13	2.98	517
东京虚拟变量	0.00	1.00	0.02	0.14	517
北海道虚拟变量	0.00	1.00	0.02	0.14	517
冲绳虚拟变量	0.00	1.00	0.02	0.14	517
东日本大地震灾区虚拟变量	0.00	1.00	0.01	0.10	517
东日本大地震年份虚拟变量	0.00	1.00	0.09	0.29	517
政权更迭虚拟变量	0.00	1.00	0.18	0.39	517
自民党得票率*政权更迭虚拟变量交叉项	0.00	56.50	7.51	16.21	517
自民党议席比例*政权更迭虚拟变量交叉项	0.00	60.80	8.11	17.87	517
民主党得票率*政权更迭虚拟变量交叉项	0.00	6.25	0.39	1.14	517
民主党议席比例*政权更迭虚拟变量交叉项	0.00	9.50	0.39	1.24	517
小泉改革年度虚拟变量	0.00	1.00	0.45	0.50	517

表6 数据出处

自变量名称	出处
人均行政投资额(国费)	《行政投资实绩》
人均行政投资额(生活设施投资)	
人均行政投资额(国土安全投资)	
人均行政投资额(农林水产投资)	
人均行政投资额(产业设施投资)	
人均行政投资额(其他)	
可居住地面积(log)	《民力》
人口(log)	
14岁以下人口比例	
65岁以上人口比例	
财政力指数	《地方财政统计年报》
第一产业比例	《县民经济计算年报》
第二产业比例	
有效求人倍率	《职业安定业务统计》
自民党推荐且官僚出身知事虚拟变量	《历代知事名簿》
自民党得票率	《日本统计年鉴》
民主党得票率	
自民党议席比例	《国会便览》
民主党议席比例	

3.3 国费公共投资地区间分配差异的原因分析
3.3.1 政治因素

本文通过构建计量模型对公共投资在地区间产生差异的原因进行分析后得出，2000-2011年期间日本执政党的政治影响力对国费公共投资的地区间分配产生了显著性作用。

3.3.1.1 政权更迭前后比较

2009年政权更迭前，Pooled-OLS与固定效应法的分析结果一致，均显示自民党的得票率或议席比例以及民主党的得票率或议席比例的一次项同时对公共投资的地区间分配产生显著的正效应，同时，二次项产生显著的负效应。

结合第二章理论框架中的假说可知，执政党自民党的政治影响力符合合理的回报假说，而在野党民主党符合合理的拉票假说。具体而言，2000-2009年期间，自民党增加公共投资的情况有两种：①在自民党支持率逐步增强直至有希望获取更多议席的情况下，自民党对这些地区采取增加投资的措施；②在民主党政治影响力逐步增强但不至于导致自民党拉票成本过高的情况下，自民党对其增加公共投资，以期拉拢投票，稳固执政地位。另外，自民党不增加乃至减少公共投资的情况也有两种：①在自民党支持率超过在野党直到可稳获议席时，自民党会停止增加公共投资；②在在野党的得票率提高到一定程度时，自民党会采取减少投资的报复措施。该结果与对现实的假设完全一致。

2009年政权更迭后，由于只能获得2010-2011两年的数据，所以该部分只能通过Pooled-OLS法进行分析。分析结果显示如下：自民党的政治影响力对公共投资地区间分配产生的作用不再显著，同时，民主党的得票率的影响与政权更迭前相反，系数的一次项为负且显著，二次项为正且显著；民主党议席比例的系数一次项为正且显著，二次项为负但不显著。

该结果说明政权更迭后，成为执政党以后的民主党的政策与自民党截然不同，民主党做决策时，自民党的支持率对公共投资的分配不再有影响力；同时，民主党在议席比例方面由于二次项不显著，所以民主党议席比例与公共投资的分配之间呈正的线性关系，回报假说成立。原因可解释为，在民主党议席比例越高的地区，一方面由于决定公共投资分配的权力更大，另一方面还由于民主党需向支持本党的地区进行报恩，所以对这些地区增加了公共投资。另外，在民主党得票率方面，前半段满足不合理的拉票假说，后半段满足合理的回报假说，表示在民主党得票率不够高的地区，民主党会随着得票率的增加而减少公共投资，当得票率高至一定程度时，民主党才会对该地区增加公共投资。结合实际，可知民主党从2009年开始执政以后，仅3年时间，民主党的议席率就从73.7%跌至9%，在2012年第47次众议院总选举中，民主党的执政地位被自民党给取代。民主党的支持率下降得如此之快，可以说与其单方面对低支持率但也对民主党给予了支持的地区减少利益输送，以及在政党竞争激烈的时期不向自民党的支持票田拉拢支持不无关系。

关于单独表示政权更迭后各政党影响力的政权更迭虚拟变量交叉项，其分析结果显示为，自民党得票率交叉项及民主党议席比例交叉项在模型一及模型二中呈显著的正相

关关系,自民党议席比例交叉项呈显著的负相关,此结果与仅以 2010-2011 年为分析时段的实证结果相反,其原因可解释为政治影响力交叉项与各党的得票率及议席比例之间存在相关关系,导致了多重共线性的发生,结果不够准确。但是,无论结果怎么改变,政权更迭后的民主党政治影响力对公共投资的分配均产生正的影响,结果仍然稳健。

在对 2000-2011 年间全段时期进行整体分析的情况下,无论是 Pooled-OLS 还是考虑到时间效应的固定效应法,其结果几乎一致。除了民主党得票率呈不显著的正相关以外,自民党得票率、自民党议席比例、民主党议席比例对公共投资的分配都呈显著的正效应,该结果与将时段分为政权更迭前后时的分析结果大体一致。而在只考虑了地区固定效应的模型,或在同时考虑地区固定效应及时间固定效应的模型中,只有自民党得票率呈正且显著的相关关系。该结果之所以与前者出现不一致,可以解释为政治变量的变动部分被地区固定效应所吸收,导致政治变量的结果出现变动。

关于自民党推荐且官僚出身的知事虚拟变量,在对政权更迭前后时期进行分别分析时,其结果为正且不显著,但在不分时期的情况下,其结果则为正且显著。无论结果是否显著,由自民党推荐且官僚出身的知事影响力对拉拢公共投资均产生正效应,该结果与假设一致。

3.3.1.2 时间滞后效应模型与同时效应模型结果对比

时间滞后效应模型与同时效应模型的分析结果大致一致。通过观察 Pooled-OLS 法的分析结果可得知,前者模型中自民党得票率在政权更迭前呈正且不显著的结果,后者中该结果转为显著,而议席比例在模型一与模型二中皆产生正效应且结果显著。得票率与议席比例虽同为表示政党政治影响力的代理变量,但在本分析中结果出现了不一致,其原因可解释为,得票率表示政党在各都道府县的支持率,议席比例表示各政党在国会议会预算分配过程中的决定权权利大小,议席比例越多,则国会审议中的决定权越大。由于各都道府县之间存在议席定额数之差,所以有可能出现某党在某地区的得票率很高但议席比例很低的情况,故得票率与议席比例的影响结果有出现不一致的情况。在考虑时间滞后效应的模型中,议席比例呈显著效应的原因为,各省厅在决定预算案时,为了使本省厅制作的预算案在来年的国会审议中顺利通过,会根据本年度的国政选举结果来制定预算案,以迎合议席比例更高政治影响力更强大的政党;然而在不考虑时间滞后效应的模型中,议席比例也呈显著的原因是,一方面因为非选举年份的数据是通过选举年份的数据进行线性填充,在不举行选举的年份中,上次选举结果的延续效应对本年度预算分配产生的影响是同时性的,而不选举的年份多于

表 7 政治因素结论总结

	得票率		议席比例	
	自民党	民主党	自民党	民主党
2001-2009	前半段:回报假说(合理) 后半段:拉票假说(合理)	前:拉票假说(合理) 后:回报假说(合理)	前:回报假说(合理) 后:拉票假说(合理)	前:拉票假说(合理) 后:回报假说(合理)
2010-2011	无影响	前:拉票假说(不合理) 后:回报假说(合理)	无影响	回报假说(强)

选举的年份,故同时效应要大于时间滞后效应,同时效应模型的结果呈现显著;另一方面还因为在选举年份中,各省厅可能会根据本年度的选举情况,再通过补正预算对本年度的公共投资分配产生影响。

3.3.2 经济因素

无论采用什么分析方法及分析时段,财政力指数及有效求人倍率对公共投资地区间分配的影响都不显著,只是系数符号为负的结果与假设一致。该结果表示在自民党与民主党竞争激烈的2000-2011年期间,公共投资更倾向于为政治服务,而非以缩小地区贫富差距及促进就业为主要目的。

第一产业比例在2000-2009年间,对公共投资的分配呈显著的正效应,到了2010-2011年间,其影响转为负效应且不显著;第二产业比例从2000至2011年,始终呈显著的负相关,该结果表示在农业越发达工业越落后的地区,公共投资则越多。换言之,进入2000年以后,执政党比起城市,更倾向于向农村进行重点投资,该结果与2000年以后自民党的政权支持基础以农村为主这一现状保持一致。

3.3.3 社会因素

无论从 Pooled-OLS 还是从时间固定效应法进行分析,可居住地面积对公共投资的分配都呈显著的正效应,人口则呈显著的负效应,而在地区固定效应法及同时考虑地区固定效应和时间固定效应的模型中,人口的影响转为不显著的负效应,其差异产生的原因为,地区固定效应模型由于吸收了地区固定差异,故面积与人口的影响变成了不显著;14岁以下人口比例的影响在政权更迭前呈负且显著的效应,政权更迭后转为正且不显著;而65岁以上人口比例的影响在地区固定效应模型中呈显著的负相关,在时间固定效应模型中则变为显著的正相关,结果不够稳健,但由于地区属性变量是控制变量,而控制变量不显著只表示该控制变量的存在不会影响解释变量的结果,所以控制变量可以不用显著且稳健(Levitt and Snyder,1995)。

结 语

本文通过实证研究,得出以下结论:在国费公共投资作为因变量的模型中,执政党在公共投资的地区间分配中确实发挥了显著的政治影响力,在一定范围内,执政党政治影响力越强的地区,获以分配的公共投资额则越多。政权更迭前,作为执政党的自民党对公共投资的分配产生了显著的正效应,对自民党的支持基地分配了更多公共投资,同时,为了拉拢政治支持力量,还在一定范围内对民主党的支持票田分配了较多公共投资;然而政权更迭后,失去执政地位的的自民党对公共投资的影响力开始转为不显著,与政权更迭前形成十分鲜明的对比。民主党成为执政党后,一方面由于决定公共投资分配的权力变强,另一方面也由于有必要对在2009年国政选举中支持本党的选区进行报恩,所以对民主党高议席比例的地区,都分配了更多公共投资,但是,不同于自民党的政策,民主党执政期间,并未对自民党的支持票田拉票对其输送公共投资等利益,同时还对民主党支持率较低但仍对民主党予以支持的地区减少了公共投资,于是,在选票与利益交换机制的作用下,那些地区的选民将选票在2012年的选举中转而投给自民党,在2012年第47次众议院总选举中,自民党以压倒性的胜利赢过民主党,再次夺回政权。

表8 公共投资分配方程式实证结果(时间滞后效应)

样本:47都道府县,2001—2011年

分析时段	①Pooled—OLS 2001—2011	①Pooled—OLS 2001—2009	①Pooled—OLS 2010—2011	②地区固定效应 2001—2011	②地区固定效应 2001—2009	③时间固定效应 2001—2011	③时间固定效应 2001—2009	④地区固定效应·时间固定效应 2001—2011	④地区固定效应·时间固定效应 2001—2009
常数项	664.724***	519.655***	741.689***	9691.155	22994.710	550.710***	453.084***	13694.4	31052.68
	(0.000)	(0.000)	(0.000)	(0.650)	(0.455)	(0.000)	(0.000)	(0.520)	(0.312)
可居住地面积(log)	34.861***	20.289*	44.154***	-2324.042	-6716.101	23.842***	10.854	-3791.707	-9138.392
	(0.000)	(0.012)	(0.007)	(0.683)	(0.417)	(0.001)	(0.167)	(0.505)	(0.270)
人口(log)	-116.908***	-86.736***	-136.788***	-103.792	418.741	-95.597***	-72.073***	154.445	610.103**
	(0.000)	(0.000)	(0.000)	(0.629)	(0.147)	(0.000)	(0.000)	(0.503)	(0.042)
14岁以下人口比例	-3.066	-3.794*	-0.929	-5.244	-6.971	-5.397***	-6.525***	-15.280***	-15.487**
	(0.117)	(0.081)	(0.837)	(0.208)	(0.144)	(0.005)	(0.002)	(0.004)	(0.016)
65岁以下人口比例	0.694	0.677	3.619	-7.310***	-7.595***	2.300***	2.539***	-3.691	-6.166*
	(0.384)	(0.437)	(0.141)	(0.000)	(0.000)	(0.006)	(0.005)	(0.181)	(0.060)
财政力指数	-4.537	-2.823	-2.468	-7.065	-7.914	-5.264	-3.541	-8.242	-8.298
	(0.472)	(0.668)	(0.951)	(0.206)	(0.131)	(0.395)	(0.580)	(0.138)	(0.111)
第一产业比例	3.428**	5.348***	1.152	12.502***	12.446***	3.444**	5.310***	7.228	8.034
	(0.017)	(0.001)	(0.733)	(0.003)	(0.003)	(0.015)	(0.001)	(0.155)	(0.117)
第二产业比例	-0.121	0.12	-0.816**	-0.652	-0.456	-0.215	-0.02	-1.593***	-1.830***
	(0.546)	(0.601)	(0.044)	(0.156)	(0.346)	(0.284)	(0.932)	(0.009)	(0.008)
有效求人倍率	-9.152	-9.483	-24.99	-15.081**	-19.299***	-2.48	-0.995	-9.256	-11.639
	(0.118)	(0.133)	(0.470)	(0.015)	(0.004)	(0.707)	(0.890)	(0.229)	(0.205)
自民党推荐且官僚出身知事虚拟变量	3.946*	2.761	1.177	4.401	5.829*	4.470**	3.779	3.952	5.098
	(0.085)	(0.304)	(0.785)	(0.102)	(0.064)	(0.044)	(0.143)	(0.139)	(0.105)

续表

分析时段	①Pooled-OLS 2001—2011	①Pooled-OLS 2001—2009	①Pooled-OLS 2010—2011	②地区固定效应 2001—2011	②地区固定效应 2001—2009	③时间固定效应 2001—2011	③时间固定效应 2001—2009	④地区固定效应·时间固定效应 2001—2011	④地区固定效应·时间固定效应 2001—2009
自民党得票率	1.537* (0.054)	2.052** (0.015)	−1.001 (0.739)	2.579*** (0.002)	2.824*** (0.001)	1.732** (0.024)	2.126*** (0.008)	2.440*** (0.003)	2.839*** (0.001)
自民党得票率二次项	−0.026*** (0.004)	−0.032*** (0.001)	0.025 (0.487)	−0.032*** (0.001)	−0.037*** (0.000)	−0.027*** (0.002)	−0.032*** (0.000)	−0.031*** (0.001)	−0.037*** (0.000)
自民党议席比例	15.725*** (0.000)	11.508*** (0.003)	6.216 (0.157)	3.881 (0.270)	5.408 (0.135)	13.183*** (0.000)	0.984* (0.056)	3.554 (0.313)	0.956* (0.090)
自民党议席比例二次项	−0.435 (0.163)	−0.648* (0.061)	−0.228 (0.736)	−0.585** (0.048)	−0.738** (0.018)	−0.375 (0.212)	−0.022** (0.014)	−0.623** (0.034)	−0.019* (0.059)
民主党得票率	0.01 (0.983)	1.018* (0.059)	−4.356*** (0.000)	0.501 (0.297)	1.104* (0.050)	0.005 (0.990)	10.657*** (0.003)	0.489 (0.309)	6.000* (0.097)
民主党得票率二次项	−0.011 (0.132)	−0.027*** (0.003)	0.051*** (0.000)	−0.012 (0.171)	−0.022** (0.033)	−0.005 (0.479)	−0.64* (0.051)	−0.011 (0.201)	−0.854*** (0.007)
民主党议席比例	5.682*** (0.000)	3.738*** (0.000)	25.520** (0.011)	−0.309 (0.827)	−0.206 (0.807)	4.175*** (0.002)	3.375*** (0.000)	−0.309 (0.828)	0.048 (0.955)
民主党议席比例二次项	−0.06 (0.510)	−0.068 (0.111)	−1.019 (0.208)	−0.001 (0.991)	0.019 (0.580)	−0.016 (0.855)	−0.076* (0.071)	−0.014 (0.875)	0.003 (0.942)
政权更迭虚拟变量	−63.448** (0.010)			1.510 (0.945)					
自民党得票率*政权更迭虚拟变量交叉项	1.382*** (0.005)			−0.162 (0.712)		1.396*** (0.003)		−0.045 (0.918)	
自民党议席比例*政权更迭虚拟变量交叉项	−12.639*** (0.000)			−1.818 (0.483)		−10.720*** (0.000)		−1.293 (0.618)	

续表

分析时段	①Pooled-OLS 2001-2011	①Pooled-OLS 2001-2009	①Pooled-OLS 2010-2011	②地区固定效应 2001-2011	②地区固定效应 2001-2009	③时间固定效应 2001-2011	③时间固定效应 2001-2009	④地区固定效应·时间固定效应 2001-2011	④地区固定效应·时间固定效应 2001-2009
民主党得票率*政权更迭虚拟变量交叉项	0.103 (0.739)			0.165 (0.563)		-0.21 (0.493)		0.116 (0.688)	
民主党议席比例*政权更迭虚拟变量交叉项	8.640*** (0.000)			-1.405 (0.536)		7.925*** (0.000)		-1.975 (0.383)	
东京虚拟变量	17.169 (0.168)	39.909*** (0.003)	3.584 (0.886)			7.681 (0.526)	27.172** (0.038)		
北海道虚拟变量	21.704** (0.056)	42.469*** (0.001)	-0.831 (0.969)			27.292** (0.013)	46.720*** (0.000)		
冲绳虚拟变量	80.851*** (0.000)	75.211*** (0.000)	127.672*** (0.000)			102.191*** (0.000)	102.180*** (0.000)		
东日本大地震受灾地区虚拟变量	60.799*** (0.000)		59.923*** (0.000)	11.000*** (0.005)		62.864*** (0.000)			
东日本大地震受灾年份虚拟变量	-0.765 (0.868)		59.923 (0.845)	-25.729*** (0.000)	-27.347*** (0.000)				
小泉改革年度虚拟变量	-6.293* (0.077)	-4.539 (0.227)							
样本量	517	423	94	517	423	517	423	517	423
	0.6	0.566	0.808	0.731	0.764	0.629	0.606	0.738	0.771

注：括号内表示p值。

*、**、*** 分别表示在10%、5%、1%水平下呈统计性显著。

时间效应虚拟变量与地区效应虚拟变量的结果予以省略。

表9 公共投资分配方程式实证结果(同时效应模型)

样本:47都道府县,2001—2011年

分析时段	①Pooled-OLS 2001—2011	①Pooled-OLS 2001—2009	①Pooled-OLS 2010—2011	②地区固定效应 2001—2011	②地区固定效应 2001—2009	③时间固定效应 2001—2011	③时间固定效应 2001—2009	④地区固定效应·时间固定效应 2001—2011	④地区固定效应·时间固定效应 2001—2009
常数项	775.906*** (0.000)	608.554*** (0.000)	801.104*** (0.000)	1988.392 (0.916)	18818.150 (0.543)	601.978*** (0.000)	458.947*** (0.000)	9682.379 (0.611)	23690.120 (0.441)
可居住地面积(log)	38.993*** (0.000)	20.286*** (0.008)	43.976*** (0.008)	−540.723 (0.913)	−5500.440 (0.508)	22.421*** (0.003)	4.478 (0.561)	−2882.242 (0.569)	−6985.011 (0.398)
人口(log)	−126.546*** (0.000)	−85.503*** (0.000)	−129.381*** (0.001)	89.036 (0.651)	396.130 (0.109)	−95.958*** (0.000)	−60.204*** (0.000)	262.820 (0.213)	501.553* (0.053)
14岁以下人口比例	−4.598** (0.017)	−5.924*** (0.005)	−4.328 (0.397)	−16.493*** (0.000)	−19.125*** (0.000)	−7.525*** (0.000)	−9.369*** (0.000)	−23.431*** (0.000)	−24.276*** (0.000)
65岁以下人口比例	−0.219 (0.777)	−0.491 (0.537)	0.867 (0.748)	−8.507*** (0.000)	−8.690*** (0.000)	1.756** (0.036)	2.055** (0.025)	−3.677 (0.151)	−5.025* (0.095)
财政力指数	−4.802 (0.461)	−5.430 (0.435)	−57.003 (0.259)	−4.802 (0.409)	−5.932 (0.287)	−6.037 (0.346)	−5.328 (0.430)	−7.471 (0.198)	−7.342 (0.182)
第一产业比例	2.959** (0.038)	3.929** (0.014)	0.693 (0.842)	3.006 (0.508)	5.665 (0.199)	4.371*** (0.002)	5.723*** (0.000)	5.228 (0.313)	10.634** (0.037)
第二产业比例	−0.192 (0.340)	−0.038 (0.871)	−0.468 (0.255)	−1.729*** (0.002)	−2.138*** (0.000)	−0.149 (0.453)	−0.004 (0.987)	−0.778 (0.191)	−0.987 (0.129)
有效求人倍率	−8.747 (0.116)	−9.414* (0.077)	10.888 (0.666)	−2.681 (0.653)	−4.612 (0.380)	3.504 (0.599)	5.603 (0.441)	5.277 (0.497)	5.109 (0.521)
自民党推荐且官僚出身知事虚拟变量	4.176* (0.067)	0.469 (0.858)	0.967 (0.824)	3.128 (0.239)	5.776* (0.064)	4.777** (0.030)	2.171 (0.389)	3.818 (0.147)	6.696** (0.032)

执政党对日本公共投资地区间分配影响的实证研究

续表

分析时段	①Pooled—OLS 2001—2011	①Pooled—OLS 2001—2009	①Pooled—OLS 2010—2011	②地区固定效应 2001—2011	②地区固定效应 2001—2009	③时间固定效应 2001—2011	③时间固定效应 2001—2009	④地区固定效应·时间固定效应 2001—2011	④地区固定效应·时间固定效应 2001—2009
自民党得票率	0.665 (0.408)	1.196 (0.166)	-0.927 (0.768)	1.750** (0.037)	1.829** (0.030)	1.334* (0.091)	2.022** (0.016)	1.776** (0.033)	1.832** (0.028)
自民党得票率二次项	-0.014 (0.111)	-0.018* (0.069)	0.024 (0.514)	-0.020** (0.031)	-0.022** (0.019)	-0.022** (0.015)	-0.027*** (0.004)	-0.021** (0.029)	-0.022** (0.019)
自民党议席比例	17.728*** (0.000)	7.192*** (0.006)	6.028 (0.173)	2.694 (0.441)	6.034*** (0.007)	12.676*** (0.000)	4.676* (0.076)	0.439 (0.901)	4.653** (0.047)
自民党议席比例二次项	-0.571* (0.057)	-0.281 (0.378)	-0.111 (0.869)	-0.466 (0.108)	-0.963*** (0.001)	-0.272 (0.358)	-0.083 (0.791)	-0.374 (0.197)	-0.849*** (0.004)
民主党得票率	-0.722 (0.102)	-0.282 (0.561)	-4.328*** (0.000)	0.018 (0.970)	0.249 (0.579)	-0.407 (0.345)	0.275 (0.575)	0.290 (0.542)	0.830* (0.088)
民主党得票率二次项	0.001 (0.939)	-0.007 (0.328)	0.049*** (0.000)	-0.006 (0.489)	-0.009 (0.217)	0.004 (0.628)	-0.009 (0.254)	-0.007 (0.425)	-0.018** (0.029)
民主党议席比例	7.140*** (0.000)	5.576*** (0.000)	28.892*** (0.005)	0.223 (0.878)	0.349 (0.783)	4.695*** (0.001)	3.607*** (0.006)	-0.692 (0.636)	-0.077 (0.951)
民主党议席比例二次项	-0.173* (0.061)	-0.174* (0.072)	-1.193 (0.156)	-0.032 (0.713)	-0.108 (0.193)	-0.075 (0.409)	-0.086 (0.356)	-0.019 (0.832)	-0.094 (0.257)
政权更迭虚拟变量	-46.860** (0.029)			10.991 (0.584)					
自民党得票率*政权更迭虚拟变量交叉项	1.382*** (0.001)			0.042 (0.917)		1.399*** (0.001)		0.210 (0.598)	
自民党议席比例*政权更迭虚拟变量交叉项	-13.658*** (0.000)			-1.230 (0.629)		-10.654*** (0.000)		0.196 (0.939)	

续表

分析时段	①Pooled-OLS 2001—2011	①Pooled-OLS 2001—2009	①Pooled-OLS 2010—2011	②地区固定效应 2001—2011	②地区固定效应 2001—2009	③时间固定效应 2001—2011	③时间固定效应 2001—2009	④地区固定效应·时间固定效应 2001—2011	④地区固定效应·时间固定效应 2001—2009
民主党得票率*政权更迭虚拟变量交叉项	−0.178 (0.531)			−0.065 (0.809)		−0.541** (0.057)		−0.268 (0.331)	
民主党议席比例*政权更迭虚拟变量交叉项	8.922*** (0.000)			−1.170 (0.598)		8.180*** (0.000)		−1.772 (0.422)	
东京虚拟变量	19.057 (0.108)	39.059*** (0.004)	−8.273 (0.760)			3.039 (0.798)	15.381 (0.257)		
北海道虚拟变量	21.338* (0.056)	46.386*** (0.000)	−14.862 (0.501)			29.630*** (0.007)	51.699*** (0.000)		
冲绳虚拟变量	80.659*** (0.000)	72.527*** (0.000)	128.179*** (0.000)			110.287*** (0.000)	111.707*** (0.000)		
东日本大地震受灾地区虚拟变量	60.840*** (0.000)		58.085*** (0.000)	4.686 (0.184)		62.607*** (0.000)			
东日本大地震受灾年份虚拟变量	−5.027 (0.235)		−3.135 (0.494)	−16.506*** (0.000)	−18.185*** (0.000)				
小泉改革年度虚拟变量	−7.842*** (0.002)	−6.934*** (0.007)							
样本量	517	423	94	517	423	517	423	517	423
	0.580	0.530	0.802	0.710	0.738	0.608	0.569	0.718	0.747

注:括号内表示 p 值

*、**、*** 分别表示在 10%、5%、1% 水平下呈统计性显著。

从本文的实证分析可以看出,公共投资本来应该作为促进经济发展的工具,然而在日本却变相成为为政党谋私选举拉票的利益诱导工具。对于此现象的产生原因,其中之一与现行预算分配决定制度中存在政治家可钻的空隙有关。根据日本宪法,在现行的预算编制过程中,预算的编制从每年7月开始启动,其后各省制作的预算预案经过各省厅的利益调和,次年1月由财务大臣提交国会进行审议,国会审议的顺序为先众议院后参议院,在参议院与众议院意见不一致的情况下,众议院有权自主通过预算案,由于众议院在预算编制过程中持有绝对优势的决定权,故此权利便为众议院议员肆意利用公共投资以谋取私利的行为提供机会,所以在将来的课题中,十分有必要重新审视当下的预算分配决算制度,并制定能牵制众议院权力的预算分配决算制度。

此外,本文在实证分析方面,还留下以下两大课题。

第一,本文采用的实证分析方法应进一步进行改善。比如当自变量与因变量之间存在逆向因果关系时,该自变量与误差项之间也会存在相关关系,从而产生内生性,一旦发生这种情况,分析结果的可信度将会降低。而本文中并未对内生性进行合理处理,故在以后的分析中,将选用联立方程式、操作变量、自变量滞后一期等方法,尽量减少内生性。此外,本文使用的非线性模型为二次方程,通过该模型回归的政治因素影响力的趋势图与现实状况相比仍然略显简单,在以后的分析中,将采纳更能拟合现实状况的复杂模型来对政治因素的影响力变化进行分析。

第二,目前为止的分析中,通常使用的都是1月到12月的年度数据,而预算年度是从4月1日到3月31日,所以,将变量的数据改为预算年度基准数据可能更为合理。但是由于无法直接获得预算年度基准数据,所以本文的可信度也随之有所降低。所以,为了提高可信度,可在将来的研究中,将月度数据改编成预算年度数据进行分析。

注

[1]利益诱导型政治指,政党在进行财政拨款时以利益为导向,对支持本党的地区或利益团体分配更多的利益,从而实现维持政权的目的。

[2]"扭曲国会"指在实行两院制的国家,执政党和在野党分别掌控参议院或众议院,从而达到分散权力,防止权力过分集中于执政党的目的。具体而言,执政党在众议院中议席数高于在野党的同时,在参议院中的议席数则必须少于在野党,如此一来,执政党在制定预算决算案时,将考虑在野党的利益诉求,以避免预算案在参议院议会审核中被否决。众议院与参议院在预算案议决方面的区别在于,众议院任期为四年,可中途解散,拥有预算案议决权;参议院任期为六年,每三年重选一半议员,不可中途解散,拥有预算案否决权。如果众议院制定的预算案遭参议院否决,众议院则需要通过三分之二以上议员的同意再对预算案进行重新议决。

[3]保革伯仲期指1976-86年期间保守派自民党(执政党)与革新派社会党(在野党)在国会众议院中的议席数不相上下,竞争十分激烈。

[4]财政自给率指地方政府单年度的财政收入与财政支出需求量的比值。日本中央政府在决定地方交付税及补助金的分配时,将财政发展指数作为各都道府县财政健全度的判断指标。

[5]东日本大地震受灾地区的划分标准参照《平成23年度行政投资实绩》。

[6]在决定选择固定效应模型或是随机效应模型之前,本文做了Hausman-test检验。检验结果显

示,p值为0.001,故拒绝原假设,选择固定效应模型。
[7]此处"各党"(含下文)指:自民党或民主党。尽管日本当前的执政党是自民党与公民党的联合政权,但由于自民党在联合政权中占主导地位,议席数也远远超过公民党,所以自民党的政治影响力最大,故本文只考虑自民党的情况。
[8]国政选举分为众议院议员总选举及参议院议员总选举。由于只有众议院才拥有预算案的制定与决策权,参议院只拥有否决权,故本文只考虑众议院议员对公共投资产生的效应。
[9]日本的选举制度是小选区比例代表制。小选区制指根据每个地区的人数情况,将47个都道府县分为295个小选区,每个选区选出一名议员;比例代表制指将全国分为11个大选区,选民只能根据政党所提候选人投票给政党,而不能直接投票给候选人,最后根据"D'Hondt计算方式",将议席按得票比例分配至各政党。本文只考虑小选区选举情况的原因是,1)在考虑各都道府县的政党支持率时,采用小选区的数据更为精确;2)小选区制相比比例代表制更能反映各党在各地区的支持情况。

参考文献

Steven D. Levitt & James M. Poterba. 1999. "Congressional Distributive Politics And State Economic Performance," *Public Choice*, Vol. 99, No. 1-2. pp185-216.

Steven D. Levitt & James M. Poterba. 1999. Congressional Distributive Politics and State Economic Performance. *Public Choice*. No. 99. pp185-216.

Steven D. Levitt & James M. Snyder. Jr. 1995. Political Parties and the Distribution Of Federal Outlays. *American Journal of Political Science* Vol. 39. No. 4, pp958-980.

Yamano. Norihiko. and Toru Ohkawara. 2000. the Regional Allocation of Public Investment: Efficiency or Equity?. *Journal of Regional Science*. Vol. 40. No. 2. pp205-229.

Yoshino, Naoyuki. and Eisuke Sakakibara. 2002. the Current State of the Japanese Economy and Remedies. *Asian Economic Papers*. Vol. 1. No. 2. pp110-126.

井堀利・土居丈朗. 1998.『日本政治の経済分析』木鐸社。

近藤春生. 2007.「地方財政支出に関する政治経済分析」『公共選択の研究』第48号,4-17頁。

近藤春生. 2008.「社会資本整備における政治経済学的側面」『ファイナンシャル・レビュー』第89号,68-92頁。

斎藤淳. 2010.『自民党長期政権の政治経済学―利益誘導政治の事故矛盾』勁草書房。

砂原庸介. 2006.「地方政府の政策決定における政治的要因――制度的観点からの分析」『財政研究』第2巻,161-178頁。

玉田桂子. 2008.「公共投資の地域間配分と自民党」『福岡大学経済学論叢』50巻第2?3号,111-138頁。

玉田桂子. 2011.「与党は公共投資の配分に影響を与えるのか:自然実験を用いた実証分析」『国際公共政策研究』第16巻第1号,99-112頁。

土居丈朗. 2000.『地方財政の政治経済学』東洋経済新報社。

堀要. 1996.『日本政治の実証分析―政治改革・行政改革の視点』東海大学出版社。

山下耕治. 2001.「公共投資の政治的意思決定――パネルデータによる仮説検証」『公共選択の研究』第36号,21-30頁。

鷲見英司. 2000.「補助金の地域配分における政治・官僚要因の検証」『三田學會雜誌』第93巻第1号,33-50頁。

あとがき

　北京日本学研究センターより『日本学研究』第 26 号をお届けします。
　北京日本学研究センターは中日文化交流協定に基づいて実施した「全国日本語教師培訓班（俗称：大平班）」を前身に、1985 年に設立された政府間の中日文化交流、人材の共同育成を主たる目的とした教育研究機関です。2015 年、北京日本学研究センターは設立 30 周年を迎えました。30 年来、1000 人を超えるハイレベルの日本研究、中日文化交流の人材を育成し、ODA 事業で最も成功した事業として日本からも高く評価され、また、中国教育部に中日文化教育協力事業として最も成功したモデル事業だと認定されております。この節目の年に、30 年来の北京日本学研究センターの歩んできた道、成功した経験などを振り返り、収めた実績や成果を社会一般に発信し、未来の発展方向を展望するために、北京日本学研究センター設立 30 周年記念国際シンポジウム「アジアにおける日本研究の可能性」を企画しました。2015 年 10 月 24 日～25 日に開催された本シンポジウムでは、中国、日本、韓国からの代表が多彩なテーマの研究発表がなされました。シンポジウムで発表された論文のうち優れたものを本号に掲載してシンポジウムの充実した内容の一端を少しでもお伝えできれば幸いです。
　本号は、ほかに一般投稿論文及び本センター修士課程第 29 期生の優秀修士論文も掲載しています。長老・中堅研究者の力作のほか、今後の日本学研究を担っていく若手研究者の最新の研究成果も多く寄せられています。読者の皆様のご意見、ご感想をどうぞお寄せください。
　最後に、『日本学研究』第 26 号に投稿していただいた方々に感謝の意を表すと同時に、引き続き内外の広範な投稿をしていただけますよう期待しております。

北京日本学研究センター
『日本学研究』二十六編集委員会
2016 年 9 月

『日本学研究』投稿規定

1. 『日本学研究』は、中国における日本学研究の発展に寄与することを目的として、北京日本学研究センターが編集し発行する定期刊行物である。
2. 『日本学研究』に寄稿することができるのは、中国内外において日本学研究に従事する者である。
3. 『日本学研究』には、日本学研究に関わる各分野(言語、文学、社会、文化、経済、教育等)の研究論文を掲載する。
4. 原稿執筆における使用言語は、日本語または中国語とする。
5. 投稿論文は、未発表の学術論文に限る。原稿の字数(注釈、参考文献一覧等を含む)は次のとおりとする。
   日本語　16000字　以内
   中国語　12000字　以内
   注:文字数はワードの文字カウント統計中のスペースを含めないものとする。
6. 投稿論文には、400字以内の要旨を添付すること(中国語の原稿は日本語の要旨、日本語の原稿は中国語の要旨を用いること)。
7. 投稿論文には英文タイトルを添付すること。
8. 投稿の際には、印刷した原稿を送付すると同時に、電子ファイルをrbxyjtg@163.com宛に添付して送付すること。
9. 具体的な要領は、『日本学研究』執筆要領を参照のこと。
10. 投稿された原稿は、本センターのレフェリー制度を通じて編集委員会において審査の上採否を決定する。なお、原稿は採否にかかわらず返却しない。
11. 投稿の締め切りは毎年3月末日とし、締め切り後3ヶ月以内に、採否を投稿者に通知する。
12. 投稿の際には、確実に本人と連絡が取れる連絡先(郵便番号、住所、携帯電話の番号、Email)を明記すること。
13. 原稿の投稿先及び連絡先は、次のとおりである。
    中華人民共和国北京市西三環北路2号
    北京外国語大学内北京日本学研究中心
    『日本学研究』編集委員会
    (郵便番号100089　電話＋86-10-88816584)
14. 『日本学研究』は毎年10月ごろ出版する。出版後、採用された論文の執筆者に対し当該号の『日本学研究』を2部送付する。投稿論文には原稿料を支払わない。
15. 本規定は、『日本学研究』第20号から適用する。

(この投稿規定は2015年3月改定)

『日本学研究』執筆要領

1. 投稿論文は、パソコンでプリントアウトしたものと、電子ファイルを同時に提出する。印刷はA4サイズの用紙を用い、一行40字、一ページ30行とする。また、添付ファイルはMicrosoft Word 文書もしくはテキストファイルとする。
2. 原稿の構成は表紙、要旨、キーワード、本文、注、参考文献、図・表とする。表紙には題名、英文タイトル、著者名、所属機関名（ない場合は省略）などを記載する。具体的には以下の通りである。
   (1) 論文タイトル（中央揃え）
   (2) 英文タイトル、著者名のローマ字表記（中央揃え）
   (3) 所属機関、著者名（中央揃え）
   (4) 要旨（MS明朝10.5、400字以内。中国語の原稿は日本語の要旨を、日本語の原稿は中国語または英語の要旨を提出する）
   (5) キーワード（MS明朝10.5、3－5語、原稿の使用言語と一致させる。）
   (6) 本文（MS明朝10.5）
   (7) 注釈（後注とし、注見出しは本文の該当箇所の右肩に[1]、[2]、[3]の要領で通し番号を付す。一括して本文の後ろに記載する）
3. 日本語を使用して執筆する場合は、原則として常用漢字、現代かなづかいを用いる。中国語の場合は、国務院の公布する『簡化字総表』に従う。
4. 年、月、日およびその他の数字は、原則としてアラビア数字を用いる。また年代は西暦で表すこととし、必要な場合は1993（平成5）年のように、元号を括弧がきにする。
5. 文献引用については、本文中および注の文中に（著者名 刊行年：頁数）のような割注を入れる。
   例：（柳田 1942：45）、（王 1992：123－124）、（Campbell 1988：56－57）
   ただし同年次刊行物の場合は、アルファベット順により、下記の例のように表記する。
   例（柳田 1942a：21－22）（柳田 1942b：33－34）
6. 本文および注において参照した文献は、別紙に一括にして記載する。
   (1) 文献の配列は、著者名のアルファベット順とする。
   (2) 記載は以下のとおりとする。なお、欧文の雑誌および単行本はイタリックとするため原稿には斜字体で印字するか、あるいは下線を引いてください。
     （a）雑誌論文の場合、著者名．年号．「論文名」．『誌名』．巻（号）．頁数．の順と

する。
石田英一郎．1984.「文化史的民族学成立の基本問題」.『民族学研究』.13(4).300－311.
Howell，Signe. 1985. Formal Speech Act as One Discourse. Man(N. S.)21(1).79－101.
　　　(b)論文集に記載されている論文の場合、著者名．年号.「論題」.『論文集名』.編者名．頁数．出版社．の順とする。
杉浦健一．1942.「民間信仰の話」.『日本民俗学研究』. 柳田国男（編）. 117－143、岩波書店。
WARD，Barbara E. 1965. Varieties of the Conscious Model：The Fishermen of South China. In The Relevance of Models for Anthropology. Michael BANTON(ed.)，113－137. Tavistock Publications.
　　　(c)単行本の場合、著者名．年号.『書名』. 出版社．の順とする。
泉靖一．1966.『文明をもった生物』. 日本放送出版協会．
Douglas，Mary. 1966. Purity and Danger：An Analysis of Concepts of Pollution and Taboo. Praeger.
　　　(d)翻訳書の場合は以下のようにする。
ダグラス、メアリー著．1972.『汚穢と禁忌』. 塚本利明訳．思索社．
7. 図・表ごとに通し番号（「図1」、「表1」の要領により記入）、図・表名および説明、出典等を記す。
8. 特殊文字、外字を使用する場合は、原稿の中で大きめのサイズで示すと同時に、見本を添付すること。
9. 著者校正は初校のみとする。初校の段階での誤植以外の大幅な修正は原則として認めない。

《日本学研究》征稿启事

1. 《日本学研究》是为促进中国日本学研究发展,由北京日本学研究中心定期编辑出版的学术刊物。
2. 国内外从事日本学研究的人员均可向《日本学研究》投稿。
3. 《日本学研究》主要刊载与日本学研究各领域密切相关的研究论文(包括语言、文学、社会、文化、经济、教育等)。
4. 可以使用日文或中文撰稿。
5. 来稿须是尚未发表的学术论文。字数(包括注释、参考文献等)规定如下:
   日文　16000 字　以内
   中文　12000 字　以内
   注:字数以 Word 文档字数统计中不记空格的字符数为准。
6. 来稿须附 400 字以内的摘要(中文稿件附日文摘要;日文稿件附中文摘要)。
7. 所有来稿须有英文题目。
8. 投稿时,须提交印刷的纸制稿件,同时应把电子版发送到以下电子信箱:rbxyjtg@163.com
9. 其他具体要求请参照《日本学研究》撰稿规范。
10. 本中心编辑委员会将通过严格公正的审稿制度对来稿进行审阅,最终决定是否采用。所有来稿均不退还。
11. 征稿的截止日期为每年三月末,征稿截止后三个月内向作者通知审稿结果。
12. 投稿时,须写清确实可以取得联系的联络方式(邮编、地址、手机号码、电子信箱)。
13. 投稿地址及联系方式如下:
    100089 中国北京市西三环北路 2 号 北京外国语大学 216 信箱
    　　北京日本学研究中心《日本学研究》编辑委员会 收
    电话:010-88816584
14. 《日本学研究》将于每年 10 月出版。出版后,将向作者寄送两本《日本学研究》。不支付稿费。
15. 本规定从《日本学研究》第二十期开始执行。

(本规定修改于 2015 年 3 月)

《日本学研究》撰稿规范

1. 投稿须为电脑打印的稿件,同时附电子版。打印稿请使用 A4 纸,格式为一行 40 字,每页 30 行。电子版使用 Microsoft Word 文档或纯文本格式。
2. 原稿的结构为封面、摘要、关键词、正文、注释、参考文献和图/表。封面上需注明论文题目、英文标题、作者名、作者的所属工作单位(没有的话可省略)。具体要求如下:
   (1)论文标题(居中)
   (2)英文题目、作者姓名的拼音(居中)
   (3)所属单位、作者名(居中)
   (4)摘要(字号为宋体五号字、400 字以内、中文稿件附日文摘要、日文稿件附中文摘要)
   (5)关键词:(字号为宋体五号字、3-5 词,与正文语言一致)
   (6)正文(字号为宋体五号字)
   (7)注释一律采用尾注。请在正文需要注释部分的右上角标上小的[1]、[2]、[3]等的符号,然后统一在正文的后面附上注释。
3. 若用中文执笔,请按照国务院公布的《简化字总表》书写。若用日文执笔,请使用常用汉字和现代假名。
4. 年、月、日以及其他数字,原则上使用阿拉伯数字。年份使用公历,必要的话可以把年号写在括号里,如 1993 年(平成 5 年)。
5. 正文和注释文中引用参考文献的话,请按照以(作者名 出版或刊登年月:引用页码)顺序注明。
   例:(柳田 1942:45)、(王 1992:123-124)、(Campbell 1988:56-57)等等。
   若参考文献为同一人同一年出版的不同文献,请按英文字母的顺序标注如下:(柳田 1942a:21-22)、(柳田 1942b:33-34)。
6. 正文和注释所参考的文献资料需单列一个参考文献部分,附加在原稿的末尾,格式如下:
   (1)文献的排列顺序要按照作者姓名的字母顺序排列。
   (2)参考文献的记载方式如下。欧文杂志名和单行本书名一般使用斜体字,所以请在原稿中用斜体字注明参考文献,或在杂志名和书名下划上横线注明。
   (a)若参考文献为学术刊物的论文,请按照作者名. 出版年份. "论文名".《刊物名》. 卷(期). 页数. 的顺序书写。
王伟. 2002. "日本医疗制度的课题与改革".《日本学刊》. 2002 年第 3 期(总第 69

期).99-109.中华日本学会/中国社会科学院日本研究所主办.

Howell, Signe. 1985. Formal Speech Act as One Discourse. Man (N. S.) 21(1).79-101.

(b)若参考文献为书刊中汇编论文集论文,请按照作者名.出版年份."论文题目".《论文集名》.编者名.页数.出版社.的顺序书写。

王一川.2002."当代大众文化与中国大众文化学".《全球化与中国影视的命运》.张风铸/黄式宪/胡智锋主编.230-254.北京广播学院出版社.

WARD, Barbara E. 1965. Varieties of the Conscious Model: The Fishermen of South China. In The Relevance of Models for Anthropology. Michael BANTON(ed.). pp113-137. Tavistock Publications.

(c)若参考文献为单行本,请按照作者名.出版年份.《书名》.出版社.的顺序书写。

杨伯溆.2002.《全球化:起源、发展和影响》.人民出版社.

Douglas, Mary. 1966. Purity and Danger: An Analysis of Concepts of Pollution and Taboo. Praeger.

(d) 若参考文献为译著,则书写如下。

克利福德·格尔茨著.1999.《文化的解释》.韩莉 译.译林出版社.

7. 每个图/表须按照顺序标号(如〈图1〉、〈表1〉),并注明图/表的名称、说明和出处等。
8. 如果使用特殊文字和造字,请在打印稿件中使用比原稿稍大的字体,并另附样字。
9. 初校由作者进行校对。在初校过程中,原则上不接受除笔误以外的大幅修改。

Contents

The reminiscence of Masayoshi Ohira——To commemorate the 30 anniversary of the founding of Beijing Center for Japanese Studies
.... TAKEUCHI NobuoC(3)

The political framework and essential characteristic of Sino-Japan cultural relationships in ancient times .... Yan Shaodang(13)

"Village autonomy" in the country——"The field investigation based on mura, akiubaba, Miyagi ken Sendai Japan .... Li Jing(25)

The relationship between the "Gunki-Monogatari" and literature of war in Japan
.... SAEKI SHIN'ICHI(35)

"The Major War" and "Feminine" Perspective——Extraction from DAZAI Osamu's Short Stories on the Beginning Period of Asia-Pacific War
.... SHIMAMURA Teru(46)

A Study on Ibaragi Noriko's Poems——Focusing on the symbol of the war
.... SUH, Jae-Gon(57)

Application of corpus for Japanese language teaching .... Yuriko Sunakawa(68)

Receiving of "The Discourses of Mencius" in Tokugawa Period
.... TAKAHASHI Yasuhiro(81)

Zheng He and "One Belt and One Road" .... UEDA, Makoto(95)

The pragmatic functions and translationof the nominal non subject-predicate sentence in Chinese .... Liu Yajing(107)

'The Self Quoted' representations and the discourse functions
.... Tohyama, Chika(117)

A comparative study of complaints within Japanese and Chinese movies and dramas
.... Yang Hong(132)

The development and characteristics of Japanese Textbooks during the Republic of China .... Zhang Jinglong & Li Yonmin(149)

Contents

A study of Education Culture Communication between China and Japan——Focusing on the Ohira School ·· Sun Xiaoying(157)

The application of ipad in university teaching and research in Japanese ··· Zhang Wenying(172)

Yamaga Sokō's Bukyō zensho and its Reception ·········· NAKAJIMA Eisuke(183)

Competitive Advantage by Creative Adaptation of International Retailing ——Through a Case of Japanese Retail in China ···················· Qi Jin(197)

Change in the concept of senior citizens as target market in modern Japanese retailing sectors:a case study of department stores ·············· KATO SATOSHI(211)

Vocabulary analysis of elementary college Japanese textbook——Examples from loanwords ··· Qiao Yan(231)

The effects of the Chinese lexical knowledge on the acquisition of the Japanese Kango and Wago collocations by Chinese native speakers learning Japanese as a second language: Comparative study with Mongolian native speakers learning Japanese ································ Kazuko Komori, Junko Mikuni & Xu Yiping(240)

the Continuity between the Adverb Function and the Connecting Function of "tada" ··· Cao Yanlin(259)

Analysis on the Third Personal Common Noun's Arising Conditions as Anaphor ··· Cui Guanghong(268)

Japanese Imperative Expressions from the View of Uncooperativeness——A Descriptive Approach to the So-called "Ironic Imperatives" ············ Chuai Dizhi(282)

A Study of Japanese Textbooks Written by Chinese in 1930s:Based on Analysis for Japanese Grammar ·· Zhu Guirong(297)

The Processing of Japanese Kanji-Words on Oral Translation Task by Intermediate Chinese learners of Japanese: The Effect of Orthographical and Phonological Similarities between Chinese and Japanese on Auditory Identification ··· Fei Xiaodong(311)

Changes in Motivation for Students of Non-Japanese Major: Focus on Students Studying Japanese by Using a Double Degree Program in China ··· Wang Jun(320)

Study of Honorific Univarsals In The New Japanese Courses From the perspective of Politeness and Discourse Politeness ···················· Li Yao(336)

TsubotaJoji in Beijing——A Perspective of the Japanese juvenile literature intimes of war .... Liu Ying(355)

The Self-sacrifice in Kenji Miyazawa's Literature and Bushido Spirit——A Case Study of The Life of Guskō Budori .... Yan Hui(367)

The research of The Book of Tea by Tenshin Okakura .... Ye Jingjing(383)

"Learning from Failure" as a Way of Thinking of the Fukushima Nuclear Power Plant Accident in Japan .... Yu Xiaojun(395)

The Analysis of the Latest Situation of Japanese Think Tanks' Understanding about China——centered on the study reports published by The Japan Institute of International Affairs Since 2010 .... Jiang Ying(408)

The Japanese Business Community's Perception toward China during Early 21st Century .... LuYong-ni(419)

A study on current status about the flexibility usage of part-timer —— centered on the research of third industry enterprise .... Liu Ting(429)

The Contrastive Study of Chinese and Japanese Commercial—— from the Perspective of Discourse Analysis .... Teng Yue(443)

Chinese College Japanese Learners' Conflict Attributions and Management Strategies in Handling Conflict with Their Japanese Teachers .... Yuan Qian(466)

Naito Konan's Conception of China-Japan Relations——A Focus on His Political Editorials Before and After the Conference of Washington ... Qin Xiaoxiao(488)

The role of social media in regional activation .... Liu Zhaoyuan(523)

The Impact of Ruling Party on the Regional Allocation of Public Investment .... Liu Siyan(548)